旧中国海关历史文件选编

上册

中国海关学会◎编译

中国海关出版社有限公司

·北京·

图书在版编目（CIP）数据

旧中国海关历史文件选编：上、下册/中国海关学会编译．—北京：中国海关出版社有限公司，2021.11

ISBN 978-7-5175-0540-2

Ⅰ.①旧… Ⅱ.①中… Ⅲ.①海关—史料—汇编—中国—近代 Ⅳ.①F752.59

中国版本图书馆 CIP 数据核字（2021）第 236573 号

旧中国海关历史文件选编（上、下册）

JIU ZHONGGUO HAIGUAN LISHI WENJIAN XUANBIAN（SHANG、XIA CE）

作　　者：中国海关学会
责任编辑：刘白雪
出版发行：中国海关出版社有限公司
社　　址：北京市朝阳区东四环南路甲 1 号　　邮政编码：100023
网　　址：www.hgcbs.com.cn
编 辑 部：01065194242-7521（电话）
发 行 部：010-65194221/4238/4246/5127/7543/4225（电话）
社办书店：01065195616（电话）
https：//weidian.com/? userid=319526934
印　　刷：北京天恒嘉业印刷股份有限公司　　经　　销：新华书店
开　　本：889mm×1194mm　1/16
印　　张：41.75　　字　　数：900 千字
版　　次：2021 年 11 月第 1 版
印　　次：2021 年 11 月第 1 次印刷
书　　号：ISBN 978-7-5175-0540-2
定　　价：420.00 元（上、下册）

《旧中国海关历史文件选编》（上册）编译委员会

序

中国近代海关长期由以英人为首的洋员管理，并长期以英文作为海关内部使用的主要文字。由于其公文档案管理制度严密，再加语言隔阂，长期以来，国人无法深入了解海关这个神秘机构。1929年梅乐和成为南京国民政府的海关总税务司之后，面对中国日益高涨的民族主义浪潮，他预料海关终究有一天会完全成为中国人的机构，为了取得对海关历史的发言权，他一方面设立海关图书馆，系统搜集和保存海关档案，尤其是1900年前被义和团运动摧毁的总税务司署档案副本，另一方面积极支持海关内部的数位外籍税务司研究海关历史问题。

魏尔特，出生于英国爱尔兰，1903年来华，进入中国海关工作，历任海关帮办、襄理稽查账目副税务司、总税务司署的汉文秘书科税务司、总税务司署机要科税务司等职。其所任多系总税务司署的要职，有接触海关内部机要文件和档案的便利机会，被梅乐和特意选中和栽培，成为海关历史学者之一，具体任务就是去搜集和编辑一套庞大的海关历史文件汇编。1937年3月17日梅乐和在《中国海关起源、发展及其活动文件汇编》（*Documents Illustrative of the Origin, Development, and Activities of the Chinese Customs Service*）出版前言中说，这套汇编包括以前只有海关中高级官员才能查阅的部分总税务司署通令，以及有关海关问题的公文、信函、备忘录等补充文献。这些文献中有些甚至是从英美国会中找来的，目的是为海关历史的正面评价提供证据，对“海关是什么、它的立场为何、它已完成了什么”等问题提供一套全面和清楚的论述。

《中国海关起源、发展及其活动文件汇编》可谓研究中国近代海关历史的一部系统的原始资料，共分成七大卷，在1937年至1940年间，由海关总税务司署统计科陆续印刷出版。前五卷是魏尔特从1861年至1938年间数千个总税务司署通令和机要通令中选择出来的具有代表性的通令。2003年时任中华人民共和国海关总署办公厅主任黄胜强同志组织了编译委员会，翻译了魏尔特所选通令，并增补编译了抗日战争时期、解放战争时期的有关通令，在此基础上出版了涵盖1861年至1949年的《旧中国海关总税务司署通令选编》五卷本丛书。但是，魏尔特所编七卷本中的第六、七两卷当时未翻译出版。

上述六、七两卷含公文、往来信函、备忘录等原始文献。自 2012 年起，中国海关学会正式立项开展“中国近代海关史料收集与研究”工作，并将第六、七卷的翻译出版列入其中，旨在与前五卷已译通令合璧组成完整的中文版本，为学术界深入研究近代海关史提供重要的学术文本，同时为海关文化建设提供宝贵的历史借鉴。

中国海关学会将第六、七两卷的翻译工作交由上海海关学会承办。上海海关学会接受任务后，立即与上海海关团委共同招募本关青年翻译志愿者参与此项工作。这一做法，获得总会的认可和赞许。翻译过程其实也是学习和积累的过程，通过翻译，志愿者既能提高英文水平，又能激发对中国近代史、特别是中国近代海关史的研究热情，为今后海关史研究储备专业人才，而这项工作本身也是对海关青年员工的爱国主义教育和海关意识的培养。

海关史是一个富矿，但目前开采的力度还不够。希望这两卷书的翻译，能为今后选译海关档案提供良好的范例，从而更好地推进中国近代海关史料的保管、开发和利用。

是为序。

2021 年 1 月

前 言

中国近代海关史是中国近代史的重要组成部分。从1854年至1949年，中国近代海关在其近百年的活动中形成了大量珍贵的文书档案和图书资料，为研究近代中国社会提供了翔实、可靠的原始资料。

由时任海关总税务司署机要科税务司魏尔特主编的《中国海关起源、发展及其活动文件汇编》（以下简称《汇编》）就是一部重要的历史资料。

《汇编》共七卷。在1937年至1940年间，由海关总税务司署统计科陆续印刷出版。一至五卷是魏尔特从1861年至1938年间数千个总税务司署通令和机要通令中选择出来的具有代表性的重要的通令。六、七两卷则是公文、往来信函、备忘录等原始文献。时任海关总税务司的梅乐和在出版前言中说，这套汇编包括了以前只有海关中高级官员才能查阅的部分总税务司署通令，以及有关海关问题的公文、信函、备忘录等补充文献。

七卷本《汇编》具有较高的史料价值，历来被专家学者所重视。陈诗启教授认为《汇编》是“研究中国近代海关史一部系统的原始资料”，并希望“有关学术机构能早日将其翻译面世”。

海关总署办公厅于2003—2007年分别组织编译委员会，翻译、编辑了上述文件选编的前五卷，以《旧中国海关总税务司署通令选编》为题出版了五卷本丛书。2012年中国海关学会正式立项开展《汇编》第六、七卷的翻译出版工作。现以《旧中国海关历史文件选编》（上、下册）为题出版发行。旨在与前五卷已译通令合璧组成完整的七卷本《汇编》中文版，为学术界深入研究近代海关史提供重要的学术文本和宝贵的历史借鉴。

中国海关学会将第六、七两卷的翻译工作交由上海海关学会承办。上海海关学会接受任务后，在关领导的支持和有关部门的大力协同下，招募、组织了上海海关30多名青年翻译志愿者开展此项工作。几年来，志愿者们克服诸多困难，付出了艰苦的努力，想方设法完成翻译工作任务。开始时大家对近代海关复杂的历史背景、众多的人名地名、陌生的专有词汇、特殊的语言风格等都不大熟悉了解。面对困难和挑战，大家开动脑筋，通过各种途径查找、下载或购买有关参考资料和书籍；为弄清楚一个词语、一个人名或一段文字，有时需要反复查阅资料，并请教相关专家学者；大家还互帮互助，切磋讨论、共解难题以不断完善译稿。复审小组还按文种、常见词汇、人名、船名等高频次词汇组织编写、制作了《第七卷翻译词汇表》等 5 份参考资料，共完成了 1200 页、196 篇、38 万字的翻译量。

本书在翻译过程中还得到了有关专家的热忱帮助。中国人民大学历史系叶凤美教授，中国英汉语比较研究会会长、华东师范大学潘文国教授，美国华盛顿大学传播学俞璟璐博士，南京第二历史档案馆孙修福研究员，中国海关学院姚永超副教授等为本书的翻译工作倾注了心血。

水平所限，本书难免存在错讹之处，敬请专家和学者赐教。

2021 年 5 月

编译说明

一、魏尔特主编的原书名为 *Documents illustrative of the Origin, Development, and Activities of the Chinese Customs Service*，共七卷，国内多译作《中国海关起源、发展及其活动文件汇编》。本套书为原书的第六、七卷，现定名为《旧中国海关历史文件选编》（上、下册）予以出版。其中，第六卷为总税务司署上海造册处于1938年奉总税务司令公布的公文、信函、备忘录等（1842—1901）；第七卷为总税务司署上海造册处于1940年奉总税务司令公布的公文、信函、备忘录、索引等。

二、本书译文版式编排尽量保持原书样式，目录按原书目录进行翻译编排，信函等的格式未按照中文习惯进行调整；原书为斜体的部分，本书译文仍保留斜体。

三、本书中的非原书注释内容标明“译者注”，其余脚注均为原注。

四、本书部分译文参考或引用了相关资料内容，均在“译者注”中予以说明。

五、本书涉及的专有名词（人名、职务名、地名、公司名、船名、海关术语等）的译文参考有关档案资料，暂未查证或不宜音译的部分词汇，保留了英文原文。

六、原书中收录了部分中文内容，编译时将竖排改为横排、繁体改为简体并添加标点符号；繁体字转换为简体字后，部分文字保留繁体字、本体字的同时，括注加上简体字、常用字；部分文字缺失，为了便于读者理解，括注补缺。

七、原书中在部分文函后有“True Copy”“True Translation”等字样，为当时核对者、翻译者留下的“×××翻译”“×××核对无讹”字样，本书予以略去，未翻译。

八、本书中的货币单位“元”，情况比较复杂。从晚清至1919年（民国八年）前后，“元”一般指墨西哥银元，也称鹰洋。之后多指民国政府自铸银元。

九、本书中的“洋药”为“opium（鸦片）”的译称，中文原文或参考其他书的，仍保留“鸦片”用法。

十、本页后为原书内容译文（除“译后记”外），包含原书目录、致谢词、正文；未包含原书勘误表、附录及法语脚注、部分脚注与边注等。

目　录

上　册

1842 年

1843 年

1847 年

1851 年

1853 年

1854 年

1858 年

1859 年

1861 年

1862 年

1863 年

1864 年

1867 年

1868 年

1869 年

1870 年

1871 年

1872 年

1874 年

1876 年

1878 年

1881 年

1884 年

1885 年

1887 年

1890 年

1894 年

1896 年

1898 年

1899 年

1901 年

下　册

1843 年

1854 年

1856 年

1859 年

1860 年

1861 年

1862 年

1863 年

1864 年

1865 年

1867 年

1868 年

1875 年

1879 年

1880 年

1883 年

1885 年

1887 年

1902 年

1903 年

1904 年

1906 年

1907 年

1915 年

1917 年

1918 年

1919 年

1921—1922 年

1923 年

1924 年

1926 年

1929 年

1931 年

1932 年

1933 年

1934 年

1935 年

1937 年

致谢

承蒙英国外交部允准查阅 1886 年以前的档案并公布上述摘录，承蒙英王陛下国家文书出版署署长允准复制英国议会蓝皮书的部分节录，谨此致谢。

相关摘录的出处详见相应脚注。

< 1842 年

《南京条约》[1][2]

第二款

自今以后，大皇帝恩准大英国人民带同所属家眷，寄居大清沿海之广州、福州、厦门、宁波、上海等五处港口，贸易通商无碍；且大英君主派设领事、管事等官住该五处城邑，专理商贾事宜，与各该地方官公文往来；令英人按照下条开叙之例，清楚交纳货税、钞饷等费。

第十款

前第二条内言明开关俾英国商民居住通商之广州等五处，应纳进口、出口货税、饷费，均宜秉公议定则例，由部颁发晓示，以便英商按例交纳。今又议定，英国货物自在某港按例纳税后，即准由中国商人遍运天下。而路所经过税关不得加重税例，只可按估价则例若干，每两加税不过　分[3]。

---

① 海关出版物：《杂项类》第 30 册：《中外条约、协定等》（第 2 版，共两卷），1917 年上海版第 1 卷，第 352、355 页。
② 译者注：本译文参考《中外旧约章大全》编委会：《中外旧约章大全》（上），中国海关出版社，2004 年，第 73 页。
③ 译者注：此处英文原文为“…not exceed　per cent.”，故译文保留空格。

1843 年

《虎门条约》[①][②]

第十二款

则例船钞各费既议定平允数目，所有向来英商串合华商偷漏税饷与海关衙役私自庇护分肥诸弊，俱可剔除，英国公使曾有告示发出，严禁英商，不许稍有偷漏，并严饬所属管事官等，将凡系英国在各港口来往贸易之商人，加以约束，四面查察，以杜弊端。倘访闻有偷漏走私之案，该管事官即时通报中华地方官，以便本地方官捉拿，其偷漏之货，无论价值、品类全数查抄入官，并将偷漏之商船，或不许贸易，或俟其账目清后即严行驱出，均不稍为袒护。本地方官亦应将串通偷漏之华商及庇护分肥之衙役，一并查明，照例处办。

璞鼎查爵士关于英国领事对于中国海关的职责一事致阿伯丁勋爵函摘录[③]

阅读本函中一两份附件时，本人已注意到，若是粗略翻阅，或许会以为本人有意让女王陛下各口领事个人承担中方征税及查禁走私之责，但本人实无此意。各口领事应按章程规定责成所有英国商船船主遵守该口定规，非经该口地方官通知其手续具结，领事不得发还船舶单证准其启航。本人相信若无此制衡，贸易将永无昌盛之日。

---

① 《中外条约、协定等》第 1 卷，第 395 页。

② 译者注：本译文参考《中外旧约章大全》编委会：《中外旧约章大全》（上），中国海关出版社，2004 年，第 89 页。

③ 英国外交部档 17/66：1843 年 3 月 25 日璞鼎查致阿伯丁第 24 号函。

英国驻华全权公使璞鼎查爵士关于走私问题致两广总督祁𡎴之照会及1843年4月16日祁𡎴之复照①

1843年4月13日于香港总督府

本公使私下获悉，在当地海关衙役纵容下，目前广州进出口偷漏走私极为猖獗。窃恐此事为阁下闻知后，或误以为本公使同意或赞许此种明显有损合法贸易又使帝国国课蒙受巨大损失的行径。恰恰相反，为避免误会，本公使有幸在此向阁下保证并正式申明，此类行径与本国政府及本人意愿完全相悖。本公使乐意采取一切与职分相称的措施与阁下共同制止此类恶行。无须赘言，本公使曾向钦差大臣及其他中华地方官再三阐明，查禁走私必须倚靠中国海关秉公执法，英官、英人、英船皆不可参与其间。尽管本公使强烈谴责此等卑劣可憎之行径，但处置此事本人职分有所不宜。

此照，顺祝安康！

（签名）璞鼎查

致两广总督祁𡎴阁下

广州

太子少保祁𡎴复照如下：

全权公使阁下三月十四日（公历4月13日）来照尽悉，足见贵公使维护和平敦睦之愿望，读之不胜仰慕。

关于粤海关监督②手下胥吏及其属员受赂纵私一事，本督不敢断其必无。作为总督，本人已令粤海关监督树以严例，俾永绝此类恶行。至于英商，品行端正之人固有，宵小之徒混厕其间亦难免，其数恐达十之一二。本督深信阁下作为公使定然不致庇护纵容走私。但仅凭一人耳目难周，监督若有疏漏，则走私必生。如今两国敦睦友好，本督一如既往恳请公使阁下严饬英商，禁勿为胥吏、属员所诱串合偷漏。现两国既已约定会商税则，本督诚望全权公使阁下拟定条规草案，载入约章以为永久指南，藉以共同查察、防范上述

① 英国外交部档17/67：《澳门月报》1843年12月号，第271-272页。

② 译者注：英文为Hoppo，当时外国人称粤海关监督为Hoppo（“户部”音译）。

弊窦。

岀此奉复，敬叩

台安！

道光二十三年三月十七日（1843年4月16日）

致璞鼎查爵士阁下

1843年4月15日英国驻华全权公使璞鼎查爵士发布关于走私问题之公告①

本月13日，从男爵、巴斯大十字最高级勋章爵士、英国女王全权公使、英国驻华商务总监璞鼎查阁下深表遗憾，并秉持坚决不予认可之立场照会两广总督阁下（并随附英文本一份）。今日以女王陛下之名义，并代表女王陛下及大英帝国政府特此公告以传达周知。

据目前所知，本公使尚无法列明在海关衙役纵容下参与这种令人不齿的大规模走私活动的个人、商户，甚至其所属国家，但若忽视或放纵走私，那不仅将迅速削弱并摧毁现有一切合法贸易之基础，将来为构筑坚实、有序、公正的合法贸易体系所作之安排及努力亦可能付诸东流。然本公使仍期望有朝一日能有权公布那些人的名单，无论他们是哪国人，公众自有公论，届时指明其国籍也就没有必要了。

目前，本公使对制约上述英人的不端行径仍感力不从心，对此仅能表示遗憾。但本公使坚信钦差大臣（伊里布之继任者）到任后，定会协同广东地方官采取措施，让所有走私参与者（无论外国人还是中国人）付出代价。本公使在此先行宣布，愿在合法前提下提出建议并协助中国官员采取一切措施根除此类恶行，尤其是将所有英国走私者及其大小船只从粤江②上驱除。本公使同时宣布，上述走私者及其大小船只在香港港口及水域不受保护。天佑女王。

女王陛下全权公使璞鼎查

1843年4月15日于香港总督府

---

① 《澳门月报》1843年12月号，第224页。

② 译者注：珠江旧称。

璞鼎查爵士关于中国当局查禁走私的职责致阿伯丁勋爵函摘录[①]

无须赘言，本公使曾向钦差大臣及其他中华地方官再三阐明，查禁走私必须倚靠中国海关秉公执法，英官、英人、英船皆不可参与其间。尽管本公使强烈谴责此等卑劣可憎的行径，但处置此事本人职分有所不宜。

女王陛下驻华全权公使璞鼎查爵士发布关于洋药贸易之公告及 1843 年 2 月 24 日英国枢密令[②]

公告

本公使获悉，有人拟将载有洋药的船只驶入中国约开口岸，并要求藉新定税则末款对未列明货物按值百抽五放行的规定准予上述洋药进口。本公使藉此公告向有关人士指出：众所周知，中国律例诏令严禁洋药作为货物输入，任何人如此行事当自负其责。若系英民，女王陛下领事或其他官员均不予支持袒护。

此公告将译作中文发布，以免有人借口未曾知悉。

天佑女王。

璞鼎查

1843 年 8 月 1 日于维多利亚总督府

---

① 英国外交部档 17/67：1843 年 4 月 17 日璞鼎查致阿伯丁第 34 号函。

② 《澳门月报》1843 年第 12 号，第 446 页。

枢密令

女王会同枢密院颁

1843年2月24日于白金汉宫

先王威廉四世临朝之第三、第四年间所召集的议会会议通过之《对中国、印度贸易管理法案》中规定，为保障大英帝国利益，英王陛下有权会同枢密院以训令或委任状的形式授予法案中所述所有或任一监督以下权力：对英民于大清皇帝统治疆域内通商实施管理；就管理通商各事及上述疆域内的英民制发告令；对违反此类告令或规章者按前述命令具体列明之方式处以罚款、没收或监禁。

因此，经枢密院提议，女王陛下会同枢密院特此下令：禁止英民前往中国皇帝管辖下除广州、厦门、福州、宁波、上海外的口岸以及英军可能占领之地以外各处通商；违反上述禁令的英民，由英国记录法院或殖民统治区法庭审判，酌情处100英镑以下罚款或3个月以下监禁；若条件允许，此令引发之诉讼均应适用英国法律。此外，女王陛下国务大臣阿伯丁伯爵阁下、斯坦利勋爵阁下、财政委员及海军部委员将依各自职责就此作出必要指示。

< 1847 年

1847 年 9 月 17 日关于用英船沿海装运华商货物之公告[①]

奉女王陛下全权公使阁下饬令，现将随附照会公布。照会称中国钦差大臣准其臣民使用英船装运货物。

（签名）参逊

1847 年 9 月 17 日于香港维多利亚

钦差大臣耆英复德庇时爵士照会[②]

钦差大臣耆英就公使阁下七月二十日（公历 8 月 30 日）关于厦门商人租用英船装运货物一事来照复照如下：

来照尽悉，本大臣以为洋商通常用洋船运货，华商则用民船运货，如此便于海关查验进出口货物，国课亦不因走私受损。

然阁下来照言之甚是，称若禁止华商用英船运货必有碍通商，且华商与新加坡商人极其相似。因此，两国应当采取措施着手安排不再禁止华商用英船运货。照此安排，英船须完纳船钞，华商则自行缴纳税饷。但英船船主不应为华商代办任何事项。这样或能公平贸易，亦无碍税饷征收。

相信公使对此与本大臣持相同观点，恳请阁下斟酌后赐复。

此复，以颂祺安。

道光二十七年七月二十七日（1847 年 9 月 6 日）

---

① 英国国会档：《对华贸易规章及 1847 年发布的公告》，第 35-36 页。

② 译者注：本书中此类照会等凡有中文原件的则照录并注明出处，凡未找到中文原件的则由英文移译。

德庇时爵士复钦差大臣耆英照会

1847 年 9 月 10 日

（摘录）

阁下关于用英船装运货物一事来照收悉。

阁下提议两国应当采取措施着手安排不再禁止华商用英船运货，此议甚公。此举将有助通商、增进友谊并遏制走私。

按条约规定，无论货主为何人，每艘英船都应缴纳全额船钞。未缴清前，领事不准其贸易。

不论货主是欧洲人还是华人，所有货物的关税未缴清前，领事同样不准任何英船离港。如此偷逃断无可能。若关税循例缴纳，则无论货主为谁皆无区别。领事对此完全知悉，船只一旦进港断无可能逃避领事监管。

1851 年

英国领事当局停止介入中国海关事务

英国外交部

1851 年 6 月 18 日

先生：

奉巴麦尊子爵命，谨对阁下今日来函答复如下：文翰爵士已照上月专函向中国钦差大臣声明，既然中华地方官无意为大清皇帝尽职防止国课流失，那么英国政府也不能再要求其领事越俎代庖，去做其臣子都认为不必行之事。因而，英国领事当局将不再介入与保障国课有关之一切事务。同时该函进一步明确，文翰爵士已受命采取一切其认为必要的措施贯彻英国政府意图。

您最恭顺的仆人

（签名）阿丁顿

致伯奇从男爵

考克斯饭店[①]

① 译者注：原文为 Cox's Hotel.

1851年8月19日英国驻上海领事阿礼国先生关于英国领事当局停止干预中国海关事务之布告及1851年8月16日上海道台吴健彰发布之《海关章程》[①]

英国驻上海领事馆

1851年8月19日

所附为大英领事奉女王陛下政府训令致署理道台吴（健彰）之照会副本，特此通告英国商界。

即日起英国领事当局将停止为保障中国国课征收之一切干预，希望中国海关当局能够独立负起公平征税之职责，同时更积极有效地管理本口通商事务。

但是英国政府亦要求（中方）在任何情形下，对英商与其他洋商应一视同仁，一体适用各项约束与章程，不应以国籍船籍不同区别对待。以此为原则，日后本口海关监督可自由行使条约赋予之权力，在不违背条约其他规定并公平对待所有商户的前提下，采取一切必要措施防范偷逃走私，大英领事不再干预。

所附致道台照会中业已明确，即日起船只到口经领事申报后，除非双方投诉争议无法自行解决，所有海关手续皆由商户与海关自行处理，领事不再介入。

出口货物舱口单中必填项目仍须至领事馆处填具完毕，但不作移交海关之用。货主须自行向海关办理船只结关手续并申领红单，交至领馆并与海关监督处直接移交之副本比对，一经通过，若无其他扣留事由，船舶单证连同红单即予发还准其离口。

由于某些海关办事程序及有关货物装卸、船只结关的章程似有修改之必要，署理道台吴（健彰）阁下已正式照会英国领事传达新定《海关章程》，并通知其将即刻生效。兹将新定《章程》官方译本附后，供英商界周知遵照。

（签名）阿礼国领事

致上海英商界

---

① 《北华捷报》第56期，1851年8月23日。英国外交部档228/151；1853年9月14日阿礼国致文翰第68号函附件。

阿礼国领事照会如下：

近奉女王陛下政府训令，五口领事今后准许英民一体参照美国公民及其他国家国民之待遇自营通商。本口英国领事为保障中国国课征收所做一切干预即告终止。阁下作为海关监督，须全权负责采取一切必要措施管理海关税费征收事宜，勿再寄希望于从领事处获取走私违规之线索。

贵道台阁下必定明白，英国政府并不求为英商谋取任何特权，唯主张英商应依约享受与他国商人同等之待遇。因此中国官员不得照准或纵容他国洋商偷逃关税而对英人另行法度。

英国政府作此决定之初衷已由大英全权公使于广州告知钦差大臣徐广缙阁下，故无须就此事再于细处叨扰阁下。本人只需在此正式照会并请阁下将本口《海关章程》须修改之处（料些许而已）告知本人。根据去年 9 月麟桂阁下颁行之《海关章程》，一切涉及出口的航运业务均由商户自行至海关办理，领事不得干预。如今，该规定也须同样适用于进口业务办理、船只纳税结关以及发给红单等事项。

外国领事当局须向贵道台阁下递交进口货物舱口单明细，此事已成惯例。只要他国继续照办，本人也定会为阁下核查英船进口货物提供便利。

因此，在船只到口及时申报并转交进口货物舱口单之后，本人只需留置船舶单证，待见有红单证明关税付讫船只可自由离口时即予发还。

在船只到口申报至最终离口期间，只有当海关与商户存在争议且无法解决之时，英领事当局方可介入调停干预。

贵道台阁下先前几封照会中所述《海关章程》中提议修改及已修改之处，本人未作明确答复。关于《海关章程》现即以此照会为准，阁下此前照会自不必再提，望阁下理解。

1851 年 8 月 14 日于上海

致署理上海道台吴（健彰）阁下

署理上海道台吴（健彰）复照如下：

来照收悉，本道台已获知阁下近奉女王陛下政府训令，五口领事今后准许英国臣民一体参照美国公民及其他国家国民之待遇自营通商，终止本口一切为保护中国国课之干预、《海关章程》若有需改动之处即刻告知阁下等事。

收照后制定其他规章以调整海关相关制度从而应对由此可能产生之问题乃本道台职责所在。随照敬附新定《海关章程》（见附件），望阁下通告英商界以为遵照。本道台已向驻本口之他国各领事送达该章程副本以供发布。

此照。

咸丰元年七月二十日（1851年8月16日）

致大英领事阿礼国先生

海关章程

一、*船舶到港申报*　船舶到港后须照旧依据条约规定经由领事申报。船方须向海关申请书面准单后方可开舱卸货。领事一旦发现先于准单签发遽行开舱之行为，即可依条约予以处罚，此等非法起卸及驳运之货物将予查抄入官。

二、*进口货主各自申报*　开舱单送达船方后，货主须分别向海关递交书面清单，详细开列件数、货色等项，待发给相应书面准单后方可起卸。一旦发现无准单遽行起卸或驳运，或卸货数量与清单及准单所列不符，所涉货物悉数查抄入官。

三、*货物出口申报*　出口货物申报方式与进口货物相同。船方申请并取得装货准单后，发货人须分别向海关递交书面清单，详细开列货物品名、件数等，待收到书面准单后方可装船。一旦发现无准单遽行装运，或所装货物品名、数量与准单所列不符，所涉货物悉数查抄入官。

四、船舶离港申报　船舶装货完毕，船方须向海关递交书面舱口单，详细开列出口货物品名、数量、单件重量及总重。

五、*凭货单执照支付税款*　外商购买丝茶出口须由供货华商开具分卡货单执照，凭以向官办银号缴纳关税。若无法出具，则银号依令拒收税款，亦不发给号收。分卡关员不得借签发该执照需索分毫，违者严惩，被索者可随时举报。

六、*支付税款*　船方及货主在海关处结算所有船钞及进出口税款账目后，须至官办银号缴款，并将银号发给之号收直接交至海关，毋庸照以往办法由领事收转。若有误解可照旧提请领事介入。

七、*离港船舶结关*　海关核实进、出口舱口单无误且一切钞、税完清后签发一式三份红单并载明钞、税金额。一份发给商户，一份送交领事，一份留关存档。领事见单即发还船舶单证，令行出口。

八、*日落后装卸货物视为走私*　装卸货物须于日出至日落期间进行，天黑即止。若有天黑后装卸之必要，须向海关监督申请特发专单，获准后方可进行。有违此规者视同走私，所涉货物悉数查抄入官。

九、驳船查稽 派驻码头之关吏有权在必要时就船名、往来地、货物所属商行、件数等质询卸运货物驳船船主。船主须据实回答，若其拒绝回答、答不知情抑或关吏存疑，驳船将被移至海关码头细查。若查实确有欺瞒行径，驳船查抄入官。船主为华人者交由中方惩处；为洋人者由海关监督通报领事查处并禁其从事驳运业务。关吏严禁无理妨碍或无故扣留，违者严惩。

十、走私罚则 当下为树立权威、防范偷逃，关吏尤须加倍警惕、从严执法，为此布告周知：今后凡查有走私，海关监督将照章严罚，绝无通融余地。凡查实之走私货物，无论其属何人何国，一律悉数查抄入官。

< 1853年

1853年9月9日英国驻上海领事阿礼国先生发布关于实施船舶结关暂行章程之布告[①]

英国驻上海领事馆

1853年9月9日

本月7日黎明前，一群武装人员由北门攻占上海县城。当局倒台、知县被杀，武装人员随即控制该城至今。海关及其他官署或被捣毁或被洗劫，该城目前处于无海关，亦无履职衙门之状态。县城部分地区遭洗劫，而捐赋照收不误。占领县城的武装人员来自多省，彼此争权，尤以广东、福建两帮为甚，流血冲突一触即发。

如此情势，租界内的财物安全堪忧。本领事收到诸多呈请，均不顾更大的风险，以目前缺乏安全及再行滞留将蒙受损失为由急切敦促本人为载有价值不菲货物的英船离口提供方便。

与此同时，颇多言论多少有些说服力。他们提出，当前条约在本口已被搁置、通商章程已形同虚设，在此情形下，船只离口为何还需授权？本领事认为正是在此情况下，有必要直面这些呼吁，对于要求采取措施减轻武装冲突对本口通商产生严重不利影响之建议，尤其是那些呼吁无视规章任意为之的要求，简明扼要地表明自己的立场。

有人称：因负责执行条约的政府已不复存在，条约于本口已名存实亡，海关的权利及主张也不复存在，故而再无遵章纳税之义务。对于这点，只要看看中国政府所拥有的广袤疆土，一切便不言自明：中华帝国海岸线上一个单独的海港沦陷绝不足以废止大英与大清两国间订立的庄严条约。即便有约一方由于暴动或暴力发生暴乱导致一时难以完全履约，双方此时的义务也应存续。一方政府由于内乱所扰不能正常运作，若另一方趁机无视对方权利，岂不有违彼此互信之共识？此为女王陛下政府及其公使所持之观点，不容置疑。故领事当依旧以条约为遵照，并确保在此乱局中采取的任何措施都不侵犯中国政府之权益。

另有人称：纵使采取某些措施来保障英船所涉税款不至流失，也无力确保针对他国船只也采取类似措施来处理贸易和关税事宜，英商较之同行及竞争对手便处于不利地位，必然蒙

① 《北华捷报》第164期，1853年9月17日。英国外交部档97/99：1853年9月26日文翰致克拉伦顿的第100号函。

受损失以致困难重重。事实确实如此，其他有约各国领事在此非常时期采取何种其认为合理之措施，本领事无权干涉。但本领事亦无须比照他国采取一些于本人看来实为不妥之做法。以上声明乃本领事职责所在，但本领事亦希望各国领事能够在忠实履行现有条约义务、缓解通商困局的具体办法及条约赋予中国政府之权利等事项上达成一些共识。

支持或反对中止条约及通商章程效力的主要观点如上所述。现只待本领事说明在本口海关及一切合法当局缺位局面仍将持续多长时间尚不明了，各方利益大为受损的情况下将采取何种措施。

条约规定船只须在完纳税款且海关监督签发红单后方可起锚。验明红单后，英国领事即“发还船舶单证，令行出口”。针对当前这种既无海关机构核查货物起卸装运，亦无海关监督征收关税签发完税红单的特殊情况下，条约及领事所奉训令中均无相应内容可供遵照。简而言之，未见唯海关监督有权签发之凭证，领事便无权发还船舶单证准船离口。若变通行事，则责任全在该领事一人。此责不仅重大且为两重：一须厘清应缴税款数额，二须确保税款已支付。

因此显而易见、无可争辩的是，若要本领事同意承担此未经授权的职责，则只能由本领事自己来明确担此重责的条件。若有人反对本领事的条件，则可选择拒绝遵从，继续将船舶单证交由领事留置，待见海关监督签发之红单方予发还，其间一切后果自担。

为应对当前非常时局而采取之任何善意变通，若要不违背条约，则须具备两个要件：一是依照税则核实应缴数额，二是确保税款按时完清。望诸位理解，本领事准备推行之暂行办法乃是基于上述两点在负责计定与收取税款的海关缺位期间依然能得到有效落实的前提之下，且仅当本领事认为此二者能够落实之时，才愿担起此等重责。现在起卸货物没有关吏在场检查、核实与监管，倘若申报之准确性存疑，则若有其他更好的方式，单凭这种简单申报是无法令人满意的。有关各方应知晓，自 7 日晨起，货物起卸已无官方监管，在此条件下出具的舱口单，其真实性若有核实之必要，任何人不得拒绝。任何前期已在海关监管下起卸完毕之货物，只要能证明之前已由海关予以验放，则其申报一律予以认可。

若不输纳现银，则税款支付将成为本领事承担的一个更严峻的重责。据女王陛下全权公使正式声明及其所奉训令，公使认为除非财物安全确系无从保障，风险未为可知，才可以保结替代现银缴付税款。然而公使依据目前其可知的信息，认为在本城被来路不明的武装人员占领（苏州情况亦类似）的情况下，坚持要求以现银完税无异于宣布船只须待秩序重建之后方可离口。除非在承担起核查船货及其应税金额这项令人厌烦的任务的同时做好准备接受另一项更为艰巨的任务，即收取保结替代现银，否则前一项任务便毫无用处。本领事希望能两者兼顾，唯有如此才能避免船只长期滞留导致巨额财产损失，条件如下：

海关行政停顿期间船舶结关暂行章程

一、船方须向本领馆提交书面报单，载明所有进口货物货主及出口货物发货人。

二、所有进口人或发货人须书面申报货物数量、品名及件数。若影响税额，重量与货值亦须一并申报。

三、若上述申报内容准确性存疑，则须按领事要求呈递单据或文书以资佐证。

四、船方须呈递开列货物细目及船货应缴各税之总表，该表须与进口人和发货人之申报各单内容相符，并包含船钞项目。

五、据此计定之进口人、发货人及船方应缴各税均应交至本领馆。既可以如交至海关银号一般以现银输纳，亦可提交给海关监督的上海40日限期汇票（尚待女王陛下政府核准）。

六、上述手续完备，经领事许可，船方即可申领船舶单证并加盖领事签印的结关准单凭以自由离口。

（签名）阿礼国领事

致上海英商界

1853年9月9日美国驻上海副领事金能亨先生关于实施船舶结关暂行章程之布告[①]

美国驻上海领事馆

1853年9月9日

本领事在此通告美国公民、美船所载货物的货主及发货人：鉴于管理通商之海关行政陷于停顿，且无其他受认可的机构履行关税征收职责，本领事认为有必要履行《望厦条约》所赋予之义务，采取措施确保在海关缺位期间美船应缴关税足额完纳。本决定依据源自《望厦条约》第二款“合众国来中国贸易之民人所纳出口、入口货物之税饷，俱照现定例册”。

此声明无任何保留或限制性条款，在条约存续期间任何情况下均予适用。

本领事在此发布以下章程，领事仅可依照此章程才可在未见红单的情况下发还船舶单证

① 《北华捷报》第164期，1853年9月17日。1853年《美国对外关系文件集》：1853年11月26日马沙利致马西函。

准船离口。同时本人建议所有美船租舱位时附加一项条件，约定必须严格按此章程行事，若有任一发货人拒绝则必然导致船只滞留。

本领事有幸告知：美国驻华专员马沙利先生全力支持，同时该章程与英国领事采用的章程类似。

海关行政停顿期间船舶结关暂行章程

一、船方须向本领馆提交书面报单，载明所有进口货物货主及出口货物发货人。

二、所有进口人或发货人须书面申报货物数量、品名及件数。若影响税额，重量与货值亦须一并填报。

三、上述申报内容准确性若存疑，则须按领事要求呈递单据或文书以资佐证。

四、船方须呈递开列货物细目及船货应缴各税之总表，该表须与进口人和发货人之申报各单内容相符。

五、据此计定之进口人、发货人及船方应缴各税均应交至本领馆。既可以如交至海关银号一般以现银输纳，亦可提交给海关监督的上海 40 日限期汇票。

（签名）美国驻上海副领事金能亨

致在沪美国公民及美船所载货物之货主及发货人

1853 年 10 月 24 日美国驻上海副领事金能亨先生关于承认道台所设水上海关之布告①

美国领事馆

1853 年 10 月 24 日于上海

奉美国驻中国专员马沙利阁下之命，本副领事已照会海关监督吴道台（见附件）请其尽快答复上一封照会，正式承认其有权向美船征收国课，并向其询问供办理手续之海关将设于何处。

① 《北华捷报》第 171 期，1853 年 11 月 5 日。

本领事在此向本国同胞公布照会内容并告知各位《暂行章程》将于本月28日晨起废止。本人亦希望在废止之日前能将海关恢复办公的消息及办公地点告知各位。

根据致吴道台的照会可知，已完成部分货物装载的船只可选择按《暂行章程》结关，也可选择至海关办理。为执行此条规定，建议有此类情况之货主于28日早晨之前将有关情况告知本副领事。

（签名）美国副领事金能亨

1853年10月24日于上海

本领事在致阁下的上一封照会中请阁下告知征收关税的官员将于何处办公，但至今未收到复照。

贵道台理当知晓，本领事经美国专员马沙利批准施行的暂行办法纯属应急之策，绝非意在让美国官员长期代为征收帝国国课。此举在时间上绝不应超过贵国官员排除干扰、恢复征税之力所需的短暂时日。

目前混乱时局已告一段落，贵道台亦在此间拥有足够强大之军力保证。就重新履职一事，阁下已告知本领事，总督也已告知美国专员。

本领事不再为阁下代征税款，尤因此举将传达一个错误信息，即凡出现贵国官员不便或无法正常行使职权的情形，在华美国当局即可接管美商纳税事宜。

最近采取的措施均属应急之策，绝无越俎代庖之意。

本领事认为目前时机业已成熟，应通告我国同胞先前的暂行办法即告终止，今后必须前往阁下指派官员之办公处所办理海关手续。

本人将延迟三日宣布暂行办法废止以待阁下答复。相信阁下将会在答复中告知办公地点。

为避免已遵照《暂行章程》刚开始装运之船只相比那些已装运完毕的船只处于不利地位，本人将准予前者自主选择结关方式：既可按《暂行章程》结关，也可至阁下之海关办理。对选择后一种方式的船只，则须如其他所有船只一样，由阁下全权负责关税征收事宜。

（签名）美国驻上海副领事金能亨

致吴道台

美国领事馆

1853 年 10 月 28 日于上海

本副领事在此通告美船船方，本人已接到吴道台通知，当前负责征税的官员正在泊于外国人租界对岸的两艘中国兵船上办公，船上悬挂有海关旗帜。

（签名）美国副领事金能亨

1853 年 10 月 29 日法国驻上海代领事爱棠先生关于准许法国船只免纳税款进港及结关事宜致部分在沪洋行函[1]

法国驻上海及宁波领事馆

1853 年 10 月 29 日于上海

先生们：

今日来函敬悉，函中诸位询问：“若有货物由法国船只装运，目前本人是否承认本埠存有海关，若有，位于何处。”

首先，想必诸位能够谅解，由于众所周知的原因，本领事直到此刻才就这一问题作出答复。本人数位可敬的同僚现正忙于处理这一问题。他们富有经验、才智过人，比本人更有发言权，且此事利益攸关，所以实际上这一难题的决断有赖于他们。

现在已不容本人对诸位的请求再作保留，在此答复如下：

本领事予以承认之本口唯一合法的中国海关已被其国人捣毁，在其重建完毕，且依约征税的机构得以恢复并被认可前，本人认为自己完全有权允许法国船只无须完纳税款进出。

请诸位相信本领事高度关注此事。

（签名）代领事爱棠

① 《北华捷报》第 172 期，1853 年 11 月 12 日。

致琼记洋行
同珍洋行
广源洋行
哗地玛洋行

1853年11月28日英国驻上海领事阿礼国先生关于拒绝承认道台所设水上海关之布告[①]

1853年11月28日于上海

英国驻上海领事阿礼国照会如下：

阁下10月26日关于将两艘船作为临时海关之用，及要求认可目前征税等海关事务暂时在船上处理一事之照会本人已于11月1日回复。现奉驻华全权公使训令宣布：在具备相应的口岸业务处理和货物起卸保护能力的真正的海关得以设立前，驻华全权公使不认为阁下有权征收任何税款，但鉴于此事关系重大，现已呈请女王陛下政府核示。

同时，上海县城被占后我方立即制定了《暂行章程》以保障自当日起装卸货物之英船完纳税款。中方若要取得该税款，则须建立在不损害海关及英商双方利益的基础之上。本人必须告知阁下《暂行章程》将继续有效，并将严格执行。

谈及税收事宜的同时，本领事也借此确认已收到阁下本月27日关于在当前本省混乱局势下出入内陆货物通行及保护事宜之照会。

阁下告知本领事，总督及巡抚阁下有令：南北两关卡业已重设以复查货物，所有（通常需在）海关（纳税）之货物在通过内陆关卡或西面关卡[②]时，须递交阁下以海关监督名义签发之文书，并据此查验放行。英商将布料、毛料等运往苏州或者其他地方销售，需通过领馆向阁下申请获得一张证书或通行证，这样才能在很大程度上避免不便或扣货。

对这一在当前形势下为方便沿海货物往来所作之暂行安排，本领事毫无异议。但须明确，收取这些单证的要求不能作为违反条约在内陆关卡对货物任意征收关税和其他各项费用的借口。以此为前提，本领事将把总督及巡抚阁下传达的阁下命令及获取上述通行证之必要步骤

---

① 《北华捷报》第175期，1853年12月3日。（译者注：原文为Notification，此处译作布告，文章内容实为阿礼国致吴健彰的照会）

② 译者注：指江海关因小刀会战事陷于瘫痪后吴健彰在白鹤渚、闵行镇设置的两处临时关卡。

通告本国商人。

此照。

（签名）领事阿礼国

致吴道台

1854年

1854年1月20日美国驻上海副领事金能亨先生关于准许美国船只免纳税款进港及结关之布告①

美国领事馆

1854年1月20日于上海

本副领事特此通告在沪美国公民：奉美国驻华专员阁下令，只要当前中国仍然允许其他国家的船只无须申报完税便可出入港口，则本领事将不再要求离口美船出示中国海关红单即可发还船舶单证。

待海关章程施行于所有其他国家船只之时，才可要求美船一体遵照。

此举乃是基于《望厦条约》第二款中规定美国公民所享有的最惠国"一体均沾"之条款。

美国副领事金能亨

致在沪美商

1854年1月30日英国驻上海领事阿礼国先生关于询问正规海关机构何时设立一事致上海道台吴健彰阁下之照会②

英国驻上海领事馆

1854年1月30日

阁下：

阁下早在去年10月率军重返上海后便告知本领事，地方大员已授权阁下使用常州督粮通

① 《北华捷报》第183期，1854年1月28日。

② 《北华捷报》第184期，1854年2月4日。英国外交部档228/176：1854年2月2日阿礼国致文翰第10号函。

商官官印征税。

12 日阁下要求本领事交付去年 9 月 7 日上海被占时部分已几近装运完毕的英国船只所欠税款，并提出本领事应代阁下负起自当日起的征税之责。

本领事曾告知阁下，本埠海关被毁后，本领事已拟定《暂行章程》，规定英商须向英国领事馆呈报其应纳进出口税额并保证如数缴纳，本人同时表明，此章程已由商务总监转呈女王陛下政府，待其核准前本人无法交付所欠税款。待中国军队收复上海重建海关后，愿重启相关税收事宜商谈。

对于阁下重申交付所欠税款的要求，本人在 18 日照会中已特地说明：条约规定中国政府享有征税权的重要前提是中国须保障英民利益，当前阁下无法保障英民生命财产安全，亦无法保护英商免于不公平竞争，因此英国政府单方即可决定英民是否须向中国政府缴税。

本领事认为，阁下重占位于我方租界中心位置的海关原址尚不可行，原因有二：允许阁下进驻将全然否定我方此前被迫采取的自卫立场；在租界内以我方武装力量支持阁下将违反我方在此战事中奉命严格遵循之中立原则。

美国领事已发布布告宣布此前施行的《暂行章程》将于 10 月 28 日晨起失效。本人于 11 月 1 日收到阁下 10 月 26 日来照，照中提出在两艘停泊于江上的兵船上办理征税事宜，本领事并不认为此举可视为海关机构的真正恢复。本领事将此事呈报商务总监后奉命声明，我方不承认该水上海关，并将继续执行《暂行章程》直至女王陛下政府另行谕示。

现饬令已下，其实质上宣布：尽管英国应避免利用已签订亲善条约国家之乱局谋取利益，但本人以此为原则所采取的保全帝国国课的措施只有满足下列条件方能获准：一是海关行政停顿只是暂时的不幸；二是对于他国通商所涉税款亦应同本人保全英商税款一般予以保障。

换言之，本领事将不再无限期地代中国海关征税，条约中绝无关于此职责的规定，事实证明此举也是困难重重。此外，除非在上海被占后他国洋商能被同等征税，否则不得要求英商照例完纳税款。

至于此前的税款，请阁下查明并告知本领事，自 9 月 7 日起在他国代表准许下进行贸易的各国船主是否愿意且能够适时缴纳未纳税款，以便本领事请示本国商务总监阁下。

至于将来，当知本领事无权无限期执行《暂行章程》。目前该章程已执行近 5 个月，因此本领事有责任请阁下告知海关机构何时能根据条约在合适地点重建，继而以条约为基础恢复正常通商及税款征收。

此照。

（签名）领事阿礼国

致吴健彰道台阁下

1854年2月9日三国领事关于在苏州河北岸重设海关之联合布告①

布告

英国驻上海领事馆

1854年2月9日

针对本月2日第5号布告，本领事在此特别通告：中国当局已决定重设本口海关机构，并将于本月9日在位于苏州河北岸的海关临时办公场所内开始办公。

随附有约三国领事代表致吴健彰道台关于正式承认海关临时办公场所之照会以供传达周知。

（签名）领事阿礼国

致上海英商界

1854年2月6日于上海

海关监督吴健彰阁下：

本口有约三国领事已分别收到阁下宣布在苏州河北岸设立临时海关并于本月9日恢复办公的照会。

① 《北华捷报》第185期，1854年2月11日。

三国领事已达成共识，在此一并告知阁下：在该临时海关对各国船只采取同等监管措施而不论其是否来自有约国的前提下，三国领事即承认该海关机构。三国领事将告知其所辖各民，本月9日后入港船舶的海关手续将在苏州河岸海关临时办公场所办理，此项安排将持续有效直至上海收复后阁下恢复原海关办公场所之时。三国领事请阁下要求有关各国遵守该规定。

（签名）英国领事阿礼国

法国代领事爱棠

美国副领事金能亨

威妥玛先生关于上海实施暂行章程之节略①②

英国领事馆

1854 年 5 月 1 日

先生：

依照您的训令，本人再次仔细翻阅了上海被占后中国及其他国家关于关税问题的全部往来文书。吴道台作为海关监督对江海关目前的混乱状况负有责任，现向您呈递此节略以资佐证。

一、本人明白您要求重新梳理这一问题，意在让中国政府高层了解其下属官员的不足。本人建议：要厘清目前上海口税收问题之症结，首先必须明确在征税一事上，条约体系下三国领事约束和保护其本国公民应以何为限。吴道台时常暗示，查缉走私及查扣货物为领事之职责，但按照条约规定，领事并无此责。虽然《五口通商附粘善后条款》第十二款规定英国领事在缉私方面应当协助中国政府，但这一条文已于 1851 年由外交大臣下令废止且已正式照会中国钦差大臣及五口当局。实际上，上海地方官对于英领事依据上述条约条款通报的走私情事不闻不问，既不制止也不处罚。英领事的介入并未起到任何作用，反倒招致英商抗议，他们认为唯独自己受到限制而他国洋商却得享相对自由。中国官员对于逃避监管之商户也一

---

① 英国外交部档 228/176：1854 年 5 月 23 日阿礼国致包令第 45 号函附件。

② 译者注：Memorandum 或 Memo，今译为备忘录。

向纵容。即便如此，大英领事仍一贯支持中国政府防范和惩罚走私，在下文即将述及事件的后期，大英领事也给予了道台最坚定的支持。

其次，就保护本国商人而言，无论有意无意，英领事都不允许中国官员在征税问题上将英商与其他洋商区别对待，也不允许在英商内部有区别对待。

二、吴道台任江海关监督已约四年，在此期间走私大增，主因之一即其未能组建一个胜任管理关税征收工作的机构。目前该口关税征收的混乱局面无疑主要与上海县城陷落有关，但说是由吴道台的愚钝无能直接造成的也再恰当不过。吴道台的出身使其具有一种广东人特有的对洋人的厌恶，他曾支持广东帮及福建帮反对洋人的行动，直至他们的暴力失控。到8月底，为了威慑他们，吴道台做了最后的无力挣扎：面对这些人提出的将他们招为该县领俸禄衙役的要求，尽管很清楚他们随时都会翻脸，但还是立时屈服了。此后不到一周，上海即被他们占领，知县被杀，吴道台本人也沦为阶下囚，幸得洋人相助方得逃脱。道台官印被夺，设在租界内的海关衙署被毁。为维持周边地块安全，英国派了一支卫队进驻。

三、9月7日当天，除几艘欧洲国家船只外，尚有十艘英船和十一艘美船在港，这些英美船只已几近装货完毕。在该口海关机构重建之前，英美国领事为使这批船只以及在此期间可能抵港的其他船只结关，特制订了《暂行章程》，规定货主及发货人必须提交列明进出口货物种类、数量的报单以及承诺支付关税的保结。《暂行章程》后经双方公使报呈本国政府核准。当时一艘普鲁士船只未经申报即行离口，并表示只完纳中国政府能够证实的那部分税款。此外，几艘载糖的民船据信亦未缴纳任何税款即自行离口。

四、吴道台于10月10日称奉命开始使用临时官印行征税之职，不日便要求取得前述于上海被占之日在港英美船只所涉税款。两国领事均未照办，而就中国政府在目前形势下是否有权征收该笔及之后累积的税款一事已上呈待决。

五、吴道台既已掌有军队，又获得临时权力，美方似乎认为暂行制度可停止实施，因此美领事要求吴道台说明海关办公场所位置。吴道台似已于10月26日复照称以泊于英领馆附近的两艘兵船为征税处所。11月1日又照会其他各国领事，但无一领事认可其所设水上海关。英领事还特地复照称，由于对水上海关能否看作海关正式恢复心存疑问，须向大英全权公使请示。公使同样认为不妥并呈请女王陛下政府核示，其间《暂行章程》对英商继续有效。为免美国公民通商遭受不平等待遇，道台同意暂时接受保票替代现银。由于美领事的些许误解，有段时间美方保票继续交至美领馆，而未交至道台手中。仅就过去的记录来说，截至1月20日，实际情况是英美两国关税均未以现银输纳，而以保票代之。

六、然而两国保票的条款从一开始便不尽相同：英国保票一开始就明确以本国政府核准为兑付条件；美国保票虽无此明确限制，但在实施美国版《暂行章程》期间，实际操作中似乎也如出一辙，但同时也有理由相信，后来交给道台的保票条款较之前领事依章程办理的应当宽松一些。

七、其间，水上海关时有时无。一艘奥地利船只和几艘亚洲国家的船只（这些国家不曾在本口设立领事机构）未完税即行离口，水上海关却毫不知情。这些都成为那些先前具结放行的洋商拒绝中国政府要求他们及时完纳税款的理由，他们声称在此期间中方未阻止作为他们竞争对手的其他国家商人偷漏税款，如此处理对他们有失公平。基于类似立场，特别是以奥地利船只事件为由，美国领事依美国驻华专员令宣布：自1月20日起，所有美国船只无须至水上海关完纳税款。换言之，美国船只可自由进出本口。这一措施仅针对1月20日以后的进出船只，而吴道台误以为先前担保的关税也将一笔勾销，因而提出强烈抗议，声称正是由于美国前任驻华专员马沙利最近向两江总督承诺税款将根据《暂行章程》进行保全，一些原本将转至他口的货物才被允许运至上海。

直至2月9日，英船呈递报单及保结如故，但英美船只的发货人义务自1月20日起出现了实质区别，自那天起美船可自由进出上海。之所以称*实质*，是因为一旦中国政府开始接受（某国商人）无法兑换税款的保票，就不得要求其他国家商人兑付其保票，即便这些国家的商人在呈交的保票上未有诸多限制条件，但依照条约公平征税的原则也不得对其单独课税。

八、本人须指出，1月14日英领事曾提请吴道台关注在吴淞载货船只偷逃税款的传闻，并告知英领事没有相应调查人员，也无权阻止这一行径。若中方不加以关注，则颁布《暂行章程》的目的将无法实现，且遵守这一章程的英商利益将遭受不当损害。吴道台复照称对英领事的警惕表示赞赏，并提议英领事下令所有进入本口的船只到吴淞或吴道台泊于租界边的“阿格尼丝”（Agnes）号洋船上递交舱口单，吴道台将派遣通事监管船只下货。进口关税至领事馆登记；出口关税由英国领事收取保票并知会吴道台，吴道台再向其上级汇报，后者将相应税款计入国库。

九、随即收到了英国政府训令，吴道台的提议即告搁置，但上述照会仍值得一提，因其揭示了一个事实：尽管外国领事为维护中方利益出手相助，但中国官员一方却管理松弛。

十、1月30日，根据大英女王陛下全权公使转达之外交部训令，英领事照会吴道台，告知其英政府批准《暂行章程》的条件是该章程只在限定期限内有效，且须同等适用于所有国家。因此，吴道台一方面须确定各国领事能否补齐本国船只未缴税款，另一方面则须尽快找好地点设置海关衙署。

十一、获知吴道台欲于苏州河北岸设立临时海关，有约之英、美、法三国领事于2月6日联名照会，向其保证只要这一临时海关能够公平监管所有船只，而无论是否属于有约国，则三国领事愿意立即予以承认。

十二、2月9日，海关于上述处所开始办公。同日，吴道台照会阿礼国先生称在吴淞口载有约2000包丝绸及8000箱茶叶的民船①及洋船欲不缴税离口，宣称此举有违《五口通商章程》第十一款。但吴道台却不愿将其查抄入官，反向英领事征询意见。该货乃英美洋行所有，在临时海关开关之前即已运至该口范围之外以期避税。美商辩称依据1月20日美领事公告，上海对美商而言已经属自由港。

十三、撇开货物所属国别，阿礼国先生复照称《虎门条约》第四条及《望厦条约》第三条已对此类问题作出详细规定，并警告吴道台若上述货物未完税即驶离吴淞口，必招致上海其他英国货主抗议。此复照未及发出，吴道台手下的搜查人员在试图对载有该批货物的民船进行查验时遭到殴打，一人被扣留。吴道台将此事通报领事，后者旋即着手调查事件真相，业已确认受控方并非案犯，但领事同意缉拿真凶，同时要求吴道台提供相应证据。领事不仅已书面向吴道台提出要求，同时也传达了口信，而吴道台至今仍未有进一步举措。

十四、2月13日，吴道台来函称已要求旗昌洋行合伙人、时任美国领事金能亨先生提供吴淞口船只为该洋行所载货物之清单，并由道台手下钤字手对清单内容予以核定。同时，吴道台声称无法也无类似途径了解“福克斯通”（Folkstone）号、“安·韦尔什”（Ann Welsh）号以及“埃米莉·简”（Emily Jane）号的情形，故而希望英领事代其问询，或发给巡检登船搜查令。2月16日，阿礼国先生复照称无法向其提供完整信息，但仍将三艘船中两艘的部分情况告知吴道台。复照中明确提醒吴道台，侦查纯属中方职责，只有正当执法遭到抗拒时，领事方可介入。18日，吴道台复照称虽然检查载有上述货物之民船确为其责任，但对于洋船，若领事能介入，或者至少发给其下属搜查令将会使工作更有成效。同日，于另一照会中，吴道台顺带提及金能亨先生已就保票兑付事宜请示美国政府。3月1日金能亨先生离开后，他们的沟通也就中断了。

十五、2月26日，吴道台至英领馆面见英国驻华全权公使文翰爵士，公使特地警告其若纵容偷逃税款，为维护英商利益将不予兑付保票。来自不莱梅②港的“亚里斯泰茨”号（Aristides）彼时靠港，公使亦询问其准备如何办理该船事宜。

十六、27日及28日，吴道台被问及美船“野鸭”（Wild Duck）号是以何条件载货驶离吴淞口时，除声称正就此事与金能亨先生沟通之外，便再无其他回应。此事为其行事不公之明证，事实是吴道台收下了一张条件极为宽松的保票（英国商会获得了一份该保票的副本），当时也必定有人提醒他要避免英商也借机提出类似的免于现银付税的要求。

十七、3月1日，吴道台来照谈及“亚里斯泰茨”（Aristides）号与丹麦船舶“丹尼布

① 译者注：民船（native craft/native boat）是当时与洋船（foreign boat）相对的概念，后同。
② 译者注：旧译伯磊们。

洛”（Dannebrog）号。英国泰和洋行于2月22日对“亚里斯泰茨”（Aristides）号进行了申报；仁记洋行于28日对“丹尼布洛”（Dannebrog）号进行了申报。货主或租船人既为英人，则本应由英国领事对船舶进行申报。不莱梅与丹麦均未在本口设有领事，这两艘船若无英领事接手其申报事宜，则只有等吴道台接到钦差指示后方能贸易。其间，吴道台向阿礼国先生征询意见，阿礼国当天即建议其参考上海一直以来的惯例：洋船都是经由某国领事进行申报，而防止船只未经申报遽行装卸则是海关的职责。吴道台还称（在其造访领事馆询问当下如何办理相关事宜并且得到了明确的答复的前一天）泰和洋行的威辛顿先生已同意缴纳进口税款，而出口货物税款则由吴道台负责征收。“亚里斯泰茨”（Aristides）号大致情况就是如此。“丹尼布洛”（Dannebrog）号则可由阿礼国先生以丹麦领事名义接手申报事宜。后来从随船流转的粤海关关税号收中发现，“亚里斯泰茨”（Aristides）号大部分关税已在广州缴付，为数不多的所余部分，吴道台收取的并非现银，而是一张兑付条件非常宽松的保票。

十八、3月7日，吴道台再次来照谈及“亚里斯泰茨”（Aristides）号。威辛顿先生的买办为该船进行申报时，海关将其船籍不莱梅误认为缅甸，遂认定该船明显违规。通商章程规定所有船舶单证均须交至领事，经由领事通报后，方可进行货物装卸。威辛顿先生照理应先经由英国或他国领事进行申报。吴道台已要求英领事阿礼国接手该船事宜，并私下去信威辛顿先生。海关报称公平洋行现正向“亚里斯泰茨”（Aristides）号上装货，而经通事询问，该船原承租人泰和洋行表示仅对其进口货物负责。而公平洋行理应经由领事申报离口，却无视任何现行约束。因此，这艘来自不莱梅的船只未经由领事申报遽行装货，此举不为他国条约所允许。吴道台必须向钦差大臣及两江总督汇报此事。现在，吴道台一边致函公平洋行，一边建议英领事与该行进行磋商以做出妥善处置。

十九、3月9日，吴道台造访英领馆，阿礼国先生的复照被交到其手中。照中明确：未经许可遽行装货之船只应自行承担一切后果；应由吴道台全权负责依规对这些未经许可装船的货物做出相应处置。照中亦指出：海关与商行直接信函往来以及要求领事（领事只能定夺职权范围内的事务）参与处置案件皆属不当。面谈期间阿礼国领事已将上述观点力陈于吴道台。

二十、现在吴道台似乎已请求普鲁士领事金先生（Mr. King）接手“亚里斯泰茨”（Aristides）号。金先生答复称，*若有人向其申请*，便予以接手。然无人提出申请，该船也一直无人申报，货物却依旧照装不误。

二十一、吴道台先经由一名海关通事（一名新加坡华人），后又经曾在中国战事中在吴道台麾下的某艘洋船上的一名航海官与特劳特曼先生（Mr. Trautmann）（公平洋行的管理合伙人）私底下协商，此后其又亲赴特劳特曼先生寓所面谈，双方均有见证人在场。特劳特曼先生坚称尽管一再被催逼，他还是拒绝将船舶单证交给领事，其立场非常坚定。道台质问其为何要坚持这般违规做法，他答称鉴于载有其竞争对手的货物的“野鸭”（Wild Duck）号及其他船只的逃税行为被道台默许，他必须以此保护自己生意免受损失。最终，特劳特曼同意缴付 2500 担货物的税款权当全船的货物皆已完税。道台唯一坚持不予让步的是必须提交相关税款文书，且须经由领事申领红单。如此要求显然是企图以表面合规来消弭质疑。

二十二、这次会面的时间在 3 月 10 日前后，17 日特劳特曼先生从海关取得 12364 包茶叶之税单。其称这一数量为此前商定的 2500 担，实际上还不足真实数量的一半。他在申请这份税单时明确承诺，只要取得税单，“就会将 6250 两的期票呈送给普鲁士领事金先生”。该税单已及时送达特劳特曼，涉及泰和洋行进口货物及特劳特曼先生出口货物税款的相关税收单据已随函交给金先生，金先生直至此时才第一次获悉这些单据须由其本人负责流转。金先生作为领事，此前对该船的情况并不了解，拒绝“在领事对船货一无所知的情况下为其处理税款事宜首开先例”，并将单据退还特劳特曼先生。后者在 3 月 18 日将这些期票转交吴道台并附函说明。

二十三、该期票上列有一项条款，为其兑付义务附加了一个前提条件，即当时在该口的八艘船必须按其全部货值以某种税率完纳税款。毫无疑问，吴道台之前对该条并不知情。

二十四、“亚里斯泰茨”（Aristides）号于 18 日清晨未领红单即离口而去，虽然具体内情鲜为人知，但是圈内还是大体知晓此案涉嫌串谋违规。在关于该事件的报告中，英国领事再一次要求说明“野鸭”（Wild Duck）号结关的详细情况，并特别要求提供其税款保票副本；之后又要求提供美船“海伦娜”（Helena）号的相应情形，该船在苏州河岸临时海关获得认可之后驶离吴淞口；第三是关于英船“爱德华·莱恩爵士”（Sir Edward Ryan）号的情况，据信此船之前从未正式抵口，3 月 9 日却满载货物驶离吴淞口；最后就是“亚里斯泰茨”号的情况。

二十五、吴道台 20 日复照没有正面回答上述问题，而是述及阿礼国先生 2 月 27 日和 28 日的照会，称金能亨先生已就“野鸭”（Wild Duck）号事宜上报美国驻华专员，而“海伦娜”（Helena）号已于 2 月 19 日抵口，并于 3 月 2 日完税结关。又称除“奥罗拉”（Aurora）号外未有他船*抵口*。至于“亚里斯泰茨”（Aristides）号，普鲁士领事已表示愿意接手相关事宜，该船税款已按时结清，并已于本月 18 日左右申领红单。其第一条及第三条答复虽反映了部分实情，但至多只是吴道台为误导他人而刻意为之。

二十六、21 日当天，落款日期为 21 日的红单送达特劳特曼先生。次日，吴道台造访英领馆。与吴道台所述内容相反，他的通事当场表示金先生只同意为向*其本人提出过申请的*船只进行申报，而特劳特曼先生的红单是在其船已离口三天之后才由吴道台授意掣发的。

二十七、那时正准备结关的“约翰·伍德”（John Wood）号货主向英领事提交了事件的真实情况，并申请适用与“亚里斯泰茨”（Aristides）号同等的优惠条件办理结关，英领事亦坚持要求如此办理。吴道台亲赴领馆进行解释并提出解决这一难题的办法，即若“约翰·伍德”（John Wood）号的货主要适用与“亚里斯泰茨”（Aristides）号相同的条件，则不可让美领事知晓此事。之后他又来照详加解释，唯一的重点就是坚称那份红单并非由其本人授权掣发，而是在其抱病期间通事疏漏所致。这一解释早已被那位通事当面反驳，后来该通事又在《北华捷报》上发表声明，认可了协商中更为重要的细节，同时驳斥特劳特曼先生有关那次协商的言论。

二十八、上述通信表明，为防止吴道台为其自身的无能或腐败导致有约三国领事撤回2月6日联名照会中对其承诺的有条件支持寻找借口，已经尽了最大努力。3月6日宣布上任的美国领事马辉先生，在其前任出缺期间选择遵照条约行事而未遵前例。因此，由其办理结关申报的第一艘船“柑橘”（Mandarin）号是用白银完税后才于22日离口。此后“亚里斯泰茨”号事件公开，因其做法为海关所纵容，随即美船便循此例。

二十九[①]、3月22日，吴道台奉钦差饬令依巡抚指示，要求洋商必须继续缴纳进口关税，而出口关税则须参照广州做法向本土华商收取。3月25日，在一直批评偷逃的总督授意下，吴道台遵照巡抚指示声明：在上海收复之前，关税将于*白鹤渚*和*闵行镇*两处内陆关卡征收。第一项措施应该是长期性的；第二项上海收复即告终止，届时需重新考量相关事宜。奇怪的是，上述两条指令吴道台均声明乃是奉巡抚大人之*口谕*。

三十、若强行推行第一项措施，必致上海口贸易分流。上海不像广州，缺乏一套由货主承担风险长途运货缴税的内部机制，此外，这么做还需一批现成的通事等人员保障其日常关税征收。第一项措施于广州确实可行，但在本口实施则会导致货物转向广州（吴道台也未必就不是出于此目的）从而损害业务限于本口商户的利益。至于第二条，条约规定税款必须在发挥管控与保障作用的领事所居留的口岸进行完纳，以落实条约防止不公平征税的制约作用。而第二条实际上架空了条约的这项监督作用。目前只有一个海关，届时再出现几个类似机构，其维持也必须依靠海关关税。除合法征税之外，苛索也无可避免，到时也将倍增。事情发展最有可能的结果就是重新出现一个包租组织，类似于过去的公行。这也是吴道台的盘算，因他的关系全在公行，也一直自认为无法凭一己之力应付征税事务中的各种难题。

三十一、除非撤换吴道台，否则窘境只会日甚一日，要尽快达成此目的，唯有呈请总督怡良（满族）。可向其坦率说明以下几点：上海陷落及其后续问题都应归咎于吴道台的处置不当；去年9月7日之后出口货物的部分应缴税款是有可能追回的，但必须与英美两国政府做进一步沟通；有约三国领事已于2月6日对海关机构予以承认，现银完税也有条件地予以

① 译者注：原文遗漏序号。

恢复；尽管各方，尤其是英国领事慷慨地给予了吴道台建议与支持，但吴道台还是屡屡违反上述约定，吴道台之前违规与洋商私下协商并做出了懦弱的让步，该让步自然可适用于全体洋商，他还试图用赤裸裸的谎言掩盖其证据确凿的过失及违规；其现在又转而试图借鉴广州的做法引入另外一套征收制度，而对于这一制度，吴道台方却缺乏相应的机构，本土华商也毫无准备。作为权宜之计，吴道台提议搁置条约中一项非常重要的原则，还公告本土华商称这一搁置已经外国领事同意。

最后，一方面帝国政府需要税入，另一方面有约各国也深知关税须完，如果能建立一个合适的机构，派遣一位值得信赖的官员，他们一定会尽职尽责地保障条约严格实施。这位官员多半会发现雇佣洋人颇为有益。

（签名）副领事威妥玛

致女王陛下领事阿礼国先生

1854年5月9日三国领事关于抗议内陆设卡征税之联合布告[①]

布告

1854年5月9日于上海

与华有约三国领事特告各辖下属民：兹附吴道台阁下关于弃用本口海关衙署并以内陆新设两关卡代之的照会译文。

中国当局此举有违条约，有约各国将立即采取措施敦促清政府充分认识条约义务。此前三国领事已联合复照道台阁下，此照兹附于后。

外交部门目前正在向清政府说明实情，在发布常规声明之外，建议本口商户尽可能提供在内陆被苛索、强征及遭受其他违规行为损害之证据，以助其摆脱当前窘境。

若货主及发货人能遵照其本国领事要求行事，便无须再按照目前惯常做法提供特定保票或其他票据，只须保证其本国领事及政府不因其未依照法律和条约向中国政府完纳应税款项开船离口而承担责任。

① 《北华捷报》第199期，1854年5月20日。

此举不仅可以令与华有约三国免受非议，又可将违反条约的责任推给中国当局，还有助于保障本口通商免受严重干扰。

（签名）英国领事　阿礼国

美国领事　马　辉

法国代理领事　爱　棠

致各国商界

上海

江海关监督、苏松太道吴健彰照会如下：

本道台近日蒙巡抚大人召见，其转达总督大人令，言及上海尚未收复，枉法商贾避税成习。深恐此习变本加厉，逃税之风不可再纵容一日。海关监督须与各国官员及商贾商讨关税事宜，势必伤及各方之互信，有辱各方之美誉。此时须有变通之法：于内河白鹤渚及闵行镇两地设立海关税卡，由华商负责缴纳关税。本人特此照会，望各位周知此事并采取相应措施。

本人以为暂由华商缴税为现今最好办法。不仅有利于中国国课，洋官洋商亦可免去诸多烦扰。但于白鹤渚与闵行镇两关卡设立前已运抵上海的货物仍需由洋商按例缴税。至两关卡设立之日起，一切由内地运往上海货物应纳之税款均由华商负责缴纳，如此可一定程度避免偷逃。待上海县城收复，和平复存，此事或可重新计议。奉巡抚大人令，本道台有责任即刻将暂由华商缴税之指令照会诸位及商界周知，盼即复商议结果。

此所以照会诸位周知以尽本人职责，亟盼复照。

此致英国领事阿礼国。

咸丰四年二月二十七日（1854 年 3 月 25 日）

1854 年 5 月 1 日于上海

此照江海关监督吴健彰阁下：

与华有约三国驻本口领事收到阁下 22 日及 25 日分别发往三国领事关于署理江苏巡抚许乃钊阁下下令于内陆闵行镇及白鹤渚两地设立海关税卡对出洋丝茶课以关税事宜之照会，照中又称巡抚阁下希望将已在广州施行多年的洋税征收办法引入本口。

三国领事已于1854年2月6日一致同意并照会阁下，承认设在苏州河岸于当月9日开办的临时海关，三国领事现认为针对此次阁下的两封照会亦应联名复照。

三国领事特此照会阁下：三国领事此前承认2月9日重开之临时海关，已是在职权范围内为履行各自条约义务尽可能地给予阁下便利，但条约已明确规定了关税的*数额*以及征税的*地点*及*方式*，三国领事无权批准或者以任何方式认可中国当局违反条约特定条款之做法。

考虑到上述事项至关重要，不仅关乎中国政府税收权，亦关乎通商大局，特在此告知阁下：三国领事将即刻各自呈报本国在华公使，对自去年9月7日上海县城陷落以来履行条约所遇困难及三国领事与阁下为应对困难各自采取的措施做详尽说明，以便各国公使全面了解情况并尽早采取适当措施。

（签名）英国领事 阿礼国

美国领事　马　辉

法国代理领事　爱　棠

改进海关行政及征税公平之建议[①]

过去十年的经验证明，指望中国人自行采取有效措施保证关税公平高效征收是毫无希望的。

解决那些剥夺诚实商人一切条约保障的严重弊窦及不公，唯一的方法是引入外国成分。在现行条约框架下，摆脱困局的唯一出路是设法*将诚实与精干的外国成分与中国当局组合到一起*。

实施这种设想有多种方式，但目前看来仅有一种办法不会招致强烈反对因而具有成功之必备因素。能否得到中国政府的全力支持或许是其中最关键的因素，就目前来看，中国政府应不至于强烈反对这一方案。

所议方案的基本内容如下：由中国官员负责海关管理，辅以一名负责可靠的*外籍税务监督*协同工作。该监督代表有约三国，由领事会同道台任命，任期一年（但若遇有可予解职的状况，也可立即免职），薪酬固定从优，俾能为该职缺物色到德才兼备的人选，若通汉语则更佳。监督下应设头等通事两名，汉文文案、脚夫一名或多名，以及行钤字手职务之洋员一

① 英国外交部档228/176：1854年7月6日阿礼国致包令第56号函。

名或多名以备不时之需。人员整体预算约为 12, 000 元：

年薪

税务监督…………………6, 000 元

通事二名…………………2, 400 元

汉文文案及脚夫…………600 元

洋员补充钤字手…………3, 000 元

12, 000 元

上述费用须当由税收收入开支。应为该外籍代表或税务监督在*海关*内设置办公处所，一切由中国海关制发之文件——结关准单、装卸准单、税款号收等——*均须经税务监督副署方得生效*。税务监督还须负责保存*一套完整的海关册籍*，该册籍同汉文册籍皆随时可供道台及有约三国领事检阅。税务监督可依职权随时查阅中国官员每日台账，也可于每月月末进行正式比对检查，由三国领事确认事实并指出差异。

该体制若得有效运用必能有效遏制关员贪腐懒政，并可显著增加国课，其数远超雇佣洋员*开支十倍*以上，同时亦可保障贸易公平及诚信商人之利益，正是缺乏此种保障致使通商主体腐化，而又使领事、商户与海关当局间常因民族性偏见而冲突不断。

（签名）阿礼国

1854 年 6 月 15 日于上海

1854 年 6 月 29 日苏松太道吴健彰与有约三国领事在上海举行会议之纪要①②

英、法、美三国领事会同接待吴道台阁下。为求提高关税征收效率，吴道台表示愿与各领事商讨组织中国海关之最佳方案。关于本埠关税征收事宜有何切实可行的办法足以改善条约遵守及执行情况，道台也希望听取他们在权限范围内所提的一切建议。

经过充分考量商讨，道台及领事已就提升海关行政管理效率及执行条约中征税条款的最佳方案达成一致并拟定下列几条内容，其中包括改良海关行政的所有关键因素。道台方面已经准备为保护中国国课及诚实商人计，立刻实施下列已获准采用的原则。

一、海关监管之前所遇到的主要困难，在于无法罗致诚实、精明且熟悉外语的关员切实

① 《北华捷报》1854 年 7 月 8 日，第 206 期：1854 年 7 月 6 日有约国领事联合通告。另见海关出版物：《税务司集》第 5 册，第 7-10 页。英国外交部档 228/176：1854 年 7 月 6 日阿礼国致包令函。

② 译者注：本译文参考莱特著，姚曾廙译：《中国关税沿革史》，三联书店，1958 年，第 115-119 页。

履行条约并执行海关章程。唯一足以解决该问题的办法是向海关引入外国人才，由道台审慎选择任用，通过其高效勤勉的工作来弥补这些深以为苦的缺陷。

二、实施该方案的有效方法应是由道台方面指派一名或多名诚实可靠的外籍人员作为税务监督[1]，配备包括通事、文案及钤字手等中外僚属组成混合班底；配备一艘缉私巡艇，由一名精明可靠的舰长指挥并辅以外籍水手。这一机构的全部开支应由道台从税款开支，并应从优给酬，俾能为该职缺物色到品行能力最优的人选。上述各项薪俸应由海关监督按月支付。

三、在税务监督的任用和整个辅助机构的组织方面，兹商定为防将来出现困难及怨言，并为求深知其为人以保证选用得宜起见，各有约国领事一旦物色到适当人员，应立即选定并提名一名人选，以备道台任命，并由这三名人选组成税务管理委员会，一致对外行动。至于其他中外各属僚的选用，一律委由该委员会负责。关于华籍职员选用，道台方面应给予一切便利及协助。道台阁下将凭由各监督的呈请分别委任。至于支薪标准，则应依据第二款规定的原则，先期予以确定。兹经一致同意，不宜以任何分工办事的章程束缚税务管理委员会。但会议却同意，以下一点值得各税务监督考虑，即英、美两国所提名的人选对于他们本国船舶是否会特别加以关照，而法国领事所提名的人选则除去对本国船舶外，是否会对英、美两国以外的其他一切国家的船舶保持密切的监督。同时商定，如果一时物色不到三名充任税务监督的得力适当人选以供各领事提名，那么三领事中任一领事都能立刻行使他的提名权，而他所选定的人员，一经接奉道台阁下的任命，三国领事当承认他可以代表整个税务管理委员会履行该机构的集体职能。但此举并不妨碍其他领事保留随时提名其余两名人选的权力，以使该委员会得以按本款完整组成。薪俸标准、人数、所雇佣人员办公地点等，将在本纪要签字之后由道台阁下尽速定夺，并以正式备文合咨三国领事。

四、若税务监督被控勒索、贪污或玩忽职守，此类案件一律由领事负责审判；凡事关行为不当的指控，外侨可直接向各国领事提出，领事应在照章通知中国当局及其他有约国领事后再行采取行动。如果该指控证明诸案情原委确属合理，则案件应由道台及三国领事会同审理。根据各税务监督于其提名时签订的合同，该混合法庭的裁判，对于被告及任命他们的中国海关监督都同样有拘束力。裁判以投票方式决定，道台有两票。除非各领事一致同意变更整个制度，以至税务监督的工作已无必要，或已无益处，否则不得以其他任何程序解除或免去监督的职务。若确属必须，则他们有权要求提前三个月通知，或代之以三个月的薪给。税务监督以下所有属员，凡品行端正者不得无故解职，且只有税务监督可以建议将他们免职，当仅有一名税务监督时，则由其定夺，当有三名税务监督时，少数服从多数。道台一经收到建议，应即负责予以解职，不得拖延。

---

① 译者注：中国称司税。

五、税务监督辅助部门应负责监督海关章程的奉行以及条约中有关航运和关税条款的遵守。各税务监督一致对外行动，并且他们将奉有充分权力并可采取一切必要手段，俾使他们能够审查报告、舱口单、装卸准单、税款完纳及结关准单，从而查出各方面处置有无错误、违章或欺瞒情事。他们每个人都要在接受任命时单独宣誓忠诚执行他们的职责，断绝一切贸易上的个人利害关系并对颁发委任的道台和三个有约国领事负有法律上尽忠职守之义务，且自愿接受由这些官宪组成的混合法庭的约束。他们有义务向海关监督和三个有约国领事随时揭发一切偷漏和违章情事、获取诉讼定罪所需的证据、在海关监督的授权下采取一切必要措施检举任何违章或企图偷漏之行为。一经坐实，道台须毫无例外、不加区分地严加惩罚，课以罚金或查抄入官，并且他应该进一步把他的处置布告周知。在接到举报而进行的抄查案件中，海关监督应以充公货物的一定百分比，发给有助于发现偷漏或违章情事之当事人以资鼓励，该百分比则将依据嗣后照会各领事的标准办理。应在海关衙署内为各税务监督设置办公处所，他们可随意调阅衙署的册籍公文。税务监督还须负责保存一套完备明晰的中、英文海关册籍，详细反映有关航运和征税事宜全部管理过程。这类册籍应该随时，或在日后规定的一定期间，在道台和三个有约国领事的监督下与监督衙门所保存的册籍和案卷留心核对，如果有任何不符之处，应即严行调查。道台或任何一位领事皆可随时提请发起这种官方的集体审查。为促进整个海关机构的管理和行动划一，海关监督须保证不单独向外国船舶或运货人签发任何装卸准单、税款号收、结关准单或其他正式文件；该类文件须有税务监督的副署和签章，否则不得生效。所有这类文件应一律妥为存档，以备查阅。此外更进一步商定，一切外国船舶必须依照本规定经由公认的外国领事申报入埠、停留港内或装卸货物，该点尤为关键。凡是和外国惯例与法律有关的地方，或是它们在中国条约体系下的实施情形，各税务监督应随时准备向海关监督提供参考资料和意见。若海关监督和有约三国任一领事提出官方要求，税务监督还须向他们提供其所掌握的一切有关船舶和关税征收方面的资料，相关册籍和档案也可供其自由检阅，除此之外不可准许其他任何人检阅这些册籍和档案。

六、一艘由外籍船长指挥，建造精良且人员齐备的武装缉私巡艇是必不可少的。其船身的大小，应以既能在内河中动作灵敏，足以追捕未得许可离埠的船只，又能在必要时安全驶往大戢山为佳。

七、为与条约规定切相符合，有必要对 1851 年 8 月的《海关章程》做一次周密修订。修订后的章程应以中、英文重新广为布告周知。

八、道台愿意并保证根据此次会议一致同意并通过的上述各条改组海关机构，并于十日内将组织与建制详情以正式公文送达各签字国领事，征求彼等根据条约所能提供的赞助及支持。领事方面则声明他们愿在职权范围内尽力促成该公正有效的海关机构，并随时准备在接到照会后择期宣布海关监督恢复一切职权，并要求各国货主船主谨遵《海关及港口章程》，违者将依照条约规定处以罚金或将货物查抄入官。

（钤印）苏松太道印

（签名）阿礼国

马辉

爱棠

1854年7月4日苏松太道吴健彰致有约三国驻上海领事之照会①

苏松太道兼江海关监督吴健彰照会如下：

本道台拟据此前私人会议所达成之共识重组海关，请贵方依据该会议纪要尽速选出三名税务监督。

机构组成	年支出
税务监督三名（每名年俸6,000元）	18,000
通晓中英文头等通事三名（每名月薪100元）	3,600
汉文文案三名（每名月薪20元）及	
脚夫、书籍和纸张等，约	1,000
洋员三名作为钤字手，每人月薪50元到80元，约	2,400
巡艇配艇长一名，月薪150元，	
配备水手6名，每名月薪30元，约	5,000
合计开支	30,000元

同时敬请贵领事通告所有商人，自本月12日起，所有进港及结关船只都须遵守新定章程。另请贵领事对1851年8月的《海关章程》提出必要修正意见，以便重新发布中英文本。

英国领事　阿礼国

美国领事　马辉

法国领事　爱棠

咸丰四年六月十日（1854年7月4日）

---

① 英国外交部档97/100：1854年7月7日包令致克拉伦顿第77号函。《北华捷报》第206期，1854年7月8日。译者注：未见此照会的中文原文，此处据英文移译。

1854 年 7 月 6 日三国领事关于海关引入修改后的外籍税务监督制度之联合布告①

布告

1854 年 7 月 6 日于上海

5 月 9 日，有约三国领事曾就吴道台照会放弃本口海关衙署并以内陆两处关卡代之一事发布布告，三国领事就此事再次通告各国国民：原设于内陆的两处关卡现已裁撤，江海关予以重组，由外籍税务监督组成税务管理委员会参与管理，以期高效运作。自本月 12 日起所有进出口船只货物货主须至苏州河岸海关办理进出口申报手续，关税统由该处海关严格遵照条约规定征收。

道台兼海关监督阁下已正式照会三国领事，表示决心借助洋员贯彻条约规定公平征收关税，如有欺诈违规一律严惩。是以货主及船主当为自身利益计谨遵《海关章程》。此章程抄本已附供传达周知，今后将不定期修订。

本月 12 日当日已在港船只，其船主及货主同样须与海关联系，并根据税务监督要求做相应处置。

（签名）英国领事　阿礼国

美国领事　马辉

法国代理领事　爱棠

① 《北华捷报》第 206 期，1854 年 7 月 8 日。另见海关出版物：《税务司集》第 5 册，第 11–12 页。

1854年9月时任英国驻厦门领事巴夏礼先生关于粤海关违章情事之节略①

粤海关违章情事记录

洋税征收与常税（由土货税则约束）截然分开，乃是交由一个完全独立的海关部门完成，且常、洋关办事程序也由完全不同的制度所规范。以洋税为例，海关监督须向帝国政府详细报解征得的所有钞税——虽然须准确到何种地步尚无定论。受贸易波动影响，税款自然会有增减。常税则不须上报详细情形，海关监督仅须每年上解固定数额的款项。此数不随行情变动，故当年税收多寡与海关监督个人盈亏息息相关。若当年税收态势好，则海关关吏执法或尚可依照与他国缔结之条约及制定之章程；若当年税收态势差，则海关监督从自身利益计将采取其认为最有效的手段确保与其息息相关的税收。然而事实证明，无论在哪种情况下，下属海关关吏的贪腐及怠惰都极为严重，由此滋生了大量偷逃及内外勾结情事。以下略表。

一、黄埔之情形

私自装卸货物的办法随货船下锚地点不同而不同，比如在黄埔和在广州行商对面就有所区别。

在广州，洋商基本没有自己的堆栈或仓库，他们的货物大部分都存储于持执照的中国堆栈中。这些堆栈的所有人负责把货物从黄埔运至广州，存放于堆栈，代付关税、船租及其他费用，然后在货物提离或处理时出示单据并要求支付费用。谨慎起见，他们会在收货前派员登船称重计数，装卸货过程也会派船在旁。因此他们对起卸货物的数量及质量都了如指掌。

在广州，官设通事制度沿用至今。目前通事的数量被限制在5名，但每一名都雇用了大群“跟班”，或称供事。通事可由洋行长期雇佣，也可为散船散货服务。前一种情形下，通事会井然有序地兼顾自己及雇主的利益，而后一种情形下，通事为自己的利益投机冒险之情形大增，以致传闻几家争相以打了折扣之税率为洋商卸货，或为确保交易按照货主要求照章完纳关税后向其提供抽头（有时竟达一两千元）。但盛行规则是在洋商有意偷逃时委托通事全权办理，由其依情形作出最优安排。由于每次遇到的情况各有不同，最终结果取决于海关关吏警觉与否、贪腐程度以及是否还须拉拢第三方等因素，故无法预知。

首先，通事从外方货主处收取真实的货物清单。比如说总数6,000包的货物，通事可能只向海关申报其中一半或三分之二，也就是3,000或4,000包，并依此数取得派司。在此派司掩护下，依比例作假渐次将6,000包货物以驳船（例如，将装货量600包的驳船少报为

① 英国外交部档228/167：1854年12月3日包令致克拉伦顿第246号函附件。

300或400包）从黄埔运抵广州，也有把整捆少报成半捆，或是少报货物重量的做法。为使少报得以过关，他须与仓库主达成默契，同时取得当地海关监督下属与沿河小站关吏的默许，甚至须与驳船水手及卸货苦力为伍，因他们受雇于持牌商户并由其行规管束，从某种程度上说他们的配合对成功也至关重要。

当货物安全起卸后，做法就基本雷同了——先结清税款方能取得结关准单。此时通事会将结果告知各货主，所谓结果也就是货主最终须向官方收账者或银号支付的数额，该数额大约是应缴关税的三分之二至四分之三。通事虽据此为商人取得结关准单，但因为该笔费用往往高于通事伪报后货物的应纳税额，因此银号不会给出任何书面号收。高出的部分被银号和通事瓜分后，剩下的钱款再用于支付海关登记簿中所载货物的关税。综上所述，假设共6,000包货物，若通事仅向海关申报3,000包，外方货主可能会被告知该批货物以4,000包的数量通关，并按4,000包向银号支付关税。银号和通事则将按3,000包数量上缴他们负责申报的全部货物关税，并将余下1,000包的关税据为己有。

二、广州之情形

轮船、老闸船及其他小型船舶于广州行商对面起卸货物，若想偷逃税款则须雇佣当地常税承包人作为中间人。

在此须说明的是，这些承包人的上缴模式与海关监督原则上相同，即每年也须交给政府固定数额的税款，超出部分则归其所有。政府将水路运输途经的河岸区域划为若干巡逻区域分摊出租，竞价高者得租。承租者有权对在其巡逻区域内起卸的所有土货依照税则征收一笔小码头捐或通过税，但也并非一律照税则抽收。每个承包人只拥有河岸边一小块巡逻区域，可能仅够辟出一个公共卸货区。依据生意大小不同，承包人所出的竞价也相差悬殊，据说靠近行商屋前的地块价格最高。其价值主要在于其特殊的地理位置与外洋贸易的联系，这部分收入远远超过他们征收的土货规费。对于外国人的合法经营，他们没有权力也没有由头介入，但对未经海关核准的交易，他们便急忙出面奔走换取洋商支付足额报酬以保障非法起卸的货物安全交付。

海关为监管行商对面的外洋贸易，一艘载有一名关吏外加15或20名船员的巡船长期停靠在行商花园边的入口处，这样一来所有船只都必须极为靠近该船才得通行。此片特殊区域的承包人派船只守在海关巡船一旁，名义上为征收通过费。如此双方船只上的人员近距离相互监视，附近驳船、小船等未经双方认可不得有任何举动。

为了将未付足额关税的货物从货栈运至泊于行商对面的船上，洋商须先找到承包人，并与他们商妥，以便货物能安全通过海关巡船。承包人通常采取的方法是拉拢巡船上的关吏，与其瓜分收益换取其缄默。

若承包人不想与人分成，或者因为种种原因不愿公开其交易，他们也有其他办法，如邀请关员去公共设施娱乐，趁机转移货物，或者在船上免费提供过量鸦片使其不省人事。巡船上的关员更换频繁，但是船员通常固定，承包人从其收入中分给他们一定份额从而建立牢固的利益关系。

承包人的开价一般取决于其操作难度，以及洋商及其手下与他们谈条件的能力。进口大宗货物通常许以半税，但在一些轻货和价值较高的出口货物上，则往往以件计价。丝绸一般一箱20斤至接近200斤，开价单件1至5元。有时候3至4箱，每箱单独征收价格为8元，打包则只收5至6元。生丝关税每担约15元，若每担支付给承包人约5元，则可谎报为庞詹蓝色平布或者乱丝头通关，关税仅为应征的四分之一。有时洋商对已然不低的关税折扣仍觉不满，也会将高等商品谎报为低等商品骗取承包人的部分非法所得，比如将白色长棉布谎报成原色捻纱，将棉纱谎报成棉花，或者将生丝装在80斤的茶叶箱里要求承包人装运。80斤的茶叶价值平均仅为生丝的十分之一，关税仅为其四分之一。承包人则通过唛头、包装外观或者船员告知的信息来判断货物。因为这些船员大部分为承包人所雇，他们有时也会发现这种欺诈行为，因而在行商附近发生争吵也是常事。

洋商界也有多个组织充当洋商和承包人双方的中间人，以固定半税为双方负责安排货物起卸相关所有细节，通常向承包人收取其收入的百分之十作为佣金，或向洋商按每件1至2元收取报酬。

据可靠消息，过去两年（1852—1853年）每年行商门前承包人的收益平均为200,000元！这笔巨款占帝国政府本口通商税收的八分之一，然而这笔钱须分给当地知晓内情的各色人等。与此相比，他们为牌照所支付的则是一个不成比例的低价（去年约7,000元），但这仅仅是诸多大额开销中的一小部分。他们不仅要向海关关吏、地方官、衙役及其他知晓其运作的公私人员支付高额费用，还需打点与他们相邻的承包人，否则一旦他们嫉妒其高额利润，保持沉默又不能带来足够好处，则有可能向官府告发。有时衙役或海关关吏也会查扣岸边起卸船只上的货物，可能是因为承包人拒绝满足他们漫天要价，也可能是因为发生大案后风声太紧。在这种情况下，承包人须负责为洋商支付再次清关所需费用，而这笔费用有时非常高。据本人所知，有一次为免于处罚并放行一票价值6,000元的茶叶，承包人不得不支付2,500元。另有一次，承包人不得不为一大批货物支付全额税款，而他们仅仅从洋商处拿到一半，那次承包人损失了4,000元。

遇到查扣，洋商可通过拒付还未支付的酬劳来弥补损失，因为承包人收钱本就站不住脚，绝不敢多说一句。有时洋商也饱受不得不雇佣的船夫偷窃之苦。船只在行商对面装运时，他们借机盗取货物后又重新封合包装，手法极为老练以致货物运抵前鲜有被发现的情形。

显而易见，若中国关吏一如既往缺乏正直品格与勤谨作风，则本文所述之海关系统恶行将改进无望。

（签名）巴夏礼

1854 年 9 月于厦门

1858年

额尔金勋爵关于要求在条约谈判中给予协助一事致时任江海关税务监督李泰国函①

1858年4月9日于上海

先生：

此番乘“狂暴”（Furious）号北行，您若方便同往，本人将深感欣慰。您熟知中国海关体制，又通晓汉文，于本人此行大有助益。

（签名）额尔金与金卡丁

致李泰国先生

上文回函

1858年4月9日于上海

勋爵阁下：

阁下来函今日收悉，本人深感荣幸，自当同往。为此本人已与中国海关监督商妥，此次离沪其无异议。

本人深感荣幸之至，请勋爵阁下相信本人定当尽心竭力不辱使命。

（签名）李泰国

致额尔金与金卡丁阁下

---

① 英国外交部档17/286：1858年4月15日额尔金致克拉伦顿第90号函附件。

额尔金勋爵关于要求李泰国帮助修订条约及税则事宜致中国钦差大臣之照会摘录[①]

因李泰国与中国政府间的特殊关系，使本人不便正式邀请其加入前文所述之委员会。然此事利益攸关，双方均可借助其经验及资讯，故本人希望李泰国出席委员会会议。

1858 年 11 月 6 日俄理范及威妥玛关于李泰国协助修订条约及税则一事致额尔金勋爵函摘录[②]

我们必须向勋爵阁下说明：此次谈判卓有成效主要归因于李泰国作为翻译的才能及其经验智谋。

《通商章程善后条约》（1858 年）第十款[③]

第十款　各口收税划一办理

通商各口收税，如何严防偷漏，自应由中国设法办理，条约业已载明；然现已议明，各口划一办理，是由总理外国通商事宜大臣或随时亲诣巡历，或委员代办。任凭总理大臣邀请英人帮办税务并严查漏税，判定口界，派人指泊船只及分设浮桩、号船、塔表、望楼等事，毋庸英官指荐干预。其浮桩、号船、塔表、望楼等经费，在于船钞项下拨用。至长江如何严防偷漏之处，俟通商后，察看情形，任凭中国设法筹办。

---

① 英国外交部档 17/291：1858 年 10 月 19 日额尔金致马姆斯伯里第 189 号函附件。
② 英国外交部档 17/291：1858 年 11 月 8 日额尔金致马姆斯伯里第 205 号函附件。
③ 《中外条约、协定等》第 1 卷，第 428 页。

英国驻广州领事阿礼国先生关于粤海关事宜致英国驻华全权公使额尔金勋爵函[①]

英国驻广州领事馆

1858 年 12 月 13 日

勋爵阁下：

本人复任以来与中国当局直接交涉中，粤海关监督敦促本人考虑的首要问题之一即是如何处理往返本口与邻口香港、澳门间运输客货的洋轮中日益突出的违章舞弊行为。粤海关监督似乎认为此等恶行对其主管的关税征收大为不利，导致税源大量流失，*必须*设法恢复其对贸易及税收的管控。但粤海关监督也意识到仅凭一己之力难以解决此问题：一方面其僚属不单无能而且贪腐，另一方面其本人及僚属又害怕与洋人产生冲突。此两方面的因素至少会严重削弱他们的执法效力（若非完全摧毁的话）。在这种情况下，粤海关监督阁下谋求与本人开展有效合作，显然是想让本人代其决定应对之策。

在本人建议下，粤海关监督首先正式照会驻广州有约各国领事，要求共同协作采取措施遏制在各国船旗庇护下公然违反条约及港口章程的成规模走私行径。随函附上粤海关监督的来照及本人复照，复照中附给粤海关监督的执照用以保护其税务官员。

进展至此，本人已将随附信函寄给包令爵士阁下，紧接着赶到香港接受指示。此外本人私下获知，刚从上海来此的美国特命全权公使列卫廉也同意让美国领事配合本人行事。

此事的最终结果请勋爵阁下参见随附布告，布告提醒英民及船主往来通商务必遵守条约规章。美国领事馆也发布了一则类似布告。本人与粤海关监督在商讨应对措施过程中有四封照会往来。最终各有约国领事发布联合布告，在充分考虑关税征收的前提下公布了一套方便轮船发运的专门章程。

此章程最终发布前，本人已多次与各主要相关方沟通：包括商户、船主、本人的同僚及粤海关监督。目前为止结果令人满意，粤海关监督表示对此非常满意，还专程来访告知；美国领事则保证乐意为公平落实章程提供协助；轮船船主们那边虽费了一番周折，但探讨实际利弊后他们最终也承认在税收方面粤海关监督已无法给予更多的便利，也无法再少要求分毫。

现在问题只剩下粤海关监督究竟能做到什么程度。我们可以期待他为了自身利益当尽力而为，但他本人也清楚，对于这些问题他并无合用的手段。本人已于 12 月 10 日去照（附件

---

① 英国外交部档 228/259：1858 年 12 月 13 日阿礼国致额尔金第 22 号函附件。

7)，建议其简化相关章程并随附草案一份（如今的版本已稍作修改）。照中本人不厌其烦，力求明确在防止舞弊及征收国课一事中领事到底能够给予何种、何程度的合法协助而不致造成误解——这本应是粤海关监督的职责，而非我方的职责——然而，当我方通过真诚援助取得粤海关监督信任后，本人认为他便会倾向于把防范走私这一自己无法完成的重任完全交给各国领事，一如本人在上海的经历那般。

于是不论是为了外国的利益，还是其自身利益，粤海关监督不仅默许了本人的全部提议，而且愿意更进一步。因此现在海关机构中当引入何种外国成分实际完全由本人定夺。这是当初介入此事时本人完全未料到的，毕竟在税收问题上，在各口中从未有如此稳固的讨价还价惯例，也从未有如此一帮为数众多的以通事为名的代理，他们作为既得利益者，唯一的获利来源就是以中间人的身份谈妥税收让步条件。但面对此意外之机本人仍有所顾虑，个中原因想必勋爵阁下自能体察。首先，立即着手为该体制运行建立所需的合适胜任的机构定是困难重重，且该体制可能为临时性，不知可以延续多久。虽说最近在上海签署的《中英通商章程善后条约》最后一条明确提出要以某种形式推广在上海施行的模式，此条款的指导原则是将外国成分融入中国行政机构中以补其不足，然而本人也无法获知有约各国到底希望采用何种具体形式。其次，本人也不愿让广州效法上海，哪怕仅是部分。本人担心这样做最终可能对您在推行某种各口划一的外籍税务监督制度（可能您已有主意）时造成不必要的麻烦。另外，建立外籍税务监督制度将触动多方经济利益，其过程不可能一帆风顺。上至粤海关监督，下至通事，直至最底层的守门苦力，他们世代将此视作肥差，唯一的问题就是这些人的能力资质及其贪污的习性。目前来看，可以推测代理人制度运行越是有效，海关的税收越是增长，当下的轮船航运问题解决得越好，想必这些既得利益者反对这种以上级监管制衡个人利益的制度的呼声就越是高涨。

相信这些细节问题并未白白占去您的宝贵时光。这些令中国政府觉得不公或不愿解决的小小轮船航运难题对各口推行划一管理体制这一更大的课题具有重大影响。想必您也一定已意识到这是本国与中国外交中最具价值、最重要的课题之一。

（签名）阿礼国

致尊敬的额尔金与金卡丁伯爵阁下

1859年

赫德辞去英国领事馆职务赴中国海关任职之辞呈①

1859年5月27日于英国驻广州领事馆

先生：

数周前，本人有幸禀告女王陛下、全权公使阁下，基于女王陛下特命全权公使与大清国钦差新近签署条约认可之体制，本人将受邀负责在约开口岸以为中国征税。本人确信，考虑到此职位的工作性质，公使阁下及女王陛下政府不会反对本人接受此任命。因此特恳请您促成公使阁下批准本人辞去领事馆职务。

因洋关事务，此后一段时间本人将留在广州。若本人的汉文能力或本地事务经验能对领事馆工作有所助益，本人将乐于效命，听任差遣。

（签名）翻译官赫德

致英国驻广州代领事温思达先生

英国驻华公使卜鲁斯阁下关于协助新任总税务司李泰国一事致驻约开各口领事之训令②

1859年9月28日于上海

先生们：

李泰国先生即将造访各主要口岸，以期建立划一办理之海关管理制度。

---

① 英国外交部档228/266：1859年5月27日温思达致卜鲁斯第11号函附件。

② 英国外交部档228/274。

鉴于女王陛下政府对此次尝试极为关注，本公使请诸位协助李泰国先生，为其提供一切必要之帮助。

若中国当局就此事询问诸位，可答复如下：女王陛下政府认为建立该制度是规范洋商来华通商、保障中方税收及合法商人利益免受非法贸易侵害之最佳途径。

（签名）卜鲁斯

致女王陛下驻各口领事

粤海关监督恒祺阁下关于宣布决定效法上海开办海关一事致英国驻广州领事温思达先生之照会[1]

委派诸海关监督至五约开口岸督理关税后，江海关监督已于此前任命了该关诸税务司。

总税务司李泰国先生奉钦差大臣阁下令前来协助本监督照管洋税征收。本监督面商署理两广总督阁下，鉴于此举有益税收，长期以来在上海行之有效，议定当立此制。

本监督已效法江海关任命正副各税务司：委任费士来为税务司，其到任前由吉罗福代理；委任赫德为副税务司；孖地臣为黄埔关副税务司。

本监督已行知各税务司自本月 24 日起于此间及黄埔各关就任，兹谨奉告望阁下传达贵国商人周知。

明日，本监督将把所拟章程送达阁下，望阁下通晓其详以为指南。

1859 年 10 月 13 日

① 英国外交部档 228/267：10 月 17 日温思达致卜鲁斯第 39 号函附件。译者注：未见此照会的中文原文，此处据英文移译。

英国驻华公使卜鲁斯阁下关于中国以保护国课为目的可采取的措施致美国公使华若翰阁下之照会[①]

1859 年 11 月 9 日于上海

阁下：

本公使于先前的文书往来中找到三个案例，有力阐释了英国政府就中方以保护国课为目的的有权采取何种程度之措施一事所持观点。

在一起发生在福州的案件中，两艘参与走私的船舶连同其所载货物被中国海关查抄入官。此事传禀回国后，克拉伦登勋爵指示：查抄合法，不予处理。另两起则为曾于此间轰动一时的“威南德”（Wynand）号与“宝顺”（Paou-shun）号两案。“威南德”号于本口范围之外的吴淞江口附近装运大米时被勒令卸下，大米则查抄入官。关于实施查扣的抽象权利及此案的特殊情形，曾多有通信往来。克拉伦登勋爵与王室法官意见一致，认为查抄合法。

“宝顺”号船主在货主不知道的情况下装货上船，却违规申报空载，且未提供舱口单。海关要求船方支付罚银 500 元，否则不予清关。此案中货主及船主是否有故意逃税之实颇有争议。王室法官们最终作出结论认为并无充分证据证明非主观故意，包令爵士亦受命无须要求海关退还船方所缴罚金。

本公使认为这些案件的处置皆符合顾盛先生提出的原则，即有关关税的问题源于国际关税协定，故而属外交问题，不属于领事裁判范围。英国政府决定参照中美条约令其领事不再参与中方征税事宜时并未剥夺中方的简易自卫权，该类权力为各国防范偷漏所必需。其中，查抄权及违规罚金（一种较查抄入官更为温和的处罚）缴清前不予清关的权力，在本公使看来都是不可或缺的。只有当该类权利被滥用时，才可通过领事提请地方当局处理。若被驳回，可再向公使申诉。本公使并不担心承认海关拥有该项权力会给我们带来掣肘，鉴于以往我们在华遭遇的海关事务难题并非源于当局的暴政与滥权，而是其软弱及腐败，故而我们应当保有足够的影响力以促使中方官员理性行事。此前盛行的松弛且不平等的体制使未设代表国家的商人得利，却牺牲了有约各国商人的利益。该困局也是促使在上海建立洋关制度的根源。

阁下认为因领事有权以章程违反条约为由提出反对，故而未经与口岸领事沟通并上报该国公使，中方不得单方面发布章程，此点本公使极为赞同。另外本人认为领事们在此类事件中应尽可能与公使保持一致。若章程中有与条约相背的内容，应予以明确并加以研讨；若通商及航

① 英国外交部档 17/314。

运受到不必要的限制或阻碍，应予以指出并加以改进。领事对细节问题更具发言权，而全局性的问题理应由公使们商议定夺，领事则愈少牵涉其间愈好。作为公使，我等当怀公正之心，勿因本口利益及偏见而影响对全局的判断。

至于海关组织，本公使认为中方有权聘用其选定的任何人出任海关负责人，这一原则不容置疑，这正是其与税务监督体制的主要区别。税务监督体制下，有约各国在某种程度上对其领事提名之人负有道义上的责任。为了中国政府的利益，也为协调各商业社群，令他们对此体制存有信心，本公使认为洋员来源越是广泛就越能避免被指责为仅代表某一国利益，如此运转起来才会更为平顺、更令人满意。本公使比任何人都更多次地向李泰国先生阐述过这一观点，相信其已认识到此间要义。但李泰国先生也有诸多难处，其需向中方保证其引荐的欧洲人行为端正且工作高效。约翰·哈德（John Heard）先生和卫廉士（Williams）先生对李泰国先生的难处想必也深有体会，他们在寻找合适的美籍雇员时有着类似的经历。但本公使深信困难终将被克服。另一方面，若参与国家过多，则又难免内斗纷争拖累效率。假使阁下对某一英籍税务司的行为有所不满，或者本公使对某一美籍税务司的行为颇有微词，则该税务司的免职问题恐会引起国家间的猜忌，最终结果恐取决于英美公使自身影响力的大小。本公使认为，对于称职的公使而言这本不算什么问题，但下属之间是否也能如此本人则毫无把握。本人之所以毫无保留地陈述这些观点，是因为本人在埃及工作过四年，该国因对外交往与通商的发展使得行政改良愈显必要，因此也曾聘用欧洲人，故而本人对可预见的困难尚有些许经验。

以本公使看来，在把西方的先进理念及管理方式引入东方的过程中，国家间互相猜忌所导致的困局要比当地政府带来的障碍更为严重。唯有各国公使协调一致下定决心，以保证新体制效率、保障各方利益为前提，在推行过程中互相协助方能破解此困局。本公使向阁下保证，对像美国这样与本国目标一致的贸易大国的应得利益，本人愿随时予以认可。

（签名）卜鲁斯

致华若翰阁下

英国驻华公使卜鲁斯阁下关于在广州推行新海关制度致英国外交大臣罗素勋爵函[①]

1859 年 11 月 21 日于上海

勋爵阁下：

阁下既能直接从温思达副领事处获知广州的情况，本人仅需直奔主题，即说明李泰国先生在该口竭力推行已在上海成功施行的海关制度时所遭遇的反对。

商人一般都反对那些为了新关制度高效运作而新增的手续及章程。来往港澳的江轮运输已成为一种重要的利益来源，船主自然会对将来的限制颇多怨言。

由不受限制和干涉转为相对受限，遭遇反对是意料中事，本人也不否认新规章中某些较为严苛的条款或可改进。然而在考量某些合情合理的具体反对意见后，本公使更倾向于相信越是强烈反对之人，其于常关松垮、腐败行政中所获之不当利益就越大，此种利益却以国课为代价。凡获利者，不论华洋，皆唯恐得而复失。

李泰国先生从上海前往广州时，本人曾饬令各女王陛下领事给予其必要协助，并要求他们在同中国当局商讨此事时统一口径，阐明女王陛下政府在此重要问题上的立场。温思达先生对按其建议作出修改的章程表示赞同，且本人暂未获悉有英民对此表示抗议，尽管本人相信英民中必定有人认为若不作出妥协，通商或可更为便利。勋爵阁下，本人极愿为此有益之目标给予他们力所能及的协助。

然而美国领事裨理先生却不循此道，称章程不符合条约规定，不得施用于美国船只。至于此言有何根据，本人不得而知。本人获悉他已就此致函华若翰先生，且南方美商普遍支持其观点。

与华若翰先生论及此事时，本人发现此种观点不无分量，且他对中国海关在条约框架下的管辖权范围存有疑问。他似乎认为海关有权将非法卸下之货物查抄入官，对滥用此权之行为可经由领事提起申诉。其间领事并非行使其裁判权，而是行使其就违反条约行为主张赔偿之权。然而，他在是否应允许中方对违章处以罚金一事上犹豫不决。

本人坦言，既然有约各国公使同意将征税之责交由中国政府自行承担，则意味着他们默认类似对非法卸货、伪造舱口单等违章行为进行罚款的权力为中方保护自身权益应具之权，无此前提则中国海关根本不能正常运转。顾盛先生之主张（美国会法案正是基于该主张通过

---

① 英国外交部档 17/313：1859 年 11 月 21 日卜鲁斯致罗素第 48 号函。

了中美条约）已定下基调，即中国政府作为一国政府，不能在美国领事法庭提起诉讼。照此情形，本人不知道中国海关（即便不考虑国家尊严问题）还能如何起诉违反其财政律令者。为向中国政府提供力所能及之协助，璞鼎查爵士确曾颁布法令允许英国领事法庭受理此类违章案件，但正如条约无法剥夺中国政府固有的保护国课之权利一样，该特别法令亦不能剥夺，且璞鼎查爵士颁布特别法令的原意在于协助而非替代。

从有关“约翰·达格代尔”（John Dugdale）号案及“广州”（Canton）号轮船案的通信往来以及前后任女王陛下全权公使就此问题所作的一系列详细讨论中，勋爵阁下可知这一执行财政章程的尝试因无法操作而被放弃。一方面中方不愿配合，甚至不愿在领事做出罚款决定后收取罚金；另一方面，较之其他有约各国领事，此事将陷英国领事于众矢之的。然而，即便有约各国政府授权其领事受理此类案件，且假设中方同意就处罚违章者一事向各领事提出申请，本人认为该难题仍无法解决。我们还得应对某些国家的船只，这些国家的领事不拿报酬，其本质便是商人。他们自然会倾向于在自荐时承诺偏袒本国商船及商户，如若不然，比他们更不讲良知者也大有人在且极易觅得，因此他们不可能同样公正地执行章程。如此一来，除非我们也不再遵守章程，否则过往使我们曾深受其害的怪象将重现——非有约国将以牺牲为其打开中国大门的有约各国利益为代价从中获利。

尽管如此，到目前为止本人对华若翰先生主张中国当局无法对英民课以罚款一事表示认同，但本人认为此事或可在不影响英国当局对英民的专属管辖权的前提下予以变通处置。对未完纳税饷之船只，海关有权拒发红牌、不予清关。当船只违章时，其罚金可包含在应缴款项中，需待缴清后方予发给牌照——领事则扣留其船舶单证直至款项缴清。倘遇罚金征收不公抑或处罚过重，领事可以此举涉嫌打压贸易及违反条约为由向有关当局提出抗议，再由该当局据案件性质证明其要求合理与否。简言之，可将其作为*政治*问题而非*司法*问题予以处理。

尽管语气颇为和善，华若翰先生迫于其国人的压力，以及此前受雇于海关的仅有的两名美国人近期已被解雇一事之影响，还是对新关制度中主导的英国元素及反对意见的合理性发表了看法。为避免国人猜忌而行权宜之计，本人完全理解，且本人给予李泰国先生的建议也一贯是以不授人以柄为必要前提。本人认为有约各国在海关内部设有代表极为重要，如此他们将因牵涉自身利益而支持海关行使其合法权力——倘若其中有人真要试图抨击或阻碍海关行使权力，本人确信其将无法获得中国政府的支持。尽管李泰国先生再三尝试在当地寻找值得推荐的非英籍人士，但还是困难重重。近期部分英国青年的引入，有赖于李泰国先生在英国的代理人（费士来先生），此人在招聘人才方面深得李泰国先生信赖。本人见过其中几位，确实颇为出色。

华若翰先生似乎觉得美国驻广州领事的反对意见未受应有重视：既然美国领事反对章程，则未经美国公使认可不应予以实施。本人认为重视这一反对意见方为明智周到之举。然而李泰国先生可能受下述三方面影响而对裨理先生的声明未予重视：一是裨理先生并未对章程提出具体的反对意见；二是副领事温思达先生作为一名富有判断力且经验丰富的官员，认为章程规定与条约相符；三是既然在制度引入一事上已获中国地方当局认可，则确有必要尽速施行以免部分腐败的中国财政系统官员及通事有机会暗中作梗。

在华若翰先生出发前往广州的前夕本人已同他口头讨论过这些问题。本人认为宜用书面形式简要阐述本人所了解的女王陛下政府对海关执法权一事之看法（其态度于几起海关查扣案件中已有所体现），并坦陈本人对海关人事及章程颁布方式两事所持观点。本人有幸在此附上该照、华若翰先生的复照以及本人收到复照后与华若翰先生在其登船前夜面谈后所作记录。

华若翰先生在交谈中依旧言辞友善，由于这一重要部门由洋人打理高效廉洁有目共睹，且此举促使洋人与地方官员频繁交流，从而对中国政府产生了积极影响。对于这一点，华若翰先生给予了充分肯定。尽管华若翰先生对于基本原则表示同意并承认很有必要采取一致行动，同时对本人照会中所述意见表示认同，但其依旧声称迫于其国人的反对及抗议，无法认同海关内并无美方代表一事，且坚称须对章程予以修订以使通商便利顺畅。

本人对华若翰先生如此盲从某美商的意见深感震惊。据其描述，此人为一名绅士，本人有理由相信其拥有受人尊敬的高贵品格，但其与此事存在利害关系，因此其对于海关及商界相冲突的权利与主张之判断并不会毫无偏颇。上次面谈后，本人照会华若翰先生（此照详见附件 3）表明本人审查章程后并未发现有悖条约之处。公使既为其间之仲裁人，本人自不会任由任何一方蒙蔽摆布。

华若翰先生应本人所请已致函李泰国先生，强烈催促他待其抵达香港后即刻前往拜访，并参照华若翰先生的口头言论（而非其照会）作出合理让步并打消其顾虑。但华若翰先生并未书面说明其究竟想要多大的让步，故在此做出细节安排即便不是毫无可能，也将困难重重。不过，既然他已向本人保证将提出一个有利于新关制度的方案供李泰国先生考虑，本人便无理由再作怀疑。本人亦不会怀疑他将会在坚持美方利益及通商大局的同时，对该问题给予充分重视。若事实并非如此，本人将大为失望，因就本人与华若翰先生的交往来看，无法指望遇到一位在处理此类敏感问题上比他更公正开明的美国同僚。本就期望藉由各国驻华代表一致行动获益，当此之际老到的华若翰先生参与其间尤显重要，若因美方力图在新关中占有一席之地而使我们无法得到华若翰先生的协助，那就着实令人遗憾了。

同时，华若翰先生还提醒李泰国先生注意法国政府也要求在新关中派有代表。本人发觉，布尔布隆先生当下虽对本人极为支持，但却也认为新关理所当然应代表当初赞成其建立的有约各国利益。

本人力争友好解决各争议，并未以坚称中国政府有权聘用任何人来加以搪塞，以上做法相信勋爵阁下也将予以认可。除非中国政府放弃以欧洲理念建立新关的尝试，否则李泰国先生实为不可或缺之人。其实中国政府并不关心下属任命事宜，只期保证效率且不招致列强非议即可。若本人在当下强调中方有权聘用任何人，该主张将被不可避免地归因于我们企图让英国人独掌海关，他国必然怀疑我们试图藉此获得在中国独有的影响力。这一试验——若得以有效实施，其将对中国之行政产生最为美妙的影响——的成功恐将因此受到严重威胁。

作为您最恭顺的仆人，鄙人深怀敬意、深感荣幸，此致。

卜鲁斯

致罗素勋爵阁下

美国驻华公使华若翰阁下关于粤海关监督未经领事许可发布新海关章程一事致美国驻广州领事裨理先生函

美国公使馆

1859 年 12 月 12 日于澳门

先生：

附有您与粤海关监督就其未将海关章程交您审阅即提议实施一事照会的来函收悉。

本公使完全赞同您对此事的处置。

任何章程凡未事先提交驻该口领事审查，不得于任何通商口岸实施。若领事审查认为符合条约规定，即可予以认可并在自身权限内尽力协助中国政府及其官员实施。

若领事认为章程与条约冲突，则应将相关条款呈报公使定夺。

附有中国海关税务监督李泰国先生提交您审阅的相关章程的来函收悉。中国政府有权任用任何人（不论华洋）担任税务监督，该权利不容置疑；中国政府有权自主决定赋予税务监督何种权力，只要其认为明智或审慎即可；中国政府同样有权制定其认为必要且适当的章程及规则，但上述权利的前提是中国政府赋予其官员的权力不得与条约赋予美国官员的权力相冲突，且此类章程及规则不与条约规定相抵触。

在本公使看来，尽管有关规则并未违背条约赋予我们的权利，但在批准前仍需对部分条款加以探讨。

首先，经过修改的第二款规定要求呈报海关的舱口单须包含“货色”一项。此款采用了条约中的表述，且正如条约一样，应当根据制定的意图和目标加以实施。若申报要求太过详细，细至件数、标记及每箱或每件所装货品，在很多情况下可能难以做到，有时亦无甚必要，只会陷船主于窘境；另一方面，若申报过于模糊、笼统，则又与条约及章程的意图不符。本公使认为，船方对“货色”的描述应以使海关官员能对各种税捐规范估征为目标，以此为目标尽可能完备翔实。若无此等清晰完整之申报，条约中为保护国课而制定的条款将形同虚设。

本公使相信美国船主不会拒绝提交此种报单，海关关员亦不会就规定填报的细目提出不合理的要求，因此本公使认为实施此款规定并无困难。

其次，第十一款要求广州和黄埔分别签发牌照，且来往于广州和黄埔两口的货物应运抵码头。此款符合条约规定，且为两口贸易及保护国课所必须。*本公使称之为“两口”*，是因为考虑此问题时须视广州和黄埔为不同口岸——两处皆因业务所需驻有海关。虽处同一辖区，两处亦皆驻有美国官员。当货物由其中一处卸下后运至另一处，或由一处出口后运至另一处转运时，因两地长途相隔，此款规定实为必要。

据新条约[①]第十九款规定，未领牌照者不得擅自起货。此牌照有何功用？该款中已有说明，即秉公验明货物以便按例征税。若货物在黄埔装船且已取得于广州下货之准单，船到广州后则无须出示准单未经查验即可下货，此种情形下船方为何不从某轮上过驳50件有单货物，再由另一轮上过驳50件无单货物后运往广州一并下货？如此非但海关无法知情，税款得以偷逃，而且完全规避了条约中该款规定的约束。新订章程中有此规定，凡违规者，其货予以查抄入官。然而哪一方拥有此项处罚权力却事关重大，有人声称该权力为中国政府所独有，有人则认为在我国治外法权下该权力只能由美国领事行使（可向公使申诉）。

以上两观点皆不正确：中国当局无权管辖美国公民，此权自然不归其所有；此权同样不归领事所有，因其仅能于授权范围内行使裁判权，如美国公民间的纠纷及条约规定的其他案件，而美国公民同中国政府间的纠纷并不在列。

《望厦条约》的起草制定者、时任美国司法部长顾盛先生在深入审视该问题后曾就条约规定发表过专业意见：“领事法庭不能受理中国政府的起诉，解决涉及海关事务的争端需用政治手段而非司法手段。”其进而指出：“若任何一方有意修改此项规定，以使美国在征税事宜上将其领事法庭如同其国内法庭一样向中国政府及他国政府开放，则来年恰是机会，因

① 译者注：此处指《中美天津条约》。

《望厦条约》第三十四款规定届时可进行修约。至于此种修订有益与否，实为需由总司令定夺之外交问题。”

该意见已于1855年9月19日呈交我国政府，此后，我国政府商讨并通过了现行条约，但未作出此类修订。

因此，本公使仍需遵从顾盛先生的意见，即此为政治行为，有赖于双方达成一致。

倘使规定及章程与条约相符，对于违反此类规章者，中国政府无疑有权查抄其货。若不具此权，则整个税收体系将形同虚设。

领事并未派人为海关把关，也无人期望其履行该职责。然而违规货物查扣后，查抄入官仍有赖于双方的联合行动。因此，中国关员须在查获违规货物后即刻将查获情行及扣押缘由通报美国领事，领事有义务对通报事项进行调查。一旦确定，即与中国官员联合实施处罚。若双方不能达成一致，则此事应呈报各自上级。

若中国当局不经与美国领事合作而单方面抄没货物，即为权力僭越，因此举是对美国公民及其财产行使司法权，我国政府不应亦不会容忍此种行径。

就批准相关规章答复李泰国先生时，务请附上本公使意见。

（签名）公使华若翰

致美国驻广州领事裨理先生

1861 年

1861 年 1 月 21 日总理衙门领班大臣恭亲王关于任命李泰国为总税务司之札谕[①②]

（钦差大臣恭亲王）为札谕事：

照得英、法、美三国协商酌定《通商税则》及《善后条约》，（税则）第十款内载明：严防偷漏，各口划一办理，或委员代办，*任凭邀请外国人帮办，无庸外国指荐干预等语*。查（总）税务司李泰国，曾在江海等关帮办税务，诸臻妥协。今新增通商各口税务，尤宜实力经理，故仍派令李泰国帮同总理稽查各口洋商完税事宜。

该总税务司务须帮同各口监督委员，按照条约认真办理。不得任外国商人代华商销货，亦不准任华商之货，暗附外国船只影射偷漏。并务将出口入口各货，分晰清楚，勿得牵混。至各口税务司及各项办公外国人等，中国不能知其好歹，如有不妥，惟李泰国是问。

其应用薪俸等项，即就各地方收税多寡情形，由管理税务之员，会同李泰国酌议，不得稍涉冒滥。所有总税务司之任，原视何国人办理妥善，即责成何国人经理，其任至重。李泰国向来妥慎可靠，是以派令经理。

此后该总税务司膺此重任，务宜秉公尽力，始终勤慎，不准该税务司及所用各项外国人自作买卖，倘有办理不善之处，即行裁撤。

该总税务司勿负本爵信任之至意可也。

切切特谕！

咸丰十年十二月十一日（1861 年 1 月 21 日）

---

① 《北华捷报》第 554 期，1861 年 3 月 9 日。

② 译者注：未见该札谕中文原文。本译文参考《筹办夷务始末（咸丰朝）》八，中华书局，2014 年，第 2705–2706 页。

海关签发准单前私自卸货

第 8 号

1861 年 9 月 21 日于广州

阁下：

本人须向您报告马地臣先生非法卸货案的相关情况。

本月 14 日（星期六），马地臣先生提交了一份书面报单（见附件 a），于十时半送至海关，魏尔特先生将其送至验货厂进行必要查验并为出具税单做准备。其中一行字“10 箱粗斜纹呢——1200 丈”令孖骨先生怀疑少报数量。若按新条约适用前的旧例，1 丈换算为 144 英寸，每件长 24 码，这样正好得出 1200 丈。此类货物常以 20 件为一包进口至本地市场，每件长 24 码，而现在正确的换算值为 1 丈合 141 英寸，即总共应为 1225 丈。此类货物开箱后将导致货物损失，所以货主一般不愿开箱，且只要提交的数量无误，按惯例也不开箱。随后孖骨先生将报单退回魏尔特先生处，并向马地臣先生注明要求提供货物的件数及码数，以方便海关计算出精确尺寸。这封信件写于十一点过几分，并于十一点半左右收到回复（见附件 b）。

十点左右马地臣先生还同时提交了另一份报单（见文件 c），共计 360 捆本色细布、1 箱书籍及 6 箱铁器。所有货物均来自同一艘船“苏格兰外岛勋爵”（the Lord of the Isles）号，并由三艘驳船接运。以上事实与本案无关，仅说明四艘驳船所载货物（即一艘装载水银、条纹边薄呢、粗斜纹呢及羽纱等，如报单 a 所列；另三艘装载本色细布，如报单 b 所列）来自同一船只并前往同一地点，其意在为所有货物开具一份税单以免办理两次。

星期六为阵雨天气，为防止货物受损，海关在阵雨间隙进行了查验。两点左右天气好转，二等验货着手完成了驳船查验，随后发现装载报单 a 所列商品的驳船已离开泊地，并行至收货人怡和洋行的货栈卸货。此时该船不仅尚未取得准单，甚至还未经必要查验。这一情况及时汇报给本人后，本人派出一名钤字手并令其接管该船连同货物驶回泊地。据报，这艘驳船于下午三时左右回到其泊地。

之后对涉及报单 c 中的三艘船及其所载货物按常规方式进行了查验。三点前，税单送至马地臣先生处，列出所含共计 360 捆本色细布（见附件 d）。

五点半左右，怡和洋行买办 Acheen 声称该 360 捆本色细布的银号号收由于洋行小工的疏忽而丢失了，并询问能否在提供保结后向其签发准单。我方回复称若银号能出具证明证实关税已缴，且 Acheen 能够提供保结以防该银号号收再次给海关造成损失，则准予签发准单。为了顺利获得证明、尽量减少延误，海关供事派一名通事 Chou Hing 协助 Acheen 的代理人（事务长或是收账者）立刻前往银号并带回一份文件（见附件 e），Acheen 提交保结（见附件 f）后货物于六点半放行。

关于三艘驳船上货物情况的描述到此为止，本人向您说明这些细节是因为马地臣先生对扣货提起了申诉。由上述细节可知，即便确有扣货一事，也只可能是因马地臣先生的疏忽随意导致。

再次说回到那艘在发给准单前违规行至货栈并私自下货之船。正如本人之前所说，那艘驳船据报于三时左右回到泊地，本人立刻派遣两名二等验货（一名欧洲人及一名华人）上船对剩余货物进行查验。半小时后本人接报称除非打开这些成捆成箱的货物，否则无法正确计数。但开箱查验会耗费大量时间，很可能无法在五点之前完成，届时海关已结束办公，将无华人供事签发税单。故本人答复货主称查验必须延后到星期一。另一个推迟查验的原因是只要这些货物仍处于被覆盖或装箱的状态，则污物就不会对它们造成损害，而如果当天继续查验且在下班前无法完成，那么这些被打开的货物则有可能因暴露在外而于星期六晚、星期天直至星期一早上的期间内受损。

星期六晚七点，本人收到马地臣先生的一份私函（副本见附件 g），并给出了回复（见附件 h）。晚八点，本人又收到对方送来的公函（见附件 i）。

星期一早上办公时间一到，海关人员立刻上船进行了查验，发现船上仍有下列货物：

424 瓶水银

40 捆本色细布

12 箱羽纱

4 箱条纹边薄呢

3 箱中厚毛织物

随后海关签发税单（见附件 k），并由本人以公函形式寄给马地臣先生（副本见附件 l），一份银号号收也如期递交海关（见附件 m），随后海关签发准单放行该批货物，货物在下午 1 点左右离开海关。

上述货物税款已完纳。但与清单 a 对照，发现短少以下货物：

1 箱条纹边薄呢

5 箱条纹边薄呢

5 箱条纹边薄呢

1 箱中厚毛织物

18 箱羽纱

10 箱粗斜纹呢

显然，这些货物已被非法卸下。

本人及时将这一情况报告海关监督阁下，他就此照会罗伯逊领事，副本已附（附件 o）。此事已过去一周，但迄今未收到回复。

（签名）税务司吉罗福

致总税务司赫德先生

附言：此文写罢，本人将马地臣先生的私函发给了孖骨先生，他的回复请参见附件。

本人亦已就此事询问驳船船员其自行前往货栈之原因，他们答复称“当时有暴风雨，他们已在船上等了很久，觉得早点卸下这些货物比较好”。这便是本人现在所能得到的答复。

第 13 号

1861 年 10 月 11 日于天津

先生：

9 月 21 日 8 号呈文及其附件收悉，其中详述了马地臣先生的货物未经许可即从“苏格兰外岛勋爵”号上私自卸下后海关所采取的措施。本人完全同意你采取的所有措施。

本人现令你建议海关监督向领事施压，以便获取一份进入货栈的搜查令以便前往查扣之前非法卸下的货物。这些货物被移送至海关后，你应再建议其发照告知领事货物已入官，售卖日期（无须列明）已定。该照会发给领事三天后，便请你以公开拍卖的方式善意处置这些货物。

万一领事拒绝签发搜查令，则你应建议海关监督将此事上报总理衙门，并附上其与领事间往来照会的副本。

（签名）总税务司赫德

致粤海关税务司吉罗福先生

1861 年关于洋药、洋船载运土货征税办法、子口税、长江贸易、存票及免重征执照等事之奏折及廷寄[①②]

奏折一

钦命总理各国事务恭亲王奕䜣、大学士桂良、户部左侍郎文祥跪奏，请敕户部酌定会同办理折臣等自抚务初定以来，无日不以各口关税为念。

关税乃朝廷国库所倚，当此创始之际，所犯之谬固微，将来之害定剧。且此系洋务，当慎之又慎，免生误解争论。*（注：对照英译本，《筹办夷务始末》中无此段内容）*

近因总税务司赫德来京，数日来所议章程，头绪繁杂，实难洞悉其流弊。

查臣等上年十二月*（注：英译本未译出月份）*奏定章程内称：关税总数，虽咨报总理衙门，而稽复考查，仍由户部经管，总理衙门不得越俎。奉旨允准在案。若照奏定章程，臣等原不敢干预，惟事涉外国，臣等亦不敢引嫌自远，稍存推诿之见。

凡利于大局，臣等自当倾力而为，于私不计不便，于公无惧误解。*（注：对照英译本，《筹办夷务始末》中无此段内容）*

无如臣等向于税务未谙，臣文祥虽现任户部侍郎，而一人之才力有限，恐知其一，不知其二，于税务弊端究难尽除。

况厘定税项，原系户部专责，即使臣等代为办妥，而户部未经细为研究，其中轻重未悉，亦难随时考复。相应请旨敕下户部诸臣，将各口关税章程悉心酌定，由户部主稿，会同臣等办理。至其中有须与外国相商之处，则由臣等与英、法二国公使竭力辩论。

总之，税务章程易于滋弊，必须破除情面，力洗积习，庶外国商人不至有所借口，而各省吏胥亦无从侵蚀中饱。似此合力共成，认真办理，或可杜其流弊，于国帑不无裨益。

俟会同定章后，其税务稽复考查，仍遵奏定章程，统归户部办理。

税务事大，臣等奏禀请敕户部会同之由，仰祈敕该部办理。*（注：对照英译本，《筹办夷务始末》中无此段内容）*

谨奏。

---

① 《北华捷报》第 588 期，1861 年 11 月 2 日。

② 译者注：未见此奏折和廷寄的中文原文。此译文参考《筹办夷务始末（咸丰朝）》八，中华书局，2014 年，第 2892-2894 页，第 2916-2917 页。英文内容与《筹办夷务始末》内容有出入处以不同字体标出并附译者注，后同。

皇帝答复奏折一的廷寄

恭亲王奕䜣等奏：各口关税，现当开办之初，总税务司赫德来京，所议章程，头绪纷繁，实难洞悉流弊，请敕户部会同办理等语。

现在办理各口关税，事属创始，奕䜣等未能洞悉流弊，自系实在情形。惟此次各口设立新关，与外国交涉，设一切章程未能妥协，徒滋争论。且各口情形不同，恐户部不能悬定。

所有各口税务章程，仍着奕䜣等悉心酌议具奏，并咨令（会）办理各口通商大臣，各就地方情形妥为筹议。务各破除情面，力洗积习，以免外国商人有所借口。廷寄答奕䜣等奏。*(注：对照英译本，《筹办夷务始末》中无此句)*

钦此！

1861 年 6 月 19 日

奏折二

钦命总理各国事务恭亲王奕䜣、大学士桂良、户部左侍郎文祥跪奏，复陈税务，禀臣等所议，仰祈圣鉴。*(注：对照英译本，《筹办夷务始末》中无此句)*

窃臣等因关税开办之初，总税务司赫德来京应议各节，奏请敕下户部诸臣悉心酌定，会同臣等办理。

旋准军机大臣字寄，五月十二日*(注：英文中采用公历“6 月 19 日”)*奉上谕。

(此处上奏者引述了答复其第一本奏折的圣旨内容)

仰见圣虑周详，莫名钦服！伏查税务一项，不独有关国帑，且有系于抚驭大局。臣等以事当创始，又为中外交涉最要之端，是以吁恳敕下户部诸臣，会同商办。

嗣奉谕旨：仍着臣等悉心酌拟（议）具奏，并咨会办理各口通商大臣，各就地方情形妥为筹议。臣等窃以为，倘就地方情形调整，恐难完备划一。*(注：对照英译本，《筹办夷务始末》中无此句)*

臣等不敢冒昧坐视，有所疏忽勾联，任其自流。*(注：对照英译本，《筹办夷务始末》中无此句)*臣等当于赫德来谒时，先就税务大概与之讲求，嗣后呈递章程七件，禀呈二件。*(注：英文为“nine reports”，即“9 份报告”)*内称各节，有臣等未经议及，或议及而未尽符合者。其章程内最关紧要之件，则洋药、内地货物两端。

洋药一项，臣文祥虽曾与议，而臣奕䜣、臣桂良皆非原议之人。应请敕下原议诸臣，查照赫德所递洋药各口情形一单，及洋药禀呈一件，另行妥议。

其内地货物一项，则出口应纳税项，已于条约税则载有明文，惟出口而复进口，则条约税则未经明晰，而牵混之语甚多，流弊尤难枚举。如果筹计稍疏，恐奸商避重就轻，不惟亏关税之额征，且暗夺商民之生计。臣等日于赫德反复详论，拟将内地货一项，凡出口而复进口者，仍令其照内地遇一关纳一关之税。赫德亦极以为是，但称：恐该国公使不肯如此办理。

臣等当又函约普鲁斯[①]、威妥玛于二十二日*（注：英文中未译日期）*前来会晤，将税务各节面为详议。惟内地货一节，始颇据条约税则各处牵混之语，执意坚拒。经臣等再三驳辩，赫德亦从旁怂恿*（注：英文中未将该过程译出）*，而普使始请臣奕䜣给与该国及佛国[②]照会，以凭向洋商商办。臣等当给与照会，声明：扣二成一项，除出口之税照约办理外，若出口复进口之内地货，仍应完税。如完一正税，准其扣归二成，如完一半税，应不扣归二成。无论正税半税，纳清后，仍一关纳一关之税。现在该两国尚未照复前来。

臣等以此项货税，为内地关税大宗，最易启影射偷漏之弊，是以不惮繁难，极力挽救。若能照所议办理，既可杜内地商民勾串洋商情弊，又可杜外国人纷纷入内地通商，藉端启衅*（注：此段在英译本中仅译作"解决难题"）*，盖不仅于税务大有裨益也。

惟普鲁斯始颇坚执，继尚就我就（范）围，允为商办。此种撮合之处，则赫德为力居多，赫德虽系外国人，察其性情尚属驯顺，语言亦多近理，且贪恋总（税）务司薪俸甚巨，是以尚肯从中出力*（注：英文中无此段文字）*。

至所递各件，似多有可采取之处，然臣等不敢遽以为凭，仍于另片声明呈览。并将所递各件暨臣等给英、佛照会飞咨各口通商大臣，先行体察情形，详速核复。

臣等谨呈内地货物一项之照会，并禀臣等所议关税各节，仰祈圣鉴。*（注：对照英译本，《筹办夷务始末》中无此句）*

谨奏。

大清皇帝起初对以上奏折的谕旨仅寥寥数语："另有旨。钦此！"

关于赫德先生的报告及就其内容加以评论的另一本奏折[③]

再，赫德所递清单七件，禀呈二件，臣等详加查阅，大抵为各关现当开办新章，必须严定章程，以期税课日增之意。其单内所开各款，半皆条约中应行之事。臣等前于赫德来公所谒见时，与之逐层辩论。今所递各单，虽未必尽属可行，然其言尚不无可采。谨将清单及禀呈内所陈各事宜，分别办法，恭候钦定。

---

① 译者注：普鲁斯现译卜鲁斯。

② 译者注："佛国"即法国，后同。

③ 译者注：此译文参考《筹办夷务始末（咸丰朝）》八，中华书局，2014年，第2918-2925页。

一、*长江一带通商一款*。据单内称：起货下货，均在上海征纳税饷，其镇江以上，汉口以下，准商人任便起货下货。镇江以上，即作为上海内口，无庸设虚立之关，如此办理，于税务不至偷漏减少等语。臣等查长江一带，贼匪出没无常，若该商定意走私，实难设船查拿，固宜于总处纳交，以免偷漏。然设令在上海总纳税饷，准其任便起卸货物，又恐漫无限制。仍应由江苏巡抚薛焕斟酌地方情形，妥议咨覆办理。

二、*外国船载运土货往来一款*。据单内称：洋船载土货出口，则中国无从征第二次税，若复进别口，输纳子口税，似无不公平等语。臣等查复进口之内地货，条约税则中，原无作何办理明文。而洋商贩运内地货，由此口运进彼口，亦无禁止专条。是以与赫德辩论时，原欲税课稍重，即可免华商影射，及洋商贪入内地各事。及赫德所议，仅加一复进口之子口税，而又无子口税外逢关纳税之语。所以照会英、佛国，拟令内地货复进口时，完一正税，准扣二成，若完一半正税，不扣二成，完清之后，仍逢关纳税。此说未知能否如议，应俟照覆到日再行核办。

三、*子口税一款*。据单内称：欲征收子口税，须择一紧要处所，设立关卡等语。臣等查此系专指洋货进口、土货出口而言，非土货出口复进口可比，自应在紧要处所设卡征收。土货出口，以过卡准照为凭；洋货进口，以入卡准照为断。总期该商进口出口货物，完一正税，即有一子税，办法不厌周详，庶税课可期充裕。此项子税，既为条约中应行之事，且系内地税，可以不扣二成，应令南北通商大臣妥筹办理。

四、*洋药各口情形一款*。据单内称：洋药抵中国者，每年约有七万箱，税则太重，则令人随意保私漏税。现有两项征法：一条（系）进口时，征一次重税，即每箱六十两。完税后，准往各处，而不另征别税；一系进口时，按则征收洋税三十两，再征华税十五两，准在通商之本府所属境内不再重征。俟出本府之境，凭地方官随时设法办理等语。

臣等查洋药为洋货之大宗，税则内本有征收进口洋税三十两后，一经离口，任凭中国办理之语。况前据威妥玛禀称：上海设局抽厘，进口税银三十两外，又另征银五十两，与条约内明文相谬，大为商民不便等情。经臣等行查江苏巡抚去后，旋据咨复：洋药进口，每百斤征洋税三十两，售与内地商人，征华税三十两，厘捐二十两。是征之洋商者，仅止三十两，其余五十两，皆征之华商，与洋商无涉等语。是以臣等前与赫德论及，总以由中国任意征税为是。而赫德则谓：洋药税不可太重，上海现在办法，并无起色。如照该税（务）司办法，征洋税银三十两，征华税银十五两，犹恐不无走漏。是以到香港者虽有七万箱，而单内只有六万箱计算。若照内地办法，另征税银三十两，厘捐二十两，更虑有名无实，走漏愈多。将来保私绕越，恐所征者尚不如每百斤仅征四十五两之多，于税务大有关碍。臣等与之反复详谕（论），赫德则总谓：收税愈重，则走漏愈甚，若药税稍减，则征药之税虽轻，而纳税之药必巨。所言虽属有理，但臣等非尽系原议之人，是以请由原议诸臣另行妥议。至通商本口作洋药生理者，或令请领字号招牌，或令呈明请领印票执照各节，数量不限。*（注：对照英译本，《筹办夷务始末》中无此句。）*据称：于洋税三十两、华税十五两无涉等语。是否窒碍之处，应由南北通商大臣斟酌情形，咨复办理。

五、*盐饷一款*。据单内称：广东私盐，与私货同路进入，应设巡船，禁止绕越走私。粤海监督并广东盐运司会同合办，声气相应，奸商即无所施其诡计。每缺各出十余万两经费，而国课可增五十余万等语。

臣（等）查广东盐运司及粤海关均有例设巡船，向系各司各职，并无会同缉私之举，且甚至保私亦所难免。今若同力合作，一同巡查，使奸商不得走私，自可期国课日见增加。但会同出款巡缉，事属创始，其中有无窒碍，难以悬断，应由广东督抚会同盐运使司、粤海监督妥速核议，咨复办理。

六、*通商各口每年应收洋税银两一款*。据单内称：每年各口洋税通共一千零六十八万两*（注：此处英文原意为"倘切实按赫德其他建言照实征抽，年入不下千万两"）*。倘以后贼匪滋扰较甚，则货物难于销售，税饷自不及此数，如各省均已平靖，则税饷自必有增等语。

臣等询之赫德，据云：以现在光景计算，中外均非实心办事，而收税之法，又只知加重，不知防私。如照伊所议，则千万两之数似不难办。然此究系赫德一面之词，未敢遽信。至所开税项船钞，牵混一处，询据云：船钞不过十分之二。*（注：英文中无此句）*臣等已令赫德于每月将所收各税钞，逐款分晰开单，呈报总理衙门，以凭察核。*（注：英文中此句，原意为"臣等已令赫德每季度呈报所征数目及其余细目，一式二本，分呈户部及总理衙门。"）*

七、至单内所称：不发免税单改发存票，但恐将来有弊等语。臣等向赫德驳诘，据云：若改发存票，而该商竟将货物到无关处售卖，则既不能征收税银，而下次载货进口，又得免征，岂不与税项有亏。其言似尚近理。

而免单一项，臣等前拟如此口收过税银，而该货运别口销售者，如不能停止免单，其税银仍应拨回别口。即使此口已经动用，亦将数目报明，作为别口税课，以免此盈彼绌。惟天津洋税，系提作京饷使用，所有各口代收过天津关税，仍将代收之项，除扣二成外，尽数解运京师。曾经奏明在案。现与赫德议定，洋货照约，仍发免税单，即拟照前奏办理。

其洋商贩运内地货，今已议令于复进口之时照旧纳税，自无须发给免税单，以示区别。现拟行知各通商省分，照议办理。

八、*通商各口征税费用一款*。据单内开：每年通共银五十七万两零。

臣等询之赫德，据云：各口税务司责任綦重，一切费用，不可减少。若少，则所用之人，必为奸商所买等语。

臣等闻从前李泰国在上海充当总税务司，每年费用甚巨，而所征之税倍之。今若每年洋税果能日见兴旺，各口税务司均能厘剔弊端，帮同各海关认真经理，自应厚给薪俸，以酬其劳。

惟单内所开各项人等名数及应给银数是否均属允协，应令南北通商大臣妥议章程，会商核办。

九、*另立（呈）洋药一款*。据禀内称：广东省城设有洋药抽厘总局，如有人先输纳银五十两，即无庸在关上完纳正税等语。

臣等因广东省设有厘局，部中必有案可稽，当经行查户部。据复：广东三水、高要、南海三县，自咸丰八年四、七、十等月设厂开办起，均至九年十二月止，共收银五十一万三千余两。前项厘捐内，有无洋药厘金在内，无从查核，已由部驳令该省详细造报等语。

惟所禀抽厘与关税有碍，是否实如其言，应由广东督抚据实查明，并由原议诸臣另行议奏。

十、*另呈粤海关茶叶税饷一款*。据禀内称：私到澳门漏税之茶叶，日见其多，而海关税银较少六万两。再，茶叶每百斤税银二两五钱，抽厘局只征五钱，即可任商绕越走私。而商人有二两之利，无一肯到关纳税等语。

臣等行查户部，据复：前项厘税内，有无茶叶厘捐，无从查核，已由部驳令该省详细造报等语。

至茶叶抽厘，是否有碍关税？应由广东督抚查明声复，再行核办。

臣等谨将赫德所递各单及所陈各事，分别办法，仰祈圣鉴。谨奏。*（注：对照英译本，《筹办夷务始末》中无此段。）*

皇帝谕旨：

另有旨。钦此！

皇帝答复恭亲王等所呈奏折二、三之廷寄

军机大臣传旨南洋通商大臣曾国藩、三口通商大臣崇厚、两广总督劳崇光、广东巡抚耆龄、粤海关监督毓清，七月七日，圣上有旨：*（注：对照英译本，《筹办夷务始末》中无此段。）*

恭亲王奕䜣等奏，商办税务事宜，先将该总税务司所递清单禀呈，分别办法，开单呈览一折。

现当开办关税之初，必须严定章程，方期税课日增，且以杜影射偷漏之弊。今据该总税务司赫德呈递清单七件，禀呈二件，经恭亲王奕䜣等逐层辩论，分别办法，其中不无可采之处。

如长江一带通商一款，据称：起货下货，均在上海征纳税饷。其镇江以上，汉口以下，准商人任便起货下货。镇江以上，即作为上海内口，无庸设虚立之关等语。长江贼匪，出没无常，商贩走私，难于查拿，固宜于总处交纳，以免偷漏，然任便起卸货物，又恐漫无限制。

又所称：征收子口税，须择紧要处所设立关卡，系专指洋货进口土货出口而言，非土货出口复进口可比，自应设卡征收。土货出口，以过卡准照为凭；洋货进口，以入卡准照为断。总期该商进口出口货物，完一正税，即有一子税，庶税课可期充裕。此项子税，即为条约中应行之事，且系内地税，可以不扣二成。

又洋药各口征税情形一款内，据称：通商本口作洋药生理（意）者，或令请领字号招牌，或令呈明请领印票执照。*（注：此段英文原意为"关于约开口岸之洋药，报告建议所有洋药商皆领执照。"）*

以上各款，着薛焕、崇厚妥筹办理。

又通商各口征税费用每年通共银五十七万零一款，单内所开各项人数及应给银数是否均属允协，并着薛焕、崇厚妥议章程，会商核办。

至广东私盐与私货同路进入，应设巡船禁止绕越，令粤海关监督并广东盐运司会同办理，每缺各出十余万两经费，而国课可增五十余万一节。广东盐运司及粤海关均有例设巡船，但会同出款巡缉，无有窒碍？着劳崇光、耆龄会同毓清妥速核议。

又称：广东设有洋药抽厘总局，如有人先输银五十两，即无庸在关上完纳正税；又澳门漏税之茶叶，日见其多，每百斤税银二两五钱，抽厘局只征五钱，即可任商绕越走私，无一肯到关纳税。设局抽厘，原以补正税之不足，若如赫德所称，洋药茶叶一经抽厘，转于关税有碍，是否实有其事？并着劳崇光等据实查明。

赫德所称各件，及奕䜣等给英、佛照会，已咨行各口通商大臣，即着薛焕等按照各款，详细复奏。

六百里加急廷寄曾国藩、崇厚、劳崇光、耆龄并行知毓清。*（注：对照英译本，《筹办夷务始末》中无此段。）*

钦此！

< 1862 年

中国税务监督李泰国[①]先生关于港沪两地商会投诉事宜之节略[②]

承蒙准许，本文观点将基于以下书面材料：

a. 上海商会 1861 年 8 月 20 日致罗素伯爵的节略。

b. 一本印有上海商会年会会议记录及有关投诉案件信件的小册子。

c. 香港商会 1861 年 8 月 26 日致罗素伯爵的节略。

小册子中列举的主要案例在商会的节略中也多有述及，下文将予以评述。为保持论述连贯，免于穿插引用案例细节，本人已单独另起一文将各案例做简要分析附后。

一、*船用杂物*。上海商会提请关注的第一项投诉即针对“船用杂物”的“实际操作缺乏一致性”。

在 1843 年旧版税则中，关于免税物品的条款表述不够明确，导致海关与商户争执不断。当时商户便认为“船用杂物”与“家用杂物”一样，应做最广义的理解。他们至今仍坚持这一观点，即但凡他们可称之为船用或家用的物品皆应免税。例如，在旧版税则中，“造屋之料”如瓦砖等免税，商户便要求木材、原木也应免税，因为这些都可作建造用途，均属“造屋之料”；同样，也要求“石膏”予以免税，因为石膏为制作砂浆用，根据商户的观点也可归入“造屋之料”。

1858 年税则起草之时，为纠正旧版疏漏，曾费尽苦心添加了一个免税货物的详尽清单作为商户利益的保障，亦作为指导海关执法的准则。

尽管该清单中包含了许多在他国需要纳税的物品，但其中有些物品不管基于何种常规原则，都不应予以免税。

海关认定“船用杂物”的原则如下：无论其在税则中是否应税，若其进境确为某特定船只所用，则该货物免税；若类同其他一般进口货物为销售所用，则该货物应税。

卜鲁斯先生在其 9 月 23 日致上海商会的回函中也持相同意见。他指出：“当某货物完全符合‘船用杂物’的定义，但也可作他用时，若确为该船所用，则至多可根据条约向海关申

---

① 译者注：1862 年时李泰国已任总税务司。

② 英国国会档：1863 年《中国叛乱有关文件续编》，第 171-181 页。

领存票退税”。

若违背此条规定，一些既可被称为“船用杂物”，又在税则中列明应税的物品就可能被要求予以免税，比如帆布、旗布、绳索、煤等。“实际操作缺乏一致性”的指责并非没有根据，当商户将其货物申报为某船专用或者按照惯例申报为某码头专用时，海关只能以商户的说法为凭。而货物一旦卸下，海关便无法防止商户将其转手出售，因而可能确有许多应税货物未纳税款即被卸下。

二、*子口税*。上海商会抗议汉口运来的茶叶以及上海运往汉口的货物均在上海被征收了子口税。

商会完全忽略了一个重要的事实，即长江自镇江以上段是基于中英两国政府的特殊协定才予以开放的。严格地说，在镇压叛乱之前，这段航道是禁止洋船通行的（参阅条约①第九及第十款）。开放这段航道乃是基于以下条件：所有的税金都应在上海或镇江征收，在汉口或九江不设海关，目的是将镇江以上河道视作上海口之内河，船只可“任便起货、下货，不用请给准单”，给予商户在该段航道“任便起货、下货”之特权（参阅《暂行章程》② 第七款）。对商户而言，在哪口支付子口税并无实质区别，所以卜鲁斯先生决定将子口税由上海或镇江改至汉口或九江征收也未能平息其抗议。

江海关要求子口税应严格依照上述协定一律在上海征收。

根据《海关税则》第七款第五条“至最后子口，先赴出口海关报完内地税项，方许过卡”的规定，广隆洋行的茶叶应纳子口税（小册子第 6 页，案例 2），因为并没有证据证明华商已完纳该税款。

但本人从江海关税务司费士来先生处了解到：依领事建议，海关并未对广隆洋行该批茶叶征收任何关税。此事已呈京待核，但这一情况在小册子及之后的节略中均未予陈述。

三、*免重征执照*。本人须得就此事做一解释，所谓免重征执照，是由货物出口地海关监督掣发，作为向进口地海关监督证明货物进口税已完不另征税的凭据，最早仅掣发给自上海向他口出口土货的洋商。

1855 年，通商及船运因省内叛乱及沿海贼匪横行倍受打击。为缓解通商困局，本人（时任江海关税务监督）说服当地政府作为权宜之计，对洋货也参照土货掣发免照。因而上海洋商（他口洋商无此待遇）自彼时起便享受这项特权，直至后来经卜鲁斯先生同意由恭亲王撤销，此权利绝非条约赋予。

《南京条约》及《天津条约》中不单没有任何条款禁止中国人进行沿海（土货）贸易，

---

① 译者注：指《天津条约》。
② 译者注：指《长江各口通商暂行章程》。

甚至（这项贸易）根本没有对洋人开放，这与上海商会声称的截然相反。条约仅规范中外直接贸易。五年来英国政府基本无法强迫中国政府赋予任何其他国家其本国法律都不曾给予之权利。

在大同洋行提出的假想案例（小册子第 10 页，案例 6）中指出，出口税本可以在出口港宁波缴纳。而费士来先生指出，问题在于茶叶是运往上海进行“炒制”加工。

根据条约[①]第四十五款，要求“实系原包原货”，因而严格来讲，该例货物不得免于重征。

在吠礼查洋行丝绸案中，从宁波运至上海的丝绸仅是转装至另一艘前往伦敦的船上，故而才得以免于重征。

但这些案例不是应该而是必须上呈北京。认为中国政府试图对丝、茶课以四重税的想法实在太过荒谬。中国政府自身也清楚此种企图匪夷所思，必会招致强烈抵制。事实是上海县城周边被叛军占领后，最近丝茶已改道宁波，中国政府对此毫不知情，自然对其饬令于免重征执照一事有何影响一无所知。了解实情之后，其立即谕示江海关监督对宁波运来的复出口丝茶予以免税。可见只需将实情呈表，问题自然迎刃而解。

迄今为止，洋商对抗海关仍缺乏一个“有力”例证。本人可举一例，必可在英国“流传”。如前所述，中国政府在约开口岸的行动受制（于条约），却费尽心机试图在某一约开口岸对丝茶重复课以出口税，卜鲁斯先生对此行径却不持异议（尽管他们深知绝无可能）。此等“有力”之例证岂容错过？值得注意的是，吠礼查洋行（案例 7）、大同洋行（案例 6）及上海商会想当然地以为中国政府不认为华洋贸易将因乱局导致的常规贸易路线中断而受影响，这一观点在欧洲闻所未闻。

四、*存票*。关于存票实情如下：1856 年，经本人提议，上海当局同意对因滞销而复出口至其他国家的货物发给存票（作为完税凭据用以申请退还所纳进出口税款）。

此项特权基于《天津条约》，而非《南京条约》。现在，商人们希望扩大此项特权的覆盖范围，即希望复出口到另一中国港口的土货与洋货一样享受这一待遇。本人认为中国政府予以拒绝乃情理之中。沿海及非约开口岸的地下贸易目前已殊难防范，中国政府又岂能再放弃其仅存的制约手段？

五、*章程变更的布告*。上海商会委婉地抱怨称海关章程未事先通报英国当局亦未及时布告便予以变更。事实上，不曾有过此种未经通报即变更的情形。

在领事麦华陀先生写给 Messrs. Jarvie, Thorburn, and Co.[②] 的信函中，就有关变更事项指

① 译者注：指《天津条约》。
② 译者注：暂未查到洋行中文名称，故保留原文。后同。

出（见上海商会提交的案例4）麦华陀先生本人事先已完全知晓此事，并已于5月2日通告了变更事项。免重征执照的撤销及子口税有关规定是在现任中国海关署理总税务司赫德先生的斡旋下，经卜鲁斯先生、恭亲王阁下一致同意通过的。通告外商是领事的职责，英方拒绝中方代劳，而中方直接通告洋商的案例仅有一两次，距今也较为久远。

六、*海关改革*。香港商会称："为大力促进通商，海关尚有多项改革可为，但这些改革无须劳烦勋爵阁下，只要女王陛下的驻华使节们能够通情达理与商界合作（理应如此）。改革并无难度，无非是对一些当地制度安排作出一些改进。"这项指控是针对女王陛下驻华使节的，就其所立足的理由来看显然毫无根据。卜鲁斯先生在子口税一事上实际上做出了反对海关观点的决定；而关于免重征执照及船用杂物，则支持海关的举措。此外他提出的诸多建议均有助于当前海关工作顺利开展。据此看来，投诉中所述之事项确实无须烦扰外交部，只要商人们诚心利用洋关制度为其带来的便利，改革无疑将得以推行，不满亦会逐步消弭。

七、*海关关员的所谓免责*。沪港商会均声称洋员被赋予了查抄权，并可个人免责，前者措辞较为委婉，后者则直截了当。

毋庸赘言，洋员并无查抄入官权，他们仅可建议中国当局实施查抄。至于他们以中国政府雇员身份的执法行为个人免责，只要中国政府不持异议，本人认为根据英国法律并无不妥，不过此事王室法官的意见可能更具权威。

八、*总体概述*。上文已大体提到两地商会投诉的一些具体事项，接下来本人将就"洋关制度"发表一些看法，并在此过程中进一步总结两地商会的投诉，想必勋爵大人不至认为本人所述将浪费您的时间。

九、*洋关制度*。该制度于1854年在上海发端，当时中国政府已然无力保证关税公平征收，同时，虽然走私已成常态，但相较而言财力雄厚、有权有势者（据称彼时海关监督与英美两家龙头商户便有合作关系）走私更为猖獗。这让一些已然遭受不平等待遇的商户忍无可忍，声称只要不论财力大小一律平等纳税，他们便甘愿足额缴付税款。因此，有约国领事与海关监督举行了一次会议，议定由三名欧洲人帮办税务，以保证海关履职诚信高效。

每名领事提名一人。英领事提名时任副领事威妥玛。美领事提名美领馆秘书官贾流意。法领事提名法领馆翻译官史亚实。

威妥玛于1855年辞职并由本人接任。本人当时任驻上海副领事兼翻译官。本人就任后，英领事未再提名他人。1856年《美国领事法案》禁止美国公使及领事推荐美国公民在任何外国政府内任职，美国当局的提名即告终止。

中国政府随后委托本人全权负责海关管理，并甄选欧洲人入关供职，未经本人批准不得解聘。

十、*海关人事*。鉴于香港商会已将海关洋员归为“一群无法无天的外国人”，其“较之孤立的单个罪犯危害更甚”，本人不得不在此列出每一约开口岸的主事官员名字及其入职海关前的职务。

上海——德都德（H. Tudor Davies，英），原香港首席治安法官，告病期间由原额尔金勋爵随员费士来替任。

宁波——日意格（Giquel，法），原粤海关税务司翻译官。

福州——美理登（Meritens，法），原葛罗男爵（Baron Gros）翻译官。

厦门——华为士（Ward，美），原美使馆秘书官。

汕头——威立士（Wilzer，德），原商务助理。

广州——吉罗福（Glover，美），原美国驻上海副领事。

镇江——林纳（Leonard，英），原宝顺洋行商务助理。

天津——克士可士吉（Klecszkowski，法），退役陆军少校。

赫德先生，原领事馆翻译官，在本人告假期间任署理总税务司。

本人相信上述名单足以驳斥商会的无端嘲讽（尽为毫无依据的含沙射影）及对他人名誉的污蔑。

1854 年至今，众商户一直无端指责海关“蛮横粗暴”且“行事不公”，却又举不出事实加以证明。他们从未掩饰对于海关的憎恨，若真有把柄在握早可大肆声张。他们无非就是想通过这些含糊其词却又冠冕堂皇的反复申诉来博取英国公众的同情以及对他们抨击“洋关制度”的支持。

十一、*商户反感的原因*。鉴于彼时情势，洋关制度起初就与业界龙头洋行的利益产生了冲突，遭到抵制实属意料之中。洋关未立之前本无制度可言，商户只需对腐败懦弱的中国官员威逼利诱，便可不纳税款或所纳极少，从而快速致富。例如，偷运一批棉花进口，再换装成茶叶，伪报棉花复运出口，再骗取棉花进口税（实际未付分毫）之存票。此类方便之门，洋关一概禁绝。洋商大亨眼下在口岸已与小店业主同等待遇：起卸货须先申领准单；丝、茶之重量须如实申报；一旦违规则依条约规定查抄入官。想当初，海军将领、各国使节曾是其家中常客，向其征询意见，有时甚至言听计从，各国公使、各口领事，有阻其财路者反受其制，他们对章程、规定更是不屑一顾。现如今，其轮船不可随意在沿海各处起卸货物，有违条约则有为之负责的风险。可以想见，滚滚财路被断，不能继续为所欲为，他们岂肯轻易就范。过去就不曾遵从海关依照条约制定的章程条款，如今同样积习难改、我行我素。即便一切正常也拒绝依律行事，行欺诈之事则故伎重演。从前借助其国内外影响力，威胁英籍关员将其竖为公敌的手段屡屡得逞。而诸如香港商会这般强硬措辞，多为图谋受挫、恼羞成怒所致。该商会主席为怡和洋行大班。该洋行曾被课以罚款，其名下一艘轮船近期在上海与镇江之间走私也被当场查扣。

未免落人无端指责之口实，本人以海关案卷为依据，列举几例以资佐证。

十二、*走私案例*。*"斯贝克"（Spec）号案*——"斯贝克"号是一艘法国籍塔希提双桅船。1843年《中英五口通商章程》第三款①规定船主未奉官准开舱之先遽行开舱卸货，罚银五百元；第二十款规定可将船只查抄入官。《中法黄埔条约》② 第八款规定可将走私船只拿究入官。《中美望厦条约》第五款规定，除中国例禁携带进、出口之货物外，其余各项货物，美商均可进口、出口。然稻米出口乃明令禁止（参见1855年5月24日Chaou与有约国领事之间往来照会）。1857年9月，美国旗昌洋行在向海关申领准单均被拒后，擅自将1,000袋稻米偷运出境，一艘装有其中400袋稻米的驳船在"斯贝克"号船边被海关查扣。作为报复，该公司若干人等在法国领事准许下，又武装押运两驳船稻米出境。对赶去交涉的海关关员武力相向，最终扬长而去，不曾支付一两税银。

"萨拉喀亚"（Salacia）号案——1855年12月15日，太平洋行向海关申报进口153箱染色棉布，货值18,110元。关员存疑，故到岸后存入海关等待验货。后发现实为印花布及白花布，须每疋纳银两钱，若是染色棉布只需以值百抽五即可，相较之下偷逃税银250两。海关罚银500两后予以放行。

1855年7月"宝顺"号案——该案船只进港时申报空载，实际载有价值2,150元的货物，被海关查扣。该船所属宝顺洋行罚银1,000两，即500两罚其伪造舱口单，另500两罚其未得准许遽行下货。

1855年4月"威南德"号案——该船试图走私稻米出境，被中国海关巡艇查扣，货物查抄入官，但船只被放行。该船为宝顺洋行所有，而稻米从未被允许出口。

1855年5月"独角兽"（Unicorn）号案——舱口单中瞒报40袋洋硝，欲走私进境，所属Angier and Co. 被罚500元。

"埃米莉·安妮娜（Emily Annina）"号案——广隆洋行申报出口60大桶煤（该货物免税），引起海关怀疑并被查获桶内夹带有铜钱，上下均以煤精心掩饰，价值1,000两。钱币出口于1848年即经女王陛下全权大使文翰核准，由驻沪领事阿礼国颁令禁止，故而这笔铜钱被悉数查抄入官。在煤桶之下，另查出50个珠宝箱，箱体标有"B. R. & Co③"字样，在落款为"和记洋行"的货单中被描述为"商品"，亦被查抄入官。

---

① 译者注：原文为第十三款，实为第三款。
② 当时有效条约为旧条约。
③ 译者注：和记洋行（Blenkin, Rawson, and Co.）缩写。

“赫勒斯滂”（Hellespont）号案——此船为怡和洋行所有，在距装卸锚地 12 海里外将整船货物转船后驶离港口。海关据条约罚银 500 元，其货价值 5,000 两，本应悉数查抄入官，海关最终予以放行。

“罗斯”（Rose）号案——此船为怡和洋行所有，近期于镇江至上海段的长江上走私被查扣。先前海关税务司已就该船之非法行径警告过怡和洋行大班惠代尔。

十三、*办理海关手续时商户对通行律令视而不见*。两地商会对海关手续亦有不少微词。遗憾的是，他们本应对何谓“新增的麻烦”详加解释，却始终语焉不详，也未指出洋关行事何处与衙门惯例不符。本人查阅伦敦及利物浦两地海关簿籍单据之后，可以断言商户在中国之“麻烦”不及上述两地同行十分之一。若是翻开江海关簿籍，便可知商户所呈舱口单之简略，仅见“船名×××”“件数×××”等字样，不仅未逐一列明收货人，亦不曾说明所载何物，实际上无任何明细。全然不顾条约①第三十七款“至其舱口单内，须将所载货物详细开明”之规定。即便是印发给商家统一格式的舱口单，商家也仅需酌情填写“唛头及数量”“品名”“重量”或“货值”等项目。

即便通商有所延误，亦是商户咎由自取，有海关簿籍为证。每次商户呈递之舱口单简略如许，但均托词下不为例，海关关员接受之余，还得代为填制细目，所增工作浩繁无计。起卸货物之申请，经常不见有“重量”“货值”等必需列明之项目。若被问及，必答曰不详。若是不详，理应由商家预估一值，即便如此，商家仍不愿亲为，依旧交由海关预估。

商户断然拒绝呈报必要信息，此类情事屡见不鲜，本人一再准予掣发准单。

“洋关制度”推行至广州时，洋商似乎更要欲置海关工作于瘫痪境地。他们通常派遣手下最不熟悉业务的雇员、小工甚至船妇，给海关捎去一纸，其上字迹潦草无法辨认。捎信之人若被问及所办事项究竟为何，必是词不达意，不知所谓何来，甚至不知主人姓甚名谁。众多商号关员闻所未闻，他们也无意表明身份，而是招募华人以中文名号贸易。

江海关办公时间从上午十点至下午四点。在江轮穿梭的广州，海关从日出办公至日落。

十四、*所谓“洋关制度”为华商所恶的说法缺乏根据*。香港商会声称，憎恶“洋关制度”，华商乃是上下一心，在广州、汕头等口岸不乏确凿恶意之实例。本人必须澄清事实绝非如此，相反，有些华商对“洋关”颇为赞许。洋关在广州开办后，于广州、汕头、香港、澳门间从事沿海各口贸易之民船，可在洋关处依照洋货税则（此项安排是本人极力促成实施，以防洋船被课以重税，致洋货无法与土货竞争）缴税。较之以往，洋关所征税额固定，填制单据格式统一，故华商多褒洋关而贬常关。

另有一类往来于上海、宁波之间经商之民船，被准许至洋关处办理，致其他民船不服，

---

① 译者注：指《天津条约》。

屡屡至洋关胡搅蛮缠，以对常关不满为由，也要求享受在洋关办理的待遇。

所谓“确凿恶意”，本人倒可再举一例，事发时本人就在汕头。此案中的“恶意”却是发端于一名英国船主桑德斯。当夜十点左右，一艘中国巡艇逼近其船，欲阻其上一批洋药走私进境。桑德斯瞄准巡艇人员开枪射击，致一死三伤。第二日一早桑德斯来到海关，当着本人的面表示就想取人性命，称若再受干涉依然不会手下留情。

十五、*广州缉私力量*。由一艘配有一门十二磅炮的小型美船（非战斗用）和几艘由华人驾驶的小艇组成。香港商会称其“非法而危险”“是一个暴力组织，较之单个罪犯危害尤甚，更易引致对洋员个人的憎恨并牵连其无辜同胞一并遭受敌视”。中国人于广州征收关税，需应对两大障碍，即澳门和香港这两个自由港。防范广州与此二口之间通过各种明仓暗道走私丝茶，此项工作困难重重。缉私所配美船“坎发”（Cumfa）号在河中往来巡逻，已查获数起重大丝茶走私案件。某次，该船不费一枪一弹，突击查处了一艘深夜走私丝绸的葡萄牙船只。众所周知，广东人生性彪悍，走私者气焰嚣张，敢于公然对抗政府。“坎发”号曾多次遭遇伏击（1856 年类似的事件也在我们自己的轮船上发生过），得以保全已属万幸。最近一次，“坎发”号遭到一些全副武装的蛇船①攻击被迫撤离，造成两死两伤。这是本人所知唯一有我方人员死亡的事件。

十六、*广州商户通过当地人走私*。在广州洋商走私一般不自己出面，而是雇佣当地人代为操作，这些人远比北方人胆大妄为。当局面对本地走私者束手无策，他们拥有船队，每船载人七十至一百，配有大口径火炮（海盗及走私者可在香港获得最先进的火炮及弹药）。因为中国当局无能，商会当然希望还是由中国当局查缉走私。商会还称“迄今为止，商会未见有案卷记载洋人武力抗拒海关查扣者”。实际上若是翻开海关案卷，恐怕洋人武力抗拒的记载不在少数，钤字手在一片辱骂声中被赶下船乃常有之事。即便如此，关员依旧严格遵守规定，不得以暴制暴。上级官员亦对此保持高度警惕，以防发生严重冲突。若非海关一再忍让，流血事件必定频发无疑。

十七、*贸易统计显示洋关制度并未有损通商*。香港商会宣称洋关“严重损害洋商生意往来，英民受害尤甚”。此种说法若是属实，必有证据支撑。贸易统计显示，洋关制度在上海推行七年，该口贸易总量非但未降反而大增，何况上海还处于太平军势力范围，需应对其侵扰破坏。苏州只能经由上海方可进出货物，此时仍被叛军占据。

至于“在新开口岸天津，自由贸易严重受阻”一说，本人只需援引 7 月 8 日赫德先生来信：“天津的情况出乎意料。大沽口现有船只 39 艘。5 月 1 日至今，进港船只共计 63 艘。所憾只见进口，不见出口。洋药受本土货源排挤严重滞销。现今贸易停滞，某些人归结为在当

---

① 译者注：英文为 snake-boat，此处直译为蛇船。

地受到压榨（本人未见有一件具体且经核实之事例）。在本人看来，此事乃是由于起初货物成交价格过高，进而商贾高价囤货，及至大量后续货源蜂拥而入，价格与他口持平。在手中存货尚未出尽之前，鲜有人敢再行进货，才致贸易凋敝。”

十八、*罚款与入官程序*。最后，关于“某些洋员，倚仗个人免责和几乎不受制约的查抄入官权力，专横跋扈，将通商各环节操控于股掌之中”的指责。本人需指出无论是否经外籍税务司建议，中国海关监督一旦有逾越条约限制之举导致商户投诉，领事必定要求其作出解释并为之负责。商会本该就其所指违反条约之举作出详细说明，但其意并不在此。商会目的在于令“任何人均可以利益受损为由通过领事法庭向英籍海关洋员追诉问责。”一旦获取这一利器，商户将别无他求。倘真如此，商户便可随时向香港最高法院申请传唤英籍海关洋员，由一众对偷逃税款兴趣浓厚的商人组成陪审团。而他们要么向该陪审团证明自己未有“越权之举”，要么按照陪审团裁定金额赔偿损失。如是，则英民便无法再为中国政府所用以行执法之职，此正中其下怀。香港商会在指责“洋关体制”时不遗余力，无非是想为达成此目标增添筹码。

上海商会关于如何应对海关罚款与查抄入官等执法违反条约规定阐述详细、措施具体。即中国政府的入官权限制在特定范围，一旦商户对中国海关监督的处罚决定不服，便可向其本国领事直至公使寻求“政治”而非“司法”干预。将中国政府由条约保障的罚款与查抄入官权交由任一外国法庭评判裁决本就不公，更为荒唐的是此举还允许终日忙于规避中国关税法律的商户作为领事顾问在评判裁决中发表意见。按照上海商会的说法，中国政府已经准予英民享有“治外法权”，但其依据本国关税法律“裁断”违法行为的权力却依旧不容置喙。中国政府从未宣称“海关可对英船处罚金或对英国货物实施查抄入官，毋庸英领事干预”，但其亦确有坚称英领事只可通过“政治”而非“司法”手段干预，且若有英民违反中国关税法律者，无须诉诸英国法庭即可执行罚款或查抄入官，若事关法、美两国亦同样如此。《中法天津条约》第七款赋予之权益，根据最惠国原则，我国亦可享有。该条款规定法国公民可在任何约开口岸通商，若有盖印执照任凭于约开各口周游往来，但禁止其从事私买、私卖，如有犯此例者船只货物听凭入官。另有规定：“但中国地方官查拿此等船只、货物，于未定入官之先，宜速知会附近驻口之大法国领事。”因此涉及此类事项，中国政府必须正式照会相关国领事。

商户若犯有以下情事将依约受罚：

（一）未经许可即遽行起卸、转运货物。此类情事，由商户承担举证之责。即由其证明准单是否已掣发。

（二）船主未在船只进口后二日之内向领事申报。向海关申报为领事职责，其自然有权核实船只是否逾期未报。

（三）船只在沿海或未开之埠违法买卖。

无论何种情事，核心问题无非证实或证伪，并无讨论争辩之余地。若事主声称已领准单方才起卸货物，则出具准单即可；是否在二日内经由领事申报，则查阅领事处记录即可；被发现在未开之埠私下贸易，必是船只当场查扣，所载亦当是其前一口岸清关时亲笔签名之出口舱口单上所列运往约开口岸之货。

有关各方对各自立场之主张也可通过领事书信往来沟通，一如法庭当面辩论，对争端解决并无害处。如是，领事若对中国当局相关回复不甚满意，可上呈公使请求救济，同时可依其意愿将往来文书公之于众。商会声称商户无处伸冤根本无凭无据。本人重申，其目的在于促使英籍海关洋员受制于英国法庭，从而令英民无法受雇于中国政府。然其却罔顾此举将导致中国政府转而向美、法或其他国家寻求协助，届时出现真正的“为所欲为”或“违反条约”之举，商户将自食其果。然罚款与查抄入官事关司法权威认定，若得王室法官之意见必将利于此事尽早解决。

十九、*两地商会之言论几点重要不同之处*。最后，本人想请阁下留意8月26日上海商会主席致卜鲁斯先生函的最后一段，该函还附有准备转呈外交部的节略。

安特罗伯斯先生称：“我必须指出，关于最近投诉的这一事件乃是由于上海当局直接受命于朝廷，几无回旋余地所致。同时，外籍税务司对条约把握准确、对洋人习俗有切身了解，对海关监督的工作大有益处。但其眼下从当地政府顾问之位上去职之风渐盛，仅选择被动依附于海关监督，如此殊为憾事。可能正是因为该职位令人生厌的特质，导致他们不愿主动为中国地方官与洋商充当居间。但倘若居间施以影响的职能难以为继，则至今为止支持洋关制度一个最有力且已在很大程度上付诸实践的论据无疑也将不复存在。”

勋爵阁下，上海商会承认中国当局得洋员襄助后收效甚佳；而香港商会则宣称“中国人本就不讲信用，又雇用机敏精明的洋员相助，竭力挖掘条约文字中的漏洞，借此侵害英民利益”。

显而易见，两家商会必有一家所言与事实不符。

英商似乎一致认为洋关制度纯粹意在对其严加管束限制。此言差矣，该制度是为制约中国官员而设，阻其徇私枉法、破坏条约，实际也颇有成效。此外，该制度还具有更深层次的政治意义，它是向中国统治阶级引荐西方——暂且不说英国——政治、道德及商业方面理念与实践的最有效机制。亨利·布尔沃爵士可能出于类似考虑，向土耳其政府推荐精明强干的欧洲人在其数个政府部门中任职。

我们欢迎各位刨根问底，本人将随时予以解答，乐意之至。

（签名）李泰国

1862年1月11日于伦敦

关于上海商会小册子中所述案例的说明

案例1，小册子第5页。出口至中国某口的土货棉花被征收子口税。

若海关已有充分证据证明该批棉花确为上海本地所产，则本人认为该笔子口税不应征收。

案例2，第6页。从汉口运往上海的茶叶需缴纳子口税，而汉口开埠的条件即为该埠进出口货物之子口税均需在上海或镇江缴纳，依据为1860年11月21日卜鲁斯先生致恭亲王照会，其中提到“往来于长江之上的英船所载进出口货物依据新税则应缴税款需在上海或镇江完纳，海关应采取必要措施确保落实此项规定”，同时此亦与额尔金伯爵在上海所做安排一致。《长江各口通商暂行章程》第一款规定，船只须持有“止系上海海关可发”之“江照”，“俟查明该船应纳进出口各税连船钞已经纳完”方能前往汉口。

此处应指子口税，也包括进出口税。同时，议定汉口与九江不视为约开口岸，也不设海关机构。

不过据费士来先生告知本人，广隆洋行并未被征收子口税。本人推测原因为该行最终根据税则第七条给出了税款已由本土商户所完之证据。

然而这一情况并未在小册子中体现，上海商会向罗素伯爵递交的节略中也未提及。

因此卜鲁斯先生下令，除非证明本土商户确已完纳，否则子口税须在汉口征收。

案例3，第7页。若进口“欧洲绳”与其他货物一样为出售用，则应税。

案例4，第7页。运往英国的土货羊毛应征收子口税。

运往福州的土货棉花，若确系上海所产，不应征收子口税。运往厦门的汕头茧绸也不征收子口税，费士来先生因而去函 Messrs. Jarvie，Thorburn，and Co.（第9页）告知其已申请存票退还“误征之子口税”。

在麦华佗先生就羊毛事宜答复 Messrs. Jarvie，Thorburn，and Co.（第8页）时，抗议开征子口税时“变更未尽合理告知义务”，却似乎完全忘记自己曾于5月2日发布布告*（兹附于后）向商界通告子口税征收相关规定。

案例5，第10页。抱怨针对“船用杂物”“实际操作缺乏一致性”。免税货物清单内容过于宽泛，包括了许多其他国家的应税货物。船用杂物若为某船只专用方能免税，若与其他货物一样为出售用，则不可免税。

案例6，第10页。经宁波转运出口的茶叶应在出口港征收出口关税。

但据费士来所称，问题在于茶叶将在上海进行“炒制”。《天津条约》第四十五款规定，货物“实系原包原货”可免于重征，故不适用此例。

案例7，第12页。发自汉口的茶叶若无法证明其子口税已由本土商户付讫，则仍需完纳该税。

*布告

英国驻上海领事

1861年5月2日

所附内容为两项有关子口税规定之译本，已由海关监督照会本领事，为英民周知遵照。

（签名）大英领事麦华佗

子口税章程

一、进口。货主完纳进口关税之后，向海关提交报单列明货物性质、数量、由何船运至、将运往何口及一切必需细目，经海关关员照单勘验后出具子口税缴款书，凭以至官办银号缴纳子口半税，再将银号出具之号收至海关换领子口税税单。子口税税单须在南、北两关卡择一呈验，货物方准运往内地。若单货不符，或无法出具税单，则一律查抄入官。

二、出口。货物抵达南、北关卡时，须通报江海关并完纳子口税，做法参照进口：海关关员掣发税单，凭以在关卡处换领运照放行货物。运照须在货物出口时出具，否则在准许出口之前，未持照货物将悉数征收子口税。

从宁波采买的丝绸。根据朝廷饬令并经卜鲁斯先生批准，该批存在争议的丝绸应当缴纳关税，此事这般处理乃是经由朝廷核示。而吠礼查洋行则是通过将丝绸驳运至一艘开往伦敦的船上方得以免税。两件事例中，商户仅需派船到宁波装货——正如其在福州的一贯做法——即可只缴纳一次关税（呈京待核）。

此后，中国政府准许从宁波进口之丝、茶复出口到外国时予以免税，只要该批丝、茶在下货时如实申报。

案例 8，第 13 页。运往厦门的本土棉花。根据朝廷饬令并经卜鲁斯先生批准，免重征执照未予掣发。

案例 8，第 14 页。旗布和帆布在税则中列明应税，因此不能免税。

绳索、柏油，诸如此类，若是和其他普货一样为出售用，则应税。

案例 10，第 14 页。运往汉口的进口市布。依据上文所述卜鲁斯先生致恭亲王的照会，须征子口税。

然而这笔税款似乎已退还商户（费士来先生并未解释缘由）。不过此事未在小册子上记载，也未在给罗素伯爵的节略中提及。

案例 11，第 15 页。与案例 10 类似，运往汉口的进口标布须征子口税。不过从费士来先生 7 月 26 日致广源洋行的函（第 15 页）中可以推断出这笔税款与前一案例一样已被退还。

至于中国当局颁布的章程（第 15 页），本人从费士来先生处获悉，由于麦华陀先生的抗议，该章程从未执行，此事理应在致罗素伯爵的节略中予以陈述。

（签名）李泰国

1862 年 1 月 11 日于伦敦

英国驻华公使卜鲁斯阁下关于洋关制度效率问题致英国外交大臣罗素勋爵函[①]

1862 年 4 月 13 日于京

勋爵阁下：

随函附上选自中国最有声望之报刊中的一篇文章[②]，文中述及洋员在现行海关体制中所展现出的正直品质与办事能力已对中英关系产生了积极影响，在华欧民皆受益于此。此外，本人比文章作者更明白，建立这一制度在推动中国进步方面所起到的作用大于之前签订的所有条约之总和。勋爵阁下，本人再次强调，赫德先生为中国政府效力，对其财税制度了如指掌，若无其襄助，本人在北京谈判《天津条约》具体细节的工作将无法顺利完成。如今中国地方官员无知不化，与其周旋更需赫德及其欧洲同僚鼎力相助。

---

① 英国外交部档 17/371：第 33 号函。

② 《北华捷报》，1862 年 3 月 22 日。（译者注：英文原文中为边注）

恕本人直言，若无此人，就本人现有经验来看，落实赔款都无从谈起，更不用说实现由条约引导中国之商业革新了。

抵制洋关制度实际上基于以下两点：一是因误解治外法权而不予承认任何中国政府的派生机构；二是对严格执行章程体系的反感情绪——此举为保障中国国课之必须。洋关制度下手续势必增多，先前因执行不力而广泛存在的各种可利用的漏洞则会减少。密迪乐先生曾带头煽动抵制情绪，而女王陛下政府对此事保持缄默其实又助长了误解，让人以为只需猛烈抨击该制度并使之受制于领事，其就无法发挥应有之作用了。

本人确信在各口实施有效监管与缉私困难重重，尤以广州最甚。为此立即实施新规乃第一要务，待步入正轨后方可考虑对新规中过于严苛之条款进行修订。目前广州江轮贸易及上海转口贸易偷逃猖獗，恰恰证明落实章程确有必要。此外，本人还须指出叛乱分子获取武器弹药往往借名信誉良好人士，在其浑然不知的情况下伪报品名取得。

本人有理由认为海关已经意识到有必要一一应对处理那些合理的投诉，且其中不少已得到解决。本人还得声明，迄今为止未曾收到一例有关查抄入官或罚款案件处置不当的汇报。本人还获悉，各国领事都曾在一些案件中对其本国国民的违规行为——这些行为在其他任何一个国家都会受到当地法律最严厉的制裁——加以袒护。

本人敬告女王陛下政府，必须全力支持洋关制度并树立其在洋商中的威信，否则便无法实现本人常驻北京的目的，即占据道德高点。本人所有的时间及影响力将被浪费在各种海关案件引发的不光彩的口舌之争上。寡廉鲜耻的在华外商不择手段地偷逃税款，一旦图谋败露便以“无心之过，绝无不良企图”为托词，领事则常常听信其言并加以袒护。若各国政府拒绝听取那些名为保护洋人权利，实为架空洋关的说辞，那么上述案件皆不会发生。

本人最后还需补充，只有藉此洋关制度才能破除海外华人的厄运。本人还希望将来逐步建立一支能够高效打击走私及海盗的缉私力量。

作为您最恭顺的仆人，鄙人深怀敬意、深感荣幸，此致。

卜鲁斯

致罗素伯爵阁下

英国驻华公使卜鲁斯阁下关于赫德 1861 年访京一事致英国外交大臣罗素勋爵函[①]

1861 年[②] 7 月 7 日于北京

勋爵阁下：

作为驻京公使，不可避免会在通商财政诸事中遭遇各种无知、偏见与腐败，长期以来，本人一直在认真思考如何才能启迪无知、克服偏见、抵制腐败。寄希望于与中国政府协商达成实质性成果不切实际，因为这种在文明国家间进行的协商必须基于参与双方对于如何健全行政机制的理念大体一致，而这些理念显然未被中国政府接受。中国政府目前的迫切需求及大员们狭隘的眼界又使得他们只顾眼前利益而忽视长期后果。此外，不论这些原则多么成熟，要有效推行还须对其细节及实际运作有充分了解。虽然本人对中国官员的行贿舞弊有所耳闻，也有充分理由怀疑大量名义上用于地方开支的税收实际上进了官员自己的口袋，但因本人身份所限不宜列出数据加以佐证。鉴于外国公使的意见总是被歪曲，故而即便引发争议，其结果也必然会以地方官员及其朝中靠山的胜利告终。

尽管存在贪腐问题，本人终究也取得了一些进展，说服了部分主要口岸的官员，他们现在已经认识到不管税收最终是进国库还是进官员的口袋，它都与通商密不可分，不应苛索过度以致抑制通商、刺激走私，这一进展正是得益于海关洋员发挥的作用。然而，若朝廷对这一问题不具备相应认识，洋关制度改革就只能依赖当地官员的积极配合，一旦官员发生变动或是朝廷一纸谕令，所有成果将付诸流水。因此，眼下紧要之事是寻找一位诚实可靠之人支援本人的言论。此人当受雇于中国政府，说话要有一定分量，但又不受朝中各派势力左右。这些势力只认贿赂，又对官员的仕途影响重大，导致朝野上下不论官阶高低，贪腐之风大行其道。洋关高层官员即适合担当这一角色，虽然来自各方的反对多、赞成少，但本人作为驻华公使，仍然力排众议给予大力支持。若在其襄助之下能够说服中国政府改变观念，使其认识到保障通商及维护条约实乃重要工作，这便是最好（若不是唯一）的途径。

今年 1 月本人派遣威妥玛先生赴京时，下达的第一批饬令之一就是游说恭亲王及其同僚，使其相信与李泰国先生接触将有所裨益。威妥玛先生费尽口舌，指明整个洋关机构完全隶属于中国政府，外国列强根本无权置喙，最终取得了成效。恭亲王随后委任李泰国先生为总税

---

① 英国外交部档 17/353：第 85 号函。

② 此处原文为 1861 年，但该文在原书目录中归于 1862 年。

务司，并召其赴京上任。但李泰国先生的身体状况恶化，不得不返回英国。在其出缺期间，其职由赫德先生及费士来先生代理。

赫德先生精通汉文又机智谦逊，自粤海关施行洋关制度起便供职该处，熟稔海关事务。本人未费周折即获得邀其北上之召令，但却遇恒祺从中阻挠，以致赫德只得暂留天津。恒祺曾供职总理衙门，后调任粤海关监督，任上积累了大量财富，并藉此取得了相当的影响力，被视为通商及洋务方面的权威，皇帝钦命他处理相关事宜。这对我方极为不利，因为恒祺的认知源自其在粤海关任职时的传统及经验，他有关针对外国人应采用何种政策的观念极端落后。若赫德先生将对其不利的事情托出恐将威胁到其权威甚至财富。因此，恒祺急于阻止赫德与恭亲王及户部侍郎文祥直接接触，他赶到天津企图凭借皇帝授予的权力阻止赫德先生进京，由他自己充当赫德先生与总理衙门的中间人。本人一边同意在其抵达前暂缓商讨长江通商章程及洋药税诸事，一边令赫德立即设法与恭亲王及文祥接触。

第一次见面时恭亲王看起来有所保留，似乎与低级别的外国雇员会面有自贬身份之虞。而文祥与恒祺似乎并无瓜葛，他急于了解一切财政通商事务。赫德先生带来了大量文件及数据阐述自己的观点，并准备了一系列节略，与文祥经常一谈就是一整天。赫德发现文祥虽说对海关缺乏了解，但相比恒祺却才智过人、思维敏捷。恒祺发现赫德已安然脱困，自己算盘落空后便从天津赶回北京，后因其母过世不得不按满族礼制卸职回乡服丁忧百日，以致无法继续从中作梗。之后亲王本人变得非常友善客气，赫德的坦诚也给他留下了良好的印象，以致他力邀其留在北京协助朝廷处理相关事宜。但是赫德必须先返回口岸将事务料理完毕方能再行赴京。本人相信赫德先生下一次赴京时将得到朝廷的正式任命。恭亲王提到赫德先生时经常称其为“我们的赫德”，遇到合理却又难以实施的建议时则会说“如果有一百个赫德的话就好办了”。确实，在中国最令人沮丧的特点便是一方面这些大宪坦言找不到合格人选担当任何需要正直廉洁、克己奉公品质的职位，一方面他们又不断暗示在皇帝及其“随从”那里势必遭遇的困难。

赫德先生离京时，恭亲王照会布尔布隆先生及本人告知了此次会面，并附有给海关主事官员们的饬令。由于外国船只夹带土货盛行，天津口土货贸易税收已下滑至警戒线，故一些征收的税款中含有补偿性质。就该问题及赫德先生访京期间提到的其他问题，本人将随后汇报，但其中一点尤其值得一提，即在赫德先生的建议下，中国政府已要求海关以三个月为一结向总理衙门上报海关税收情况，这将有益于大宪们——这些大宪都是各国公使打交道的对象——掌握实际通商财政状况。

本人察觉到文祥虽然精明睿智，在转口土货关税等问题上却只听不言。这部分税收属于各省，由地方管辖，为腐败提供了巨大空间，除产生对民船航运业的保护主义情绪，也催生了地方官员牢牢把持的强烈意愿。他们很可能在户部有靠山，甚至文祥本人也有可能牵涉其间。因此在谈及外轮转运土货适用出口税率，较之民船适用税率最终所征税款是增多还是减少的问题时，文祥语焉不详，赫德先生也不宜再探究竟。

要克服这一系列负面因素恐非易事，清理这些积弊须千钧之力。若要以说服的方式推动改良，则必须依靠受雇于中国政府的洋员，通过他们健全的观点与正直的品行在工作中发挥影响力方有可能。

因此本人认为，赫德先生作为英民能够入职中国政府，不仅有资格面见如恭亲王和文祥等朝中大宪，还给其留下了良好印象，此事可谓意义重大。赫德先生被朝廷接纳并礼遇有加，必能提升洋人在中国之地位，也使其在与地方官员交涉时更具权威。三年前，中国仍视外国人为“夷人”，如今有所改观已然极为不易，这一态度的转变会有何重要意义目前还无法估量。就在六个月前，威妥玛先生初次提到此事时，恭亲王还极不愿意接见李泰国先生，甚至不允许他进京。

作为您最恭顺的仆人，鄙人深怀敬意、深感荣幸，此致。

卜鲁斯

致罗素勋爵阁下

1863年

李泰国与阿思本所定合同十三条①②

1863年1月16日于伦敦

以下条款双方已达成共识——

第一条　中国现立外国兵船水师，阿思本允作总司令四年，但除阿思本之外，中国不得另延外国人作为总司令。

第二条　阿思本作为总司令，中国所有外国样式船只或内地船雇外国管理者，或中国调用官民所置各轮船，议定嗣后一律归阿思本管辖调度。

第三条　朝廷应给予阿思本谕旨一道，派阿思本作为此项兵船水师总司令。谕旨内应确切载明，派伊所管各事宜，作为凭据，以免窒碍。

第四条　凡朝廷一切谕阿思本文件，均由李泰国转行谕知，阿思本无不遵办；若由别人转谕，则未能遵行。

第五条　如有阿思本不能照办之事，则李泰国未便转谕。

第六条　所有此项水师各船员弁、兵丁、水手均由阿思本选用，仍须李泰国应允，方可准行。

第七条　阿思本管下官员人等，除李泰国先行向阿思本议定，阿思本发给谕单，准其协同税务司办事外，李泰国不准所管各关之人邀令兵船帮办事件。

第八条　倘有中国官员于各兵船之官员、兵丁、水手人等有所指告事件，则李泰国会同阿思本必得详细查办。

第九条　此项水师，俱是外国水师，应挂外国样式旗号。一则因船上俱是外国人，非有外国旗号，伊等未必肯尽心尽力；一则要外国各商不敢藐视。是以议定，旗要绿色，中用黄色两条相交，心内画黄龙尖旗，以为中国之号旗。要绿色者，系因绿旗乃各外国所罕用，使

① 英国国会档：1864年中国第2号，第7页。
② 译者注：本译文参考张侠等：《清末海军史料》，海洋出版社，1982年，第162-163页。

不至与列国旗号相混。

第十条　李泰国应即日另行支领各员辛俸工食、各船经费等项银两，足敷四年之数，*存储待用，以安阿思本及各外国之心*（注：英文文本无此句）。刻下在英国姑以所置各船及各兵器等件暂为质押。

第十一条　*现议合同十三条，系奉朝廷札谕办理*（注：英文文本无此句）。倘四年之内，李泰国身故，或阿思本身故，仍应照办。不得以二人中有一人身故便将所议各条废而不用。

第十二条　此合同十三条并大众合同及新定兵船章程，应俟朝廷准行之后，阿思本方能带船办事。

第十三条　阿思本作为总司令之时，如因病身故，则李泰国代请朝廷赐恤予其妻子。

（签名）李泰国

阿思本

恭亲王关于阿思本舰队事件致卜鲁斯爵士之照会[①][②]

1863 年 10 月 25 日于北京

为照覆事：

接到贵大臣本月 20 日照会，论及中国采买轮船、炮械一事。

查此事前因中国自行派委赫署总税务司采办，是以未将一切详细情形向贵大臣烦渎。今既准贵大臣照会，论及此事，应将此事原委告知。

查上年署总税务司赫德在本衙门核议，轮船应派武弁、炮手、水手人等章程，其中论及武弁应先派中国总兵官，会同阿思本管理一切事宜。并论及应用中国炮手湖南人二百名，水手山东人二百名，水师兵满洲人百名，送药仔满洲人五十名。当将所论一切开具清单面行呈递。本衙门核其所呈，实与中国有益无损，并未议及轮船当全用外国之人，亦无夺中国兵权之意。当经奏明，奉旨允准采办，即经札行赫署总税务司，并于札内言明：将来轮船即由督抚选派将弁各等应照办去后。

---

① 英国国会档：1864 年中国第 2 号，第 27-28 页。英国外交部档 17/395：1863 年 11 月 9 日卜鲁斯致罗素第 168 号函。

② 译者注：未见此照会的中文原文，本译文参考《筹办夷务始末（同治朝）》三，中华书局，2008 年，第 928-929 页。

嗣据赫署总税务司呈称：购买船炮一切事宜，已行文总税务司李在英国代办，须另发札文一件，俾李总税务司持以为据。

本衙门当以办理此件，既有前次原呈清单，业经札行该署总税务司，无论转托何人，自能照办。复据赫署总税务司声称：前项清单，系已定之大约光景，专言中国兵丁数目。尚有外国应坐各船之武弁、炮手、水手等，应支俸禄工钱各款合同，须李总税务司在邀请募人之时议立方妥。本处以赫署总税务司与李总税务司同办一事，赫署总税务司既承办在前，则李总税务司接办，自必与赫署总税务司所呈无异，即经按照赫署总税务司所拟缮札给交。比及李总税务司到京，呈递申陈，钞黏合同十三条，与前赫总税务司所呈大有岐异。核其所议，即如传奉谕旨，亦必由李总税务司转行谕知，若由别人传谕，则未能遵行等条。据此，则中国费数百万之帑币，竟不得一毫之权柄，当即据理辩驳，另行面定五条，句句系当面与李、赫两总税务司商明，并无丝毫异说。每月用款亦一一酌定，始将五条办法及用款一切，缮摺具奏，恭呈御览，奉旨准行。自奏准之后，每月用款及购买各款，具经按照奏定章程逐款支用。既经奏定章程月支巨款，眼见船到功成，无可再议。

乃此次该总税务司忽将当面议定已经奏准之五条背旨不遵，而仍将面定不用之十三条从新提起，逼令照办。查此十三条，不独与赫总税务司所呈原单不符，即与本爵历次札行李、赫两税务司之原文，及另立合同之意亦均不相符，是以本衙门未经允准。

况彼时既当面定明照五条办理，奏准后，该总税务司已接收奉旨允准札文，按照五条定款支领俸馨数月，何以擅违谕旨，视同儿戏？贵大臣与威参赞尝言：中国兵权，不可假与外人。是中外道理相同，至今本爵尤喜贵大臣等识见之超卓，持论（之）公允，不似该总税务司之意存挟制也。此事因贵大臣照会前来，是以不能不详细照覆，惟贵大臣平心衡论，自必了然也。计照录赫总税务司面呈清单一件，札赫署总税务司稿一件，札李总税务司稿二件，李总税务司申陈一件，与李总税务司当面商定后奏明五条一件，统希贵大臣详阅。

为此照复贵大臣查照。

同治二年九月十三（1863 年 10 月 25 日）

恭亲王关于李泰国与阿思本所定合同致英国驻华全权公使卜鲁斯爵士之照会[①②]

1863 年 11 月 2 日于北京

为再行照复事：

中国购买轮船一事，既据阿总兵欲将所募兵弁遣散，本爵应将李泰国与阿总兵所立十三条中国不能照准缘由，特为详解指明，开列于左：

一、第四条，凡朝廷一切谕阿思本文件，均由李泰国转行谕知，阿思本无不遵办；若由别人转谕，则未能遵行。

查阿总兵并非李泰国属员，何以必由李泰国转谕始能遵行？本爵原札李泰国文内，只云：此船办就驶赴上海，听候拨用。并无该船总兵必归李泰国传谕，不准别人传谕之语。若照此办理，则中国为其束缚，本爵原札内并无此意，是以不能照办。

二、第五条，如有阿思本不能照办之事，则李泰国未便转谕。查阿思本不能照办之事，自可与中国大员相商，若如所云，则中国大员与阿思本不得通气，必致贻误大事，自然不能允准。

三、第十条，李泰国应即日另行支领各员辛俸工食各船经费等项银两，足敷四年之用，刻下在英国姑以所置各船及各兵器等件暂为质押。

查此案是李泰国不能相信本衙门各大臣，本爵又岂能相信李泰国一人，遽以重资交付。况未历四年，即须先领四年辛俸，中国向无此例，所以未能照准。

以上三款，皆与中国有碍，且与原札不合，其余窒碍尚轻之处，毋庸一一详指矣。

本爵会同本衙门各大臣，览该合同十三条，多与中国买船本意不符，今阿总兵既欲将所募兵弁遣散回国，本爵深谢贵国派给修好各船之睦意，特遣官员驶来中国，并谢阿总兵劳心费力以办各船事件，并带此数船前来中国。今阿总兵与各武弁、水手人等，中国自应发给各人来往辛俸及杂项碎用，以回国之日为止外，另送阿总兵银一万两以酬其劳，其银统在轮船变价内付给。

至中国已费原买轮船、火炮、军械各银，并请贵大臣代立善法，俾得交还中国，以清朝廷库款是荷！

---

① 英国国会档：1864 年中国第 2 号，第 30-31 页。

② 译者注：未见此照会的中文原文，本译文参考《筹办夷务始末（同治朝）》三，中华书局，2008 年，第 930-931 页。

至此船既不归中国使用，所有该船现用中国旗帜，并希代为撤销。

其本爵札李泰国原文，贵大臣前已阅悉，今特择其要语，一并详解明晰，钞粘附送贵大臣查阅可也。

为此照复贵大臣查照。

同治二年九月二十一日（1863 年 11 月 2 日）

英国驻华全权公使卜鲁斯爵士关于解散阿思本舰队事宜致恭亲王之照会[①②]

1863 年 11 月 6 日于北京

为照复事：

10 月 25 日及 11 月 2 日两次接准贵亲王来文内开：将所立十三条不能照准缘由，特为详解等因。并所录粘单均已阅悉。

查近日商办轮船之时，本大臣未经参议，系贵亲王明见所悉。此事与内地治国之道甚为相系，自应归中国主持，他国不得与谋。况此事业已讲求许久，讨论綦详，本大臣既知贵亲王立意不行，若仍希必须照办，则与本大臣承准本国论办中英交涉事件之意不相吻合。且英国以为中国必已照准合同办理，是以准为购买船械，延请武弁，招募水手。但此项船只与中国助战，非立此等合同不能承办，若中国谓此等合同断不能照准，则英国亦本无令中国照办留船之意。是以来文所云不能照准缘由，本大臣不为论及其事之是非，亦非本大臣所应僭议。所惜者，此项船只于英国启程以前，未能将办船之委曲情形达知贵亲王；设当日早为通知，岂不省却若干费用，并可免诸多窒碍之处，此本大臣之心中抱歉不能自释也。

为今之计，自当与贵亲王竭力襄佐，代立善法，以收后效，本大臣不能辞其责。至贵亲王优给所延武弁及水手等，其公厚之意，本大臣心中羡悦，亦应提及。第该武弁水手等应支辛俸工食银两，或以回国之日为止，或以英国明年 8 月 30 日为止，未知合同内如何立意，本大臣无预先断定之权。惟本大臣不欲贵国多费银两，是以已向阿总兵言明：俟伊归国之日，即寻才能出众深明法例之人为之断定，当日所立合同，应以何日为止，即行遵照支领银两。

① 英国国会档：1864 年中国第 2 号，第 32-33 页。
② 译者注：本译文参考《筹办夷务始末（同治朝）》三，中华书局，2008 年，第 932-933 页。

并告以此等船只变价，应以至昂者为准，变价后，除扣除经费外，即将银两交还中国。贵亲王果能相信阿总兵，令伊代办此事，该总兵因贵亲王待伊如此优渥，自必能尽力经理，以副贵亲王相信之心，此本大臣可保其必然者也。

至办结此事，所有经费，尚恐一时难以筹备，本大臣拟即札饬领事官，于下次二成扣项中先为垫发，统俟于轮船变价内扣还。本大臣深知我国家秉权各大臣，闻悉贵亲王办理此事，至优且备，亦必能帮同阿总兵将此项饬办之事妥为完结也。

为此照复贵亲王查照可也。

（签名）卜鲁斯

英国驻华公使卜鲁斯爵士关于舰队处置事宜致阿思本之训令①

1863 年 11 月 6 日于北京

先生：

如你所悉，舰队各船驻留原地待女王陛下政府指示这一方案已予弃用，中国政府要求本公使将舰船驶回英国处理。恭亲王感谢你费心劳力购买各船并带此数船驶来中国，除薪酬外亲王另请你接受赠银一万两以作酬谢。

亲王还要求各船挂他国旗帜。当然，此事由你自行权衡。

因此，本公使令你接管各船及船员，前往英国或印度妥善处置，武弁及水手则遣回国内，薪酬付至抵英为止。但鉴于合同条款也可解读为薪酬付至抵英三月后即 8 月 30 日为止，而中国政府以代办购船者超出方案规定之权限为由拒不接手舰队，中方具体应负何责本人建议征询法律顾问的意见。若能了结此事而又尽量不给中国政府添麻烦将是我们的荣幸，想必你亦有同感。

本公使将令领事于其赔偿账户中先行支出所需经费，以充补中国政府无法筹措的遣船回英费用。该笔款项以船只作抵押，日后从出售所得中扣除；若女王陛下政府决定回购其中任何一艘，也可从所得船只及物料价值中抵偿。

---

① 英国国会档：1864 年中国第 2 号，第 33 页。外交部档 17/395：1863 年 11 月 9 日、19 日卜鲁斯致罗素第 168 号、第 178 号函。

本公使对你在北京商讨此事期间所坚持之体面而有尊严的方式深表赞许。若换作其他对金钱利益更为敏感而对大英利益及自身名誉不甚在意之人，身处此境恐怕早已作出不尽人意之妥协，且恐已滥用手中权力以免自己将来身处窘境。你的坚定意志使得大英免于陷入泥潭，你拒不接受与身份不相称的职位也维护了大英军人在中国人眼中之尊严。纵然藉此推动中国进步之宏愿其结局令人遗憾，但欣慰的是你的所作所为赢得了知悉此事的各国人员的尊敬与认可。

（签名）卜鲁斯

1863年11月15日恭亲王关于解除李泰国先生总税务司职务之札谕[①]

恭亲王谕李泰国：

司职总税务司而未能妥办所授购船一事，总理衙门未便继续留用，总税务司已派赫德接掌。李泰国接谕之日起总税务司一职即予解除。

又谕：所掌船钞账内各银，当即全数转交总理衙门，而后赴沪，并自接谕之日起四个月内理清所有收支账目，连同各类应予归还（中国政府）之银及手上各事，俱交新任总税务司赫德，由其接手后呈禀本衙门以候指示。

你虽不复在任，为示大清国宽容厚待之意，特准于四个月限期内照常支取薪酬。

所予限期已不无宽裕，不得再过分毫。

此事已行知总税务司赫德及各口海关监督，特此札谕以为遵照。

1863年11月15日恭亲王关于任命赫德先生为总税务司之札谕[②]

恭亲王特发此要谕予赫德，以为知悉遵照。

李泰国业已开去总税务司职务，并已札饬前往上海处置未了各事。兹悉你自入海关迄今

① 英国国会档：1864年中国第2号，第35-36页。译者注：未见此札谕的中文原文，此处据英文移译。
② 英国国会档：1864年中国第2号，第36页。译者注：未见此札谕的中文原文，此处据英文移译。

所办各事诸臻妥协颇具成效，因特札派为总税务司，驻上海经营各事。遇有重大事项，照准于必要时来京熟筹。

必要时你须将南北洋及长江各口日常发生事件按情形呈报通商大臣李鸿章或崇厚并遵其所示。

前总税务司李泰国已限四个月内将一切事务移交给你，并将所有收支账目悉心整理，连同应行退还（中国政府）之款项一并移交。

接此谕后你当紧促其即刻移交手中未决各事。

你审慎圆通，经验老到，向为中外共知，宜当加倍勤慎，借证委派现职之切当。

附李泰国去职札谕一本，以为知悉遵照。

此事已行知各通商大臣。

卜鲁斯爵士关于阿思本舰队解散缘由致罗素伯爵函[①]

1863 年 11 月 19 日于北京

(摘录)

本人在此有幸向您转呈阿思本总司令递交的多份文档副本，述及中国政府拒绝了其先前单独（与李泰国）达成的十三条合同中为中国皇帝组建舰队之条件。

同时附上本人与中国政府及阿思本之间往来文书，涉及战舰处置问题以及将各船及所募官兵遣散回国的最终方案。

为厘清事情原委，首先须指出尽管舰队在冬天就已离开英国前往中国，但直到次年春天李泰国先生抵京前，中国政府对舰队组成、维护费用以及李泰国先生与阿思本总司令所达成的合同内容仍一概不知。请勋爵阁下务必留意那份合同，事实证明正是由于中国政府不予照准该合同办理才导致了整个方案的夭折。

李泰国先生立刻敦促中国政府必须授权他本人及阿思本，以便完成他所承担的采买舰船事宜。彼时其刚从欧洲归来，且被大英女王嘉奖，又自恃与达官显贵相熟，令其忘却中间人身份，与中国政府交涉时独立专断、不事恭劝。有约各国公使的保守态度更令其感到胸有成竹。理由虽不尽相同，但公使们都对中国政府赔偿地方当局违规造成的损失一事拖沓不决心

① 英国国会档：1864 年中国第 2 号，第 21-25 页。英国外交部档 17/395：1863 年 11 月 9 日卜鲁斯致罗素第 168 号函。

怀不满。恭亲王及其幕僚由此推断这样一项有助于加强中央集权、削减地方势力的方案应与各国公使的主张不谋而合，公使们当不致反对。此外他们也认为李泰国先生所面临的困难仅是因其落后的观点所致。

因而此事并未如李泰国料想中那般遭他国干预，毕竟考虑到整支舰队组成如此单一，照理容易引起他国猜忌。本人确信李泰国力促允准合同的努力受挫并不是由于各国公使们的算计，而是中国政府自己的决断。首先是因为地方大员的反对；其次中国政府也无意代替地方大员承担指挥舰队的责任；最关键的是十三条合同中所提方案令中国政府警觉并生出猜疑，他们认为如此让李泰国一人独掌指挥大权，今后恐间接受其所制。

本人认为，李泰国措辞欠妥自作主张进一步加深了中国官员的忧惧。他要求安排一座“府”作为其官邸，这类官邸类似英、法两国驻华公使所居，大清皇帝只授予其同族亲王，连中国政府最高级别的大臣也无权享用。李泰国俨然把自己当成了一个独立庞大财税部门的首脑，可与文祥及其他总理衙门高官平起平坐，只需听命于议政王奕䜣。总理衙门的其他大臣无法从李泰国处获知有关其资金开支具体情况的汇报或账目，李泰国只是含糊其词地保证开支有度，到时自有交代。同时他还极力要求中国政府免去南北洋通商大臣，由其全权负责接管总数已达 3,000,000 英镑且很可能继续增加的洋关税入。有一点毋庸置疑，李泰国先生确实满怀宏图大志，着力在中国推进进步与通商。一方面急于立竿见影，一方面他也清楚若是单靠事件推动与游说相结合的方式去改变中国人的观念，其进程必是曲折而缓慢，故而他试图通过全盘掌控中国税入中最稳定的来源与最高效的机构来扫除障碍达成目的。大权在握后他打算通过以暂停舰队行动及暂扣相关款项来逼迫中国政府采纳其主张。他力图掌控政策主导权：以圣旨的方式昭告天下；以舰队及陆军（如有需要）保障推行；以关税收入保障开支。

1863 年 1 月，《布莱克伍德杂志》（Blackwood's Magazine）发表了一篇题为《在华进展》的文章，文中援引了支持该方针人士对于前景的判断。本人也同意李泰国先生，若由欧洲人完全主导，加之列强的支持，足以令那些持反对意见的中国人无计可施，从而达成该方针的预期目标。但即便如此，鉴于中国政府的不情不愿及地方当局的坚决反对，该方针注定无法成功推行。

中国政府在知晓方案的具体内容之后，立即将其视为夺权的阴谋。中国政府并不了解李泰国，只是在赫德的建议下委其采买兵船、延募人员。赫德举荐李泰国时称其为可靠人选，必能在英国圆满、经济地完成交办的任务。中国官员对李泰国的信任还未到愿意将所有事务交由其全权打理的地步。中国政府只是将总税务司视作一名普通下属，其职权仅限于帮办税务，而对于税款的用度则无权过问。他们根本不视李泰国为议政大员，连其分内的通商事务都不一定征询其意见。赫德先生在两年前能够进京，完全是本人力邀促成，中国政府本无此意。也正是由于赫德本人的机敏圆融、温良谦虚，才得以面见恭亲王并给他及其幕僚留下良好印象。而他们对李泰国自负态度的厌恶却毫不掩饰，在持续数月的商讨过程中，恭亲王从未亲自接见过他。最终在本人的极力要求下才同意见面，但对其负面印象早已根深蒂固。恭亲王为避免由于一直避而不见李泰国而授人以柄，便在早晨召其入见，谈了几分钟无关痛痒的事情后便告结束。

因此，期待李泰国能够借助其个人魅力以及他所担当的职位对中国政府施加影响，从而使自己的意见获得对方接纳赞同，其实是对李泰国的地位以及中国政府对其外籍雇员态度彻头彻尾的误解。中国政府只是将李泰国视为购买兵船并招募人员一事的代理，显然无意将管理权长期拱手让出，更不用说舰队用途及直接指挥权；同时，他们也完全无意改变李泰国在朝中的地位，也不愿赋予其或任何一个洋人在中国政府事务中独当一面的权力。除了让李泰国负责洋关运作所需开销之外，他们也不准其掌管关税用度。中国政府之所以大为恼怒，不仅是因为李泰国的越权之举，也是由于他对自己地位的非分之想。他们将其动机归结为追求私利，对于洋人代理制度的信任也一并受此影响产生了严重动摇。

所附的文件是经过多次讨论后由中国政府以上谕形式颁布，此举彰显其了结此事之决心。本人无法确定是否真如中国政府声称的那样，李泰国已然接受此安排，但此事已无关紧要，现在的问题在于阿思本愿意在多大程度上接受对他与李泰国间合同的修改。

不久之后阿思本抵达北京。其沿海北上途中事件不断，使其意识到自己将要面临的困难远超预期。他要面对的是大量外国社群的恶意反对以及当地政府的百般阻挠。在上海，一批代办受雇登上他的舰船，许以更高酬劳煽动其手下转而为江苏巡抚效力。因此，他不得不遣散一些对当前报酬不满的人员，并带领舰队前往芝罘以防失控。他认为，自己的舰队要想保证效率，不仅要避免受到地方政府的控制与干涉，还得采取有效措施防止地方官员笼络，否则这支舰队随时都会分崩离析。除了来自地方的干扰，阿思本在抵京之后便发现朝廷将舰队视为折损其尊严、束缚其手脚之图谋中的一环，因此也更不愿因此事激怒地方。经过深思熟虑，阿思本决定继续遵守他与李泰国间的十三条合同，并要求中国政府表态是否允准该合同。李泰国口头告知合同被拒后（在其文中给予的延迟回复期内，他也不曾收到任何书面回复），阿思本便将有关文件及信函一并送交本人。对阿思本来说必须当机立断，因为他实际已身无委任，约束其下属的权威自然要受到质疑。

迄今为止本人从未介入李泰国与中国政府间的磋商。本人一直谨言慎行，避免就递交给中国政府的方案发表意见，因为倘若对方质问“即便意见相左，是否也必须允准该合同”，那么将置本人于异常尴尬之境地。本人若迫使其同意，事情恐怕将演变为政治事件。中国人必将征询他国公使意见，即便这些公使胸襟博大，与本人为善，恐怕也不会支持本人采取威逼恐吓的方式。因此本人决定将此事留待中国政府自行同李泰国及阿思本协商解决。本人则继续保持缄默，他人可以等待本人意见为由争取时间以期事件圆满解决。

在此期间本人曾与总理衙门官员有过两次会面。他们没有对舰队一事有过任何表示，本人也顺势避而不谈，谈话转移到了以下两个问题：一是地方官员雇佣外国兵员的风险；二是即便是品行端正的外国军官，若要为中国陆军或水师效力，都必须得到朝廷正式委任，且不应受制于反复无常、猜忌重重的地方当局。事实上，这些议题都有助于引导中国政府允准李阿合同，因为若是总理衙门及地方大员意识到近期助其在上海周遭节节胜利的外国军队不能再为其所用，那么他们就得完全依靠自己，这将大大有利于其当下允准李阿合同。

只要巡抚还可自主雇佣洋人洋船镇压叛乱，便不可指望朝廷着手组建皇帝直辖的水陆军队，因为此举等于剥夺了巡抚维持本省治安的职权，改变了中国政府一直奉行的行政体制。中国政府无意对体制进行改革，此事已在天津演习中体现得淋漓尽致。他们拒绝法国人做演习指挥官，也不愿接受俄国政府所派军官的免费协助，导致原定于天津进行的演习被迫取消。

如今本人必须出手干涉此事。本人首先告知中国政府在收到女王陛下政府训令之前，本人无法移交舰队。此举基于这批军舰是当时阿思本与所延兵员间履约的担保，如今这些兵员应当遣散回国，其酬劳应给付至抵英时还是 8 月 30 日止，这些细节目前皆无定论。更重要的是中方还不具备管理这些舰船的能力。江苏巡抚先前购置过大约十艘小型轮船，全由洋人指挥，在苏州城外的行动中表现突出。但即便如此，要他们管理如此一整支舰队却无法令人安心。另一方面，于沿海出售这些舰船并非没有风险，它们很可能落入日本那些不怀好意的大名手中；也可能被买去编入周边海域里的南方联盟舰队。美国公使在给本人的照会中也表示他已知晓此中风险。本人还须补充，柏尔德密先生也同意在去向不明前不应随意处置这支舰队。另外，若中国政府发现不允准合同就不能拥有这支舰队时，他们也可能会重新考虑其决定。为了保留中国政府接收舰队的丁点希望，也为谈判破裂后处置后续金钱问题时占据有利地位，本人利用恭亲王不愿出席这场气氛紧张会面的心理，以必须亲王到场为由拒绝了文祥提出的会面要求。

发来文后所附照会后，中国政府继而寻求与美国公使蒲安臣会面。本人完全相信蒲安臣乃是出于圆满解决此事的善意从中斡旋。在进入主题前，蒲安臣要求他们明确表态，是否已决意不允准十三条合同。中国政府表示肯定，并补充道有碍于本国舆论，他们不可能将舰队的指挥权从地方大员手中剥离，也不可能允准（用他们自己的话来说）这样一份将来被李泰国束缚手脚的合同。

蒲安臣在三次长谈中详细讨论了这一问题，旨在尽最大可能寻求一种可行的方案，既能符合中方的要求，又能使舰队投入使用。但最终发现他们与阿思本的分歧实在难以调和之后，蒲安臣建议中方就拒绝允准合同的缘由做出详尽解释；对女王陛下政府和阿思本先前的付出表示谢意；建议本人令阿思本将舰队驶回英国售卖，所得收入在扣减应付款项后退还中国政府。从文后随附的照会中，勋爵阁下可知此事已完全照其建议办理。此外，中国政府又自愿另赠阿思本银 10,000 两（3,300 英镑）以酬其劳。本人回照副本亦附后。

照此提议舰队将立即驶离中国，对有关各方如此安排比本人的提议更为有利，不仅节省了开销，也可消除在等候英国政府训令期间一众人等在岸上无所事事又乏人管束产生的隐患。阿思本将带领两艘舰船前往印度，希望能在该地处置；其余舰船则待安置妥当后即刻启程返回。

本人由衷感谢蒲安臣友好而宝贵的协助促成了这项安排，既照顾了有关各方利益，又不至于损害本人一直着力维护的英中关系。同时本人认为，该事件也体现出在中国秉持公平公正政策的重要性。因为本人深信作为英国公使，应当尊重中国自身权利，不可出于自私的政治图谋而强迫其接收这支舰队。在协商阶段，本人力阻同僚妄加干涉，使中国政府得以从容考量舰队处置事宜。本人确信，如此安排对该计划的成功实施（若还有可能成功的话）较之其他方案已属最佳。此外，本人若表现得更加积极也不合时宜。李阿所签合同史无前例，想必勋爵大人也是闻所未闻。本人未曾接到任何训令，这本身也是女王陛下政府无意介入也不愿为此事负责之明证。中国政府若是自愿接收舰队，日后的困难当自行解决，但届时中国政府定会将责任转嫁给女王陛下政府。这其实也有其正当性，毕竟整支舰队充斥着英国元素：由英国军官及代办负责指挥，由英国施压促成，甲板之上虽悬挂中国国旗，也非出于中国政府本意。

此外，最近中国政府在回应本人提出的各项强化中央的建议方面表现得无能为力或者说意兴阑珊，舰队事件只是其中一个例子。中国政府显然无意将其纳入麾下用作一般治安及税收目的，若是被迫接收舰队并将其用于同南京方面（太平军）作战，最终舰队也会因地方官心怀不满从中作梗而成一盘散沙。若仅以此为目标，想必女王陛下政府不会对舰队组建提供任何协助。抛开这些问题，本人还必须指出整个事件若是处理不当，还可能对通商造成严重干扰。

事实上，这支舰队应当为海关执法及协助镇压海盗所用。更为轻便、造价较低的舰船足以满足需求，同时也兼于军事行动中发挥积极作用（尽管作用略微小些）。然而实际驶来中国的却是一支纯战斗用舰队，舰上军官皆为立功而来，而不是为了查拿走私、抗击强盗这些琐事。更进一步说，如果当时认为必须让一名外国将领和一名代办执掌舰队而完全抛开支付价款之中国政府，这样的条件本身就非比寻常，理应在舰队出发之前呈报核示。

本人必须指出，阿思本在审时度势方面表现得相当睿智，其处事方式也值得尊敬。即便许以重金，他也未作出不当妥协或置其祖国于尴尬境地。

虽然此事困难重重，还望勋爵阁下受累给予充分考虑，希望女王陛下政府批准本人向中国政府履行承诺，在处置舰船及船上军械方面尽可能予以协助，将损失降至最低。

（签名）卜鲁斯

严格执行条约体系下领事及海关管制导致班轮滞留

大英火轮船公司
1863 年 10 月 27 日于上海

阁下：

敝公司香港福州线班轮因领事及海关于领事口岸联合落实船舶进港及结关有关规定而发生滞留并蒙受经济损失，本人有幸将相关节略随函附后。

严格执行规定对往来上述各口班轮影响甚重致使相关人员怨声载道，早该有所补救。各口官员明知该规定不切实际且并无如此严苛之必要，却未曾对其作出任何修正。

关于所提建议是否可行一事，鉴于本埠税务司赫德先生曾参与相关各口洋关组建，本人便向其征询意见，并获准引用其就此事回复本人信函之内容。该函副本兹附于后，阁下将发现赫德先生的观点可谓诸臻妥协。

唯有通商大臣与阁下同时分别向领事及税务司下令，此事方可取得预期效果。故而本人已就此事致函卜鲁斯爵士，斗胆希望您与卜鲁斯爵士一同立即下令实施新规。此外，但凡于敝公司有涉之处，本人愿赴各口并按照赫德先生之建议将各项细节安排妥当。

（签名）大英火轮船公司中国监督撒瑟兰

致总税务司李泰国先生
北京

关于大英火轮船公司沿海班轮在华各口（香港福州线尤甚）滞留一事致大英帝国驻华特命全权公使卜鲁斯爵士及总税务司之节略

一、敝司有一批班轮往来香港福州，沿途停靠汕头及厦门，每周一班。这些班轮与敝司英国航线之轮船相衔接，民众可藉此收发邮件，并可受益于补贴等优惠从而免付邮资。敝司尽可能使这批轮船与大英帝国本国沿海固定班轮保持同一频次。

二、但领事及海关关员对船舶进港及结关所坚持的监管方式导致这批班轮在领事口岸屡屡发生延误，严重降低航线运营效率。敝司因船期延误损失惨重，民众亦因邮件迟滞极为不便。这些规定虽然是依照相关条约条款合法制定，但若要求专门从事沿海贸易之班轮遵照执行则实无必要，本人认为应予修正。敝司驻于诸口之代办业已费尽心力试图通过地方官争取更多回旋余地，但却毫无进展，本人遂认为向上呈请乃合情合理之举。

三、依照条约制定的船舶申报、进港及结关规定于普通轮船而言并无不妥，因其靠港时间本就充裕，遵章办事也毫无难处；但若将此等繁复手续加诸每日停靠同口之班轮则颇为不妥，盖因班轮在某口耽误一小时，抵达下一口时便常常错失潮期，或者已是日落之后。若执行上述规定，此等情况必将频繁发生。然而领事及海关坚持要求严格执行，致使班轮利益相关方不胜其扰且损失严重。

四、敝司经营的两艘香港福州线班轮需向各口领事呈递船舶单证，*每月总计达 24 次之多*。领事向海关申报期间，班轮须待手续办结、海关签发开舱准单之后方可继续工作。结关则又是一个相反过程，每月须向海关申请结关准单 24 次，领事见单后方予发还船舶单证。

五、按照条约，船只进、出口均需缴税。考虑到海关流程常致滞留，曾准许商人税款未完*先行*开船离口，同样亦可先行入口（无须具结）。如今，因办理海关手续致班轮延误已成常态，被准予放行反成莫大恩惠。早前未有欧洲人任职海关时，敝司代办仅需出具保结保证税款随后缴付，船只装货后即可离口，因而从未导致滞留。

六、领事及海关办公时间为上午十点至下午四点，港口作业时间为上午六点至下午六点。但要求沿海班轮，尤其是运送信件之班轮严格遵循上述工作时间则实有不公。福州至汕头航程不到三百海里，航程约 40 小时（包括中途在厦门停靠的 6 小时），若轮船于下午四点到达厦门，由于领事及海关直至第二天上午十点才上班，则原本可能仅需一小时即可完成的货物装卸至少要延迟至第二天中午方可完成，导致原本只需 40 小时的航程延长 24 小时；于厦门至香港间往返时途经汕头，情况与之相仿。上述延迟并非特例而为常态，准确地说，班轮在香港福州线上平均每次要因此延迟一整天，乘以班轮每年的运营班次，公司因滞留遭受了严重经济损失。

七、若上述延滞确为保护国课之必需，则本公司自当无怨，但事实并非如此。一套更高效甚至限制更少的制度同样能保证税款征收，又能为从事沿海贸易之班轮提供多项便利，在世界上许多地区皆有例可循。虽说海关应给予合法贸易尽可能多的自由促其发展已是老生常谈，然而任何一个熟知当前沿海航线班轮运营情况的人都不会斗胆声称这些班轮从未受到海关不公对待，其整体业务也不曾因此受损。一个合情合理的证据即是自从汕头与厦门的欧式海关建立以来，靠泊两口之轮船所载洋药数量锐减，而民船运送之数量大增。究其原因，本土官员唯利是图包庇走私固然是一方面，但无论如何这也说明应为轮船提供便利并降低其运营成本，以抵消这些非法行径的不利影响。现行制度不仅阻碍轮船航运业发展，更为当前在香港和内地南部各口之间广泛存在的民船走私大开方便之门。

八、为弥补现行制度之不足，并为沿海轮船运营创造适宜条件，本人在此建议将现行做法代之以如下规定：

（一）长期从事沿海贸易之班轮在申领专门红单之时需提供领事登记簿册以供核查，之后非因印鉴更换之故一律免查。

（二）班轮于航行中经停之港口若遇检查，额外支付钤字手酬劳后应允许装卸时间延长至晚上十点。

（三）若发生诸如班轮于海关下班后到达、到达时间太晚以致货主无法取得下货准单或有货物无法被及时提离等情事时，为方便班轮离口应允许敝司代办将所涉货物卸放于堆栈，该堆栈应在各方面视同关栈。

（四）若班轮不得不于海关正常办公时间之外离口，则只要敝司按要求以某种指定方式担保足额完纳税款，海关结关手续可在船舶离口后补办。

九、上述或类似规定之施行须兼顾有关各方诉求，即领事裁判权、保障关税完纳及增进航运效率。

十、讨论有无必要修改现行制度时，本人被告知任何修改都将导致违反条约。在本人看来，但凡针对某些需求而制定的章程，哪怕确有矫枉过正之处也必须予以贯彻这种原则是对条约异常狭隘的解释，而且至少在中国也无实践中的先例支持。另一个反驳本人的理由是：虽然确实可能没有足够理由拒绝本公司的请求，但一旦作出让步，会使海关在与其他船主打交道时陷入被动。

但本人以为倘若领馆及海关认可公司的信誉及其提供的金钱担保，他们便没有理由不将上述修改后的规定适用于所有从事沿海贸易之班轮。

（签名）大英火轮船公司中国监督撒瑟兰

1863 年 10 月 26 日于上海

总税务司署

1864 年 3 月 23 日于上海

第 6 号

———

厦门辑①

先生：

去年 10 月，大英火轮船公司中国监督撒瑟兰先生就该司往返于香港与厦门间的班轮运营因执行领事及海关章程导致滞留并遭受经济损失一事向英国公使及前总税务司致函请求根据实际情况特事特办。②

撒瑟兰先生在寄出公函之前已先交本人阅览，个人认为其建议值得考虑。

之后本人收到驻京英国使馆尼尔（St. John）先生函，其中关于该事项有如下内容：

“鉴于阁下赞成修改，本人依据卜鲁斯爵士饬令在此告知您，他本人同意任何能够提高航运业效率的提议。”

随附撒瑟兰先生节略副本中所列建议如下③：

一、除了船钞支付事宜，班轮不必通过领事向海关申报；

二、允许装卸货时间延至晚上十点；

三、若在办公时间之外靠口，允许将船上货物即刻卸至关栈；

四、班轮可不必等待海关准单先行离口。

关于这些建议，本人大体上同意采纳。然而，为管理于福州和香港间定期从事贸易、往返均停靠贵口之班轮，应将有关措施以制度形式予以规范。本人认为以下规定可能更宜采用，当然阁下应根据本口实际因地制宜。

一、需制作一份往来贵港定期班轮的清单于贵处存档；

二、任何班轮凡在日出之后、夜黑之前到港，头等总巡需登船并收取*进口舱口单*，再发给所列货物之总卸货准单，随即在布告牌上登记船名视同领事申报；

三、班轮代办可在以下两种方式中择一处理：一是将卸下的货物运至海关码头验货并即刻缴纳税款；二是将货物存入自有货栈并向海关提供书面担保，保证不会擅动或私运出库直至海关签发专门提货准单为止，同时保证货物入库三日内完纳税款；

① 译者注：参照原文文号格式翻译，原文横线下方为“Amoy Series”，译作“厦门辑”，为总税务司署发往厦门关的文函编号，后文还有“Shanghai Series”“Canton Series”“Special Series”等，译作“上海辑”“广州辑”“特辑”。

② 附件 1。（译者注：原文为边注）

③ 附件 2。（译者注：原文为边注）

四、卸货原则上可持续至晚上十点之前，特殊情况下可延至半夜，*但前提是半夜前货物必须能够及时卸完*；

五、对于*经海关查验*且已缴纳税款或者已提交三日内缴款担保的货物，装货时间同样可延至晚上十点或半夜（同四）；

六、待装运之货物可由海关在轮船到达前先行查验并收取税款后签发装货准单，待班轮抵港便可立即装货，货物证书可由下一班次转递；

七、钤字手应上船监督上下货；

八、货物装船完毕，应向钤字手提交标注有时间的出口舱口单，钤字手见舱口单即发给船主结关准单（格式可专门定制）；海关手续到此为止，班轮即可自行离口；

九、班轮按上述方式在日落后作业收取5元费用；晚上10点之后作业加收5元；

十、班轮离开第四天时应当结案、签发红单并交至代办；

十一、若发生任何违规行为，所予优待立即撤销。

当然，可根据当地实际情形对上述11条规则作出必要修改。

撒瑟兰先生将亲自造访贵处协商具体落实事宜。针对规定三，他可能向您递交一份在领事见证下签发的总保结，以免代办在班轮每次靠港时均需提交。

无论您拟发何种规定皆可立即执行，并按礼节报领事知晓。同时须向本人汇报不得延误分毫，在本人批准前均视为*暂行*。

德忌利士（Douglas）先生也有类似班轮定期进出贵口，应给予其相同优待。

（签名）总税务司赫德

致厦门关税务司休士先生

厦门

1864 年

美国驻华公使蒲安臣先生关于华洋人间政治关系问题致美国驻上海总领事之训令①

美国公使馆

1864 年 6 月 15 日于北京

先生：

就本人收到的大量各口来信看，关于美国公民根据条约及依条约签订的其他章程项下所享有之权利及承担之义务一事似乎普遍存在误解。因此本人之表态或可有益本国事务管理。由此特致信于你，希望通过你向其他领事及我国公民传达本人对条约及相关章程中几处争议点的解释以及对船运、执照等方面的一些说明，同时对有约各国驻京代表一致赞成的“合作政策”提出一些总体建议。

本人以为，中国政府既未放弃主权，就有权执行其本国税收法律，也有权制定为实现此目标所必要之相关章程。（*参照补充条约②第六款、第十款及本人递交给国务院并获政府批准之第 30 及第 32 号文*）

公使知晓章程后，如果认为其未违背条约，尽其完善章程之外交职责后便有向其国民公布之义务，公布后即对其国民产生约束力。【*参见哈蒙德（E. Hammond）代表英国政府复上海商会函，及英美两国公使递交并获政府批准之关于长江诸约的文函*】

在有权制定及批准章程的公使级别之下，无人有权免除任何人遵守章程之义务。

依据条约中国政府已放弃对我国公民行使司法管辖权，因而无权处罚（我国公民），即便是罚款的权力也不享有。如此对我国公民违反条约及章程的行为进行处罚就成了我方之义务。【*参见 1853 年 11 月 25 日马沙利致马西函以及 1853 年 11 月 1 日马沙利致上海副领事金能亨函；1855 年 9 月 9 日顾盛致马西函；菲茨罗伊·凯利（Fitzroy Kelly）及詹姆士·斯蒂芬（James Stephen）1862 年 5 月 22 日于内殿律师学院文*】

① 《美国外交关系》1864 年第 3 卷，第 426 页等。

② 译者注：指《五口通商附粘善后条款》。

具体处理办法已在国会法案第7节中列明，国会于1860年6月22日批准，主要由各领事负责处理，公使仅对重罪、谋杀、叛乱以及涉及领事之案件行使初审权。（*参见法案第13、第24及第27节*）

中国政府不得撤回某一领事之*领事证书*，因为根据国际法，中国政府放弃对我国公民行使管辖权便同时放弃了该权利。除此之外，驻华领事地位较为特殊：他们还须充当法官，并依约行使许多其西方同僚闻所未闻的职能。（*参见本人第72号函及与中国政府的相关商讨，另有顾盛1854年11月7日及1855年10月8日致国务卿马西函*）

尽管中国政府不得作为当事人在领事法庭起诉，但仍可至法庭投诉或反映情况，此时领事仍有接待义务。此事属于政治行为。【*参见顾盛函，同上；温格罗夫·柯克（G. Wingrove Cooke）及汉南（James Hannen）1862年1月13日于内殿律师学院文*】

若领事未能履行其职责做出处罚，可申诉至"本国各大宪秉公查办。"（*参见条约*[①]*第十款*）

不得强迫中国政府就任何人提起的诉讼在领事法庭出庭，因此若领事与海关之间的争议无法妥善解决，此事就会成为外交问题，须上呈北京方面裁定。【*参见顾盛函，同上；卜鲁斯爵士在鲍曼诉菲茨罗伊（Bowman vs. Fitzroy）一案中之蓝皮书第三册，由英国政府批准；另有本人1862年12月9日致驻宁波领事孟恩威理（Mangum）先生关于"阿格尼丝"号一案之训令，经美国政府批准*】

因此在中国海关供职的美国公民，其奉中国政府之命所行职务行为不受其本国领事法庭管辖。在这样的案件中，中国政府负有赔偿义务。（*见阿瑟顿爵士等人1862年3月6日于内殿律师学院文*）

中国政府有权将违反港口章程卸下的货物查抄入官，但仅限于已经违反章程的货物，也就是说不包括那些尚在船上的货物。【*参见"布莱克本"（Blackburn）号案件中卜鲁斯爵士之评论，蓝皮书第三册；另见本人对"阿格尼丝"号案件之评论，恭亲王已认可此原则*】

罚款条款中凡用"不超过"一词者，领事有权课以一个小于某数之罚金；若金额固定则一旦证实领事必须依约罚款，一切减轻该处罚的行为都必须出于公平之理由，而非法定之权力。（*参见"布莱克本"号案件中卜鲁斯爵士的评论*）

目前长江上仅有三个约开口岸，即镇江、九江及汉口，在其他任一口岸贸易，船货均应查抄入官。即便地方官默许通过拉纤而后切断绳索，或通过其他直接间接方法均不可行。（*参见中美条约*[②]*第十四款，以及与之相关之中英条约*[③]*第三十款、第十及第十一款；另有*

① 译者注：指《中美天津条约》。
② 译者注：指《中美天津条约》。
③ 译者注：指《中英天津条约》。

1861 年 12 月 5 日签订之《长江各口通商暂行章程》及 1862 年 11 月 10 日通过的诸条例，分别由英美政府批准）

如果中国当局没有充足证据证明（商人）违反章程遽行查抄入官，则受害方可经由领事呈禀驻京公使，由其依职权向中国政府提出赔偿请求。无论何种情况下，公民个人或代表他的领事都不得自力救济。此举将免除中国政府应负之责任，且致使友好关系无望。【*参见“珍珠”（Pearl）号案中卜鲁斯爵士言论；另有其致驻汉口领事金执尔（Gingell）先生函，由英国政府批准；以及蓝皮书第三册对库珀（Kuper）上将之指示*】

为促使中方秉公行使查抄入官权，本公使与同僚通力合作，希望设立联合法庭或混合委员会处理此类案件。中国政府已在原则上同意此事，并将细节问题交由地方当局及领事安排处理：首先在上海暂行，如果效果良好再推广至其他约开口岸。此举对双方皆有好处，也有利各口争议解决。此外，若案件诉至北京，证据经过分类整理亦有助大宪决断。（*参见恭亲王 1864 年 6 月 13 日给本人之照会*）

在将美国船旗授予某购得船只时，我们应该万分注意。首先必须验明买家国籍，并确保该船买卖实为善意。我国国旗不应租借或售予无信之人，或者“被他国滥用作为违反中国法律之掩护”。（*参见《领事手册》第 273 页及其引述之财政部章程；另见中美条约*[①]*第十四款*）

在发给前往内地各处执照时领事须审慎定夺。该权力源自中英条约[②]第九款，我国基于“一体均沾”（第三十款）原则享有。尽管本公使并不认为必须将“一体均沾”作为权力之来源，但基于一致性原则我们仍应认真考量该种解释。（*参见本公使已获政府批准之 26 号函*）

因此，本公使希望你注意卜鲁斯爵士 1860 年 11 月 21 日下达至英国领事之训令（该令已获英国政府批准），在此推荐其中几点建议供你参考。“如有人声称为美国公民申请执照，在批准之前他应递交一份书面证明注明其年龄与出生地以供存档。若确有必要，领事有权要求其提供其他证据确认其身份。如果申请人声称为归化者，应向领事提交其入籍证明原件或经认证的副本，或者其他领事要求之证据。”（*摘自《美国外交人员说明》第 17 页；以及本人给天津代理领事伯默勒（Pomeroy）先生之训令*）

关于所谓的“租界”本公使已经致信你，事实上并不存在通常意义下的“租界”。我国公民有权在任一约开口岸经商居住，其他有约国声称其从中国政府处取得所谓“租界”，并据此对我国公民及财产行使司法权，若予以承认就等于放弃了我国的权力。【*参见 1853 年 7 月 26 日马沙利致马西函，文中列举了祁理蕴（Griswold）和金能亨领事历年反对租界说法所*

① 译者注：指《中美天津条约》。
② 译者注：指《中英天津条约》。

做出的努力，已由阿礼国领事代表英国政府否决所谓租界的观点；另见卜鲁斯爵士致麦华佗领事函，已获英国政府批准；本人在西华（Seward）先生第40号函中已获美国政府批准之第42号函，及已获批准的有关上海地方事务第37号函】

我们无权以市政自治或其他理由对中国民众及其他非有约国国民行使司法权，即使是出于中国当局之请也不可。我们应行之事为敦促中国政府加强管理及确保其不逃避条约义务。（*参见本人致西华总领事函以及卜鲁斯爵士致驻沪领事巴夏礼爵士训令*）

至于美国公民在华任职一事，本人并不反对他们帮办公务，但强烈反对他们主动参与中国国内冲突。大家都知道对于参与平叛的惩罚，本人的前任麦莲先生在1854年12月5日发布训令，禁止美国公民在中国军队中任职镇压叛军，此令依然有效。在危及我们于上海利益的叛乱期间，这项法令并未施行。但是接下来导致华尔将军死亡及白齐文（Burgevine）纠纷的事件使本人确信，如此不仅会危及本国与中国政府的关系，也可能导致与其他缔约国之间的矛盾。本人在第44号函中表达了这层意思，其中观点也得到了我国政府的“特别称许”。

鉴于此本人再次重申本国不鼓励公民加入中国军队。英国政府已经撤回其军官在中国军队中任职的许可。英国公使已经采取了各种方式，并仍在努力促使中国政府增强自身力量，以减少英国政府在中国维持军队的开销及由英国冒险家率领中国军队所造成的风险。至今为止表现颇佳的戈登少校也非常希望退出，但一直受制于这种潜在的风险而未能如愿。消除这种风险后他才可将军队安全交付给（相对而言）训练有素的中国爱国军官。

开明的法国公使柏尔德密（Berthemy）先生也同英国公使一样，希望能够减少其本国的一切开支及不安因素。他期盼有一天中国攻克难关，有能力在没有外援的情况下维持国内秩序。本公使也很高兴地告知你俄国公使倭良嘎哩（Vlangaly）先生也认为控制上述风险非常重要，若不加限制只会在中国导致灾难性后果。

在本人出使中国的早期，（美国）政府赋予本人的职责是与其他在华有约各国合作。在本人第42号呈文中记录了本人以此为目标所作的努力以及该政策的历程。我国政府现已完全批准这一政策，本人认为其他有约各国也已一致赞同。该政策要点如下：处理涉及中国的所有重大问题皆应采取协商合作的方式；以维护条约权利为限保卫通商口岸；在国际化的前提下仅对洋关的行政管理予以支持；鼓励中国政府自行维持国内秩序；既不要求也不接受通商口岸内所谓租界，也不以任何方式干涉中国政府对其本国民众行使司法权，并且永远不威胁中华帝国的领土完整。

本人提请你注意该项政策也意在让你了解我国政府对其他有约国的承诺。你将看到，我们在中国正努力用公平的外交来替代武力，力求公正，公正才可期待，使合作成为建立相互关系的准则。真诚有效的合作首先是与同僚友好相处的基础，其次适度谦虚才能赢得对方的尊重及信任。

以上即是作为驻华代表之义务，然而我们对中国官员（不论华洋）也负有同样重大之义务。我们必须通过坚守这些承诺来维系与中国的关系，任何无礼或怠慢都会立即反诸己身，令我们的工作变得徒劳无功。（*参见本人同意福州领事克拉克做法的令文*）

希望你与其他领事以及我国广大同胞们能继续支持本人之观点及上述宽松之政策。

蒲安臣

又及：本人已将上述信件照会英、法、俄公使，各公使已委托本人告知你他们完全赞同本人观点及政策。

会讯公堂之起源

海关总税务司署

1864年7月23日于北京

第23号

上海辑

先生：

如你所知，关于设立会讯公堂审判入官案件一事总理衙门已考虑了一段时间。

起初提议公堂应由海关税务司及一名有约国领事组成，不仅须对案件公同查核，还要对争议做出共同裁定。设立如此公堂的提议遇到了各种阻力。

因此，又提议该公堂的职能应仅限于公同查核，而每一案件的裁决权仍属中国当局专有。修改后的提议看似无可非议，但细究该公堂的性质及组成则仍然异议重重。此种异议的存在促使我们在此对设立如此公堂的根本理由做进一步探究。

设立如此公堂大致有三种目的：

第一，消除一直以来对海关执法之非议，即指责海关强行入官而不给当事商人辩驳以减轻处罚的机会。

第二，日后若商人认为其权利受到侵害，则有权要求对他受到的指控进行充分公开的调查以及全面公开的审讯，听取对其有利的举证。

第三，将调查及证据予以抄录，方便中国大宪及外国公使了解上控案件是非曲直以利联合裁决。

基于上述目的，显然不管过去对海关执法过程既秘密又武断的指控中有多少正当性，只要将来的案件能够依申请公开听审，此类中伤也就不攻自破了。此外同样显而易见的是，即便没有如此会讯公堂（其成员具有协调权），这样一种既全面公开又能为列举减轻处罚之事实及汇总全部证据提供充分机会的调查也值得开展。而且中方也已能够确保将调查的全部事实完整真实地抄录在案。

外国公使们在讨论设立会讯公堂的理由时，认为重中之重的乃必须进行全面公开的调查。另一方面，中国大宪们面对这一问题时则不仅要考虑如何才能以最有效的方式满足列强公开的要求，还要考虑如何保证制度本身不失适当与审慎。

对于违反关税法律的案件，中方拥有最完整的查扣权，没有任何条约的条款对此加以限制或剥夺。对违反中国关税法律的案件进行调查裁决，这一权力也是毋庸置疑的。对于中方行使这些权利提起异议只能采取政治途径，并经由公使定夺，领事无权自行裁判。

经过对此事中所涉及的权利和争议进行充分公平的考虑后，总理衙门决定不设立会讯公堂。不过与此同时，总理衙门也做出让步，同意各国公使公开调查的要求，决定调查过程中商人有权了解其已为海关所知的违法事实，并提供机会令其得以提出能够减轻判决的证据。尽管总理衙门反对设立会讯公堂，但已同意满足上述要求。总理衙门已札行可邀请有关领事（经商领事除外）旁听每一次海关监督主持的听审会，会上可以提问也可以诘问，以利于从不同层次不同角度查清事实真相。领事也将受邀在笔录上盖印确认其准确性。

现附上一份本人给各有约国公使的照会副本，以及一份已送达钦差大臣李抚台[①]的四款规定之副本供你参考。

你将发现各有约国公使已大体获知，其要求的公开听审制度将首先在上海试行。为指导上海地方官实施，总理衙门还会制定一些原则性条款。若见成效且不致损害中国权利，该制度最终将推广至所有约开口岸。

该四款规定简单易懂。任何商人若认为海关执法不公，可投禀领事要求进行公同查核，海关监督负责安排具体时间。听审在海关公开进行，领事（经商领事除外）应邀当堂同坐，随时诘问以利查明。证据应抄录后由海关监督及领事双方画押盖印。领事不能亲自赴关也可由税务司代办。若领事不同意海关监督的*调查结果*，可当堂提出反对意见。若海关监督仍然

① 译者注：指时任江苏巡抚李鸿章。

坚持，领事应以书面形式告知其异议。双方各将案情抄录呈交北京大宪及公使查核并做出联合裁决。若案件上呈北京，商人可在领事见证下出具日后情愿遵断缴案切结并由领事盖印交存该关，即由监督将船货先行发还。如果商人不肯出具保结，其后即便大宪裁决有利，也不准禀请赔补。律师不得参与海关案件。

此四款规定是设立如此公堂之基石，之后须由你负责按需在沪时时增补明确有关细节及实际操作，但要铭记规定越简越好。试行满六个月后，公堂的运作情形及增补章程等须报李抚台上呈总理衙门。

总之本人仅需提醒该公堂纯粹是中国的公堂，领事只是应邀出席以确保被告得以提出所有对其有利的事实，此外就是盖印确认记录无讹。税务司于堂上相帮监督。总之，当海关监督主持具体案件的公开审讯时，税务司的职责是确保审讯中未遗漏事实；领事在座则是为了确保每个被指控商人都有机会提出减轻处罚的情形。

你须随时向本人报告相关事宜。

（签名）总税务司赫德

致江海关税务司狄妥玛先生

上海

1864 年 11 月赫德关于中国洋关开办之节略[①]

一、引入洋关制度前户部官员的税务管理模式

本节略有必要开篇专辟一节简要回顾各口中国官员过往处理海关事务的方式，以便更清晰地说明推广洋关制度所面临的困难、带来的改变以及预期的成效。

彼时民船仅被允许在沿海某几个港口间开展贸易，通常在货物消费前按 10%的税率征收从价税，其中装货港征收 2%到 3%，卸货港收取 7%到 8%。虽然土货税则规定详尽精确，但从未得到有效执行。

各口海关每年需向本省及户部报账并负责征收定额税款。税收为包干制，未向公众开放竞标，却能影响官员仕途。当承担征税任务的官员未能足额征得其包干的税款时，会被记为

① 英国国会档：1865 年中国第 1 号。该节略为（赫德）应英国公使卜鲁斯爵士建议所作。

失职且须补足差额；而那些足额交付税款的官员，则无须上解超额部分。

所需上解的数额往往较小，一般会低于各口实际税收额。然而总体而言，其对于保障各省年度财政支出而言并非无足轻重。而中央政府，或许因为其并无财政压力，抑或是由于其并不清楚关税收入的真实价值（最有可能为此种缘由），通常对于所谓失职的官员亦不加质询，更鲜有敦促提高征收效率之举。

海关的负责人无一不是地方官，他们中绝大多数在当地都身负要职。需向户部上解的税额相对较少，因此不必为此心忧，他们只关心究竟能从其家仆或下属管理的海关事务带来的利益中谋取多少私利。

需要上解的税款额微不足道，加之缺乏上级监督，而该项工作又通常居于次要地位，这一切都致使海关管理十分松散无序，税则形同具文，仅剩说明某商品可征税额上限之用。而对于超额又无须上解的那部分税款不闻不问，即便不是直接“催生”，也是间接鼓励欺诈之徒。这些人对上极尽欺瞒之能事，而上级因其自身也牵涉其中而对此视而不见。

管理涣散致使诚信丧失，与此同时滋长了个人贪欲。关吏皆以尽可能多地从商人手中捞取钱财而又尽可能少地向本部门上司报账为目标。反之，商人自然会利用关吏既心怀贪念又心存忌惮的心理与其讨价还价。经手之人众多，各方情形又各不相同，必然使得高层官员对这一部分国家税收的实际价值一无所知。海关内部人人精于伪造税额以完成这份不领俸禄（更准确地说是自给自足）的差事，而商人们为了自身利益，每笔交易总是同关吏们讨价还价或回避其所求，倘若无法达成更好的条件，至少也希望确保与其他商人同等的待遇。

前述现象存在于中国各口，无论该口是否常有外国人前往。为更清楚地说明情形，下文将以几年前的广州为例。该处由皇帝特派的大员（外国人称该大员为“户部”[①]）管理，其情形非常具有代表性。

粤海关负责征税的是一班被称为“通事”的中间人，他们花钱买职不领官俸。商人有货过关时要先同通事打交道，通事与外国商人间的特殊关系使得两者关系由竞争变为合作，接着再由通事与“户部”的副手进行洽商，该副手并非是“户部”的官方代表，而是其心腹之人，负责每日择一码头“查货”。

而后再由该副手细心扣除众多分成者所得部分后向衙门记账书吏报账，中饱私囊者包括其本人、其上司、其上司的朋友、衙门中人、总督（由其向朝廷户部报账）及与户部相关的官吏。因此，以一批照例应纳税1000两关平银的货物为例，通事与商人谈妥以800两过关，而后告知“户部”副手商人只缴750两，副手放行货物时报收700两，然后，向衙门报账时

① 译者注：英文为Hoppo，当时外国人称粤海关监督为Hoppo（“户部”音译，可能指其为户部之代表），本篇中Hoppo译作“户部”（加引号以与六部之户部相区别）。

再扣除 200 两，最终记录在册的情况是这批货物应缴 500 两，中国政府所得收入即为这一数额。中国政府在这种税收体系下，其征税成本估计不会低于 100%。

中国政府获得的实际税额仅为按照税则应征之一半，而即便是这一半也只是商人实际缴纳税款的一部分。征税成本如此畸高，经办税务的官员及其随从的财富却大增，同时也变得精于算计，全然不顾诚信。此种情形下，应缴税额变化无常。商人同通事讨价还价的本领高低决定了他们是否能从中获取更多利益，商人实缴数额及最终上解中国政府的数额受各种因素影响，即便是极富经验之人也难以厘清。

在其他通商口岸，虽然手法不尽相同却也颇为类似：系统性地欺瞒上级部门使其不明就里，对各种欺诈之事视而不见，而讨价还价带来的变数又至少使通商变得不便。

我们有理由认为，今后势必要找到一个着力点消除那些令人不快的结果，但是否能够找到实在不得而知。征税若是随心所欲、可多可少，则必然不公，对计税的干扰以及欺诈行为带来的堕落风气又势必有损通商。官员品格被拉低，政府权威被削弱，商业道德被败坏。

要想开创一个新体系，以期由诚实可信的代理严格按照已颁布的税则征税并如实向总部报告征税额，此事定然不会获得那些已习惯于原有秩序之人的赞同，不管他们是最喜好旧秩序中的松散管理、潜在利益还是风险因素。论及此种变革，那些直接或间接从贪腐中获利的人自然视其为不祥之兆。

对这一中国征收体系的彻底腐化、其各方面存在的改革空间以及改革将面临的困难已说得够多。其对通商的损害也毋庸赘言，可以想见那些深受其害而又拒绝同流合污的商人相比其反对者必然势单力孤，因为诚实守信与严密执法相比目前这种简易模式势必将带来不便，尽管具体会有何不便尚未可知。

二、关于外籍税务司制度的起源及引入

1854 年上海被“三合会”① 占据，由一个被驱逐的行政机构来征税不仅极度困难，也令诸多认为中国政府已无权在该口征税者颇为不悦。该城看似已脱离了中国政府的实际控制，当局被逐出衙门，一片混乱中行政陷入瘫痪。就船只装卸来看，该口进出口贸易仍照常运行；但征税一事，即便尚未完全陷于停顿，也在一段时间内脱离了中国政府的掌控。在此期间曾有过一两次恢复征税的尝试，但所建机构未获得充分认可。船只不断驶离该口，所载货物的税款却分毫未缴，仅由各国领事向商人收取保票或期票后即予以结关，而此类票据的有效性实在是一个未知数。有人认为领事们无权索取此类保票，也有人认为此类保票不过是废纸一张。疑虑引发了讨论，但讨论并未消除疑虑。当时看来，中国政府似乎极有可能损失整整一季的税收，而此时中国政府的财政压力又日益显现。最终各方议定：重开海关，仍由道台管

---

① 译者注：Triads（三合会），此处应该是指小刀会。

理，同时由英、法、美三国领事提名外国人组成税务监督委员会，代表有约三国对海关实施监督。

外籍税务监督委员会设立伊始做成的第一件事即是终止了持续数月的混乱局面，使得领事们无须再承担与船舶结关相关的责任。此外，也将他们从一些根本无法执行的请求中解脱出来。另一方面，（委员会）为公平征税制定规则，使得诚实守信的商人免因奸商的胡作非为和弄虚作假蒙受损失，同时亦保全了中国政府在该口的税入。

结合外籍税务监督委员会设立的主要目的来看，其在初始阶段更多具有外国机构而非中国机构的特点。简言之，其源自外国政府的举措，而非出于中国政府的意愿。其最初制定的规定及采取的做法尽管已极尽简单，仍立即同那些乐于利用中国官员束手无策于混乱时局中谋取利益之人产生了冲突。然而，华洋混杂带来的内生活力使其逐渐脱离其创立者，自然而然地愈发变得像一个中国机构。当其逐渐演变成一个为中国征收税款的重要机构时，新时代便拉开了帷幕。此后，其执行规章愈加严格，一开始人们仅把它当做一个麻烦的障碍，却逐渐发现该机构实际也握有处罚之权力。该机构越来越不似其成立之初，这样的转变似乎越来越难以令人接受。非但未获得认可，反遭致诸多反对，甚至对这一制度加以抨击并对与其相关的事物加以排斥竟成时兴之举。尽管如此，中国官员仍然看到了外籍监督的正直品行，而税收的日益增长也令其作用愈加重要。而那些有着清醒认识的人们也没有因为其对私人财产造成了损失而蒙蔽双眼，依然保持了对新制度的支持与包容。

而后在 1858 年，为使各口商人享有同等待遇，条约议定者们建议将已于上海试行的制度推广至通商各口。该建议获得了赞同，而各税则中的一条附款（与条约正文具有同等效力）使该制度得以正式化，也对其继续施行作了专门规定。中国政府高层当机立断下达饬令，此后数年间洋关不断建立，至今所有 14 个通商口岸都驻有外籍税务司，雇佣了约 400 名外国人及 1000 名华人。该制度的不断推广引发了本文第一节所提及的旧海关利益相关方的敌对情绪。其运作过程中遇到的困难部分源自外商的险恶用心，然其自身缺陷所致也绝不少于前者。转变中国人原有的思维惯性固然困难，然而渴求进步的人们则欢欣鼓舞——虽然为了确保万无一失，进步自然趋于缓慢——他们发现一旦习惯了新的思维方式或行为习惯，想再转变回去也同样困难。随着洋关的不断开办，中方的反对也逐步消弭，那些最初持反对意见的人现在也认为这是顺理成章之事，而那些持反对意见的外国人也只能偶尔引发一些骚乱。

三、关于外籍税务司制度的推广及约开口岸洋关开办事宜

当 1858 年签订的《天津条约》规定通商各口划一办理时，洋关征税在上海已持续了四年。起初共有三名税务监督，分别代表有约三国，而当决定推广该制度后，洋关已不似前些年那般，而是更类似一个中国机构。又因其本身国际化的特点，有约各国也不再需要在每个

口岸都设置代表。因此各口仅设一名税务监督，后更名为海关税务司，其下辖不同国籍的助理或供事及诸多钤字手。在诸税务司之上设总税务司一名，起初由办理洋务的钦差大臣两江总督任命，现由中国的“外交部”——总理衙门直接任命，对其负责并通过其向户部报告。

外籍税务司制度最先引入广州。当地海关负责人“户部”听说上海的外籍税务监督制度使税入大增，所以他早就考虑采取措施以期得到类似助力。时任“户部”的任期将满，如能在此时使税收显著增长，即便不能让自己的腰包鼓起，也足以在移交后任时向中国政府表功。1859 年夏，开办总税务司管辖下各洋关的相关工作已在筹划中，尽管大沽口的事件使得友好关系遇到不期而至的干扰，并再次引发了长期的敌对情绪，但相关安排仍得以完善，洋关于当年 10 月开始运作。初期遇到的最主要困难及需要处理的问题主要来自前文提及的通事，他们的职务要么是通过继承得来，要么是花钱购得，在他们看来维持原状是他们应有之权利。此前，作为中间人及走私参与者，通事是“户部”治下颇为重要也颇具影响力的一个群体。尽管如此，“户部”仍然坚定不移地开启了新的篇章。此变革还得到了总督劳崇光的支持，他虽缺乏创新能力，但也颇识时务，是一名正直而务实的官员。

此后，1860 年 2 月汕头开办洋关。汕头是潮州府的口岸，按《中美天津条约》规定开放为通商口岸。尽管彼时汕头刚宣布开放，但外国船只已往来该口多年，无人对此类私下贩运征税。该关开办非但未遭中方反对，两广总督及“户部”还共同指派代表配合税务司工作。尽管如此，其初期仍面临着各式各样的麻烦及困难。中国买办及外国船主曾经在这里享有最大程度的自由，转而遵守规章约束并不好受。但他们的反对虽不乏暴力抗拒，也不过时有时无，不久后便销声匿迹。

1860 年这一年中并未再开办其他洋关。1861 年年初，根据英国公使与中国政府的安排，长江开放通商，镇江设税务司。该关开办并未遇到困难，其不负责征税，只检查船只、船舶单证并执行有关缉私的章程。

大约同时宁波开办洋关。由于临近上海且交往频繁，当地官员对洋关有一定了解，所以并不反对引入该制度，税务司的到来也就成了顺理成章之事。

5 月，天津开办洋关。该口海关负责人属高级官员，兼任北洋三口通商大臣，他迫切希望得到外国人的协助，因此全力支持引入外籍税务司制度。然而，之前未曾遇到过的困难开始显现，给该关及其支持者们带来了困难。在开埠前，天津土货贸易量巨大，并分设三处关卡征税：第一处负责对所有进出港口的商品征税；第二处负责对已经在第一处纳税的特定进口货物征税；第三处负责对部分在第一处纳税而免除了第二处税银的货物以及一两种在前两处都予以征税的货物再征收一种特别税。三处关卡每年皆须向户部上解定额税银。此后，为对洋船运抵货物征税又建了第四关，外籍税务司制度即与该关有关。洋船的到来使得进口洋货一时间陡然增多，多年来洋货都用民船大量运入，洋船的到来最明显不过的影响就是使得货物载运由民船转移到了洋船。不久后即发现所有的洋货及部分土货皆由洋船运来。进一步来说，船只多在上海清关，其所载货物既已在上海缴税，抵达天津时都携带免重征执照。因此，一方面新开洋关几乎征不到税，而旧关也发现其原本作为税源的货物尽管仍旧运抵天津，但也无法再对其征税。人们开始相互指责，旧关宣称新关的设立使得他们无法完成每年的定额，而新关的支持者们也沮丧地发现由于货物载运由民船转移到了洋船，使得旧关无税可征，也毁了国内船家的生意。而因为抵口的货物都携带免重征执照，新关非但不能填补旧关的税收缺口，其自身也无税可征。令人忧心的是，即便洋关能够带来某些目前还不甚明了的好处，但天津开放通商却严重影响本已捉襟见肘的北直隶财政，而实际上这一担忧在一段时间内已很大程度上成为现实。通商给当地官员及北直隶当局带来困难，由此诱发了对外贸的敌对情绪。继而时有磋商、提议及试点展开，不时给税务司的工作或多或少地增添了难度。不过，出口贸易开始发展，时有来自香港的货物及来自上海的洋药不再持有免重征执照。目前的税收相较以前有了小幅增长（当赔款足额赔付后，增长将更为明显），先前通商的诸多不便也在逐渐消失，除了生意被毁的国内船家以外，其反对者们也不再继续大肆攻击。

7月，福州开办洋关。筹办初期稍有耽搁，但难题很快迎刃而解。该省大员早在一年前就曾与广州当局联络并试图引入外籍税务司制度。尽管如此，当洋关新人最终到来时，并未受到海关旧人的热烈欢迎。他们明白，洋关必然将给他们继续“伪造”账目带来难以克服的障碍，而由于外贸增长，他们本可以从中谋取更可观的私利。同样，洋关也不受那些惯于就关税讨价还价及夜间“跑货”之人欢迎。

12月，汉口和九江开办洋关。此二处仅负责监管而不负责征税。起初在汉口遇到了一些小麻烦，当地总督对税收在上海而非汉口缴纳一事十分不满，便有利益相关方试图煽风点火。但他们其实误解了总督的意思，反而引起了总督的疑心，局面发生扭转，总督最终转而支持洋关引入。而一旦洋关开办，当局很快就体会到了外籍雇员在执行规程方面的作用。这些规程对他们而言至少是颇为新奇的，与通常观念及当时的规矩完全不同，他们对此毫无准备。两处洋关于翌年开始征税，双方的合作随着税金的到来也随即变得热络。

1862年4月，厦门关开办进程异常顺利。当地负责海关的中国官员由鞑靼将军①从福州派来。时任将军作为海关负责人对洋关的工作颇为满意，于是在福州向其派往厦门的下属发布了相关指令，确保洋关在厦门初创时期能够获得大力协助。

1863年3月，芝罘开办洋关。该关的设立得到了北洋三口通商大臣支持，此外由于此前

---

① 译者注：Tartar General，此处直译为鞑靼将军，清朝时外国人常将满族也称作鞑靼，此处应该是指福州将军（全称为镇守福建福州等处将军，为驻福建八旗驻防兵的最高长官）。

该处并未设关，洋关的设立自然不会影响原有海关的权利或义务。

同年 5 月，台湾开办淡水关，并在基隆设立分关。当年晚些时候又在打狗设关，但该关直到不久前才开始征税。海关负责人为台湾道台，由于台湾的特殊地位使其具有某些特权，而其作为海关监督若要恪尽职守多少与其拥有的特权有所冲突。这个问题造成了不少困难，但岛内通商之地目前的形势可以说颇为喜人。

1864 年 5 月，牛庄开办洋关。在没有洋人协助时，当地官员在办理海关事务时谬误百出，总理衙门及北洋三口通商大臣一再催促总税务司在该处开办洋关。同天津一样，牛庄也存在一些每年须上缴定额税收的常关，设立洋关必须克服由此带来的不便。

当下共开办洋关十四处，仅余琼州（或称海南）一处口岸未设。洋船罕有造访琼州，如有必要该处也可随时开办。

此外还需说明在北京也设有一处办事处供新聘的初级洋员在此学习中文，为赴各口工作做好准备。

洋关现已被普遍视为中国公共服务体系的一部分，中国官员们将其视作依托中外条约建立起的新型华洋关系之自然产物。

四、附注

以上三部分已就在缺少洋人帮助的情况下中国海关征税程序、洋关的起源及其在各约开口岸不断开办的情况作了介绍。

以下三部分内容包括：一、洋关运作过程中需要克服的困难。二、巨变必然伴随连带反应（部分源于商人，部分源于其自身的属性）。三、洋关不但更加高效顺畅，帮助中国政府提高税入，而且其在拓展商人视野及满足通商需求方面也颇有成效。

五、关于洋关运行过程中遭遇的外部难题——由过往管理较为松散、洋关设立带来变革、各方准备不足以及部分洋商心怀敌意等多种因素所致。

洋关引入前，商人主要通过通事、收账者或买办处理海关事务（即便不是全盘交由他们处理）。洋商无须申领准单，不必同海关关吏直接接触，也不愿劳神处理这些事务。对洋商而言，海关实际上等于不存在，海关规章（如果有的话）也并非是他们需要考虑的问题，而是买办们的差事。海关也只认识买办，并通过他们征收税款。换言之，买办除了受雇于雇主，还承担了其正式保人的职能。

外国成分的引入势必带来巨大改变。外国税务监督只认洋商而不理会买办；洋商须提交多种此前从未听说过的申请，并且需由洋行签章。过去，对违规及错误往往视而不见，或是百般纵容，或是一改了之，而税款也是讨价还价后在方便时再行缴纳。相较于这种自由简便的模式，洋关设立后违规行为不再免于处罚，忽视章程则会耽误货物通关，完税号收如不能在装运前或发给卸货准单前提交，则至少也得在船只结关前提交。

这些改变颠覆了原有秩序，商人们必须留心遵守另一套办事流程。在充分熟悉直至得心应手之前，这些改变自然带来了不便、增加了麻烦。从某种程度上说，对于洋关初创时期所遇到的反对不必感到大惊小怪。在某些方面，商人们的抵制除了干扰洋关工作，对其生意并没带来任何好处。这一变革的本质决定了其起初不可能完全顺利，但反对者的策略有时颇为短视，若采取另一种做法可能反而不仅对实现商人与海关的共同目标（促进通商）有所帮助，还有可能增进相互理解。

比如说，商人们过去只是告知其买办“为这批货物办理通关”或是“为这艘船舶办理清关”，并不习惯亲自处理海关事务，但洋关开办后他们必须了解其规章制度。如今洋关由洋人管理，有固定的办公时间，洋商必须主动发起各项流程，而他们大多对此知之甚少、毫无准备。洋商们似乎觉得为了获得各项许可，亲自申请或是清晰地填写文件是不甚体面之事，所以他们不愿指派能够回答问题、给出解释或听懂说明的合格人员前往洋关，而是一度雇佣一些对所办事务一无所知的苦力或船妇。他们递交的也并非是认真填写的正式申请，而只是一些字迹难以辨认的破烂纸条。此种不正规的申请，要么被置之不理，要么因其难以辨认而被退回。直至此时其填写者才会露面，有时他会给出必要的解释，但常常只是言辞激烈，为其所遭遇的延误吵吵嚷嚷，或是不仔细了解情况就向领事投禀，意图通过这种方式使中国海关监督忽略，或是令其觉得外籍同僚给他引来了麻烦。此类恼人之事不断发生，造成诸多误解，使得双方互生反感。同时，这也让本已因海关业务办理模式的急剧变化而备受困扰的商人们更加难以应付。他们本就没有人手来处理这一每日占用大量时间的工作，又正值《天津条约》签订，商人们在原有海关体系下本就缺乏人手来处理海关事务，现在又因为需要在日本的一些口岸和中国新开口岸设立商行及代理而捉襟见肘。即便那些愿意遵守海关各项要求的商人，其生意也因这一转型初期的特殊环境而颇为受阻。他们纵使认同洋关，也会发现要想快速顺畅地办完海关手续，多数情况下着实不易。洋关制度的反对者们当然乐于制造更大的麻烦；而买办们也是竭尽所能企图将事态引入僵局，以期回到此前那种由其掌控的局面。

再有，洋关设立之前，所谓靠查验货物来估定税额不过是个笑话。然而洋关设立后，外籍验货人员自然反对沿用中国人的方法，在通过实地查验确定属实之前拒绝认同商家申报。如此查验，反对者不在少数。有时他们不仅威胁，还付诸暴力。面对这样的情形，海关既不验货，也不放行，造成商人船货两误。因此海关场所抗议之声屡现，更有诉诸领馆、见诸报端者。货物查验是海关必不可少的工作，反对查验自然会对海关履职造成重大干扰。若从双方利益出发，货物查验应当迅速彻底。应当承认的是，海关并未能在所有情况下提供合适的查验场所，许多货主自然担忧货物受损，但即使充分考虑这种情况，对这一复杂情形还是缺乏灵活应对的手段。

引入新制度带来的麻烦一定程度上引发了许多商行对于海关雇员个人的敌意。除了少数例外，商人们起先都将同洋关有关之人视作天敌。一份颇为流行的报纸把为中国效力的外国人称之为“低俗粗暴的人”，使他们感到因其工作而失去了社会地位。这种说法是相当符合事实的。遭遇如此对待，海关中不少洋员对商人产生了反感，也许他们起先想要施惠于商人的想法已变为保持高度警觉，以期将商人的差错逮个正着。洋关并无能力控制商人的情绪，洋关的工作本已足够困难，如今还不受欢迎。洋关关员们（有人惊讶，更多明智者则觉得可笑）发现他们自己如同贱民一般令人唯恐避之不及，遭到轻蔑侮辱。这多少令人痛心，他们对此大多无法泰然处之，结果自然是互生敌意以致通商受阻。

除此之外，洋关还要面对海关执法中的传统难题，即如何应对蓄意偷漏及藐视法律之人，不过洋关面对的情形要更严重一些。当骗局被识破，或者货物被查扣时，违法者通常是公众眼中“义愤填膺的一方”，会立即强烈抗议，抗议之声充斥报端。若碰上入官案件，因条约并未就入官案件的公开调查作出规定，这类抗议很容易使人们对洋关心存疑问，以致更反感洋关雇员。走私者指责海关的查扣及入官行为独断专行、缺乏公正又毫无原则，尽管其为过错方，却反而显得有理。他们虽然看上去像是受害者，但实际上毫无疑问是因违反了规定才致货物被扣。看似有理，其实是因为程序并未公开，导致人们猜测海关的工作都见不得光。

有必要在此说明，洋关并未刻意隐瞒，也不想遮遮掩掩，更不会忌惮公之于众。利益方往往在公众面前借题发挥，使查扣和入官行为看起来像仅仅基于某一下级关员的片面之词，似乎是为了钱不经进一步详查就付诸行动。但洋关如此行事实则是基于条约的规定。当然必须承认的是，在过去五年中通常不进行公开调查，甚至连正式的完整调查也几乎没有。洋关的领导者们大多对此感到遗憾，认为对违反税收法规的行为缺乏公开正规的调查是洋关体系的重大缺陷。受影响一方固然可以向领事申诉，但领事与道台间只能通过相互行文的政治途径调查案件。这种迂回的方式不仅极少能厘清事实，反而会造成严重延误，最终既不能让当局满意，也无法令公众满意。不仅如此，这样的程序非但无法辨明是非曲直，反倒不时引发与该事毫不相关的个人间争议，最后几乎都会导致严重分歧。洋关应当积极争取调查权，而非逃避。如果当下正在研究中的规章能够施行，从而推行制度使得公开调查得以在公堂开展，查明真相并完整抄录所有应予惩罚的事实及可以减轻罪行的情形，那么税务司们将普遍感到如释重负。公开调查将确保完全公正，公开事情经过有利于保障海关正当执法免受无端指责，又能避免那些经不起公众细究之行为引发公众憎恶。需要再次强调的是，公开对海关来说有百利而无一害：正当执法将获支持，又可有效避免犯错。如此说来，何来害怕之理由？对欺诈行为将继续查罚，违章行为将遭到惩罚。将来，洋关将一改过去不公开的做法，如此将使洋关在上述提及的诸多方面与其他国家的海关立于同等基础之上，并确保公众公平参与的权利。

在此还得谈一谈之前提到所谓“入官收入”这一款项，即罚款及出售入官货物取得的收入。舆论都反对海关雇员参与分享这笔收入，因此猜测洋关可能是出于私心及利益才阻止此类案件公开。实际上，在仅有上海一处洋关之时，由于当时并没有相关禁止规定，这一收入由洋关雇员们定期分成，而税务监督们是为数不多未参与其中者。然而，当洋关制度推广至其他口岸时便废止了这种做法，到 1860 年此种定期分成的行为便不复存在。现在这一收入的去向如下：每季度将总数的十分之三上缴总理衙门，和其他公用资金一道用于办学，教授法语、俄语、英语以及该衙门主持的其他有益项目；十分之三交至所在口岸的中国海关监督，由其自主使用，保障其所辖机构的杂项费用。该机构中供职的华人职员负责制作官方记录并为上级部门誊写报告；余下的十分之四由洋关留存由其负责，部分用以支付日常办公开销，部分用以奖励下级人员——他们有时在履职过程中承受巨大压力，甚至是人身危险，部分用于公益。税务司不得参与分享入官收入，只在极少见的特殊情况下，经过总税务司的明确批准才能从中支取部分用以奖励职员。各关每年都须将余款上缴总税务司备用于公共用途。

六、洋关因其组成特点而在工作中遭遇的内部困难

洋关目前的缺陷不能简单地全部归咎于其妨碍了中国官员个人利益，引起了他们的不满以致在引入该制度时遭遇非难；或是归咎于洋关设立后商人的缺陷及其反对妨碍了洋关工作。洋关自身也并非没有负累，它需要克服其组成及人员带来的问题。遗憾的是，这些问题（主要是在其开办之初）实实在在地影响了其效率，因此从这方面来讲，洋关所遭遇的抗议也并非毫无道理。

想要在每一洋关初创时都配备一班上手就全方位称职的人员实无可能。最初雇佣的那批人，尽管其中部分具备特定资质，他们懂得汉文或者曾有政府工作经验，但上任时仅对即将开展的工作有着大体了解。即便派员到欧洲挑选，也不大可能找到合适的现成人才，无论他们如何优秀，潜力如何巨大，也只能从学徒做起。如果他们曾在本国海关接受过训练，来华工作时反而极有可能缺乏必要的灵活性，同时也会被各种陈规所累，对海关工作的高超学识反倒会成为洋关工作的阻碍。此外，洋关工作的国际性要求招募一班国际化的海关关员，而在努力落实那些已得到原则上认同的事项（这一直是个难题）时便会发现，所雇佣的这些人（也再无其他人可供选择）虽然给洋关带来了国际化的表象，但从实际工作的角度讲，若没有这些人反倒是更好一些。那些进入洋关担任较低职务的人员对其职责几乎全然不知，即便是部门负责人也一度无法全面了解其权力和职责。之后经过了一系列的尝试，洋关制度才开始逐渐步入正轨。

再有，日本以及中国众多新口岸的开埠使得商行对人手有着巨大需求，洋关有时不得不眼睁睁地看着那些有经验的关员另谋高就，继而不得不再寻替补，而替补者的社会地位及受教育程度都对洋关的名声及效率颇为不利。与此同时，洋关制度推广到新开口岸时也遇到了同样的问题。

由于以上因素及其他一些原因，洋关工作受制于其严重缺陷而极度艰难，一度处于极不理想的状态。效率低下有诸多显而易见的缘由，但当洋关的缺陷阻碍贸易时，商界的怨言便不能说无理，因为公务人员本当明事有礼、胜任工作。

然而，过去一两年中也取得了巨大的进步。洋关不再人手不足，部门负责人对工作的本质也有了大体的了解，在他们刚加入洋关时还无法指望他们做到这一点；下属关员无论如何已具备正常理解力，工作经验又使他们熟悉自身职责；章程得以简化，让人可以理解；在工作中已经形成了一种集体荣誉感，每个人都渴望做好自己的工作，催生了有益未来的良性竞争。洋关的稳步改进也使商人们的恶感逐渐消散。新一代的商人正在涌现，他们并不熟悉当年中国人松散的管理模式，现行的海关规章较之于西方国家更为宽松，他们自然不会觉得有何不便。很多商行都对海关事务做出了专门安排，引入洋关制度之初其账房遇到的窘境已不复存在。总体氛围大有改善，关员们自能得益，而对于那些须至洋关办事者则更是大有助益。

我们一方面尽一切努力留住那些有能力、有前途的人才，另一方面又不时将那些无可救药的无能之辈清除出去。各口税务司也在致力于将工作流程简化、系统化，并听取商人的利益与诉求。再经过几年的发展，洋关将在各方面都保持高效运作，有能力在做好自身工作的同时充分满足公众要求，这些并非只是不切实际的幻想。

七、关于洋关为公众带来的一些利益

在中国开办洋关一事，有人赞赏也有人指责。洋关的政策及其一举一动自然引来了各种不同的看法，数年间已成了一个颇为重要的公共话题。

对于洋关为中国政府带来的好处无须夸大，即便不能说创造了一种全新的税收，至少也是从一个此前未被重视的来源中挖掘出了一份此前从未曾想到过的巨额国课。中国最高层支持该制度本身就说明他们对其欣赏认同。除了此种对国课带来的直接好处以外，这一制度对在中国经商的洋人也有助益，总体而言有益通商。

以往腐败横行、诚信丧失且效率低下的海关已经被一个可靠、高效且正趋于统一的税务机构所取代。此种情形，所有公忠体国之人士想必都会满意。

洋关确保已颁布的税则得到严格遵守和公正施行，对所有人平等适用。它将所有商人置于同等地位，不管其是否为有约国国民，并且以高效工作确保正直商人受到公正对待，得到应有保护。

洋关使得贸易活动免于征税过程中私下运作带来的风险、诱惑及不确定性。这类私下运作虽然任何人皆可参与，但由于伴随其间的不确定性和催生而出的各类欺诈，只要此类行为继续存在就必然会带来负面影响。

洋关为商人们提供了其他途径无法获得的准确统计数据，其价值商人们最有发言权。

洋关使得商人们得以自行办理海关业务，从而不再依赖买办。在各方面摆脱对买办阶层的依赖究竟有多重要，过去几年中发生的许多事情已使这个问题的答案愈发明显。

洋关为中国履行条约义务提供了有益协助，如此对中国本身及通商皆有裨益。正如条约中所规定的那样，通商定然要建立在充分履行条约的基础之上。可以这么说，由于条约是在列强的主导下签定的，即便旨在互惠互利，制定者仍立足于列强利益。且由于在推动通商方面，列强更推崇以外部力量介入而非充分发挥中国的内生力量，洋关体制至少暂时是不可替代的。虽然不能说没有洋关便无法通商，但如果希望通商按照条约规定的方式开展，中国能视通商进程采取必要措施，那么若没有洋关，情况只会更糟。一个廉洁可靠的税务机构对基于条约下的通商未来最为重要，依靠中国本身无法组建一个这样的机构。如果无须对通商征收任何税收，那么自然也就不需要海关；但若有税可征，而不断发展的通商和错综复杂的交易又使得准确记录成为必要，且每天都需要处理存票、免重征执照及其他文书，此时一个能够公平征收税款并准确无误地记录数据，员工完全了解工作内容并能高效工作，还能保证各口划一的海关体系就必不可少了。尽管中国得到了协助，但预期目标并非轻易就能达成，为此所作的努力又因为中国官员的愚钝或狡诈而一再受挫。若不协助中国，就不能保证依据税则公平征税，导致各类记录谬误百出、混乱不堪、麻烦不断。从存票及免重征执照两例中便能看出，即便现在采取了非同寻常的严格征税措施，依然无法弥补其造成的损失及带来的不便。倘若一口通商，仅有几十家商行，则原有的中国海关体制虽然掠走了中国政府的应得税入，又败坏了商业道德，但至多造成某些事务的不确定，时机成熟尚可弥补，不会带来更大的损失或麻烦。但如今通商口岸十有好几，商行数以百计，其中不乏小本经营者，加之操作流程日益复杂，义务之间互相依存，这在一定程度上是条约制定者们意料之中的事，条款也对此作了一定准备。如今只有依靠洋关这一统一高效的体系，才能满足通商发展的新需求。

洋关关员同中国官员间建立了更为亲密的关系，对中国官员更好地理解洋人极为有利，大幅减少了他们对洋人的猜忌和厌恶。潜移默化下，未来的趋势是洋人无须再像此前一样依赖武力，而可立足于一项功在千秋的事业。虽然起初中方无非只是出于现状消极接受洋人，但将来假以时日，他们可能从消极接受转而欣赏洋人，说不定有一天还能欢迎他们的到来。

再有，身边存在一个廉洁的机构使越来越多的人开始感受到它的存在。但凡与之接触的官员无不对其赞赏有加，有时甚至激发了他们从整体上改善事态的决心。在为中国引入各种改革及有益的理念方面，洋关和其他途径相比，所起到的作用可能更大。它正逐步将中国官员的思路引向建立一个薪酬合理的公务人员体系，朝此方向每前进一步都有利于清除那些侵蚀该国要害的毒瘤，并消除与之相随的各种苦痛及弊病。同时洋关制度还说明落实部门分工理念有助于大幅提升公务人员的工作效率。

洋关对于有权要求赔偿金的商人、要求获得赔款的各国政府以及需支付赔款的中国政府而言绝对是一个非常重要的机构。对征税的监管确保了以上各方诉求能够尽快得到满足，再没有其他方式能够如此迅速而又毫无危害地做到这一点。

在各口制定各项章程时，洋关始终都不忘关注通商方面的利益和需求。只要不影响正常工作，洋关往往会对条款做出其他方式无法实现的实用改动，让商人们普遍获益。例如：港澳轮船来往广州通商的有关章程；针对来往香港、汕头、厦门和福州沿海轮船的规定；关于长江江轮的特别规定；通过达成承认打狗、基隆为台湾和淡水外港的协议而促进台湾贸易便利化；上海货物改包的规定；港口改良；即将实施的对违规行为的公开调查等。包括以上这些措施在内的各项有益计划都由洋关精心设计，力求有益通商。在许多细节方面，洋关也是不遗余力地满足时下的需求，并通过促进贸易便利化推动通商发展及税收增长。

如前所述，在只有一个口岸和几家商行的情况下，旧海关体系或许还行得通，但随着口岸和商行数量的不断增长，这样的体系便无以为继，实际上也令人无法容忍。倘使不开办洋关，则只能完全取消进出口关税，如此一来只能将征税任务全权交由内地官员，其后果如何将不言而喻。

那些宣称洋关与商人对立者其实并不了解洋关。洋关引入初期确实可能暂时带来不便，也经常出现问题，这是洋关本身造成的，不过随着其发展，将来这类不便及问题都将逐步自然消失。洋关的发展趋势及目标是尽可能地鼓励培育通商，而非对其进行限制削弱。洋关的日常工作是通过监管确保中国政府税款应收尽收，但洋关同时还要力争实现另一个类似的目标，即发展税源并消除其妨碍因素。现在洋关为其雇主中国政府征得了越来越多的税收，在目前的条约体系下不可或缺。无须用厌恶或怀疑的眼光来看待这种必要性，当前各国商界普遍同情中国政府，只要洋关还存在，虽是一个外来公共服务机构，其工作将越来越高效，直至将来催生出一个廉洁高效的本国机构代替它时，它也就完成了自己的使命。

（签名）总税务司赫德

1864 年 11 月于上海

禁止轮船内河航行

海关

1864年12月30日于上海

第88号

1864年

阁下：

请允许本人附上本人与道台间关于本省丝绸及棉花产区借用小型轮船运输一事往来函件副本①。

本人7月3日给署理道台丁（日昌）去信草拟了几条规则，建议通过注册登记管理这类轮船，但至今未收到回复。

在12月4日的来函②中，丁道台要求本人阻止“唐宁顿”（Donnington）号轮船前往其预定目的地苏州。

本人将道台的禁令告知了“唐宁顿”号船主埃文斯（Evans）先生。在给道台阁下的回复中本人提及：就目前情况来看，其他轮船仍一如惯常进入苏州及丝棉产区，其主要目的为运输货物，对此本人认为应继续予以准许。若道台不准，须将反对意见照会外国各领事。13日，道台通知本人他已就禁止轮船进入内河一事照会外国各领事。

“唐宁顿”号轮船案发生之前，本人曾向丁道台指出撤销这项本口船只已享有多时之特权并不明智。

道台至今仍未收到来自任何外国领事的复照。

（签名）税务司狄妥玛

致总税务司赫德先生

---

① 附件1，中文。（译者注：英文原文中为边注）
② 附件2。（译者注：英文原文中为边注）

海关

1865年6月8日于上海

第45号

———

1865年

阁下：

本人曾在多次谈话中提请您关注海关监督阁下、英国领事及本人之间有关外国人在丝绸贸易中使用小型轮船一事的讨论。一些商人声称，正是因为之前允许这么做才投入了一大笔钱，现在突然禁止他们进入内地有失公平且将导致损失，这一说法不无道理。然而海关监督宣布禁令也是由于总理衙门的严令，他只得照办。

此后事态便陷入僵局。道台阁下曾提议将其名下轮船交由外商使用，但这个提议遭到了英国领事否决，他主张应允许两至三艘英国轮船开往内地。此事现已上呈北京，应海关监督要求本人已草拟了几条管理运丝轮船的章程条款以备将来之需。请允许本人附上这些条款的副本[①]，日后总理衙门可能会转您审阅。这些条款的目的主要有以下三点：一、该类轮船运营周期以三个月为限，并限制其目的地范围。二、该类轮船须申领一份要求严格的执照以限制船只数量。三、以足够装运货物、牵引丝船为限限制轮船大小。

本人仅是应海关监督之邀起草上述条款，完全无意借此限制通商。本人认为，轮船进入内地一事须循序渐进，可先从丝绸贸易入手，再慢慢扩展至其他可行领域。允许本口十二艘轮船于任何时间前往任何地点的做法过于唐突，势必干扰土货贸易，同时又会因外国人到来而给内地当局及当地人带来各种问题和麻烦。

（签名）税务司日意格

致总税务司赫德先生

---

① 附件1，中文。（译者注：英文原文中为边注）

1867年

查抄存于约开口岸之外的走私货物与海关无涉

海关总税务司署

1867年4月29日

第14号

广州辑

先生：

3月25日第17号有关你派遣鲁贝里（Rubery）先生与五名钤字手及五名粤海关监督衙门的中国衙役前去查抄并押解一批被怀疑偷税的洋药回广州一事的呈文本人已于本月19日收悉。线人报称该批洋药当时存放于Kwi-chow[①]的一间屋子内，鲁贝里等人找到该屋子后便准备对其进行搜查，却遭到了当地村民的袭击。他们被当作绑匪囚禁，委员接到总督命令前往将其解救。骚乱期间双方交火，广州府正对此次伤亡事件展开调查。

本人认为你一开始就不应发起这次行动，本人命令你今后不得再开展此类行动。

外籍税务司制度在中国本身就属异类，我们应该保持谨慎低调，不应显露锋芒。目前就中方看来，该制度最显著的特征在于洋关执法直接影响中国人的人身及财产安全。让外籍帮办插手中国贪腐官员贪污一事已是困难重重；让正直好心的中国官员接受他们必须倚靠洋人的力量来完成自己的工作则是难上加难。然而最难以接受的是那些民众，尤其是远离口岸的民众，发现外国人突然出现，其行为乍看与土匪抢劫无异。向其解释行动乃是代表中国官方，往往也只会令他们更加费解不悦。外籍税务司制度发展至今已成功度过了来自外国人的敌视期，现在仅需面对的是部分贪腐小吏的厌恶及其周边水陆本土走私分子的敌意。插手地方官员分内事务，又使内地民众把外国人与查抄没收财产相联系，引起他们对外国人的仇视，于当下大局极为不利。因此任何在口岸之外的地方执法都是多余的、不明智的，只会带来麻烦；

① 译者注：地名，暂未查实，故保留原文。

只会增长（中国人）对外国人的敌意，唤起新仇旧恨；只会削弱地方官权威从而损害地方利益；只会成为引发争端的温床。和那点入官得来的财物相比，引发争端得不偿失。以上种种还不包括每次派遣少数外国人前去执法本身所带来的风险。

粤海新关开办后，外国雇员不可避免地面临着许多风险，尽管本人并不希望如此，但广州与港澳隔岸相望，其间水域给走私者提供了极大便利，保护国课必须直面这些风险。然而，我们应该把风险限于海上，而不要在陆上旁生枝节。每次决定是否出动前，须先审慎权衡存在的风险与期待的成果孰轻孰重。

今后你若再接报称广州以外陆上某处存有走私货物，不得派与粤海关相关的任何外国人参与查抄，而应把这些工作留给中国人（粤海关监督及地方官）自行处理。即使是在广州，本人也不赞同派外国人进屋搜查，并不是我们无权如此，而是此事即便不是多此一举，也是不明智的，即使成功也会带来不必要的损失。

本人也非常不信任那些所谓内线，他们一般都属以下两类：一是走私者的同伙。他们提供虚假消息掩护走私。二是投机分子。根据他们的消息你的确能从船上查获极小量的洋药。这些洋药其实是他们自己的，他们故意让自己的财物被查抄，以换取该船货入官额十分之三的奖励。当然，如果你认为有益，本人也不否认内线的作用，但如果你想找到相对更好、更可靠的内线，那么就应尽可能让其居于幕后：你与他们见面须在工作时间以外；通过翻译与其通信；你的中文报告及文函中也决不能提及他们。

本人会另发一道训令给你，明确海上执法的相关措施。同时本人命你停止一切上文所述之陆上执法行动。

（签名）总税务司赫德

致粤海关税务司吉罗福先生

广州

中国水域引水：总税务司对1867年《引水总章》之意见

海关总税务司署

1867年5月12日于北京

第54号

———

上海辑

先生：

一、4月26日总税务司通札第3号中，本人向你转寄了由总理衙门提议拟定，驻京各国代表同意并正式施行（参见中法条约[①]第十五款）之《引水总章》（以下简称《总章》），供参考。

二、该《总章》第九款乃为制定实施细则而设，应由各口理船厅先行拟定而后呈京待核。

三、为尽可能保证统一，本人已尽己所能拟出一份*草案*，分门别类加以展开，以便日后于各标题下作必要增补。*草案*已附后。

四、此案共分十部分，其中包括已通过的《总章》内容及本人所称实施细则及各口分章。

实施细则为《总章》之补充，与《总章》具有同等效力，各口应一体照办。

而各口分章则不必，也无法各地划一。制定该分章时应根据本口引水事务实际情形区别对待、因地制宜。

五、十部分内容如下：

（一）关于如何制定实施细则等相关事项的总则。

（二）各口引水字据发放数量的规定。

（三）引水人录用办法——组建考选局、设定候选者资格、择优考选、管理引水字据发放及规范招募引水学徒。

（四）引水人管理总体规则、违规行为及罚则制定。

（五）有关引水人权利及薪酬的规定。

---

① 译者注：指《中法天津条约》。

（六）有关特殊情形下确定引水人应得赔偿数额的条款。

（七）关于引水船只的规定。

（八）作为限制引水人数量规定的补充，明确一般情况下引水对于船舶具有强制性，例外情形另行规定。

（九）随船配有引水人的船舶应遵照的特殊规定。

（十）设立一项由理船厅管理的引水专款。

六、《总章》已由各国同意发布，下一步即拟定实施细则及各口分章，当以第（二）部分内容为第一步工作。

故着你命各口理船厅审慎考虑该口所需引水人数量，并与各国领事及各口商会协商沟通，待数量确定后通过你一并上报本人。

关于这点，本人建议对于目前实际从事引水的人员，但凡具备资质，各口应尽量予以保留，即便人数大于目前实际需求亦无妨。此外本人正考虑取消上海口副理船厅一职，并指派港口引水人填补其缺。

七、确定所需引水人数量后，下一步即组建考选局。

在上海，该局可依照《总章》条款立即组建，没有难处也不致拖延；但在牛庄或其他南方诸口，则可能连按照《总章》要求拟定招考官名录都办不到，故而须根据各口不同情形草拟分章。《总章》条款理应照办，若确有背离之必要，应尽可能顾及总体利益，并审慎考量本口工作性质与实际情形。

八、考选局成员选定或考选局组建完毕后，理船厅即着手处理引水字据发放事宜。须当谨记，候选者可为华民、英民、美国公民或其他有约各国公民，考选及发放不得区分国籍对待。字据须经你副署。此外本人建议在发放引水字据前，可令引水人缴纳保金，保金将由第一部实施细则依据第二版《总章》第四部分加以规定。本人认为在北京正式发布实施细则及各口分章前，先行缴纳保金有利于加强理船厅权威。

华民申请执照须递交保结载明全名、年龄、籍贯等等，且该保结依中国海关例须由保人签署。无保者不发给字据。但同时你须留心保护华人申请者免受当局无故苛索。

九、第（四）部分有关如何管理引水人、违规行为及罚则包括了三项已通过的《总章》条款。为补完这些条款，本人建议另拟至少九条实施细则。本人认为有必要写入细则者已附后，与你商议后理船厅亦可自行增改。

十、第（五）部分列明了引水各费，实为留待各口自行确定引水各费，费用须由货主缴付。本人已拟定若干实施细则附后，而引水界限及各费则留待各口分章明确。

确定各费多寡时你须为引水人生计多作考量。

十一、第（八）部分为《总章》中强制引水的条款。对于引水人名额加以限制是为提高引水效率并提高引水人收入，此款合情合理。然而也须虑及另一种情形，并在实施细则中加以规定：允许各口向每周定期进出的轮船，例如“扬子”（Yangtze）号轮船及于宁波上海间运营诸船的船长或大副以及长期受雇于各轮船负责引水事宜之人（例如长期受雇于法国轮船公司随船负责引水事宜之人）发放*补充引水字据*。

该部分中第四条及第五条实施细则涉及抵、离港船只的条款应该相当实用。

十二、第九部分为有关船只移动、本口引水人根据实际情况自发建立社团或行会组织的管理等等一系列特殊规定。

十三、第十部分涉及引水专款事宜。基于引水船只免纳船钞、引水人总数有限以保证个人收入、改善并巩固引水人的职业地位等目的，理船厅须承担监管及服务引水人之众多开销。整个方案旨在提高引水工作效率，使船主及保险公所利益免受损失、充分保障具备资质引水者的待遇、使引水工作免受干扰从而为中外双方提供高质量服务。综合以上因素，本人认为付款者应当不致反对设立此专款并支付费用。

十四、为尽快拟定实施细则及各口分章，请各理船厅仔细研习以上内容连同内附*草案*并尽量吸收本人建议。按照《总章》的分类将实施细则置于相应条目下作为补充。各口分章也应依此拟定。理船厅所拟实施细则及各口分章须经你认真考量后予以批准，再通过理船厅正式照会各国领事①，同时转发给本人英法文本各六份、汉文本二份。

十五、本令收悉后，请即刻着手处理以下事项：

（一）确定引水人数量。

（二）安排组建考选局事宜。

（三）向已缴纳保金的合格引水人发放字据。

（四）拟定哪些船舶可适用补充引水字据的实施细则。

（五）命理船厅拟定实施细则及各口分章，愈详愈好。

有关上述各点，做出任何决定请尽快呈报本人。

十六、综上所述，本人仅须再指出一点，即对已完成的及尚需努力的工作应持如下观点：一方面，此次拟定章程乃是首先针对*华人引水*，其次才对在中国水域与华人竞争引水职位的所有人一体适用。另一方面要让世人看到，中国政府可以通过其雇员将自身水域事务管理得

① 先生：
根据《引水总章》第九款，请允许本人附上拟于本口施行的实施细则及本口分章副本，候京中大宪札饬。

理船厅

井井有条，从而保全其颜面与主权。作为一国政府以这种最佳方式履行所有引水方面的应尽职责显然对各方均有益处。

（签名）总税务司赫德

致江海关税务司费士来先生

上海

废船抵港须申报。若本国条约中无相应规定，可否援照其他有约国条约中相应条款处以罚金?

海关总税务司署

1867 年 6 月 7 日于北京

第 15 号

———

广州辑

先生：

你 1866 年 10 月 14 日第 39 号呈文已阅，文中转发了海关监督与美国领事关于美船“热带”（Tropic）号未申报一事照会副本。现告知你，此事本人已申呈总理衙门，结论如下：

现今所有条约都有关于船只需在到港两日内申报之条款，尽管有些条约中对违反此项义务附有处以罚金的条款，但中美条约[①]对此未作规定。

去年六月初八，美船“热带”号抵达广州。两周后船只仍未申报，海关监督遂去照询问领事，收到答复称“热带”号属废船，无须履行申报义务。监督即回称即便是废船，到港也应照常履行申报义务。该船超出了中美条约规定的时限还未申报，应按中英条约相关条款处以罚金。领事回复称中美条约并未对罚金作出相关规定，因此即便认定废船到港应当申报，也不得处以罚金。一段时间后，至七月末，领事以一般手续申报了该船，争议则呈京待决。

本人认为此事涉及两个问题：一、废船是否须申报；二、中英条约或者他国条约中的罚

① 译者注：指《中美天津条约》，本文中中英、中法条约亦指《天津条约》。

金条款能否适用于美国船只。

关于第一点，即条约规定船只到港须申报中的“船只”是否也包括废船。对此本人只需说明商船分很多种，有大船有小船、有铁船有木船、有蒸汽船有帆船，构造装备各不相同。任何浮于水面的东西，不论用于港间运输货品、乘客，还是留置某处抛锚停泊，用于存放货品或者作为水上居所，都属各条约中*商船*之范畴。因此，废船也应像其他船只一样于抵港时申报。本案中的“热带”号从前是一艘往来港口间的货运船只，之后作为存放货物的废船停靠香港，引发争议时被拖至广州准备进行整修以重新投入长途海运，因此粤海关完全有权要求领事申报该船。事实也确实如此，照会往来后领事最终对“热带”号进行了申报。

第二点则较为棘手。问题在于：“热带”号作为一艘美国船只，如果没有按照中美条约规定进行申报，能否适用中英条约相应条款进行处罚？中英条约对于领事申报船只的规定比之中美条约更进一步，对未按规定申报者将处以罚金。

要回答这个问题，首先要考虑若该船为英籍，能否依中英条约对其处以罚金。中英条约第三十七款规定船只必须限期申报，若未及时申报将处以罚金，但适用此条有明确的限定，即未及时申报乃系船主疏失所致。而本案中，从往来通信看，很明显并非船主疏失不报，而是领事认为此船无须申报。由此本人必须指出，即便“热带”号是英国船只，也不得对其处以罚金，唯一办法是将“*废船*”是否应当申报这个问题呈报京中大宪待决。

故而在条约缺乏明文规定的情况下，即便海关将该船视作英船适用中英条约，依然不能对其处以罚金。更不用说该船本就是悬挂美国国旗的美船，对其处以罚金更加缺乏依据。

综上，本人认为美国当局不须强制“热带”号为未及时申报一事缴纳罚金。

此事还引申出另一个问题，即涉及罚款或处罚这类事项时，中方可否借用某部条约中更为详细的条款来补充另一部条约相应条款中较不完整的部分？简言之，倘若一名美国人违反了中美条约的规定，但是中美条约对于如何处罚却没有相应规定，那么能否适用中英条约中的相应条款对该美国人的不当行为实施处罚呢？中英条约与中美条约本身并未给出答案，要解决这个问题似乎首先应诉诸国际法而不是条约规定。但就此事我们需要考虑到：一、在中国须依治外法权这一独特原则处理涉及外国人之事宜；二、中法条约第四十款规定“不在大法国此次《天津条约》所定条款内者大法国领事等官与民人不能限以遵守”；三、中美条约像其他条约一样包含“最惠国条款”。鉴于此，当中美条约只有相关规定却未明确若违反规定如何处罚时，中方依国际法原则起先似乎有权依照中英条约相应条款实施处罚（在中国仅与英美双方签有条约，或中法条约没有第四十款规定的情况下），但本案中国已不能将一部条约中的处罚条款适用于另一有约方，因此在“热带”号事件中中国海关无权引用中英条约中的条款。

类似的情形在1863年关于如何处罚美国人投递虚假舱口单的问题上也出现过。中美条约规定须提交舱口单，但对提交错误舱口单者并未规定如何处罚，而中英条约对此则进一步规定投递假单即罚洋银500两。1863年，美国公使向各口领事发出饬令，要求在美国政府进一步核示前，援照中英条约第三十七款适用中美条约第十九款。由此美国人投递假单就须按中英条约中相应条款处以罚金。

综上，本人建议总理衙门首先应照会美国公使，请其依1863年先例拟发一则饬令，告知各类美船都应当在抵港时向海关申报，并明确若有违此者将适用中英条约相对应条款补充美国条约中不完整的部分。船只抵港申报对商人而言并非难事，况且此乃条约明确规定，若不遵守势必影响海关正常工作。故该饬令作用重大，可避免未来发生类似争议。

对于“热带”号来说，本人认为不能对其处以罚金。

本人向总理衙门之申呈内容大致如上，在收到美国公使答复后，本人会再次向你行文。

（签名）总税务司赫德

致粤海关税务司吉罗福

广州

中国水域引水：1867年《引水总章》暂停实施

海关总税务司署

1867年6月25日于北京

第63号

上海辑

先生：

你本月6日第56号呈文收悉，内附你收到的上海引水人针对近期于北京拟定的《引水总章》的修改建议副本一份，以及你本人的答复。①

---

① 已通知理船厅沃尔特（T. Walter）先生，1867年7月10日。（译者注：原文为边注）

待定《引水总章》力求通用，意在全口通行而不限于上海。总理衙门及各国代表同意采纳前，其文本不论原则或是细节皆已作仔细考量，并已虑及各口情形不一，授权各口理船厅因地制宜拟定各口分章及地方章程，因此本人无法采纳此修改提议。

此提议某种程度上可通过各口分章及地方章程完善，但也仅限于细节上的修改，不可修改《引水总章》原则性内容。

但既然引水人希望、领事当局也认可在贺克莱（Hockly）先生回归前暂停实施新《引水总章》，本人不反对你这么做。

至于你与代理理船厅间的往来信函中有关其在撒瑟兰的证书上背书一事，请提醒加德纳（Gardner）先生其在上海的上司是海关税务司。请你为本人传话，若其再犯，定不轻饶。

（签名）总税务司赫德

致江海关税务司费士来先生

上海

内债由关税作保待上谕允准

海关总税务司署

1867年7月19日于北京

第76号

上海辑

先生：

关于陕甘总督左宗棠之代表于上海商谈的借款事宜，现本人奉总理衙门札示告知你：圣上已下旨允准左钦差的行动，并授权你在上海道台签发的本票上副署签章，总金额为关平银十八万两（180,000两）。

由税务司副署意在向外国商界证明该借款系政府借贷，由中国政府全权负责偿还本息。

（签名）总税务司赫德

致江海关税务司费士来先生

上海

中国水域引水：1867 年《引水总章》在上海施行遇阻

海关总税务司署

1867 年 9 月 4 日于北京

机密

第 86 号 B

上海辑

先生：

一、本人必须请你仔细考量本文中有关上海引水事务的机密指示并以为遵照。

二、最近以本人名义在上海报刊所发之《引水总章》，是与美国、俄国、普鲁士王国、英国公使及法国驻京临时代办共同磋商制定，总理衙门持有各国代表同意施行的照会。

三、《引水总章》适用于各口，而非单一某口，仅在当地情形导致其无法实施时才可行变通。在《引水总章》起草及于各口推行过程中，近期及远期的唯一目标是为中国水域引水事务打下统一且良好的基础，同时顾及引水人及船主双方利益。

四、江海关税务司已从通令中知悉此《引水总章》，随后本人又再发一文（见第 54 号上海辑）详细解释《引水总章》，并提出推行《引水总章》应采取之步骤，相信你已阅毕。此外，文中还提及起草旨在囊括《引水总章》、各口分章及地方章程的引水法典*草案*。

五、《引水总章》已在牛庄及天津施行：引水人数量已定，候选人经过考选，合格者已被正式任用。本人已收到来自牛庄经修订的法典*草案*，包括该口分章及适合该口情形的地方章程。牛庄及天津已行之事，在上海也理应可行。

六、本人寄至费士来先生处第54号文第七段阐述了上海考选局可“依照《引水总章》条款”组建。本人当时认为组建一事“没有难处也不致拖延”。本人还提到应尽量遵循《引水总章》，在必须变通时应谨慎考量总体利益，还应审慎考量工作性质及本口岸实际情形。

七、然而从税务司处得知（第96号呈文附有加德纳上校写给费士来先生的信件抄本）本人设想中按照《引水总章》“没有难处也不致拖延”地组建考选局这一目标并未实现。

八、《引水总章》第一款规定，引水人数量由理船厅征询各国领事及*商会*意见后确定。

九、令人遗憾的是商会企图无视理船厅，将关于上海引水字据发放数量的复函直接回复给税务司。此外，商会不仅拒绝就征询发表意见，还声称《引水总章》无法令人满意且无助目标实现，全然不顾其已由在京有约各国公使孰筹批准之事实。

十、鉴于商会不仅拒绝回答，而且拒绝合作，*本人只得要求你今后不须再向商会征询此事*。

十一、商会这样重要且有影响力的组织拒绝合作，本人感到万分遗憾，但由于《引水总章》将商会于引水事务中的权力限定在对引水人数量发表意见，而商会被征询意见时拒绝表态，这就意味着理船厅开展下一步工作时不必再征询其意见。

十二、因此没有本人的特别指示，你在引水事务中不必再与商会沟通。在确定引水人的数量时，请以第54号文第六段第三句为一般指引，即“对于目前实际从事引水的人员，但凡具备资质，各口应尽量予以保留，即便人数大于目前实际需求亦无妨”。

十三、《引水总章》第三款就考选局组建作出了规定：考选局中某些成员应从*保险公所*代理及远洋邮轮公司提名的人选名单中抽取。本人在第54号文第七段中指出，仅在必要时才能违反《引水总章》规定，且采取行动时应谨慎考量总体利益、工作性质及该口实际情形。

十四、代理理船厅加德纳上校根据章程要求各保险公所提名一人作为考选局成员候选。保险公所也如商会一样，在某种程度上无视加德纳并联名致函税务司，声称《引水总章》“于航运之总体利益及引水人个人利益而言皆极其令人不满”，并拒绝与考选局合作。

十五、对待保险公所的方式请参照商会。他们对受邀协助的工作拒绝合作，本人只得表示非常遗憾，尤其是考虑到此项工作的目的就在于保障引水人、航运业及保险公所自身利益。

十六、然而，既然保险公所拒绝提名考选局成员，也就不必与他们继续沟通。没有本人的特别指示，*你无须再就引水事务征询他们的意见*。他们既已拒绝提名考选局候选人，《引水总章》中已无其他事项需其参与。

十七、接下来考选局将如何组建？《引水总章》规定其应包含四名成员：理船厅一名、资深引水人一名，再加上从名单中抽选出的两名。该名单由保险公所和远洋邮轮公司分别提名一人。由于保险公所拒绝提名，已无法按第54号文第七段中那般组建考选局。因此，考选局须以其他方式组建，此时就不得不违反《引水总章》条款了。

十八、因此请你邀请远洋邮轮公司提名，如有必要的话，名单上可以有三人，经本人同意你也可以根据情形采取其他方式。

十九、请着手拟定名单，*集齐四名成员后立即*发出布告：依总税务司令，上海口引水候选不论华洋请在十日内提交申请。第十一日考选局即着手组织考选并为合格人选发放字据。

二十、考选局组织考选当天，请依总税务司令再发一则布告，要求所有持有各式引水字据的人员在十日内将字据交你处销毁，或交还原发放处撤销。你须提醒公众及有关各方，自此十日期满之日起，除参加考选局考选通过、持有税务司签发并由你副署之引水字据的人员外，任何人不得在上海口从事引水之事。

二十一、发布第一则要求参考人报名的布告时，请依总税务司令另发一则布告，重申分章中关于补充引水字据发放事宜的条款（第八 B 部分第一款），并邀请适格且希望利用该规定者报名，以便安排他们考试并发放补充字据。

二十二、本人预计你将于本月 15 日前收到此令，希望你在 20 日前拟定考选局成员提名名单。相信你在 10 月 1 日前应能够开展考选及发照工作。

二十三、副税务司布浪安（Brown）先生在福州时曾专门研究过引水事务，建议你与他一道细读第 54 号令及此令并商议接下来的对策，想必有所裨益。*请切记抓紧时间依次执行以上所有指令*。请注意保密，谨记以上都属机密，说得越少快速取得成功的概率就越大。

二十四、本人将密切关注你在执行过程中的表现，并以此作为对你行政能力的一次公正考察。最终目的就是尽快按照新《引水总章》的规定在上海口发放引水字据。

（签名）总税务司赫德

致上海口代理理船厅威基谒（Viguier）上校

上海

厦门货单[1]不实案及普鲁士公使要求不得据此对普鲁士船只处以罚款

1867 年 12 月 3 日于北京

先生：

想必您已知晓厦门宝记洋行在两年前因货单不实，在未经深入调查的情况下被当地海关罚银 500 两，今年又因此被罚款 100 元，而两案中是否确有伪造行为却无据可证，因此罚款缺乏正当性。鉴于此本公使已无法再继续协商，而必须对（海关）以货单不实之名处以罚款一事提起抗议，因为中普条约[2]不同于中英条约[3]，其中并未规定对货单不实的处置。

尽管如此，在正式就此事照会总理衙门前，如有可能本公使仍旧希望友好解决分歧，特此询问您是否愿意将两年前强行处罚宝记洋行的 500 两银以及近期的 100 元罚金连本带利退还该商行。

两案中的第一案拖延已久，宝记洋行已准备向本公使的上级投诉此事，望您尽快答复为盼。

普鲁士王国驻华特命全权公使

（签名）李福斯

致海关总税务司赫德先生

北京

---

① manifest，即本书所称“舱口单”，因 1861 签订的《中德通商条约》原文中采用“货物清单”“货单”等表述，故本文采用该表述，统一译为“货单”。

② 译者注：指 1861 年清朝总理衙门大臣崇纶与普鲁士及德意志各邦代表艾林波签订的《通商条约》，通常称为《中德通商条约》。

③ 译者注：指《中英天津条约》。

海关总税务司署

1867 年 12 月 26 日于北京

第 103 号

特辑

阁下：

一、您关于宝记洋行因货单不实而被厦门关处以罚款一事来函敬悉。

二、“泰坦妮亚”（Titania）号因实际载货与货单所列不符而被罚银 500 两，此事经查实是由于一名职员疏忽大意，忘了该船曾停靠新加坡，而递交了一份在结关港槟榔屿编制的出口货单副本，因而已令厦门关将所收罚款如数退还宝记洋行。

三、至于第二笔 100 元的罚款，本人尚未收到厦门关的相关报告。但从阁下的说明中可以看出，此案可能涉及对普鲁士船只的歧视性处罚，因而同样已令该关将 100 元罚金归还宝记洋行。

四、进出口货单对于海关而言非常重要，对海关征税工作大有助益。若无进出口货单将造成极大不便；若不采取措施保证所递货单的准确性，也会引来无休止的混乱。若如此，则海关必须谨慎细致地对上下货物进行逐一查验。总的来说，这样做给商人造成的压力会比因货单不实作出异常严苛处罚所带来的压力大得多。

五、先不论阁下关于罚款权的问题，恕本人直言本人已申呈总理衙门要求阁下（正如 1863 年美国公使在类似情况下所做的那样）通告有关各方，关于货单不实一事应援照条约中更为详尽的相关处罚条款处理。鉴于各口今后遇争议案件以保结代替罚金之规定即将施行，相信您发布该旨在保护税收及便利航运的布告当无难处。倘使不能严惩货单不实，则海关为保全税收将不得不对进出口货物进行逐一查验。

（签名）海关总税务司赫德

致普鲁士王国特命全权驻华公使李福斯阁下

北京

1865年10月汉堡商船“泰坦妮亚”号于厦门因货单不实被处以罚款一事的节略

一、中国政府可否要求普方对投递不实货单的普鲁士商船处以罚款？

（一）普鲁士驻厦门副领事巴仕楠（Pasedag）先生称普鲁士商船不应为货单不实而支付罚款，并以中普条约第十三款佐证其观点。

该款规定“船主……应至领事馆呈交……一份货单……领事官将……货色详情照会海关，”① 巴仕楠先生以条约中并未提及处罚为由，坚称中国政府无权因普鲁士船只货单不实而对其处以罚款。

（二）但中国政府坚称有权在此类情况中要求处以罚款，其论点如下：

一个独立国家有权在其领土上行使未受条约限制的主权。由于享有主权，其立法权不受影响（除非在条约中放弃了该权），而司法权与立法权具有同等法律地位。

中国作为一个独立国家，在其领土范围内有权就任何事务行使立法权和司法权，除非有明文规定限制其上述权力。中国已制定了涉及货单的相关法规，并在条约中或多或少地明确提及了这些规定以使他国熟知。起初，中国关于货单的立法权和司法权不受约束，但在其1855年与英国、1863年与丹麦及荷兰，以及1864年与西班牙签订的条约中明确了对货单不实的处罚为罚银500两，由此通过设定金额的方式对其司法权进行了限制。

另一方面，在与普鲁士、法国以及美国签订的条约中，中国仅明确应当递交货单，此外并未详加规定。因此，以与普鲁士签订的条约为例，中国并未在条约中就其关于货单的立法权与司法权作出任何限制，因此倘使中国与普鲁士之间再无其他条约存在，则中国完全有权在其领土范围内自主决定（普鲁士船只）应递交何种形式的货单以及对递交不实货单者处以何种处罚。

然而，由于中国与其他国家签订的条约中界定并限制了中方在此事上的权力，且《中德通商条约》中含有“最惠国”条款。故应当承认在货单一事上，普鲁士船只在中国各口应享有与他国船只同等之待遇。换言之，倘有货单不实的情况发生，普鲁士船只比之那些让中国在货单一事上限制了自身司法权的国家的船只，也不应被要求支付更高数额的罚金。

正如其他独立自主的国家一样，除了已经承诺不做的事之外，中国在其领土范围内有权行任何事。中国无法接受这样的原则，即只要其他国家尚未明确表态中国有权这么做，中国就不得这么做。

因此中方坚持其有权要求普鲁士船只为递交不实货单支付罚金。（请注意数年之前，美国公使曾通告美国公民货单不实须支付罚款）

---

① 译者注：原文此段为法语。

二、“泰坦妮亚”号是否递交了不实货单？

此疑问答案明确，即“泰坦妮亚”号确曾投递了不实货单。换言之，其所卸下的杂货数量超过了货单所列，而某些其他货物的数量又少于货单所列。

三、能否举出“泰坦妮亚”号不应被处以罚金的理由？

起初，货主巴仕楠先生于厦门称单货不符系笔误所致。倘若仅有一两处不符之处，海关无疑将接受这一解释，然而事实上船上所载货物中几乎每件都有单货不符之情况，“笔误”之说似难以为信。

随后，巴仕楠先生将在槟榔屿编制的出口货单转呈北京，并解释称误将其副本作为进口货单递交厦门关。此船曾停靠新加坡，由此可推测部分在槟榔屿装载的货物已在新加坡卸下，又在新加坡装载了一些别的货物，因此该船抵达厦门时的载货情况自然与驶离槟榔屿时编制的清单不符。因其可能偷逃的税款额微不足道，故*收货洋行*可洗脱故意偷逃之罪名。然而由于所递货单确系不实（不准确之意），也可推测中方租船人——一伙愿意为了蝇头小利铤而走险的赌徒，正是他们向巴仕楠先生递交货物清单，而后又由其作为收货人转交海关——有可能意在偷逃。无论如何，此等违规行为确需加以关注，而“笔误”一说并未说服负责保护国课的官员，使其应允免去处罚。

本人愿意向中国当局建议退还大半罚金，然而本人无法建议其全数退还——更不用说连本带利①。

四、最后本人需说明，在尚存争议的情况下所缴纳的罚金仍留存在厦门关，尚未上缴国库，须候京中大宪定夺再行处置。

五、对于巴仕楠先生被处以100元罚金一案，本人并不了解详情，因此仅能提出关于货单不实处以罚金一事的总体意见。

（签名）总税务司赫德

1867年12月5日于北京

---

① 因为有人认为最好全部返还——1867年12月31日赫德语。（译者注：英文原文为边注）

海关关员不得表现出对其本国之偏袒

海关总税务司署

1867年12月26日于北京

第53号

———

厦门辑

先生：

一、现随文附上近日普鲁士公使致总理衙门照会之中英文副本以供参阅，你可以就此作出必要说明①，以便本人转呈总理衙门。

二、本人怀疑引发此次申诉的可能原因为：一位英国人及一位普鲁士人一同违规，但该英国人系初犯，而该普鲁士人或已是第十次、第二十次违规，你认为再不能对该惯犯的违规行为坐视不理，同样不能对初犯者网开一面，但你或许曾向该初犯者表示，若其非系与该惯犯一同违规或可免于处罚。

三、该事件引来普鲁士公使以严肃措辞向总理衙门提出严正抗议，无论真相到底如何，本人认为自己有责任提醒你注意：在我们这样的机构中，不管是使用任何表现出偏袒本国之言辞，抑或是所作所为易造成公众或某些人误解，以为中国政府中的洋员有意偏袒本国阻挠他国，都是极为不当之举。我们甚至不能像中国官员那般说话，因为外国人的身份导致我们发表的言论容易被曲解而产生不应有之意。置身此种特殊环境，唯一稳妥之法是以中文中“中外”一词为指引，并谨记我们属于“中”方，而（除了我们之外的）外国人属于“外”方，在如何看待、谈论及对待他们方面不应有任何差别。在一个人员构成国际化的组织中工作，若不能避免在言行上表现出偏袒，则定然会引火上身，不仅给所在组织的负责人添乱，也会使这一组织的友人及支持者们深感忧虑。

（签名）总税务司赫德

致厦门关署理税务司满三德先生

厦门

---

① 注：如若可行请将相关说明译为中文——赫德（译者注：英文原文为边注）

税务司有义务向道台通报查抄入官据称为旅客行李之货物一事

海关总税务司署

1867年12月27日于北京

第61号

———

厦门辑

先生：

一、9月27日关于曾道台[①]将暹罗帆船“巡洋”（Cruiser）号上发现的某些货物查抄入官一事的第60号呈文收悉。

二、你在文中提到：“巡洋”号自暹罗驶来，于7月24日抵口。船上部分旅客急于入境与友人会面而将行李遗留在船上。25日，共计约40件遗留在船上的行李被卸下，所含应税物品照常征税。26日，头等总巡询问时得到回复称最后一箱个人物品已离船。同日，税务司下令搜查，结果在管舱人舱内发现了8只箱子，里面装有燕窝、犀牛角及鹿角。管舱人起先声称这些箱子为所载货物中的一部分，但后来当被问及它们是否已在舱口单中开明时，又改口称其为私人行李。该船船主则声称自己与此事毫无瓜葛。28日，海关监督（此前已得知此事）在中国商人的请求下致函税务司，希望“调查此事并秉公执行条约规定”。30日，该船代理请求税务司以罚款的方式了结此事。8月1日，税务司正式建议海关监督将涉事货物入官。8月3日，该批入官货物以1017.56美元拍卖售出。

三、针对上述案情，接下来本人将就税务司决定涉事货物入官一事加以评述。

四、上述包裹要么属于货物，要么属于私人物品。若为货物，则应列入舱口单，若未列入，则该船理应被处以罚款；若系私人物品，则应接受海关检查。但在本人看来，只要它们仍留在船上，倘若不属违禁品就不应查扣。若货物是指船方收费运输的货品，则按照这类船只的惯常做法，上述包裹是否可认定为货物实为模棱两可；若非货物，该船就不应因为未将它们在舱口单中开明而被处以罚款。但从包裹所装内容来看，又不似个人物品（即所谓的“行李”），因此推测这些包裹的主人意在借节省运费的同时逃避纳税。然而此事应该考虑到该船属于从事海峡贸易的船只，其经营方式迥异于那些诸如来自欧洲的船只。为保护国课，

① 译者注：曾宪德，时任福建兴泉永道道台。

中国海关必须更多地依靠执法人员的高度警惕及有力行动，而非依赖查抄入官权，因为其来源于法律定义及技术细节，其固定性及正式性将给工作带来约束。在本人看来，税务司的观点无非是：大量的应税货物起初并未列入舱口单，而被发现后又改称私人行李。这一违规行为的责任应由货物主人承担，而非船方承担。恰当的措施应当是确保货物主人受到惩罚，因此处罚行为应当落实到这批货物上。依目前了解的情形来看，本人赞同这一观点。

五、税务司的处罚决定是货物立即入官。毫无疑问海关有权这么做，且厦门的通商环境又使得在这种情况下采取入官措施更为易行，尤其是站在地方的角度看，因为除了法律明确规定某种特定罪行应当采用某种特定处罚而海关不能逾越的情况外，当局有权采取任何其认为适当的手段防止偷逃或走私。尽管如此，本人须坦言本案中采取的仓促行动实属毫无必要，而且似乎并未经过正式检查，货主完全有理由愤愤不平，他们可能根本无意偷逃税款，地方官员为其申辩也并非毫无道理。尽管海关有权查抄入官，且此次采取入官措施也更为易行，但本人还是无法赞同本案中你的处理方式。本人认为此事处理轻率鲁莽，尽管本人毫不怀疑这批货物的主人确实试图在有机可乘的情况下偷逃税款，但当他们斥责海关苛刻不公时，本人也无法对他们加以苛责。若非因为这么做可能会带来某些不利影响的话，本人甚至还真倾向于将拍卖所得款项退还该批货物原主。对于事实上并未造成不公本人表示满意，但对涉及国课之事，还是待偷逃意图发展至实际行动之时再加以关注并采取相应罚款或入官措施为好。

六、至于与道台间的信函往来，本人认为前任税务司以默不作声的方式应对像道台这样的官员来函实在太过缺乏判断力，而本人担心你在某种程度上也有这样的想法，即凡道台向海关提出的任何疑问都将立即被视为毫无必要且不可原谅的横加干涉，引来满腹怨恨。道台来函仅陈述某些中国商人向其提出了此种请求，并请税务司提供相关信息及说明，因为他所听到的关于此事的各种说法颇为矛盾，且他提出了一个既能让海关“保全面子”又能减轻涉事货主经济损失的解决方式。他的头一封来函完全应当全面清晰而又诚挚友好地予以答复，但令本人讶异和痛心的是（前任税务司）竟立刻采取了对立态度，结果不仅使道台有理由愤愤不平，而且假使他真是受敌视洋关情绪驱使，则此时他已处于有利地位。只要海关的行为正当，就无须遮遮掩掩。即便一名同海关毫不相干的中国官员，只要其认为有责任向税务司作出正式问询，就没有理由拒绝提供相关信息，不仅如此，态度还应当友善、谦恭、温和。

七、在即将下达的通令中，你将收到关于在实施入官等处罚案件中如何采取得当措施以避免本案这种窘迫事件再次发生的相关指示。同时，关于“巡洋”号案还需补充一点，尽管本人认为有许多重要的理由对前任税务司的处事方式提出异议，并且对其所作所为究竟值得多大支持深表怀疑，不过从另一方面考虑，虽然这次他们在一定程度上扮演了受害者的角色而博得了同情，但这类商人的不法行为已是人所共知，此外由于此事将对海关在厦门的利益产生何种影响还不甚明朗，基于种种因素，本人认为此案中已经生效的决定本人不应予以撤销。

（签名）总税务司赫德

致厦门关署理税务司满三德先生

厦门

1868 年

内债由关税作保：相关各口税务司予以落实

海关总税务司署

1868 年 1 月 22 日于北京

第 18 号

———

上海辑

先生：

一、8 月 7 日及 21 日第 95 及第 97 号呈文收悉，文中解释了拒绝在地方当局所发有关中国国债的期票上背签的理由。

二、过去十年中，几处约开口岸的地方官员都曾向洋商借款。有些借款由皇帝批准，有些则没有；有时期票上有税务司的签名，有时则没有。总的来说，无论有无税务司签名，借款人在还款方面一般不存在困难。但也有两次人尽皆知的例外，新任官员拒绝或者说企图拒绝承认其前任未经授权的债务。此外还有一次，在中方圈内流传着这样的谣言，说某笔贷款其实并非为满足借款人需求，只不过是给放款者提供一个绝对安全并有极高利息回报的投资机会。

三、此事经审慎考量并与朝中大宪反复沟通后，决定如下：

（一）除本人特别授权外，各税务司不得在与中国借款相关的期票上盖印或签名。

（二）今后朝廷向洋商所借每一笔款项，总理衙门都将正式札行总税务司，再由其通知有关税务司履行在经授权的期票上盖印签名之职责。

四、为贯彻上述决定，特向你下发 1867 年第 11 号通令及 1867 年第 76 号令文，具体有以下几点目标：

（一）保护外国贷款人，防止他们借款给那些未经授权的官员，因其继任者可能拒绝承认。

（二）防止未经授权的不良借款生效，同时避免因此使朝廷卷入纠纷。

（三）某些怀有敌意的人会怀疑税务司与那些未经授权的借款以及非比寻常的高额利息之间存在瓜葛，须避免该种恶意猜忌可能给税务司带来的不良影响。

（四）若在最初试行后，朝廷认为有必要事先准备一定的国库积蓄或者寻求外界援助，则以此为引入通常意义上的政府借款铺平道路。

五、虑及上述有益之目标及各方之利益，对你文中坚决不同意在上海为期票签名一事本人只得表示万分遗憾，本文也正是对你该呈文的答复。你拒绝执行本人指令并不会导致什么难以克服的障碍，因为根据本人的立场此举已在本人意料之中，或者说本人也不会就此兴师问罪。但你拒绝签字一事本人认为比较欠考虑，对于本人的指令以及这些指令所希望达到的目标你有很多先入为主的误解及不满，最终导致你决意如此。此举将会使原本的目标化为泡影，并妨碍这项本该发挥有益作用的措施。因此，本人对你的固执已见感到遗憾，也不得不长篇累牍地再做一番解释，烦请你重新斟酌。

六、如果你仍坚持第 95 号呈文中的观点，那你最好关注以下几点。

（一）你声称副署“看上去并无必要”。在当前情形下，鼓励外国人放贷确无必要，本人同意你的观点。但有两个原因使其具有了必要性：一是保护借贷双方的正当利益；二是（这一点更为重要）总理衙门奉上谕要求税务司必须签名。

（三）[①] 呵加喇银行（Agra Bank）贷款一事，期票上没有税务司副署，贷款到期准时偿付。这虽是事实，但与目前要求予以遵守的规定毫无关联。

（四）总督及海关监督应先在期票上盖具官印，再交税务司副署。

（五）为证明你为中国政府服务，你持有一张由本部门主管——“总税务司”（其职责为任命各口税务司）——签署任命你为“江海关税务司”的任命状。

你签名的作用仅仅是向外国社群证明，经副署的期票乃是地方政府为借款发行，朝廷已声明将为该借款承担相应责任。当然你个人并没有以关税进行抵押的权力，但经由总税务司正式授权你有权协助作出相关处理。

你的签名并不会为总督及海关监督的印章“增加分量”，其作用一如既往仅作登记在案，或者为其他印章登记在案作一证明，证明相应政府手续完备，朝廷已知悉此生效借款。其目的在于规范交易，并更好地保护借贷双方，防止前者不当放款，防止后者被未经授权的借款牵连。

（六）你无须负责“到期票据的强制兑付”，你的签名仅为证明该票据已由朝廷声明保证兑付。

---

① 译者注：英文原文无“（二）”。

（七）所谓“囤积收入的简便手段”之说法不妥，有时简便，有时却未必。进一步而言，告知中国人能够在一定条件下“轻松获得贷款”确实是件好事，但此举并不会将其引入伦敦市场。简单地说，只要他们足额支付利息就能随时在国内借到钱。

（八）在公事上，本人给下属的正式指令乃是一项授权，准其依法处理事务。这在性质上类似私人委托书，准其以本人名义代为行使本人事项。

七、你在第97号呈文（写在上文述及之第95号呈文后两个星期，作为对本人第11号通令的回复）中写道，“就算是一笔将来被认可为必要的贷款”，你“也不会允许自己的姓名以任何方式与其发生关联”，而且你“绝不会在票据上签字”，这些内容与你之前的陈述一致。

八、两天前在总理衙门，本人被告知将会发生一笔新借款，本人目前正在等待上谕。为贯彻总理衙门意见，本人可能再写一篇令文附于本文后，也可能随后另行寄发。无论哪种情况，本人职责所在必须答复你去年8月之呈文，并依据本人权力提前为你接下来的任务作出解释与准备。

九、要求税务司在此类期票上签名，其目的与通常意义上的“背签”票据有本质区别，而是类似银行会计于某张汇票上签名，仅证明该汇票已经在银行进行了登记，见该汇票可进行善意支付而已。如此签名只作为交易的见证，而非作为交易的当事人。

此外，每个签名本身都包含了合同的某些属性，其效力与义务也应与合同本身的属性相结合进行解读。

进一步说，根据英国和美国的法律——其实我相信所有大陆法系皆如此——签名者即便可被称为背签人，倘若其签名已注明“无偿付义务”，便可免除自身责任。

十、还望你重新考虑此事后立即执行本人指令，若有必要本人还会为此向你行文。

（签名）总税务司赫德

致江海关税务司费士来先生

上海

内债由关税作保：税务司副署仅作登记无偿付义务

海关总税务司署

1868 年 1 月 23 日于北京

第 19 号

———

上海辑

先生：

一、昨日第 18 号令文中本人表示近期总理衙门关于在部分约开口岸筹措借款的相关札示随时可能下达。

二、现通知你该札示已下达，其中规定借款额度总计关平银一百万两（1,000,000 两），分配给广州、福州、宁波、汉口及上海等地海关的偿还份额如下：

广州　200,000 两；

福州　200,000 两；

宁波　350,000 两；

汉口　100,000 两；

上海　150,000 两；

此外，札文还命本人通知上述各口税务司须按上述相应额度在即将发行的期票上盖印签名。

三、因此依据 1867 年第 11 号通令、1867 年第 76 号令文及本月 22 日第 18 号令文，本人正式通知你，江海关监督须奉旨按照上述配额发行总额相当于关平银十五万两（150,000 两）的期票，并由江海关负责偿还。遵照旨意，总理衙门令本人通知你，须在海关监督交给你的期票上盖官印签名，以前文所述十五万两为限。

四、请于官署内设专簿登记所有与此类朝廷借款相关的期票。以第一张交予你副署的期票为 1 号，依次编号并记录下每张票据的详细信息，包括海关监督处所登记的中文类别、序号、票据登记日期及其对应金额。

五、倘若有人向你询问签名的效力，应作如下回应：奉总税务司令于票据上签名，以证明编号之票据乃是依所需偿还的朝廷贷款份额发行，还款由本口关税进行拨付，该票据的编号和面额均已在江海关正式登记。清偿由上谕担保，总理衙门奉旨要求总税务司通令下属有关各口税务司，并对各口依据配额发行的票据进行登记副署。你应进一步声明签名仅作登记之用，税务司不承担任何个人责任且不隐含任何个人义务。

六、为更好地避免发生与你个人有关的任何担保责任，你须依照如下格式在期票上签名。

政府债券 1868 年第 1 号，共关平银 1,000,000 两

上海配额：150,000 两
票据第（1）号，共 10,000 两

已登记

盖印处　（签名）A. B.

海关税务司

仅作登记用途无偿付义务

1868 年于江海关

七、除上述指示外，本人还奉命要求你在募集借款一事上尽力协助你的同僚及当地官员，使他们能在最短时间内以最低利率募得借款。

八、最后补充一点，所有期票在交由你登记副署之前都应先加盖两江总督及江海关监督官印，再经由海关监督封入官函送至贵关完成登记副署。

九、收悉此函请即刻回复。

（签名）总税务司赫德

致江海关税务司费士来

上海

阿礼国爵士关于赫德船钞用度计划致斯坦利勋爵函[①]

1868 年 6 月 4 日于北京

勋爵阁下：

本人曾于 1867 年 2 月 23 日第 20 号函内附有一份赫德先生的节略，计划拨出部分船钞用于改进通往各约开口岸沿海及航道的通行条件。近日，海关总税务司已就该事向下属各司发布通令[②]，本人亦得一份，有幸将副本附后。

在部分口岸，对诸如修建灯塔之类工程项目进展迟缓的不满情绪已然显现，上海尤甚。本人曾向赫德先生进一步询问有关情形，包括工程实际进展及期间为保证海关营造司有效运作而采取的措施等。

相关结论已附后，本人认为附件内容足以证明各处修建灯塔及浮标的工作卓有成效，在审慎选址避免犯错、采纳执行专家意见、有序合作等方面都未曾懈怠。

此外本人还注意到赫德先生已通过其伦敦的代理与海军部海道测量局进行沟通以取得必要信息，参考其部分建议并正在此基础上制定一套方案，该局负责人征询各方意见后表示完全赞同。

在此情况下，其他节略中那些建议，例如将该项工作从税务司手中剥离，或是将全部船钞款项交由一个委员会来管理等，本人均不以为是。这笔占到所征船钞总额七成的资金已交由赫德先生投入该项工作中。其将此工程与海关管理结合，可节省下远超用于同文馆的三成资金。其他任何方案即便大幅增加预算，其效率也无法相提并论。当然，这项在绵延 1500 海里、涵盖 15 个港口的区域内设置灯塔与浮标的浩大工程，想要一蹴而就是不现实的。那些对诸多实际困难及初期需要投入的大量准备工作均一无所知者永远不会对工程进度感到满意。除了这套方案别无选择。

作为您最恭顺的仆人，鄙人深怀敬意、深感荣幸，此致。

（签名）阿礼国

致国会议员斯坦利勋爵阁下

---

① 英国外交部档 17/498：阿礼国致斯坦利第 136 号函。

② 海关总署《旧中国海关总税务司署通令选编》编译委员会：《旧中国海关总税务司署通令选编》，中国海关出版社，2003 年，第 1 卷，第 86 页。

两广总督对洋药开征台炮费

1868年7月20日于广州

第80号

先生：

本人有幸在此附上几份有关总督阁下决定在与香港及澳门两地毗邻处设厂对洋药开征台炮费的信函副本，以及一份由总督阁下签发有关此事的布告副本。据本人所知，总督阁下实施此项制度事先并未专门与粤海关监督阁下商议。

第一封信函中有“查验完毕并完纳台炮费后，将在洋药上粘贴印花，此后直至其抵达目的地无须再缴纳其他税款”字样，表述较为模糊，本人要求进一步加以解释。今天送抵我处的这份信函中已就此进行了答复。

据香港报纸报道，一位名叫HO ALOY的中国人已受命为两广总督在香港设厂，办理征收台炮费并签发洋药进口准单事宜，该报评论称此举会严重影响香港广大人民的福祉。

（签名）税务司格列佛

致总税务司赫德先生

海关总税务司署

1868年9月7日于北京

第36号

广州辑

先生：

一、阁下6月20日第80号呈文收悉，文中述及在香港附近指定地点设厂征税事宜，并附有你与粤海关监督往来函件及总督关于此事的布告副本。

二、特殊的地理位置与特别优待权相结合，使得香港成为商人偷税的乐土，中国政府因此有充足理由在合法前提下采取各种措施保障国课并防范走私。在本人看来，这点已得到公使及领事的一致认可。该措施由总督拟定且已经着手实施，若完全得以贯彻，则中国船只在抵离香港时必将受到税厂主事官员盘查。即便确实有效，也将不可避免地引发殖民当局强烈不满，一旦有机会他们便会对广州地方官员还以颜色。

三、从某种角度讲，本人认为该新制度非常不妥。该制度鼓励为洋药另行支付一笔费用以避开所有约开口岸。只要在新设税厂每箱支付 16 两关税，就可以经非约开口岸畅行无阻运入内陆；而洋药从约开口岸进境则需每箱支付 30 两关税。鉴于该法案将造成海关税收严重流失，本人已正式提请总理衙门关注。此外，本人还提议既然此制度颇有成效，总理衙门应令总督对每箱鸦片征收 16 两关税之余再行代征关税 30 两。就此事本人将会再行联系阁下。

（签名）总税务司赫德

致粤海关税务司格列佛

广州

税务司应与海关监督及商界保持密切联系

海关总税务司署

1868 年 8 月 19 日于北京

第 67 号

———

上海辑

先生：

一、费士来先生辞职后江海关税务司一职出现空缺，本人决定由你继任，现很高兴通知你此次任命并在此正式授权你履职。江海关税务司薪酬每年关平银九千两（9,000 两），自福州停发之日起算。

二、阁下对本人观点总体上已非常了解，且凭借在多个重要口岸的工作经验对税务司的职责也了然于胸，故而本人无须再作赘述，仅提以下两点：其一，本人希望应在合法的前提下尽量给予商界各项便利以促进通商；其次，本人以为着力经营维护与其他中外官员之间的亲密友好关系极为紧要。但本人同时建议你与中国主要商贾及缙绅建立良好私交，一如与上海的洋人那般。

三、过去三年主管江海关的那位绅士不通汉文，故其与海关监督关系自然较为疏远。此二人彼此难以顺畅沟通，故而总是尽量避免碰面，而非寻求机会交流。日久自然关系冷漠、隔阂日深。这种关系使公众不得其益反受其害。因此有必要提醒你对此事加以注意，与海关监督加强交流，避免重蹈覆辙。

四、为更好地了解商界需求以及他们对海关规章及工作的看法，本人已邀请上海商会就所有与本署工作有关之事项与本人进行书面沟通，请商会与税务司保持联络并向其征询意见。此函商会已收悉，礼数周全，本人去函副本随函转发给你。此事在此重申，供你参考。

五、对江海关现状作出任何改变之前，请你务必先与本人沟通。另请谨记，最好待日前于北京举行的谈判结束之后再尝试革新之举。

六、阁下行事谨慎、能力卓越，本人无须再作赘述，附给海关监督告知任命之文书。

（签名）总税务司赫德

致江海关税务司狄妥玛先生

上海

（上文附件）

希望保持海关与商人间的友好关系

海关总税务司署

1868 年 7 月 20 日于北京

第 86 号

———

特辑

先生：

一、本函所述涉及双方共同利益，请阁下予以重视。

二、本人希望得到商人代表组织的协助，以便及时向约开口岸社会各界了解：（一）直接影响其利益的所有海关事务；（二）海关协助有益于形成良好双赢局面的事情。

三、过去十年间的工作证明海关与商界利益一致，而非针锋相对。在中国特殊的国情下，经验证明相互理解、加强沟通才是促进双方共同利益之有效手段。保持国家平稳安定，对于中国政府及商界同样至关重要。理解并遵守条约条款不仅对中国政府有利，也可促进通商；关税征收有常法，管理税务有常规，商人经商及海关履职方能有据可循。双方相互理解既能保证执法者顺利执法，也有助保障相对人之利益。商讨影响帝国安定的大事、阐释条约权利落实条约条款，理所当然是相关主事衙门的直接责任；但日常工作中依据条约规定执法，将其中的商贸条款付诸实施则是海关的职责。上述事项使海关与商界联系频繁紧密，忽视海关工作对双方的影响乃愚蠢之举；而以彼此理解为媒介，针对双方各自诉求与责任进行有效沟通，注重行为与结果之间的关系，既做到行动有效又确保结果无害方为明智之举。

四、洋关现已成为中国税收管理机构中不可或缺的组成部分，各关遍布所有通商口岸，其雇员负责征收通商各税费并落实相关规章，商人不论华洋均受其影响。其组成具有国际化的特征，以此保障有约各国在争取自身利益时不致侵害其他有约国利益，且在约开口岸不以国籍区别对待各国商贾。其薪酬由中国政府拨付，为中国政府足额征收关税并落实各项规章。但约开口岸需求各不相同，随着时间的推移，其情形也会发生变化：此地采取了新措施，彼地引入了新举措，另一地又取消、修改或增添了一条规定。所有这些变化都会对当地商界产生影响，进而又会反作用于海关。从海关的角度来看，某条规定也许有理有据、无可非议；但站在商户的角度，则可能多此一举、有害无益。商户可能会认为某项措施乃是时下必要之举，而对海关而言，则可能有充足理由认为该项措施不切实际。显然，诸多规章在制定或者贯彻之前先与各方通气才能使对方明了其初衷，再由海关予以执行、商户以为遵照，行事方能顺畅。规章制定后，双方取得共识对彼此皆有裨益，既可保证规章起到预期效果，又可以避免其过度严苛或在实施中产生偏差。

五、除了海关规章之外还有许多更为重要的事项，它们或多或少都与洋关及其运作有关。若一种方式能使得洋关与公众相互理解，那其必定能达到良好效果。因此，在港口航道维护与改进、沿海灯塔设置以及引水等诸多事宜上如果能得到公众的理解与支持，洋关的工作无疑将更为便利。如果能够建立一条公众与洋关间相互沟通的正式渠道，那么公众的利益和诉求也将更容易得到促进与满足。在上述诸多领域，公众与洋关利益一致：从公众的利益出发，有些工作必须开展且必须卓有成效；而从洋关的利益出发，不论对某项工作付诸实施的呼声有多高，也须在花费公款之前仔细权衡利弊，一旦决定则须以最佳、最持久的方式付诸实施。

六、出于以上及类似的想法，本人致函阁下并通过阁下传达给商会，希望双方能够达成一致共同增进公众福祉。

七、当然，商会及口岸各群体针对如何修订条约发表了各种意见，使本人有机会得以了解他们的观点。作为委员会的成员之一，本人对这些建议的可行性以及如何才能有效落实进行了初步调研，对每项建议都进行了审慎的考量与讨论，近期所有意见已熟稔于心。但是在各社群的日常运作中，各种问题总是层出不穷，需要反应迅速、及时解决，不能一一坐等条约修订。出于这种考虑——譬如眼下这些事项——本人才特意写下此函。当下公众可以向各口岸领事或在京公使表达诉求、寻求保护及处理与中国政府之间的事务，本人无意主动请缨越俎代庖。但是无论领事和公使的职能界定多么完善，都难免于某时某地留有空白，此时则需要寻求其他机构的协助。请阁下理解，本人仅仅是希望营造一种氛围：作为公共服务机构的洋关能与公众保持沟通，特别是能与公认的代表即商会顺畅沟通。如此一方面洋关可以为中国政府履行自己的职责，另一方面又能更好地为在华商贸团体服务。

八、迄今为止，本人大部分精力都投入了建立洋关制度及各口岸开办洋关上，以致忙得迟迟未能与贵商会联系，但下发至各口税务司的饬令其指导思想皆与本函主旨一致，大致如下：应牢记与商界并非对立关系；应尽可能减少限制性规定；利用一切机会促进资源利用、支持各口扩张；尽可能简化手续；提高船舶周转效率、便利商贸流程；促进税收增长的最佳方式是促进贸易增长。对于处罚，本人一向主张应做到完全公开，在实施前应进行充分而公平的调查。本人也一向反对不必要的高额罚金或查抄入官，以致从流通中抽走资本。本人过去几年的工作困难重重，在为之服务的政府所持的观点与本人相左（倒不是由于彼此利益相对立，而是由于旧有的思维模式）的情况下，管理一个国际化的机构使本人分身乏术。在条约可能做出修订、各口洋关纷纷开办之际，本人很高兴利用此次机会实现多年的愿望与商界建立密切联系，并与其代表也就是阁下您的商会进行私下沟通，以期未来工作顺利、避免误解、维护并促进双方共同利益。

九、因此本人恳请阁下允许让本人通过您向贵商会提供有针对性的信息及建议；同样若贵商会认为必要，也有劳贵商会向本人阐述总体事项，并针对一般或具体的问题提出建议；最后，若有需要本人也恳请贵商会与各口税务司保持沟通，必要时听取其意见。

十、本人已同时致函香港商会（内容相同）并拟将副本下发各口税务司以资参照。

（签名）海关总税务司赫德

致上海商会会长

船只完纳税款前具结放行事宜

海关总税务司署

1868 年 8 月 22 日于北京

第 70 号

———

上海辑

先生：

一、根据本人 1868 年第 17 号令文，现附上本人关于船只具结放行事宜致沪港两地商会函副本，其中最后一段中本人已建议商会委派代表拜访并咨询你的意见。

二、以下几点请你予以重视：

（一）保结中必须承诺于一定期限内支付税款。

（二）除了轮船外保结并非必须，且仅针对进口税及土货复进口半税。开舱卸货时必须缴纳船钞，货物装运前或者装运时必须缴纳出口税。

（三）保结须能保全税收，同时应免除接受保结的税务司承担一切个人责任。

（四）最佳方案应当既能将商户的不便降到最低，又能最大程度保障国课。

三、望阁下谨记任何方案实施前均须呈报本人批准。同样，阁下对此文的回复也须由本人批准后才能作为对商会会长的单独答复。

（签名）总税务司赫德

致江海关税务司狄妥玛

上海

（上文附件）

总税务司关于船只完纳税款前具结放行事宜之意见

海关总税务司署

1868 年 8 月 24 日于北京

第 100 号

———

特辑

阁下：

一、首先，本人上个月 20 日致贵商会函中提出的建议贵商会已及时予以回复，回函（上海商会本月 6 日、香港商会上月 26 日）收悉，在此表示感谢。接下来本人将再提几点，烦请贵商会不吝赐教。

二、诸条约均规定须由领事留置船舶单证直至收到红单，这项规定充分保障了海关在船只离口前足额征收税费之权利，因而站在海关的角度来说自然并无不妥；另一方面，由于这项规定可能导致船只（特别是轮船）在上下货完毕后还须在港口滞留几日，所以站在船主的角度他们认为其有害无益不足为奇。然而，几年前本署允许各口税务司接受保结并签发结关准单，使船只得以领回船舶单证先行离口。这一措施已在很大程度上缓解了船方之困境。曾发生一件案例：税务司接受了某公司的保结，该公司随后倒闭，因此就须由本人及那位税务司承担相应缴税责任。以此为鉴，我们有必要重新审视担保政策，且将其作为制度加以贯彻时须能够于各口划一办理。当时本人专门签发了一则通令（1868 年第 17 号）作为暂行办法，副本附后。随后便获悉各口均有人担忧此令可能导致担保制度名存实亡，因为如同各税务司个人对承担经济责任存在顾虑一样，各领事同样也不愿意于条约规定之外担责。另外有人指出缴税时限过短，每份保结均须由领事签名，而领馆工作时间固定，这样很可能使得本令的初衷（加快船只离口速度以及给船主、承租人及货主提供更多便利的目标）落空。因此本人期望贵商会结合上述通令及下文所述观点，针对担保制度详加考虑并提出建议。

三、如果严格履行条约规定，将致船主不便，导致本可先行离口的船只无限期滞留。

如果搁置条约规定，则必须采取相应措施保障国课，且不能要求领馆及海关填补亏欠的税费。船只在港时本就有义务完纳税费，一旦结关离口后便可扬长而去。

那么，究竟该采取何种措施？经过充分考虑，本人想到的最佳方案是由贵商会承担保结的补足责任以确保船只先行离口后仍将完纳税款，因为贵商会所代表的利益与这一问题牵连最深，严格履行条约规定便致受损，搁置条约规定则从中获益。但是，本人不清楚贵商会究竟愿意承担何种程度的责任，或在发生欠缴时（无论主观故意与否）将以何种方式保障自身权益。比如，贵商会愿意为任意个人的保结背书吗？还是仅仅限于会员商户？如果税款存在损失的风险，贵商会是立刻予以补足还是必须等到针对案件的调查结论发布后再行处理？

此外，保结的性质是否应该有所限制？也就是说，担保制度是否不应仅限适用于轮船且仅针对进口税及土货复进口半税？应如何设定兑现承诺的期限？条约中（留置船只的规定）对海关权益的保障是相当充分的，现在计划施行的这项规定将给商人带来十足的便利，其重要性毋庸置疑，值得贵商会慎重考虑、仔细谋划，使其不仅顾及商户的呼声，也能满足海关的要求。

（本句在港版副本中省略。）[1]四、若贵商会愿意委派代表拜访江海关税务司狄妥玛，他将乐意与其商讨解决现有困难的方案；*（沪版副本最后一句如下：）*同时，本人希望贵商会来函阐述观点，相信贵商会无论提出何种建议或采取何种措施，均会同意其推行。

*（港版副本最后一句如下：）*本人已就此议题致函上海商会，但此事更多涉及南方诸口，故而本人很乐意收到贵商会的回复（见沪版副本最后一句）。

（签名）海关总税务司赫德

致沪、港商会主席

上海 香港

---

① 译者注：斜体字部分在原文中为正文边上的小字内容，下同。

赫德先生关于在英国为船钞部造船一事致阿礼国爵士函[①]

海关总税务司署

1868年8月29日于北京

阁下：

1862年、1863年间英中舰队组建时引发的关注及其解散所带来的麻烦仍历历在目，若不将眼下正在英国为中国海关建造三艘轮船之事告知阁下，本人恐有失职。

其中两艘轮船为350吨位、86马力，另一艘为540吨位、200马力，皆为海关造，将用于：一、与灯塔保持联络；二、履行海关巡船日常保护国课之职责；三、为沿海失事或受困船只提供帮助；四、协助镇压海盗。当然，三艘轮船将配备武器，但并非重型武器。船员将以中国人为主，并由几位欧洲人指挥，指挥者将不会来自某一特定国家。外籍指挥官及外籍船员与国际化海关中的其他外籍成员居于完全相同之地位。在轮船建造及随后的相关事务中，除中国之外决不会再涉及他国之名。

由于此事很可能会使一些人认为英国正在为中国组建国家舰队，本人认为应当让阁下了解真相，以便在必要时使女王陛下政府获知实际情况：中方代理只是在英国市场上购买了可自由售卖到任何地方的货物而已。

（签名）海关总税务司赫德

致高级巴斯勋章爵士阿礼国阁下

---

① 英国外交部档17/499：1868年9月11日阿礼国致斯坦利第299号函。

“神龙”号发生碰撞后未领“红单”离港事件及总税务司对关员纪律问题所作处理

海关总税务司署

1868 年 9 月 4 日于北京

第 36 号

———

天津辑

先生：

一、关于 5 月 14 日“神龙”（Dragon）号撞翻民船一事，海关监督令你暂停办理清关以待调查的第 35 号呈文收悉。

二、本人认为你在收到海关监督书面命令后应立即照办并暂停办理清关。但同时若最终处理结果对“神龙”号有利，监督须负责赔偿该船的滞留费、损害赔偿金、诉讼费用及所有其他因扣留所产生的损失。

三、本案中领事暂扣船舶登记簿的做法开了一个很好的先例，不失为处理此类问题最保险的方法。今后监督若意图阻止清关，或致使船只非正常滞留，应立即告知其行事之责任，令其做好承担后果之准备。

（签名）总税务司赫德

致津海关税务司

天津

海关总税务司署

1868 年 10 月 28 日于北京

第 55 号

———

天津辑

先生：

一、17 日关于上月 10 日“神龙”号碰撞事故及其未领红单离港一事的第 75 号呈文收悉。现告知你总理衙门已札监督阁下在船只返回天津时拒绝其进港。除非得到崇宫保[①]特别授权，届时你应拒绝接受任何进口舱口单，不予签发上下货准单；乘客不得上岸，货物不得卸下。若在“神龙”号到达时领事对其进行申报，可将申报文件退还领事馆，并说明因该船离港未领红单，回港申报无法正常处理，故你依令不准该船进港。

二、你最好立刻面见崇宫保安排后续措施以期互相支持。需待碰撞案解决，完清税饷并缴付因未领红单（更准确说是海关拒绝发给）即离港之罚款后，方可允许该船进港。

三、此事你须依照《中英天津条约》第四十一款，并参照第四十八款的原则处理。

（签名）总税务司赫德

致津海关税务司

天津

海关总税务司署

1868 年 11 月 10 日于北京

第 56 号

———

天津辑

先生：

一、本月 7 日第 80 号呈文收悉，得知导致四人殒命的碰撞事故已解决，最终赔偿 400 元

① 译者注：即崇厚。

并已得到地方官认可。根据条约此类事件应由非中国官员处理，因此本人出面干预于理不合，也不负责对死因进行调查。同时，本人无法赞同提出或接受该解决方案之人，除非经过充分调查确有足够证据证明“神龙”号没有过错，而是涉事船只的莽撞及愚蠢导致了事故，“神龙”号仅是被动卷入这场事故而本身并无责任，赔偿只是船主大度之善举，以表达对在此意外事故中罹难者家属之同情。

二、然而，“神龙”号案件有两个方面，一面是英国领馆有权单独作出裁决的撞击案；另一面就如你10月17日第75号呈文中所述，即该船在海关手续未完结或未领红单离港。正是因为后者才使中国政府决定在其足额缴清地方所定罚金前拒绝其返回天津口。

三、根据你的呈文，本人得知当事人要求赔偿滞留费及市场机会损失，且该船试图清关时曾向D先生递交过一份保结，但他忘记告知你此事。本人对赔偿要求并不吃惊，更不用说现在看来他们还提交过一份应当与天津所有离港轮船无异的保结。该保结的存在使问题复杂化，为确定接下来的行动方式，本人有必要弄清下述问题的答案：

（一）10月13日监督与道台皆照会领事要求其扣留船只。领事或代理领事是否通过任何方式（口信或复照）表示其已收到这些照会？若确是如此，复照大意为何？日期为何日？何时收悉？

（二）第一封照会寄出后船只离港前，领馆与监督在13日、14日及15日这三天是否作过其他沟通？有无互访（亲自或是通过代理人）？

（三）X先生何时第一次向崇宫保提及“神龙”号一事，他们之间的通信属何类型？

（四）海关与领事馆间是否有任何关于“神龙”号清关与纳税问题的通信或沟通？不论是你与领事之间还是双方职员之间。

（五）“神龙”号离开后，你是否与领事馆就碰撞事故或未领红单离港问题作过沟通？是何情形？

（六）是谁将保结交予D先生？递交时间是否在15日？若确是如此，是在申领红单之前还是之后？是在“神龙”号离开锚地之前还是之后？D先生做了何种处置？他何时第一次告知你存在该保结？什么导致他当日忘记将其交予你手？

（七）税款完纳前贵关通常如何办理清关？请准确地分步骤描述。

（八）崇宫保接总理衙门札示到访领馆。为何在其访问后才执行这些命令？在“神龙”号回港前你知道保结的存在吗？

（九）你是否与崇宫保讨论过将要采取何种措施？他到访领馆后对这些措施有无反对意见？

四、回答以上问题的过程中，以及提供能够支持已采取措施的信息时，请你将监督与领事来往文书的副本、交予D先生保结的副本及任何其他与此事有关的文件副本转发本人。请你在回答时尽量做到全面、详细、准确。

（签名）总税务司赫德

致津海关税务司
天津

海关总税务司署
1868 年 11 月 30 日于北京

第 59 号

天津辑

先生：

一、你转发 D 先生有关“神龙”号清关一事中其行为的解释与辩解的第 38 号呈文收悉。D 先生上周抵达我处，并亲自将你手写的文件递交本人。他谢绝通过你呈递。同时 D 先生也在写给本人的信件中提到，该文件包含你给出的有关如何回答本人提问的“建议”。

二、在随附节略中，本人已附上署总理文案税务司卫特斯先生见证下本人与 D 先生三次谈话的所有记录。D 先生主动对其行为做出了解释，并将责任归于他的直接上级（也就是你）的不诚实，本人认为此举已然出格。据此，本人命令其直接返回天津。本人并未针对这一事件对其发表任何具体意见，仅是给出三个选择：（一）向你做出解释并道歉，直至你认为满意为止；（二）免职；（三）请求调查组调查。本人将会根据你对本文答复中有关 D 先生道歉及解释的具体情况来决定下一步行动。

三、你会发现 D 先生仍然坚持最初的主张，但他并不认可对于该主张简单自然的推论。在这种情形下，除非他彻底收回其陈述 [你针对问题（五）所写下的答案并非 D 先生给出]，本人想象不出还有其他方式能让你对其解释满意。

（签名）总税务司赫德

致津海关税务司
天津

D 先生的解释——1868 年 12 月 27 日总税务司与 D 先生谈话节略

D 先生从天津带来两份文件并面呈总税务司：一份为津海关税务司签署同意 D 先生赴京

的申请表（副署有“准假”字样）；另一份为 H 先生在“神龙”号清关问题上列给 D 先生的问题清单原件。总税务司询问 D 先生其必须亲自来京的理由，D 先生解释称此事牵涉到其个人，他必须亲自确保所有文件都能送抵北京，以防信件误送或丢失。并举例最近海关邮路遭袭，普通邮递寄送重要文件存在一定风险。基于以上考虑，D 先生又让自己的马夫再寄一份有关“神龙”号清关事宜的文件副本给总税务司。另外，D 先生声称若将正本交给天津的 H 先生，他无法确定这些材料经由税务司转呈能否与其亲自递交同样迅速。D 先生承认他并没有将通过自己的马夫寄送呈文副本至京的想法告知税务司。D 先生拒绝将 H 先生所写的问答文件交给 H 先生的原因在于 D 先生始终认为不应将重要文件交给除收件人之外的任何人。关于 H 先生所列的问题，D 先生解释他在津海关 H 先生的办公室回答了前 4 个问题，H 先生也记下了 D 先生的答复，仅作了几处微不足道的改动。之后，当问到第 5 个问题时，D 先生承认他有点犹豫，但当他正准备回答但还没有给出答复之际，他看到 H 先生已经动笔，故而 D 先生没有回答。与此同时，H 先生把文件递给 D 先生并告诉他“如此即可”，并请 D 先生有空时把这些问题的答案写下来。D 先生离开办公室并读到 H 先生写给他的所谓第 5 个问题的答案（就这些问题 H 先生请 D 先生在有空时自主写下他认为合适的答案，D 先生后来也照办了）后，立即（在处理其他事务时）告知 H 先生“向其递交清关文件并非惯例”。D 先生认为他本人未能完整自主地答复该问题，答复时有所犹豫的原因之一即不想再冒犯税务司。此前税务司已公开在办公室中训斥他令其身陷麻烦。但是，除了未被给予足够时间给出口头解释以外，D 先生在书面答复中也有所保留，并没有给出完整真实的答复。在其给总税务司的呈文中，使用了“如 H 先生所建议的”这样的措辞，旨在传达他无法如实地给出任何关于“神龙”号事件第 5 个问题的其他答复，而只能给出目前这样的答复。

D 先生接着叙述了 1868 年 6~7 月间，有次 H 先生忙于工作，告知 D 先生此后办理轮船清关手续时无须向其报告以免打断其工作。之后，D 先生及他的同事在办理轮船清关手续并接受保结时便不再向税务司报告每例情形了。

D 先生认为“红单”由海关监督的书办负责申领，而不是由委员负责。有时候经海关负责清关的关员提议申领，但一般而言，结关事务都在海关现场处理。当要求书办提供时，税务司从没有向海关监督书面申领“红单”的先例。

D 先生进一步解释在 10 月 27 日及之后，税务司才下达特别命令要求向其提交所有清关文书，今后依此照办。但在 10 月 27 日之前津海关则并不存在如此惯例。

（签名）署理文案税务司卫特斯

卫特斯先生收录的 D 先生对如下问题所做的明确的书面答复：（*姓名首字母大写：*）R. H.

一、D 先生声明，H 先生所书前 4 个问题的答复是在 D 先生给出回复之后写下的。至于第 5 个问题的答复中解释的是目前的做法，而不是原先的做法，D 先生也从未给出如此答案。请 D 先生仔细回想一下，是否仍要坚持 H 先生对第 5 个问题的答复（一）确实不是他给出的答案？（二）如果他有足够的时间作答的话，答案会完全相反？（三）是对“神龙”号清关期间海关惯例的虚假陈述？①

（一）是的。D.

（二）不是完全相反，但有很大不同。D.

二、D 先生称在“神龙”号申报清关之前一段时间，印制的格式保结尚未启用，彼时类似“神龙”号案那样让代办递交便条的做法是可行的。以下是否属实（一）在“神龙”号事故之前，海关曾几次接受过非正式的便条作为保结？（二）如果接受过，海关发给结关准单前是否未交 H 先生过目？（三）除在规定时间之内未能缴清税款外，自始至终都无须交 H 先生过目？

（一）是的——非正式但非无效。D.

（二）是的——在此期间我亲眼见过。D.

（三）我认为保结无须给 H 先生过目，但主要情况会向他汇报。D.

三、在接受保结之前（一）是否现在有，或者（二）曾经有过这种惯例，即税务司会在申请上写下“接受”字样，或将予以接受的结果以某种方式通知对方？

（一）我不清楚现在还是不是。D.

（二）我工作时还没有。D.

四、（一）D 先生使用“建议”一词，是否意在向总税务司表明其认为 H 先生希望 D 先生按照 H 先生所给答案来答复（总税务司提出的）那 5 个问题，特别是第 5 个问题？（二）D 先生是否清楚他的说法等于在控告 H 先生刻意误导总税务司？（三）若 D 先生认为确实如此，那么 D 先生如何解释 H 先生把文件交给 D 先生后，让他在有空时自主地写下自己的答案的意思？

（一）我认为特别在第 5 个问题上 H 先生给我这样一个答案意在让我以此为回答的指南。D.

（二）我不认为有必要如此推断，我从未想过要以此控告他。D.

（三）我认为 H 先生意在给我一个回答的指南，让我自己决定参照与否。D.

① 译者注：本篇中斜体字为原文中列于正文边的小字。此段里共三个问题，英文中未见对第三个问题的答复。

本人在场见证了对上述问题的书面作答。

（签名）署总理文案税务司卫特斯

1868 年 12 月 28 日于北京

1868 年 11 月 28 日总税务司与 D 先生谈话节略

D 先生在呈递给总税务司的文件中就总税务司向其提出的一些问题进行了书面答复，并提到他无法回答其中某个问题，担心答复的内容会被解释为控告津海关税务司不诚实。而他只意在为自己辩护而非指控他人。

总税务司在向 D 先生宣读所有答复后对 D 先生说：既然 D 先生不愿改变他的观点，那么总税务司只得给他以下三个选择：一是即刻返津面见税务司，向其表明自己使用的词句和言语之间看似暗含了对津海关税务司的重大指控，实则是因自己对英语的无知导致，并为此深感歉意和懊悔。本质上就是必须做出一个令税务司满意或者至少能够接受的道歉；二是免职；三是成立一个由三名海关高级官员组成的调查组，总税务司将执行该调查组做出的任何决定。

总税务司让 D 先生充分考虑以上三点建议，并请他在半小时后做出选择。

半小时后，D 先生到来并当场决定向 H 先生道歉。

总税务司表示只要 H 先生认为可以接受，他也不持异议，但目前不会就此事发表观点。另外若 H 先生不接受道歉，到时 D 先生仍然可以要求调查组介入。

总税务司后来又向 D 先生确认如下几件事：D 先生给总税务司呈文的想法是其本人的自主选择，未受任何人影响，也没有人建议他这么做。津海关的 Y 先生只是帮忙修改了一些语句表达，使文章更为通顺，并未改变文章的本意。另外，大部分津海关关员都知晓他呈文给总税务司一事。最后，他从未与海关之外的人士提及或商议过此事。

（签名）署总理文案税务司卫特斯

海关总税务司署

1868年11月28日于北京

第60号

天津辑

先生：

一、非常抱歉，本人不得不就你第81号呈文中对“神龙”号一事的解释追加一些问题。

二、在对本人第（一）个问题的答复中，你提到Z先生仅在14日去照Chou道台；而在答复第二个问题时，曾提到“崇宫保（据你称其彼时不在天津）收到文件后，派遣了一名委员前往代理领事处，但却被告知Z先生病了”。本人想了解：

（一）你提及崇宫保收到写给Chou道台的答复是指什么？

（二）委员未能见到Z先生的时间是14日还是15日？

（三）在第（四）个问题的答复中，你说你于14日早晨拜访了Z先生。本人必须请你提交这次谈话的详细记录，告知本人当时说了什么、发生了什么。

（四）在对第（六）个问题的回复中，D先生认为当时（“神龙”号离港时）海关没有将保结呈递给税务司的惯例，但在随后第（七）个问题的回复中，你又说：“一切正常，保结正式且符合规定，予以接受。”“保结符合规定且本人予以接受后，发给结关准单……否则本人不予发给……此案中，保结并未使用印制格式，在各方面都不够正式，等等。”以上解释本人读来，你意在告知本人津海关一直以来遵循以下操作规范：1. 保结必须正式，必须在印制的纸张上填制；2. 保结必须得到你本人认可后才可发给准单。是否如你声称那样，你不负有“金钱上的义务”？你“对此事无发言权”是否“当然不合情理”？

本人想了解：

1. 10月15日前轮船呈递的最近20张保结究竟是何性质？请一一提供副本。

2. 发给结关准单前，这20张保结你可曾过目？如果有，是哪（几）张？

3. 如果保结正常，“你”予以接受，“你”怎样告知结果？告知谁？

4. 你是否有见过或者签署过任何与这20艘轮船结关有关的文件？如果有，又是哪些文件？

五[①]、在第七个问题的答复中，你又提到“在未向海关确认所有的税饷缴清之前，（代理领事）发给该轮船一张领事许可证明”。

本人想了解：领馆方面在“神龙”号离开紫竹林（Tsze-Chuh-Lin）前并没有就税饷缴付情况询问海关，这点是否确凿无疑？

（签名）总税务司赫德

致津海关税务司

天津

海关总税务司署

1869 年 1 月 12 日于北京

第 7 号

天津辑

先生：

在此附上最近一次就“神龙”号一事英国公使致总理衙门照会的副本（阅后请归还本署）。公使阁下尚未完全理解总理衙门照会的意思，因此他回照请求总理衙门提供进一步解释（具体内容都可以在本人的边注中看到）。但本人认为让你自己阅读该照会副本更好，以便让你知晓：

一、此事尚未结案。

二、本人不得不继续调查，给总理衙门提供有关此案的一切可靠信息，以便总理衙门平稳推进此事。

（签名）总税务司赫德

致津海关税务司

天津

---

① 译者注：英文原文如此。

海关总税务司署

1869 年 3 月 1 日于北京

第 16 号

———

天津辑

先生：

一、去年 11 月 21 日第 83 号、12 月 11 日第 84 号、今年 1 月 12 日第 9 号以及 1 月 23 日第 18 号呈文均收悉，其中转发了 D 先生的呈文副本，该呈文充分解释了 D 先生之前针对你所使用的语言，并补充了有关你在“神龙”号案件中所作所为的信息。以上内容及收到的呈文令本人非常困惑，虽然本人不愿就此事发表评论以免使你难堪，本人一直以来都考虑到你税务司的身份及你之前的工作，这几乎使本人一度想要放弃调查此案。但本人认为在放弃调查之前，必须先清晰地向你指明放弃调查之后你的处境。为你自身利益考量，本人必须明白无误地向你说明你之前呈文（中的问题）；为你下属的利益考量，本人必须确保他们不受无端指责；为本人利益及本人的公职考量，本人必须确保结案前本人对案情已了如指掌。

二、首先，有以下两点本人需要事先说明：

（一）关于此案你已收到的文书中都未包含评价内容，仅仅是就事实问题一再向你询问而已；

（二）阅读下文时，希望你了解本人的本意并非对你的呈文提出“严厉批评”。抛开领事的所作所为（可能有一定问题）不论，本人仅想指出你自身前后矛盾不相一致之处，并对你的作为（或不作为）提出反对。本人之所以这么做，是因为本人认为税务司的错误行为会严重损害海关的整体利益。同时，本人作为总税务司也一如其他部门负责人一样，必须给你一个充分解释的机会。

三、本案可以自然地分为以下 3 个部分，本人必须考量：

（一）津海关的工作制度；

（二）你在“神龙”号案件中的行为；

（三）你与 D 先生之间的问题。

四、就第（一）部分即去年 10 月 15 日时津海关的工作制度而言，本人发现，在“神龙”号离港时，津海关有规定，保结并不需要你亲自予以接受，也无须让你过目，而只需由小工递给任何一名关员即可；它们可以采用任何形式，甚至可以在废纸上随意涂写。同时本人认为你丝毫不过问船只离港结关事宜——你对离港船只是否已缴纳关税毫不知情。简而言之你对离港船只是否正常结关一无所知，对此重要之事项缺乏监管，你给出的理由却是你不希望这些事情打扰你学习汉文。

本人别无选择，必须谴责这种工作制度。它将本来应由税务司亲自处理的工作交给了下级关员，让他们承担了与其职位完全不相称的责任。如此安排的结果就是你对关内的情况一无所知，也自然无法对任何问题做出准确回答。

至于处理这些事务会打断学习的辩解则完全站不住脚。各口任命税务司并不是为了让他们学习，而是去完成学习之外应当完成的任务。为提高汉文水平看似值得鼓励，但实际各口（比如天津）有关保结及结关的事宜并非十分庞杂棘手，即便在忙季一周也不过三四件而已，以打断学习为托词就显得完全不合理了。

当上级税务司自己的管理滑落至如此境地，又有什么理由去责备下属呢？

五、第（二）部分是有关你在“神龙”号案件中的行为。本人必须将其分为三部分分别考量：一是你的呈文；二是你执行本人训令的方式；三是你对自身行为的解释与辩解。

据本人所知，你第一篇呈文（10 月 17 日第 75 号）中有关碰撞事故的报告是准确的。但与海关有关的简单事实，如关税及船钞的缴付情况，你的报告是不是准确？你报称船上 10 箱洋药的关税未付，暂且不论你所谓“三天”的说法在技术层面是否有问题，因为这至少不会影响报告的有效性，然而你又曾在同一间办公室中写道之前那 20 艘轮船是具结代替税款后结关放行的！此外关于船钞，本人开始是从你 1 月 12 日与 23 日的第 9 及第 18 号呈文中知悉相关情况的，此后在你答复本人特意向你提出的问题时，本人才了解到不仅船钞已在天津口缴纳，且津海关已收到专照，该证书由 D 先生接收，当时 Y 先生在抄录呈文时还特意提醒过你此事。而奇怪的是，你在 10 月的呈文中却称：“本关对船钞是否缴纳不知情！”更奇怪的是，你在明知呈文有误的情况下，误导了本人整整三个月（从 10 月 17 日至 1 月 23 日）！你和你的下属明明知道有关情况，报告的内容却完全错误。请你告诉本人，若训令本身所依据的事实错误，那训令还有可能正确吗？请你告诉本人，如果上级对于下级报告中的简单事实都无法信任，那他该如何是好？

11 月“神龙”号回港前，你开始一点一点逐渐知悉你自己关里的情况，完全意识到了你之前给本人以及监督呈文中的信息有误，却依然执行本人的训令（该训令是基于你呈文中错误的信息），这是极不明智的。你这么做非但判断失当，而且完全背离了本人 9 月 4 日下发的第 36 号训令中有关扣留的原则。

你之后呈文中的解释、对所用语言及采取步骤的辩解依然是令人费解、引人误会且前后矛盾的。你先是在 10 月 17 日告知本人“关税未付”；11 月 7 日却称保结已递交给 D 先生，但他“忘记提起此事”（“忘记”一词将责任推给了D先生）；接下来11月19日你又解释保结必须于印制的表格上填制，再交给你本人处理，因此假设D先生当时收到了保结并不合理。但查阅保结登记簿后，似乎当时采用印制格式并非惯例，常规做法是由你的下属关员（而不是你）负责接受保结并发给结关准单。此后11月21日，关于D先生使用的“建议”一词，你并不认为这是由于他对这个词的意思理解不充分，在这里反而应作“最具攻击性”的解释。而后在12月11日的呈文中，你却写道“你对D先生的口头及书面解释完全满意”。另外，12月11日你又提到“（关于D先生对5个问题的回复）我已完全不记得当时写了些什么，直到D先生给了我一份副本才想起来”。但实际上你11月21日的呈文附件中已包含D先生提交的副本，却在三周后“才”想起来？再者，你10月17日的呈文中提到关于“神龙”号未缴关税离港一事，你对“英国代理领事做了什么并不知情”。11月19日的呈文在答复本人提出的问题时却称，在10月14日早晨你“拜访过Z先生”，他说“他应当会发还‘神龙’号船舶单证”。你10月17日的呈文告知本人“津海关不知道船钞是否已缴纳”。1月23日的呈文却称证书已连同舱口单交给D先生，且Y先生提醒你船钞还未缴纳。你12月10日的呈文中坚称你所谓“*我*做了什么”意思是“津海关某个关员做了什么”。但你1月23日的呈文却似乎与此矛盾，你说你写“津海关”不知道什么时，意思是“你”本人不知道什么。

此后，本人依据你所称税费尚未安排缴纳的信息而采取行动，后来发现你实际的意思是指船钞尚未缴纳，关税则已一如往常递交保结！此后本人想当然地认为保结情况属实并据此重新做出安排，指出津海关工作中的问题，尤其是D先生的疏忽（按你的说法）时，D先生却携带呈文来京愤而指出情况并不属实。D先生认为不是他“忘记”了此事，还指出如此操作是经由你本人同意，并提供了对你不利的证据。你对代词“我”的使用进一步误导了本人，本人以为“我”即指你自己，但你认为指津海关及全部关员；你使用“津海关”，本人以为是泛指津海关及其人员，但你似乎又仅指你本人！你称对领事采取了什么措施不知情时，本人本想借此指出确定关税缴纳与否乃是领事之职责，却又被告知你实际上曾见过该领事，且该领事也把他的打算告知了你，之后也依此行事。你确信D先生故意使用了最具攻击性的语言，本人基于此点对他进行询问后，D先生却报告本人他全无此意，且你对他做出的解释竟然满意！

最后，本人在此明白诚恳地请你回答：考虑到在京总税务司已向总理衙门做出承诺，保证所任命之税务司皆勤勉可靠的情况下，还有什么比他被一个税务司的工作疏忽及管理不善误导至如此地步还要窘迫不堪的事情吗？

六、关于第（三）部分，即你与D先生之间的问题。11月16日你似乎向他读了几个问题请他回答并记下了他的答复。

问到第 5 个问题，即为何他没有向你递交保结时，你看出 D 先生有所迟疑，便将你写下的答案递给他，请 D 先生在有空时作答，完成后再交给你。后来 D 先生给了你他的答复，与此同时又将一份写给本人的呈文递交给你，并将你当时给他的文件副本附在其中。他表示该文件中包含有你当时对他该如何作答的“*建议*”。然后他又亲自来京向本人提交了你手写的便条原件。

之后本人询问 D 先生，他表示此行意在为自己辩白，并无意指控他人。他小心翼翼，不愿对动机妄加猜测，也不愿认可任何推断，只是对某些事实一再坚持：那究竟是哪些事实呢？

事实如下：

（一）你手写便条中第 5 个问题的答复并非他所给出。

（二）他不会也不可能给出那样的答复。

（三）那个答复描述了 10 月“神龙”号离港时津海关的操作方法，但却与事实不符。

之后本人行文给你，表示除非 D 先生彻底收回基于上述事实的说辞，本人想象不出还有其他方式能让你对其解释满意。作为回应，你给本人呈文并附上了 D 先生给你的解释函，表示你对他的解释完全满意，而这个所谓的解释仅仅表明 D 先生从未想过要指控你有误导本人的行为。

D 先生一直以来都坚称他并不想妄加推断，也不想随意猜测动机。他认为别人怎么想与他无关。他从开始到后来的解释函中所强调的只是这么一个事实：针对他本人的问题，你当时给了 D 先生一张你亲笔所写的便条，并希望以此作为他的答复，D 先生现在坚称（一）他从未如此答复，（二）他不可能如此答复，（三）该答复与当时津海关的实际操作不符。D 先生在书面解释中又指出“建议”这个词——“我指针对第 5 个问题，H 先生*写下*并给我这样一个答案意在让我以此为回答指南。”

作为税务司，如此作为非与下属相处之道。

但对此你作何解释呢？你正式呈文（12 月 11 日第 88 号呈文）称这么做是因为你平时习惯催促下属作答，往往先写下你自己设想中对方可能作出的答复！这个非同寻常的“习惯”或许可以解释前 4 个问题的答复与实际用词有所偏差的原因（先不论本人曾特别指示你须取得“完整、准确”的信息，而你却允许这样的习惯存在），但即便真有这样的习惯，你如此答复第 5 个问题一点都不觉得奇怪吗？

你说“十有八九你会写下你设想中对方要表达的内容”。如今，你肯定已经知道 10 月 15 日津海关的实际操作并非如答复中所描述的那样；你也一定知道 D 先生当时不可能作出这样的答复。然而你又告诉本人你当时所写并非事实，而是你设想中 D 先生在迟疑时所想表达的意思！这样的解释甚至比（待解释的）事情本身更加匪夷所思。

你用“忘记”一词，把差错的责任推给了D先生，令他不得不为自己辩护。他坚称是你将这样的说法写在便条中交给了他，若是接受这样的答复，就等于你牺牲下属保全自己。D先生立即表示如此对他不公，且与事实相悖。出于对你的信任，本人要求D先生对这一严重的指控给出解释。D先生之后呈文给你，在未撤回这一说法的前提下表示他无意控告你有不当动机。你回复本人称对此解释“完全满意”。在本人特意指出须从D先生处取得准确信息的前提下，你又以所谓“习惯”来解释为何第5个问题的答复并非D先生所给出。如此不准确的答复完全误导了本人。

七、本人以上所述定会使你难堪，但这么做对本人来说也绝非快事。然而，你应注意到本人一直力求避免作出推断、揣测动机，通篇仅仅如实罗列你在空闲时在自己的办公桌上亲笔所写的文字，而并非（像你那样）通过催促和极易引人误解的口头询问获取的答案。经过充分考虑，综合所有之前你写给本人参考的呈文，本人仅仅将你的文字一一罗列，请你告诉本人到底该如何理解这些文字？

你反对“严厉批评”，本人尽力避免，仅仅引用你自己的文字以期查清事实。

你声称若本人有任何疑问，可以召集各税务司组成调查组。但本人以为即便组成调查组，结论也不会（与本人的调查）有丝毫差别，因为你呈文中所述已足以确认本人所列事实。到时其成员恐怕也会与D先生一样，不愿猜测动机或者作出推断。调查结束后，你与本人又会回到起点——即你的行文依旧自相矛盾，本人则心念你十年来的工作，依然真心相信你值得信赖，工作卓有成效。

你最后一篇呈文中提到你并不关心此“痛苦的事件”如何收场。你认为此事有辱你的身份，觉得自己“被当作一个彻头彻尾的罪犯”，而你所“期望”仅是得到“信任”。本人从未质疑过你的诚信，也未曾有辱你完美的名节。此“痛苦的事件”肇始发酵自你的官署，而非本人。而那些使你沉重的感受则完全来自你自己的答复，而非本人的质询，本人未曾就查清“神龙”号事件以外的目的提过哪怕一个问题。本人必须获知准确的信息以免误导总理衙门，进而影响这一事件中船只及其代办有关事项的妥善解决。对于此事本人仅为履行职责，并未超出分毫，本人甚至怀疑是否尽到了应尽的职责：假若一个海关负责人的所作所为问题如此之多，他早应被降职到底层的岗位。本人也绝无可能为你的职务行为造成的后果负责，也绝无可能因你自己的陈述导致的感受及对你利益造成的影响负责。

八、综上所述，整个事件目前可总结如下：

（一）毫无疑问，去年10月中旬你领导下的津海关工作中出现了异常。

（二）毫无疑问，你10月17日关于“神龙”号案中税饷的呈文有误。或是你亲自作出了该报告，或是你在明知报告中有关税饷的内容不可靠的情况下，并未向有关关员了解实情就默许该报告发出。

（三）毫无疑问，你明知本人的指示基于你错误的呈文却继续执行一事轻率而不明智。

（四）毫无疑问，你的呈文前后矛盾已达不可原谅的程度。

（五）毫无疑问，你用“忘记”一词解释 D 先生的行为毫无道理，且你与 D 先生之间的问题无法因 D 先生的解释函而有所改善。

（六）毫无疑问，本人已彻底无法理解，也无法为这一系列事件负责。

你不应忽视你的监管义务；你应当知道有关保结的情形；你应当立刻改正你关于船钞的说法；你不应在明知 10 月 17 日报告有误的情况下继续执行本人的指示；你应当能从条约章程中知晓我们不能因碰撞而禁止船舶进港；你不应称 D 先生“忘记”提到保结；你不应在 D 先生作答前写下答复；你的书面答复应当始终反映事实；你虽然接受了 D 先生的解释，但完全不影响 D 先生之前的观点；且你的呈文中错误众多、前后矛盾、引人误会。

将此令的中译本上呈总理衙门前，本人在此等候你的答复。

（签名）总税务司赫德

致津海关税务司

天津

海关总税务司署

1869 年 3 月 30 日于北京

第 24 号

天津辑

先生：

一、本月 20 日答复本人第 16 号令文对有关“神龙”号案件中你的行为询问等的第 33 号呈文收悉。本人现记录如下：正如本人前一篇令文中所述，本人从未质疑过你的诚实。你的书面答复，尤其是你于本月 10 日在北京时亲自所做的解释证实了本人的想法。你犯的诸多错误并非意在误导本人或牵连他人维护自己。文书往来后最终的结论是你的行为无须受到任何道德谴责，本人认为你应对此结果感到满意。

二、另一方面，你在答复中完全承认了之前的错误、前后矛盾以及判断失误之处。本人在此须告知你的答复已作记录。基于此接下来须采取何种必要措施，本人将另行行文通知。

（签名）总税务司赫德

致津海关税务司

天津

（总税务司第99号令文附件）

江海关1868年11月2日

船只完纳税款前具结放行事宜及设立关栈之建议

上海总商会

1868年10月7日于上海

第222号

阁下：

您8月24日来函谈及对船舶离口时仍未缴纳的税款进行担保一事，因此事涉及经常出入本口之诸多船舶利益，委员会需先就此事与船舶代理进行商议，故回复有所延误。

您建议此种情形下海关可能面临的损失风险由商会承担，此为商会章程所不允。商会职能仅限于商议对华贸易事项、作为商界代表传递商人呼声及对提交委员会裁决的分歧作出仲裁。

鉴于既要为航运业界提供方便，又要确保税收征收无虞，商会恳请借鉴他国海关处理类似情况的做法，即以应税货物本身作为税款的主要担保。

商会建议最终建立一套关栈制度，在此之前则采取临时性过渡措施：对于*进口*货物，海关可收取公共码头管理员或可靠的货栈管理者出具的结关时尚未纳税的货物收据以及海关放行后方可提货的保证书，必要时海关关员可亲临监督。

对于*出口*货物，商会建议关税须一律于签发装货准单时付讫。

然而商会认为解决该问题的最终办法就是尽快建立关栈制度，建成海关认可的货栈用以存放享有留置权的货物。

在任何情况下，货主都有权在申请卸货准单时要求退还遭遇损毁或投弃的货物所缴纳的税款。

感谢阁下向商会传达此事。

（签名）商会主席艾·波特

致海关总税务司赫德先生

北京

（前函复函）

海关总税务司署

1868 年 11 月 2 日于北京

第 158 号

特辑

先生：

一、感谢您答复本人 10 月 7 日关于结关时为仍未付讫税款作保一事的函件。

二、有关关栈制度的问题，应该有望于明年春季最终解决。本人为此及其他事务到沪时，希望能听到商会更为成熟的意见。据本人所知，中国政府已有改变之意，但仍有可能不同意在上海口设立关栈一事。

三、关于保结一事，阁下复函并未过多论及解决此事之道，本人对此感到遗憾，但仍望阁下能使商会相信，海关一定竭力采取与各口实际情况及要求相适应的措施，尽可能少添麻烦。

（签名）海关总税务司赫德

致上海总商会主席

1869 年

船只具结放行；总理衙门不支持将私人货栈用作关栈

海关总税务司署

1869 年 2 月 11 日于北京

第 10 号

上海辑

先生：

一、1 月 21 日第 17 号呈文收悉，文中转发了就担保事宜致商会函件的副本。本人在此即予答复，请你务必留心，未经总税务司署批准，不得作出任何许诺、不得执行任何建议、不得引发对将来的盲目猜测、不得令海关与此有丝毫牵连。因此，请将你的考虑限定在如何处理因难以找到买家而尚未付讫税款的船舶实施具结放行这一问题内。

二、此外还有一点非常不确定，即该笔款项总理衙门是决定于江苏省内一口集中收取，还是于多个省份的多个口岸分别收取，后者将会削弱中央政府的支配权。此外，有约各国难以对存储保税货物的“私人货栈”之选取原则达成一致，即便达成一致，某些私人货栈主也会叫嚣因为国籍受到不公正待遇，不久后也极有可能向他们倾斜而违背之前的原则。由此看来，此事不仅需要万分谨慎，而且在采取每一项意在改变的措施前，都必须告知总税务司署并得到许可。例如，总理衙门*拒绝*接受许可“私人货栈”用作“关栈”的建议，并给商人两个选择：一是由商人们自行组成一家保税商行并建造一个独立的大仓库；二是允许海关为他们提供保税仓库。并且无论自建仓库还是由海关提供，都要求*所有*进口货物须经由该仓库过关并支付仓储费。本令意在向你个人提供信息及指引，以免你做出令自己陷入尴尬境地的安排或承诺。因此请你撇开无关事务，不要再节外生枝另增议题，集中精力考虑*当前形势下*最佳解决办法。同时请你谨记，可使船舶免因完税单据未交齐而被临时扣押的保税仓库制度目前尚不存在。

（签名）总税务司赫德

致江海关税务司狄妥玛先生

上海

两广总督发布关于中国巡船之公告

1869 年 3 月 16 日于广州

第 32 号

阁下：

本人注意到上月 24 日香港《德臣西报》① 刊载了（两广）总督及粤海关监督发布关于中国巡船的公告译本（由梅辉立先生翻译）。在本人要求下粤海关监督发来一份公告副本（已附后②）。恳请阁下知悉，他们事先并未就此同本关进行过任何商议。

（签名）税务司吉罗福

致总税务司赫德先生

两广部堂瑞

粤海关部师

为示谕严禁事。案照各属出洋船只，在香港贩运洋货，赴各路销售。有由省河大关完税者，或由潮州新关完税者，惟路之所经，听从商便，然皆不得绕越走漏，诚以新关归大关兼管，虽分而实合也。至各子口征收，以及挂号、销号俱有定章。固不容商客任便偷私，亦不准书役妄行需索，久经示谕在案。现访闻竟有匪徒，假冒本关部船只在洋面拦截货船，任意勒索，致令各货船心怀疑惧，不敢通行，大为客商之害，实堪痛恨。兹本部堂、本关部会商，严拿匪类，净绝根株。所有海关现无轮船，其各口巡船概不出海缉私，通谕各口巡艇只在口

① 译者注：《德臣西报》（The China Mail），又名《中国邮报》《德臣报》等。

② 译者注：原书第 278 页附有该公告中文本。此处将原文由竖排改为横排、繁体改为简体并加注标点。

上巡缉，不得出海查拿，以别真伪而易搜捕，并由本关部将本年十月内轮船缉私告示撤销，另由本部堂委派巡洋火船员弁访拿假冒缉私巡拖各船匪徒，从重究办外，合行出示晓谕。为此，示谕诸色人等知悉，尔等各宜安分营生，切勿玩法滋事。如再有匪徒假冒本关部缉私旗号，拦截货船，即与洋盗无异，一经拿获到案，即尽法惩办。本部堂、关部言出法随，决不宽贷，其各凛遵毋违，特示。

海关总税务司署

1869 年 4 月 12 日于北京

第 13 号

广州辑

先生：

3 月 16 日第 32 号呈文收悉，其中附有两广总督及粤海关监督发布关于中国巡船的公告，并声明他们事先并未就此同贵关进行过任何商议。

答复此事前本人必须说明一点，鉴于粤海关目前并无任何出洋巡船，该公告对贵关实际并无不利影响。因此，总的来说粤海关监督事先未就此事同你进行商议也就不足为奇。本人已充分注意到部分口岸的税务司不能直接用汉文与当地海关监督交流一事，因此当地海关监督已渐渐不愿再参加需要通事居中翻译的冗长会谈。由此逐渐形成了新的习惯：要么无视税务司的存在；要么依赖某个懂得外语的人士，受其意见左右，其语言能力往往使其具备权势及个人影响力。解决这一问题的办法自然是掌握汉文直接交流。好在北京度过的半年时间已为你打下基础，而目前又在广州得以夯实，本人对此深感欣慰。希望你尽快做到毫无障碍地使用汉语交流。

（签名）总税务司赫德

致粤海关税务司吉罗福先生

广州

广州缉私巡船事宜

1869年5月25日于广州

第45号

先生：

第13号令文收悉，本人已认真研读。

对于那些由无法直接同当地中国官员交流的税务司进行管理的口岸，本人自然不可能知道你的经验。就本口而言，本人认为当前事态并非由于本人无法同中国官员直接沟通所致，而在很大程度上是由你1864年第8号通令束缚了本人的手脚且你不愿批准采取果断行动所致。

数年间，你只为本关配备了“坎发”（the Cumfa）号一艘轮船，其战力过于低下，无力根除本省猖獗的走私。这一点本人在致你的私函中已反复指出，最终你同意本人向同孚洋行咨询从美国购置两艘轮船的成本。本人及时将该行答复向你呈报，并附上了购船计划及成本节略，而此事再无下文。最终“坎发”号被弃用，由“海靖”（the Hai Ching）号取代。此船在私贩面前一样软弱无力。自本关设立以来，从未采取足以向中方证明本关诚心实意致力于或有志于根绝非法贸易的举动。

中国官员耐心等待数年，却发现进展甚微，自然倾向于将此事收归己手。广东巡抚蒋益澧到任几天后即告知本人其欲采购巡船，并询问本人对此有何看法。本人答称你已为此制定了从美国采购轮船的计划，当你认为时机成熟时自会有所行动。其时巡抚对此答复似乎颇为满意，若非海盗问题他或许愿意等待你的行动。

本人坚持认为由于第8号通令的存在，加之本人正在等候阁下关于购买轮船一事的答复导致本人无权协助巡抚。接下来的事情也证明若本人协助巡抚，将与其共陷困境。本人已在私函中向你说明，该巡抚在税务司美理登先生的协助下（其未就此向本人作出解释）发现领事乐意助其一臂之力，且他们（或者更为确切地说）领事的手脚并未受到如你1864年通令那般束缚。

只要这个国家现行允许或者纵容欺诈贪腐的体制继续存在，则那些同我们有接触的中国官员仍将视我们为敌，并认为我们在监视他们，如此他们自然更倾向于与领事合作。领事们自然又会向各国公使作出利于他们的报告，而公使们又会将这类报告转达总理衙门，相反我们的职责却是报告领事的不当行为。

此地远离朝廷，以致官员自认为可以为所欲为，执行中央命令与否全看是否对其有利，他们也似乎拥有一种可以不受中央政府支配采取独立行动的地方权力。在众多此类案例中，本人以总督在 *CHOW CHOW* 一事中的作为以及其如何应对你 1865 年起草的移民规程为例加以说明。

第 32 号呈文中本人仅转发了附件，并未对其作任何评论，之所以如此是因为希望它能让你意识到本关的困境。本人不愿就该话题详加论述，是因为你对本口事务疏于关注而深感气馁。尽管本人并未说明，但令本人不满的与其说是粤海关监督未与本关沟通，倒不如说是总督并未征询粤海关监督的意见。本人在此前的呈文中向你指出过总督已开始独立行动，并指出本人能想到的唯一解决方法是将本关置于总督的管辖之下。本人亦一再告知你除非该总督受总理衙门札示，否则不会同本人坦率交流，本人出缺期间他同样不会与柏卓安（Brwon）先生坦率交流。总督常年授权粤海关监督就其衙门中不断发生的违规行为随时向朝廷报告，粤海关监督实际上却对此无能为力。在他离京前已接到宫中指令要求提供刺绣等贵重物品（现任粤海关监督到任后已被迫将价值 35000 元的物品送入宫中），而这类费用不得列入其支出账目。

仅靠外国人的间接协助，其自身是否有能力管理这些巡船？想必有船在手的总督或巡抚都会乐意尝试一番。据本人观察其成效相当不错。

作为对你令文的回复，本人提出一个问题：倘若掌握汉文对与中国官员往来如此重要，那为何英法领事不通汉文，却在此间拥有如此大的权势及影响力？

总而言之，本人认为前述令文自本关开办以来具有转折意义——它是本关收到的第一份令税务司心生厌恶的令文。

（签名）税务司吉罗福

致总税务司赫德先生

江海关税务司提议停止征收土货复进口半税

海关总税务司署

1869年3月29日于北京

第33号

———

上海辑

先生：

一、3月2日关于由洋员征收中国内贸货物税的第56号呈文收悉。本人须指出，对进出国境货物征税与对国内货物流转征税是完全不同的两件事，应区别对待。尽管应当承认这一原则在经济上合情合理，但不能忘记但凡税收或多或少都具有任意性，政府在决定征何种税及如何征税时必须以其特殊需求及不同特性为导向。例如在比利时这样的弹丸之地，对从国内一处运至另一处的货物征税，若抛开其与国民生活的关系，仅从其可能对国家福祉带来的影响来看，明显与理论上的公平经济原则相悖（即一国不应对由国内某处运往另一处的本国商品征税）；然而对于在中国这样疆域辽阔帝国内的货物流转征税，相应则并不那么有悖于这一原则，因为生产商和消费者能感受到征税所产生的不利影响越来越小。后者（中国）取消对本国货物征税恐怕只有在这部分税收可通过对外贸（即进出国境的货物）征税予以补足的情况下方为正当合理；就像前者（比利时）要对本国货物征税也只有在绝无可能通过对外贸货物征税来取得相应税收时才算合理。经济学原则并非一成不变放之四海而皆准。这些原则若根基牢固，或许在*其适用范围内*可视为普遍真理，但若超越其适用范围，就可能反受其害。在讨论经济问题时，与经济原则的正确性和适用性同样至关重要的是考虑政府需求的实质、为此采取的措施以及受委托执行这些措施的代理机构。在某些情况下，通过对出口货物征税而将维持政府运转的重担抛给外国消费者可能是便宜之举，而在另一些情况下——暂且不论其“保护”作用——通过对进口货物征税而让其本国国民来维持政府运转才是便宜之举。然而，本人很怀疑是否有经济学家更喜欢这样一种不确定的税收体系（即你在呈文中所支持的那种），即由不领俸禄的腐败官员通过“安排”来征收税款并以此为生，而为征税提供唯一合法性的政府反倒成了受害者；却反对另一种税收体系（即你在呈文中所反对的体系），即由从优给酬的官员按照公开、固定的税则公平地对所有商人征税，并定期将所收税款如数上解为征税提供合法性并从征税中受益的政府？

二、你建议洋关不再负责征收土货复进口半税，而仅负责征收洋货进口关税及（所谓的）土货出口关税以及以上两类货物的子口税。你的论点如下：

（一）从经济学上来说，对从一国境内某处运往另一处的商品征税是不合理的。

（二）洋关对这类贸易所征税款仅是全部税款的一部分，与其如此还不如全部由中方自行征收。中国官员及商人可（私下）作出与这类贸易相适应的安排，而不是由受雇的洋员来操办。他们只会照章办事，一成不变严格按照固定税率征收。

（三）若由中式观念（例如，无俸禄的官员、贿赂、私下交易盛行）塑造下的中国政府管理，货物装卸过程可能更为便利；加之若没有政府的干预，恐怕很多（禁止通商）的未设关口岸早就由中国商人通过外国人（偷偷地）向外国商船开放了。

（四）一个外国机构不能按所在国国内的办事原则（即对国内贸易征税）行事，洋关并不胜任这一职责。

（五）中国官员完全有能力将其国人应纳税收应收尽收，外国人不应插手，尤其是在所收款项全由中方统筹支出的情况下。

（六）由于上述工作几乎完全属于国内事务，因此就必需得到中国人的协助，中国帮办的势力就可能膨胀，并导致将中国政府的办事方法引入（洋关）。

在本人看来前述论点自相矛盾。在某些情况下（在中国*确实存在*这种情况），对货物流转征税*可能*很合理：由诚实的代办根据既定的税率对内贸货物征税并且不受中式“观念”影响*将*更为理想，而不是抽身离去。中式“观念”影响下的机构加上未设海关的开放口岸只会复制那些国内贸易中的乱象，而洋关的开办正是希望用这一榜样来终结这些乱象，并将中国这架驷马大车引入国际协议的合理框架内。所谓“国内”原则，并不能成为排除外国人参与对运输中货物征税的理由。而“国内”一词无论是在这一点上，还是有鉴于中国的实际情况，都不会使征收内贸税变得昂贵而不便。中国官吏可以征收所有本国商人应缴税款，意味着他们可以征收中国政府应当享有的所有税款，也可意味着商人与官员们可以无视法律规定私下讨价还价。第一种情况可能并非事实，但可以确定第二种情况已使得舞弊横行，伤及帝国命脉。最后，中国帮办将他们的做法引入洋关与洋关存在的主要目标之一恰恰相反，即*洋关应将其实践引入中国机构*。

三、税收问题可以从两方面看待：既可从其对商业及国家财富的作用来看，也可从其为政府行政提供财力支持来看。纵观上述两点，再来考虑你提出的洋关不再参与征收中国国内贸易税收的提议，本人坚定地认为你的观点站不住脚，你的论据不够充分，你的看法也很成问题。

四、同一艘轮船上的货物若须由四个部门监管极为不便，天津的情况可能就是如此。虽然按照规定由*洋船*载运的货物应当由洋关负责处理，但实际操作中已就此作了够多区分。你对此提出的用民船载货比用洋船载货缴税较少的观点也仍有待证实，即便真是如此（本人对此表示怀疑），较少的运费及保费也会使那些租用洋船的贸易商与用民船载货的商人竞争时不处于劣势。

五、同时感谢你的呈文，即便其中有着一些似是而非、哗众取宠的地方，其内容仍值得深思，使得本人能够更加深入地理解此事，作更加全面、充分的思考。

（签名）总税务司赫德

致江海关税务司狄妥玛

上海

反对在上海引入关栈制度之理由

海关总税务司署

1869年3月30日于北京

第34号

———

上海辑

先生：

一、3月10日关于上海适宜引入保税制度的第63号呈文收悉，该文为回复本人2月11日第10号令文所作，本人现有以下几点意见作为答复。

二、在上海引入保税制度目前无法纳入“现有条约”框架，若要修约则中国可能将“*所有货物必须经由关栈通关*”作为实行保税制度的条件。

三、对商人而言，支持引入保税制度的原因无外乎两点：一是暂缺资金；二是想从原本应缴纳的税款中获取利息收入。像中国这种关税税率较低的国家，政府对于现金的需求就是反对保税制度的绝好理由，正如商人缺乏资金是支持保税制度的绝佳理由一样。很明显，想在值百抽五的税率下再获取利息收入虽可操作，但极为罕见。因此商人提出的设立关栈之要求有可能他们自己也未考虑成熟。这一要求是否经过深思熟虑暂且不论，决策者及执行者毫无疑问必须严肃对待。目前，呼吁中的上海关栈制度似乎要求允许商人将货物存放于自有货栈，以便随时提货，而关税只需在方便时缴纳。但租界内货栈众多，散于各处；批准哪些作为关栈极为困难；强势领事也有可能逼迫软弱海关放弃原则；另外资金匮乏使得雇员短缺，将导致海关没有足够人手管理数目众多的货栈，恐怕也无法满足货主随时提货的要求；最后，事实上通常设立保税制度的那些理由在中国仍不充分，甚至几乎不存在。总之，中国政府在这件开弓没有回头箭的事情上理当三思而后行。既要满足设立关栈的要求，又要避免将所有货栈批准为关栈的危险试验便只有两个办法：要么由政府设立一处足够大的关栈，要么授权公行经营。由于该要求并非出于税费过重，而是因为一时心血来潮，中国政府完全有权制定用以支付关栈维持费用或保障公行不受损失的规程，因此可能规定所有货物必须经由关栈通关且按照某种渐进标准交纳仓储费。此举其实并非意在满足通商的实际需求、消除面临的阻碍并促进通商，只不过是应对设立关栈的呼声而已。正如你呈文中所言，保税关栈在中国并非通商的实际需求，也并非那种自然形成健康发展的制度，因而根本谈不上成败，其结果只能是稀奇古怪且矫揉造作的。

四、你在文末很好地表述了对进口货物实施保税制度的目的，即将税款缴纳推延至货物运抵最终目的港时，但问题是即使在上海，商人们是否真的愿意引入这种制度？该制度下商人们虽然可以延期缴纳税款，同时免于办理免重征执照及存票手续，但却会导致其失去货物的管辖权，且不得不遵守进入货栈的时间规定，同时还要办理一系列申请及许可。非但不比现在轻松，反倒可能更为麻烦；相反，在目前的简单制度下，商人只需立即按照税则付清少量税款，之后便可自行保管货物，再去办理免重征执照及存票。保税制度确实可以方便江海关区分销往上海与销往他口的货物，使得对前者进行查验成为可能。但是比起引入这一制度所带来的问题，这一优势会否得不偿失？保税业务绝非易事：不论是对于关栈，还是存于其中的货物而言，保税业务对财产权及所有权均多有干涉，定然会被视为保障税收的手段而非促进通商的措施。即便是在税率较高的国家给予商人是否保税的选择权确实有助于促进通商，但依然会被视为保障税收之举。因为对于一些商人来说，如果需要立即付清税款，他们往往会设法偷逃部分税款，而引入保税制度会促使这些商人选择保税。

五、本人并不反对讨论这一议题，最近下发的第10号令文仅是提醒你不要将总理衙门牵连其中，同时不要作出任何可能因出乎你我预料的其他因素而导致不便甚至无法兑现的承诺。在处理“进口货物处置”的问题时，你仅可就允许船只在少数进口税款未付讫之前离港作出安排。

六、本人并不反对你就选取仓库批准为关栈应遵循的原则一事征询商会意见，也不反对你讨论该原则。你认为对“棉花与羊毛”两项货物采用保税政策将有助益，本人也无异议。但本人希望你牢记，未经请示总税务司署并得到许可前一律不得对外作出承诺或者擅自决定任何事项。

（签名）总税务司赫德

致江海关税务司狄妥玛先生

上海

江海关税务司关于洋关应仅限管理外贸事务之建议

海关总税务司署

1869 年 5 月 12 日于北京

第 50 号

上海辑

先生：

一、4 月 29 日关于内外贸区别的第 92 号呈文收悉，作为答复本人不得不声明，本人依然坚持原来的观点。

二、你用了一种近乎诡辩的方式提出了下列论点：

（一）内外贸有别；

（二）因为内外贸有别，所以需区别对待；

（三）因此《海关税则》[①] 不应同时适用于内外贸；

（四）中国官员在内贸中征收的税款比由洋关依据《海关税则》征收的税款要少；

（五）因此，洋关应当限于外贸领域，同时新开口岸也不应再设洋关。

三、你呈文中的要点已由上述论点及结论表述清楚，而本人必须指出上述推论多有不合

---

① 译者注：即《天津条约》附则《通商章程善后条约》，下同。

逻辑之处。

四、“内贸并非外贸”，这个结论不言自明，但是要得出内外贸需区别对待的结论，却还缺少一个不容置疑的大前提。中国的内贸不是中国的外贸，因此针对外贸而制定的《海关税则》并不适用于内贸。根据实际情况，这个结论可对可错，但在得出这个大前提（这个大前提是该结论的基础）前，还有许多论点需要证明，许多术语的含义及周延需要厘清。中国官员在内贸中征收的税款比洋关依据《海关税则》征收的要少，因此得出洋关不应参与内贸管理，也无须在那些不太可能有大量外贸的港口开办的结论不过是一个缺少中间项的论证，或者更准确地说是一个因缺少公认前提而站不住脚的推论。

五、若税则规定的税负畸重，商人理所应当可请求修改。假如外贸税则适用于内贸造成税负过重，其不当之处自会显露。然而没有迹象表明，也没有理由认为采用外贸税则会对中国内贸可能造成损害；然而，继续坚持对由洋船载运的土货——不论其运往何处——一律适用外贸税则反倒是立刻显得有理有据。你想证明的不过是一个不言自明的事实，但内外贸应分别予以考虑这一不证自明的论点并不意味着要对两者采用不同的措施。此事中我们的职责很明确，即执行那些经过仔细斟酌用以指导我们工作的规章，直到有人站出来证明自身利益受到这些规章的不公损害。真正的改革，其精髓在于纠错，而不是出于好奇挖开土壤观察底下的种子是否生长，或推倒房屋勘验其地基是否牢固。政府在推行任何一项新政之前均应全面衡量其可行性，一旦付诸实施则应由受政策影响之民众（而不是政府）来证明其撤销是否必要。此事中，就内贸适用外贸税则这一问题，根据本人所掌握的些许信息，本人认为在任何情况下，由*外籍官员*依据外贸税则对国内贸易征税，在某些节点其税负只会比依据内贸税则更轻。你所坚持的立场到目前为止仅仅基于一个疑问，即外贸税则是否可适用于内贸，接下来你就从一个还未得到解答的疑问跳到了结论，而不是从已经确立的论点中推导出结论。

六、关于是否应将洋关制度推广到其他口岸这一问题涉及诸多考量因素，本人没有时间也没有必要一一加以探讨。但有一点可以明确，反对推广该制度的主要理由是中国政府的事务应由中国官员管理，但有鉴于中国本土官员的品德，这一反对理由站不住脚，除此之外的其他考量都证明推广洋关制度恰当而有利。

七、这两个问题不能通过“强词夺理”来解决，它们涉及许多重要的考量因素，任何决定都会影响诸多利益相关者。此令文中本人不会再作延伸，也不会对两点提议中的措施详加剖析。本人作出以上答复仅是为了表明要如何论述才能经得起推敲。令文的字里行间充满理智，并阐明了几个重要原则。但是到目前为止，本令文及其之前的数篇令文中本人并未给出任何能深入该问题细节的信息或实例。若希望通过无可争辩的事实及无懈可击的思考来达致实际成果，则需要一份比我们之前那些往来函件更为冗长的通信。但公开谈论这些话题本人认为还是留待他人为好。

（签名）总税务司赫德

致江海关税务司狄妥玛先生

上海

1868 年《引水总章》：引水人拒绝更新字据

海关总税务司署

1869 年 6 月 21 日于北京

第 38 号

———

天津辑

先生：

一、本月 19 日第 52 号呈文收悉，文中报告部分引水人拒绝交出旧字据换领新字据一事，并由此询问本人对《引水总章》的总体看法。

二、答复如下：首先本人必须说明在当前背景下，关于引水海关的工作应以下列三项为限：（一）考核候选人；（二）发给引水人及引水船字据；（三）暂撤字据。其他引水管理事项应尽量交领事处理。外籍引水人均享有治外法权，他们最终有权向本国政府提出申诉，因此一般来说还不如从一开始就交给领事管理。从丰大业（Fontamier）先生关于“L'Energie”号案的信函中，你们可以看到（领事）对海关越权是多么嫉恨，海关对享有治外法权的引水人也多么缺乏管理手段。可见要解决目前诸如拒绝更新字据等细节问题，显然税务司与口岸领事的私人关系远比本署发出的各种指示重要得多。

三、《引水总章》第五款第二条规定：每年 7 月 1 日，引水人应缴费续领字据。因此本人建议理船厅即刻发出一则布告，点名要求所有引水人在 7 月 1 日前带旧字据前来，缴清续领费用后由税务司签发新字据；7 月 2 日（引水人因工作外出时可适当放宽）理船厅再发第二则布告，宣告撤销未更新字据者天津港引水资格。税务司除签发字据外，于此事与公众再无相涉。当然，私下里税务司应确保理船厅依《引水总章》行事。其后，理船厅应公布7月1日后合格引水人名单、空缺名额数量及考选局面试时间。若有未及时更新字据者报名参考，应取消其考试资格或对其疏失施以惩戒，令*其缴费*后方可续领。最后，本人强烈建议你设法与天津的保险公所代理私下达成友好一致，说服他们发布布告仅接受符合现行《引水总章》并持有正规引水字据者作为引水，本人认为此举对于加强理船厅权威最有裨益。

（签名）总税务司赫德

致津海关税务司休士先生

天津

中国事务纪略[①]

一、自1861年首次进京以来，我一贯力劝总理衙门向西人眼中“进步”一词的方向着力，其中尤以力陈向有约各国派驻大臣一事所费口舌最多。为说明外交诸事，我曾翻译惠顿《万国公法》中关于使馆权利及有关条约等内容申呈总理衙门，其时远早于丁韪良博士来京。我认为派驻使节一事最为紧要，其本身即为一种进步。且我认为在各种保全中国独立自主地位的方式中，这是最不致招人反对的一种。我也相信这将成为中西间一条紧密纽带，若如此则中国之改良势在必行、倒退无门。故值此修约之机，我再次劝说总理衙门推进此事，力度更胜以往。

作为第一步我须向中国官员证明出访西方实际上安全可行，旅途既非特别劳苦也非危险重重。最后我说服总理衙门在1866年派遣斌椿一行随我一道访欧，年底回京后我又建议再进一步。而后在1867年9月与10月间，我每次去总理衙门必定会谈及派驻大臣一事。当时谭廷襄大人告诉我，一两周内我就会收到朝廷采纳此建议的决定。文祥大人又补充若我能够抽空离开北京，将考虑委派我陪同前往，具体出访人选则将事先选定。因此总的说来，向欧洲派驻大臣一事已经很难说是帝国统治者自发的行动了。

至10月底，蒲安臣先生前往总理衙门辞行，在此期间曾提醒（恭）亲王在他应要求离开北京时，若有机会可就阿思本舰队解散一事作出一些说明。此后他又继续询问恭亲王，值此离任之际还能再为总理衙门做些什么。恭亲王开玩笑道：“哎呀，您还不如现在就出任我

---

① 见《祺祥英字新报》增刊，1869年11月12日。

国的大使!”本人之所以称之为开玩笑是因为彼时这仅为一句戏言。

丁韪良博士担任了当时的翻译，必定记得恭亲王当时的说话内容及方式。几天过后，柏卓安先生告诉我总理衙门已经在考虑委任蒲安臣先生代表中国政府出使有约各国，并且问我对此有何看法，我立刻表示支持。第二天我就前往总理衙门表示极力赞成。董恂大人告诉我:“我们已经有十之七八分的想法了，现在有了您的全力支持，我们就有十二分了。此事我们之前已充分酝酿，如今更是万事俱备。”

起初的想法是邀请蒲安臣先生单独出使，或仅由柏卓安陪同。总理衙门当时好像并没有意识到出使经费的问题。我认为一个中国使团不应没有中国官员，就提议德善为使团右协理与柏卓安（左协理）同去，此外又安排了筹措使团经费及确定薪酬标准等事。虽说派遣使团出使一事我已力陈多年，但这次选派蒲安臣先生却是出于一时机缘。他本人并未毛遂自荐，整件事情缘起于一句戏言。

二、依照我当时的理解，总理衙门派遣使团出访的目标，首先是向有约各国解释中国在尝试改变现状及引进新事物时不得不面对的诸多困难，并表示与各国保持并发展中外好友关系；其次是表示大度，但也会尽力防止一切以敌对方式强行榨取中国政府至今仍未放弃之权力的行为；最后是为日后中国除了能听到驻京外国代表的声音外也能在他国首都通过自己的途径发声的那一天铺路。

三、就报纸报道看，使团的目的被曲解了。使团本意在于解释为何在中国推进改良困难重重，国外民众却已认为大有希望，仿佛立刻即可施行实现。此外，慷慨但却无知不讲理的民众推波助澜，把使团出访的影响吹捧到了更高的维度。只有对中国完全无知的民众才会以为中国政府视那些重大变革为必须，且渴求其到来。即便中国政府认识到有必要作出某些改变，但奢求快速推进并在短时间内实现的想法也显得一厢情愿而不切实际。新闻界对使团出使目的的猜测已经完全言过其实了：他们已然忘记只有不到万分之一的中国人听说过外国人；已然忘记只有不到十万分之一的中国人了解外国的发明与发现；已然忘记只有不到百万分之一的中国人对西方国情、机法的优越性有所认识；已然忘记在中国那仅有的一二十个真正认识到西方机法价值的人中却没有一个人勇于倡导自由引进这些事物。中国人对西方的普遍无知，新闻界视而不见，且他们未能注意到那些阻碍革新真实自然存在的困难——即便这些革新已被证明有益。他们完全无视了使团所要传递的信息，即“记住我们的困难。”却代之以“我们已做好一切准备，只等发话即可!”因此，新闻界怀着巨大的期待不负责任地吹嘘，没有强调使团真正的用意，却对那些暂无可能推进之事（即便将来很可能发生）妄加推断。

尽管担任重要公职者发言难免带有官方色彩，但其也可借类似餐后谈话的形式表达某些个人态度。要理解其真实意思，应该从总体的态度入手，而不能拘泥于单个句子的意思。因而我认为尽管蒲安臣先生的纽约演说遭到严厉批评，但若不拘泥单个句子的字面意思（拘泥于此对演说者并不公平），那演说大体还是值得肯定的。该演说的主要目的是向大度而富有同情心的听众传达这样一个信息，即“让中国自行其是，你们希冀的一切*将来皆会水到渠成*”。演说遭到严厉批评，必须承认考虑到时下中国的情形，演说的用词确实有些古怪。若孤立地评价演说各部分，以过去的事实而不是整体态度——即未来充满希望作为出发点，则演说遭到猛烈批评就不足为奇。但若从整体出发，再考虑到发表演说时的喜庆氛围，该演说可谓真知灼见：从总结施行公平及不干涉政策的*可能效果*而非描述*既成事实*入手呼吁公平；从将来可能取得的成果而非已有的成绩立论呼吁不干涉政策。

新闻界已极尽夸大之能事，但最终中国以及世界会依据官方而非报纸上的褒贬来评价这次出使的成果。我相信，出访使团回国前必定会采取某种方式给过于乐观的公众浇上一盆冷水。新鲜感一旦消失，他们自然也会开始明白：由于进步涉及对一个具有久远历史国家的观念及体系的重大变革，因此需要时间与耐心。然而我不禁担心，若公众继续沉浸于幻想，不明白其期望是何等不切实际，届时结果不及预期，则后果可能致命，大有化友为敌之虞。

四、当蒲安臣先生被问及中国当局自身是否渴望改良，若是，会在何时走怎样的道路时，一个完全肯定的回答对于西方公众或是一个完全否定的回答对中国本身皆为不公。在广大中国官员眼中，用“*改良*”一词审视中国的现状及前景时，其指向与西人完全不同。从《京报》（Peking Gazette）中每日刊发的呈文来看，很明显帝国上下不乏密切关注时事的官员，他们渴望纠正错误、改进制度，他们能勇敢地坚持阐述自己的观点并向皇帝进献改良之策。然而这些言论皆事关中国内政而非外交、皆强调传统而避谈未来、皆基于伦理上的戒条而终于道德上的滥调，始终未能触及那些西人眼中作为一切进步基础之要义。总之，器用的改良（取其最广之义，涉及资源开发及产业创设上的行动自由）从未被提及。但这也并非难以理解，因为大部分人对此毫无概念，少数碰巧知道些许的人也鲜有赞赏。大约只有四十名左右的地方官员、十名左右的朝廷官员对外国人所谓进步的含义有些大体的理解。但这五十人中，没有一个已做好大胆追求进步的准备，甚至连一些小计划也不愿为之承担责任。针对这个问题，我请各位留意一份节略（已附在本纪略后），其中我提出进步已然肇始，将来必成燎原之势，理由如下：

“由于中国过去闭关锁国、当下又疑窦丛生，为确保其进步必须：一、允许其按自己的节奏推进、按自己的模式发展；或者，二、劝其进步；或者，三、以下列三种方式迫使其进步：（一）个人管理；（二）某个外国单独施压；（三）有约各国联合施压。但有约各国缺乏共同利益基础，故而无法联合。如由某个外国单独迫使中国进步，哪怕其毫无私心，也难免会因中国利用其他国家的不信任及猜忌暗中反对而遭致失败。个人管理，除个人影响力之外，只能意味着要弄阴谋诡计，必非长久之计。提出的建议必遭弃置，甚至会引发猜忌并引起无端反对，反而造成不利后果。因此，分析现行围绕中国进步问题的形势后，留给我们的只有一条路径，即任其自行其是，看看是否有可能真实而健康地推进改良。若如此，是否有开启改良之可能？*我坚持认为此事已然肇始*。一切进步的前提是需求，只要存在需求，就会有满足需求的动力。某些需求，在其满足的过程中又会伸出新的需求。需求正如源泉，一旦发掘就会自流成河。中国当下存在一种重要需求，即对强大的需求。在日常生活中，对变强的需求是一切需求的根本、一切进步的源泉。中国正试图满足这种需求，此过程激活了其他潜在的需求，因此需求便会与日俱增。当中国成功满足了某个需求时，满足其他需求的决心也就更大了，方式也会更具智慧。因此我认为当中国试图追求物质上强大的时候，她就已经踏上了改良之路，假以时日必将逐步开发资源、创办实业，最终取得物质、精神及道德上的多重进步。所以，我日益倾向于认为正确政策是‘让其自行其是’。不是因为我对中国的发展速度感到满意，而是我认为考虑到目前不容忽视的形势，比起之前经常使用武力强制极易引起反抗、阻碍健康自然的发展，若允许其按自己的节奏前进，中国很可能变得更好，最终达成利己而不害他的目标。”

中国当局自身已经意识到并渴望开启（我们眼中的）改良之路，这点已无须赘述，且我确信中国的改良已经肇始，尽管一开始速度较慢，但进步之动力必会与日俱增、发展之速度也将愈来愈快。

五、至于接见问题，毫无疑问目前某些知晓其中困难的官员主张以接见外国代表的方式解决。然而即便是朝中最有影响力的官员同意采纳外方主张，对能否和平解决该问题我仍然缺乏信心。【我认为面临该问题时西方国家要么为此而战，把中外关系的基调一次确定下来，要么放弃接见要求，默许某种以尽快驱逐外国人为唯一目标的政策施行。】目前朝中没有一个大臣敢于建议皇帝放弃中式礼仪，以西式礼仪接见外国代表。若有人敢如此建议，针对礼仪的讨论恐怕将会被无限期拖延，【为调集军队进京争取时间或】迫使该大臣放弃其提议。此外尚有另一种可能，即朝廷可能绕开礼仪问题，直接安排在御花园会晤。【如此则将对双方间互惠友好关系造成致命打击，因为若外国代表同意该形式，则意味着接受对自己国家的贬损。对于其他事项，希望事态逐步向好的方向发展，进展或许值得期待、追求或许可能兑现。但对于接见问题，一旦接受非正规接见则意味着首开先例，必然助长中国骄横之气。将来皇帝成年后若要修正，所费人力物力皆会远巨于当下。】目前的帝师翁同和是个顽固的老头，对中国以外之事一概不知，对外国人的态度极为偏激。即便文祥及三四个同僚极力希望维持和平现状，若他们敢提议参照美欧接见中国使团的规格接见外国代表，他们便可能失去职位、影响力甚至是性命。接见问题到底该不该提，或许各有各想法，但一旦提出，解决方式必须统一。

中外交往如今已势不可逆，外国政府坚持自己关于接见的立场实际上对中国政府自身有利。若久拖不决必将滋长误解，随时都有可能损害友好关系。若在 1860 年时就解决了该问题，时下诸事便会喜人得多。

六、当日大事即发布《中美续增条约》。这些条款可能对居住在加利福尼亚的中国人有用（这么说我实际上有所犹豫，此观点意味着美国公民没有善待华人，因此无论对美国公民还是政府都是一种贬损），但我怀疑这些条款在引导或鼓励中国改良方面究竟能发挥多大效用。认为中美比起中国与其他列强之间关系更为亲善是一种错觉，《中美续增条约》除了陈述已获得广泛认可的外交原则外也并无新意（至少条款字面如此）。我听到有言论称这些条款多此一举，中国只是在纸面上承认了美国在物质方面的优势，而美国实则有能力去做那些条约中承诺不会强迫中国做的事。这样的说法显然不是出自中方。这次美国起头并签署了一份旨在让中国自行其是、不加干预的条约，对其他国家的对华政策将产生何种正面影响？对此本人未曾发表意见。

七、具体来讲，我认为先不论其他，《中美续增条约》第八条并非意在催促中国加快进步的步伐。事实上站在本人的立场，进步的步伐自然会随着中国对强大渴求的增长而加快。但我认为若各国皆签订如此条约，反而会削弱这种渴求，从而阻碍（如果不是完全停止）进步。在这一点上，各位不要忘记中国对强大的渴求与另一种需求相伴相生：*中国正逐渐体会到履行条约承诺虽十分艰难却万分必要*。这种感受反过来又会加深中国对强大的渴求。中国的内忧与外患紧密关联，对强大的渴求与面对武力的孱弱又息息相关。若给中国一个对外变强的理由，她就能更好地履行其对内的条约义务。在此我并非提倡威胁中国，而意在质疑这种试图削弱中国与日俱增自强渴求的政策是否得当。中国人的无知也可能使其误解上述举措，进而做出错误决定。中国正试图变得强大，且已开始行动，但仅以强大到足以拒绝列国强行提出之改变要求或强制推行西方机法为限。让中国自行其是，同时保持压力使其时刻不忘对强大的渴求，不要试图令其在积弱中沉沦，如此则中国终将逐步变强。在追求强大的过程中，其他需求也会生根发芽，资源会逐步得到开发，中国最终也会接受那些他们起初拒绝并反对的西方机法。

在追求进步的过程中，中国迟早会主动引进铁路及电报。反之，使用强力会损害中国，条件尚未成熟就引进铁路及电报则会使投机者血本无归。但从另一个角度讲，我们需牢记若承诺不强迫中国进行改良即等于剥夺促使她进步的最大动力——安全感的缺失以及对于应对风险能力的渴求，这种感受会促使她作出努力并采取一系列行动，必将使其进步，最终引进西方机法。至于内地居住权及外轮内河航行权的问题（先不论这些是否方便有效），我认为必须要有条约的明确规定，才可要求中国对某项权力作出让步，且不能得寸进尺；反之条约若未明确则不可强加。

无论中华文明多么先进，需谨记其并非基督教文明，而是亚洲文明。中国人的民族自豪感使得他们面对外国人时倾向于在弯下的脖子上踏一脚，而不是去将轻触尘土的头颅托起。

明确的政策不应多变，公平的政策不应强求，坚定的政策不应退避，个人的政策不应借满足中国利益为由而行，而应出自自身需求才最有可能成功。任何故意忽视责任、强求无理的权利、放弃已有立场、自称有利中国而非其本国的政策只会引起误会、产生争执、招致损害、激起疑虑并遭到背地里的鄙视。我不赞同强势，也不赞同谄媚。我认为需要全方位审视该问题，若把眼光放长远一些，就会发现什么需要干预、什么干预只会带来损害是可以轻松区分的。西方不了解中国，中国也不了解西方。我们必须在两类外国人中寻找一种平衡：一类人在当下的中国，希望一切一蹴而就；另一类人则离中国千里之遥，总是在强势与不作为两个极端间摇摆。将来最佳政策应当如此：一方面坚持中国应切实向列强履行成文或不成文的义务；另一方面对于中国的发展，则应让其自主酌度。对前者的坚持将会加快后者即改良的步伐；对后者强加干涉则只会带来麻烦，最终极可能对前者造成损害。

本人言尽于此，并非因为已对该话题说无可说，只是再继续下去恐怕会超出本节略所要探讨之范围。

总税务司赫德
1869 年 6 月 30 日于北京

1870年

对自广东进口之洋药征收关税事宜

海关

1870年12月28日于广州

第123号

———

1870年

阁下：

一、本人有幸随函附上粤海关监督关于对自广东进口之洋药征收关税事宜致总督的呈文副本。

二、海关监督已口头通知本人，其计划在香港和澳门周边的“抽厘卡”旁设厂征收关税（计划起初仅收洋药关税，最终扩大至所有洋货）。他还请本人代为购买两艘轮船协助征收。

三、他提议采取的计划要点与您近期到访广州时所讨论的相同，即在香港和澳门周边设立税厂；巡船配备衙门官员，停靠于关键节点以控制前往两港的一切通路，凡发现洋药无常关贴花者一律查抄入官。证明及贴花由衙门签发，猜测与目前进口盐和其他违禁品的执照一样，在港澳可以买到的可能性极大。计划配备三艘巡船，保证货船服从管理、有效遏制所有企图反抗或偷逃的行为。其中两艘吨位小、吃水浅，另一艘体积大、动力强。它们将共同负责往来关卡、巡航近海，以期维护海关权威，必要时强制执行海关规定。最后，对港澳殖民统治区边界进行宽松的扩大解释，并把查抄入官权严格限制在已受认可的省内区域，如此一来应当可以避免与港澳两地政府间发生摩擦。

四、海关监督很清楚朝廷正在商议此事，他这么做的目的可能是为了在征税上先洋关一步抢占先机，这一想法也并非不可理解。他曾公开表示征税工作应由洋关负责，却声称因为洋关无权过问民船载运之货物，故此时应由常关负责。然而，这一声明虽为事实，却实际上违背了 1866 年 7 月应蒋抚台[①]提议由广东地方官员所撰《粤海关情事节略》(已附)，其中明确提到民船载运洋货，关税由洋关征收。粤海常关每年须上解国库的数额也应当是根据此节略所定，且很可能正是基于此错误的描述。然而洋药税收并不包含在年度上解额度之中，而该税收理当如数上报上解。其涉及数额极为庞大，按照最保守估计，其额数也超过今年上解定额之四倍。因此常关在该问题上不容他人涉足阻碍其税入增长也就理所当然了，将大部分税收上解帝国国库也实非其所愿。出于防范和猜忌，其向我处寻求或接受协助无疑也将十分有限。实际所征数额、所发证明及洋药数量必定会被严格保密，以期上解至京的数额不因远小于实际征收数额而自相矛盾、引人质疑。如该额数将来须包含目前偷运入境的洋药所应征的税款，海关监督便可能将征税任务移交给洋关，并允许将该数额纳入洋关贸易统计。若以香港进口的洋药超过约开口岸的数量（减去本地消费的部分）计算，或者根据广东地方财政官员上报之港澳周边抽厘卡所抽厘金数额推断，上述预计应当并无不妥。

五、根据公认的税收准则，国家应当尽可能多地获得实际向纳税者征收的全部税金。尽管洋药有其特殊性，但也同样适用。显而易见这部分巨额收入其实是中国进口税的一部分，如今虽由国内官员出面征收，但其成本高昂、腐败丛生，实在无法令人满意。除了道德及税收的考量之外，是否公正、平等、一视同仁对通商大局也是颇为重要。任何一口不可私自降低税收标准，以损害他口利益为代价招徕贸易。无论关税标准如何不公、非法或不确定，即便海关监督的计划得以成功实施，也极有可能间接增加洋关税收。因为对于华商来说，若发现无法逃税，自然会寻求最廉价、安全及快捷的运输方式，就有可能使用轮船装运供广州城及其周边消费的洋药并向洋关支付关税。毫无疑问，常关与洋关间任何明显的税差都将有利于民船。但虽说常关的税率无疑会显著低于税则，但常关税吏的贪婪很可能会将每箱洋药的最终税银成本抬至 30 两左右，此时使用洋船装运反而可能更加经济。

六、总督已口头同意海关监督的提议，一些行会成员正与海关监督的 mun-shang 就细节安排进行协商。除非立即采取措施，洋药贸易的这部分税收将旁落而与洋关及国库无缘。本人或许可以将该提议的实际执行拖延至收到您的答复之时，本人将在此急候您对接下来如何行动及给予何种、何程度协助的指示。

（签名）署理税务司包腊

---

① 蒋益澧，时任广东巡抚。

1871年

于港澳附近税厂征收洋药税事宜

海关总税务司署

1871年2月9日于北京

第6号

广州辑

先生：

一、12月28日关于在港澳附近设厂征收洋药税一事的第123号呈文收悉。

二、作为答复，首先附上收到你呈文前本人就此事致总理衙门的申呈及衙门回复的副本。从中可见，衙门及户部均认为可以采纳本人的建议。但衙门的回复与你的呈文同读则显得不甚明朗，粤海关税务司是否应有所行动也不甚明确。但其中提及副税务司柏卓安先生（本人本有意任命其于你麾下掌管洋药税厂），由此可以推断衙门期望粤海关监督及税务司共同推进此事。

三、其次，须指出若由洋关关员负责征收事务，则所征税款将以洋药进口税项目列入贸易报告；反之，若单由粤海关监督掌管，所征钱款将纳入*常税*。如此一来，在原户部给粤海关监督所定*额数*156,511.941两之外，还将至少增列600,000两洋药税银。

四、最后，若此事由洋关承办，则须雇佣足够数量的中国巡船，并将三艘大型巡船部署于合适的税厂。由柏卓安作为副税务司坐镇“蓬州海”号（the P’eng Chao Hai），且每月需从所征税款中扣减10,000两作为（含巡船等）维持费用。

另一方面，若此事由粤海关监督办理，则其可动用“飞虎”（the Fei-Hou）、“凌风”（the Ling-Teng）两舰，*届时*每月费用5000两。

五、本人作出以上总体安排后，将由你负责妥为筹划，你须完整、及时地将此事动向呈报本人。

（签名）总税务司赫德

致粤海关署理税务司包腊先生

广州

海关

1871 年 6 月 6 日于广州

第 94 号

1871 年

阁下：

一、地方当局已再次就于港澳周边设厂征收洋药税一事进行了商议。属下很荣幸地向您汇报，经总督批准粤海关监督决定不再继续等候朝廷答复约两月前应罗伯逊（Robertson）领事之请发出的征询（此事属下已于 3 月 25 日于第 43 号呈文中及时呈报）。

二、可以预见英国公使及总理衙门将表示赞同，各税厂将于五月初一（即本月 18 日）起开始征税。联合公告现已草拟完成，将适时传达有约各国领事并于数日内向公众发布。总督及粤海关监督将联合指派负责征税事务的委员。

三、总督表示仍期望等候罗伯逊先生征询的结果，并声明只是因为同僚的急催才作出妥协。现任领事并不赞同罗伯逊先生的意见，并告知巡抚此事已超出领事职权，因而其无权干预。总督则认为此事无须再作拖延，故同意了粤海关监督一再提出的即刻执行的提议。

四、粤海关监督已来文正式要求属下移交“凌风”号，拟用于驻扎毗邻香港的佛头洲。其余税厂将由中国船只守卫，并由“蓬州海”号及“Shun-Chi”号负责日常巡逻。“蓬州海”号目前驻扎于长洲与榕树湾之间。

五、随文附上拟发布公告之副本。

（签名）署理税务司包腊

向粤海关监督出售舰船用于缉私事宜

海关

1871年6月6日于广州

第93号

———

1871年

先生：

一、本人很荣幸地向您禀报，粤海关监督阁下亟盼从洋关处购置大巡船“*蓬州海*”号，并已请求本人尽快完成此次交易。

二、本人已斗胆代为向粤海关监督阁下保证您一定会助其达成所愿，轮船买卖一事可以看作已经办成。本人建议其按每月10，000两的额度分12个月支付总数120，000两的购船款。虽然目前粤海关监督阁下只是口头允诺照此办理，但本人相信应无变数。

三、粤海关监督请本人帮其物色管带及船员人选，经您同意本人提名瓦萨洛（Vassalo）担任管带，此人实至名归、可堪重任。本人已及时告知瓦萨洛提名一事，并请其确认您对于此事的看法及期望。

四、同时，尼古拉斯（Nicolas）管带表示其将拒不承认此次交接，声称在当初任命其掌管此船的上级部门将其解职前将继续履职。此船需立即投入使用，但尼古拉斯声明其不受地方当局之命。虽然持续拖延或不作为将使我们错失售船良机，本人仍然认为当下劝导其服从命令并自行解除职务从而顺利移交并非不可能，此事待您定夺。

五、本人担心若尼古拉斯管带拒绝执行当前命令或拒绝他人接管舰船会引发一系列问题（包括可能错失销售良机）。因为本人完全不清楚自己是否有权解除其职务。

（签名）署理税务司包腊

———

海关总税务司署

1871 年 6 月 23 日于北京

第 50 号

———

广州辑

先生：

一、关于向粤海关监督出售大巡船“蓬州海”号及在香港、澳门附近征收洋药税的第 93 号、第 94 号及第 95 号呈文收悉。

二、本人在第 45a 号令文（副本见附件）中已令尼古拉斯管带向你移交“蓬州海”号指挥权。此外本人授权你将该轮售予粤海关监督，请你妥善安排购船款项分期支付事宜。本人已电告你此事，同时本人认为尼古拉斯管带应不再反对，此巡船应能按照粤海关监督与你（代表本人）的安排顺利交接。既然粤海关监督决定在已有抽厘卡征收洋药税，本人估计总理衙门也不会对原价购买该轮一事提出异议，算上该轮当时到中国的运费，这一价格凑整约为关平银 120，000 两。

三、为保障履职计，本人完全同意瓦萨洛辞去“飞虎”号管带一职转而担任“蓬州海”号管带一职，但其须将手中本人签署的任命书交还。你最好取得盖有粤海关监督官印的中文任命书，或者如若可行，获得盖有总督及粤海关监督两者官印的任命书则更佳。瓦萨洛是一名优秀的管带，声誉卓著、尽忠职守、业务精良，本人认为能得此人效力实乃广东之幸事。寄瓦萨洛第 50a 号令文见附件。

四、关于在港澳附近抽厘卡征收洋药税一事，休士领事的观点非常正确：此事已超越领事职权，完全属于中国政府内部事务，理应由其自行处理。但中国政府行事须格外谨慎，各巡船管带及抽厘卡负责人在对国际公认的港澳水域内的所有船只（无论华洋），或者在上述水域外悬挂外国国旗并声称受其保护的船只采取行动时，均须时刻保持警惕。从诸多方面来说，本人对粤海关监督能果断行事感到高兴，他既已将此事揽下，本署便能少受非议；同时，无论你采取何种措施，都须令外界知晓此事总体而言乃粤海关监督所为，你本人或本署不对此承担责任。

（签名）总税务司赫德

致粤海关署理税务司包腊先生

广州

于香港附近设厂征收洋药税事宜

海关

1871年7月11日

第111号

1871年

阁下：

一、此前本人已向您汇报粤海关监督阁下着手对民船所载洋药征税一事。五月初十即上月27日已按计划如期于香港周边设厂施行。

二、在香港附近设厂进程未遇阻碍，虽然正如料想至今几未征到税款，但将来似乎也不至遭遇什么阻挠。（两广）总督（下令设立）抽厘卡乃是出于征税目的，并配备数艘小巡船、一艘蒸汽巡船来往其间，以期给予足够支持并确保章程落实。

三、然而澳门总督却断然拒绝了拱北湾设厂一事。随附两广总督、粤海关监督与澳门总督间通信副本，供您了解当前事态进展、双方争辩立场及各自强硬态度。

四、收到文书（标记为b）后，两广总督阁下派副将彭玉立将其回函（标记为c）送至澳门，并派遣当地水师“安澜”号（Ngan-lan）、“恬波”号（Tien-po）、“绥靖”号（Sui-ching）及“飞龙”号（Fei-lung）四艘舰船护送。设厂一事还在商议中有待最终定夺，除组成编队护卫彭将军外，这些舰船还奉命配合协助海关巡船征税。粤海关监督希望再派遣“蓬州海”号、“凌风”号（Ling-Feng）、“神机”号（Shen-chi）及“健锐”号（Chien-juy）开赴澳门，并要求向这几艘舰船管带下达同样命令。由于担心如此之多的中国炮艇集结在澳门港可能会激化矛盾并造成不利后果，本人拜访了粤海关监督并指出如此展示武力非但无助双方谈判，反倒可能致使谈判破裂。若葡萄牙人认为此举意在威胁震慑，势必引起敌对反抗情绪。本人进一步指出，万一爆发冲突，由于枢密令禁止英籍管带及船员参与此类冲突，届时洋关炮艇将无法为对抗葡萄牙人提供任何协助。

五、粤海关监督回称：首先其无意诉诸武力或通过胁迫逼澳门就范，但若澳门当局妄图对中国发号施令，或在中国土地上罔顾现行律令，他也绝不能容忍；其次，多艘舰船南下将彰显广州当局通过封锁澳门港来遏止一切走私的意图及能力；再次，大巡船仅以收税为目的；最后，它们停靠在澳门对查缉走私作用巨大。目前局势已在两广总督掌控之中，他已承诺所有舰船将共同进退。

六、虽然本人力谏其举措失当，粤海关监督仍照常向该批舰船的管带们下达了命令。本人已提醒船上官兵谨记 1865 年枢密令中有关规定，即身为英民未获女王陛下许可为大清皇帝军队效力将受到处罚。

七、该批舰船于 6 月 26 日抵达澳门，但澳门总督坚决要求彭副将将舰船驶离港口，否则一切免谈。要塞的大炮对准了舰船，葡萄牙护卫舰“帕梅拉公爵”（Duque de Pamella）号也打开了炮口，要求彭将军下令舰队驶离港口。

八、彭老爷抗议称他是满怀善意奉命前来，舰船来此目的仅为在问题解决之前协助征税。他亦称既然要求其移驻口外的呼声如此强烈，便即照办亦无妨。除了“蓬州海”号外其他舰船驶离港口后，澳门总督同意继续谈判。他表示拒绝在拱北湾设厂，但不反对在距澳门三英里外的任何地点设厂。

九、随后澳门总督派遣副官以及要塞统领陪同彭老爷查看了三湾仔（此乃总督本人认为适宜设厂之处）。但彭老爷当即表示由于地处偏远、航道过浅，此地不宜设厂。澳门总督不愿再做让步，拒绝接受在马骝[①]洲设厂的提议，甚至威胁要拆除大约三年前两广总督在拱北湾所设抽厘卡。

十、彭老爷再次呈文广州等待进一步指示。与此同时，粤海常关的炮艇由两广总督麾下舰船协助扼守进出澳门港的航道，对所有往来民船实施仔细盘查并强制其为所载洋药缴纳税款。许多装载了贵重货物的西海岸民船停在澳门等待事态明了，但由于延误船期代价高昂，所以无须太久这些船只便很可能迫于无奈前往拱北湾的抽厘卡缴纳税款以便继续航程。

十一、封锁相当严密，基本没有漏洞可寻。“凌风”号在九洲拦截并搜查所有来往于石龙、太平及陈村的船只；“蓬州海”号在鸡颈搜查来往于西岸及海南的船只；“恬波”号及“绥靖”号驻守十字门；“神机”号及“安澜”号驻守磨刀门。

十二、两广总督及粤海关监督对葡澳当局的态度言论十分不满。两人均宣称绝不让步，也绝不会在无可争议的中国领土上逆来顺受地将管辖权拱手让人。在此当口，两广总督牢牢揪住十恶不赦、恐怖血腥的澳门苦力贸易以及由此引发的延绵不绝的屠杀与民变不放，同时声明葡萄牙当局占领澳门缺乏依据，足以引发对他们是否有权占据澳门的质疑。

---

① 译者注：“骝”为古字，今无相应简体字，故此处按照原书照录，下同。

十三、本人与粤海关监督及两广总督于本月7日及8日举行了两次会谈，本人在此将节略分别附上。根据上述节略的大意可知，尽管粤海关监督对其同僚的懦弱颇有怨言，他也承认最终会放弃自己的立场，但目前通过双方让步迅速解决问题基本无望。

十四、澳门方面，马谷（Markwick）先生（曾在“蓬州海”号上以非官方身份与 Lu-meng-sung 共事）报称当地群情激愤，矛头直指澳督，斥其与中国串谋破坏澳门自由。目前已发现两起绑架澳督接管政府的图谋，幸而被及时制止而未能付诸实施。

十五、在问题得以妥善解决之前，对澳门的封锁恐怕将持续下去。除非依靠国际仲裁，否则成功解决冲突的前景十分黯淡。洋关利益也纠葛其中，两广总督曾向本人征询意见，本人毫不犹豫地向其表达了自己的观点，不过本人也很谨慎地声明此观点纯属个人意见，不代表官方立场。针对当前层出不穷的问题，本人颇费唇舌地指出唯一的解决办法是通过总理衙门向有约各国提出交涉。葡萄牙每年在澳门的税入寥寥无几，因此若中国政府对其补偿金额达到其数年税入总和，他们未尝不会放弃占领。若其他西方列强发现葡萄牙对泛滥成灾的暴行和不公正加以庇护，使他们的商业利益受到侵害，使他们居留在澳门的国民人身安全受到威胁，进而作为外国人整个群体声誉扫地，一切进步的机会受到限制，那么他们很可能也会赞同这一提议，并建议葡萄牙政府接受。本人认为列强将无法拒绝此一旨在转变澳门地位的提议：现在的澳门由某外国无理强占，该提议旨在将其改造成一个约开口岸，届时移民、通商诸事皆会变得合法有利。很显然为保障守法经商的有约各国及其国民利益，对帝国版图中澳门这样的另类应当彻底调查，一次解决；同时有理由期待西方列强受利益与责任驱使，也可能立即联手消除这一外事交往中的劣迹，修正这种导致了眼前诸多问题并预示着未来诸多麻烦的事态。

十六、本人保证在向两广总督陈述观点之时未有越权越界之举。本人忧心澳门已成中国文明进程之障碍，虽有铲恶锄奸之唯一良方，但深感处处受制无法发声。

十七、两广总督现正待其副将回去复命告知最终协商结果。若当前争端无法顺利解决，他很可能会与粤海关监督以澳门被占及其后遗症为由联名上奏皇帝并抄送总理衙门。

（签名）署理税务司包腊

于澳门外围设厂征收洋药税事宜

海关

1871 年 8 月 5 日

第 136 号

———

1871 年

先生：

一、本人有幸随函转发两广总督及粤海关监督与澳门总督间就拱北湾设厂争议一事进一步往来通信副本。

二、事态进展和双方各自主张在通信中已展露无遗，无须赘述。至于本人于其间之应对则有必要略述一二。

三、上月 31 日第 132 号呈文中本人曾向您报称双方有可能达成妥协，预计争议将很快解决。既念及此，且料当不致再生枝节，本人决定抽身暂离数日（如 7 月 31 日第 134 号呈文所报）。动身离开广州之前，粤海关监督前来拜访，言称诸事顺利，设厂征税一事已然无碍。倘有未料之变故，他坚信可仰仗本人从旁协助，并已指示在澳门处理此事的彭副将随时求助于我。此乃恭维之词，本人也清楚自己无须也不得在权限外施以援手。抵澳后，本人才讶异地发现围绕拱北湾设厂之争端实际反而愈演愈烈。澳门总督所指定的马骝洲完全不宜设厂，其所辖航道水位极浅；其岛又过于多岩陡峭，毫无平坦之处；岸边也无合建码头之处。更甚者，澳门总督要求先行拆除拱北湾的抽厘卡方同意在这个山峻水浅、交通不便的地方设厂。

四、两广总督委派的彭副将有权接受马骝洲替代拱北湾之提议，但却无权同意先行拆除拱北湾的抽厘卡方能在马骝洲设厂的条件。

五、此事在澳门引发了大规模骚动。澳门海岸边遥遥可见的那几艘舰船又使得人们担心中国政府究竟意欲何为。一时谣言四起，葡萄牙军中盛传他们将被以每个人头 5 元的价格卖给中国人，许多人对此深信不疑。蛇头及苦力生意利益相关者也在旁极尽煽风点火之能事，意图煽动对澳门总督近期移民措施（或明或暗）的不满情绪。那些巡船也备受敌视猜疑，一举一动皆在严密监视中。要塞内的大炮时刻瞄准它们，使它们不敢懈怠分毫。只要稍有动作，即便是放下一只小船，澳门官兵就会全营集结、奔就炮位，夜间也是警报频发。两广总督或粤海关监督舰船上的官兵上岸一旦被认出，必然遭到澳门士兵的滋扰谩骂。澳门当局似乎无力平息民愤，也无力惩戒那些趁机煽风点火的恶徒。哪怕是一件微不足道的“意外事故”都有可能引爆火药桶。人们怀疑澳门总督与中国政府共谋不轨，称其对中方的观点处处默许迁就，任何一次对巡船的攻击都有可能成为反抗总督的信号。

六、鉴于情势，本人认为有必要提醒这几艘巡船的指挥官：办事须当极为谨慎，严禁任何人离船；尽量远离海岸，少招惹是非；尽其所能避免冲突。除此之外本人认为不必再介入此事，本人虽然有心为和平解决争端略尽薄力，但实在未看到任何介入之余地。

七、眼下冲突随时可能爆发，本人认为有必要让澳门当局了解当前征税及封锁港口之举既非洋关之意，亦非洋关所为。因此，本人借拜访海军上将苏沙①之机，告知其当前事态仅与常关有关，且此次出借“凌风”号乃是应英法领事要求，封锁港口的舰船多数由他们掌控支配。总督阁下称其已知晓此事乃由外国势力谋划实施，其行事凶险失当、用心险恶不善，得知洋关与之没有丝毫瓜葛，他颇感欣慰。但眼下群情沸腾已不足为奇，非撤离巡船不可平息。香港的情形与澳门完全不同，因此英国在香港的做法无法构成先例，葡萄牙自不必仿效。香港作为殖民统治区，目力所及无一关卡，港口也无中国巡船包围。在澳门，妈祖庙炮台的正对面便设有一座抽厘卡，整座城镇和港口尽收其眼底，与城市的繁华腹地也仅一箭之遥，离港船只须悉数停船接受检查。五、六艘小炮艇在澳门港周围锚定，扼守所有航道。澳门总督表示他无意干涉洋药税征收，但不同意在拱北湾设卡，只要远离港口，不论设在何处皆悉听尊便。本人向总督阁下说明自己乃局外之人，也无意插手其中，但很乐意将其观点传达给两广总督及海关监督，若能促成这一争端妥善解决自是不亦说乎。总督宣称解决此事绝无难度，首先他可以搁置葡萄牙是否对枪炮射程之内的澳门海域享有管辖权的争议，也不反对在马骝洲设厂，但前提是两广总督须移除现位于拱北湾的抽厘卡。澳门总督已亮出底牌，且其认为容许于距离澳门如此近的地方设厂已是隐忍之极。本人回应称中方在紧邻拱北湾抽厘卡旁设立新税厂的*权力*不容置疑，两广总督在这一原则问题上贸然让步几无可能，但若有其他同样交通便利、能够满足各项需求的适宜设厂之处，最终他也可能稍作变通同意将拱北湾之卡移除。两广总督在对拱北湾宣示权力的同时表示可以做出让步以马骝洲代之，已是出于展示友好之姿态。但倘若澳门在出让马骝洲时预设先决条件，则此事很可能回到原点，即两广总督继续坚持在拱北湾设厂的主张。若要移除拱北湾抽厘卡，本人认为满足以下几点机会将会大增：一是海关税厂能于其他便利之处有序运作；二是领会中方对此事的主张实乃包含互相让步之诚意；三是能够保证洋药税征缴无碍，能由一座衙署代替两座，从而更加便利、经济地运作。

① 译者注：即澳门总督。

八、海军上将答复称，若未将拱北湾抽厘卡移除就拱手让出马骝洲，将失去讨价还价的筹码及交易地位。中国政府急于解决此事反而令其有机可乘，他绝不会同意无条件出让开设新厂之处。本人指出中方的渴望可能并没有想象中那么迫切，若不是目前开销糜巨（实际上也是由国家负担，与官员个人无关），两广总督其实对当前局面也无甚不满。巡船在此协助征税，也无他处可去。中方可能并不急于解除对澳门的封锁。本人认为税厂开设后巡船再无驻扎之必要，届时两广总督及海关监督自然会召回这些巡船，但他们不愿以任何形式的让步换取该税厂的开设，甚至也不愿接受拱北湾的“替代物”。如今是澳门而非广州遭到封锁，只要设置一处税厂便可使兵临城下的众多炮舰悉数退去，激动不满的情绪随之平息，此事岂非有益于澳门？本人认为，确保撤除争议税厂最可靠办法便是尽快按照广东方面提议的方式设立新厂，如此便可使巡船撤离。围绕拱北湾的问题也可押后再议，彼时若洋药税厂已然设立，两广总督及澳门总督谈判时自然从容不迫，如此则和平解决可期。澳门总督阁下期望确认倘其在马骝洲设厂一事上作出让步，巡船是否会立即撤离。此事本人并无作出承诺之权限，仅回称可能性非常大。不过本人也提醒马骝洲并不适合设厂，唯一合适的地方位于一处更靠近港口的小岛上，此处从澳门望去视线同样受到该岛南边天然屏障阻挡。澳门总督认为即便作出让步，也无须改变原有计划。他指定马骝洲之时就认为此处适宜设厂。不过总督仍然希望妥善解决此事，为表示诚意，他同意放弃先前的条件并不反对在马骝洲设厂。关于原有抽厘卡的问题他则有所保留，并将照会两广总督商讨。若本人提议的地点在位置、情形方面均无不妥，他也无意从中阻拦，还同意择期委派其子及副官陪同本人前往那两处岛屿现场勘察以便选出更合适的一处。

九、第二天，本人如约在副官及代表的陪同下前往两处岛屿。显然，第一处（在随附图纸上标为蓝色）诸多不便，并不适合；而另一较小岛屿，视线同样受到阻挡且同处枪炮射程之外，则更符合设想中的要求。归来后，本人将上午的考察结果告知苏沙总督，总督阁下表示同意变更，仅要求税厂必须设在炮台视野及射程之外。他又称，本着尽快解决争端的目的，同意在那座小岛屿（在随附图纸中标为红色）上尽快设厂，同时也希望两广总督有感于此，能投桃报李移除拱北湾抽厘卡。为此他将即刻照会两广总督敦促撤除抽厘卡，并表示若本人能将该照带回并替他向广州当局解释个中事由，他将不胜感激。

十、本人表示回到广州后定不负所托，将其彰显的善意和盘托出，但是他写给两广总督的照会本人认为“依照常规”由副将彭玉立按正常流程传达更为合适。怎奈其一再恳请，若坚辞不允岂非不近人情，本人才同意代为转达。本人于昨晚抵达。

十一、今日上午本人面见两广总督及监督阁下向其陈述了目前事态。两广总督称若该岛与拱北湾一样方便，他不反对将抽厘卡及税厂建于其上，还希望抽厘卡能与税厂合二为一以互相制约。同时他表示苏沙上将有关移除拱北湾抽厘卡的要求值得考虑。监督对争端得以解决以及税厂得以设立甚为满意，但宣称抽厘卡在拱北湾已设多年，乃是奉旨而建且成效卓著，移除该卡的做法荒谬而不合情理。

十二、开设税厂之事即将启动，巡船也将立刻撤离。

十三、上述事由导致本人假期中断，本人打算今晚返回澳门，过几天再前往香港继续休假数日。

（签名）署理税务司包腊

1872 年

中国在香港水域外之征税权

海关总税务司署

1872 年 1 月 12 日于北京

第 12 号

———

广州辑

先生：

一、1871 年 8 月 5 日至 11 月 14 日之间所呈关于粤海关监督在港澳附近设厂征收洋药税一事的第 136 号、151 号、157 号、165 号、166 号、175 号及 189 号呈文均收悉。

二、本人饶有兴味地阅读了这些字斟句酌的呈文，可见你持续关注着最新进展并卓有成效地引导了事态发展，本人感到由衷欣慰。本人赞同你所采取的诸多措施及你在此间的基本立场。

三、你在各阶段关注并参与了此事，且为应对麦当奴爵士重回香港及澳门总督宣称对大片中国水域拥有管辖权等问题带来的新挑战、新变化，你也需要充分的自由，因此目前本人尚无必要给你下达任何指令。

四、你须谨记以下两、三点意见并据以应对：

（一）对于在中国水域内中国船只所载货物的征税事宜，中方有权立法并采取行动，无须征询任何人意见。

（二）英国政府已声明只要中国不在香港采取行动并且切实尊重合理范围内英国水域，殖民当局不会干涉广州地方当局。

（三）英国政府不会支持香港总督或广州领事违背中国政府意愿采取的任何抵制洋药税厂的措施。

（四）中国不承认葡萄牙在中国领土或水域内拥有任何主权，因此广州当局若与澳门总督达成任何直接或间接承认葡萄牙主权的协议均属不当。

五、若洋药税厂受到尊重、巡船活动不被干涉，则事态可稳于现状，直至香港方面要求在殖民统治区范围内设立海关为止。但应随时警惕一切对税厂或巡船的干涉行为，一旦出现应立即详细上报总理衙门；广州地方则应全面禁止中国民船前往澳门，同时只能从事约开口岸与香港间的贸易。只要殖民统治区方面的举措不影响征税及缉私，则理应鼓励促进相关贸易；然若其依然充当走私者的老巢，且殖民当局变本加厉阻挠中国当局代理人履行职责，则中国政府应迅速出台一部行之有效、立竿见影的法律加以应对。

六、本人期待于 4 月造访广州，届时将有机会与你深入讨论上述事宜。

（签名）总税务司赫德

致粤海关署理税务司包腊先生

广州

1874年

废船拆解件须完税：领事对于税务司之态度

1874年1月6日于广州

第5号

1874年

阁下：

在此本人有幸告知您英国退役军舰“麦尔威厘”（Melville）号已于去年11月12日由“Fame”号拖船牵引抵达本口以待拆解。

本人查询了本关针对该类船舶的操作办法，获悉迄今为止尚未发现相关文件。然而，根据您1869年就行将拆解之船舶下达给汕头的指示，本人即命头等总巡登船并告知船主其有义务即刻向本司申报该船入口。

随后一名Chow姓广州人申报“麦尔威厘”号入境，本司已于11月15日留置其船舶单证。船舶单证以及其他一些杂项文件［包括香港理船厅签发的结关准单、证明香港的休士（Hughes）先生与Chow Wei之间购船款项已结清，暨后者已是合法船主的卖契等］的副本附后。之后本关通知该船主需按船舶价值百分之五缴纳从价税后方可拆卸。“麦尔威厘”号相关文件中登记有支付给香港大英海军部的款项（共计鹰洋35，600元），为方便计本关予以认可并视为该船价值。

11月5日本人收到香港休士先生来函，大意是Chow Wei告知其海关因废船所持文件不完备而不允许拆卸，对此本人已作必要回复澄清误解。25日再次收到休士先生来函，称其乃是考虑到“麦尔威厘”号在本口将比照以往废船同等对待（诸如免税等待遇），在此前提下才将其附加现有条件售予当地商户。在复函中本人仅确认来函收悉，盖因基于本司所掌握事实，因海关措施导致的所有问题仅影响到买主Chow Wei一人。前述信函之副本已附后。

该月27日，本人收到英领事罗伯逊爵士的私函，称欲了解该废船相关情况并准备“着手调查此事”。本人答复称，入港破损洋船拆卸售卖可免征其他杂费（如船钞），但仍应值百抽五，为方便起见一般以买家支付金额作为价值。同理，仅为拆卸用的入口洋船亦应缴纳此税，该规定已告知申报“麦尔威厘”号入口的中国船主请其照办。此外本人指出，照此看来该条规定迄今未被遵守令人颇感意外，此次突然执行才致对方难以接受。但另一方面，海关往年所征不应征之税款每次都被要求予以退还，以此类推，对于那些应征未征之税款，海关也理应有权要求事主补缴。本人曾收到休士先生来函，并解释由于前文所述之原因回复仅限于确认收悉。本人还表示欢迎领事阁下调查此事并愿全力协助。同时若领事能安排利益受损一方（中国船主）至我处面陈诉求，本司当感激不尽。请其畅所欲言，本司必定洗耳恭听。

当晚本人即收到罗伯逊爵士回复，他感谢本人针对此事的解释，同时表示已接受了此前休士先生（致本人函中提出的）的请求，他认为休士先生有资格提出此事。他进一步表示，自己对入港拆卸船舶可否免税的规定一无所知，言称“毫无疑问条约从未涉及该事项”，并要求本人进一步解释。

至此，本人承认开始对这些互相客套、拐弯抹角的往来书函能否妥善解决争议深感怀疑。因而在下一封回函里，本人未过多纠缠于休士先生是否拥有合法主体资格——此事可能需要将来通过官方途径另行处理——而仅建议双方当面商讨此事最为妥当，并烦请领事指定会面时间、地点等。

罗伯逊爵士的回函用语极为礼貌，但也不过使本人更加确信如此无法达成满意结果罢了。在函中他明确告知本人，十分愿意就个人间或私下里的任何问题与本人协商，但与海关沟通仍坚持公文交流原则。此外，此*附带之回函*给本人一个明显的感觉，即领事认为回复本身已属纡尊降贵，通篇未见哪怕一句恭维之词。

然而本人认为不宜就该点与领事争辩，为保证不做出任何失当之举，在回复中本人仅询问领事是否有 1868 年《会讯章程》[①] 在手，如何理解。往来通信副本附后。

随后本人与罗伯逊爵士会面，他表示并无《会讯章程》在手，本人当即打断话题并答应寄一份给他（已办妥），再由其自行决定如何行动，同时表示希望其允许当前不再继续进行实体问题的讨论。

就此事本人与领事再无交流，但 1873 年 12 月 3 日本人又收到粤海关监督来文转述英领事照会大意。照中罗伯逊爵士代表休士先生，声称其已承诺若废船在广州交付则买主税费可免，本人却突然提出须值百抽五，究竟有何依据他无从知晓云云。在给粤海关监督的复函中，本人重申此前早已向领事阁下及休士先生解释过的理由，即该税并非针对船只本身，而是针对木材、金属等这些在船舶拆卸后运上岸的船舶构件，它们才是课税对象，因而征税一事与

① 即 1868 年 5 月 31 日中国与各国订立之《会讯船货入官章程》。

休士先生无涉，他的责任仅限于在广州交付废船。同时，尽管此税在本口并无先例，但本人已有充足理由证明此乃疏漏所致，眼下将错就错有失公允。再者，本人尽量站在商户的立场考虑此事，表示愿将其提交上级定夺。若上级支持商户立场，所征税款悉数退还。

12 月 8 日本人收到复函，称英领事仍坚持此前观点，但同时表示愿将此事上呈总理衙门与英公使联合定夺。另外，他还要求粤海关监督在休士先生应要求缴存税款后“指示”税务司开具收据，其上须载明钱款缴纳情形。粤海关监督亦要求本人向其转寄一份就该问题您下达至汕头指示之副本。

回复中本人重申此事与休士先生无涉，仅关乎中方买家。既然英国领事坚持己见，本人似无必要与其针锋相对。因此，本人建议照此回复英领事，并请其敦促休士先生支付税款云云。

直至 12 月 27 日本人才收到粤海关监督来函转述英领事答复，称其已指示休士先生如数缴税，并将在三至五日内将此事呈报英公使云云。

12 月 30 日本人就该笔款项向休士先生签发收据，其中文译本已转发海关监督，英文副本寄英领事。此处须得说明：本人于 12 月 21 日收到税款后已签发准单，准该船拆解并卸料上岸，暂存税金共计关平银 1,281 两 6 钱。

整件事情如上所述，本人认为无须再作长篇大论。倘若此案事实准确无误，则真正需要考虑的问题是为避免麻烦，对此类先前免税放行货物强制征税前是否应发布某种通告或警示？此事本人无权自作主张。本次事件并未造成麻烦或特别损失的情形记录在案，此外围绕此事也未产生任何争议，领事所作处置也仅是基于此类情形进口条约未明确规定。

本人须指出，废船“鲤鱼门”（Lyemoon）号，价值关平银 1,656 两，应缴税款关平银 82 两 8 钱，与“麦尔威厘”号同日到港，皆为拆卸用，税款已完，未有任何异议；之后“伊萨贝丽塔”（Isabelita）号到港，价值关平银 3398 两 4 钱，应缴税款关平银 169 两 9 钱 2 分，亦已于 12 月 31 日完纳。恕本人冒昧，倘若日后“麦尔威厘”号得偿所愿免缴税饷，是否至少可授权本人退还“鲤鱼门”号所缴税款？至于“伊萨贝丽塔”号，该船的退税主张不完全能站得住脚，因为其买主已有充足时间知晓本次海关处置。

搁笔之际，本人认为有义务提请您注意一事，此事虽与上述问题无关，但于本人看来却在总体上严重阻碍了本口各类问题的妥善解决，此事即英领事的一贯作为。阁下明鉴非本人所能误导，迄今为止，至少对英民而言，您 1868 年第 19 号通令中明确提及的《会讯章程》实际上在广州只是一纸空文。就目前看来，本人认为若依旧准许领事这般两方分别通信，则《会讯章程》所定各项规则反成窒碍，此事中本人的尴尬立场便是明证。倘若领事愿意依照《会讯章程》行事，则此事通过一片普通篇幅的呈文即可讲清，其争论焦点屈指可数、简单明了，根本不至于像如今这般体量令大宪案牍劳形。未来领事的举措将置本人于非常微妙之境地，本人借此机会向您保证将来行事仍会以您上述通令中所做指示精神为据，一如此次(书函往来为证，请您明察)。

（签名）税务司康发达

粤海关副税务司缉私职责之节略

海关总税务司署

1874年2月12日

第8号　　税务司

广州　　第127号

先生：

先前本人已任命鲍朗（T. M. Brown）先生为粤海关副税务司，现附上关于此职位特殊职责之节略，请牢记履行该特殊职责为创设本职位之初衷。你须以本节略为指南并请将随附摘录（第一及第十二段）副本交鲍朗先生供其阅知参照。

（签名）总税务司赫德

致粤海关税务司康发达先生

广州

附件

第 8 号　　税务司
———　　———
广州　　　第 127 号

粤海关增派副税务司（鲍朗先生）并其职责节略

一、粤海关可分常、洋两关——常关由户部即海关监督管理，以土货税则为凭；洋关则由外籍税务司直接监管，执行洋货税则。两关工作均可再细分为内班及外班。外班工作又可从两方面加以剖析，即想做什么与治外法权下洋人能做什么。

二、不论是海关监督还是税务司，两处官署的首要任务均为收取纳税者输纳之税款，即征税；其次是对试图偷逃税款的人征税，即缉私。

三、为缉私事特新设置此职位并任命鲍朗先生为副税务司。

四、粤海关辖区内的走私可以分成四类：

（一）洋船在锚地区域内；

（二）洋船在锚地区域外；

（三）民船于港、澳与广州各处间；

（四）贩盐民船（属单独特殊的一类）。

五、洋船在锚地区域内的走私可分为：

（一）伪报货物；

（二）偷卸舱口单未列明货物，整批或由乘客随身夹藏；

（三）装运未领准单之货物。

防范第一种走私“伪报”的主要职责在验货厂；而针对第二及第三种走私即“偷卸与装运”，则须主要依靠当班钤字手、更夫及头等总巡。此处新任副税务司鲍朗先生的职责即主管验货厂并监督外班各员。

六、关于洋船在锚地区域外的走私，显而易见须得防备未经许可上下货物。在广州水域此类走私又翻出新花样，即中国人在前往广州的途中于江轮上向外抛扔洋药，再由沿江各处等候小船拾取。

此处鲍朗先生的职责是充分研究此种特殊走私并就以下几点进行汇报：

（一）该行为损害国课之程度；

（二）有效遏制该行为之最佳方案；

（三）防范税收因洋船在锚地区域外（例如，从沙面锚地至海上的水域）走私行为而流失的总体措施。

七、关于民船于港、澳与广州各处间走私，早前致使税务司辖下洋税损失最为惨重，而眼下虽说洋税仍在一定程度上受其影响，但却是海关监督辖下常税首当其冲。严格地讲，若这些船只运输洋货入内地，或载运土货由广州出洋，必须经由税务司官署办理，否则即为偷逃该署辖下税款，盖因此类货物皆应在约开口岸按洋货税则缴纳关税；若这些船只输入输出仅为华人所用之土货，则流失的税收便为海关监督辖下关税（或称*常税*）。自从在香港及澳门附近设厂征收洋药税暨该项税入划入*常税*之后，民船走私更多影响*常税*。但不论*洋税还是常税*，终究都属帝国国课。由于广州情形特殊（毗邻香港澳门、民船洋船并用、周遭水路四通八达等等），海关监督与税务司更应协力监管。洋药税厂发挥了何等作用？还需采取哪些措施增益其所不能？过去两三年的经验（如果有的话）或许有用，但此事还应再多加留意。不过只要这些税厂仍由海关监督独立管理，其税入仍划归*常税*，则防范民船港澳走私主要属海关监督职责，自然须由其下属华班管控。然而中国籍轮船迟早会出现在广州水域，到那时按规定应由税务司监管。届时（即便当前也是如此，只要*常税*对*洋税*仍有影响）税务司与海关监督势必共同进退，从各自为政转为联手应对。双方应取得共识并制定一套详尽章程，以期经济高效地维护共同利益。同时，海关监督治下的税厂毗邻租界，又有洋人指挥的舰船支援，若能再得洋人可靠协助则更佳——一方面可避免与外方冲突，另一方面可保舰船运转有序、官丁各司其职。此次新任命的鲍朗先生正是提供此类协助的不二人选，他熟知粤海关辖区内地理、方言及交通，可在诸多方面助海关监督一臂之力，例如协助管理舰船、满足税厂需求以及补充缉私力量提高二者效率等。概括起来，若海关监督确有需要，新任副税务司可在以下三方面给予协助，即：

（一）管理常关舰船；

（二）管理洋药税厂；

（三）缉私：补强税厂力量并保障*常税*征收。

此处鲍朗先生的职责是从*洋税*角度研究问题并就下列几点作出汇报：

第一，民船竭力一并偷逃*常*、*洋两税*致使洋税流失几何？须报告以下问题：由于民船载运货物一并偷逃*常洋两税*的成功率更高，部分货物已由洋船转向民船载运，该情形程度几何？若民船无法一并偷逃*两税*，则又有多少货物将转回由洋船载运即入*洋税*？

第二，根据分析结果，为防范*洋税*流失应采取的措施。

此外，关于这部分工作的第（二）点，若要协助海关监督征收*常税*，鲍朗先生既要服从海关监督之命令，也须以本节略第十段及第十二段的指示为凭。

八、关于贩盐民船，很难说清它对*洋税*、*常税*，或两者合计究竟造成了多大损害。1859 年至 1861 年间，这些民船频频在粤海关水域外各处贩运私盐，兼载洋药及其他洋货。如果这一行径持续下去，则盐运使的盐税、海关监督的*常税*、洋关的*洋税*及本省*厘金*或多或少均会受到影响。1860 年，时任两广总督劳崇光特别授权时任粤海关副税务司的本人捉拿贩盐民船；1861 年，皇上下旨命盐运使与海关监督共同设法保全国课。就这点而言，两广总督的建言应予采纳，盐运使处亦当前往问计。后者若能授权副税务司助其防范私盐，将会带来诸多好处：显而易见为保护*洋税*、*常税*或者两者，鲍朗先生本就需要登临广州水域外集结之民船以验核单证。因此，税务司应见机向两广总督面陈事宜，详细解释新任副税务司之职责，总督方能充分知晓本节略所述各方面工作如何彼此关联、相互影响；也能明白鲍朗先生赴任之后，虽然只能专注于一方面工作，却能以点带面推动全局。税务司可提议另行安排一次会面，邀请盐运使及海关监督出席，届时鲍朗先生亦可参加。

此处，鲍朗先生应大致了解盐运事务并就以下事项作出汇报：

（一）食盐贸易；

（二）盐税征收方法；

（三）私盐贩运之性质及程度；

（四）贩盐民船走私造成常洋两税流失几何；

（五）保障各财税衙门利益（特别是洋税和常税）最行之有效的办法。

九、此处尚有一问题，即如何调用本省舰队（两广总督所辖舰船与大汽艇）。在机会适当或者形势所需时，可采取措施以使大巡船与警务船实现职能互换，提高彼此效率。

十、本节略第一段即指出，想做什么与治外法权下能做什么存在区别。

想做什么其实再简单不过。可以假设这片水域属于英国，英国人会怎么做就是这一问题的答案，一句话：力求卓有成效。当下广州的工作要卓有成效，几大财税衙门要么通力协作，要么精简机构合并执法。这也意味着官员须对国家忠心耿耿，对纳税户秉公执法，对工作兢兢业业。实际上，衙门合并希望渺茫，彼此协作也浮于表面，因此即便有洋人协助，自一肇始工作便诸多掣累，自然无法达成预期。

洋人给予了何种协助？洋人在各口洋关供职，保障商户得到平等对待，确保本地税金依律应收尽收，定期向朝廷上报合法入库税金之确切数目；洋人参与外班工作，对应税货物核查更为细致，对在港船舶监管更为严密，对查拿走私更为积极。但是，一方面受中国人的诸多缺点掣累，另一方面受限于治外法权，即便身为中国官员，洋员也无法抛开自己对本国的责任，故工作中无法发挥最大效能。所在国领事也会随时插手干预洋员工作。此事广州尤甚，因此地洋员常常需要参与查缉华民利用民船走私之事。由于治外法权的限制，想做什么往往受到限制而与能做什么之间存在差距。

届时即便盐运使准许副税务司自行处置私贩、海关监督准其查拿普通华人走私者、两广总督准其针对广州水域内船舶行使无限治安权，即便一切皆按授权行事，领事仍然会随时自以为是插手干预，宣称行动在政治上不妥并加以阻止。

彻底高效地实现期望目标非常简单，但实际能做什么却是个摇摆不定的未知数。这次打交道的是这位领事，下次又是另一位，只能小心谨慎、察言观色、审时度势。此处须牢记以下三要点（遵守此三条可保不出差池）：

（一）副税务司接受指令及所作回禀均须经税务司传达；计划实施的方案或措施也须向税务司报告。税务司直接对总税务司负责，可对所有事项行使否决权。行使这项权力须当慎重，尽量避免损害利益相关方，也尽量不要冒犯官员个人；

（二）税务司应确保副税务司已获得中国政府相应正式授权方可推进相关工作或履行职责；

（三）治外法权问题无可回避，所以最佳策略是对领事开诚布公。虽然领事总是倾向于为了插手而插手，但一旦其明白有些事即便禁止自己同胞去做，也会有其他人来做，无谓干涉便有望避免。

副税务司鲍朗先生是一位英民，假设他参与除协助缉私*保障洋税*之外的工作，那么重点就在于确保其不承担任何与其身份（洋人在外国）不符、政治上不妥的职责。至于他承担的职责，也必须得到中国主管官员正式授权，且英国领事对其工作内容及行事方式也不持丝毫异议。

落实本段中各项要点必须注意：

第一，税务司康发达先生必须确保副税务司鲍朗先生下达指令前已经其手；呈文、说明则必须经由其发布。此外必须谨记，税务司须就其全体下属的行为对总税务司负责，故而经由总税务司授权，一方面税务司有权告知有关部门鲍朗先生出于某种原因不得执行某条指令；另一方面也有权指示鲍朗先生出于某种原因某种做法不应继续。不论属于哪种情形，所涉事项均应上呈总税务司作专门批示。此外，税务司须时刻警醒，确保鲍朗先生不参与那些有可能导致洋关或其本人与各当局（无论华洋）产生冲突的事项中去。其个人则应注意规避不恰当之风险，不使自己陷入受罚之境地，也不给自己带上法律责任之枷锁。

第二，副税务司鲍朗先生为自我保护及顾全大局计，应小心维护税务司之权威，令其在任何时候都能充分掌握信息，也须服从税务司之命令。为此，鲍朗先生必须深刻领会本段主旨，小心引为指导并时刻奉行不悖。

十一、康发达先生及鲍朗先生均知晓港澳特殊情形：前者为英国殖民统治，后者处于葡萄牙治下。鲍朗先生开展各项本职工作将涉及两地，与两地打交道无可避免。须特别注意以下两点：

（一）处理洋船或发生在外国水域的问题，应避免做出任何可能使中外政府陷入麻烦的举动；避免中方被迫将其本就并非无懈可击且完全不受地方影响之行为上呈朝廷；

（二）避免让自己及其他洋人陷于逮捕或诉讼境地。

无论处理什么事务，无论为哪个财税衙门办事，无论谁是利益相关方，此两点须时刻牢记于心。

十二、副税务司鲍朗先生在下列事务中直接或间接听命于税务司：

（一）一切涉及*洋税*的事务*直接*听命；

（二）一切涉及*常税*等的事务*间接*听命。

在直接听命于税务司的事务中，他只需奉命行事。同时总税务司希望税务司能虚心听取鲍朗先生的建议——鉴于鲍朗先生对河道及广州水域相关事务非常熟悉，其建议可能比总税务司的指令更具价值；而间接听命的事务，若税务司明确示下，鲍朗先生不得有违。但此处乃是鲍朗先生（或是司掌其他财税衙门之人）而非税务司具有主动权。就*直接*听命于税务司的事项，鲍朗先生直接奉税务司之令并*向其*汇报；而*间接*听命于税务司的事项，鲍朗先生应*经由*税务司接受指令并作出汇报。在其直接听命的事务中，鲍朗先生可调配粤海关外班关员及派驻查验厂之内班关员；在其间接听命的事务中，鲍朗先生可按照各衙门负责人指定的方式调用其人力物力。若有衙门拒绝鲍朗先生的协助，则其仅需确保*洋税*相关利益。

十三、税务司应向海关监督阐明前文所述关于*常税*的几点事项，并确认其是否有意让副税务司从旁协助：

（一）管理舰船；

（二）民船缉私；

（三）管理洋药税厂。

若海关监督有意接受协助，税务司须阐明以下几点先决条件：第一，副税务司须同时为两个衙门效力；第二，所有下达给副税务司的命令及他的汇报均须按惯例经由税务司传达；第三，副税务司一半薪资（每月150两）须由海关监督支付（按季付给税务司，然后再提交至总税务司A/c. D账上）。

若对上述条件无异议，海关监督应签发札文并加盖官印，为副税务司所凭。若有华人或洋人、民众或官吏质疑即可引之为授权证明。

十四、与海关监督计议妥当后，税务司应拜会两广总督，向其阐明涉及*洋税*及*常税*各事原委后，进言副税务司从旁协助对查拿私盐大有裨益。并向其说明贩运私盐者如何造成*洋税*及*常税*流失，指出既然鲍朗先生在保障*常洋两税*时势必介入盐运，倒不如让盐运使直接借助其手查拿私贩收效或可更佳（例如：授权副税务司查扣无单载运食盐的船只）。若两广总督认同此事，可提议召开会议，由总督邀请海关监督及盐运使，鲍朗先生则可随康发达先生一并出席。

十五、*洋税*之外其他事务，本节略内容仅为建议。康发达先生面呈海关监督或两广总督时，除说明此乃总税务司之建议外，还需说明其乃是出于保障国课之考量，绝无强加之意，由两广总督及海关监督自行决定是否采纳。但须牢记这些建议的前提：但凡与*洋税*无关之事，鲍朗先生仅可按前文所述方式条件提供协助。最后还须切记此任命专为保障*洋税*，除非恰逢天时地利、彼此利益一致，共同行动或有益税收大局，其他衙门是否接受鲍朗先生相助并无太大干系。

（签名）总税务司赫德

1874年2月20日于北京

粤海关负责缉私副税务司接管粤海关监督巡船事宜

1874年6月8日于广州

第75号

1874年

阁下：

您今年2月12日第8号令文有幸收悉。您之前已就任命鲍朗先生为粤海关副税务司致令本人，并在随附节略中明确了其专门职责。

本人已仔细研读该令文，根据其中第五段指示，本人已于4月30日将主管验货厂及总领外班职员的职责移交给鲍朗先生。

从 4 月 15 日开始，本人与粤海关监督开始正式接洽，说服他同意由鲍朗协助管理其所辖大巡船及哨船。本人及时通过公函及半正式的文书向您汇报了此事进展，请允许本人再附上往来文书副本，您便可知晓粤海关监督在最终接受这一方案之前何其犹豫不决。4 月 15 日，本人应先前会面所约致函粤海关监督，告知其新增一位副税务司及明确两位副税务司职责一事（根据您 2 月 23 日下发第 9 号令文），其中对鲍朗先生的职责作了特别说明。在之前一次会面中，本人已从您节略中摘出几段交给粤海关监督。内容主要涉及分管常洋两税的两家衙门若能协同合作，将对查拿走私大有裨益等。粤海关监督读罢无意保留，虑及此时不宜强求其接受，本人便将其带回。不过，他表示愿意考虑您的想法。本人认为强行要求其当场表态并不明智，鉴于兹事体大，本人建议其再花时间仔细斟酌一番。

从监督对本人 4 月 15 日去函的答复中可看出其深思熟虑的结果。其中写道：从档案中查找到一份通商大臣下发的令文，文中载有总理衙门声明称凡总税务司对各口税务司有任免调配之决定，须向总理衙门及南、北洋通商大臣报告，同时通知该口海关监督。而关于此次新任一名副税务司，其尚未从总理衙门或总税务司处收到书面通知。至于本人提到的鲍朗先生任职后在广州水域的其他工作，监督请本人先行考虑此事，容其收到转自北京的通知后再行商议定夺。

本人随即去函指出增配一名副税务司属本关内务，其影响仅限本口，且两位副税务司与本关其他职员一样，并无类似税务司的独立地位。本人称可能正是出于该原因，您才未正式行知。本人还指出，您是否已向总理衙门上报此事本人无从知晓，但新增一位副税务司并赋予其职责之初衷完全是为了保障洋税。该副税务司缉私方面其他工作之总体职责已在总税务司节略摘录中作过解释。在先前的会面中，我们也就这份摘要进行了商讨，该事全凭监督定夺。本人于 4 月 21 日再次去函并将摘要附后供其考量，请其确定后再行告知。

4 月 23 日本人收到答复，内容不出所料。海关监督援引本人函中所提鲍朗先生之任命乃是为保障洋税征收，辩称鲍朗上任后应专注于洋税方面的工作，而大巡船本为保障常税所设，理应由其单独、独立管理方与当初就此事恭请圣裁之奏折原意相符。至于其他安排，须待其收到总理衙门或总税务司的公函之后再与本人会商。

监督虽然极力避免留下书面记录，但在与本人口头交谈的所有场合，他都非常急切地表现出希望鲍朗先生能够助其一臂之力。同时他的那些下属也已纷纷向鲍朗先生示好，可知其衙门上下都急盼此事。而所谓横亘其中的障碍，便是他们臆想中来自本人的无理干涉。同时，本人还像之前柏卓安先生那样，安排鲍朗先生拜访海关监督，表示敬意。尽管这次会面看似仅出于礼节，但也意在借机再向海关监督言明鲍朗先生虽可供其差遣，但此事必须经由本人方可办成。监督与鲍朗先生会面时极尽恭维之词，急切盼望后者能够尽快接手其税收事务，还称正与本人商议此事，其心思与本人所料并无二致。其实去年您就这一问题向其致函后，监督便一直是这个态度，只不过他对此事由本人主导极不情愿。他虽希望副税务司为其所用，却又不想与税务司发生干系。鲍朗先生在4月24日与其会面时曾向其指明如此这般并不可行。

在与本人的下一次会面中，这一问题又被摆上桌面，本人也只得老生常谈。同时，本人私下告知其现在不得不面临二选一的局面，因为鲍朗先生即将全面履职，包括至今由马根先生暂代之舰艇指挥权。为何要提出如此要求，原因如下：首先马根先生代管一事一直师出无名，更重要的是马根先生健康状况欠佳，必须作出调整。至于本人在第　号①呈文中汇报的那起今年发生在副税务司史密斯告假期间的纷争，监督归咎于本人起初未与其协商。此番本人再也不会未经协商就将马根先生的职权移交给鲍朗先生或者本关任何其他职员，以免再陷于被动境地。此后海关监督又提出希望鲍朗先生助其一臂之力，本人也再次以半官方的口吻回应了其请求。本人还应其要求转发了上任监督就该事项致上任税务司的函。此外，本人还提出若希望鲍朗相助，您指示必须由其承担鲍朗先生每月薪资一半计关平银150两，按季支付并记入官方账户。至此有两点必须牢记，一是对方之前反复发声期待鲍朗先生协助，二是5月4日函中绝大部分事项双方事先也已达成一致。

该函发出后两天即收到海关监督回复，回复中有何内容？海关监督对先前马谷先生与Deputy Lu联手管理大巡船的那套做法指摘一番，以示自己饱受欺瞒之苦。前文提到过几篇寄给监督的函件副本，其中一份记录有前任海关监督曾要求包腊先生让Ho通事负责笔译及口译。这位Ho彼时在本关担任通事，名为Ho Low，现已过世。但现任海关监督在回函中却故意称其全名，且不称其本名Ho Low，而称其弟之名Ho Mei，以此说明其下属无疑都会为他们自己的诸多主张打掩护，特别是后者的。而对马谷先生安排给Ho Mei的工作，监督也夸大了其职责的重要性。监督接下来写道，就副税务司鲍朗先生有关事宜本人与其协商的方式不符合先前的规章，而寄给他的那两封文件更是证明一直以来凡是与海关监督缉私工作相关的人员都必须听命于常关。关于大巡船和哨船，监督称他曾在多个场合表达过希望鲍朗先生能够协助管理，因此他要求本人指示马根先生向其移交账簿，以便于其派人交至鲍朗先生手中。至于每月额外补贴，以往都是由常关独立支付且未作专门记录。如果现在要求在综合统计表中予以列明，那么也就必须在洋税账目中囊括常税款项，如此将导致两税混淆引发诸多不便。监督遂请本人仔细考量后再作回复，以便其就此事直接致函于您。

读到此处，您不难想象海关监督这般无休止的搪塞多么令人失望而忧虑，不瞒您说，本人的耐心已被消磨殆尽，遂决心不再与其争辩，而是开门见山地提出几个方案供其选择以期

① 译者注：原文如此。

了结此事。然而本人终究还是觉得，不为目标做最后努力就放弃实在不妥。因此，5月9日本人又给海关监督写去一封长信。本人首先对达成相互理解过程中生出的困境表示遗憾，并再一次总结了该问题的来龙去脉。本人以前任海关监督的两封公函为证向其指出，虽然其渴望本关职员为其效力，但却不曾付诸行动向税务司提出。同时，本人也趁此机会第一次将下述情形写成文字：尽管如何履职一事无论何时都应由常关决定，但正式执行时税务司必须从旁监督确保公众利益不受侵害。相关工作从一开始便是基于该原则，只是由于近期监督衙门与本关人员均有所变动，故而不知不觉中出现了某些变化。另外根据您的指示，监督必须向鲍朗先生签发委任札文并加盖官印，未见札文鲍朗先生不得为其效力。关于其所提洋税侵蚀常税一说，本人指出总税务司的节略里对此事已有明确阐述，我方绝无侵犯之意，仅抱有尽可能施以一切援手之愿望。然则为了避免将来出现麻烦，关于本关各关员有可能承担之职责等事，税务司确有必要一一了解清楚。本人已竭尽所能向海关监督解释，希望能打消其顾虑，不管这些顾虑是其托辞还是本人方案中他认为确实无法克服之障碍。本人最后总结道，该方案由总税务司亲自制定督办，本人只是奉命行事，不敢擅作主张。在申呈总理衙门确定最终方案前，是否可以至少临时采用所提方案？此事留待其自行决定。若能先行采用，本人将令马根先生于监督指定的时间移交巡船管理相关账簿及档案，待一切安排妥帖之后，附上官方委任札文送交本人，以便本人转交副税务司鲍朗先生并作相应指示，顺带对鲍朗先生与Deputy Wu之间的融洽关系略作嘉许。不过本人补充道，在向各自上级请示等待结果期间，若其不打算照此行事，也不准备维持现状继续由马根先生管理巡船，那也请其拿出其他方案告知本人。

数日后本人收到监督回复，虽说为复函，实际言之无物，仅是重申希望鲍朗先生为其效力，把之前的言论又重复了一遍，而对您公函中定下的原则依旧避而不谈。还说已就薪资问题致函于您，故而无须再提。

随即本人亲自登门拜访，见面之后本人首先向其指出，给本人的复函不仅不能算作答复，而且语句之间分明是在怀疑本人协商时所提主张并非出自总税务司指示，这等于给本人扣上无中生有的罪名，本人断然不能接受。本人又告知监督，若不得已非要回复该函，那么本人的措辞势必有损双方间应有的和睦友善关系。因此本人劝其收回该函并自行销毁，他也应允并收回了该函，算是化解了一场小误会。然后，本人对整件事情直抒胸臆，痛陈自己一番好意却被刻意歪曲。本人又拿出随身携带的监督5月6日函，找出其中一处其下属肆无忌惮做手脚的例证：将过世之人的姓与在世之人的名组合在一起。这么做当然不是为了监督，而是为了下属自己的目的。倘若这还不足以说明问题，那么那句话里用一个汉字“交”来描述马谷先生与Ho通事之间关系的写法也属同一性质，这等于将该通事与马谷先生相提并论，摆到了非常重要的位置，实际上却并非如此。若真是如此，那么本人或者本人的助手每天都会递交文件给这些受雇于本关的通事们翻译，难道就意味着他们与本人具有同等独立地位？本人虽然直言不讳，但也未越过文明之界限。本人直指双方间缺乏信任，倒不是因为什么好听的理由，只因其太过听信自私可疑之人所言。当然，海关监督对如何尽职履责有自己的理解，本人无权也无意评头论足。这是他的分内事，与本人无关。但通过和他打交道，本人可以说他确实寡廉鲜耻。若本人可以选择冷眼旁观，就绝不愿以朋友或同僚的身份与其共事。事实上，若非工作职责所在，本人早就放弃并禁止本关任何职员与其管理的常关有任何瓜葛了。自从主管本关以来，此人一直就是导致误解的根源。而之所以忍气吞声至今，就是因为本人衷心相信为之努力的事业是有益的，迟早有所回报。但是当收到您关于鲍朗先生该如何为其效力的明确指示并向其转达之后，事态就发生了变化。为了保障国课这一总体目标，本人原来认为对常关利益的考量并不应少于洋关，但此时这似乎已经不是最重要的了。您对此事的指示可谓言简意赅而又切中要害，本人所为也是职责所在，即作为税务司向其详细阐明您的意图。现在选择哪个方案得由其自行定夺，继续帮其分析利弊影响其决定已非本人职责所在。

本人的一番苦口婆心看来取得了成效，海关监督的态度有所软化，他终于愿意致函本人进行磋商。而究竟是走公文还是写私信，本人有意淡化了形式，因为根据已经确定的各项安排，无论如何须收到正式的委任札文并由本人亲手交给鲍朗先生后他才能前往海关监督处效力。至于鲍朗先生的那一半薪资，监督重申已经向您致函，因为先前史密斯先生只要求 120 元，故而 150 两可能有些过高。本人向其指出，先前乃是本人两名下属史密斯先生及鲍朗先生一同协助其工作，分别领取补贴 120 元及 100 元，合计 220 元。而当前根据最新任命，同样的工作（如果不是更多的话）须由一人完成。他认为本人言之有理，并表示将即刻致函您纠正自己的错误。本人也再次申明，愿暂时搁置薪资问题并专门向您再请示一次，在此期间鲍朗先生可先行为其效力。

接下来就谈到一直悬而未决的簿册交接问题。海关监督下属过于看重由本关保管的巡船账目登记簿册，于是就存在一个问题，其副手是否有权不经报告本人来本关取回簿册？虽然目前这只是本人单方面的疑虑，但为防患于未然，本人委婉地向海关监督提出，就本人看来这些簿册确属其所有无疑，无论何时只要向本人索取，本人一定完璧归赵。于是海关监督提出如果他按照约定将鲍朗先生的委任札文交至本人处，那么在收到马根先生向其移交的簿册之后，若是直接将簿册由其副手交给鲍朗先生，本人是否会持异议？本人答复称移交簿册一定程度上也属于任命鲍朗协助税务的一部分，理应与委任札文一并经由本人交付。不过对于这一问题本人半开玩笑地揶揄道，既然监督已在重要的原则问题上作出让步，为何还要纠缠于细枝末节？虽然本人也极不情愿纠缠于鸡毛蒜皮的小事，但也无法违背上级指示，故而在这一问题上恐难有所让步。海关监督立即又追问，若是由其亲自将簿册交给鲍朗先生，本人是否依旧持有异议？很显然，这步棋是他早已谋划好的，决意有所斩获，本人也当机立断接受了这一折中安排。事后想来，倘若不是这般妥协，可能已铸成大错，希望您能体谅本人的一番苦心。这件事其实微不足道，但若此时再回绝海关监督的提议，反而会无谓地将事态升级。如此则监督有更多的理由怀疑我们协助其关税事务乃是醉翁之意不在酒，实际上是想要架空其权力。因此本人向其解释，在这一问题上同意其要求不仅不与总税务司指示精神相背，更是因为本人的目的是从旁协助而非掣肘。本人还提到，只要先前双方达成一致的那些事项能够妥善施行，总税务司的指示精神便能得到充分落实。基于同样的理由（虽然当时未提此事），若监督再强势一点，本人也会同意由其副手将簿册交给鲍朗先生，因为当下解决实际问题要远胜再生枝节。

在该问题上取得一致，本人与海关监督可谓双赢，遂欣然作别。临行前监督又询问我处是否存有前任海关监督的一封文书，他曾在衙门见过其残件，其中有延请前任税务司协助管理当时唯一一艘巡船“神驰”（Shen-chi）号的内容。本人允诺回去后为其翻查，并于 5 月 19 日将该文副本寄给监督，未予置评。

就在 5 月 19 日当天（应当是在监督收到“神驰”号函之前），本人便收到监督来函，其内容与我们之前达成的共识一致。信中监督表示希望延请鲍朗先生协助管理大巡船及哨船，并请本人转交随函所附致鲍朗先生供其遵照执行的札文。然而这份札文却另行密封，此举有违我们之前的约定。本人寻思与其拖延进度，不如先行照办，仅需向其指出这种方式不合规范，本人怀疑是其下属工作疏忽所致。海关监督回函解释称，因本人只要求书信一封，故其未制公函；而对外发公函一律施封则是其衙门惯例，仅属常规预防措施，绝无他意。

之后巡船簿册移交前还有一些简短的文书来往，先是由马根先生交至海关监督手中，再由后者交至鲍朗先生处，此事最终于今年 5 月 26 日尘埃落定。海关监督委任札文中的条款至此正式生效，其副本随函附后。本人敢说这份委任札文将给予鲍朗先生足够权限，至少目前来说应当足够，您阅后应有同感。此外，有关协助管理税收的章程应适时商议定夺以清晰界定该委任札文未提及之部分。

5 月 26 日，本人根据与海关监督达成的协议签发通令及相关告示，下发至由洋人指挥操控的各大巡船及哨船管带，告知其该船已由副税务司鲍朗先生接管，今后须听命于他并向其汇报一切事项。管带们均照办无误，目前各项工作开展得有条不紊。

总而言之，本文可谓长篇累牍，但为使您全面了解整个过程及事情的来龙去脉，本人认为多费些笔墨颇有必要。本次协商错综复杂而又微妙敏感，除一些小问题尚待处理外最终得以妥善完成，本人自然也希望得到您第一时间的首肯。由于种种原因（对此您心知肚明，毋庸本人赘言）协商时也出现了一些问题，影响了海关监督下属独立处理常关税务的权力，其幕僚对此鞭挞有加，并归结为是本人不依不饶试图将洋关的影响力强加到常关所致。如何有效、彻底地消除这些无端指责，由本人提出建议并不恰当。关于海关监督所承担薪资份额的分歧，由于其声称已与您直接沟通，那么本人就在此静候您的指示。

关于协助海关监督管理税务一事，鲍朗先生机智过人且忠心耿耿，为胜任副税务司这一职位的不二人选，本人对他充满信心，想必实际操作中将摸索出更为明确的方案，而且无疑会取得更为令人满意的结果。

同时，本人一方面会处处留心、防范并应对各种无理干涉；另一方面，至少在接下来的几个月内，对于当下事务及您在令文中提到的推广事宜本人会避免贸然出头。这两方面本人将着力兼顾，机会出现定当努力把握，遇有事项则随时向您汇报。

（签名）税务司康发达

1876 年

整顿商务之提案[1][2]

本节略遵总理衙门（中国外交部）札示由海关总税务司赫德于1876年1月23日草拟于京。

布政使衔、总理通商各口洋税事务总税务司赫德，为申覆事，奉到贵衙门光绪元年九月初八日劄文，内开，查现议整顿通商各口货物征抽事宜，前于八月二十三日曾由本衙门与总税务司面议办理要领，并于本月初五日将应议节略一件，面交总税务司，应再劄行总税务司，遵照前此面谈及节略所开各层，通盘筹画，详细拟议，总期于中国有益无损，于各关卡并地方均办得动，办得到，将来不至窒碍难行。最为紧要，即于拟议后，先行备具节略，送呈本衙门，以凭妥速核办可也，并粘连节略，等因。奉此，窃查整顿通商各口货物征抽事宜，即系整顿商务。商务中凡有关系人、产各事者，即有涉于讼件，讼件中凡有宜如何办法并章程所在，则属于政务，兹奉饬为拟议，即以商务、讼件、政务，分为三大项，备具节略，逐项剖晰，陈之所有。节略各言，实于重大要件中历久互生之怨谤先为揭明，即从所以致怨之由，设拟所以止怨之法，及彼此可以互得当然之利。其商务一事，以现在所行而言，实分人不分事，致彼此不得不设法，竞侵其利。今所拟则，分事不分人，可使中外一律行之，不致彼此各有不平，而生嫉妒。其讼件以现在所行而言，亦系分人不分事，并无会同之定章，今所拟不第有会同章程，且设拟以专条要规，使中外通同一律，不致各有屈抑。其政务以现行者而言，不第涉于偏歧，且无彼此相求相应之谊，以致未能允孚。今所拟则以相求相应，为要使中外得其平，乃孚人意。是三大项，所拟各节，果得彼此允行，则即于地方可谓办得动，于关卡可谓办得到，可谓取益防损，庶大局不无小利也。除将遵拟之件，谨分项详议缮具略节呈鉴外，合行备文申请钧裁可也，须至申呈者。

附略节二分。

光绪元年十二月二十七日

① 海关出版物：《公署集》第二册。

② 译者注：原书第402-454页附有赫德申呈的中文本。本书中将原中文由竖排改为横排、繁体改为简体并加注标点后予以收录，未再对原书中的英文本进行翻译。

遵拟整顿通商各口货物征抽事宜节略之目录

总目（引论、商务、讼件、政务、末论）共计五十条

引论目录

一、申论箚文要意

二、所拟议之件试法有二说

三、现在情势之要条

四、中外守为之区别

五、不归管理之利弊

六、所拟应如何有成效方可谓整顿

七、因现行者生怨言故分商讼政三项随有拟议

商务目录

八、洋商怨言有出于口岸有出于内地

九、口岸怨言有出于进口贸易有出于出口贸易

十、论进口贸易怨言

十一、论出口贸易怨言

十二、论出于内地之怨言

十三、华商亦有怨言

十四、论华商口岸之怨言

十五、论华商内地之怨言

十六、华洋各怨言系现行之章势所必致

十七、中外怨言之意

十八、商务之第一议

十九、商务之第二议

二十、商务之第三议

二十一、商务之第四议

二十二、如何推及所议之原

讼件目录

二十三、条约内所载涉讼事各要款分人产税三项论之

二十四、因人案各怨言

二十五、因产案各怨言

二十六、因税案各怨言

二十七、讼事怨言出于中外科律之不同

二十八、讼件之第一议

二十九、讼件之第二议

三十、讼件之第三议

三十一、讼件之第四议

三十二、订通行之法为讼件之要务

政务目录

三十三、因何拟及政务之故

三十四、因政务中外各有怨言

三十五、论中华不欲创作新奇事

三十六、论中华不从外人劝谏

三十七、论不归管理各条之阻助处

三十八、若删免不归管理各条后如何

三十九、论不归管理各条中外趋避之不侔

四十、政务之第一议

四十一、政务之第二议

四十二、政务之第三议

四十三、政务之第四议

四十四、杜政务中怨言须以章内有限制并相求相应为要务

末论目录

四十五、论中外所欲者非存现章乃改新章

四十六、论商讼政各第一议之宜行

四十七、论外国必有评论

四十八、论中国必有评论

四十九、商讼政之先后次序

五十、论所议行否之尾言

整顿通商各口征抽事宜遵议节略

引论

一、兹值《通商章程》应行整顿一切之时，总理衙门于光绪元年九月初八日箚行总税务

司，劄开：查现议整顿通商各口货物征抽事宜，前于八月二十三日，曾由本衙门与总税务司面议办理要领，并于本月初五日将应议节略一件，面交总税务司，应再劄行总税务司，遵照前此面谈及节略所开各层，通盘筹画，详细拟议，总期于中国有益无损，于各关卡并地方均办得动，办得到，将来不至窒碍难行最为紧要。即于拟议后，先行备具节略，送呈本衙门，以凭妥速核办可也。须至劄者。

粘连节略

1. 现议任听照旧抽厘，而请中国允添口岸。此节如议，有允办明文，各国能否均无异议，一并照行。

2. 即以洋货而论，现议入内地愿正、子并交，则各国条约中尚有谓愿作一次交纳者；有谓或作一次交纳，或于过卡随时分数报完应纳税饷，均准听便者。参差不一，能否请各国愿归一律，俾各海关可专一办理。即如他国条约中有直云别国所定章程不能限以遵守者，将如之何？以上两事，一有参差，中国各关卡便难分别办理。

3. 现以厘税之故，议添设通商口岸，倘一经议定添开某口，则各国于厘税不允照行，于口岸则必请均沾。况今日如准开此口，他日各国或随时或届修约又请开彼口，中国何以应之？且从前修约时议添口岸，亦系以此口换彼口，如日后续议添口不已，中国不但无许多可开之口岸，亦并无可换之口岸也。总而言之，本署本无他意，既交贵总税务司拟议，只要所拟者于中国无害，于各关卡办得动，办得到，使人人看得过去，说得过去而已。倘不能如此，不独无益可取，且欲办者必办不到。与其将来办不到，失信于人，莫如将洋货、洋药，按条约、章程办理，并于洋货一节照从前所拟整顿卡税，保其不再抽厘之法，以免纷歧。纵然中国人再执子税及船捐、豆石各项受损情形来相争论，本署尚可说得过去，不致无词可措。然以上各节，仍以力求办得到之理为先，即劳阁下逐层拟一取益防损节略，细为商议，否则日日空口泛论，终于正事无裨也等因。奉此，总税务司伏思有约各国现有已届修约之期者，亦有将距修约之期在即者，所奉拟其中有关于各国之处，则有宜通盘筹画拟议者。因之此事所有前后各辩论，可以不必逐时摘论。然所已经题及各节，亦于此拟议之节略内统筹及之。详阅劄文，饬拟各事有三要领。一须与地方情形相符，一须于各关办得到，一须于各国可以应允。有此三要，则遵拟者之难可知。示此三要，则饬拟者心思之周密亦可知。盖拟一新章若与地方情形不符，则立一新章程是不啻立一新难处。若于各关办不到，则立一新利，不啻立一新弊，而致创出多少怨言。若各国中有未允者，则立一新章，不但不能划一，且在奉行者，今日以此章办此国未允者之人，明日又不以此章办已允者之人，则不啻自相矛盾，必致允与未允者纷然有索赔之势。劄文虽只有整顿征收事宜一语，然逐层拟一取益防损之节略，则不得不将通商大局通盘筹画，故凡有不应行而行者，致与中国商旅有损，与中国关务有碍，与中国政事有掣肘之处，概宜屏除。且凡有不应行而行者，致与西国通商分内应得之事有碍，亦应一体屏除，不然则彼此怨言频兴，无以塞口。故能依照无损无碍之议而行之，他事虽不知，即以此通商一事而论，即不致有害和睦。在行劄者整顿通商事宜，奉劄者拟议节略，大抵俱不出此而起见也。

二、劄文内云，宜力求有办得到之理为先，因此一语不得不将今日之办法要条说明，不得不将今日彼此之怨言说明，不得不将今日彼此各有欲得其益之事说明，否则所遵拟各章，纵使与劄文三项要领相符，而在阅此新章者究不得所由来。且凡所拟之章，已备有两样试法，一拟办时各国能否应允，一开办后左右有无掣肘情势，若舍此两样试法，则诚如劄文内云，日日空口泛论，终于正事无裨也。

三、外国人所以来中国者，为贸易耳。外国人来中国，必立有条约者，为保护贸易事与人耳。以今日贸易情形论，洋船来往年终共计一千万吨，洋货之入年终共计值银至八千四百万之数，土货之出年终共计值银至八千一百万之数，中国税银年终计收至一千二百万之数，口岸洋行计共三百四十家，商人等计共三千五百余，统洋商贸易事以成数算之，则英商应居七成，美商居一成，法德与他国商则以二成计。现在通商口岸开办者，已有十四口之多，虽开办以后，为日已久，而至今究未能解明口岸为何设。缘未有一口指定口界者，以致口内口外宜行之事难分，洋商可以按约居住各口，并前往内地各处，而不准在内地租房，更不准在内地居住，货物入口按税则完纳进口税，出口按税则完纳出口税。惟洋货于进口后，土货于出口前，除按税则征税外，遍处有关卡，另征其税。洋货入内地，以及土货出内地，或逢关纳税，或一次按税则完子口税，免后来之重征，均听商便。而各关卡均云免后来之重征一节，并非永远应免，只可从某口到某处，或从某处到某口中途得免耳。洋货若不合销售，条约内准发给存票回（回）国，而各关以发给存票一事，须有定限日期。至西国民人相涉案件，不论人、产皆归西国之官查办。洋人控告华民，华民控告洋人，条约内准地方官与领事官会同办理，惟应如何会同办理，并一切审案定罪之章程，至今并无定式。至各国派有各国大臣驻京，并派有领事官驻口，惟他国优待驻京大臣各节，在中国未经施行。至官员管理百姓一层，中国有中国之律例，洋人有所订之条约，惟有时中国民希冀依照条约而受益，有时洋人希冀依照中国例而受益，似此则明有避重就轻之故。凡此皆系今日彰著之要条，而其内之尤著者，则又洋人居住中国，而不归中国官管理之一条也。其初议条约之时，在洋人所欲得其益之件，已皆预先知之始录入约内。而在中国自议有条约之后，日渐一日，始知我中华为天下各国之一国，始知条约内有系于我国中之事者甚重，乃思设法为之求与我国家无害也。洋人自归自己官管理一条，录入约内，此事在中国亦不必视为希奇。至于通商一切事宜，中国如何目之，在洋人未必皆知，而知之者亦不必视为希奇。

四、若问洋人在中国，另外欲得何益，即通商贸易能得自由一事为先，此外所求者不第得以自由其所自由之便宜处，犹须为之力加保护。至其得自由一事，分言之有数端：一系前往何处有益，即可任其意而前往；一系纳税应有公道通行定而不改之税则；一系搭客运货来往应有最速最便之法；一系凡有各处土产，若遇宜有机器而取此土产者，应可任其机器而取之；一系不拘人产，均应按其本国章程办理，不照中国法办之。似此皆其欲得之益也。洋人到中国后，中国所欲之事亦惟守旧自卫而已。中国向来情形本不欲轻为变易更张，若一欲创举变动，不但群疑四起，且左右亦多阻滞掣肘；一有变通之势，先须求合该处人情。本处地方愿意听其自然而行之，国家始从所办，而不以为诬。若系外国劝为变通，在中国但得自便，万不肯如所劝而更变。详思中外，其各所欲自得之情；一系期于有为，进愈求进；一系期于有守，得安且安。以外国而论，既欲得中国之益，又须不伤和睦之谊，是必俟中国自相情愿而后可；以中国而论，既不能广见闻之资，不但无以给外国欲得之益，即在中国，自己亦必不寻求其益。然而只知自守而不变通者，其艰迫难行之势，日甚一日，自亦渐有所觉也。

五、洋人追求所欲得之益处，无论其为贸易、为内地游历之人，其身则负有最彰著不归地方官管理之条款。其抵中国来者，固系为利，然却以本身不受欺害为先。故当初议约时，先已得此全不归地方管理之条。继则更欲得一自由之益，但此率系商人群相争逐之端，而试问其国家应否任其如是，则亦自知应有节制。中国允订，其初议也，虽显有洋人归洋官管理之明文，而在中国尚不知日后如何不归地方官管理之情势。日久此条之利弊显露，众人渐知之：洋人归洋官管理一事，在中国可省却地方多少管洋人事，但如此之省事，实敌不过中国体制所收之损处。今若洋人犹欲请为推广条约内所得之益，而仍不归地方管理，似直欲于自由中无不可自由也，讵识现在向中国商办者与初立条约之时情形自异，宜分别而观之。夫以外国而论，既已订有洋人归洋官管理之明文，中国既已按此条而行之，若议出新章，不为议及保护人之身产，则在外国必不从；以中国而论，洋人归洋人管理，无论是否公平，是否便当，而此条实与地方事不归地方管无异。故以国家之政制而言，政制有碍；以国家体制而言，体制有碍。如此议出之新章不为之议及此，则在中国亦必不从，因之于整顿通商事宜中，不得不将条约内凡关系中外身产之事一并题及。

六、若外国云中国与诸外国不相同，中国可以应之。若又云中国既不相同，则宜专设一法而行之，于外国人在中国亦可应之。伏思中外，均以和好是期，若彼此能体察情势，彼此相让，自不难由是而得一中道。然欲寻觅此中道而行之，此中道实不在（与）当日所订之条款相符，却宜于今日所见之情形相符，方可谓为中道，方不致有诬。以外国而论，外国人不归地方管之条，其中寓有防御之益。若必尽弃其自御之益，在外国万不肯从；以中国而论，外国人不归地方管之条，其中有内攻之患。若不祛其患，在中国亦必不愿如此。若议新章，不但较现章须妥，且须使中国知订章内有限制，须使外国知虽有限制，而其分内应得之益，亦已包括于其中矣。

七、此次拟议新章者，诚以中外各有怨言耳。若问外国怨言如何，外国意谓外国人虽在中国有不归地方管理之条，而在本国所可为愿为者，在中国犹不准行，以致前往内地不能自由，不能开矿，不能设火轮车，不准华商用外国机器，征税外本口复征他税，子口税之外，内地复征他税，外国控告案件，或系民间欠债，或系官员违约，永远无断案之期。倘遇欺害，或受凌虐，或伤毙人命，非地方不为之办理，即办得缓，即办得轻。种种各等情，皆怨言所由起也。细为体察，其内情形则可分以三大项言之：一由于外国商旅事务，中国官员不能按约为之办理，则因商务而怨兴；一由于外国呈控讼件，中国官员不能为之速行信断，则因讼件而怨兴；一由于外国劝举新法，官员不能从而创行，则因劝行政务而怨兴。由是思之，今所奉劄遵议者，即以此商务、讼件、政务三大项为次第而拟议之于后。

商务

八、以中外交涉而言，原不止商务一事。惟以商情而论，洋商尝曰：凡于洋商等条约应行之事，中国多不肯照行。又曰：凡洋商贸易，按条约而行之，中国则每多从而阻窒，每多从而掣肘。窃思在彼洋商，以为凡所应得之事，尝不能如愿而偿；在中国，则曰彼洋商，尝于分所不应得之事，亦有强据为当有之事。因之纷纷各起怨言也。盖洋商有在口岸贸易者，有入内地贸易者，彼怨言之起，或因口岸之贸易所致；或因内地之贸易所致，当以两项分论。

九、若问口岸情形如何，洋商则有两说。一说系进口正税外，各口常有抽收他税抽收厘金之事，以致各项税厘过重，进口生理势不能为，洋货遂不能流通；一说系在本口内，若买土货运回（回）国，如不将完过内地税厘之凭据缴出，则出口正税外，须补纳子口税，以致出口生意多不易为。

十、至*进口*生意一层，近来通商各口征收厘金等项之事，固属有之，而在上海、厦门、福州以至近来之天津，各项厘金额俱较为过重，此亦众人皆知者。以中国而论，条约并未立有各口地界，条约内并无不得由中国在口内作某某事之条。中国在内地有抽厘之权，在口岸亦有此权，内地商民应纳之项，口岸并无免此项之理。以外国而论，完过进口正税后，洋货在本口不应重征，《善后条约》既有“经过第一子口，应纳子口税”之明文，则第一子口为口内、口外之分界，未曾过第一子口，仍可谓在口内，尚不应纳子口税，即尚不应纳他税。货物离出货之地愈远愈贵，应纳之税愈多，离出货之地愈近，较离出货之地远者，所纳之税自少。如此各有各说，而事内则有一实在情形者，即因税厘过重，货物因之不流通也。然若有外国人曰：“中国如何免此重征，使洋商货物得以畅行流通，则征收流通畅行货物之税既多，亦足以补重征之利。”中国则曰：“现在若不征收此项之税厘，无以为内地之饷项。则内地一乱，不但洋货不能畅行流通，且恐洋商并现在之生意亦不能作也。”再洋商谓：“厘局差役日在行内，探访信息，并在行门附近，查拏货物，以致洋药生意多有不便。”而中国则谓：“洋商时有勾通走漏税课之弊，并有包庇护送洋药等货情事，若非差役在附近缉拏，岂不皆为漏网如此？”各有各说，各有各理，则以进口生意而论，必须彼此互为体量，彼此相逊让，始得一合中之道也。

十一、至*出口*生意一层，洋商在本口买土货运回（回）国，若不能将完过内地税厘之凭据缴出，由中国令其补纳子口税，此一节有可者，亦有不可者。以中国而论，《善后条约》内载：“如无内地纳税实据，应由海关饬令完清内地关税，始行发单下货出口”等语。《善后条约》内纵令无此明文，即饬未带有完税凭据之货补交未完之税，亦实系有理之事。以外国而论，《善后条约》明文所指出之“货物并非本口所买之土货，却系洋商从内地，按子口章运来之土货。”若饬令本口所买之土货，交出内地税据本属不公。缘以此土货在当日，系彼处一件，此处一件，零星陆续置买成数，所经手者非一人，所交易者非一日。其原商是否执有内地各税厘之据，万不能以零件而拆分其单据，而在洋商于集有捆包成数出口时，实系以本来完过税厘之货物，须重复完内地税，是即不公也。如此各有各说，各有各理。以出口生意而论，亦必须彼此体量相让，始得一合中之道也。盖子口章程，既由中国准办，外国即不应将此章致害他项税课，而内地货物既到洋商之手，下船出口之时，中国亦不应饬令此商缴此不能缴之凭据。

十二、若问内地情形如何，洋商则有四说。一系有税单之洋货入内地，有运照之土货出内地，常有内地关卡视税单运照不啻废纸，另行重征，不肯照免。一系完清子口税之洋货，到税单指明处之后，仍欲与未完子口税之货，一律抽厘。一系内地关卡征收洋货税厘，其税厘之重，若故意不使洋货流通。一系请运照运出内地土货，虽有一次纳子口税之明文，而在洋商未置买此货之先，地方每先重征其欲售之物，则核计之其一次之子口税徒有其名，依然不获实受其益，洋商之怨言如此。而在中国，则谓中华内地，扰乱日久，当兹地方初复，值洋货内地往来，各处关卡未能分别单照新章，其有一律抽收者，亦所难免。又谓洋商常有以子口税藉作内地不应作之事，又谓土货未经请有运照，至洋货到指明之处缴销税单与中国各项货物无异，自应由地方收其税，抽其厘。缘子口章之意，并非以土货完纳子税时，须将以前所完之税厘缴还也，亦并非以洋货完纳子税后，永远不再纳税。此章乃系为运货出入而设，盖土货自某处至某口，洋货自某口至某处，中途不重征耳。又谓各国俱有因时制宜之道，中国亦然。第使不背条约，则所事之宜否，惟在于我而已。由此观之，中国所说，不为无理。洋商所说，不为无情。惟内地关卡不肯照运照税单免重征之节，在洋商纵使怨言无诬，而所指明者不过仅有数案。而此数案内，大概皆因洋商以子口章藉作内地不应作之事而出，或用运照送不应请运照之土货，或用运照庇送未经领有运照之土货各等情，以致各关卡应查应拏。夫《子口章程》历十五年之久，各处所办之件，综计之不下数万，而所指出不照单照免者止不过二十来案。在洋商洵可谓守法无弊，在关卡亦实非过为苛察，则此《子口章程》确不得谓非善法也。然而彼既谓此有作弊之事，此既谓彼有违约之情，则是此章程犹有订而未定之势，乘此势机，应于此章未治处申而明之，于此章未平允处更而正之，方得合中之道也。

十三、洋商怨言如是，或口岸或内地，均谓其分内应得之事未得；中国则谓，或口岸或内地，常有其分内不应作之事而作者。似此等怨言，若不倡说出来，则此等情形必不能尽悉。

十四、若复问口岸之情形，中国则谓华商船货进口，应照本口章程，输纳税厘，而洋商常有以洋商船只装运华商货物者，并有代华商出名，包庇华商运货，以致不能按照本口章程征收厘税，不但亏漏中国税厘，即华商循分守法、不事营私者，以税厘之故，其生意则远逊于奸商包庇之生意也。中国怨言如此。洋商则覆云，船只所竖之旗号，系何国旗号，即应按何国税则，而纳税洋船所装者虽系华商之货，而既系洋船，即应按照洋船而纳税。洋商又云，洋船中之华商货既已照洋船货纳过税饷，即不应按照本口章再纳税厘，如再纳税厘，必致使华商不欲与洋船通同交往，则洋船之生意渐无希冀而从此消疏矣。彼此各说各有其理，但洋商虽有章程可引，而中国所云，其理其说较长。况条约之本意，并非使洋商便于华商偷漏税厘，亦非使洋商代华商便于运货，致守分华商生意亏逊，此事显有宜于更正之处。中国又谓，口岸地方常有洋商代华商包庇运送洋药，以冀偷漏税厘者等语。查此事与代华商出名之事相连，然犹有于犯法事较近者。当洋商包庇运送时，有差役查拏，必致抗拒，是不但于中国税饷有亏，且于该商有应议之罪。中国又谓，凡有内地出产拟往外国者，可以请运照，免纳内地税厘；若非运往外国者，不应请运照，不应免内地税厘。虽然如此，而口岸地方有洋商代华商出名请运照，交华商收执，以便其不往外国之土货一体免纳内地各税厘以到口岸，地方洋商竟以其名售卖于华商为生意等语。查此事，虽系在口岸所作，而却与内地之怨言相连。（有议详接于后）

十五、若复问内地情形如何，中国则谓有洋商代华商运土货，出内地，因其非往外国之土货，本应逢关纳税，过卡抽厘，而洋商惟凭运照运送货物，不但内地关卡有亏税厘，即彼无运照运土货之华商较华商买名包运之生意难作矣等语。查此事，闻常有之，若实有此事，则洋商作此，与作弊无异。是必须将子口税章程本意申明，方可议一妥当章程。中国又谓，洋商但凭运照，逢关卡免纳税厘。其尚未到子口之先，已将土货销售，是不但内地少收税厘，即洋商如此贸易，与华商生理大有参差，以致华商生意多逊于洋商等语。查此大约不常有之事，但虽非常有，既系在容，或亦有之。列则欲拟议妥章，此事自亦须预为虑及。中国又谓，洋商置土货，若实系运往外国者，请领运照固洋商分内之事。惟其或从中代华商携带一二货物，或代华商销售一二货物，亦有之等语。查此事，与以上事所差无几，但拟议妥章，亦须虑及。中国又谓，洋商入内地，皆有随身单照，原以备内地查核，乃往往逢内地关卡俱不肯将单照直行交出遵查等语。查洋商若有此等不遵查之事，洋商自有犯章之咎，但径使此不遵查之人过关过卡而去，虽曰恐多事受累，而细按之，此咎究在关卡，尝闻此等事在内地未靖之时曾有之，近来却亦未见，但拟有妥章，亦须议及。

十六、中外两面各执一词、各执一说之故，确非无因而起，详为思之，盖皆昔时始订之章所遗之枝节也。夫通商云者，以彼所赢，易此所绌，是中外通商，即中外互相以彼所赢易彼所绌也。惟中外所订之条约，不但有中外互换出产事在内，亦有准彼国商人作此国生意之事在内，不但准彼国商人作此国生意，且有准彼国商人贸易于此国，不照此国民人所遵守之章程贸易，而准照新式章程，另式税则贸易之意在内。若仅以中外互换出产事而论，固可谓章程妥善，然以彼国在此国贸易言之，既准彼国商照新式章在此国作此国生意，即有彼此之商同时按照新旧两样章程，作一处生意，待有避重就轻之弊出，则凡所谓两地商人彼此互相妒嫉，关卡与商旅之互相有隙，两国之司事者互相责备，各事因之不一而起也。然其损处虽至此而犹未已也。仍有谓者曰：此等情事，皆由于通商所致。如此言之，致于通商交易之正事大有妨碍。在言此者，应知此等损处，虽系随通商而来，并非因通商而出。盖彼此通商，合言之不过一事，而彼处人在此处作生意，则系一事中之又有一事也。若章程不为之分别而妥议之，则以上各情弊自不能免，既其中有若是之分别，使于章程内剖晰议之，自不致有若许之情事。

十七、札文饬拟议取益防损之章程，要关上办得到，要于地方办得动，要外国可以允行，已于前所引论中云及。有备试之两法：一曰外国无不可允行于先，再曰左右无所掣肘于后。观此中外两面之怨言，总而言之，在外国则以中国为不施行此条约章程，在中国则以外国为误行此条约章程。现在既欲妥议章程，当思为有用之实济。故所拟议者，必思使中国不致因取益防损不施行其章程，必思使外国不致因贪得其益而误行其章程。则所拟议之法，方可谓之有裨于实济，故后所议之章程，彼此宜先有一番代为设想、代为体谅之情，而后观之可也。

十八、通商口岸货物不止数百类之多，其中不过八九样与通商贸易有关系，其余数百样或为中国出产，或为外国出产，在中国流通，与外国贸易皆无甚关系。通商贸易者，若能将此数样有关于外国贸易者之货色，按照外国意于关税外，不复征其内地税厘，并其他之数百样货色，按照中国意办理，不致免纳内地税厘，则两面各得所欲得之事。如此拟议其章，乃觉平允易订，而章程亦易行矣。此则第一议之章程立意期行者，兹将此第一节章程开列于后。

1. 进口货色与外国贸易关系者，则布疋（匹）、丝绒、铜铁、糖各项，现拟由外国允于此等货色进口时，赴关将进口正税、入内地子口税一并完清，由中国允于此等货色完清正税、子税后，永远免行重征。

2. 洋药一项，现拟由外国允于进口时，赴关按每百斤纳税一百二十两，一出口岸定界，仍须完纳各处税厘。由中国允洋药于完清一百二十两税后，在口岸定界内，不复重征。

3. 除此布疋（匹）、丝绒、铜铁、糖、洋药五项外，其余各项进口货物，现拟由中国允于进口时，均免赴关纳税；由外国允于进口后，无论系华商、洋商均应按照各处地方章程完纳各处之税厘。

4. 出口货色与外国贸易有关系者，则茶叶、丝绸、棉花、糖各项，现拟由外国允于出口时，将出口正税并内地子税一并完清；由中国允若非通商口岸地方出口时，其余无论何地何时均免收其各项税厘。

5. 除此茶叶、丝绸、棉花、糖四项外，其余各项出口货物，现拟由中国允于中国之口岸在出口时，均免赴关纳税；由外国允非通商口岸，非出口时，无论何项商人之货物在于何地何时均须完纳各处税厘，不准请免。

6. 通商口岸中有由外洋直抵之口岸，现拟由中国允于洋商货物船只抵此等口岸时，准其赴关，先行报明该货物系运往通商别口销售者，则取具定限保结，暂时可免征其进口之税，俟其到第二口岸再行完纳，或限满时则在本口完纳均可。由外国允凡有不合销售之货，若非于三年限内运往回（回）国，则不准讨还存票。

7. 凡有布疋（匹）、丝绒、铜铁、糖四项货色入内地者，现拟由中国允无论何项商人运销，均免逢关纳税，过卡抽厘。其余各项进口货物，现拟由外国允于入内地时，无论何项商人运入，均须逢关纳税，过卡抽厘，不准请免。

8. 凡有茶叶、丝绸、棉花、糖四项货色，现拟由中国允无论何项，商人运入内地，均准免纳关卡之税厘；由外国允其余各土货，无论系何项商人运往，均须逢关纳税过卡抽厘，不准请免。

9. 如此办理凡有关系外国贸易之土洋各货，出入内地，逢关过卡，则均无征税抽厘事例矣。而所有其余各货物，逢关过卡，则均无不纳税输厘事例矣。所有出入内地土洋货物税单、运照等件均可停止不发，惟外国人之入内地者，仍应领有入内地通商游历之护照。

10. 现于整顿各口通商抽收税厘事宜各章，外国若既允行，则中国即可允添开通商口岸，即如重庆、宜昌、安庆、芜湖、温州等处。

11. 现于整顿各口通商抽收税厘事宜各章，中国若既允行，则外国即可允照办，五年为期，至第五年时作为修订之定限，每届其限，将所有历办各事有宜删除者、宜增入者，一齐重为修订一次，以期妥协。

十九、所拟第一议之办法，已列于前矣，若彼此犹不允行，则更有第二议。在查前所云之彼此各有怨言者，大抵由于两大宗事：一由于条约未能分晰言明之故，一由于中外有两歧办法之故。其条约未能言明之事，最大者莫过于完正税之后，当如何办完子税，之后当如何办，均未详揭明言。其中外两歧之事，最著者莫过于不能合而为一，若于所拟之第一议不克允行，则所筹画之第二议即应依此而议之，特将第二议详开于后。

1. 凡有洋货进口完过进口税后，均应在本口定界内交易流通，不复重征。俟出界外，应完子口税后，再准征收他项税厘，其各口岸如尚未订有口界，应由中外会同就近勘定口界。

2. 凡有华洋各商将洋货运入内地，或请税单，或不请税单均可。若未请税单，则勿论华商、洋商，均应一体逢关纳税，过卡抽厘。若已领有税单，则勿论华商、洋商逢关过卡，均应一体免纳税厘。俟到税单内所指明之处所后，或在该处将货售与他人，或将货由该处运往他处，则应由运货之商即将税单缴销。缴单后其货于各项未完过子口税之货物无异，逢关过卡仍应一体完纳税厘。惟不得由后过之关卡，责令该货补纳中途所免之税厘。

3. 凡有运土产货物自内地到口岸者，或领运照或不领运照均可。若未领有运照，无论华洋商人逢关过卡均应一体完纳税厘；若领有运照，则无论华洋商人逢关过卡均应一体免征税厘。俟到口岸，即应赴关报明系请领运照往外国之土货，待日后下船往外国，即应一并完纳正子两税；若下船出口，往通商他口不前往外国者，于下船出口时，除完清出口正税外，另应补纳两次内地税饷。若逾定限，犹未下船出口，即应由赴关报明之原商人完纳四次内地子口税饷。

4. 领有税单之洋货，系已完过子税之货，若未经到单内指明之处所，中途欲行销售亦可。惟请有运照之土货，系未经完过子税之货，中途不准销售，倘经查出有中途销售之事，该关应罚该商若干银两。倘有完过子口税，与未完子口税之货物齐行运往，途遇关卡，即应由该商隔别详为报明，遵查照纳税厘；如经关卡查出所运之货，内有未经报明之货，即应由该关卡查明，将同运之各项货物罚办入官充公。

5. 不合销售之洋货，请存票回国，自进口之日计算起，若已逾三年之限者，概不准发还存票。

6. 历办至第五年，应以第五年作为修章之定期，将一切章程增删，以期妥协。

二十、所拟第二议办法已列于前矣，若第一、第二两所议者，犹不克允行，则更有第三议。在查有人谓：洋货或在口岸界内或在内地与中国各项货物无异，若未请有税单，口岸与内地均无免纳税厘之例。倘如此确系条约内之意，即应将此意申明则所筹划之第三议，即应依此而议之，特将第三议详开于后。

1. 凡有洋货，若无税单随带，即无论在口岸、在内地，均应完纳各项税厘。至请税单一事，无论华洋商人均准一体请领，俟到单内指明处所，须将税单缴销，日后该货与中国各项货物无异，均应一体完纳各关卡之税厘。

2. 凡有土货领有运照从内地到口岸者，抵口岸时须由该商赴关，按照货物之值价若干存一银票，若限内将该货运往外国，该关将此票发还。若限内不往外国，由该关凭此银票取银两入官充公。

3. 领有税单之洋货，系已完过子税之货，未经到单内指明之处所，中途欲行销售亦可。惟请有运照之土货，系未经完过子税之货，中途不准销售，倘经查出有中途销售之事，该关应罚该商若干银两。倘有完过子税与未完子税之货物齐行运往，途遇关卡，即应由该商将同行之货隔别分清，详为报明，遵查照纳厘税。如经关卡查出所运之货内有未经报明之货，即由该关卡查明，将同往各项货物罚办入官充公。

4. 不合销售之洋货，请存票回国，自进口之日计算起，若已逾三年之限者，概不准发还存票。

5. 所议者如历办至第五年，则应以第五年为修章之期，将一切章程增删，以期妥协。

二十一、所拟第三议办法，已列于前矣。若第一、二、三议，犹不克允行，则更有第四议在。查第一议系遵议者，于彼此如何获益处而设想者；其第二议系宽解条约意而设想者；第三议系泥定条约意而设想者。若此三议，俱莫可行，亦只得向他处寻究其根本而设想之。复将第四议详开于后。

1. 现已立有条约，而此次复议章程之故，出于商人之怨言所致，现由官场设议立章，若势有不行，却不如令该众商等抒其所自愿之端呈明，而官为裁订之亦妙，但商人所自议之端，却不得有越条约外者之事。

二十二、凡以上所拟之四议，若详阅以前所引论各言，便知遵议各章之立意所在，若更欲知所拟各章之益何在，请详阅末尾总论一段便得壹是。

讼件

二十三、洋商来中国，或因人、产、事件有不能不待听断者，或中外交涉事件有不能不待呈诉者，则有讼件也。若问讼件如何办，则各国条约内云：洋民相涉案件，归洋官查办；又洋民犯事者，由洋官惩办；华民犯事者，由华官惩办。两国交涉事件会同审断；又洋民控告华民，应先赴领事官投禀，华民控告洋民，亦可赴领事官投禀；有不能劝息者，即由中国地方官与领事官会同审办；又洋民被欺被焚被抢掠者，地方官即设法严追查办；又洋船被盗抢劫，地方官设法查追拏办；又华民犯法逃在外国，华官照会洋官访查，查明实系罪犯，交出各口岸华犯；逃匿洋船洋屋，华官照会，由领事官即行交出；又华民欠洋人债，华官严拏追缴；洋人欠华人债，洋官一体办理；又华民在外国欠洋人债，由洋官办理；其逃回中国者，由领事官通知地方官，设法查拏追缴，秉公办理。各等条款办法如是。细思各条款，凡中外相涉之各项讼件，大抵均已包含在内矣。但条款已议订于先，其事照办之于后，已有许多怨言丛生也。再为之细思生怨之故，知并非生于彼此之不欲公平所致，乃系因律例不同、审法之不同、罪名之不同。现欲议拟妥章，窃谓有三大宗事宜，分其目而议之，一曰人，一曰产，一曰税。

二十四、两国相涉讼件，如人案者，若问洋人，中国官如何办理，洋人则谓：中国官或不为之追拏究问；或拏问，不为之办理；或宜从重办，而从轻办；或应亟拏者，而故纵之使逸；或应拏之犯罪人延搁久，而反以无辜无照拂之人替代充数；或此案人应全数惩办者，只拏办一二人以了案各等怨言。若问华人，洋官如何办理，华人则谓遇有洋人欺侮华人，洋官多系置之不为之理；倘遇有命案，洋官则代洋犯或为之庇宥，或订以误杀，若系照中国律应订以抵偿之罪者，而洋官不过监押多日而释之；若遇有洋人被害毙命者，则洋官必立急克期索华犯而抵命；若遇有华人被洋人害命者，则洋官每欲出以银两为赡其身家之赀，则洋犯即可不抵其命各等怨言。且在洋人，每谓中国官与讼件多私受贿赂，并于审办案件，无论其人被诬是否有无其事，在未审出时即以百般刑法苛求。在中国人，则谓洋官与讼件非必全无贿赂之事，并按照外国审办，于案内情节亦未必俱能究出，待定案时亦非必件件全属公平之判断。再洋官审办案件，凡有被告者，洋官概不准其先诉一辞，但于原告立有确凿证据，即可断结其案。中国官则于被告未经供认其罪时，即不能定罪定案，以此观之，是中外与讼事非无律例，非无罪名，实遇中外涉讼事无一通同审办之法耳。

二十五、两国相涉讼件，如因产涉讼者，彼此犹有怨言，洋人则谓中国官员故延时日，庇护华人，不肯秉公办理；中国人则谓，洋官或不敢得罪其本国之人，或信其本国人之言而不信中国人之质证，或不按情节定案。且遇华人欠洋人债之案，洋人则控告不休，时为呈催，若必使欠债之华人家产已尽，中保代还罄其资而后已。至洋人欠华人债之案，华人则一经控告领事，必曰欠主已无银钱可还，即无法追索，华人则以此为尤不公平者。再财产等事，每有华人自相争产，原不涉于外国事者，乃有原告从中稍费些许资财，故为之牵连外国讼务，以冀领事官代为追办，不但原告不出其名，即借此致使无辜之人并受其害，中国人以此更为不服。是讼事之产案与人案，无殊中外，非无律例，非无罪名，而所欠者亦只一通同审办之法耳。

二十六、若问涉于税务之讼案如何，则条约内云，限内船主未经报明，领事官每日罚银五十两；又舱口单漏报揑报者，船主罚银五百两；又未领开舱单擅行下货者，罚银五百两，并将货物入官；又未领准单上货下货，即将货物入官；又私行拨货，将全货入官；又改运别口，请免税单存票等件，如查有影射夹带，货罚入官；又沿海地方私作买卖者，即将船货一并入官；又船只查有涉走私，该货全数入官外，俟船账目清后，即驱除不准在口贸易；又约内所指罚款及船货入官，皆归中国收办各等款。是除讼件内之人案、产案外，亦已有犯通商各章应罚之案在内，但虽有各违章之办法，而究无审问之法。因无此审问之法，所以前者中外商议，订有会讯章程。至条约内有罚银之章，有罚货入官之章，犹有洋人归洋官惩办之条。惟罚银之案，即有系乎人案之势，所以遇此案件，会讯章内订归领事官审办；因系有涉于税务，是以监督在座。其船货入官之案，明系犯章者，其货物已被拏获矣。但条约内将货入官字样，虽系归于中国办理，而此等货物在洋商亦有系乎产案之势。所以遇此案件会讯章内，亦准领事官在座。盖罚银之案，因其被罚之事，不能不执有因何应罚之实据给领事官看，此事所以归领事官办有由也。其罚货物入官之案，因其犯章而被拏，若当结放之时，不能不将其准应结放之缘因证据给税关上看，此事又所以归关上办有由也。罚银之案，归领事办，海关官员在座，海关关员不以领事所断为然，准彼此互详京宪核办。罚货入官之案，归海关办，领事在座，领事不以海关为然，准彼此互详京宪核办。如此分别办理，实属平允。当众审问，一切情形均可立案。请京中大宪复为酌订，则不致有不公允之处。按《会讯章程》历办以来，可称公允之法，且其章已足补条约内未备尚缺之条。虽如此，而中外犹不能无怨言也。即以罚货入官一事而论，在洋人，则谓此事既系中国得其罚项，中国办之易涉偏私，办此等案即不应中国偏主其事；而中国又云，凡遇洋商犯章违约，其事已显露于外，其证质已俱有可凭，其在条约内虽有应如何作罚、如何订办之章，而在外国官每谓法虽如此，情有可原云云。以此观之，会讯之章程虽可称为妥协，然以彼此怨言而论，犹不足为通同审判、周密无憾之善法也。

二十七、凡系相涉之讼件，无论为人、为产、为税莫不均有怨言。其怨言者何？总言之，即少一通同审判、周密无憾之善法耳。中外并非无办法，惟以讼事论之，中与外理有不同，律有不同，罪名有不同。既有此不同之情，复少一周密无憾、通同审判之善法，则怨言所致，自无足怪矣。既彼此未存有不肯从公允办之主意，即不难觅有悉得其平之善法。兹拟有四议，详开于后。

二十八、查未换条约之先，彼此各有其律例，彼此各有其办法。当既换条约之时，其于讼件如何办法，自系出于公允，自系无不彼此，各尽应办之处，嗣经历办多年，而彼此怨言所由兴。一为思之，可知其故，在无通行之章程耳。若能得有通行之章程，不但与条约本意无不相符，即从此可免却彼此多少不明不服之情事，此第一议，则以通行章程为要务也。因将所拟详开于后。

1. 拟外国属民于相涉案件，若与华人无涉，仍归外国官员查办。

2. 拟凡遇案件系华洋相涉者，应另立一详细规条为通行之章。

3. 拟于通商口岸，另设一理案衙署，凡有中外相涉讼件，照新立规条通行之章办理。此衙署内应有堂官二员，其二员一系由本省督抚拣委之候补道员，一系由总理衙门延聘之外国素谙律条之律师充之。倘遇有重要案件应准案内之原告、被告各指请局外一人在座，以为旁观公论之准。至备质之人，无论中外，经此衙署内票传，即应赴案备质。

4. 除人案产案外，其有犯违江海各关章程，或应罚银两，或应罚货入官者，亦归此衙署讯办。

5. 凡遇案件所关系者，只不过银两若干，应订罪名者，只不过坐监数月等案，一经此衙署讯明定案，即不得有抗断情事。

6. 凡遇案件所关系者，在银两若干数之外，应订罪名，较坐监数月为重者，倘经讯明判断，不服者准于定限内，前赴通商大臣处上控。

7. 倘有命案，若此衙内判定应属抵偿者，其有关人命出入，须俟详准总理衙门并其国之驻京大臣同行批准后，方准照所拟订办理。

8. 凡遇案内见证并原被告等人有轻漫所讯并谎言指誓等情，准此衙署或暂押其人，或罚办其人，惟于讯案时，无论何等案件，概不准以刑拷讯，再于定案时毋庸待犯罪人自行认罪，只由确凿凭据，亦可照办。

9. 凡有赴此衙署内，控告并被告人等，均准其律师代备诉词，并准其律师当场代问一切。

10. 此衙署内凡有订断各案，应立案另行录清，照报总理衙门，由总理衙门照会录送其国驻京大臣查照。

11. 所延聘素谙外国律条之律师，应有五员。一员驻天津，轮办天津、牛庄、烟台北三口讼事；一驻汉口，轮办汉口、九江、镇江三江关口讼件；一驻上海，轮办上海、宁波两海口讼事；一驻福州，轮办福州、厦门、台湾、淡水四海口讼事；一驻广州，轮办广州、汕头、琼州三海口讼事。

12. 拟此事每届五年，修整一次，以期周妥。

二十九、讼件之第一议已详于前矣。如不能照办，则拟有第二议。在查凡有关系中外之案件，若不会同讯断，则彼此一定不服此。第二议则以会同一事为要务也，因将所拟详开于后。

1. 拟凡有关系中外之案件，应由中外官员会同讯办，若被告者系中国人，则应在中国衙门讯断，准领事官在座；若被告者系外国人，则应在领事官衙门讯断，准中国官在座。

2. 拟倘遇案件有关于银两若干数以上者，或关系命案重大者，其在座者若有以讯断之官为不然处，准将原案情节录详在京上宪核办。

3. 每届五年，即应将此五年中所办之案，按类录出，以便日后存有各案应办之章程，存有各案定断之比例，以次递办，每历五年，即复多资一切办法。

三十、此讼件之第二议，已详于前矣。如犹未克照办，则拟有第三议。在查历来讼件中所最不易信服于人者，是人命重案。此第三议，则以人命重案取服于人为要务也。因将所拟详开于后。

1. 拟凡有命案出，应由该处地方官将案情详细录清，转呈京宪核断。

2. 凡此事上详京宪人命重案，京宪核断应如何办法，即秉公如何办之，不得彼此授受银两，即赎收其应偿之罪。

3. 拟每届五年，将此五年中办过之案备行誊录，以为递办之成案，皆可寻绪就阅，足资后来立法之有本也。

三十一、此讼件之第三议，已详陈于前矣。如犹未克照办，则拟有第四议。在查中外案件多不能设有通同可行之办法，则最要者即彼此要明白彼此之办法也。此第四议，则在彼此要明白彼此之办法为要务，因将所拟详开于后。

1. 拟将相涉之人案、产案，彼此有彼此之办法，互相通知。

三十二、所拟之中外相涉讼件第一要紧，即以前所开之要有一通行详细规条，要有一通行之讯法，要有一通行之罪名，要有一通行之衙门，斯为最有益于相涉讼件者，至其益之所在，并阅后段可也。

政务

三十三、引论内，已将彼此之怨言分为三项，一因商务而怨兴，一因讼件而怨兴，一因政务而怨兴。并云若议新章，不但较现章须妥，且须使中国知订章内有限制，使外国知虽有限制，而其分内应得之益亦已包括于其中。以前所论之商务讼件，已将商务之彼此怨言、讼件之彼此怨言说出，并将商务拟办之法、讼件拟办之法议出说明，是商务、讼件两项所议之章，不过视旧章较为妥协。至政务一项，亦宜将彼此怨言先为说出，亦宜拟有办法，能使外国知应有限制，使中国知应有分内应得之益包括其内，则政务之所拟议者，方不为空言无裨也。

三十四、政务怨言，亦有彼此之说。若问怨言如何，外国则谓中国不准洋人在内地随意来往，又不准洋人住在内地，又不准洋人开矿、设火轮车，又不准在内地设用各项有益处之机器各等语。此等怨言，推而极之，即是不准洋人自由之意，即是不受洋人劝之意。不准自由与不受人劝，在洋人即以为与忌怒洋人无异。若问中国怨言如何？中国则谓中国因有外国通商事务，不但有碍于中国之商旅，有乱于中国之国计，且因中外政务章程致使各地方绅民不服，致使中国官员为难，国家办理一切诸形掣肘。在各省士民咸谓官员所允行者已伤国体；

而在秉政者莫不以为有亏于士民，凡百姓之已失者既不能为之恢复，即百姓之应得者亦不能为之收守；而在国家，则以为将便宜多让之于人，于自已致多亏损而少益。此等怨言，在中国视之，无非洋人不归中国管理各条所致耳。因是之故而欲拟议之。从未见立有妥善之章。窃维彼此之怨言所致，由于彼此心之不甘，彼此心之不甘，无非为彼未得其益，此多受其损耳。彼此若以是尽归咎于条约之未善，则鄙意固有不敢请者也。然条约中既有是怨言之病根隐寓于内，则彼此即宜于此病根之缘，由剖晰详察，求祛其病原所在，方能得其切要，以期立妥善之章。

三十五、若问中国不受洋人劝之故何在？第一是中国自矜自是，以为励精图治，已臻隆备，蔑以加矣。第二，中国创业垂统，秉承上代成宪，治法率由旧章，不肯轻事更张。第三，中国不知中国以外国度情形，一经闻所未闻之言，即多生疑窦而不信。第四，中国一闻外国劝谏，即以为另存他意，疑而不肯听。从自通商以来，四方左右各处劝之，所以不行者皆因是之故。若问其故何在？总言之，即由于不知耳。若待已知自己之短、他人之长之时，其时凡有从前因不知而不受劝之事，故却已渐至杳然矣。此等事并非外人所能勒令勉强而行者，必须待自明自悟之后，确知所劝之益实匪虚伪，出于本心肯行，则受其劝者始不吝于行也。惟此外犹有不受劝之故，是自己愈能明，自己愈能悟，其故愈大。此其故不在中国能去之，而在外国能去之。

三十六、若问中国不准洋人自由之故何在？当初议条约时，中国既不知与外国来往之事，如何来往，章程如何，亦并不知他国与他国来往之事如何，而外国人当时已知中国之办理人、产交讼事件，与外国办法不同，已经不愿受中国之制治，故于议约时将洋人归洋官管理一条特载明，其内是外国人预知其情形，而有此因地制宜之道，而在中国当时允准其洋人不归地方官管理者，是中国人于未事之先未曾办过此等事件，不知其中情事，不能虑及后来事端，此亦无足异者。惟现计历办约三十年之久矣，中国识见日广，已知外国与外国交涉并无外国人不归地方官管理之条，且亦知一经订有此条，每遇交讼事件经外国官判断，本地人稍负，即必不服，并亦知外国人不归地方官管理之条，现所允行者不过在十余处口岸之地，业经于国体有碍，业经于地方掣肘矣。若欲行之于通国各省各处，中国不从，外国犹复能有异词耶？此所以有外国劝为办新奇事件者，中国因事出新奇，是以憾之，因所劝办者出于外国人，是以疑之。中国人且谓若所劝办者，非不善，但本国历久无此等事，即不有此劝办等事犹可照常处之，且所劝办者虽善，然必有一不归地方管理之条随行，其间实有不堪自计之处，于十余处口岸已允洋人不归地方官管理，若再使不归地方官管理之洋人入内地而得自由，更为未便允行之事也。

三十七、外国人谓中国不肯受其劝，中国人即覆以劝办之件，必有一不归地方官管理之条随行其间，是以不克允行。窃维不归地方官管理之说，此句不过一总括之语耳，凡总括之语必多浑含一切在内，必于此浑含语内，将所关系至切者提出而剖论之始得详明。此语所关系者何在？即系外国所应得之益处，中国必宜给之。中国所恐而不欲给者，外国亦可不要。洋人归洋官管理，在外国人历办已久，若猝令其洋人径行归地方官管理，毫无限制，此固万不克允行者。但使不归地方官管理之说可去，而其中于彼有益、于此无损之件可存焉。试问外国之所要者，果在洋人不归地方官管理之一语耶？如只为此语亦无不可，但凡外国人所欲中国行各项未行之事，得中国未准之益，一为劝行，中国必忌之，必疑之，皆以洋人不归地方官之说而戒止矣。如外国人非为只要留此一语，乃系为中国行各项新事与中国各项交往有益之事亦无不可，惟既欲允行各项事，则归洋人管理一语必须删之。试问中国之所要者果在与不归地方管之条相同者，均不允准耶？如只为此亦无不可，但外国所劝办各项有益中国事件，中国借可自富自强之益，亦由此阻止而不克见矣。如中国人亦欲得外国各项有益中国事件渐渐增行于中国，借资日进于富强，亦无不可。惟既欲如此，而凡与不归地方管之条相同者，若均不允准，则所益亦无由得之。由是而思，则如此办之可日见其益，如彼办之可日增其损，于以知何所从而为善，何所从而非善，不难分言之也。日见其益者，并无不归管理之条随之；日增其损者，反有不归管理之条随之。试问见益而不随之条、增损而随之条，究竟何足重轻欤？可见此条系阻行之条，因欲全存此条，致外国不能得外国之所欲得；因欲全去此条，致中国不能得中国之所有之益，以此不归管理之条而论，彼此均有可相让之地步，以存来往之益。惟以相让而论，必有一互明之意在先；若欲有一互明之意，必须将彼此心内之言说出。为要如：中国谓外国曰此条奚必视之太重，何不可将条内浑含处稍为允让；外国即曰，若外国一为允让，将何所凭而保护自己。如外国向中国曰，其于不归地方管理之条未免过于畏疑，在此条之所施为并不致有可畏可疑之处；中国即云如允之，则又何所凭而知有限制之说。

三十八、迭次经中国大宪询曰，若外国人肯将洋人不归地方管理一条免去，是洋人思往何处，即可往何处。且终询及曰，不将不归地方管理一条免去，则华人之在外国者可否亦不归外国官管理耶？伏思若使外国人所欲自由者，仅在来往而已，则亦即可允行免去。此条缘外国人在中国来往而不为中国人所不为之事，则地方官亦必格外留心，不为之阻难，即或有所因而阻止，亦必留心不至格外刁难苛待。且在外国将此条免去，即遇有外国人在华被虐受害，外国亦能按万国公法为之伸冤。是以云外国人果系所欲在来往得自由一事，将此条免去无伤也，且免去此条不第无所伤，并即从此阻止外国人来往者可少，留难外国人来往者可少。惟将此等言质之外国，外国则曰，外国并非欲来往得自由而已，实欲居住于中华，于中华地方立生意，行外国新法，凡在本国所为之事，亦欲在中华试为之。若将此条免去，是外国人只不过得来往自由之便，而其余各事无论何处，仍属不能得其利，不若不将此条免去，则于通商口岸犹可得自由之便，并可领护照入内地。且在通商口岸，犹可将外国各项事劝怂而行之，若不行犹可肆其讪谤，是留此条入内地固不能得自由，如不留此条恐并通商口岸俱不能驻留矣。若不留此条，即令通商口岸得驻留，得入内地，恐中国更欲使与华人同守中国之法，致华人较现在更少学外国多少新式，外国人所言如此，亦非无因。惟思中国之所不欲者，是行各新法耶？抑不归地方管理之条耶？伏思中国不欲行新法，是出于不知，若见多而识广，自必以新法为可行而愿行之。但识见日开日广，愈知此不归地方管理之条为必宜免去之事，因是知中国不愿外国来往内地自由，并非出于不欲行新法，实出于不归地方管理之条，若将此条免去，不徒内地可以得入自由，即其他各项新法事与中国有益而无损，自亦渐渐可陆续兴行之也。缘前于引论中已云，只知自守而不变通者，其艰迫难行之势日甚一日，自亦渐有所觉也。况天下当群然发奋争先之日，而欲孤立于中途，屹然不倚，其势果足恃耶？

三十九、若问中国何不肯与外国人多相交往，并于通商事不肯推广行之之故，则可知其故大半在条约内所订之不归地方管理各条所致也。若问外国各项新式事件，华民不能得受其利者何故，则大半亦系由于不归地方管理之办法所致。是一不归地方管理之条，有若此多方之窒碍难行处随之，是不将此条整顿，其下流安得而清顺耶？是在外国所欲有此条者，其所冀者何在，其所需者何在？其欲如此办者期至何时，即中国之允此条者何在？其不欲允行者何在，其不欲允行而因何不欲允者何在？若将彼此意之所在，倡明说出，和而商酌，则彼此即不难订一互相应允之办法。在外国可令中国知之，凡通商内中国所恐疑之事，可以无所恐疑；在中国可令外国知之，凡外国所分内应得之益可以得之。若依此两无猜疑设法，第一要紧者即系将不归地方管理各条改正而整理之。夫各条约内原无不归地方管理之字样，然条约内洋人归洋官办理各条汇集而观之，实即成一洋人不归地方管理之事，现所拟议之政务一项，并非以不干于己事者而拟之，实一面为中国解释中国恐疑之心，一面为外国开一行新法事件之路。故不可谓讼政两项之议，无涉于商务而拟之也。此政务所拟者亦有四议在，详列于后。

四十、凡有两国来往，必须明有订章。所订之章，必须易于明白，所以使外来之人知在此俱有所限制，亦以使本地人知外人有所宜得之事。而后彼此得以互相尽让，不致别生事端，此第一议，即以是为重者也，详列所拟于后。

1. 查各国之条约内字样，各有不同，于原意之所在论辩致多饶舌，不免有窒碍不便之处。且查各国条约内，皆有一体均沾之语，虽字样不同，考原意之所在，实又属通同一律之说。如此参差，可否为之另订一汉文条约底式，随后再添各国各洋文语言字样，则各条约统归一律矣。

2. 各国条约订后，而其内并无彼此互相允准之字样。又查凡两国所订之条约，如有彼此互相允准字意，不但其间显有公允之情势，且互允所行，亦觉所订者亦易施为可否。于凡有此国人往彼国者，彼国来此国者，先须赴其国之领事官处报到，其本人若欲作为原来本国之人，则另应留名于领事官处，其本人若欲作为所到之国之人，则另应于所到之国地方官处挂号。如此分别办之，倘无其本国领事官在彼，自应暂时作为此国之人。

3. 查在领事官留名，而不作为此国之人者，倘遇有争讼等事，与此国人无涉者经领事官如何讯办，自与此国人无干。至其有涉于此国人之案件者，则本应由地方官料理，盖此国既允他国人来我国，即应不使此国人受害，既允他国人来我国，亦应保护他国人不致受害也。因是之故，可否凡遇有案件涉于两国人交讼者，应由该国地方官按照中国办中外交讼案件、新议订之条例办理，以归画①一，其他无涉于此国人之案者，仍应由该国领事官自行办理。

4. 查条约内云，洋人归洋官按其本国律例办理。又云，有涉于中外之案件，应由领事官会同地方官秉公办理。条约如此订规，而并不云外国人可以不遵中国各章程。又查外国人在中国常闻有不遵中国章程之事，致地方绅民受累不悦等情。如此可否于外国人在中国，中国人在外国者，各须遵守其所到之国之章程。凡所到之国，其国之人所不应为者，亦不准外来人为之；凡所到之国，其国人所可为者，亦准外来人为之。倘违此章，应由管理中外交涉讼件之衙门查办。

5. 查各国办理田地、房屋、行栈、买卖等事，均系按本国律例办理。倘外国人买得田地、房屋，或于各项生意分股，若遇有计较、争竞、涉讼者，则不便照他国办法行之。又查有此事，而不将如何办理之处说明，则于此国人在彼国交易等事有碍，可否于凡有外国人买得田地、房屋，或有分股、生意等事，必须外国人同本地人一体遵守此地办理此等事之章程，倘遇涉讼应由办理中外交涉讼件衙门按照本地章程订断。

6. 查凡官员于其分内应办之事，因有外人在其中，而不得办其分所应办之事，致于其体制有碍。又查凡有此官应代外人办理之他件，虽系代外人应办之件，但前为是而不得办其分所应办之件，以致此时有不愿代理其事之心，则于外人之事，又有妨碍矣。所以凡遇此等事，勿论大小，似应一律办理，不宜稍存歧视。即如关务亦然，可否凡有外国船到中国，中国船到外国，均应由船主自行赴关报明，一切无庸由领事官代报。凡有该船挂号立案、用辞水手等事，由该关理船厅管理，至该船并该船之水手与本地民人无涉之他事，仍应由该国领事官管理。

7. 查官与民能面相问答，于官有益，于民之事亦有益。又查凡事若必多经一官，则事已过半予夺已有不易之势。可否准他国人遇有事件，径行自投该地方官面诉，勿庸由领事官转达。

① 译者注：同“划”，全书同。

8. 查各国各处所征税厘，皆系奉其国家特行之事，自有税册可凭，各外国既有税册刊发，中国亦有洋商税册刊发通行。惟中国各省时有新订征收税厘之章，可否由总理衙门随时咨照各国驻京大臣，以便转饬各商一体遵照。

9. 查年复一年，日增月盛，新出之事各有不同，可否每届五年，将此政务亦为之修理整顿一次，以期因时制宜，归于妥协。

四十一、查第一议所拟可否已备详于前矣。如有不克允行之处，则犹有第二议在。现欲整顿政务者，诚以政务有未妥善之故耳。既有未能尽期妥善之处，若能添一互相换允章程，则于未能妥善者似可不致有碍和睦大局，此第二议即以互相换允为重也，因将所拟详后。

1. 凡有外国订换条约，可否好按照统同一律之底稿，为各约大略成式。

2. 凡有中国大臣及中国领事官所驻扎之国，如遇中国人案件，与此国人无涉者，可否归中国官办理。如遇有中国人案件与此国人有涉者，可否即按照在中国办理中外交涉讼件之章程办理。

3. 凡有中外船只来往，可否准由该船主赴关报明，一切勿庸由领事官经理。

4. 凡情形各年不同，可否每届五年由各国一齐修理一次，以期妥善而归画一。

四十二、查第一议、第二议俱已备详于前矣，如犹有不克允行之处，则又有第三议在。若不能将未能尽妥尽善者改正，若不能添一互相换允之办法，则所重者所有之章程宜期于易明也，而各国有一体均沾之语似乎不难允行，此层所拟开列于后。

1. 可否按照统同一律之底稿，为各约大略成式。

2. 可否每届五年，由各国将所有政务一齐修理一次。

四十三、查第一、二、三议，已备于前矣，如犹不克允行，则又有第四议在，开列于后。

1. 可否每届五年，由各国将所有政务一齐修理一次。

四十四、合观以上所议各节，即可知其政务中之大要有四：一在因时制宜，此所以有每届五年合各国齐修一次之议为要也。一在条约期于易明，此所以有另订一统同一律之条约大略底式，以便各国无疑惑难明之事也。一在有互相换允之章程，所以信彼此之心也。一在现之章程未能尽于妥善，此所以宜更正，而使彼此无遗憾也。如是，则在中国，可以知外国人在中国有所限制；外国人可以知虽有所限制，而于分所当得者亦寓于其内。庶交邻之道不致历久而有碍于和睦大局矣。至其余之利益，则于末论述暨。

末论

四十五、现奉札饬遵拟一切，已将所宜筹及者列为商务、讼件、政务三项。将每项所拟议各节，逐层开录，并将彼此所有之怨言，特为倡明，以见所议之各事，实缘于所怨言而设筹者也。惟前所拟议之法，其利益之各有所在，犹有宜于申而言之始获尽其意者，因赘于末。夫现在彼此所欲者，若使仅在施行现章，则所事无难，亦只期于现章内之未明晰者，由大宪申明之已耳。如商务内之子口税章程订明，存票章程订明，则商务中除此无可争辩者。如讼件内之有关交讼事件，将彼此应如何会同之处订明，则是讼件中除此亦无可争辩者。若果止为此，则凡系政务者自无烦题及矣。惟详阅彼此所言，细思彼此所怨，是所求者并非只期于现章之施行，所缺者并非只在现章之欠明，实为现章之未妥而期另议至妥至善之办法耳。盖现行之章，不但是强使外国人趋于狭辙中而不克行其自然，且使之行于辙而中国人犹忌之。其现行章程之事体语言，不但如设法使外国人有越分之行，使中国人阻外国人所应得之益，并其章程中之理更如隐唆外国人，使生越分之心，使中国人有阻止外国人所应得之心。是凡章程中之约束者，反不啻宽放之也。凡宽放者，反不啻约束之也。是生意期于盛，交往期于和，凡兴利除弊期于速，则彼此之所期者，其不徒在现章之施行，实在得新章之妥善也。

四十六、商、讼、政三项，各项俱备有四议在，勿论某议若果克行，知较胜于现章者，已足可祛除数大弊端矣。惟各项备议则有四，而四议中在鄙意，窃以为差强者，则各项中之第一议为重也。诸望详察之而熟思之，若能照第一议行之，则知中外利益不日即许立见其利益之所在。分赘于后。

商务各益

1. 分事不分人之订章，使中外一体遵守，则不但不使有越分阻止之为，且直毋庸有是想也。

2. 外国买卖十种货物，不但可免各处无定之税厘，且于口岸正、子有定之税饷外，一概均可免纳矣。

3. 中国买卖百种货物，既可免出入通商口岸之定税，并于其余各因时制宜新定之税饷不致有所窒碍，商得此益，官得彼便。

4. 其余有三种货物，一系一见即知为洋货，惟所来不多，亦不常见入内地；一系不能确知其为洋货、华货，亦不轻见入内地；一系中国土产，虽系往出外洋者，究亦不轻见出外洋。此三种货物不大甚有关系外国生意，所以仍令其完各无定之税饷，并免其完纳出入通商口岸之有定税饷。

5. 虽有完纳出入有定之税与完纳各处无定之税之区别，然装货来往船只，犹不用赴两关纳税，亦不用因赴两关而耽延其时，缘因完他处各税，故在通商口岸起下货时无庸纳税。

6. 遇有洋商欲争作华商之生意，则凡华商应遵之章，即宜遵之。遇有华商欲争作洋商之生意，则凡洋商应遵之章，亦宜遵之，以免低昂。

7. 凡有通商口岸各行栈内，差役不时探缉访拏各事，并凡有内地子口章所生各弊端，亦即概可免除矣。

8. 凡事计利者亦须计弊，计益者亦须计损。今不特不因益此而损彼，因利而忘弊，且不致因计关务税征，而有碍其商情；亦不致因计商人生意，而有碍于税征；且不致因此国而有碍于彼国，亦不因彼国有碍于此国。持法亦可谓各得其平而各沾其益也。

9. 从此洋商可以不必借名于华商，华商亦可无庸忌洋商之生意，中国官可无谓因洋商而有亏税饷，即洋商亦无谓时与生意诸多阻滞也。

10. 五年修约，相距不远，即可乘时制宜，而兴利袪弊也。

讼件各益

11. 从此中外交涉之讼件，得有通同之办法，得有一定之律例，得有一定之罪名，不但可以保护人之身产，且彼此如前之弊病怨言可自此而免矣。

12. 凡此章程办法可以日进美善，每届五年可增者增，可删者删，可改正者改正，渐渐自臻于尽善，而得一永妥之章矣。

政务各益

13. 凡政务内所提及各节，苟能彼此互为宣言，倡明一切，则彼此两无猜嫌，而失和之一说可先无虑，若更能趋所议而行之，则不但将前所不允之势力从兹可言放弛，并前所相忌相阻之怀悉易而为相友相助之意矣。

14. 政务若能允办，则与商务、讼件俱有裨益。盖商务不致有从而阻窒之人，讼件亦不致有违章而行之事，以是请将各项所拟之第一议愿姑为试行，即可知其利益之所在何如也。

四十七、在奉札遵拟者历言功效若是，而在闻所拟者，或不能无他说焉。在外国，定有三说。其一论政务者，必谓中国原允各件不可复弃而还之；一论教务者，必谓以奉教之人不得归管于中国不奉教之官；一论商务者，必谓中国允办各事虽善，但中国所允日后准行与否，无所为凭。窃思所拟议之章程办法系出于公，原不能杜人之评论；而评论之言，在拟议者亦宜深思之。特评论之下，须平心将议中所倡举各言、现在各情形详细思之，且评论时其间犹有六说在须知之。一说现在之情形彼此均属不愿；一说彼此欲各得其利益，即彼此宜各有尽让处；一说所拟之章不过系五年试办之章，增删改订均可；一说所拟各项若果略如所言之各益，则自应一试为宜；一说所拟各章，正所以免其屈抑而得遂其长养之机，亦所以袪其狭隘，而使游其宽裕之路，亦所以使之各安所守，正所谓但分事而不分人，中外无歧视而悉归平荡者是也；一说凡论政务者，若于其中得有生事端之根由，试问此根基应留抑应去？再者，外国所来之人数少，若归地方管理，即于其本国亦无甚出入，且中国向来于归中国管理外来之人，常见中国相待并无刻薄之处，况以归地方管理而论，则凡遇有交讼事件，既系照新订之章程办理，则处处公而不私，人所共得闻见，凡论讼件者，试问此归管理之事，又何可虑耶？

凡商务所议各节，其彼此商办者，大率皆彼此愿行之件，皆彼此能行之件，若使彼此预知有议而不准行之势，试问又何必彼此商量于其先耶？此六说如是，若评论所议者能于此六说思之，则可知现行之章程如何宜改则可知，所拟各节如何之宜先试办也。

四十八、以上所云，是恐有不洽人意者，防其评论。如是至犹有不洽人意者，则有中国之评论在。夫中国执事者，现于各事难办之端，姑勿论及，只以一节而论，恐评论者以为肯收而不肯再放也。盖从前所允各事端，中国但有所与于人而无所取于己。现在议行章程，自与从前立条约之情形不同。从前如逆水行舟，挽流而强进，现在则不进而倒退时也。或恐外国之所欲者尚多，于后不止于此，或以中国之所与者过多，是以恒存靳而不予之情，因有不克准行之意亦未可知。在执事者既饬为拟议，自必有可办能办之主见在先，而在评论者当未出言先须知有三说在。一说既欲取，即不能不与；一说欲互相得益，即不能不互相尽让互让，亦不为不公允；一说凡欲收赎原物者，不能不以本利偿所质。评论者宜思此三说焉，在执事者则宜思如所议而允行，与外国固自多利益，要知以中国论其利益亦不减于外国也。

四十九、所议者分列三大项，其三大项之次序，原宜以政务为第一，讼件次之，商务又次之，而此以商务为首，政务居后者，其倒序处亦自有说。盖所议之先后，正不欲以此件之难办者致有阻于彼之易办者也，是以商务中之易办者居于讼之先，以讼件之易于政务者居于次，政务在后焉。更有一说，商务系可行者行，商务不行，讼件无不可也；讼件可行者行，讼、商两项不行，政务一项亦无不可也。若能三项俱得照行，则因易而难，更得渐进于全善矣。三大项中，各有四议。若于各项各议，拣择而行，亦无不可。虽于商务中拣用第一议，讼件择用第二议，政务复选行第三议，汇集而行之，亦无不可，但能俱择各项中之第一议而用之，似更觉臻至善也。惟无论于各项某议，取而用之，要知所拟议者姑举其纲目耳。若各议中之分条细款，章程所在尚宜，即所议之纲目，而另为详赘。

五十、今奉拟各节，其商务所议，足为商务整顿之法，并可免所述之怨言。其讼件所议，足为交涉讼事办法，并可免办理不公之谤。其政务所议，足为商务之辅助，匡讼件之不逮，并免却现在往来交涉之难处，可期无阻碍于后来交往之道路。窃思所议各节，纵使得以允行，纵使得忘却以前之亏损，得以后之利益，亦勿以是为通治百病之药材，勿以是为点金致富之法术。缘日后必有蒙昧官员误会章程，日后必有因廉俸不足之官员蒙法营私以远新议；日后必有不安分之百姓滋生事端；日后必有不善筹画之商因贪利而失本。若使现在并无各等阻碍准照所议而行中外，则必得其益也。惟其益之如何有，如何无，一俟试办始可知也。夫所议各益，果如所言，固所愿也。但其益之能否若是，虽不可知，虽不可必，而其中有一利焉，足堪自慰者。一利者何？即彼此各有之怨言，彼此未办之益处，经此一议，俱得题及而倡明矣。所有彼此难处、彼此情理已论列于此，足资他人之采择，可由此而设法，由此而酌行。在拟议者之难易与否？但看札文所示各说，一为思之，即可知焉。此节略匆匆草草，不下数千言，正所谓知无不言，言无不尽者。是第其字句之犹待修饰，语意之犹欠圆融，均所未暇计及者。

海关总税务司致恭亲王殿下及总理衙门诸大臣之补充申呈

1876 年 2 月 8 日于北京

布政使衔、总理通商各口洋税事务总税务司赫德为续陈前申事，窃前奉光绪元年九月初八日札文，饬拟通商各口征扣税厘事宜等因，当经总税务司详细酌核，通盘筹画，开具节略，逐项分拟，于元年十二月二十七日备文申呈在案。惟查所拟之商务一项，于第一议内其有关系外国贸易之进口货色有布匹、丝绒、铜铁、糖四宗，出口货色有茶叶、丝绸、棉花、糖四宗，均拟请于进出口时，在于该关即将正、子两项税饷一并照纳完清，此后无论行抵何地，凡遇关卡一概免行抽收厘税，至其他进出口各项货物，在通商口岸界内免行赴关照纳税饷，其遇内地关卡均照收税厘，不准免纳等语。伏思凡所拟议必有所凭，施为乃有把握。若谓所凭何在，把握何在，则试请以同治十三年税征大数较量可知。十三年，通商口岸各关征收布匹进口税至七十二万两，丝绒进口税至十六万两，铜铁进口税至十四万两，糖斤进口税至六万两，其余各项货物进口税则征至六十五万两。其茶叶出口税至五百万两，丝绸出口税至八十七万两，糖斤出口税九万两，棉花出口税四万两，其余各项货物出口税则六十八万两。以此进出口八宗货色而论，年终共收至七十二万两之数，其余货物进出所收则在一百三十三万两。除此又有洋药进口税二百二十万两，又有土货复进口税五十七万两，又子口税二十三万两，又船钞银二十万两。统计在内，是同治十三年间，共收至二千二百五十万两之数，此尚非按所拟八宗货色正子两税并征于口岸之议也。若照所拟八宗货色于口岸完清正、子两税免征其他货物办之，则每年计布疋（匹）税可收至一百零八万两之数，丝绒计可收至二十四万两，铜铁可收至二十一万两，进口糖斤可收至九万两，茶叶可收至七百五十万两，丝绸可收至一百三十万两，出口糖斤可收至十三万五千两，棉花可收至六万两，八宗货税计共一千零六十二万两。再能于洋药，照每箱一百二十两办理，则即以七万箱计可收至八百四十万两，连八宗货税，共可收至一千九百余万两之数。是年终征数，欲期至二千万之数，定许在一二年之间也。然此可收之数并非无所见而云，然亦非凭空揣度之谓。诚以十三年之收数而推之，知必能到此数目。况以光绪元年税饷而论，现已较同治十三年多至数十万矣，已有明证可验，以各海关而论，亦可称办得到之事。至谓照所议办理，即可多收若此之数，其数是否可抵各地关卡免征之数一层，查上年曾函请户部，核明各省茶叶、湖丝、洋药三项厘金一年总数，虽经示覆，难于分晰，然总税务司窃闻年终各省厘金大数约至一千万两上下，则以同治十三年各海关年终税数合而计之，是有二千二百万之数，惟合两项而计之始有此数。若照所拟办理，即海关一项，五、六年内即可收至此数。则衡之国计，其为有益可知，其为无损不待言也。再者尝闻各地厘卡之设，原属权宜一时，并非常策，是厘金一事，自在不日间即可言停止矣。惟厘金停后，只有关税一项可靠，异日关税之可以多收，既足抵各省厘金之数，则所议亦不得谓非善法也。言及此，则更有请者，总税务司每阅邸抄见内外臣工条奏，多有停止各省厘金之请，但条奏者只知有停厘之请，而究无如何办法始可停厘之议，无厘金可停之议，但有厘金宜停之说，亦无怪内外议覆者，俱以时势碍难等语为辞也。兹以鄙见，不如由贵衙门，即以前之所议，详为陈明专行奏请停止，既于外国交涉事中免却多少烦扰，即以贵衙门专办洋务而论，若于办洋务之中，可得有益于地方之善法，则向所谓滋民累、讨官嫌，并百弊丛生之究非常策诸患俱从兹可以息止，亦且足为后世永赖日增月盛之善章，上可以理财裕国，下可以无碍旅民。因是续为陈明，不虑渎言，呈请裁夺，专此备文，伏祈钧鉴可也。须至申呈者。

右　申　呈

钦命总理各国事务衙门

光绪二年正月十四日

中国外交事务经费由洋税拨供

海关总税务司署

1876 年 11 月 10 日于北京

第 624 号	税务司
上海	第 2464 号

先生：

一、为筹建中国驻外使馆，须从各口洋税十分之六中提出十分之一汇至上海，再由本人依总理衙门札示汇出。驻英国公使郭大人①今日离京，有关此事你在上海须留意以下几点：

（一）郭大人已在北京支取关平银 7,000 两，赴沪行程将由其自行安排；

（二）你须协助郭大人购买上海赴欧船票。若其支取的 7,000 两不够，则将从上海道台处支取。鉴于其本人及随员皆为官员，若你出面，轮船公司可能会参照海关员役给予（20% ~25%）折扣；

（三）沿路开销如何落实由你协助安排；

（四）郭大人在伦敦的开销额度折合关平银 30,000 两，由你从道台处支取并备好汇票交予他；

（五）其随员中有人欲将每月部分薪水留在上海以寄回家中，你需每月向道台支取该笔款项付给经相关随员授权之代收人。

现将总理衙门以及郭大人的相关公文副本②附后供你参考，类似饬令也已下达至道台。购买汇票事宜由你自行处理，但切记须审慎妥买。虽然可能价格略高，但为安全计，本人以为最好还是坚持通过丽如银行办理。所有你经手进出或从使团账户支出的钱款都要过你的 D 账户，你须在日常报呈总税务司署的呈文中详细汇报每笔汇款情形。同时请给本人一份希望由家人在上海支取部分薪酬的郭大人随员的中英文名单，并附上每人授权支取的数额。

二、总理衙门札示中未附有副使刘大人③的随员名单，但本人认为其同样需要你协助安

---

① 译者注：即郭嵩焘。

② 译者注：原书第 464-466 页附有该随附公文副本中文本，本书中将原中文本由竖排改为横排、繁体改为简体并加注标点后予以收录。

③ 译者注：即刘锡鸿。

排，因此在此一并授权你采取相应措施。

（签名）总税务司赫德

致江海关税务司吉罗福先生

上海

钦差大臣、署理礼部左侍郎郭

照会事照得本大臣

奏调翻译官凤仪、德明随同出洋，现据该员等呈请，将该二员月支薪水，每月留京二成，以抵该员等在京家属支用等情，除差次应领八成外，合亟照会贵总税务司，请烦查照希将凤仪等二员各留京二成银四十两，抵支该员等家用，并请给凭，发交该二员收执以凭，按月支领。其馀各员或应由上海发给，仍希知会上海税务司一体查照施行，须至照会者。

右 照 会

总税务司赫

光绪二年九月　日照会

传字第壹百壹号

大清钦命总理各国事务衙门

札行事，光绪二年九月十二日本衙门具奏酌定出使章程一片，本日军机大臣奉旨依议。钦此。业于九月十三日恭录谕旨，抄录原片并章程清单，札行总税务司遵照在案。嗣于九月二十一日，据钦差大臣郭咨称本大臣奏调京外各随员，应领整装银两，须俟上海会齐后，核定数目，具报存案。此次在京各员及本大臣开销在京用款，应先借给银七千两，以便分别转给催促启程，咨请本衙门查照给领等因。查出使经费，本衙门于八月初九日奏请将各关所收六成洋税作为十成分算，即于此十成内每关每结均酌提一成另款存储，听候指拨，并请通饬各关监督均自第六十五结为始，一体遵办等因，奉旨允准，钦遵行知亦在案。此次钦差大臣郭　由京起程，前赴上海，所需盘费，毋庸总税务司经理。俟抵上海后，前赴伦敦，搭坐轮船，应需船票，并沿路应用银钱，应由总税务司转饬江海关税务司帮同料理。迨抵伦敦后，所需经费银两，应由上海道先行筹关平银三万两，交由江海关税务司代为妥买汇票，面呈郭大臣查收，以便到伦敦后支用。其汇兑伦敦银两若干，应由总税务司随时呈报本衙门查核。至郭大臣及随从各员应需整装银两，前经本衙门奏定，均按三个月俸薪支给。除已由本衙门借支银七千两外，尚应找付银若干应由郭大臣开具清单，交上海道按数发给江海关税务司料理一切，仍声复本衙门备查。至此次郭大臣借支之七千两，应即解还本衙门，归款以重帑项，相应札行总税务司遵照办理可也。须至札者

粘抄郭大臣随带各员单一纸

右札布政使衔总税务司赫　准此

光绪二年九月二十四日

总字第七百七十四号

郭大臣随带各员单

布政使衔贵州候补道张自牧　二等参赞

江苏候补知州黎庶昌　三等参赞

兵部候补员外郎德明　三等翻译官

户部候补员外郎凤仪　三等翻译官

刑部主事汪树堂　随员

候选通判张斯栒　随员

广东候补知县李荆门　随员

候选县丞罗世琨　随员

随总字第七百七十四号

1878 年

关于船舶舱口单及其规范之法律意见[①]

在此，本人代表海关总税务司就抵达约开口岸的英船船主对其提交舱口单内容真实性有何责任这一问题征询您的意见。

随函寄出的梅辉立（Mayers）先生著作中，第 11 页上载有 1858 年 6 月 26 日签订规范大英帝国和大清国商务关系之《中英天津条约》。

第十六款规定“英国民人有犯事者，皆由英国惩办”。

注：此款不涉及走私问题。

第十七款规定“中国民人有赴领事官告英国民人者，领事官亦应一体劝息。间有不能劝息者，即由中国地方官与领事官会同审办，公平讯断”。

第三十七款规定“英国船只进口，限一日该船主将船牌、舱口单各件交领事官，即于次日通知监督官，并将船名及押载吨数、装何货物之处照会监督官以凭查验。”该款还规定“至其舱口单内，须将所载货物详细开明，如有漏报者，船主应罚银五百两（约 150 英镑）；倘系笔误，即在递货单之日改正者，可不罚银”。

注：实际操作中，领事仅负责对船舶抵港进行申报而不负责申报船上货物详情，对此海关仅有船主提交之舱口单为凭。

注：第三十八款规定“倘船主未领开舱单擅行下货，即罚银五百两，并将所下货物全行入官”。

第四十六款及第四十八款涉及走私问题，后者规定走私货物“全数查抄入官外”，走私商船“亦可严行驱除，不准在口贸易”。

第四十九款规定“约内所指英民罚款及船货入官，皆应归中国收办”。

经英国及其他有约国通过的《会讯章程》中部分条款，参见迈耶斯著作第 216 页，其中

---

① 本文是针对“台湾”号（Taiwan）舱口单内容不实一案出具之意见书。1878 年 2 月 21 日，闽海关关吏查扣英国轮船“台湾”号上 2.53 担未在舱口单中列明之洋药。随后，海关税务司汉南（Hannen）先生向英领馆提请领事星查理（C. A. Sinclair）先生依据《中英天津条约》第三十七款对船主罚银五百两，作为投递假单之惩罚。该案于领事法庭开审，领事以无法证明船主有意欺诈为由拒绝罚银。税务司对判决提出异议，并依据《会讯章程》规定要求将此案提交双方各自在京大宪定夺。英国署理公使傅磊斯（Frasee）赞成领事的判决，总理衙门请其重新斟酌，然未能奏效。此案最终提交英国外交部及伦敦的大清国驻英公使处决断。（参见海关出版物：《公署集》第十册）

涉及走私案件的实际处置方式。

第六条规定，领事依据《天津条约》受理罚金案件时，须请税务司协同会讯。若双方意见相左，案件须上呈北京各自上级（即总理衙门和英国驻华公使），但涉事商户只须先行具结，船货即可放行。字面上看，此条仅适用于*商户*，从严格的法律意义上讲并不适用于船主。但遍观《天津条约》，似乎并无专门针对狭义商户的罚金条款。考虑到条约中并未涉及其他主体，此条应当也可参照适用于船主。

如此一来，若因领事与海关意见相左，导致船主免于罚款，那么对于船主处以罚款或处罚的问题实际上就演变成了外交问题。

海关遇有船主递交舱口单内容不实必须予以处置，目前大致情形如下：

船舶到港按时申报后，向登船的海关关员交验船舶单证，若关员未见异常则签发开舱单，即可开舱下货。随后若接报船上夹藏洋药或其他应税货物，一旦查实全行入官。

但船主通常都会喊冤，辩称舱口单已开明其所签提单中所有货物；领事当局也站在船主一边，主张仅可对船主实施一项处罚，即罚其投递舱口单内容不实，但若所投舱口单中开明货物与其所签提单一致则不必受罚。

根据这一论断，若不在提单中开明，则船主可故意藏匿洋药，走私成功可中饱私囊，即使事败也可免受处罚，最多损失些货物。

或者，船主可与其雇主或他人合谋偷运洋药，风险由同伙承担。除非船主在列有洋药的提单上签名却在舱口单中予以隐瞒，否则他可完全撇清干系。

据悉，领事当局已就此问询中日领事法庭首席法官弗伦奇（French）先生，他建议只要投递的舱口单与其所签提单一致，即使船上载有舱口单未开明货物，船主也可免于罚款或处罚。也就是说，若相关货物未出现在其签名的提单中，则即便该货物未在舱口单中开明，船主也无须负责。《天津条约》第三十七款中“货物”一词仅限签名提单上的货物。

如今实际情况是无论为船主自己藏匿未在舱口单开明的洋药或其他货物，还是船员在船主默许下走私，只要无法对船主实施处罚，海关的应对手段就寥寥无几。在中国，船主代表货主和船员，对后两者的处罚手段仅限于将货物查抄入官或者禁止该船在口贸易。因此，货主和船员必然争相参与这类投机，偶有事败也不以为意，反正本人不会受到处罚。但实际上，若船主不与他们串谋，或不是故意睁一只眼闭一只眼，他们几乎无从走私，故而只有对船主本人实施处罚才能使其心生畏惧，起到真正的震慑作用。

对于查获的案件，倘若船主确系（或者表面看起来）无辜，没有明知故犯或是刻意瞒报，海关一般仅会略施惩戒，其收效已甚佳。同时，海关坚称依照《天津条约》第三十七款，若船主投递之舱口单确系不实，无论是瞒报船上载有提单中却未开明的洋药或是其他货物，还是瞒报提单已经列明的货物，他们都有权对船主实施处罚。

海关认为，即便船主能够证明自己对于船上载有而舱口单未开明货物毫不知情，他也须对此负责，尽管这种情况可以作为减轻至象征性处罚的理由。

对海关而言，理清可用救济手段非常重要。若依据《天津条约》手段不足，也可通过外交途径寻求更多保障。

做出判断前，有必要先探讨“舱口单”一词的准确定义或含义，可参考我国法典（Act 8 and 9 Victoria Cap. 86 sec. 3）中的解释。其中很清楚地规定进口舱口单须开明船载所有货物，无论该货物是否已出现在船主所签提单上。

该法典第五款规定，若船只进口载有舱口单未开明货物，船主处罚金 100 英镑。

这些与（通过英国各港口）进口货物相关的条款已失效，因而进口舱口单在英国已非必须（参见 the Acts 16 and 17 Vict. c，107 sec. 50 and 39 and 40 Vict. c. 36 sec. 50），然而这项制度实际上依旧存在，只是用申报单替代了进口舱口单而已。

尽管规范英国出口船只结关事宜的法典没有要求提供出口舱口单，实际操作中却一直在使用出口舱口单。不过 1876 年的《海关统一法》第 111 条（39 and 40 Vict. cap. 36）规定必须提交出口舱口单，此外该条款还明确规定舱口单中必须详细开明所有装运货物。

中国海关认为根据《天津条约》第三十七款，海关有权要求每艘抵华英船至少提交一份详细开明所有货物的舱口单，不论该货物是否已在提单上列明，也不论该货物是应税、禁止进口还是免税，进口免税货物凭子口运照销往内地的计征 2.5%从价税。在英国，进口舱口单或申报单通常不仅开明应税剩余船用杂物（如烈酒、葡萄酒及烟草等），也开明航行途中所遇弃船或者失事船只处取得的物品，甚至包括捡拾的失事船只残骸。我们认为在中国，舱口单也应照此详细开明船上所有货物及包裹，不得如领事主张那般隐瞒载运的洋药或其他应税货物，不论这些货物是否已在提单中列明。

下列情况须征求意见：

第一，进入中国口岸的英船船主投递的舱口单是否仅须详细开明其所签提单上已列明之货物，还是须同时开列船上载运而提单上未列明之其他货物，以便中国海关对船上所有货物进行检查，核对其属于应税、禁止进口还是免税。特别是《天津条约》第三十七款中“货物”一词，是否仅指提单中列明之货物？这一术语在条约中究竟是何含义？

第二，若船主投递之舱口单漏报船上载运货物，且该货物亦未在提单上列明，无论该货物是否应税、禁止进口或是免税，可否对其罚银五百两？

第三，若船上载有舱口单未开明之货物（无论是否故意隐藏），可否对船主实施处罚是否取决于其知情与否？还是说只要船上有舱口单未开明货物，不论船主是否恶意均须接受处罚？

第四，请您针对上述问题提出独立的意见或建议，以便海关行使处罚权及执法时作为指导。

意见

（一）

一、我们明确认为，对《天津条约》第三十七款的正确解释为舱口单应全面确切地开明船上所载全部货物，无论其是否已在提单中列明。“货物”一词指载运的货物，即装船运输的一切货物，而非仅仅包含满足船只及船员日常所需的消耗品。该词在《韦氏大辞典》及其他权威词典中被定义为“货品、商品或一切由船舶运输的物件”。1876年《海关统一法》也对该词作了类似的宽泛解释。该法第50条及之后要求船主在船只抵港后24小时内进行申报的条款归入“货物申报”一章。我们在查阅该法给出的申报单格式时发现，“货物”一词涵盖的是所有在船货品（见该法附录B表4：进口临时起货报单）。该法第144条则规定每艘从事沿海贸易的船只船主都要保留一本“货物簿”，即登记货物的簿子，或者如该条下文所示，乃是记载每一个装货港口运上船的“所有货品的名录”。在对“货物”一词的含义进行归纳总结之余，我们还注意到“舱口单”一词本身就含有船上全部货品清单之义。在麦克库洛赫（McCulloch）《商用词典》[①] 中“舱口单”定义为“船主签署的一份文件……内容包含船上所有货包的登记与描述，列明其唛头、编号以及包内货品等等”。此定义与《海关统一法》中该词的用法吻合。该法第111条规定：船主或货主在出口时应当提交舱口单，开明*所装运之全部货物*，还须包括货包的唛头、编号及描述。

二、我们认为这个问题的答案是肯定的。

三、我们认为船主对于投递不实舱口单是否须承担责任并非取决于其是否知情，而仅取决于该舱口单是否确系不实。这点在《天津条约》第三十七款第二条第二部分中已经明确。如果因笔误而导致舱口单不实可免受处罚的话，那么《天津条约》第三十七款中就无须再规定船主在向海关提交舱口单后24小时内更正笔误可免予处罚。

彭健民（J. P. BENJAMIN）

华金·威廉士（WATKIN WILLIAMS）

马克拉（C. C. MACRAE）

1878年8月8日于内殿律师学院

---

① 译者注：即麦克库洛赫《商业及其航运的实践、理论和历史辞典》。

意见

（二）

一、我们明确认为，英船船主进入中国口岸投递之舱口单必须真实完整，并详细开明所有在船货物，不论货物是应税、禁止进口或是免税，也不论是否已在提单上列明。我们认为《天津条约》第三十七款中“货物”一词系指船上装载的所有货品，不仅限于提单上所列货品。

二、我们认为，如果船主投递之舱口单没有完整真实地详细开明船上全部货物，无论该货物是否在提单上列明，也不论其是否应税、禁止进口还是免税，皆须罚银500两。

三、我们认为，船主提交的舱口单必须与船上所载货物完全一致，只要船上查有舱口单未列明之货物，便可处罚船主，而不论该货物是否为刻意藏匿，也不论船主是否恶意、知情还是一时失察。

四、我们认为，更正舱口单中错误的权利（《天津条约》第三十七款）仅指更正善意错误及笔误，一旦查实舱口单内容有不实或疏漏之处，船主无权再行更改。我们还须指出，船主不应对其根据所签提单依法填制的舱口单中相关内容负责，我们认为其支付的罚金可通过《会讯章程》相关程序得到补偿。

亨利·詹姆斯（HENRY JAMES）

韦勃斯脱（R. E. WEBSTER）

杨格（A. YOUNG）

1878 年 8 月 10 日于内殿律师学院

1881 年

《会讯章程》实施情况之报告

海关

1881 年 6 月 6 日于上海

第 116 号

———

1881 年

阁下：

一、您第二辑第 99 号要求汇报《会讯章程》在本口实施情况的通令有幸收悉。本人拟遴选本口部分案件裁决并附上本人意见，与当时相关税务司所拟呈送阁下的报告副本一并呈上以为答复①。所有此类案件情况此前应当均已呈报至总税务司署。

二、您 1864 年 7 月 23 日第 23 号令文中附有打算在上海试点实施的一套初步章程，1866 年 2 月 21 日第 13 号令文中又附有一套略异于前版的中文章程。试行期间未发生需要会讯的案例，上述章程后被您 1868 年第 19 号通令所附新章程取代。新章程施行后，1871 出现第一起适用案件，关于该案及后续案件的报告已附后。

《会讯章程》施行的效果看似相当令人满意。自然，领事一方会讯前已对案件处置及成功解决有一定把握；海关监督及税务司作为另一方，同样也对其相关行为的公正性深信不疑，因此就无法指望会讯每次都能达成双方满意的结局。然而上诉数量相比任何具有上诉机制的法庭来说并不算多。此外，此类案件往往平淡无奇，对于双方的行为一般也无甚可谈。然而诉“埃伦·布劳索”（Ellen Browso）号船主向海关投递不实（或虚假）舱口单一案却是个例外，此案（或者说是在会讯前的初审中）提出了两个相当紧要的问题。

其中之一来自时任英国在华及在日最高法院莫厄特（Mowat）法官的意见：《会讯章程》并未赋予对船主违反条约或海关规章的行为进行调查的权力。当领事就其管辖权问题询问莫

① 8 个附件：《会讯章程》实施情况报告。（译者注：英文原文中为边注）

厄特先生时，莫厄特先生告知其章程第六款表述为“凡各口指谓商人犯章……”。其认为此案无法适用该款，因为此案涉及并非商人而是船主，故其主张领事应据此终结该案。若莫厄特先生的主张成立，那么船主被控犯有应处罚银的行为时（章程第六款正是适用于这类行为），或是被控犯有应处船、货入官的行为时（违反 1858 年《中英天津条约》第三十八款“未领开舱单擅行下货”；第四十七款“到别处沿海地方私做买卖”的规定），依据章程皆无法处罚。当然，引入会讯制度的目的在于用于“公正、公开的法庭上，通过完全公开的审讯，经过公开控诉、证人质证、证据筛查，最终做出判决”的程序来取代从前通过海关监督与领事间冗长通信来解决案件的方式。若领事狭隘固守字面意思而不秉持《会讯章程》精神，在处理具体案件中拒绝适用《会讯章程》，剥夺的只能是《会讯章程》带给其本国国民之利益，这么做的唯一受害者只能是涉事者本人。高层设计此制度时，若认为该《会讯章程》可有效处置某一类人的违规或被诉违规案件，则其初衷必然是该《会讯章程》应可同时适用于处置同类案件中所有相关人员。鉴于此，且一套可适用于所有案件的统一制度具有明显的优势，本人建议可在现有《会讯章程》中增列第九款，将适用范围扩大至所有案件，大致可表述为：“前述《会讯章程》中‘商人’一词指所有从事贸易之人、船主或其他被指控犯有应处罚金或船货入官案件的人员。”

其中之二来自英国领事麦华陀先生的立场，在其任期中，麦华陀先生一贯坚持该立场。

麦华陀先生论点如下：英国女王 1865 年有关中国及日本事务的枢密令已将此前由驻沪领馆行使的民事及刑事管辖权移交至依据该枢密令设立的最高法院专门行使。《会讯章程》虽已得到英国驻华公使认可，但该认可无法凌驾于女王陛下于枢密院发布之命令之上，而他的首要任务是遵循该命令而非公使在北京下达的与之相冲突的指令。若中方坚持，会讯纵然可以开展，然其终究没有效力，因为其仅有权邀请而非强制证人甚至被告到场，且若被告不愿自觉遵守，判决亦无权强制执行。此点极为重要，因麦华陀先生的论点若得支持，则《会讯章程》将完全无法适用于英民，对被控罪行执行相应处罚的唯一途径将是向上海的最高法院提起诉讼，在其他约开口岸则是向相应的省级法院提起诉讼并由领事官员主持审理，且诉讼人有权上诉至上海的最高法院。

那么问题是，在充分尊重条约及中英政府达成的所有其他协定的前提下，这一论点能否站得住脚？要回答该问题就有必要仔细研究该最高法院的构成及中国政府对其认可程度。

设立最高法院的枢密令中提及最早的法令是威廉四世临朝之第三及第四年所颁第 93 号法案第 5 部分中的内容：“为便于于大清皇帝统治疆域内开展贸易及友好交往，特此规定，在该疆域内设立英国管理机构，并作出下列规定：英王陛下有权以亲笔签发的委任状或授权书，任命至多三位英民为商务监督，对所有英民与该疆域往来贸易进行管理，以保护并促进贸易发展，并在英王认为必要时通过上述委任状与授权书来确定商务监督间的等级及从属关系（其中一人将被称为商务总监）、任命协助他们履行职责的官员以及向商务监督及下属官员拨发薪水。”接着第6条规定：“英王陛下有权会同枢密院发布行之有效的命令或委任状，授予前述法案中涉及的所有或任一监督以下权力：对英民于大清皇帝统治疆域内通商实施管理；就管理通商各事及上述疆域内的英民制发告令；对违反此类告令或规章者按前述命令具体列名之方式处以罚款、没收或监禁；设立具有刑事及海事管辖权的法院，审理英民在前述疆域内相关口岸或港口内以及中国海岸线一百海里内之公海上的案件；任命前述商务监督中一人为主审法官，任命相关官员负责执行并向其支付英王陛下会同枢密院认为合理的薪水”。

顺便一提，此枢密令签发之时中英之间并未签有条约，因此英王陛下在中华帝国内设立具有刑事及海事管辖权法院的权力似与现行（不论当时如何）国际法惯例相悖，即拥有独立主权的国家在其领土内的民事及刑事司法权至高无上，除非获得主权国明文准许，他国无权在其领土上设立法院或行使民事及刑事司法管辖权，即便获准亦仅限在获准范围内实施。

随后便是维多利亚女王临朝之第六及第七年所颁第80号法案，该法案通过于《南京条约》签署并依此条约将香港岛割让给英国政府之后。该法案开篇即援引前述法案（威廉四世临朝之第三及第四年第93号法案）及通过该法案授予女王陛下商务监督对英民从事往来中国贸易的管辖权，继而宣称女王陛下可以“任命驻华商务监督（只要该监督亦为香港总督）在香港地区立法机构建议下为有效管理中国领土内以及距其海岸一百海里内船舰上的英民，保障安定有序而颁布各类律令，并参考香港地区立法机构建议通过其认为合适的罚款及没收处罚加以强制施行；女王陛下有权通过签发前述命令对上述立法机构的运行施加其认为合适的条件或限制；女王陛下有权完全或部分驳回前述律令，或在枢密院的建议下对律令做出女王陛下会同枢密院认为适宜的修订”等等。

同年《域外裁判权法案》（维多利亚女王临朝之第六及第七年所颁第94号法案）获得通过，开篇如是：“通过条约规定、投降协议授权、惯例、默许及其他合法方式，女王陛下可获得对其域外其他国家及地区的裁判权。然对于管控这一权力及其与本国法律和习惯有何关系却是疑虑丛生。为破除疑虑，经此次国会与会灵职、俗职议员及下议院议员动议并同意，经议会批准女王陛下特此颁布该法案。女王陛下有权保留、行使并享有其现有的或将来通过获取他国割让或征服领土的方式及类似有效方法获得的域外任何国家或地区内的裁判权。”

随后是1865年3月9日颁布的宣布建立在华及在日最高法院的枢密令（维多利亚女王临朝之第二十八及第二十九年第116号法案），而该法院的构成及裁判权也正是当前探究的主题。

该枢密令开篇在提及前文已部分引用的法案后，继续写道：“依据《域外裁判权法案》（该法案中还涉及其他事项）规定，女王陛下有权行使并享有其现有的或将来通过获取他国割让或占领领土的方式以及类似有效方法获得的域外任何国家或地区内的裁判权。”

“女王陛下在中华帝国域内已享有且现在仍享有裁判权。”

* * * * *

“依据维多利亚女王临朝之第六及第七年第 80 号法案及《域外裁判权法案》授予之权力，或是二者之一或是其被授予的其他权力，在枢密院建议下女王陛下特此下令：

* * * * *

“4. 女王陛下在华或在日的所有可予行使之裁判权，无论其目的为处置英民之间、英民与他国公民之间争议事项；或是对英民财产及人员实施管控；还是抑制、惩罚英民违法犯罪行为；抑或是维持英民间的秩序，皆须依照此令行使不得有违。”

* * * * *

“7. 将设立名为大英女王陛下在华及在日最高法院的法院机构。”

* * * * *

“25. 所有（持有女王陛下颁发之委任状的）女王陛下驻华或驻日总领事、领事、副领事（女王陛下驻沪领事以及女王陛下任一国务大臣在任何时候认为应当予以排除在外的领事除外），抑或是所有经女王陛下任一国务大臣或是女王陛下驻华或驻日公使批准暂行前述总领事、领事或副领事职责者，应在其辖区内组建称为大英女王陛下驻（如广州，依具体地名而定）法院（以下称为‘省级法院’）。”

* * * * *

“35. 女王陛下可在华行使之民事及刑事裁判权，在上海辖区内由最高法院行使初审管辖权。”

* * * * *

“36. 女王陛下可在华行使之民事及刑事裁判权，在上海辖区之外以及此令中未授予最高法院者，依照此令规定的权限及方式授权各省级法院在各自辖区内行使。”

* * * * *

“84. 若在华或在日英民违反或未能遵守女王陛下及其继任者同中国皇帝或日本将军之间的有效条约规定，对于条约中规定其违规行为应当受罚的，该英民应被视为犯有违背条约之罪行，*依据此令判定罪行*，但处罚不得高于条约规定。”

* * * * *

将这些条款联系起来便可充分说明，颁布这一枢密令的目的之一是收回曾经由英国领事行使之裁判权，并将这一权力专门授予最高法院，使最高法院成为英民或外国人起诉英民时的唯一选择，也是起诉英民违反条约或地方章程时的唯一选择。这使得英国对华国际义务超越了英国领事的职权，因此若该枢密令未经修订，则完全可以作为麦华佗先生对于“艾伦·布劳索”号一案意见之依据。

现在第85条规定：“为保障在华或来华英民间安定有序、管理得当；为确保女王陛下及其继任者同中国皇帝间的条约规定得到遵守；为保持英民同中国官民的友好关系，英国驻华公使可适时制定有助于实现上述目标之章程。此类章程可适用于全国或某个及多个领区范围，也可据此废除或修改在此令生效前为实现前述目标而制定的任何章程。”毫无疑问，英国公使正是凭借此条规定授予之权力批准了《会讯章程》。然而反对者认为，该条款随即对前述权力的行使加以限定：“此类章程须经女王陛下批准方可生效，再由国务大臣传达。但紧急情况例外，若已在此类章程中宣布了紧急状况，则除非女王陛下予以否决，该章程皆为有效。否决决定由国务大臣传达，英国驻华公使接到通知后予以公布。”但反对意见最终还是被以下事实驳倒了：该章程，至少其原始版本已于1866年1月24日①由英国政府批准。既然英国政府已经批准了该章程，也即批准了由该章程规定之（诉讼）程序，则否认英国政府代表为使案件调查照章进行拥有要求有关各方（即被告及证人）到场的权力会显得相当不合常理。然而关于这一点，最高法院近期对于一类似案件作出的裁定颇为耐人寻味。1880年5月17日，“匈牙利人”（Hungarian）号上一位名叫约翰·托马斯（John Thomas）的老到水手（其在雇佣合同中的身份是事务长，月薪1先令，但额外享受每月250元的奖金）被控在汕头无照引水，同时该船船主亚历山大·赫里（Alexander Hurry）也被控告雇佣无照引水人，该口领事裁定他们违反了《口岸章程》。而关于该章程日期，既有1877年3月1日，也有1877年4月1日（这一情况与适用于各约开口岸的《口岸、领事、海关及港务章程》相同，该章程生效日期为1869年5月31日，而1869年8月21日才经英国政府批准）。此案上诉至最高法院，上诉一方认为引水并非强制，并无证据表明《口岸章程》已按前述枢密令第85条的规定经过批准，此外该章程第4小点所列罚则与枢密令中所列的惩罚方式不符。宣判时首席法官认为：“对于那些无引水字据却引船进出汕头口的行为是否有相关处罚规定？第3小点中指出，对于违反该条规定行为应参照违反者国家法律进行处罚。领事并未在裁判中说明托马斯应受的处罚，而是如前所述援引了1877年4月1日适用于各英国领事馆的《口岸章程》中第19条的规定。该条规定英国船只应当依照经海关理船厅批准、英国领事核准的港务章程规定进行引水，违反者将受到随附罚则规定之处罚。该章程第20条对处罚作出了规定。领事只能基于该章程对托马斯做出处罚，否则本人无法想象他究竟该如何处罚托马斯。那么托马斯是否应依据该章程受罚呢？1877年4月1日的《口岸章程》是为履行1865年关于中日的枢密令中第85条规定而制定的，并由时任署理公使傅磊斯先生签署，但其中并未说明该章程是否

① 爱德华·赫茨利特勋爵：《1877年1月1日关于中英贸易的有效条约》，第236页。

已经女王陛下批准，也未宣称出于紧急状况。然而，本人推定领事处应存有相关证据。不过基于本人对该案所持观点，其是否有相关证据也就无关紧要了。除非有证据证明1877年4月1日的《口岸章程》关于托马斯所犯罪行的处罚规定已经过批准，否则本人认为应当撤销对托马斯的处罚。假设第3、4小点的规定应服从于1877年4月1日《口岸章程》第19、20条规定，本人的观点依旧是该章程所规定的处罚全然无效，且该章程第20条未经授权，因为其中规定的处罚已经超出了1865年中日的枢密令第86条规定的处罚。因此，领事必须撤销对托马斯的定罪。”对其他上诉人的判决基于同样理由被撤销①。换言之，有人被地方法院判定违反了某规章，该规章制定于枢密令颁布之后并且经由英国政府批准，而后经过上诉最高法院撤销了该项定罪，理由是依据枢密令中某一条款而制定的该规章中所规定的处罚与枢密令中另一条款规定的处罚相冲突。因此似乎从首席法官的观点看，枢密令的效力高于其后依据第85条而制定的任何规章，而且倘使规章中有任何与枢密令中条款不一致之处，即便这一规章经过女王陛下批准也为无效。那么这一原则是否适用于《会讯章程》？是否可以说因为该章程中确立的程序与枢密令中规定的有所不同，因此该章程是无效的，不可据此开展诉讼呢？本人不认为如此。制定该章程之目的即为确立一套与此前枢密令规定有所区别以适用于某些特定案件的程序，且该章程及其规定的程序得到了英国政府的批准。既然如此，新法应当用以修订或废除旧法，而非新法因为与旧法不一致而无效，其中的差异才正是新法存在的意义：假如没有任何理由对旧法作出改变，那它们应当是完美的，正是因为它们仍然留有某些有待改进之处，才有必要加以修订完善。因此，倘若声称新法与旧法相冲突而无效，等于完全忽略了作出改变的初衷。因此在本人看来，这些规章制度应当视作已由英国政府批准承认，且单凭政府的批准即可生效。很难想象英国政府会先指示领事审理案件，而后又不给领事强制传唤被告或证人及执行裁决的权力。若是该章程未经英国政府批准，则麦华佗先生的观点还算可以理解，但既然得到了英国政府批准，其观点就实在站不住脚了。

然而，对于您于1868年第19号通令中所附《会讯章程》，本人尚未找到证据证明其已获得女王陛下批准。在涉及英民的案件中，可能有必要仅依据原版四条规定而不是依据通令中传达的八条规定进行诉讼。

此外，当英民被控违反条约或经批准的章程时，坚持须由中国官员在最高法院中充当公诉人这一观点在本人看来，即便没有违反国际法，至少也是有悖国际礼让原则。正如上文所述，国际法中有一公认原则：独立主权国家在其领地中，拥有至高无上的民事和刑事司法权，除非其通过条约或是其他方式授权他国在其领地内设立法院，且该法院的权力仅限于条款中

① 《北华捷报》及《上海差报与中国钞报》（S. C. and C. Ganzette），1880年8月24日。（译者注："S. C. and C. Ganzette" 系 "The Shanghai Courier & China Gazette" 的缩写）

所授予的权力。在1865年关于中日的枢密令序文中写道“女王陛下在中国皇帝领地内享有裁判权”，但是并未给出该权力的定义，也未说明可以实施到何种程度。然而，由于该枢密令发布于1858年《天津条约》签署之后，则所谓的裁判权必须服从该条约的规定，并限于条约条款规定的范围。该条约中有两条关于裁判权的条款，即第十五款及第十六款，内容如下：

“第十五款　英国属民相涉案件，不论人、产，皆归英官查办。”

“第十六款　英国民人有犯事者，皆由英国惩办。中国人欺凌扰害英民，皆由中国地方官自行惩办。两国交涉事件，彼此均须会同公平审断，以昭允当。”

在本人看来，以上条款并不能作为该主张之依据，而中国政府应当在最高法院起诉这一论点与前首席法官霍恩比爵士（Sir Edward Hornby）1865年10月19日就状告霍兹洋行（Messrs. Holtz and Reynolds）在黄浦江非法停靠一案判决中表达的观点相反（见江海关1865年第71号文）。霍恩比爵士当时写道：“我现在来谈谈第二条反对意见（即英国领事应当应地方当局邀请参与诉讼这一点给被告带来了很大困难），坦率地说我对存在这样的意见感到震惊，若是任由这种说法大行其道，结果要么是中国政府在涉及英民犯法的案件中失去救济途径，要么大清皇帝将不得不作为起诉方出现在其领地内的外国法庭上。在我看来以下这点再清楚不过，即女王陛下通过条约从中国皇帝处取得在中国领土享有对英民专属管辖权时，已暗含承担了强制英民尊重本国法律的同时也尊重中国法律之责任，并将避免采用有伤尊严的方式及使得主权国家在其本国领土内的外国法庭上充当起诉人才能使得相关法律得到尊重。我认为那些负责执行相关条件（正是在这些条件下前述专属管辖权才被授予）之人，不管这些条件内容是明确的还是暗含的，他们都应当坚持以下观点，即女王陛下已经将相关申诉交由其领事官们调查，如系合情合理将就申诉中提及的恶行及错误采取补救措施。”需要补充的是，正是依据首席法官的建议，领事在对这一案件提起诉讼时注明了“女王收到了以上信息”字样。

总而言之，本人斗胆建议从英国公使处取得一份权威声明：英国领事有义务执行《会讯章程》，或者在后续制定的那些条款未获得女王陛下批准的情况下，至少执行原版四条规定，并且保证相关判决得到遵守；或者，领事应当依据实际情况代表地方当局向最高法院或地方法院对违反条约规定者提起诉讼，以便执行法庭判决或条约规定的最高处罚。

（签名）税务司赫政

致总税务司赫德先生

北京

江海关1854年7月至1860年9月30日税收及支出统计表

海关

1881年12月16日于上海

307
总税务司署 ———
1881

先生：

遵照您1880年10月25日第1540号令文指示，本人有幸在此随函附上开关以来至1860年9月的税收、开支及罚没统计表，英、汉文各一份。我等尽可能在本关现存档案的基础上保证其完整性。①

公务支出统计表中1854年12月1日至1855年5月31日期间为空白；关税收入统计表中1856年7月1日至1856年12月31日以及1859年7月1日至1859年12月31日期间为空白。②

很遗憾虽已竭尽全力，但依然缺失一些细目，导致统计表内容无法完全连贯。

（签名）税务司赫政

致海关总税务司赫德先生

北京

---

① 呈报开关以来至1860年9月的税收、开支及罚没情况统计。10个附件。（译者注：英文原文中为边注，下同）

② 中文附件（2）存档于文书股。5个附件。5个附件。

B. 1854年7月、8月、9月、10月及11月上海口关税征收成本统计表现金账簿

（咸丰四年六月七日至咸丰四年十月十一日）

	元	
a. 1. 3名外籍监督及1名文书1854年7月薪金	1, 041	93
3. 中文通事薪金	30	64
5. 1854年7月、8月、9月、10月、11月苦力薪金	27	97
6. 1854年7月、8月、9月、10月、11月办公费用	548	3
7. 1854年7月、8月、9月、10月、11月杂项支出（巡船）	485	33
9. 1854年7月、8月、9月、10月、11月房屋租金	149	17
10. 1854年7月、8月、9月、10月、11月特项支出	10	00
c. 没收货款：		
1. 1854年7月没收货物变价收入	695	00
4. 赏金	378	00
5. 1854年7月杂物购置费	95	00
6. 交官办银号款项	122	00
1854年12月1日——咸丰四年十月十二日		

1855年5月31日——咸丰五年四月十六日

注：1854年12月1日至1855年5月31日期间无档可查

B. 1855年6月1日至1858年12月31日上海口关税征收成本统计表

（咸丰五年四月十七日至咸丰八年十一月二十七日）

	两	
a. 1. 税务司及帮办薪金	82, 400	00
2. 洋班钤字手薪金	9, 720	00
3. 华员通事薪金	8, 640	00
4. 书办与文案薪金	1, 909	00
5. 水手、差童、脚夫等的薪金	7, 963	23
6. 办公费用、文具花费等	9, 752	79
7. 杂项支出、哨船支出等	21, 508	08
9. 房屋或戳记租金	20	00
10. 特项支出	22, 613	32
b. 衙门及海关监督处海关公务办理支出	…	…
c. 没收货款：		
1. 没收货物变价收入	9, 869	60
2. 罚金	1, 798	00
3. 付线人	…	…
4. 赏金	5, 319	82
5. 杂物购置费	146	80
6. 上缴海关监督（其花费情况见a.）	5, 897	14

1859 年 1 月 1 日至 1860 年 4 月 30 日上海口关税征收成本统计表

（咸丰八年十一月二十八日至咸丰十年三月十日）

	两	
a. 1. 税务司及帮办薪金	61,962	08
2. 洋班钤字手薪金	19,574	19
3. 华员通事薪金	5,490	00
4. 书办与文案薪金	2,707	00
5. 水手、差童、脚夫等薪金	4,622	45
6. 办公费用、文具花费等	13,692	14
7. 杂项支出、哨船支出等	3,843	99
9. 房屋或戳记租金	3,276	23
10. 特项支出	15,606	19
b. 衙门及海关监督处海关公务办理支出	…	…
c. 没收货款：		
1. 没收货物变价收入	1,694	25
2. 罚金	1,102	50
3. 付线人	818	60
4. 赏金	2,706	50
5. 杂物购置费	…	…
6. 上缴海关监督（其花费情况见 a.）	53	50

没收货款：未计入上表的收支：

员役罚金	两	20	00
宁波船发照	两	1,802	60
上缴海关监督	两	400	00

1860年5月1日至9月30日上海口海关征税成本支出统计表

（咸丰十年三月十一日至咸丰十年八月十六日）

	关平两	
a. 1. 税务司及帮办薪金	36, 376	29
2. 洋班钤字手薪金	7, 710	56
3. 华员通事薪金	1, 931	40
4. 书办与文案薪金	1, 232	15
5. 水手、差童、脚夫等薪金	1, 506	40
6. 办公费用、文具花费等	2, 681	04
7. 杂项支出、哨船支出等	444	26
9. 房屋或戳记租赁费用	2, 066	76
10. 特项支出	5, 212	19
b. 衙门及海关监督处海关公务办理支出	…	…
c. 没收货款：		
1. 没收货物变价收入	3, 873	09
2. 罚款	2, 338	27
3. 付线人	…	…
4. 赏金	1, 096	00
5. 杂物购置费	…	…
6. 上缴海关监督（其花费情况见 a.）	3, 394	32

罚没资金：未计入上表的收支：

员役罚金	两 30	00
宁波船发照	两 845	60
租用海关宁波船	两 51	57

1854 年 7 月 20 日至 1856 年 6 月 30 日上海口关税收入统计表

（咸丰四年六月二十六日至咸丰六年五月二十八日）

			关平两	钱	分
480 艘英国船舶	总吨位	147,993 吨			
,,	……进口税…………		267,788	7	8
,,	……出口税…………		2,050,434	0	8
,,	……船钞……………		60,865	7	1
143 艘美国船舶	总吨位	89,103 吨			
,,	……进口税…………		45,046	8	5
,,	……出口税…………		1,274,879	8	2
,,	……船钞……………		39,541	2	1
6 艘法国船舶	总吨位	1,748 吨			
,,	……进口税…………		1,515	6	0
,,	……出口税…………		23,124	0	7
,,	……船钞……………		862	9	2
俄国船舶	总吨位	吨	无		
,,	……进口税…………				
,,	……出口税…………				
,,	……船钞……………				
169 艘其他船舶	总吨位	44,057 吨			
,,	……进口税…………		44,263	1	8
,,	……出口税…………		229,624	2	9
,,	……船钞……………		17,673	4	1

	关平两	钱	分	厘
进口税总计	358,614	4	3	1
出口税总计	3,578,062	2	8	8
船钞总计	118,943	2	5	7

	关平两	钱	分
总计……关平两	4,055,619	9	7

	关平两	钱	分
华船载货所征税款 …………………………………………	无		
入内地子口税 ………………………………………………	无		
出内地子口税 ………………………………………………	无		

1856年7月1日至1856年12月31日上海口关税收入统计表

（咸丰六年五月二十九日至咸丰六年十二月五日）

	关平两	钱	分
英国船舶…………总吨位…………吨	此期间无档可查		
,, …………进口税…………			
,, …………出口税…………			
,, …………船钞…………			
美国船舶…………总吨位…………吨			
,, …………进口税…………			
,, …………出口税…………			
,, …………船钞…………			
法国船舶…………总吨位…………吨			
,, …………进口税…………			
,, …………出口税…………			
,, …………船钞…………			
俄国船舶…………总吨位…………吨			
,, …………进口税…………			
,, …………出口税…………			
,, …………船钞…………			
其他船舶…………总吨位…………吨			
,, …………进口税…………			
,, …………出口税…………			
,, …………船钞…………			

	关平两	钱	分	厘
进口税总计				
出口税总计	无			
船钞总计				
总计	关平两			

	关平两	钱	两
华船载货所征税款…………	无		
入内地子口税…………………	无		
出内地子口税…………………	无		

1857 年 1 月 1 日至 1858 年 12 月 31 日上海口关税收入统计表

（咸丰六年十二月六日至咸丰八年十一月二十七日）

	关平两	钱	分
653 艘英国船舶…………总吨位…………227, 186 吨			
,, …………进口税…………	776, 471	5	1
,, …………出口税…………	2, 079, 186	3	2
,, …………船钞…………	85, 103	9	5
161 艘美国船舶…………总吨位…………146, 821 吨			
,, …………进口税…………	165, 734	8	1
,, …………出口税…………	1, 243, 105	4	8
,, …………船钞…………	52, 742	0	5
125 艘法国船舶…………总吨位…………11, 580 吨			
,, …………进口税…………	4, 856	0	5
,, …………出口税…………	18, 356	2	9
,, …………船钞…………	2, 191	2	5
4 艘俄国船舶…………总吨位…………2, 089 吨			
,, …………进口税…………	83	5	8
,, …………出口税…………	1, 223	4	7
,, …………船钞…………	598	0	0
526 艘其他船舶…………总吨位…………101, 039 吨			
,, …………进口税…………	131, 367	2	9
,, …………出口税…………	98, 585	1	3
,, …………船钞…………	27, 109	7	0

	关平两	钱	分	厘
进口税总计	1, 078, 513	2	4	7
出口税总计	3, 440, 456	7	2	3
船钞总计	167, 744	9	5	0

	关平两	钱	分
总计……关平两	4, 686, 714	9	0

	关平两	钱	分
华船载货所征税款 …………………………………………………	无		
入内地子口税 …………………………………………………………	无		
出内地子口税 …………………………………………………………	无		

1859年1月1日至1859年6月30日上海口税收收入统计表

（咸丰八年十一月二十八日至咸丰九年六月一日）

	关平两	钱	分
177艘英国船舶…………总吨位…………68,651吨			
,, …………进口税…………	248,321	3	0
,, …………出口税…………	496,133	0	0
,, …………船钞…………	28,628	4	5
72艘美国船舶…………总吨位…………37,982吨			
,, …………进口税…………	55,157	5	7
,, …………出口税…………	163,697	4	1
,, …………船钞…………	12,129	5	0
38艘法国船舶…………总吨位…………2,932吨			
,, …………进口税…………	1,092	1	5
,, …………出口税…………	25	7	1
,, …………船钞…………	300	0	0
俄国船舶…………总吨位…………吨	无		
,, …………进口税…………			
,, …………出口税…………			
,, …………船钞…………			
131艘其他船舶…………总吨位…………25,472吨			
,, …………进口税…………	53,326	6	8
,, …………出口税…………	36,259	7	6
,, …………船钞…………	7,550	7	0

	关平两	钱	分	厘
进口税总计	357,897	7	2	1
出口税总计	696,115	8	9	5
船钞总计	48,608	6	5	0

	关平两	钱	分
总计……关平两	1,102,622	2	6

	关平两	钱	分
华船载货所征税款 ……………………………………	无		
入内地子口税 ……………………………………	无		
出内地子口税 ……………………………………	无		

1859 年 7 月 1 日至 1859 年 12 月 31 日上海口关税收入统计表

（咸丰九年六月二日至咸丰九年十二月八日）

	关平两	钱	分
英国船舶…………总吨位…………吨	此期间无档可查		
,, …………进口税…………			
,, …………出口税…………			
,, …………船钞…………			
美国船舶…………总吨位…………吨			
,, …………进口税…………			
,, …………出口税…………			
,, …………船钞…………			
法国船舶…………总吨位…………吨			
,, …………进口税…………			
,, …………出口税…………			
,, …………船钞…………			
俄国船舶…………总吨位…………吨			
,, …………进口税…………			
,, …………出口税…………			
,, …………船钞…………			
其他船舶…………总吨位…………吨			
,, …………进口税…………			
,, …………出口税…………			
,, …………船钞…………			
关平两　钱　分　厘			
进口税总计			
出口税总计　无			
船钞总计			
总计　关平两	无		
	关平两	钱	两
华船载货所征税款…………	无		
入内地子口税………………	无		
出内地子口税………………	无		

1860 年 1 月 1 日至 1860 年 9 月 30 日上海口关税收入统计表

（咸丰九年十二月九日至咸丰十年八月十六日）

	关平两	钱	分
314 艘英国船舶…………总吨位…………98, 245 吨			
…………进口税…………	398, 377	5	2
…………出口税…………	599, 845	3	3
…………船钞……………	31, 053	5	9
172 艘美国船舶…………总吨位…………62, 272 吨			
…………进口税…………	75, 001	6	9
…………出口税…………	121, 582	1	7
…………船钞…………	16, 764	7	0
10 艘法国船舶…………总吨位…………4, 948 吨			
…………进口税…………	8	9	2
…………出口税…………	1, 207	5	2
…………船钞…………	454	6	0
6 艘俄国船舶…………总吨位…………2, 865 吨			
…………进口税…………	2, 268	4	3
…………出口税…………	4, 298	7	5
…………船钞…………	648	0	0
109 艘其他船舶…………总吨位…………31, 799 吨			
…………进口税…………	34, 871	8	4
…………出口税…………	28, 198	9	8
…………船钞…………	8, 321	7	6

	关平两	钱	分	厘
进口税总计	510, 528	4	1	5
出口税总计	755, 132	7	7	9
船钞总计	57, 242	6	5	7

总计 关平两	1, 322, 903	8	5
	关平两		
华船载货所征税款…………	6, 003	钱	分
入内地子口税………………	无	9	5
出内地子口税………………	无		

（签名）江海关税务司赫政

1881 年 12 月 16 日

< 1884 年

关于中国财政增收必要性及增收措施之节略①

税务司 德益（I. M. DAAE）

筹增进款善策节略

谨将中国务宜加征国课情形及如何设法方能增益节略开呈

钧鉴：

兹查：中国时势艰难，应知务宜亟为设法，万勿耽延，以保国家之大局勿致受敌人之制，并可免占踞边疆之虞也。

现在中国量力御敌，而其敌者，凡格物及新创妙法。所授之益，业已有而且精。惟其奥妙使他国得有效之益，中国尚不及设法得其大半。故中国目下情形，凡欲与中国有益者，其心能不为之担忧？实在不难明晰。现在水陆各军，并国家一切防御之法，务必更变，方为妥洽。

陆兵中，仅一二成给以新式军械者并教其操演，似熟几分乃实有之事。而所办情形虽不细指，其证尚可信，其所需所为均属不足，且所制办之法，似属欠当。不但购办之军械不敷所用，且若据精明军械之人所云，则办来军械内有次等者，并其样不一。惟精熟新式之战法，各国无不知最要者，系用上等军器并其样式均应一律，其数亦应敷用，以便各兵可得，使操演惯熟者无论自何省招来或何地给领军械均可适用。且各兵凡有警报，不但即刻会使军械，而其操演应知熟习并步法整齐，可在大队中捷便联络一气。如是，则兵勇务必时常教习操练。而时常教练兵勇，于临阵时将其率领，务须有通晓及曾学习之将领，其数亦须敷用。毋令东一西一，兼顾不及。每哨须用二三员，且以后可拔将领者或可充兵勇者，其数务宜络绎不绝，以便缺而复补。其兵若有善领者，认真操练，给领上等军械、给其妥当兵房居住、善为养赡

---

① 译者注：该标题为英文标题直译，原书第517页至第532页附有该节略中文，名为《筹增进款善策节略》，本书中将原中文节略由竖排改为横排、繁体改为简体并加注标点后予以收录，未再对原书中的英文本及脚注进行翻译。

照应，一切合宜如是，则陆路之兵方能成就，可保国家之大局。但能若是，然经费必巨，惟未举办必须先筹款项可抵费用也。

若论水师，则较前业经精强。中国现在已有几只极精捷之船，所带军器炮位亦极灵巧，惟其船数尚且不足，须加师船多只。毋论那两国结连同时来船攻击，中国沿海实有劲敌，防御不致有失。且常时应预船只以便顶补旧样及朽烂之船。但用若许新式成就之船，须招募熟习操练水师万千之数。其可充水师者，亦须络绎收留。可胜任水师官者，必须数百员，以便管带船只，并补船上员弁之缺，以及操练水师。其艺童以后可擢水师官者，亦应络绎储才。惟能如此成就之战舰，并备齐一切操练水师，给以薪水于水师官，俾其员数敷用。则一应经费较巨，亦宜预筹款项以抵费用也。

防御海口，应助水师船不足者，并船厂、机器厂及边疆坚固之炮台，谅须即刻建立，以便沿海战船若须躲避，预有其处。并有造船、铸炮及修理船炮之所，以及陆路之兵应有妥固之处，以防敌人追袭，可以栖止。设前攻之敌人至该处，伊必攻破或围住，始能前进内地也。其防御海口及机器厂、船厂，中国业经在适用之地已有几处矣。应行之路，虽未行远，已略进步耳。惟所设立之处，酌度现在时势，其数尚不敷用。若细为详查，明知该处较现在犹能愈佳，但边疆之地，尚未援新创精法，筑坚固之炮台。若不照其精坚之法仿造，则不能御敌巨邦。如此建立防御海口、船厂、机器厂以及边疆炮台，又需经费颇巨矣。

按前所陈，深悉不几年间，国家谅有紧要当急之务即宜办理，以便备足一切防范，庶可保护所辖地方，不致其民被惊扰也。若坚定更变，益善各法，或属水师，或属陆路，其若何办理，似应钦派敏捷深晓中国情形者，并忠正通晓新创水陆戎机者，会同详查，酌议各该水陆军务，俟所派之员商酌妥协，即将成见会同奏明。若蒙俯准拟，宜尽力举办，更变益善各法，而其锐气始终不懈，以示共见共闻。不但或左或右，有数员愿办，各出心裁，愈善之法实系欲办。其法已蒙御准，系在天下，均应一体照办也。

既已明悉现时必办防守之政令，国家若限以十年或十五年，应每年将限办毕之几分，订明约想，妥洽办理。既将应办之事限定分数，其每年限定之分，至年终时万不应办理不完。理应时常妥为严查各应办之责任，按期办毕，不准遗落。

既论拟办一切紧要改变善法，并明知如照所拟办理，务须加增经费。而此加增之出款，因不得利息者，按筹款之善法，应于每年额征项下动支。是以应问：所须加增银款系从何而筹？可在现时经费内设法剩出耶？抑现在赋税，将来可渐自加增庶足以抵多需之经费耶？

至现在赋税之款，欲在其项下设法剩出银数，以助新添经费，或似能办。如：详为稽查各项旧制内有于国家无益者，所用之经费逐渐停止，谅有成效。据鄙意，应衡情酌度，不宜骤为更张。旧法各样，陆路水师向例所需经费，拟为详察。凡在其内查出尚可用者，毋庸更改。若有剔出无用，于时势不合之法，则无须踌躇，即行裁撤，在此项所剩之银款，亦可相抵所设一切新法及新式军需之用。

惟论现时赋税渐自加增，则敝见若仍按目下情形，仅有几项赋税尚可略微加增，此意乃系考究历代之政迹。若再令人相信所言不谬，即指出，常阅外省督抚所陈折稿中，皆载赋税支绌，实难再为筹拨也。

但将其情势改变，则现在所有税课内，有数项实能自有起色。其有起色之赋税，惟数尚不敷用。而所短者，应在现时赋税加增，或宜另外设征新税。

按以上所论，俾国课加增之故有三：一系改变情势，一系在现时赋税加增，一系另为设征新税。其故则能分枉道、直道者。凡致国课加增，枉道之故。其最要者，系内地建造新式较为通坦之道路，兼准百姓全获地内所藏者。现在空放之利益，若经通悉西国新式道路，较为通坦（譬如建筑铁路及平铺碎石道路）所致各益，此处毋庸赘陈。惟中国尚有若干人，本无其机会详看始信新式通坦道路所致各样裨益，莫若刻下将其致国课如何渐为加增各项细为详陈。凡建造铁路，应专在无好水路地方起筑，较用牲口驮、重车装，由崎岖险路之缓慢转运，必致脚费颇为减轻。其人力、牲口、家具，用久则当乏坏，并路上所行时日则多，皆致旱运用费甚巨。缘所运之物，数少而所使运力大也。且运来之货，应核自出产处至销售处，路上所用日期，于成本应生利息，（乃运费之一分）乃如川流不断矣。惟火轮车所载件数，较大帮牲口车辆所运之数更为多装，而牲口车辆盘运货物，应用十日方至销场，则用火轮车，一日即可到矣。此减省之脚费，自必该货落价，是以自海口运至内地销处，该货成本较前必能减轻。其本既轻，卖价自贱，其价贱致用此货之民，其钱即可多余，必使渐为多买。而用货者，既欲多买，则出货处必须多备，广为运进。海口乃通商口岸、海关及内地厘卡所征税银，随货加增。至内地所产之货，亦系均沾利益。有多项货物，因旱运费巨，至今未能起运者，亦可运往销场，以致内地厘金并各海关税课多为加征而不言，及致出此货之民买别货之力自能加增，即使其资财渐裕矣。

查前所陈乃建铁路一切所致益处。若论建平铺碎石常道，亦应略为援其所陈。其常道系为铁路分枝，由此将铁路各傍边之地所有出产运来此处，似宜言及以上所论建造新式通坦道路一事，于泰西昔年竟用人力或牲畜之力转运之卖买无碍。何也？其减出之脚费，使贸易各事比脚费所减轻之制更显增益，使转运之货较多，则约致所用工力比前更多。

其建造铁路及碎石好道，又有一层紧要之益。系使建造路道所经过之各该州县，其田价可长也。缘所住之农民，因有通坦好道，较前易于设法将土产销售；而其人所需器具及异处食物，可获较贱。若此，则农家之资比先充裕，而其资若充，于田赋之益有三：一应完钱粮较现在易措。一田地可致肥美。而田既肥美，既编入上等之册；既入上等之册，应征之赋亦可加增。一系现在无利益之荒田，因其出产易运销场，即可耕种；而其地既能耕种，自必渐至入册，亦能完纳钱粮，以致田赋多征也。其新式通坦道路致国课显裕之处，曾查有二：一系俾各海关及厘卡所征进出各款均能加增；一系使征田赋之数亦可增也。

现将致增国课第二枉道之故，乃令民间获其地内原藏利益，俾其国课如何加增陈之：凡开五金之矿，系有数省内已准开办。若已开之矿，先精选其地开办，除经费外，曾有富余，则所剩出之资，可助天下生民之商本加增。既天下生民之商本加增，则其采买之力较充；其采买之力较充，则各项税务，即如关税、厘金、盐课均致增裕。但现在所开之矿，因用昔法开挖，不抵斯时矿作日进之善，其利甚微。是以，拟陈速用新巧家具开挖，并拟于最紧要开矿之地，现派矿师指视，以示矿主如何开挖为要。如是，则矿石必能日进倍增。若办法合宜，又细核省出经费，其开挖净利必须日渐增益，致民殷富。况所出矿石日进，即按矿石征收之课必致多增，且多开之矿，或按矿征课，或按所用之人工征收之课亦必加增也。再现今开矿办法，须选精妥之人相助、详察、改正。又拟颁发开矿条例，酌度中国情势，使其矿务于有王化之别国矿厂大半相符矣。其条例内，应详细定明有：在山中查出矿苗，所得把握，如何开起？其山主与看苗者如何干涉？如何丈量开矿地界？如何设立镕化之所？如何督管矿务？如何将昔开之矿弃置及矿商与开挖者如何干涉？若是，则矿务即可久远，而省出之利渐为增长。

其加增国课枉道之故既已论毕，再详查加增国课各项直道之故。按前所言，其直道之故，分为二类：一系在现有之赋税加抽；一系设征新税。刻下应于现在赋税，能否加抽详陈。而其中，先须将田赋及漕粮能否加征之处查明、核办。详考历代以来，足知加征粮赋恐致大众农民心难甘服。盖国家若不竭力办理，则致事无成效。但欲办，果有难处相随。应先试以别项办法，至知其终无成效，再举加征田赋、漕粮之末议也。国家在其田赋，仅可办理，而不能越过者，似应饬查各州县所耕种之地实系照册完纳钱粮而已。

惟各省知有荒田之广，若按今春工部主事余思贻所奏条陈，如有欲认开荒承种之民，由官酌助子种，于国亦有裨益。可使该地即为开垦，并到期纳课，致田赋益增。但内地新式通坦好路，未甚建造，则于其民开荒一事，不能望得大益矣。

按以上只陈常行出产粮草田地。但亦有种罂粟之地，或产烟叶者，乃余主政业已陈明：查此等出产，即行重征其课甚为合宜。而其最要者，乃系罂粟之土，缘吸食过多，致人受害。若欲禁止种吸，因种此能获厚利，且所吸众人意在必得，恐亦难有成效，惟将其地照已定之赋加抽。如此办法恐未妥洽。因每次改种出产，亦必照所出改征，田地之则以启强悍之民借端纠众，声称欲增田赋滋事。缘加添钱粮之数，多于农人不洽舆情。若论种罂粟之田，按印度之法，官发承种执照，而征照课办理较易。如发执照，则各州县若随时按亩查看，即可核度收时所得成数。俟鸦片成土，易于消售时，或由领引商人向地主买土，即完引税；或于设立零星出卖鸦片局之处（该局如何设立曾经声明），饬该地主即将土卖于该局，由该局即完税项。如是，则官易于经管周密。惟理当设法，种罂粟之人及其亲友私自吸食之土，不应漏税。然，毋论如何，定章加征税银，在未曾定明每斤加征之数以前，务须详查该土能担税银若干，不致洋土多来窒碍。缘按现在条约，本不能禁止洋土进口。

其鸦片之办法，饬领照之地主卖与领引之商人。即办烟叶亦可援用。惟于未定明每斤加抽之数，务宜查核其烟，于其种植一切成本外，能担几何加增之税，不致洋烟运来窒碍。因按现章，洋烟已准运进通商口岸，免征其税。若自通商口岸再运内地，只征子口税银，每百两抽二两五钱矣。

若论茶叶、丝斤，将其加抽，鄙意料华人业此者之利源，于其大有窒碍也。何故？中国茶叶，在西国已与日本、印度之茶争赛；而湖丝已与日、意、法三国之丝相赛。若拟加抽，致其成本增长，则各西国购买此等货物之数必须减少。其种植及工作所出此二宗货物，乃华人至要营生，似不应加抽。拟由国家设法，勤教业茶丝者，令其试出较高之货，在泰西销场，虽已日进争赛，定能易售获利也。

查各新关所征税银，于未曾更改现在税则未能骤然加征，应毋庸议。而国课中其次进项即系盐课，至斯似应详为酌查盐务能否加征而不致民间所用之盐减消，或致走私、偷漏者更觉多耶。兹查，现时国用甚繁，理宜详酌此款。缘其物，民间处处必须，俾加抽之统数，庶可集成巨款，而推至完盐课者，不致觉累矣。按余主政所陈，拟将各省食盐，每斤加价二文，约计每年可增课至千百万两。其所拟每斤加价二文，若照此时国需，其数匪重。在各产盐之处，若一律加征而无区别，恐难办理。似于未经定明各处或应一律加增，或增数多寡不一者，必须详酌各处情形，方臻妥善。但其所计增数，于实在得数比之，则溢多矣。其各省每年所消之引，约在八百余万。按引核以斤数，约在二百六十余京，系各省每年所消盐数。其每斤若加价二文，则约得五百二十余京文。核三百二十五万两有奇，其数于国课甚为紧要。加增之款，若定明照此加增，亦应酌度其如何加征之法。查现在之盐课分有分课三类：一系灶课及井课，一系引课及盐税包课，一系杂课。若定明每斤均加二文，试问所加征之数，应归何项分课？以致加征银两可全归于库耶？而不致多漏税项，或多添征收之经费，抑致民间所用渐少耶？若将应加之数，核度分别摊加在各分课之上始似最妥。果照此办，设如将加增之一分归在灶丁完纳灶课之项，其法恐致该丁不洽，而于造盐之事有碍也。且加征之课，若分在各分课上，其法于估课及算出之数并与征收其课较为费力。故此在盐课紧要之一类分课（即盐商或地方官完纳之引课，或税课、包课）上加增似属妥洽。如是，则无碍于做盐之灶丁，而盐商及官多完之课银，可在消售时补偿。按前所题，若欲将加征之数，在各州县一体加增，无异似乎棘手。其语未必无理，但鄙意亦弗愿如此办理。只在核其盐之大数，而于每斤可加二文矣。若未定明加价详细办法以先，必须揆时度势并各处情形，庶免窒碍。或有州县不能按所拟之数，似宜少加；又有别州县照所拟者，似可多加，谅无偏苛。但其规模，揣度情形，将所拟加数二文作谱，不差上下为要。查泰西有国，其曾经所征之盐课，比中国目下所征较重。而该国之民，每人每年所食之盐数，比华人每人所用者大概略多。第以此为证照，所拟加征，尚不致令食盐之数减少。譬喻法国，在道光二十五年间，盐课每百五十斤，约抽银四两，而每人每年所用至十六磅之数。中国若仿其征抽，则盐课每年可征至七千万两，而现在实征之数约在八百万两左右。至斯理应指出所订长芦之盐，其至贱之价似属较轻；及闽盐极昂、极低之价似均较轻。且应提及，有州县之地，准食无课之盐；又有出盐之场，其余引之课比正引之课较轻，似宜详为查明，尚有轻征之理否。若查国需及时势，如此办法究属不便，莫若即将正引、余引二项之课一律征收也。

凡烧酒、烧锅之照课，因由此应得之课数较大，兹拟详为查看现时一切办法也。至征此课，似应照该锅能装之斤数征收，譬如以百斤为定制。均各定为划一，按年一律照办。若锅已逾所定之制，按已逾之百斤或不至百斤之零数，均应按百于定制课数之上加征。其已经领照之锅，应由官加以印戳刻记。若查所用系未经领照者，似应按原课之数，加以三倍征罚矣。

其次应陈者，乃房、地易主契尾之税。按现在章程，凡有房地易主，应赴地方官报明入册，官发契尾，按置价每百两抽三两。此税款项下，每年所收之数甚微。惟因每年房地易主，各省多有，而所完之银亦不过轻，试问有无漏税、私换之弊耶？似应由各州县严查，设法免致弊端。欲愿获益，拟将各项之契，须在已经钤用官印之照填写，而照上刊明，或应完之银数若干，或所值之价数。嗣后限期已过，若查出换契无官印之新照者，则应按原税加三倍惩罚。或查出所报置价不实，取巧领价少之印照，可照上例，或从重罚办。凡该管之官查出无官印之照，或巧用贱照，则应立即报明本省藩司；若该官知而不报，亦应议罚。然须按次论罪，递加重罚，至再四者，即行参撤。但在京中，预印契照，颁发各州县衙门。拟其责任，莫如均由另设之专司办理，然务须设法慎防假照耳。以上所陈，即税典契亦应照办。

既已查考可加征其现时最要之课，其余应陈之乃加课之次项，直道之故，即征新起税课，拟征之项有二：一系照课，一系印票课。其照课中，又拟二项：一鸦片及烟叶之照课，一行铺之照课。其印票课中，亦拟二项：一系汇票及银单银票之印票课，一系收单印票课。

其照课中所论，鸦片并烟叶之照课，已在田赋项下陈明，即勿赘叙。次论及行铺照课，因思在此征收之数较在他项新课所获之款更为巨也。查此课，既与京城所征铺税相仿，援此，乃将各项行铺分为四则：其一，每年应完照课十两；其二，五两；其三，二两五钱；其四，免征。而京城铺税，向分三则：上者每年完纳五两，中者二两五钱，下者免征。兹拟：其一，则各项发卖行店归入；其二，则零卖大铺归入；其三，则零卖中铺归入；其四，则零星小铺归入。至肩挑负贩者按照第三则完课，方昭平允。其各项银号，应按发行之店，每年亦完课银十两，而钱铺每年可完五两之数。再敝司前曾拟陈设立零星发卖鸦片之局。该局若定设立，亦应令其分局每年每局完银五两。其以上浅易之征法，即将完纳之行铺分为四则，亦系特拟者。缘其法若行，似属足可公平。俾完课者，均各承之，无大参差。若欲细知各行店所赚钱数，即照其数酌夺摊征。则必须苛查各行店生意，一切恐于所行更属掣肘。惟设法不久，即属不妥，与民情不合，难期获益，则乃弃置矣。且所拟征之课，亦不甚重，不致令行铺不惬。缘所完之数，若在所卖各货加价微昂，乃系出于买者，仍复飞回也。

凡在各项汇票、银单及银号通行之银票，并自五两至五两以上，或五千文至五千文之上者，各商所给收单共四项，拟征印票课。若在汇票及通行之银票征收印票课，而其课数有从轻并一律者，即如汇票每张征银六分，而在通行之银票，每百抽二，则其数仕商不觉甚重，大抵亦无不当众意也。

其银单若遇使用，每张拟征课银二分。若在商人所给五两及五千文并以上者之收单，即一律征印票课银二分。究竟所完纳之众人亦不觉太重，而贫乏者，原买物银数多不及应课之数，自然免纳。如此必饬商人，凡收应课银数，即发收单，毋违。设查出漏课者，应酌量议罚。

惟每年能收印票课之成数，刻难陈明几何。然过数十年，贸易渐为益盛，并内地建造新式通坦道路较为推广，且揆及中国所有人数巨多，则致有由此款下所抽之项渐自能当国课之要款矣。

其前所指，征收新课之大端。因各处情势不一，则由其所指者，难免稍有相离。但目前所有最要赋税，乃各省能一体征抽。援此忖度，可将所拟各项新课，在于各省一律征抽，尚无不宜也。

查以上曾申印票课之外，又有印票课一类，与先所陈换契印照相同者，若揆其时势，在佃契一宗征抽，思之亦裨国益。但以此宗课项，乃佃户所承，而若等刻下实难另再多承税课。今拟姑且勿议，容俟将来内地新式道路通坦，致田价加长，而使农民易觅出产销场，彼时再行量为征抽，似属合宜也。

复查泰西各国，亦有别项印票课。中国将来若核所需不足，似于加征税课，合宜再行酌量开征。但此时民间情势若此，如欲仿其别项印票课征收，恐多未便，而致舆情不洽也。

按以前略陈枉道及直道如何加征国课之法，以保所入可抵必添之出项。再叙及者，乃筹款及核查经费并工程估价之办法。现今筹款及核经费，限以各省均各布算，似与国势相宜。如是，则易酌量各处情形，可知当于所定应征某课，或定收课征法之大端，曾否相离。且不但于各省官吏整顿办理本省各有司之事有益，即于筹款能敷所用办公各项亦属有济也。至各省督抚，若其志忠直、敏捷者，则此按省筹款及动支之法，令其详酌孰为正项经费，孰为闲款。倘若查出闲款，即须斟酌能否裁去耳。惟前所陈，以各省均各布算一条，但内有二项要公：即陆兵与水师。若按省分定其界限，则难免于国体有碍，而招勇一事及其常行扎营所在，若按省分办理，虽无不可，然天下水陆各军，务必各归总司令一员，以便所办权出一手，并可临时独断，则调用亦可捷便矣。为此，各省除办本省有司之事所需经费外，应每年由省库筹拨敷用之定款，以供水师陆路兵饷耳。

至工程估价，于未举办之前，务宜妥当详细将工程估价开呈大宪，核明奏准，再办为要，庶可妥洽而有法制拘束也。惟所拟之经费于详查后果知归实系要工，则所拟工程之估价，切勿错会灭省之意，而将所估价值苛扣，以致应办之要工及应购之物料不能备用头等者。乃陈工程估价之言与水陆各军之费，格外紧要也。

其各省进款、出项、报销公帐之法，拟宜斟酌，详为细查，以便襄助京城及各省上司，清查无讹，妥为约束。

因查中国各项艰难，并实愿欲朝廷政治振兴，现今似宜添出经费，并加征税课以抵所出之款最为紧要，故于以上陈明也。

且所拟各端，缘略知中国刻下一切赋税办法并素识中朝情势，故而仰望若将所拟之条定然照办，可致成效且有裨益也。惟以所拟各项，致其能有成效，则所派办理者，务须刚毅、敏捷之员专司其政。但有志者事竟成矣。盖中国之赋税，虽照所拟加征，其数尚觉轻也。其最承加课者，乃系殷实、晓事之民。彼等若知所拟各项如何于国有益，即贸易较易通行暨国势益为巩固，俾中外咸熙，悠久无衅，致永远受福。无量其能，仰体善政，亦毋庸虑不欲完者矣。若完课之民，既明悉加抽较轻之课，能获如此利益，似应导其忠义，一鼓奋兴，使其勉力相助朝廷，并乐助刚毅大员倡办所拟各项事宜，以成其功。既成其功，则国帑足备不虞之用。若慎防不虞之事，则国势巩固。国既巩固，俾中外永远敦睦。中外敦睦，则国家富强，益渐兴隆矣。

光绪十年九月十三日

东海关税务司德益呈

< 1885 年

上海复出口派司制度

海关

1885 年 3 月 14 日于上海

第 66 号

阁下：

根据您去年 9 月 29 日发布之第 289 号通令中“准予修改并继续实施上海派司制度”之指示，并作为税务司吉罗福先生 1884 年 7 月 21 日所发第 202 号呈文的后续，本人有幸在此随附三份新格式派司①供您审阅，一并附上介绍新派司的布告草案，以及本人与上海总商会间就派司制度及其运作交换意见之信函副本。

您在该通令第三段中措辞谨慎，促使本人在尝试对现行派司制度进行修改之前先与商会进行了沟通，本人了解到商界赞成与反对修改的两种声音几乎各占一半。

鉴于上述情形，本人提议按如下方式行事，待您批准：

一、发布一则布告宣布将在 6 月 1 日或 7 月 1 日（以方便为原则）启用新格式派司。

二、初期仅向那些赞成采用新格式的商行发放使用。

三、在存票与复出口凭单业务台增派一名帮办（目前那里仅有两名雇员）以加快办理速度。

一旦商户确信采用新格式派司不会延误货物通关，也不会给他们增加额外工作量，那么本人几乎可以肯定商户总体上都会接受新派司。

（签名）税务司好博逊

致圣米迦勒及圣乔治勋章爵士赫德

---

① 附件。附件 1：新派司格式 A、B、C。附件 2：通告草案。附件 3：税务司 1884 年 12 月 8 日致商会函（存信底簿）及 1885 年 1 月 30 日商会函（参见致商户函）以及商户回复商会函。（译者注：英文原文中为边注）

海关第245号布告

一、1871年7月20日发布海关布告（第102号）如下：

“由于进口商频频向海关申诉进口货物详情存在被洋货复出口商错误申报情事，经海关监督阁下授权，本司特此通知：自11月1日起，依照条约中关于洋货复出口的规定，出口申报必须由进口商亲自办理，或者通过其（自行填制的）派司或其他便于提供的文件证明申报内容无误。

同时，任何进口商若希望防止承运人在其不知情的情况下对其进口货物另有图谋，只需向本司申请未经其亲自提供明细证明的进口货物一律不予签发复出口准单即可。

同日起海关对土货复出口也将适用上述规定。

（签名）税务司狄妥玛”

二、根据上述内容，为更好地保障税收、便利进口商及其买家，经授权本司对江海关所称“派司制度”（这一制度已被进口商普遍采纳）作一微小但重要之修改，在此请各商行自7月1日起在制发“派司”时做如下改动，直至有新布告发布：

（一）在洋货关税完纳之前，若申请人认为应当为该批货物制发派司，则应选择“原派司”（参见附表A）登记进口事项，且进口商应将“原派司”与税款号收、提单及申请书一同提交至海关盖章。

（二）这一“原派司”意在向海关证明登记其中的货物关税已完。日后出售这些货物时须配有派司，届时“新派司”（参见附表B）应与“原派司”一同送至海关（存票业务台）盖章后方可交予买家。

（三）商行为自家进口完税货物申请复出口时，应当提交（登记有该批货物的）“原派司”及复出口申请书，以确保所装货物已经登记并在“原派司”上注明（参见附表A样例）。

（四）若商行确有为某份派司制发副本之必要，则须告知海关，并在该“原派司”上注明制发副本一事。

（五）每份“原派司”应由进口商编号，每份“新派司”应同时标注“原派司”编号和自身子号。所有派司均应填制对应提单的唛头及编号。

（六）土货进口只需一份派司（参见附表C）。该派司须依据提单按批或按件数填制，并参照洋货进口手续与税款号收一同递交至海关盖章。此类派司日后不可再行拆分。

三、推行这一制度能在一定程度上避免进口商与其他商行的类似货物发生混淆与错换。

同时应能让买家确信其收到列明所购货物的派司为真且向海关申请复出口时延误最少。

江海关税务司好博逊

1885 年 6 月 10 日于上海

表 A

（洋货专用）

原派司

（不可转让）

第__号

上海__________ 188_

致海关税务司：

此件系证明下列货物税款已在进口时由本行完纳，请准许本行一切复出口及由此产生的其他权益。

（签名）A. Z. & Co.

进口

注意：此文件须与税款号收一同递交至海关盖章，并与盖章提单一同返还。

唛头	包裹	描述	重量		件数或价值	进口船只及注册号	进口日期
			担	觔			
	100	英国钻头……	…	…	4,000	“Oopack” 第__号	12/9/84

表 A—续

针对上述条目（申请人填写）

日期	出口商	船只	新派司子号	包数	描述	重量		件数或价值	签名（海关填写）
						担	觔		
7/10/84…	…	新派司…	A	10	英国钻头…	…	…	400	E. T. H
10/11/84…	…	” ”…	B	15	” ”…	…	…	600	”
”…	本人…	“高升”号（Kowshing）	…	5	” ”…	…	…	200	A. B.
12/11/84…	”…	转运	…	2	” ”…	…	…	80	C. D.
2/2/85…	”…	“宜昌”（Ichang）号	..	20	” ”…	…	…	800	H. B.
3/4/85…	…	新派司	C	20	” ”…	…	…	800	E. T. H
8/5/86…	本人…	“Pautah”号	…	20	” ”…	…	…	800	D. K.
9/10/86…	”…	”…	D	8	” ”…	…	…	320	E. T. H
				100		…	…	4,000	

表 B

原派司号__

子号__

洋货专用派司

上海__________ 188 __

致海关税务司：

鉴于下列货物进口关税已由本行完纳，请允许此件持有者一切复出口及由此产生的其他权益。

（签名）A. Z. & Co.

进口

唛头	包裹	描述	重量		件数或价值	进口船只及注册号	进口日期
			担	觔			
						第__号	

针对上述条目（申请人填写）

日期	出口商	船只	新派司子号	包数	描述	重量		件数或价值	签名（海关填写）
						担	觔		

注意：此件一经签发，即应与原派司一同交至海关盖章，未盖章者海关不予接受。

表 C

土货派司

上海＿＿＿＿＿ 188 ＿

致海关税务司：

鉴于下列货物进口关税已由本行完纳，请允许此件持有者一切复出口及由此产生的其他权益。

（签名）A. Z. & Co.

进口

唛头	包裹	描述	重量		件数或价值	进口船只及注册号	进口日期
			担	觔			
						第＿号	

针对上述条目（申请人填写）

日期	出口商	船只	新派司子号	包数	描述	重量		件数或价值	签名（海关填写）
						担	觔		

注意：此件一经签发，即应与原派司一同交至海关盖章，未盖章者海关不予接受。

上海总商会

1885 年 1 月 15 日于上海

致商会会员：

有关就修改现行复出口证明规定一事，海关税务司已致函本商会并征求委员会对新方案的意见。随函附详情介绍，据函中所述税务司已向各主要利益相关方传达。

本委员会认为，提议的修改可能会方便部分商行，但却会令部分商行工作量大增；本委员会还认为，若按照提议要求，“原派司”须与复出口派司一同递交以供签字盖章，此举必然造成大量延误，很可能使买家无法按期装船，进而导致商行错失商机。华商申报拖沓众所周知，甚至常在船舶几近启航方才办理购货事宜。

兹事体大，本委员会希望尽可能广泛征求利益相关商行意见后再行回复税务司。请商会会员在此即刻回应附件所详之新方案，或尽早通过信函答复。

（签名）商会主席 科纳（GEO. R. CORNER）

从前述函件的回复中可知：

下列商行反对新计划	下列商行不反对新计划
沙逊洋行	美最时洋行
西门洋行	茂和洋行
怡和洋行	协隆洋行
义记洋行	旗昌洋行
Hyde, Hertz & Co.	天祥洋行
瑞记洋行	祥泰洋行
太古股份有限公司	元芳洋行
柯化威洋行	仁记洋行
锦名洋行	义源公司
公洋洋行	A. Dent & Co.
丰泰洋行	美胜堆栈公司
Wilkinson & Co.	太平洋行
惇信洋行	大日华贸易公司
Evans, Pugh & Co.	
华记洋行	
总计 15 家	总计 13 家

海关总税务司署

1885 年 4 月 25 日于北京

第 2893 号　　税务司

上海　　　　第 12612 号

先生：

总税务司指示本人告知您第 66 号关于上海新派司制度提议的呈文收悉，现回复如下：

一、总税务司已批准所报拟于 7 月 1 日启用之新表格及程序。

二、是否使用新格式派司由商行自行选择不予强制。

三、布告草案措辞应更清晰明了，特别是布告中的一（三）及三部分。

（签名）贺壁理

总理文案税务司下管理汉文税务司

致江海关税务司

任命赫德为驻华公使及赫德辞不赴任往来书函[①]

英国外交部

1885 年 5 月 2 日

先生：

本人有幸通知您，女王陛下乐意任命您为女王陛下驻华特命全权公使，并给予年薪 5,500 英磅。

另有准备费 2,000 英镑供您使用，您可于北京公使馆资金库中支取。

（签名）格兰维尔

① 英国外交部档 17/975：该任命于 1885 年 6 月 23 日见报，见 1885 年 6 月 23 日格兰维尔致欧格讷第 149a 号函。

致圣米迦勒及圣乔治勋章爵士赫德

1885年8月28日于北京

阁下：

本人有幸向阁下您转寄赫德爵士寄来的敞口信封①，信中陈述其请求允准不赴任英国公使一职的理由，并将国书一并退还。

作为您最恭顺的仆人，鄙人深怀敬意、深感荣幸，此致。

（签名）欧格讷

致嘉德勋章爵士索尔兹伯里侯爵

1885年8月26日于北京

侯爵阁下：

格兰维尔伯爵5月2日来函有幸收悉。函中通知我，女王陛下乐意任命本人为女王陛下驻华特命全权公使。此函于本月10日收悉，此外还附有函件、条约，日期为6月17日、18日及23日；女王陛下致中国皇帝及朝鲜国王的授权国书；此后7月18日又收到阁下的电报：

“是否接受该职一事完全由您自行从优而择。”

提名本人就任公使已是荣耀加身，电报加诸额外信任，本人已不知如何表达感激之情。

刚得知任命时，本人一方面因处理法中谈判事宜焦头烂额，另一方面任命一事本身也令本人头晕目眩，所以当时并未充分考虑接受此职的意义。仓促之下回复：“本人对是否适格心存疑虑，审慎起见还是婉拒为好。若确实需要给出特别理由，本人最终定不会轻言拒绝。”

后来事情开始发酵，本人向您转发了格兰维尔伯爵的电报，您的回复已收悉，本人在上文中已作引用。

现在已到本人首次回复中所称之“最终”之时刻，本人必须立即决定是继续担任海关总税务司，还是就任公使一职。

若将本人心中是否赴任一事所想和盘托出恐怕会耽误阁下太多时间，因此本人将仅限于陈述总体大局：若本人离开海关就任公使，将给海关及通商带来重大不利影响，因通商的发

---

① 见附件2份，1885年8月26日赫德爵士致索尔兹伯里侯爵函。（译者注：原文中为边注）

展需要一个诚实的管理机构；此外希望通过中国的进步获益者也不希望本人离开海关，因本人的离开将影响国际关系。反过来，若能留下，相信本人对未来的洞见（参见关于本人计划退休的新闻造成的风波）能为海关将来打下更牢固的基础，赢得更长久的地位。此事不仅对海关极为重要，对英国在中英关系中的整体利益也极为重要。另一方面，就任公使是否一定能有所成就本人却无把握，且那些成就的价值很可能会被海关的分崩离析或者举步维艰、逆水行舟般的处境削弱甚至抵消。本人负责的部门虽称作海关，但实际业务范围更为广泛，其目标是尽可能于各方面协助中国，且确有可能成为引导中国政府全面改良、中国工业全面进步的一颗种子，故而将此职位握于英人手中（本人去职的传言拉开了这类话题的序幕，已有相关提议影响到这一地位的稳固性）可谓至关重要。

故而本人不得已须用到给予本人的选择自由：本人认为留在海关为最优选择。

伯爵阁下，请您相信本人非常清楚公使一职所加诸的荣耀，也明白婉拒此职等于关上了一扇门，本人可能会为此懊悔，也可能会遭众人责备，但此地此刻站在本人的角度，英国政府会对本人的辞不赴任表示遗憾，中国政府虽说也欢迎本人就任公使，但显然更希望本人留任海关。既然两国政府都允许本人完全自主从优而择，为总体利益计，尤其是为英中两国特殊利益计，本人在此选择留任海关。虽然女王陛下乐意将如此高位授予本人，但请允许本人辞不赴任。

第 17 及第 18 号函及条约已存入使馆档案库，其附件、致中国皇帝及朝鲜国王的国书则在此退还。

作为您最恭顺的仆人，鄙人深怀敬意、深感荣幸，此致。

（签名）赫德

致最尊敬的嘉德勋章爵士索尔兹伯里侯爵

摘要

赫德爵士

1885年8月26日寄出

10月22日收悉

附件2份

辞不赴任驻华公使一职理由

退还致朝鲜国王及中国皇帝的国书

见7月17日致欧格讷第41号电报

女王

伊兹利伯爵

乔治·汉密尔顿勋爵

秘书官

女王陛下已知悉，女王陛下政府对其辞不赴任深表遗憾，对影响其决定的动机表示完全理解及欣赏。

1885年10月27日草拟致赫德爵士

1034中国f.

< 1887 年

总税务司署所辖九龙关于九龙地区开办

1887 年 2 月 9 日于北京

机密

尊敬的沃尔特先生：

为免此函内容外传、见诸当地报端或成为坊间谈资，故将其标为“机密”，若您认为同下文中提及之人物谈论此事并无不妥，也务请令其暂为保密。

中国政府拟将位于香港及澳门周边的六或八处税厂悉数交由本人直辖，这些税厂被当地人称为“锁卡”。本人相信此举将消除令民船贸易怨声载道之办事拖沓、刁难勒索等不良习气。以固定税率替代浮动税率，给予所有商户同等待遇，必会受到各利益相关方欢迎。鉴于当前情势，本人有必要多渠道扩充海关班底。当下需增配委办缉私船税务司一名辖领巡船编队；统辖港、澳两处税厂的税务司各一名（总计两名）并配备机构属员。此乃需要与阁下商议之处。

民船过税厂时须为普货缴纳正税，为特定货物缴纳厘金，为洋药缴纳例定税厘（每百觔110 两）。此举是否将导致香港海运业务偏向轮船运输尚有待观察，但无论如何，本人都须提前安排征税、记账及汇款等事宜。本人希望此事能够因地制宜，既能避免摩擦，又可为商界创造最便利的营商环境。一种办法是各厂设华人银号收账者一名，留置过卡船只待完成查验、征税等事项后予以放行，但如此海关与公众均难享便利，实非本人所愿；另一种（与您息息相关）则为由纳税者将税款缴入一家香港银行（譬如贵行），流程大致如下：

一、商户向主管税厂的税务司申报其进出口货物；

二、税务司向商户发放海关凭单，银行以此为依据按照其上所列数目收取银两；

三、银行如数收讫后存入凭单上载明之账户，并按固定格式给商户开具号收；

四、商户向税务司递交号收换取派司，至税厂签注并带往目的港；

五、银行设 5 个账户：

（一）关税账户，记为账户 G。

（二）本省厘金账户，记为账户 L。

（三）洋药税厘账户，记为账户 O。

（四）香港各厂账户，记为账户 H。

（五）澳门各厂账户，记为账户 M。

六、税务司各设三本凭单簿（G 簿、L 簿及 O 簿）用于发放凭单供公众向银行缴款，两本支票簿（标为 H 簿及 M 簿）用于从账户 H 及账户 M 中支取各厂运维费用及向公众付款。

七、未经总税务司指示，银行不得从账户 G、账户 L 及账户 O 中支付钱款。银行须向总税务司递交各账户季（或月）报表；

八、银行按总税务司指示将账户 G、账户 L 及账户 O 中的款项汇往广州或其他约开口岸；

九、账户 G、账户 L 及账户 O 中款项定期（例如按月）汇出；

以上九点虽为流程概述，但要求也已足够具体。

作为回报，银行可保管每月所收款项（若贸易不从民船转向轮船，约为每年二百万两至三百万两）直至汇款日。凭单、号收、制式文书等可由海关印制，也可由香港提供。海关可指派一名帮办至银行填写号收等，也可由海关负责向贵行增派处理该事宜之人发给薪金，后者可能更佳。

以上设想若得贵方协作予以实施将为公众及海关带来便利，且本人认为对相关银行亦大有助益。但此举太过类似于在香港范围内征税，恐遭香港地区立法机构某些敏感议员反对。故而此事由您自行定夺，若考量后认为贵行可予协作并能从中获益，可再与按察司劳士（Russel）、赖里（M. M. Ryrie）、麦科文（MacEwen）、伊荣（Bell-Irving）及遮打（Chater）商议此事。无论如何本人都必须在贵行附近征税，有鉴于此本人希望能够采用最便捷同时又能赢取认同、免招非议的模式。

一俟此事议毕（务请密议），烦请按下述方式电告本人，（一）（二）（三）（四）任选其一：

（一）“一二三”，即方案可予接受且贵行可予协作。

（二）“四五六”，即贵行愿予协作但香港地区立法机构反对此方案。

（三）“七八九”，即香港地区立法机构同意但贵行无法协作。

（四）“十九八”，即方案可予接受且可予协作，但须重新议定此中细节。

另有一事须提及，即我方在澳门亦需一家银行代为收款。贵行可否？

此事宜尽早定夺，本人须于三月底前将诸事安排妥当。电报发往“北京赫德”即可。

（签名）赫德

海关总税务司署

1887 年 3 月 4 日于北京

第 2 号　　税务司

九龙　　第 15117 号

先生：

一、本人已于 2 月 24 日下令（第 1 号九龙）任命你为九龙关税务司。下文将述及此次任命的情形并做进一步指示供你参阅执行。

二、约自 1872 年以来，两广总督及粤海关监督属下官员及雇员已于香港周边汲水门、佛头洲、长洲、南丫和九龙等处设立税厂，对民船及其所载货物征收税（海关监督征收）厘（总督征收）。据本人所知，现今在汲水门有 3 名委员，50 名各级属员；佛头洲有 3 名委员，40 名属员；长洲有 3 名委员，40 名属员；南丫有 2 名委员，30 名属员；九龙有 1 名委员，20 名属员。另每名委员配备一名收账者或司事负责收取入账税厘。此外还配备大小汽艇及中国船只用于一般缉私。

三、根据《烟台条约续增专条》规定及该条中针对洋药管理所列计划，香港及澳门周边税厂今后将由总税务司管理。这些税厂将按现行模式运作至三月底，之后由总税务司署接管。香港周边税厂由你作为九龙关税务司管辖；澳门周边同类税厂也会于同日交由拱北关税务司法来格管辖。

四、洋关关员在上述税厂的日常对外工作包括：

（一）驶离香港的民船可根据其目的地选择最为便利的任一税厂申报。

（二）民船从香港运出货物应缴纳以下一种、两种或全部三种税费，即：

1. 根据常关税则缴纳常税；

2. 根据总督税则缴纳本省厘金；

3. 缴纳洋药正税及例定厘金。

（三）完纳税费后方可准民船离厂继续航程。

（四）同理，驶往香港的民船亦可选择最便利的税厂申报，停泊在厂直至照例完纳税厘后方可前往香港。

（五）为驶离香港的民船所载普货出具汉文完纳税厘证明，供其于目的地使用。

（六）由此类民船从香港载出，且已缴纳（每百斤）正税三十两及（每百斤）例定厘金八十两（即每百斤共计一百一十两）的洋药应按《烟台条约续增专条》及本署近期通令（参阅第352、354、356及358号）处理：可根据交易所需重新自由改包；“洋药运照”也可按货主申请尽数发放（既可每件一照载明重量，也可多件一照载明件数及重量）；并在每团洋药或每件各式包裹上粘贴印花或标签。（注意：粘贴印花一事有待商榷，《烟台条约续增专条》对此并无要求，且此举可能会损坏某些类别的洋药，且费时费力，部分洋药商不愿如此。该问题最终可归结为继续这么做究竟是能保护税收及商人，还是会对两者造成损害？达到什么程度？或者说若终止此举，对两者究竟会造成损害还是构成保护？）

五、各厂洋关关员须为中国政府办理上述业务之衍生事项，如下所列：

（一）造册记录驶往香港民船（进口）表

序号	到达日期及时间	民船船名或船号	船主名、货主名或押运员名	来源地	旅客数量	货物品类	正税	厘金	船钞	清关日期及时间

及驶离香港民船（出口）表

序号	到达日期及时间	民船船名或船号	船主名、货主名或押运员名	目的地	货物品类	旅客数量	正税	厘金	洋药		船钞	清关日期及时间
									税	厘		

（二）征收正税、厘金等并开具号收。

（三）签发结关及完税证明。

（四）*运往*香港货物（进口）表及*运出*香港货物（出口）表应造册登记，表中需开列货物明细供贸易统计用。

（五）采取某种方式对货物实施查验。

六、供你差遣的关内及派驻各税厂的雇员数量大致如下：关内配备帮办一名、通事一名、文案一名、头等总巡一名、二等验货一名及普通华员；每一税厂配备二等验货一名、钤字手*两名*、通事一名、书办*两名*、司秤一至两名、华班巡役等数名，并配一船船员。帮办、头等总巡、通事及文案将由本人选派，于三月底前赴港（至海关代理连卡佛洋行处）向你报到。至于华员书办、司秤、巡役等，需由你自行招募，建议你与粤海关监督或总督商议留用各厂现有部分雇员。其优势为熟悉税厂工作并习惯当地生活方式；缺点则为洋关工作模式较之旧有模式存在本质区别。此事请注意下述各点并报粤海关监督或总督（或两者）处：

（一）所有雇员须经试用以便考核资质并确定实际所需人数，不合格及冗余者将予以解聘。

（二）所有雇员按期给付薪金，不得接受馈赠，不得有偿兼职。薪资依据所在口岸的一般水平*另加*偏远地区特殊补贴（待日后核准）确定。

（三）所有税厂雇员听命于税务司，且仅从其一人之令并对其负责。

七、各税厂雇员的住所问题本人不可回避，但也无甚可言。本人相信各税厂皆建有房屋，但这些房屋是继续保留还是由行将去职的雇员拆除清理暂无定论。委员目前居住的处所移交给二等验货、钤字手、通事等人居住无疑合适；而余下人员，特别是留用的各厂旧部更可居于原处，维持现有起居及补给不变。起初或有不便只能自行克服，待假以时日确有必要，可尽快在每处建造一栋廉价的六室平房（但你须对此守口如瓶，类似在非约开口岸通商地域建造外国人居所这等事情一旦走漏风声，总督恐将予以禁止）。此事尚存另一问题，即如何保障居住者安全。此事须与克莱森（Clayson）商议，备好步枪、手枪等武器，做好相应安排，使各厂人员有能力抵御不法分子的一切袭击。

八、此二关区缉私力量安排如下：六艘航速为 13 节、每艘造价为 20,000 元的“里舍”（Li-She）改良型小轮船正于香港建造，两艘九月即可交付，其余四艘明年年初交付。四艘将部署于*九龙*关区，两艘部署于*拱北*关区。同时“飞虎”号、“凌风”号及三艘汽艇“虎门仔”（Foo-moon tsai）号、“江星”（Chiang-hsing/Kong-sing）号、“金星”（Chin-Hsing/Cum-sing）号将与六艘租用巡船一同前往此二关区听差。这些船只先由委办缉私船税务司克莱森指挥，九龙及拱北两关区税务司须与其商议船只布防地点及工作模式。当前这些船只的主要职责为防止进出民船未经申报过卡。

九、本人不知须就你的官署及宅邸问题作何指示，此事还是交由你自行安排为好，安排妥当后报本人批准即可。你可能得在下述几个方案中择一而为：如香港当局及民众能为与殖民统治区民船贸易利益攸关的华人考虑，则你有望将官署及宅邸设在香港，或至少设于英国占领的九龙地区，如此安排对有关华人乃是最佳，对你而言也最为方便；但若香港当局及民众出于嫉妒，忌恨进入其领地居住并履职的中国官员，则你的官署起码也应设于九龙，但须在英国占领地区之外。至于你在香港或九龙租用房屋用作私人宅邸应不致招人反对。若被迫只能将官署设在华治九龙地区，则你最好保证其完全独立，并将宅邸与其建于一处。最终如何定夺则很可能取决于本人近期关于征税及准单发放等事宜的提案是否得到采纳。至于拱北关税务司，其之于澳门将与你之于香港情形类似：若你得以于英国占领地区生活工作，其亦将被准许于葡萄牙占领地区生活工作；但若你被迫居于九龙，则其只可居于拱北。

十、方才提到关于征税等事宜的提案，已在本人约三周前致汇丰银行香港支行经理函中述及，该函副本附后。

本人在函中建议采取下述规程：

（一）华商向税务司申报。

（二）税务司向商户发放凭单，授权银行收取某某金额的税款。

（三）银行按凭单上的金额收取钱款，存入指定账户并为商户开具正式号收。

（四）商户向税务司递交号收以换取派司及完税证明，派司交税厂，完税证明带往目的地。

（五）银行开设 5 个账户：

1. 依据常关税则所纳正税账户，记为账户 G

2. 依据总督税则所纳本省厘金账户，记为账户 L

3. 洋药税厘账户，记为账户 O

4. 九龙关及其下各厂办公经费账户，记为账户 H

5. 拱北关及其下各厂办公经费账户，记为账户 M

（六）税务司各设三本凭单簿（G 簿、L 簿及 O 簿）用于开具凭单供公众向银行缴款，以及一本支票簿（H 簿或者 M 簿）用于支付九龙及拱北办公经费开销。

（七）未经总税务司指示，银行不得从账户 G、账户 L 及账户 O 中支付。银行须向总税务司递交各账户季报表。

（八）银行按总税务司指示将钱款计入账户 G、账户 L 及账户 O。

目前本人尚未收到沃尔特先生答复，估计其决定代收税款之前会先行咨询部分香港地区立法机构成员，因为一旦同意此提议就等于在英国殖民统治范围内征收中国税款。若银行应允，本人认为你理所当然可将官署设在香港以便接受各项申报，发放凭单、派司及完税证明等；若银行拒绝，则需拟定其他方案收取并保管正税、厘金、洋药税厘等款项并发放派司、完税证明等。若如此，你的宅邸或可另设他处，官署则只能设在华治九龙地区。该项业务对汇丰银行而言当是美差一件，鉴于该银行生意兴隆将使殖民统治区内一些头面人物受益，本人相信他们会为该行的利益计而减少对本方案的反对。若港方决定采用本规程，本人将倍感欣慰，因为该规程实际对商户及海关而言最为便捷、麻烦最少。若被迫回到现有体系由收账者于各税厂收款，问题将无穷无尽。若开办海关银号，又会给民船贸易带来极大不便。

至于拱北关税务司方面，本人亦已询问汇丰银行可否于澳门设立支行，对你可行者对法来格先生而言也多半可行。

十一、将税厂移交给总税务司署管辖以及任命九龙、拱北两关税务司的决定是以《烟台条约续增专条》为凭，经由香港委员会审议通过，为此本人将另行文对洋药监管事宜作特别指示。当前本人认为你只需参照其他约开口岸针对洋药的处理方式做好安排即可，具体如下：

（一）征收正税关平银 30 两及例定厘金 80 两；

（二）监管各式改包；

（三）依据正常申请发放“洋药运照”；

（四）在每团洋药或者装有洋药的包裹上粘贴印花或标签；

（五）就拟实施的规程细节与香港委员会成员按察司劳士（Russel）商议。

十二、关于关区范围，本人认为最好以粤海关 1874 年贸易报告所附地图中图 E 及图 G 作为依据大致划定两关辖区。本人希望粤海关、九龙关、拱北关及委办缉私船四税务司既不相互冲突，也不彼此孤立，通力协作、采取明智举措、务求实效，以期在中国南部这片水域达成既最大化保障关税又最大化便利贸易这一共同目标。

十三、你须按季上报公务支出等账，方法及格式参照其他约开口岸。除了账户 A 之外是否还需要另加 B、C 及 D 日后待定。至于 4 月至 6 月这一季度，你但有所需皆可向造册处索取。

十四、你还须填制关税季报，待到 6 月底前专用表格确定后再另行制发给你。

十五、你须填制贸易统计表供造册处印发，专门指示日后再下达给你，此刻你应谨记贸易统计表须体现下列各项：

（一）何种货物由内地运往香港；

（二）民船于何口或何处装载这些货物；

（三）何种货物由香港运往内地；

（四）民船于何口或何处载运这些货物；

（五）进出口民船的数量、平均或估计载运能力（以担为单位）、船只平均大小以及平均每船船员人数等；

（六）进出口旅客人数。

十六、贵关公务开销管理方式如下：

本人将在香港汇丰银行开设总税务司账户 H。本人将告知银行你作为九龙关税务司（以及总税务司任命的接替你就任该职位的继任者）已获本人授权（本人在此即授权予你）从该账户任意支取资金用于公务开销，但该账户不可透支。本人还将要求银行向你提供一本名为账户 H 的支票簿，在签署支票时请注意务必在左边角落处的编号及右边角落处你的签名之上注明“总税务司账户 H”，以免误从其他账户支付。除去舰船开销，本人估计所需开销大致数目为：你所在官署本部每月 1,000 两关平银，五座税厂每月每座 500 两，总计每月 3,500 两。当前你须承担“飞虎”号每月约 2,500 两及两艘汽艇每月每艘约 250 两，这些款项将按期划拨到账。但有关舰船如何配置船员、薪资如何给付以及置办煤斤、轮机物料每月所需费用等事项，你须与委办缉私船税务司克莱森商议。此外，克莱森以本人的名义向中国政府租借了六艘（也许更多）中国巡船部署于九龙及拱北，费用由两关分担。不过克莱森还未向本人汇报租用的具体条件。

十七、本人将你与法来格先生须立即着手办理的事项总结如下：

（一）在粤海关税务司陪同下，拜访粤海关监督及总督并取得常关及厘金税则副本各十或十二份：每座税厂一份，两关本部各一份，总税务司两份。

（二）请粤海关监督和总督安排你二人同克莱森立即前往各税厂视察，了解其工作内容及方式，并挑选希望在 3 月份后继续留用的书办及 ch'ai jen yeh。

（三）与汇丰银行确认是否采纳本人的提议。若未采纳，请与下属就地商讨如何应对，是在每座税厂设收账者，还是由粤海关开设九龙及拱北分支银号。

（四）在各税厂妥善安置二等验货、钤字手等下属住所，并着其做好准备保证 3 月 31 日当天上岗。

（五）选定九龙及拱北两关本部官署地点。若九龙关官署设在香港，可以是独栋宅屋，也可以是宅内数间房间。位置选在由皇后大道上山的街道上，例如方氏照相馆这样的地段对于各方最为便利，届时汇丰银行应会协助此事。若拱北关官署设在澳门境内，则须位于内港附近，但税务司的私人宅邸应选在海边或者地势较高可俯瞰海岸之处。

（六）当前你二人最好还是暂居酒店，私人宅邸的选址留待日后对当地更为熟悉、知道何处最为适宜后再行解决。

（七）与按察司劳士商议下一步行动，特别是如何与香港当局配合征收洋药税事宜。法来格先生也应前往拜访劳士，因为若要在澳门谋求同样的合作，一定得先全面了解香港的做法。不过请你二人牢记，与劳士的会面必须严格保密，不可对外谈论、印发或传达会面内容（向本人汇报除外）。

（八）簿籍、表格等但有需要向造册处申领即可。关区所需文具及办公用品可在香港采办，照例在账户内列支。

十八、以上所述要点从目前看已算完整，当然将来肯定还会出现新问题，届时再作相应指示。从现在开始，无论是私生活还是公务，本人希望你二人注意自身形象，并谨记即将开展的工作带有双重性质，既有纯殖民统治区的一面，也有纯中国的一面；从一开始就会有人欢迎有人厌恶；有人鼎力支持，就有人从中作梗；若管理得当便可收获有益成果，若举措失当则会处处碰壁；你们的一举一动，无论是私下还是公务，都会有人密切关注、评头论足，所以一定要如履薄冰、谨言慎行，遇事莫要与人相争，言行举动应以体谅安抚为主；到任后应低调处事，待到熟悉下属品性，工作步入正轨后方可有所动作；起初不可太过严苛，要循序渐进引导民船遵守各种必要规则，待到步入正轨才可形实共管；起初税厂检查船货点到即可，避免惊扰民船，不要无谓耽搁哪怕是一分钟；严格落实各项规章切不可操之过急，要向二等验货、钤字手等下属强调贸易越是繁荣、税收便越是丰厚，不妨碍通商发展便是促进税收增长之理念；应避免无理纠缠商户，对货物实行无谓的严厉盘查、扣留；上任后不必急于严刑峻法，待日后必须行动时再抽丝剥茧慢慢整顿；对待旅客应避免因开拆翻检其随身物品或箱柜寝具激怒他们，请记住我们的税收来源并非这些小业主，而是大型商行。总而言之，本人希望二位在推行洋关制度时能够润物细无声，既不给中国民船商户申诉之理由，也不给殖民统治区挑刺者批评之口实。香港及澳门的工作乃是开拓之举，坎坷却也有趣，本人之所以选二位担此重任，是仰赖二位精明干练且熟悉海关工作，希望在初始阶段工作能够缓步、安全、悄无声息地展开。请抓紧时间拜访殖民统治区各位官员以及社区中与殖民当局有渊源的人士。因公与民众打交道时，应奉行宽大容忍、以和为贵的原则，搁置争议（请示本人），不要激烈对抗以致出现真正的困局。

总税务司赫德

致九龙关税务司马根先生

九龙

粤海关监督于九龙及澳门征收捐税

海关总税务司署

1887年3月8日于北京

第4号　　税务司

九龙　　第15141号

先生：

一、本人曾于3月4日第2号令文第四部分中指出，税厂负责征收的税金分为以下三种：

（一）为粤海关监督征收普货常税；

（二）为总督征收普货本省厘金；

（三）征收洋药正税及例定厘金。

此划分之依据来自总理衙门先前的指示。然而，现又接到通知称粤海关监督不对普货征收常税，仅对洋药征收常税；且总督征收本省厘金的对象也并非普货，而是包括洋药在内的部分特殊货物。总理衙门大臣还称："因此，洋关税厂除依据《烟台条约续增专条》对洋药并征税厘之外，还须对先前应税货物继续征收税费且维持原有税率不变。"（其言下之意为只要是粤海关监督征收的税费，洋关应继续征收。）显然其间存在误会，故请你确认以下几点事实（不必直接向粤海关监督提问，可询问香港、澳门方面及税厂相关人士）：税厂是否须对普货征收常税？若是，税率几何？还是仅须对洋药征税？税厂须为总督对包括洋药在内的哪几类普货征收厘金？税率几何？是否须对民船另征杂费（桅杆费、船钞等）？厘清这些问题至关重要，因为一方面总理衙门希望洋关继续征收常税及本省厘金，另一方面若洋关试图对监督及总督允许自由进出的货物征税，定会激起香港及澳门方面的抵触情绪，或许还会带来麻烦。

二、你在搜集信息回答上述问题时，本人还希望你设法弄清某些特定细节。下列几项涉及各税厂征收数额，你应向粤海关监督及总督本人求证：

（一）在香港及澳门周边征收关税和（或）厘金的各税厂名称为何？

（二）截至3月31日（或之前任何日期），每座税厂在3个月、6个月或12个月期间所征税款数额几何？

（三）在（二）中各期间内，通过各税厂缴纳关税和（或）厘金的货物数量几何？该项统计数字应可在税厂相应时间段的存档中查知，商户申请、税厂准单、舱口单或书办税款账目四者中理当有一个（或全部）存有相关记载。

三、二（一）及（二）中所提问题，请你查知结果后立即以最精简的文字电告本人。

四、本人曾在第2号令文中命你向粤海关监督及总督索要常税及厘金税则副本，对方定会准你所请。收到副本后请立即译成外文（英文供香港、葡文供澳门），将应税货物及其适用税率一一列明并将副本呈送本人。

总税务司赫德

致九龙关税务司马根先生

九龙

《管理香港洋药事宜章程》修订意见

海关

1887年4月7日于香港九龙

第5号

总税务司署

阁下：

本人有幸于4月1日电告您，内容如下：

“洋药章程遭强烈反对。印度商人及洋药零售华商希望销售每件包裹一箱以下之洋药。政府亦反对，因在港落实章程保护国课须施以惩戒，担忧零售商大批离去导致贸易流失。商议至今暂停，若国课无虞中国政府会否考虑零售提议。”①

并于4月2日收到您回电：

“最好维持现状，商人不致大批撤离，负面影响有限。洋药改包政策若得完美执行，守信零售商可凭其所好任意改包从官栈提运已售洋药。我们不可受反对者摆布。商议是如何中

① 洋药章程遭反对及修订意见。（译者注：原文中为边注）

止的？”

继续这一议题，本人4月5日于广州再次电告您：

“章程讨论无限期推迟，港府意图安抚抗议者故可能屈服。劳士给予肯定，认为修订意见弥补了他原先方案不足。安（Am）承诺在方案最终确定后将权威文本电传本人，并建议本人亲自向港府介绍。”

今日晚些时候，香港辅政司马师（Marsh）先生亲手交给本人一份已拟定的洋药章程修订方案权威文本，原文如下：

允许出口每件包裹一箱以下之生洋药之提议

一、出口每件包裹一箱以下之生洋药商须至港府缴纳象征性规费取得牌照后方可经营，领取牌照须交保金至少5000元，且符合下列条件：

（一）除不足二两的样品（须由进口商予以证明）外，持牌人须先将洋药装入经登记的货箱后方可存入其屋或置于其控制下。

（二）持照人在收到政府官员签发之移货准单及载运洋药出口的民船或其他船只船主出具之收据后，方可将洋药脱手；该收据可凭官方移货准单申请且须由持照人保存。

（三）持照人须对货物进行打包，在每个包裹上标明洋药数量、种类及买卖双方姓名。此外须附一张有效期不超过3天（含制发当天）的销售证明。

（四）持照人应接受查验并按官员要求提交官方移货准单。若查有问题，持照人当缴罚银并处没收牌照。

二、遇有将上述洋药卸回岸上或复运进口以致有损熟制洋药承包商利益之任何情事，负责签发移货准单的港府官员应在第一时间电告九龙关主管官员每船装载洋药数量、质量标示及编号，以及船名、船数及贩售者姓名，海关官员将通报所有抵口短装船只。

三、港府官员有权对任何船只拒发装货准单。非前往中国某口清关且已载有洋药的船只，其船主须在舱口单中开明洋药项目并保证不将其卸回岸上。商会委员会及洋药进出口商认为本方案不仅符合其要求，也考虑了洋药承包商之利益，同时还能实现大英政府希望达成的一些其他目标，故而一致予以推荐。

（签名）遮打（C. P. CHATER）

弗朗西斯（JNO. J. FRANCIS）　代理零售华商

布里尔顿（WM. H. BRERETON）　代理洋药进口及批发商

一致赞成

本人受命代表“香港总商会”委员会声明，鉴于洋药销售商已经表示同意接受提议所列各项条件，委员会对此不持反对意见。

（签名）商会总裁杰弗里斯（H. U. JEFFRIES）
1887 年 4 月 4 日于香港

方案太长无法全文电告，因此本人改托广州方面带给您概要一份。此举虽花销略大，但便于您及时掌握相关信息。

至于方案本身本人不敢擅断，只列以下正反各点供您参考：

一、犹记商会及其他利益相关人士极力反对禁止洋药于殖民统治区内分拆一事，港府息事宁人以为明智。为保护中方利益，本人也仅能在自己权限内发表一些委婉见解。

二、英国政府可能会以施行方案所需开销为由反对。

三、港府担心根据我方情报对税厂短装货物采取措施会使外界认为他们在处罚违反中国政府财税制度的行为。因此，本人斗胆建议将该行为纳入香港本地法令规制。该建议已被采纳，该行为被认定侵犯了洋药承包商的既有利益。

四、上述事项有涉中国国课，本人希望能够引起特别重视。虽然在香港可对销售证明上所列洋药全部或部分短少行为实施处罚以保护洋药承包商利益，但却无任何措施保全中国因此流失之关税。为改正此疏漏本人建议洋药无论是否短少，中国皆有权按证明上登记之数量全额征税。此建议得到遮打先生等人采纳。但直截了当写入章程却多有窒碍（情理之中），因此只能由中国政府自保其利。据本人所知，此不同寻常的征税方案目前还未遭反对，但数年之后事易时移自当有人质疑。若能促成港府与中国政府就此事达成共识则为最佳。

五、不必担忧华商大批撤离香港转往九龙。在九龙卸货意味着这些高价货物须承担更高的费用及较大的风险，此外英方鞭长莫及难以维护周全。即便零售商在英治九龙地区使用改包趸船，比之香港本地也并无优势。

六、我方在九龙所设供洋药改包趸船（由废船改造而成）将按期启用，本人将尽力在合法前提下提供一切便利以吸引零售商前往，以期实现监管及征税集约化。

七、已运出洋药的公开信息均须正式报送中国海关，并*可由利益相关人士申请公开*，其必如获至宝，而这些数据作为统计之用也弥足珍贵。

八、广州的轮船船主必须为所载洋药出具收据（并在舱口单中开明）与留存于九龙关的信息相比照，此举将大大有利于保障该航线关税应收尽收。

九、至于介绍本人与港府人士相识之提议，本人早已与一众人等相友相善。待时机成熟，若您认为通过官方渠道正式引荐可实质性强化本人之地位，使本人得以更好地服务于中国之利益，则当再行此事。

汇报事项及拙见如上，本人在此静待您的指示。

（签名）税务司马根

致总税务司

北京

海关

1887年4月22日于香港九龙

第12号

总税务司署

阁下：

本月17日有幸收悉您15日电报，内容如下：

“章程原版远胜修订版，防范内河船只走私更为得力，信誉优良的零售商麻烦更少。给营私舞弊者方便等于给海关麻烦。请与其他三位税务司同僚商议，将支持或反对意见详报于我。若总理衙门反对修订，那么香港是执行原版还是就此弃之不用？总督已电告总理衙门强烈建议拒绝修订。”①

根据您的指示，本人与另外三位同僚于20日在广州会面，经过一番深入商讨后达成以下几点意见，当夜便电告您：

“四税务司关于洋药章程修订版的意见。从保障中国国课角度考量原版章程更佳，既考虑到安抚其间商人情绪，港府也可有更多回旋余地。只要港府切实履职，国课可保无虞。若港府效率低下，如信息传递滞后等，则中国政府有权要求执行原版章程，也即洋药货箱在*洋药承包商处*以外香港任何地点均不得开拆。若是对抗议者不予让步，那么委员会中非公职成员的摩擦对立情绪将永无绝日。可以预见，不久后零售商为了方便，将会把货箱从香港转往

① 洋药章程修订提议：税务司共同意见电文。

九龙地区海关改包栈开拆。该修订版应由中国政府予以有条件接受，任何一方有权提前 月[①]提出修改要求。尽管章程原版及修订版中均未提及，但四人认为九龙第 5 号文 D 段中关于必须依照凭单征税的做法应受到重视，且其中提出的方案也是可行的。法来格认为修订是为便利零售商计，原版章程中允许在九龙设置一座改包栈供零售商使用，其便利可谓足矣。修订内容增添了大量额外工作，对保全国课并无助益，除了安抚港商一事外本人看不出还有什么合理理由须对章程进行改动。”

根据上述电文您可知，我四人确实一致认为单从税收角度考量，原版章程更为可取。不过港商情绪也需安抚以便化解积怨消除摩擦，避免港府陷入在非公职成员一致反对的情况下完全由公职成员投票通过原版章程的难堪境地。

与辅政司马师先生会面后，本人经其允许向您秘密转达其观点：若中国政府拒绝接受修订章程，港府将别无选择，只得通过原版章程。在上述电文末尾已附上这段内容：

“秘密。若中国政府拒绝接受修订章程，辅政司个人观点为港府别无他法，只得执行原版章程。”

章程修订提议与几位税务司关于这些提议的共同意见（除去末尾所附的秘密内容）已译成中文转交监督，副本将尽快呈递给您。

（签名）税务司马根

致总税务司

北京

---

① 译者注：此处原文为“blank month”，故译文在“月”字前保留空格。

向海关申报前船舶先行卸货及完纳进口税前先行结关事宜

海关

1887 年 5 月 17 日于上海

第 109 号

———

1887 年

先生：

您本月 10 日第 1715 号令文收悉。文中询问船舶依规向海关申报前可否准其先行卸货，若可，何种船只于何种条件下可享此优待。①

允许船舶由领事向海关申报前先行卸下入内地货物一事，并非本口给予之特别优待，所有入港轮船均可适用。但该许可并非批准收货人提离货物，相反其前提是所下货物必须依税务司指示存于码头，或作为特例存放于减载驳船等待海关核发盖具印戳的准单。

下文略述该制度内容及产生背景。

多年前便发现为避免轮船延误及由此造成的港口贸易不便，有必要对条约中所有税费须在船舶结关准单签发前完纳之规定作必要调整，准许船舶凭代理所作保结先行结关，该保结须保证自结关准单签发起三日内完纳所有进口货物应缴税款（出口货物应缴税款则一律须在装货准单签发前完清）。在此期限内完纳税款的要求从未严格落实，而所谓保结充其量只是代理作出的一个承诺，在本人看来并不足以防止税款流失。因此本人起草了保结的格式文本，以完清船货进口税作为担保内容。此保结需具结人（轮船代理）及作为连带担保人的另一家商号共同在具结人所属国领事见证下签字，领事也须签字盖章，以此正式保结代替先前采用的非正式承诺书。此保结有效期为六个月，内有“鉴于江海关税务司允准依申请向担保人自有或由其承运之轮船签发‘总卸货准单’及结关准单（出口税已完纳），具结人向该税务司连带保证该船所载入内地货物自结关之日起六日内完清应缴税款；担保人连带保证任何凭‘总卸货准单’卸下之货物均须出具经该税务司签章之海关准单方可提离该准单上列名之码头或仓栈。”

沿海贸易轮船——凭此保结沿海贸易轮船代理人可申请“总卸货准单”。每船须*单独*申

① 4 个附件。船舶于申报前先行下货相关操作。（译者注：原文中为边注）

请，但自申请日起三个*月*内相应轮船进港仅须出示该准单。即若某商号旗下有六艘沿海贸易轮船，则应作六份申请得六份准单，准单有效期三个月。申请书分为两部分：上半部分列明六个月担保涉及的所有要点并由代理人签字；下半部分为码头管理员保证：“所涉货物中若有任何未出具税务司签章之海关准单便提离或移离（某某）码头或仓栈者，其须立即向税务司付清该货物应缴税款。”此申请附有一份由代理人签字发给船主的普通送货单，船主凭此单可将全部货物卸至指定码头。在申请总卸货准单及签发普通送货单时，洋药及军火明确除外，此类货物必须出具盖印签发之海关准单方可下货。总出货单经由超等供事签字并加盖海关印戳，即构成保结中所称“总卸货准单”。

江轮——江轮贸易通常无须每船作一*单独*申请，申请书及总卸货准单对申请人自有或由其承运的*所有*轮船均有效，有效期三个月。

外轮——此种轮船适用相同程序，但每船每次到港均须单独申请。若沿海贸易轮船自香港入本口，则其所持三个月有效期内的申请书即告作废，须另行申请。不过除禅臣洋行及中华招商局外，专营沿海贸易轮船鲜有前往香港之时。此外，中华招商局的轮船即便靠泊香港也不影响本司对其监管，因为中华招商局从未使用六个月有效期的保结，其船每次抵口都须将船舶单证留置我处并在结关时递交书面文件保证三日内完纳应缴税款，且每逢结关均须重新递交。附带说明，除极特殊情况外若某船前次所载货物税款尚未缴清，不得再凭保结结关。但宁波轮船破例优待，因为同一艘船自上海发往宁波仅间隔一天时间，有时无法及时缴清所有税款。

由于从事北部及江轮贸易的轮船其船期十分规律，来自香港及南部诸口的轮船其往来通过电报定期调度，故而代理人几乎能掌握每艘轮船的精确抵港时间，并确保预计到港前一至两天申请总卸货准单。因此绝大部分情况下，总卸货准单在领事申报该船的前一天（有时前两天）签发。此制度给予商户之利益不可胜数。照此规定，船舶周六抵港即便来不及申报，也可凭代理申请之夜工专单及礼拜日专单卸货，基本可以完成，若无此规定则只得顺延至下周。卸货速度的提升惠及的不单单是申领准单的船舶，而是整个航运业，因为船舶以最短的时间卸货完毕及时离港，腾出的泊位可供下一艘使用。在泊位紧缺的情况下，此事对代理而言干系不可谓不重大。

近来，由于船舶穿越吴淞口极为困难，准予先行下货的优待不得不扩展至港口水域外，使船舶得以在吴淞卸下货物、适当减载以便通过吴淞口顺利入港。相关操作规程本人已于 4 月 11 日第 74 号呈文中提及。

为便于您充分理解上述细节，谨附以下各空白格式单证：

1. 六个月保结。

2. 外轮总卸货准单申请书（沿海贸易轮船申请书中除第二行“货物”一词后加入“有效期三个月”字样外，其余相同）。

3. 为通过吴淞口在该处先行减载申请书。

4. 针对上述申请核发的准单。

（签名）税务司赫政

鉴于江海关税务司允准依申请向__________自有或由其承运之船舶（出口税已完清）签发“总卸货准单”供其先行结关，我等在此连带保证该轮船所载入内地货物自结关之日起______日内完清应缴税款；我等连带保证任何凭“总卸货准单”卸下之货物均须出具经该税务司签章之海关准单方可提离该准单上列名之码头或仓栈。

本保结可通过该税务司于任何时间向文末签名之任何一方送达注销批文予以无条件终止；除此之外，本担保有效期为188______年______月______日至______月______日。

188______年______月______日。

签署人

见证人

188______年__________于上海

致海关税务司：

先生：

请准许我等从______轮船上卸下舱口单[①]中开明之所有货物（军火及洋药除外）至______。

鉴于您允准我等所请签发总卸货准单，我等谨以个人及代理名义为上述______轮船担保：任何凭该准单从上述轮船卸下之货物未出具经您签章之海关准单一律不得提离或移离上述______；若有税款未完之货物未出具经您签章之海关准单提离或移离者，我等在此以个人及

① 事实上舱口单并不随本申请书一同递交。船舶于抵港时将舱口单副本一份送至海关，两份送至码头，分别交予海关关员及码头管理员。

——副税务司贺璧理

代理名义保证立即向您支付所有应缴税款。

我等在此另行保证所有经申请获准卸下之货物仅卸在上述指定码头。

轮船代理______

188______年______于上海

致海关税务司：

先生：

鉴于您应______申请为______轮船所载货物签发总卸货准单，本人谨在此以个人名义保证该船卸下货物中若有未领有经您签章之海关准单而提离或移离______者，本人将立即向您支付所有应缴税款。

（码头管理员 签名）______

188______年______于上海

致海关税务司：

先生：

作为______轮船代理人，我等向您申请签发特别准单，准该船在吴淞将部分货物（军火及洋药除外）卸至驳船上适当减载以便顺利通过吴淞口。

鉴于您允准我等所请签发该特别准单，我等在此谨以个人及该______轮船代理名义保证所有凭该特别准单卸下之货物将直接运送并存于______码头；同时，鉴于该船总卸货准单已签发，我等同样保证该货物依照保结未受税务司之命不得擅动。

轮船代理______

第______号

于吴淞减载之准单

日期______________

申请人______________

船名______________

码头______________

轮船吃水深度__________英尺

吴淞口水深______________

____

第______号

海关

188______年______于上海

今向______（由______商行代理）签发此特别准单，准其在吴淞将部分货物（军火及洋药除外）卸至______驳船适当减载以便顺利通过吴淞口。

凭此准单卸下之货物须直接运送并存于______码头，根据______等人鉴于______轮船获批总卸货准单所作保结，该货物依此保结未受税务司之命不得擅动。

税务司______

____

1890 年

九龙关事务

海关总税务司署

1890 年 4 月 3 日于北京

第 721 号	税务司
九龙	第 20755 号

先生：

一、你资历深厚且经验丰富，足以胜任九龙关税务司这一要职。你的前任马根先生稍后将亲自向你说明当下情形，此前三年的档案也有助于你了解九龙关的历史及运作。然而本人认为再补充几点供你参照为妥。

二、对来自印度的洋药于中国境内销售一事，香港之地位举足轻重。此外依照《烟台条约续增专条》规定，须由洋关负责约开口岸厘金征收事宜，这是重整九龙关并设税务司管理的主要原因。中国政府允准该项安排是为了确保洋药厘金应收尽收；另一方面，香港曾受中国政府所谓“锁卡”之害，故而为换取其在厘金一事上的合作，提出了将周边数家税厂重整后由一名税务司管理的条件，澳门参照办理。此事若要付诸实践，则必须同时从广东地方官手中接过对过卡民船所载普货征收税厘一职。自此九龙拱北两关便须同时对中国皇帝及广东地方负责。地方上必定有人对移交职权一事颇为忌恨，虽然随着时间推移，原来驻厂人员各奔东西，忌恨之情也会逐渐散去，但仍然不可掉以轻心。真正值得密切关注的则是港府之动向。我们迫切需要港方合作，而港府对是继续还是终止合作一事拥有很大的发言权。鉴于此，你应致力于同时与广东地方及港府保持良好关系，且你应尽量引导地方当局接受香港方面的观点，此事大部系于你一人。除此之外，你须牢记这种合作迟早有一天会走到尽头。你应未雨绸缪，妥善管理九龙拱北两关，以期将来即便与香港澳门的合作终止，这些税厂也能继续保持高效运作。

三、两关照理应设于九龙及拱北，但事实上业务在港澳办理，税款也存于港澳，对通商及殖民统治区本身而言眼下这种安排无疑最为便利。殖民当局明知此事但却不闻不问，不愿表态允准。因此两关行事须处处如履薄冰，慎戒旁生枝节，避免被人误以为两关在非中国领土上行使职权；避免一切意在触怒殖民统治区方面及可能遭致他们反对的举措及诉求；避免于存疑之事主张海关地位，或于当局分内之事指手画脚，踏错一步必致困窘。目前为止，殖民统治区官员皆和颜悦色，我们于公于私也均无怨言。尽管在此远离朝廷中枢之地办事应力求独立高效，但也应着力维护并发展双方良好关系。且这份关系不可滥用，须备不时之需。殖民统治区官员越是明白洋关驻于港澳（虽然不算名正言顺）对各方最为有利，洋关的工作越是能顺利开展，于通商、国课及友睦关系也越有裨益。

四、关于对民船所载货物征税一事，本人须提醒你我们此刻还未将所有税厂专营承包商所雇代理完全清退。但凡有清退他们的机会定要牢牢把握，这些场所完全由我们的人管理最为理想。由这些半公职人员验货、征税、导致民船延误颇为不便，还会增加我们与殖民当局的摩擦。当然，广东地方对于此事的态度也不可不察，除非殖民当局的抗议迫使总理衙门责令裁撤这些代理，想必地方官还是会继续替他们背书。

五、毫无疑问当下我们的注意力主要放在洋药上，防范洋药走私是我们的工作重心。需密切关注洋药承包商的经营活动及香港相关立法动向，时不时还得敦促港府采取措施提升合作水平。江轮及民船仍继续以蚂蚁搬家的方式走私洋药，但他们不诉诸武力，反而随时配合检查；而对付陆路贩运洋药的走私者，以及那些游弋于九龙一带护送他们的武装团伙则宜智取。从赌博及普通民众处截获的走私洋药，仅仅查抄入官不足为惩，有必要让那些居间人及贩运者得到教训。一个可行办法是将他们缉拿后移交地方当局严办。为务求实效，还须加强边境守卫，与华属九龙地区驻军展开合作。目前关注重点主要集中在洋药上，但也需谨记这项商品的重要性或会逐渐降低，我们应妥为经营另一半工作即对民船所载普货征税，并使其日臻完善。如此即便将来洋药贸易不复存在，也不致撤除九龙拱北两关。

六、关于边境守卫，从诸多方面考量雇佣英人统领中国兵勇政治上最为明智，因为对面为英国占据之地；但从另一个角度审慎考虑，鉴于某些居心叵测之人随时准备对中国雇佣却不归其管理之英民提起诉讼，而香港律师提起控告及强制逮捕又是如此容易，故而不安排英人承担边防职责方为上策。

七、汽艇主要用于协助税厂工作，而非长途巡弋，也不供登陆用。须审慎遴选可靠之人指挥并明确其职责，但遇有特殊情形特殊理由时，税务司有权以非常规方式使用汽艇。

八、出海巡船的维护及日常开支主要由九龙关负责，但中国政府也可能下达专门指令调用。你须尽力确保这些舰船状况良好、官兵皆称职，可供随时调用。

九、我们已取得荔枝角一处所用于起居办公，但若能在现址正常运作，本人并不赞成搬迁，因为目前的工作模式对公众最为方便，对通商干扰最小。搬迁必然产生开销，且数目巨大不便一次结清。待到你对当地情形更为熟悉后应仔细研究此事，将来殖民当局可能会请我们离开，须早做打算以免到时措手不及。

十、最近往来公函已就灯塔问题进行过沟通，目前的共识是若殖民当局在马尾洲设一座头等灯塔，我们就在横栏洲设一座。若马尾洲的工程动工，你须及时汇报本人，由本人上呈总理衙门。待施工完毕，请你上报建筑及灯具详情及其造价清单。

十一、九龙及拱北的税收按月上缴，由九龙关税务司将支票交至广州。每月一次出差可使其有机会与总督、粤海关监督及其他广州地方官员保持联系，并当面协商合作事宜。

十二、粤海关、九龙关及拱北关税务司本应亲密无间通力合作，但由于存在来自本地及殖民统治区的猜忌，他们最好还是各治一方，但在自己辖区内应尽可能给予同僚支持。更重要的是就同一个问题各自与殖民当局开展交涉时应彼此参照修正，相互之间保持统一。

十三、若没有港澳方面的合作，则洋药税厘并征一事前途未卜。澳门若是不愿合作，自然也不用指望香港同意。若非将税厂置于总税务司署管辖之下，港澳都不会允准此事。另一方面，正是由于总理衙门迫切需要争取港澳合作，才会同意将税厂移交。眼下我们既已接管税厂，就应致力于独立运作，以防将来港澳不愿再给予配合；同时还应未雨绸缪，以便将来印度的洋药贸易式微导致港澳合作无用之时洋关还有继续存在的价值。我们的工作在这一方针指引下已卓有成效，本人相信在马根先生良好开局的基础上，凭你的精明强干一定能够按照本人既定的方向继续推进。

十四、最后，你必须通过呈文、电报、半官方及私人信函向本人及时、全面地汇报关区动态及任何可能与洋关有关之事项。发给你的信函将由*邮政公署传达*，发给你本人（作为九龙关税务司）的电报将继续发送至“*代码*” *香港*：你须做好相应归档登记。

（签名）总税务司赫德

致九龙关税务司柏卓安先生

九龙

1894 年

九龙及拱北两关事务之节略

海关总税务司署

1894 年 3 月 29 日于北京

第 1370 号　　税务司

九龙　　　　第 27857 号

本人随附一份九龙及拱北两关事务节略供你审慎参阅，其中所列建议望予以重视并遵照执行。①

（签名）总税务司赫德

致九龙关税务司好博逊先生

九龙

附录　*九龙及拱北两关事务节略*

一、香港如果存在税收漏洞，则将助长洋药沿海走私气焰，导致约开口岸无税可征。基于此才决定对洋药实行税厘并征，才有了如今针对香港的安排。

二、香港当局唯恐限制性措施有损其利却使澳门得益，故坚持要求与澳门保持一致，因此想在香港推行此事得先与澳门当局商妥。

三、澳门当局同意合作之后，香港当局也同意参照。此后税厘并征一事在港澳顺利开展，沿海走私（姑且这么称呼）销声匿迹，我们与港澳方面的关系也一直颇为融洽。然而，于两

① 见附件。（译者注：原文中为边注）

地开展合作显然并非仅为遏制走私（彼时皆是华人所为），同时也须兼顾改革。日后即便合作完全终止，沿海征税工作也不致因此陷入困顿，实际上就港澳而言反而应变得更为简便。

四、合作一旦终止，两地政府可能会接管诸税厂，我们的官署便不得不关停。与此同时，本人认为若能将终止合作一事之后果晓之于总理衙门，也可成为说服其同意洋关继续驻扎税厂的一个重要理由，借此我们甚至可能发展得更为壮大高效。

五、不过当下还应以静稳为重，不可急躁冒进。

六、因此，当下要以维护发展与港澳友好关系为基调处理一切事务。关税征收额倒是其次，当然数额若能增长也是好事。

七、中国政府无意对两处殖民统治区打压干涉或添置障碍，它们的繁荣对中国并无害处，事实上其正常发展并不会招致反感，反而有益于中国。九龙及拱北两关税务司要对此心中有数，对殖民统治区的合理扩张要予以配合，不得阻挠。

八、然而须时刻牢记意外难免。港澳也可能在不终止合作的情况下要求官署迁出或另寻居所。保持现状（居住及办公皆在殖民统治区内）对商人而言远为便利，对殖民统治区来说远为有利，但若被迫迁出，我们也只能照办。您应制定一份详尽的书面应对方案存于两关，将来继任税务司即便甫一到任遭此变故也可从容应对，不致忙中出错。香港已承诺若有一天要求洋关迁出，将提前通知给予充分准备时间——例如六个月。本人估计澳门也会如此，但由于位置和环境各不相同，相应的安排也得因地制宜。如何在殖民统治区外安置关员及安排办公场所将是需要两位税务司筹划的主要事项，届时总税务司署也会针对之后的方针下达专门指示。九龙关地皮充足，一些房屋也已建造完毕；拱北关情形则较为复杂，需作进一步研究。例如，住所及办公场所是设在界外的黄山（Heangshan）还是拱北为佳？营房式样的宿舍需要多少间才能满足全体单身员工居住之需求？

九、若被迫迁出目前住所及官署，日后的政策也不得带有任何报复成分。搬迁必须彻底，遏制走私的手段也须最为强力而完善。

十、当下，两位税务司都应尽可能掌握各关区内的走私团伙及其手段，尤其须引导当地政府给予更为切实有效之配合。官办承包商其实就是最主要的走私者，其处所即是两地走私活动的大本营。诸多遏制措施，例如减少核批其每月箱数、强制其将囤货熟制、强制其将超出殖民统治区消费所需之余货全部运往境外、防止其船只走卒与那些不靠泊税厂申报的渔船或小艇接触，这些难道无一可为？目前洋药可以陆水两路在殖民统治区域内随意存放搬移，这样的局面难道没有丝毫可改进之处？针对上述各点，请您尽快起草完整节略并送交本人以备随时讨论。

（签名）赫德

1894 年 3 月 29 日

港督发还香港警察入官之洋药

第2608号

1894年8月21日于九龙

先生：

6月6日，水上警署巡警塞缪尔·佩珀（Samuel Pepper）在治安法庭指控香港洋药承包商经理在明令禁止的时间段内非法移动四箱公班土[1]。首席法官沃德豪斯（H. E. Wodehouse）先生认为指控成立并判罚金250元，洋药查抄入官。洋药承包商经理不服判决并上诉。本人在此有幸随函附上报纸有关内容摘录，您阅后可知最高法院已于上月25日驳回上诉并维持治安法庭原判，诉讼费用由承包商承担[2]。原本以为此案将就此结束，但本月13日本人注意到当天《香港电讯报》（Hongkong Telegraph）一则评论："听闻水上巡警塞缪尔·佩珀指控洋药承包商一案中被查抄的四箱洋药已于今晨奉总督阁下之命归还承包商，可喜可贺。"

本人随即对此消息进行求证，发现报纸所述内容属实，入官洋药已然归还。本人认为兹事体大、利益攸关，故专门向您汇报。

在治安法庭审判时，证据显示四箱公班土被巡警佩珀扣押时箱子并未封装，并由一艘无编号的船只运送。然而总督阁下认为推翻最高法院洋药入官的裁判可行，而罚款250元的判决则予以维持。其宽大仁慈很可能缘于殖民当局目前正在寻找愿意购买承包商特权之人，故其认为当前不宜对蔑视1887年及1891年版的《管理香港洋药事宜章程》的行为处罚过严。

（签名）税务司好博逊

---

① 于禁止时间段内移动洋药：报告相关案件的详情。（译者注：原文中为边注）
② 参见税务司署洋药档案。（译者注：原文中为边注）

1896 年

中国政府 1896 年年息五厘英德借款详细章程第七及第八款[①②]

第七款　此一千六百万磅之借款，全以中国通商各关之税银抵还，除以前抵税所借未还之款仍应先为偿还外，此后若再有抵税款目，总以此次借款本银利息尽先偿还。此款或全未还、或未还清以先，倘有用税借抵他款用付本利一切事宜，不得订明在此次借款之前，亦不得订明与此次借款平行办理，并总不得令此借款以关税逐年抵还之质保有所窒碍减色。将来若再订立抵税借款，务于合同内载明所有付还本利等事，俱在此次借款之后办理等语。如中国海关税银付还此款本利不敷，中国国家应另外设法付还。至此次借款未付还时，中国总理海关事务应照现今办理之法办理。

第八款　此借款应由总理衙门会同户部，按所借金镑本利之全数，发给关票，均须盖有总理衙门暨户部印信，并由总税务司签字，以该票连环作保，此项关票，每张应载明第七款所列尽先偿还字样。于代中国所借款项交付以先，应将此项关票交与德国钦差公署及英国汇丰分行，均分各半，收执为凭。

赫德爵士提议将关平两转换为金单位之节略[③]

1896 年 3 月

溯查道光年间初与外国订约通商之时，进出口货物宜纳税若干，曾经明订税则。迨咸丰年间，复与外国议约，将税则加修量与更改，惟旧约之大致尚存，而各货宜完之税仍以关平纹银为准，税则所载之大小银数固系以彼时银价行市，与各国通宝比衡而定也。其后银势渐次更变，若以各国互交之通宝论之，则大不如从前之贵重；若以货物论之，则近来非特与百

① 马克谟：《1894 至 1919 年中外条约协定汇编》两卷本，1921 年华盛顿出版，第一卷，第 57 页。

② 译者注：本文摘自王铁崖：《中外旧约章汇编（第一册）》，三联书店，1957 版，第 643 页。

③ 译者注：原书第 584-594 页附有该节略的英文、法文、德文、中文 4 种文本，本书将原书第 592-594 页中文本由竖排改为横排、繁体改为简体并加注标点后予以收录，未再对原书中的其他语言文本进行翻译。此节略标题由英文标题译出。

货相等，且以银易货，而所得之货，逐年见少。故今日各关所收之税项，虽仍以关平纹银征纳，而论其汇兑之价与置货之力均远逊于初订税则之时。查同治年间，各关所收之税银三两，可购一英金磅。惟自光绪年间以来，银价跌落，以致欲购一磅非六七两不可，是中国与各国交易若须偿还金磅，则受亏至五六成之多矣。中国如此受亏，初以为不过一时之变迁，将来必有挽回（回）之日，原可无庸理论，不意现今银价降落为日已久，难望复元，而税则所载之关平纹银各数，虽系原计以三两换一英磅，然现所入各税与原议更加悬殊，即此一节观之，本应改正，况此外近来犹有新出之事，与银价升降甚有关系，不可不急行举办。缘二十年来，中国与外国交涉之事尤为繁多，即如派出使大臣驻扎各国与购买外国机器、制造轮船、创设西法诸局，皆须在外国购办物件，使用金磅，又有向洋商议借洋款，事事均用金磅，而中国所进之项，应得之一金镑，仍只得税银三两。偿还时，应给之一金磅，则须增给税银至六七两之多，方可抵数，所亏甚钜，势已急迫，未便缄默不言，亦不可再为担代。况现在时势多艰，饷源竭蹶异常，揆情度理，税则所载关平银之原议亟宜复行伸说，俾与中国初允三两合一金磅征税之原数相符。此事无庸修改条约，亦无烦复订税则，税则各税本属格外轻宽，现以金磅为率，不过仍本值百抽若干之初意，与商情无所妨碍，不得谓为中国另得之益，实系为中国应防之损。惟商人赴关纳税，所使之银兑合金磅若干，时有变更，则应随时将银价适中核定，作为竟年完税之准衡，并预为定期晓谕知悉，以免偶改，致与商情未便。查向来关平银一千两即合上海规银一千一百十四两，前商订税则之时关平银一千两可兑换英金磅三百三十三磅，陆西林捌别力规银一千一百十四两，亦然是关平银壹两可兑换英金捌拾别力规银壹两，可兑换英金柒拾壹别力叁法丁有零。道光、咸丰、同治各年其兑换金磅数亦相同，迨光绪年间银价日落，以致上年规银壹两兑换不及叁拾陆别力之数。以金价论之，则每收规银一两，少收别力约有三十六个之多。若拟补足关平银一千两之原价，则规银一千一百十四两之原数，不敷须增至二千二百二十余两，方可相抵足。见此事亟应举办，方得其平。现拟章程四条，作为光绪二十三年完税之标准，合特开列于后：

一、赴关纳税者，或用金磅，或用纹银，或用洋钱，均听其使。

二、如用金磅纳税，即照税则原价以一金磅作为关平银三两核计奇数，照此核算。

三、如用纹银纳税，须以规银二千二百二十八两合关平银一千两核计奇数，照此核算。

四、若用洋钱纳税，须以应用洋钱若干折成规银若干，方足抵关平银若干，以此核计奇数，照此核算。

如此办理，则税则原载各数，均无庸更改，即各货仍可照税则纳税，而所纳之税与初订税则时金银之原价亦觉相符，此则光绪二十三年之标准，至嗣后每年更订之合兑行市，应先期六个月议定出示晓谕，以期预为知会，不致与商情有碍。

1898 年

中国政府1898年年息四厘五英德续借款合同第六、第七及第八款[①②]

第六款　此一千六百万镑之借款，除以前抵税所借未还之款仍应先为偿还外，全应以中国通商各关之洋税并后开之各项厘金，尽先为抵偿还。

苏州货厘	约八十万两
松沪货厘	约一百二十万两
九江货厘	约二十万两
浙东货厘	约一百万两
宜昌盐厘（并加价，万户沱）[③]	约一百万两
鄂岸盐厘	约五十万两
皖岸盐厘	约三十万两

以上各处厘金，现计共银五百万两，应即行派委总税务司代征，照广东六厂办法。

嗣后若再有抵洋税厘金款目，总以此次借款本银、利息尽先偿还。此款或全未还，或未还清以先，倘有用洋税、厘金借抵他款，用付本、利一切事宜，不得订明在此次借款之前，亦不得订明与此次借款平行办理，并总不得令此借款以洋税、厘金逐年抵还之质保有所窒碍减色，将来若再定立抵洋税、厘金之借款，务于合同内载明所有付还本、利等事俱在此次借款之后办理等语。至此次借款未付还时，中国总理海关事务应照现今办理之法办理。如有中国以上洋税、厘金付还此款本、利不敷之时，或因银价跌落，或因所征税厘缺少，或因他故所致，即应由中国另行加指足敷抵偿之项，以便按期付还，所加指之各项，仍由总税务司代征。此次借款未经还清以前，倘遇有修改税则减撤厘金之议，既不得因有厘金抵押借款即不修改税则，即如拟将此次所指厘金减撤，应先向银行等商明才可，亦必将新改税则加征之洋税，尽先如数补指抵款。

第七款　此借款应由总理各国事务衙门会同户部按所借金镑本、利之全数，发给周年关票，均须盖有总理衙门暨户部印信，并由总税务司签字，以该票连环作保，此项关票，每张

① 马克谟：《1894至1919年中外条约协定汇编》，第一卷，第108页至第110页。

② 译者注：本文摘自王铁崖：《中外旧约章汇编（第一册）》，三联书店，1957，第735-736页。

③ 译者注：括号内内容英文原文未出现。

载明第六款所列尽先偿还字样。于代中国所借款项交付以先，应将此项关票交与汇丰、德华银行，均分各半，收执为凭。

第八款　此外应另备金镑按月关票，合借款本、利全数，此项关票，由江海关监督并两江总督盖印，由上海税务司签字。此项关票，应至本年闰三月十一日，即西历五月初一日，交付德华银行及汇丰银行之上海分行等，各半收存，以便连环作保，如中国或本银，或利息，一次不按照所订之期付与汇丰及德华之上海分行等，此项关票应可一律抵完中国各处之洋税、厘金等项及按照票内所载章程使用，此节应请旨谕饬各省督抚遵照办理。

总理衙门关于允诺只要中英贸易为多便由英人担任海关总税务司一事致窦纳乐爵士之照会[①][②]

光绪二十四年正月二十日

（1898年2月10日）

为照会事：正月十三日接准贵大臣照会内称："查本大臣在贵衙门会晤时告知贵王大臣，接奉本国政府电示，内开：'英国在华贸易既已超过他国，本国政府认为，海关总税务司将来仍照以前办法，应由英人担任，对于英国商务利益关系极大也。'贵大臣当即面允。兹为免除误解起见，特备文照会贵王大臣，以便存查。"等因前来。查口岸通商以来，商务、税收渐有增加。英商纳税几达外国所纳全数十分之八，是以聘用英员赫德为总税务司。该税务司熟悉商务，办事公平，精干正直，诚实可靠，中国国家倚畀正殷，如请离职，中国必设法挽留，但如定要回国，中国国家察看各口贸易情形，查明英商为数属多，当令该税务司推荐能力相称之人，查核委派接办海关事务，盖为保护各口商务起见，总不能轻易选派，致碍公益也。用特备文照复贵大臣并请查照。须至照会者。

（总理衙门印）

---

① 英国国会档：1899年第1号，第18-19页。

② 译者注：此两篇摘自王铁崖：《中外旧约章汇编（第1册）》，三联书店，1957年，第732-733页。

光绪二十四年正月二十三日

（1898 年 2 月 13 日）

为照会事：照得嗣后续聘英人接替总税务司一事，前日本王大臣已照复贵大臣矣。查本王大臣见及英国贸易较他国为多，已迭次允准，嗣后仍照以前办法，聘用英人为总税务司。将来他国各口贸易较多于英国，则届时自不必聘用英人矣。用特再备文照会贵大臣以为查据。须至照会者。

（总理衙门印）

赫德爵士关于租借新界后提议香港当局给予海关协助一事致函窦纳乐爵士函[1]

海关总税务司署

1898 年 6 月 27 日于北京

阁下：

您 6 月 24 日来函有幸收悉，告知女王陛下外交大臣致函询问海关针对近期九龙半岛的一部分及其邻近岛屿租借给英国一事有何安排，税厂又设置在何处。下述几点为本人回复，依本人所见，下列举措也是保障港岛内外及新增地界国课应收尽收所必须。由于监管区域扩大，此项任务必然繁重且耗费巨大。

下列八点提案皆是基于相信女王陛下政府期望在保护国课一事上继续给予中国政府慷慨支持之前提。

一、中国海关在香港设立官署的权力应得到正式承认，不可如现在这般模棱两可，税务司也应被认可为中国政府之官员。

尽管长洲、汲水门、荔枝角及佛头洲的现有税厂位于租界内，但只需维持其现状即可。若有需要可再设新厂。

二、海关在香港有权对一切洋药征收税*厘*，对往来中国民船所载普货征收税费。此外，

① 英国国会档：1899 年中国第 1 号，第 201-202 页。

海关也应有权于民船锚地附近设立一个或数个专用码头验核货物。

三、海关巡船及汽艇可继续在租借地水域内履职。

四、所有洋药无论生熟，若无殖民当局签发之准单均不得在香港岛、英国占领的九龙或任何租借地内下货、储存或输运。洋药无准单搬移或有违反殖民统治区相关规定之行为，无论地点无论数量一律查抄入官。

五、洋药承包商，即洋药（只限熟洋药）零售专营官行应予以保留。同时，《香港洋药事宜管理章程》1887 年版第二十二款及 1891 年版第二十一款中有关洋药搬移等问题的相关规定须加以明确，并查遗补缺加以修订使其切合当前实际。

承包商的洋药熟制作坊、洋药零售店铺及其簿籍账册，如有需要应随时配合海关专员查对。

六、涉及在殖民统治区及其水域内（无论水上或岸上）搬移、制备、销售洋药的所有法令，殖民统治区当局都须严格执行，抄没收入中应拨出若干奖赏执法官员以资鼓励。

售卖入官物品一切所得须在中国政府及殖民当局间平分。

七、无海关签发或副署之准单，不得于香港及其水域向任何船只装运武器、军火及违禁品前往中国口岸。

八、香港当局应经立法程序将上述提案写入法律。

上述八点提案仅是本人认为于香港保护中国国课应行之事。依本人之见提案中的相关安排，特别是海关在香港得到正式承认一点，有望促使相关措施出台，从而大大提升西江流域，尤其是朝海方向第一个港口三水附近地区的贸易便利。同时也有望促进施行新的内港行船章程后预计增长之贸易。这两点若能实现（若无海关参与本人认为不可能），对殖民统治区及中国之通商无疑皆会有所裨益。然而当前形势下，此事本人也不宜再言。

（签名）总税务司赫德

1899年

赫德爵士关于西江内港行船事宜致艾伦赛先生函[①]

海关总税务司署

1899年5月12日于北京

先生：

您4月27日关于内港行船事宜来函有幸收悉。

二、[②] 总理衙门诸大臣当初决定请旨准许向轮船开放内河，初衷仅是允许轮船一体经营民船业务并缴纳相同的内陆税厘。但当该优待拓展至悬挂外国国旗的轮船时，又对最初起草的《内港行船章程》作了若干修订。虽然修订是为兼顾有关条约规定从而保障相关洋人利益，实际上却在实施中造成诸多不便。原方案目的在于使内陆各处地方规章得以对轮船及民船一体适用，在保障税厘征收的同时争取各省官员支持。然而条约规定引入了特殊程序，以致对原有操作流程造成了干扰。征收税厘更为困难，促使华船俱隶洋籍，造成内陆各口财税衙门及依赖这些税入的地方当局心怀戒惧、疏而远之。修订通过后，内河通行轮船所享其他优待也得严加约束。为保障海关税收及内地税厘并防止两者混淆，须向准许内河航行的轮船专发关牌并禁其驶离中国水域；相应地，约开各口间通商之轮船也不得进入内河航行。

三、洋商目前对其所受限制颇多怨言，其中的原因上文已作解释，然而事实上该规定对所有商家一视同仁：持照华轮在内河准许经营的业务，持照洋轮也可经营；约开各口间运营之洋轮在内河不可为之事，于各口间运营之华轮也不可为。但正如中外水域相异，口岸间贸易与内河贸易也相迥，分属中央及地方两个财税体系，必须区别对待。然而西江水域情形两相混杂颇多不便：既可看作一条内河，也可看作海洋的延伸，作为一条通向三水及梧州两处约开口岸的便捷水路。有人无视其双重属性，也有人认为不可混为一谈。当地财税衙门官员将两种贸易区别对待，不准两种轮船混同，但于口岸间运营的船主却质疑为何其轮船在西江不可为内河轮船所行之事。同一片水域存在两种标准，对商人而言确系疑惑难解，加上江口

① 英国国会档：1900年中国第1号，第186-187页。

② 译者注：原文如此。

之外就是外国占领的水域（港澳），监管方即财税衙门官员以此客观事实为据，认定区别对待并采取相应措施乃是万分必要。一边是条约、协议及各项规定；另一边是征收税厘之职责，当前区别对待内河贸易与口岸间贸易的原则似乎既合乎逻辑也确有必要，所作任何修订若是忽略这一区别都将因失之偏颇而不受欢迎。一直以来，总有人臆测特许内港行船要么是为了废止各省地方税厘征收，要么是为了打压本土贸易。因而有人主张应顾及各省实情、顺应当地诉求也在情理之中。当初对开放西江行轮寄予了不切实际的厚望，无法（或是延迟）实现的原因并非是区分了内河与口岸间贸易，而是特许行轮一事本身未经充分论证筹备，结果就像现在这般两头不顾。

洋商担心各省地方官极力主张诸项约束将致通商受阻，各省地方官则担心洋商所求将致国课有损。但双方诉求只是源于担心，并无事实依据，多少都有些杞人忧天。若要平稳推行内港行轮制度并取得良好效益，必须根据各地不同情形、条件及诉求，于各地分别立规，方能使各项规程切合实际，在鼓励发展与税收管控间找到合理平衡，才可满足双方诉求。

四、《内港行船章程》第七款及《补续内港行轮章程》第八款均已明确须颁布各卡章程，提交的草案虽已经过反复咨询修改，但迄今仍未颁布实施。《补续内港行轮章程》第九款规定各省大宪应派员代收一事，须待各卡章程颁布后方可任命。

上述迟滞不太可能对行业带来不便或造成损害，因其未曾剥夺或干涉既有权益，且由于内河河道宽度及深度有限导致轮船航行不便，至今未听说也不指望会有洋商于此大举投资。而内港行轮权一事是否真有价值，还需多年耐心培育方见分晓。

（签名）总税务司赫德

1901 年

赫德爵士关于中国应从何处筹款支付庚子赔款[①]一事致公使团赔款委员会之节略[②③]

一、中国究竟能偿付多少？

二、用什么方式支付赔款最为恰当？

三、什么税收是最容易取得的？

四、怎样监督才适当？

一、中国究竟能偿付多少？

（一）中国没有现金储备，不能以现款支付。

（二）因此所需款项，必须用民间储蓄，或从政府经常税款收入支付。

（三）中国民间有多少财富，没有统计可考。即使能从他们手中找到足够款项，但收取这笔款项，将在各省造成不安，而最后归于失败。

（四）根据户部从残存案卷所编制的最近财政收支清表，岁入约 88,000,000 两，而岁出据说需 101,000,000 两。岁入的四分之一以上须用于偿还旧债，收支相抵不敷部分，仍是一种亏欠，还没有款项抵还。

事实上用这样多的收入偿还旧债，是造成入不敷出的原因，因为所有这些债款的支付，都是政府从北京和各省的行政经费中扣除下来的。没有新的收入来应付新的支出。因此，如果再从收入项下提款，入不敷出的数字更要增大，欠债更多，财政势必破产。否则只有用增税，或者增税与节约开支同时进行的办法来弥补。但是节约开支不易办到，举办新税，也难实施，而且此项收入也不能一时就可以抵偿征收费用。倘若仓促实行节约，考虑不周，各级官吏、各机关、以及政府各项工作一般地都将遇到困难。开征新税从来得不到人民拥护，只给下级人员制造勒索机会。凡足以减低国家行政效率的节约，和足以削弱国民生产力或购买力的税制都应该予以非议。

① 译者注：原文称拳乱赔款（Boxer Indemnity）。

② 英国国会档：1902 年中国第 1 号，第 74-78 页。

③ 译者注：本译文参考中国近代经济史资料丛刊编辑委员会：《帝国主义与中国海关资料丛编之六：中国海关与义和团运动》，中华书局，1983 年，第 64-69 页。

要答复中国究竟能偿付多少这一问题，对以上这些论点必须加以考虑，因为当前的财政收入不够应付政府日常开支，如果再用来支付新赔款，就一定要以增辟新税来弥补。

（五）岁出项目列举如下：

各省行政费	20,000,000两
陆军	30,000,000两
海军	5,000,000两
京城行政费	10,000,000两
旗饷	1,380,000两
宫廷经费	1,100,000两
海关经费	3,600,000两
出使经费	1,000,000两
河道工程	940,000两
铁路	800,000两
借款开支	24,000,000两
准备金	3,300,000两
共计	101,120,000两

（六）岁入项目列举如下：

地丁钱粮	24,000,000两
同上	2,500,000两
各省杂税	1,600,000两
各省杂项收入	1,000,000两
漕折	1,300,000两
同上	1,800,000两
盐课盐厘	13,500,000两
厘金	16,000,000两
常关税	2,700,000两
海关税：	
一般货物	17,000,000两
洋药	5,000,000两
土烟	1,800,000两
共计	88,200,000两

（七）就中国四万万人口来说，一万万两的财政收支，人民平均负担每人每年二钱五分。如果从宽估计另加一倍作为征税开支和官吏需索，结果每人也不过负担五钱。而日本人每年须日银七圆，美国人需十五金元。所以我们可以说，尽管有许多弊端，中国人的负担还是比谁都轻，这是孔子的教导所要求的。另一方面，不要忘记：这里的生活程度低，工资少，除特殊事变外，各地的人们都仅仅勉强维持生活。一个银元可以兑换一千枚制钱，这种制钱对中国人很适用，在各市场里一个钱就可以买到若干东西。所以虽然生活程度低，赋税负担轻，但如以为举办新税不致遭遇反对和造成痛苦，那是错误的。此外中国人一般不喜欢加税，认为与中国的道德观念相抵触，而且易带来勒索苛扰，影响生产。

（八）基于以上观点，并鉴于中国政府只能勉强弥补由现有债务所造成的亏空，因此可以推断说，通过增税办法来增加的赔款开支，每年不应超过二千万两，也就是说应当尽可能地低于这数目而不能再多。这是我对于第一问题：中国能偿付多少的答复。

二、用什么方式支付赔款最为恰当？

（一）在目前情况下，显然只有两种办法：或者由中国借款一次付清，或者各国答应分期摊还。

（二）如中国想要在市场上借款，银行方面必将收取高额佣金，发行折扣要大以吸引投资者，而同时在担保和条件上很难使公众满意。这种方式对中国来说很不经济。讨论担保和条件，一定会拖延时间，越拖延困难越多。

（三）另一方面，如果各国政府同意接受中国政府担保在若干年内摊付的办法，对中国是比较便宜的，而且细节能比较迅速地解决。譬如说，假定赔款本金是五千万英镑，中国承诺在三十年内每年按该额的百分之五支付，即每年二百五十万英镑（一千七百五十万两），有关政府就可集体地或个别地每年自行发行赔款公债，并用所得数目立即付清各政府的，各公司的和个人的赔款。这样做法，外国政府和中国分别成为债权人和债务人。中国政府按月在上海将款支付给指定银行，然后由银行通过有关使馆把中国保票交还中国政府。

（四）这两种方式中，从中国人的观点来说，第二种是较为合宜的。

三、什么税收是最容易取得的？

（一）海关税收是中国一种最简单，而又是众所周知的担保，但由于它已经担保了现有的借款，所以在这一次只能作为次要的担保了。

（二）因此须从田赋、厘金和盐课盐厘中来选择。

（三）田赋是一种主要的财源，但当谷物收成遭到蝗虫水旱等灾，或地震等损害时，这项赋税可以随时豁免减轻，因此每年所征数额不能固定。

（四）厘金是一种临时税，中国人和外商都希望予以废除，因此最好不要让中国政府保留它作为担保。

（五）其余还有盐课盐厘，也不是良税，此外没有更可靠的税收了。根据户部的数字，1899年的盐课盐厘净数不到一千四百万两，但根据各方面查询结果，此项收入可能达到每年一千五百万两，如果掌握得好，还可能提高到二千万两。最好是把常关税（即中国民船等所完纳的捐税）作为补充，这种税款每年净收不到三百万两，但经查询，有理由相信，仅在通商口岸，就可能提高到五百万两，甚至有人相信可以增加到一千万两。如果怕常关税和盐课盐厘还不能达到每年所需全数，还可以指定其他几种适当的税目作为补充。例如崇文门落地税每年可望征收五十万两，京城政费可从满饷中提供三百万两，漕米改收折色，又有二百万至三百万两。这样从盐税、常关税、崇文门落地税、京城政费和漕折各项，第一年就可以取得二千万两，几年后或可增至三千万两。这就是我对于什么税收是最容易取得的这一问题的答复。

（六）在结束这一问题之前，应该说明，这样提议划出的税款，是从政府日常行政经费所绝对必需的款项中扣除下来的，所以必须在其他方面另筹新税或增加旧税来弥补。这怎样才能办到呢？这问题经我与中国官方数次商议，认为可以增添的税是：房捐、印花税，和调整土产鸦片税。房捐每年二千万两，平均每人仅负担五分银子，实际收入可能还多几倍。如果规定每年照半个月的房租征收房捐，负担还不算太重。如由租户直接向县衙门缴纳，就可顺利消除经征人员的贪污或勒索。不过相当时候印花税也将成为很大的收入。十八省约有二千个县，估计每县每天最少要用一千个印花贴在发票、收据、地契、银票、当票等上面。如果每一张印花作价制钱十文，或银元一分，每年就会约有五百万两的收入。至于土烟，据估计每年产销量至少有十五万担，等于洋药数量的三倍。如果由各县负责征收每担税银六十两，在改进办法后，每年所收的税应可接近一千万两。这三种税，如果管理得当，应可获得很大的收入，足够弥补从行政经费中移用于赔款的盐政收入等项。不过这些捐税虽然不致使人民负担过重，但都是新添的，一定不受欢迎，而且在现在情况下征收，由于与对外赔款有关，更是不得人心，会引起反感，最好予以避免。

（七）另有一种办法，可以解决一些困难，就目前情况来说值得考虑。自从四十年前开始施行通商税则时起，关税就是按关平银两缴纳的，当时每关平银一两值英币六先令八便士，也就是关平银三两等于一英镑。后来白银跌价，现在大约要关平银七两才能兑换一英镑，而不是关平银三两了。这个税则是按照值百抽五原则制定的，但由于白银跌价，现在大部分货物只按值付税百分之二到百分之三，甚至有许多货物只付百分之一或百分之二，结果中国税收遭受损失，吃亏的是中国政府。这种情况是能够立即纠正的，那就是恢复海关税则的关平两价值，这样就不必修改税则，或作其他变动，也用不着谈判。只要通商各国宣布税则中的关平两等于英币六先令八便士或等值的其他国家货币，完税时应当照交，那就够了。

这样办就可使海关税收增加一千万两至一千五百万两，差不多足够应付新赔款，而货物所纳税款将不会超过值百抽五。这种额外的收入是海关的税收，既不需增设新机构管理，而且容易掌握，比起上面所说的几种收入，更适宜作为担保。

四、怎样监督才适当？

（一）讨论这个问题当然不是我分内的事。

（二）但是我可以提一下，《天津条约》规定的监督交付赔款办法，只是由有关领事于每季末到海关审核税款账册。开始时这种方式有些作用，但是不久就流于形式，对于税款账目的准确性或赔款支付，都没有起特殊的作用。

（三）如果指定盐课盐厘等等作为新赔款的担保，最简便的办法就是把《英德续借款合同》规定的现行管理盐厘办法，推广到全部盐政收入，并且把通商各口岸的常关与海关合并。在同一口岸存在着两个税关容易发生错误，引起冲突，而海关的工作人员担任常关的工作是轻而易举的。应该说明：中国税收是在消费地区布置征收的。任何改变均将把现有的机构打乱，损害税收，并使盐商和公众感觉不便。四年来的经验证明，现行的管理办法已经够完善了。应摊的税款能经常地解到，从来没有欠缺。地方偶有延误，一经北京颁发命令就立刻纠正了。作为支付新赔款的税收，应当按月缴存银行，但是由于逐日征收的数额不一律，因此只有对每年的分配额严格掌握。

（签名）赫德

1901 年 3 月 25 日于北京

赫德爵士提议将关平两转换为金单位之节略
（1901 年 5 月 30 日于上海向国际税则委员会提交）

1901 年前，中国国债（主要用于偿付 1895 年中日甲午战争赔款）每年须偿还总计 3, 261, 949 镑 10 先令，再加上未到期的白银借款 763, 000 两。此外，由政府担保用于卢汉铁路及北京至山海关铁路建设借款每年需偿付 340, 996 镑。根据 1901 年 9 月 7 日签订的《辛丑条约》，列强又加诸中国 67, 500, 000 镑（名义上为 4 亿 5 千万两关平银）战争赔款，以抵偿因义和团运动导致的开销及损失。分期偿付方案规定在 1902 至 1910 年期间，每年应付赔款关平银 18, 829, 500 两，实际数额则为 2, 824, 425 镑。

1895年对日赔款中规定1库平两折合英币3先令3又1/4便士，即1海关两等值39.8946便士。1901年9月7日签订《辛丑条约》规定1海关两合36便士。之后一两上海规银的英币汇率跌至27便士，导致一海关两仅合30.078便士。实际上过去几天里汇率已略微上浮，但由于汇率通常在诸如茶叶丝绸之类商品交易季上浮，专家意见认为这仅为短期上浮，上海规银的汇率极有可能在不远的将来再次跌至或低于27便士。因此合理推论为：中国所承担的对外债务未来将面对一海关两兑换不高于30.078便士的局面。按照条约规定，至1910年中国每年需就1901年赔款偿付2,824,425镑赔款，照此汇率计算，中国所需花费并非是条约中所说的18,829,500海关两，而是22,536,804海关两。对于《辛丑条约》赔款及旧借（6,427,370镑10先令），中国政府每年需支付的总额将不是条约所述42,429,500海关两，而将大增至51,285,622海关两。

实际上中国岁入不会超过8,500万两，除非接下来银兑金汇率有所提高（以往从未发生过，且根据最为专业的意见这种情况不大可能发生），不然在中国清偿完对外债务之后，国库将仅余不足3,400万两，这个数目根本不足以维持如此庞大帝国的行政运转及国防开支。如此若中国想要避免因列强外债负担导致国家破产，则唯有将海关关税改为以黄金计征，即挂钩美国金元汇率；同时将1897年、1898年及1899年的货物平均价值（《辛丑条约》明确以此为新税则之基准）按照条约规定的一海关两等值于0.742美国金元的汇率转换为美国金元。

中国政府认为其他任何方案均对其严重不公。不仅仅因为洋货价格主要由生产所需等价黄金价值决定，且列强在《辛丑条约》中已承认中国有权施行切实值百抽五的进口关税政策，且在将从价税转为具体税率时，以1897年、1898年及1899年期间的平均价格作为基准。事实上，这三年的价格水平异常低，毫无疑问低于订立新税则时的价格水平，因此即便中国切实值百抽五的权利得到承认，但由于价格因素的限制，按前述几年的平均价格以黄金为单位计征也不能实际征到5%的关税。如果此关税以白银而非黄金计征，据此计算中国实际所得仅为4%甚至更少，而非值百抽五。且倘若银金兑价进一步下跌，由于《辛丑条约》规定中国须以黄金而非白银来支付列强赔款，其收入相对还会更少。列强坚持中国以黄金来偿付借债，而各国商人却以贬值的白银支付税款，这绝无公正可言。

注：以上节略中的金元数量系用于解释本文所述论点，不应视为对中国政府具有约束力。[①]

---

① 此备注由中国修约代表添加，因中国政府当时（1902年5月）正试图将庚子赔款与白银挂钩。

上海河道疏浚

——有关其历史、要求及提议之概要

裴式楷

前言

本文为应休伊特（E. A. Hewett）先生①非正式邀请，就其最近出版的小册子及总体疏浚事宜阐述笔者观点。该书中休伊特先生支持上海商会的河道疏浚方案。据称该书已上达朝廷，也在地方广为流传，笔者收到时未见有任何私人或保密提示。此书论述内容为重大公共议题，涉及公众总体利益，但却通过私下形式发行，故而本文亦采用该种形式。

读罢本文标题，读者自然会产生诸多疑问，要想深入理解本文所议内容，首先须得先将这些疑问一一解答：

一、本文中“疏浚”（Conservancy）这一术语指什么？包括哪些内容？其目标为何？影响哪些领域？历史背景对其有何影响（非为苛责过去，而是为了作为未来工作的指南）？

二、哪些改进措施值得尝试？是否必要？是否可行？哪些要求可以作为抽象权利予以主张？

三、疏浚工程应由何人负责？理由为何？为何此人合适而别人不可？

四、何人将因此获益？何人又会因此受损（如果有的话）？

五、开销由何人负担？资金从何而来？预计数额几何？中国政府承担之义务是否明确公平？其他国家的相关义务是否能充分兑现？

六、休伊特先生近期所提方案有何优点？有何不足？立论依据之原则是否正确？论证是否有恰当的基础？是否合乎逻辑？其设立疏浚局的方案是否可行？对于计划交付其管理的事务，该局能否胜任，做到节约、不偏不倚、去政治化，同时保有足够权威？

七、是否存在更好的方案？其理由何在？

本文的目的是基于日常可得的信息及公开发行的著述，尽可能简明扼要地阐述笔者观点（笔者并没有什么幕后消息）。

一、上海及其水域内的疏浚工程，势必涉及：（一）自长江口至（外国人）租界现有锚

① 此人为当时大英火轮船公司代理，其异乎寻常的黄浦江疏浚方案。（参见 1901 年《辛丑条约》附则十七）因受制于他国而未能实施。1905 年 9 月 27 日中国政府与有约各国达成协议（见马克谟：《1894 至 1919 年中外条约协定汇编》第 1 卷，第 531-533 页；总税务司通令第 1287 号），规定河道疏浚事宜由中国政府负责并承担一切开销。该协议内容又经 1912 年 4 月 4 日协议（见马克谟：《1894 至 1919 年中外条约协定汇编》第 2 卷，第 954-958 页）修改。

地之间所有航运事务；（二）为方便深吃水船舶停靠修建设施、清除障碍；（三）于港口配置充足、便利的泊位；（四）提供足够数量的码头栈房；（五）上海作为华商、洋商皆有大额投资之贸易大埠，为促贸易增长须得保障各方利益。以上皆基于上海口贸易量今后将有增无减。要保持这种地位，则不可令贸易转至他处，否则很可能造成贸易衰退。

其范围大致涵盖自外围灯船（Outer Lightship）上溯至黄浦江内河（points on the Whang-poo）及其支流（潮汐影响消失处）之区域。存在的难题有（一）长江浅滩；（二）吴淞外沙；（三）吴淞内沙，俗称吴淞口；（四）自吴淞至上海既浅且曲的河道；（五）上海港内黄浦江及其支流苏州河上可供航行与泊靠的区域，由于河道变窄变浅该区域正日益缩小。

进入上海的河道自灯船至吴淞段属长江水域，通行全看长江脸色，长江发作时完全无法控制，无论投入多少人力物力皆无法驾驭。我们可以假设长江入海段永远够深够宽，足够该水域现有最大轮船例如江阴号通行。也许将来长江会完全由北水道注入大海，不再途经南部出海口，南水道变为溪流，黄浦江则萎缩为一条沟渠。但是这种可能性极小也毫无征兆，故而目前无须考虑。

吴淞外沙治理可视为黄浦江、吴淞内沙及上海港综合疏浚的辅助工程，对后者的投入亦会惠及前者。

我们先来探寻一下上海的历史、内涵及潜质。当年中国迫于列强压力作出诸多表态，归纳起来无非是这么一句话："上海开放给你们洋人悉听尊便，从今往后还请充分利用。"当然，谈判必须维护中国政府的颜面，除此之外这笔交易实属开诚布公。

通过吴淞口需涉过吴淞内沙，常有双桅船及其他类似船只搁浅于此。过去进入上海的航道可供彼时常见船舶畅行无碍，租界附近河面既宽且深，足够容纳300余艘船只泊靠。

目前沿河大多数的公共花园、苏州河花园、德国领事馆、曾经的美国领事馆（现被日本人占据，为日本邮船会社房产）、十六铺（老码头）、虹口港及其他著名公私房产在过去都属于河床的一部分。潮汐流入冲刷着东侧的大路，一座闸桥仅能阻挡苏州河的潮汐。现在的河面只有当初的一半宽，那些房产的位置以前皆在潮水之下。上述内容并非野史所载，而是来源自在世之人的回忆。

随着时间的推移，这些沿河房产的业主开始侵占河道扩建产业。河道管理不严，相关制度至今也未严格落实。中国政府作为管理者采取放任态度，不曾有人关注过此事，甚至无人有此先见之明。

笔者的意思绝非指侵占河道扩建产业毫无必要也不受欢迎，理应受到苛责，笔者认为其中一部分至少带来了商业价值。但其所为未曾考虑过河道疏浚，其带来的好处多数也被个人或商家攫取，其代价则是河道养护及公共利益的损失。休伊特先生文中诚恳地暗示该损失至今未得到弥补，且可通过合法途径主张。

所有相关当局，不论是自行设立的还是其他类型，都同意一点，即上海河道疏浚关键在于尽可能地增加进潮量，使得退潮时尽可能多地冲刷河道。河道不断被侵占，导致进潮量日益减少，在相同水深条件下通过的水流量自然减少。因此，侵占河道直接或间接对河道造成了损害，且随着时间推移其损害几乎呈几何级扩大。侵占河道主要是洋人所为。

1878 年改由理船厅主管河道疏浚，以期取得更好成效。此事得到原则上的认可，也为各国公使及总理衙门所接受。但在落实过程中却处处受阻，虽然自批准伊始即具有约束力，但是直到最近几年理船厅才获得必要的支持，得以对码头建筑商侵占河道的行为进行限制并将其限定在合理区域内。但也仅能做到如此而已，未有其他任何进展。

关于吴淞口的状况，笔者认为最近一位老引水人的评价再真实不过：“比之四十年前既没有大幅改善也没有大幅恶化。有些季节、有些年份好一些；有些季节、有些年份又差一些。吴淞口的状况本身没有恶化，只是船变大了。”

本文标题一所列问题总结如下：

上海港目前的条件，其锚地和泊位均不能满足当前及未来发展需求；必须有序管控黄浦江，同时若上海要继续保持其港口地位让大轮船驶入，则吴淞口必须挖深（如果可行）；治理港口、河道及内沙的措施，可单独或协同用于解决外沙问题；长江段的航行问题只得听天由命。

以上论述理由充分且契合公众总体利益。

二、几乎所有人都认为技术上不存在困难，从而可以推定补救措施是可行的；能保证取得预期效果也是推定这些措施合理的另一理由。至于哪些措施必不可少，则应由专业工程师决定。某些基本原则是公认的，但涉及工程应如何有效推进，或者必须要做哪些事情方能确保成效之类的问题，则应当听取最权威专家的意见，前提是如此花费靡巨的工程仅由一人定夺本身是否存在合理性。吴淞以及该处通往上海河道上的工程直指病根；针对上海内河的辅助疏浚工程想必也得同步进行。

大约十年前，就有呼声要求吴淞口清淤，中国政府深感压力，遂购置了一艘挖泥船。然而，对于清淤作业能否取得切实哪怕只是暂时之成效，甚至此举是否恰当，事先并未合理评估。当局筹措资金总计约二十五万两，目的仅在*清淤*，事实上也仅做了清淤作业。购置的挖泥船本身存在不足：缺乏足够的动力，种类也不合适，经常需要维修，在滩头出现又遭抗议被指阻碍船只航行。此事出发点虽好，却由于种种无法归咎于中国的原因导致工程收效甚微。

关于这项工程还有一点需要说明。工程结束之时，沙头被挖深越两英尺。第二年即被填平且较之以往更为恶化。这一结果恰恰证明仅靠挖泥，即便持续不断亦不能有效清淤，且正常的清淤作业反而影响通航。包括笔者在内的许多人都认为当初取得些许成效是因为恰好赶上一个幸运的年份，当年即使不清淤沙头也会自然加深，清淤只不过在此基础上又加深些许罢了。现在的情形其实明白无疑，即吴淞口疏浚仅靠清淤是不够的。

于是就提出了另一个问题：哪些要求可以当作权利加以主张？休伊特先生没有正面回答这一问题，而是给出了其认为“合理的要求”，其理由基于“如果开放一个港口作为通商口岸，中国政府就有义务保持通往该港口的水路畅通无阻”。如果再加上“一如其开放伊始之情形”表达就更完整了：1842 年可以驶入上海的船只，1901 年也理应同样可以。

此事何处涉及法律？休伊特先生认为这项工程必须由中国政府“作为主权国家自筹资金”完成。在其国土内，中国政府做什么不做什么属于其*主权*范畴。中国的主权受制于各项条约，但也仅受制于条约规定的框架内。条约并未约束中国政府的河道及港口疏浚，故一切照旧。另一方面，费用问题则为条约所约束。列强可以组建一个中国疏浚局并赋予其在当地筹措税款用于当地工程的权力，中国政府却无法这么做。休伊特先生认为中国作为主权国家应当从国库支出相关费用，但他也知道一旦涉及征税，中国的主权又是受限的。事实上，承担疏浚开销并非*法定*义务。至于拒绝筹措资金采取疏浚措施至何种程度会影响中国的利益，以及至何种程度会影响政治关系，这一问题笔者与休伊特先生持一致观点。

三、这项工程应当由谁负责？休伊特先生的回答非常得体——应当由主权国家政府负责，但是话锋一转又说其实不该交给政府来做。其理由是中国政府既没有法定义务，也没有多余资金（数据见后），更无权从该工程最大的受益者处筹措资金。中国政府至今未开口向中国民众征税，以便让一些吃水 22 英尺以上的外国船只不必在吴淞口过驳即可畅行至上海港靠泊。至今也没有任何有关机构向中国政府提交过详尽可行的方案、工作计划、精确的工程预算、融资计划及资金支持方案。

简而言之，休伊特先生在称赞中国政府一直以来于航运一事上尽其所能，广受各国媒体好评，可谓能力卓著、诚实可靠的同时，却又提议将这项工作从中国政府手中剥离出来；还坚持在行政上取代那些对本地区事务具有丰富独到经验，久经考验、可靠能干，长年累月高效、公平、节俭地完成本职工作的上海当局公职人员。替换这些人员将颠覆几乎所有现存体系，必须修改由领事、商会、驻京使团和上海当局经过旷日长久的谈判方才付诸实施的各项章程，且这些章程非经同样的程序无法修改。他还建议成立一个疏浚局取代现有管理机构，该局从本质上讲必然大部分由缺乏行政管理经验之人士组成。他们没有能力也没有权力应对层出不穷的本地矛盾，有些完全不懂具体行政事务，更可怕的则是那些似懂非懂者。该局必须重新招募一批专门人才方能开展工作，这也并非易事；人员任命也可能更多需要出于政治上的考量，这会使那些毛遂自荐、条件不分伯仲的落选者变为日后的掣肘。

相反，海关巡工司及工程部门内均是顶尖人才。毕士璧（Bisbee）在欧美顶级航海圈内以品格与能力著称，与圈内专家多有联系且颇具威望；副手为河道测量师戴理尔（Tyler），尽管其声名暂未远播，但处理海洋及河道相关问题却是一名难逢敌手的执行官；总营造司是业界资深、学会院士，经验远胜一般工程师；署理总营造司亦是因其港务方面的学识与经验而获提拔。这些都是完全胜任其职位的人才。

上述疏浚局既没有管理部门，也没有执行部门，故而无法立即开展工作。必须先行寻找办公场所，以及招募秘书、职员等。由于职位本身并不稳定，且工种单一时而赋闲，所以薪资水平得比一般公共机构更高，可能还得为有经验者支付更多薪水。

笔者自那之后听闻有反对者称，若是将疏浚事务交由海关负责，中国政府会禁止其他相关部门再插手其中。难道中国当局会愿意看到一个通过非官方途径强行插手疏浚事务，还明目张胆表示不受其控制的机构？两种制度哪个更为中国官员所不愿见？这意味着什么，或者将意味着什么，每个人都可以有自己的答案。回答这些问题仅需一点点常识，还不必非得是中国人的常识。

灯塔处的经验是否可为例证？答案当然是否定的。

四、疏浚工作可使何人获益？

首先，邮轮公司无疑是最大的受益者。上海港经过疏浚，那些原本用于大洋航行、现已被淘汰的客轮可改作货轮经营上海航线从而继续盈利。这些客轮是专为靠泊孟买、悉尼等港口而建，载货量小且吃水又深，若维持现状，其盈利能力根本无法与专为上海航线建造的体积大、吃水浅的货轮相比。中国政府若能改造河道，让这些公司的轮船，尤其是那些效益欠佳的轮船得以通行，则他们无须再建造新船与拥有新式装备的同行竞争，这是实实在在的好处。其中要数以上海为最终目的港的班轮受益最大。对于那些在上海中转的船舶来说，在吴淞转船可以提高行进速度、缩短逗留时间；而那些在上海至多停留 24 小时的船舶（姑且不论等待潮汐耗费的时间，因为可以预见不论疏浚局如何努力，都不太可能解决深吃水船舶在枯水季节进入上海的问题），在驶入上海靠泊码头的过程中起码也可节省三四个小时，当然也须付出一定代价。

第二，吃水深的轮船主都会从中受益，但获益较之前者略少，道理同上。

第三，码头主的生意及其资产价值至少可以维持现状。如果一旦政府决定，或者民众确定河道与港口不会进行修缮，那么就会出现（当然笔者认为近期不大可能）以吴淞取代上海作为港口的趋势，同时货物也会逐渐转移到吴淞附近新建的货栈堆存。

《字林西报》（the *Daily News*）一名对此颇有研究的记者（署名“观察员”）最近报道称，若没有有效的疏浚措施，既会毁掉上海，也会毁掉吴淞。同时断言吴淞绝不可能替代上海，其与上海必然是一荣俱荣、一损俱损。

第四，沿河房产业主的地块可能因适当的疏浚方案有望建成码头，这在目前这种水流持续变浅的条件下是不可能的。

第五，吸引大型船舶至上海靠泊，其庞大的消费会给上海及其周边地区带来经济效益。

第六，上海聚集大批从事外贸的人口将有益于地主及房东，即使目前租金已经普遍偏高，到时房源依然会供不应求。

第七，将有利于船坞公司，或者说其利益起码能够得到保障。他们不可能搬迁，只能靠水吃水，任何可能增加轮船通行量的举措自然对他们的业务发展有利。

可以预见，只有那些大型轮船利益的代表者才会乐意提供资助，小型轮船则乐得安于现状。上海在未来规划方面并不会比其他城市更有远见。

上海一旦成为设施齐备、适宜通航的港口，必然也会使一部分人利益受损。拖船公司、驳运公司、依靠大货轮之诸多不便而觅得商机的装卸公司等都不希望见到卓有成效的疏浚措施，这会使他们再无用武之地。

五、下面谈谈支付问题及资金来源。

休伊特先生连篇累牍称多年来，中国政府在外贸领域已征得数目可观的船钞。这些船钞依据条约框架（或者更恰当地说是条约定下的单向义务）应当用于灯塔维护及河道疏浚，这一说法可能基于1854年英国《海商法》的原则。中国政府针对洋船征收用于专门事项的钱款之十分之三，多年来“很有可能被挪进慈禧太后的腰包”（当然这最多只能算含沙射影，并无真凭实据）。至1898年该笔款项总计已达白银185,000两，其中上海贡献的120,000两本该用于本地工程。[①]

他的观点多少有值得商榷之处，我们先从船钞的历史背景说起。

条约签订前，洋船至中国通商不存在治外法权，也不适用专门条约，常关依照时常变动的税率对洋船及民船一体征税，这一点民船至今仍是如此。各口制度不同，但有一个共同点，即对货物、船舶分别征税。对船舶的课税依据五花八门，有依照桅杆数的，有依照横梁宽度的，也有依照货舱深度的等等，总之从未按照通常意义上净吨位来课税。这种制度不符合洋商的要求，造成对船舶课税的不规范、不平等。为解决这一问题，最终决定依据领事递交之船舶登记册中的吨位计征。自此船舶税改为船钞，但名称的改变并不意味着性质的改变，中方也不认为此举改变了他们一直以来将船舶税和货物税合并入库的财税体系，只不过是为了符合洋商的习惯而将该税种加以规范。条约制定者并未规定这些税款必须要专用于某一项目，

① 译者注：此句中的两个数字似有误。参见本书中1881年12月16日《江海关1854年7月至1860年9月30日税收及支出统计表》中有关船钞收入的记载。

只规定中国政府应划出其中部分资金用于港口浮标及灯塔。若在完成条约规定的所有支出之后仍有结余，这笔资金如何处置？条约也未对中国政府作具体限制。是将这笔钱继续投入海岸及码头灯塔的维护，还是用于将上海租界内的街道拓宽到四十英尺，或满足这个还处在马车时代的城市中的二十五万人口的需求，孰先孰后均无定论。

我们也没有理由期待中国政府悉数支出入库船钞，过去在申请减免船钞的诸多理由中还多次出现政府不曾在河道及码头管理中有足够投入。四个月期船钞专照（the universal Four-months' Certificate）给予了发自英国或美国的船舶船钞优惠，缴纳一次可当作两次；到 1893 年，邮轮更是享受每四艘中只缴纳一艘船钞的优待。正因如此，自 1860 年以来实收的船钞可能只有严格执行条约规定应收的三分之二到四分之三。

至于说中国政府挪用了洋商所缴船钞的十分之三，这一结论颇为草率，仅可从中国复式簿记的特征中得到些许佐证，而这种簿记无法反映财政的实际状况。中国政府从不为了公布整体账目而公布，但在各省财政及外贸账目中已发布了大量细节数据。

让我们审视一下中国政府实际是如何处置入库船钞的。以 1900 年海关贸易报告中第一部分中的数据为例，该年船钞入库总计约 725, 000 两（见第 13 页），其中洋船和华船分别贡献多少并未列明，但是在第 38 页的表格中，显示洋船（包括悬挂外国旗帜的华船）所缴纳的船钞为 680, 276 两。据统计，政府的征税成本约为入库税款的 12%～14%。以 12%计，那么征收洋船船钞开销为 81, 633 两，实际入库为 598, 643 两。对照华船与洋船一并上缴给船钞部（the Coast Service）的船钞总额的七成计 207, 402 两[①]，即在船钞收入最高的年份，除去商会认为合理的支出，中国政府从船钞款项中另行支取的 91, 241 两可视为被挪用的金额，而不是 227, 458 两（船钞总额三成）。即便如此，中国政府还须支付口岸管理部门的年度开销、缉私艇开展巡逻的经费及其他小口岸的港务管理费用。中国政府在航运方面的花销远非洋船缴纳的船钞所能弥补，洋人也无权再作要求。

休伊特先生的整个方案基于一个论点，即不论中国政府是否接受，疏浚事务都应交由洋人，因为试图约束中国政府履行其职责与义务纯粹是浪费时间。其所谓的义务，上文中已经说明并非法定；所谓职责，其性质、范围及成本也无法明确。要是疏浚事务被生搬硬套定性为法定义务，那么外交手段就无从置喙；然而要是从道义与物质利益（后者是中国目前重要的考虑因素）的角度切入，外交手段则大有可为。

休伊特先生方案的一大亮点是其公正坦率地指出了除中国政府之外，疏浚工程的受益者应当对此给予支持。

必须清醒地认识到，正如赫德先生最近所言，中国政府在外贸中的利益诉求本质上并非

① 译者注：此处数字似有误。据此段中其他数字推算，该年船钞的 7/10 应为 530, 735 两。

十分急迫。中国政府知道贸易不发生在这里、就发生在那里，不论在哪里关税皆照征不误。保持上海在外贸中的地位，避免转移至他处，涉及更多的是洋人利益，对中国人来说并不是非上海不可。就算是洋人，也只是那些将家当押注于此者与之息息相关。上海的贸易随时可以转至他处，这样只会给中国带来些许损失，对政府则无关痛痒，而对很多洋人来说却是灭顶之灾。

休伊特先生显然主张在上海征收的船钞应该全部用于上海港区域，这一主张对情况缺乏了解，考虑也欠周全。

船钞属于国家，而非地方。大多数轮船缴纳船钞并非因为它们专在上海贸易，而是恰好在结关时所持船钞单超过了四个月期限。在这种“四月期准单”制度下，船钞可能在任何一个口岸缴纳，一次缴纳后四个月期限内，中国境内的任何口岸都不再征收。上海是中国整个北部、中部及南方大部的集散中心，服务于上述地区的船舶会集中靠泊上海。日本、朝鲜、西伯利亚，以及中国香港、牛庄、天津已开通至上海的航线，船钞被用于在途中设置灯塔和浮标，有时也被用于他处。试图建立“谁征谁用”的制度是非常荒谬的。

六、那么商会提出、休伊特先生鼎力支持的这个方案有哪些优点呢？

如上文所述，一个很重要的优点是方案提出了一系列较为稳健的举措，用于在当地筹集必需的资金。但其设想中大量资金来自船钞，前文已指出只有华船缴纳的船钞可供支取，洋船所缴纳船钞早已用尽。另一方面，相比目前由中国政府（海关）船钞部管理的局面，如果由商会提议的疏浚局来管理，状况又能改善多少呢？现有海关的地位已得到公认，在本地区长期运作，具备足够的快速扩大能力；而新提议的这个疏浚局能否更胜任，做到更节约、更公正、更具权威以及政治上更为中立？如果这些问题得不到肯定的回答，则说明设立如此疏浚局并无必要。

提议的疏浚局由九名董事组成。这九个人须有参与的意向及必要的时间，也须具有受人尊敬之地位；经手的款项动辄百万两计，须可堪托付。本地区能遴选出符合以上条件的九人吗？不可否认这样的人选确实存在，但人数是否足够？而且符合条件者是否愿意赴任？或许有人说，北部租界就由选出的九人管理，除了有些铺张浪费外效果相当不错。但是，之所以称现在这九人个个是工部局董事的不二人选，其实是因为再无其他人选可担当这些职位，有些董事甚至已是退而求其次的结果。不可否认很多杰出的、甚至是顶尖的人才因为抽不出时间而拒绝在工部局供职；有的也因为同样的原因在短时间履职后谢绝连任。鉴于担任工部局董事已耗费大量时间，估计他们再腾不出时间来参加另一个同样费时费力的疏浚局，这也意味着合适的人选又减少了。

工部局也不太可能作为疏浚局的样板。新机构不可能照搬另一个职能完全不同的老机构模式，后者和平成立，随着时间推移不断发展，在实践中形成了具有约束力的传统。目前十二列强在各领域都进行着政治角力，谁还指望此时能够建立一个去政治化的疏浚局？在四十年前这是可能的，而且易行，彼时三大国的利益至高无上。现如今还可能吗？就算设想中的九名董事分别来自九个国家，还是得有余下几个有约国代表进不了该局。此事究竟该如何安排？到底选谁进入该局？最终方案是否能令各方满意？

该局将选举主席（任期多长?），任命并支付秘书及工程师薪水。除非和其他类似组织有本质区别，否则该局最终还是会落入三大国的掌控之中。结果是三大国带头，其他国家就在后面拖后腿，或许还会抵制相关事项。某些职位断然不能由利益相关方力挺的人来担任，围绕这些职位的人选必是勾心斗角，此迹象已然显现。

该局想要树立威信，就必须由完全中立的人选组成。接下来，码头扩建、浮标设置、土地改良、泊位建设、各处河道疏浚等，问题必然层出不穷。这些事项如果由码头管理者、泊位控制人及轮船主来负责，能得到公平处理吗？有人肯定会说：“能，他们会互相牵制。”但是，他们也有可能联合起来一致对外。绝对正派的人也会在无意中磨刀霍霍，或者干出互投赞成票这类事。因此为避免风险，绝对正派的人士应尽量远离。必须承认，如果可能的话董事的个人利益与该局的运作应毫无瓜葛。

该局过于庞大且不够灵活。成员越多，意见越多，越难快速达致正确决定。那些有大国在背后撑腰的董事岂会甘心将主席或副主席的职位拱手相让而屈居人下？

提议中该局职能如下：

（一）*制订发布航道交通管理条例*——不仅适用于与租界进行贸易的商船，也须适用经水路进入租界范围的所有民船。而事实上迄今为止，租界范围并未包括穿越其中的主航道。

（二）*河道疏浚及筑堤防洪*——这相当于取代了理船厅的职责。

（三）*清障*——全权负责清障及收回必要的成本。若想收回成本，除非通过一部新的国际法典，否则该局必定陷入当前这般的权力小、麻烦多的窘境。目前，问责索赔只能通过该国的领事法庭，依据责任人所在国的法律。是否计划赋予该局评估损失且执行所做裁定的权力？若如此，对于公众不失为一件好事。

（四）*灯塔管控*——这意味着另行配备一批灯务人役负责设计建设及维护保养。鉴于海关已有一班现成人员，实际上就意味着用两批人做现在一批人做的事情。

眼下，一组为上海港水域航道进行灯塔配置的综合性工程正在实施中，较为明智的做法是暂停实施该方案，直至该局对自己那套方案的可行性作出最终判断。

（五）*接手部分船钞*——根据上文有关内容可知，这一提议忽略了哪部分船钞可供支取的问题。方案中提到，该局将支取足额船钞以覆盖目前理船厅的开销，这应意味着该局将接手理船厅的职责。这项提议并不意味着该局可在不考虑其他义务的情况下，任意扩大职权范围并相应支取更大份额的船钞。

（六）*管控疏浚工作*——这是企图无限制地延伸权限，“超出之前设定的职权范围”。

（七）该局将有权执行其生效裁定，且默认领事不得干预，因为领事只能在“强制执行章程”方面提供协助。无疑若是疏浚方案所须，该局要想有效运作必须拥有占用土地、封闭水道等相关权力，无论涉及外方还是中方。

（八）*巡捕、警卫及理船厅*——提议中这些职位都属该局雇员，负责处理与海关事务无关的船舶事宜。行使职权时是否需要考虑关税问题？如果出现与海关缉私平行执法的情况，彼此之间定位、职责及利益该如何协调？

（九）*管控引水*——这与国际引水规则相违背，该规则明确中国政府拥有在其所有港口自主颁发引水字据的权力。一个区域性的疏浚局能否改善本地引水状况？只有尝试才能给出答案。然而，引水人与航运行业利益相关方发生龃龉是常有的事，而后者恰恰是董事，势必拥有很大影响力，很难想象当地引水人会甘心服从这样一个疏浚局的评判。

以上诸条评论，孤立地看似乎无足轻重，但综合起来却揭示了一个问题：该提议不仅要求接管疏浚工作，还企图控制与之相关的所有事务（这些事务现在都有相应的主管部门且管理得还算不错，如果更宽容一些而不是那么吹毛求疵的话，其实可算是相当不错），把这些事务的管辖权都移交给新设立的疏浚局，而该局能否做得更好却还是未知数。

迄今为止，欧洲几国政府在此事上投入的精力及推进的速度未达到上海方面的期望，究其原因有以下几点：

第一，他们明白此事缺乏一个合法、正当的基础。

第二，把原本属于主权国家职责范围内的工作交给一个无所属的外国疏浚局，暗含（若不是公然的话）着于此事上剥夺主权国家的权力。

第三，各国政府须对疏浚局的工作负责，其将成为列强政府的代理，而在上海各国还无法如同处理其内政一般处置其社群内事务。

第四，极端情况下列强实现对疏浚局的控制须通过繁琐耗时的国际间协调机制，这一机制必须在其全体董事达成一致的前提下方能运作。

第五，三国领事法庭除了外交事务，在其他方面的作用乏善可陈，各国政府基本上都不会指望它能充分保障自身利益。

若商会能够看到以上针对其所提方案存在问题的深刻剖析，便知无法辩驳。然而商会仍然期待此方案能够得到采纳，全然不顾方案中如此高调的主权割让必然会招致大量反对的事实，这些反对可以在明处，也可以在暗处；可以是主动的，也可以是被动的。

七、上述内容主要围绕“破”展开，下面笔者将就如何“立”给出建议。

第一要务是统一意见，明确到底想要什么？怎样做才最好？可以承受的开支是多少？预期成效是否能与开支相称？总之一句话，租界方面必须制订出一个明确的疏浚计划作为“你们究竟要什么？”这个问题的答案。

提案已有很多，收集、整理、登记了大量资料，可谓各有所长，但要不加修改在其中选出一套完美或是最佳方案却基本不可能。

怎样甄选最佳方案？又该由何人决定？笔者建议，经征询专业工程人员后，哪个方案收到的赞成意见最多就选哪个。谁来担任工程顾问？查尔斯·哈特利（Charles Hartley）爵士、Coode, Sons and Matthews 的马修斯（Matthews）先生、诸多杰出的美国工程师、一位不莱梅港的绅士，这些人的大名都已提到，还有日本的奈格先生①，他是目前为止唯一一位独立制订出一套完整方案的工程师。如果所选方案得到租界方面认可，中国政府也愿意为其投入资金，那就可以确认该方案。如果行不通，就须邀请一位杰出工程师进行实地查勘，重新制订方案或者对已有方案提出修改意见。工程师可由英、美两国（或者干脆任何国家）政府选出，但这两国拥有在北美、南美、埃及及印度治理大江大河积累了丰富经验的人才。笔者认为不一定非要请这位工程师亲自赴沪，我们可以提供所有必需的历史记录、调查报告及资料，如有必要他也可派遣一名可靠下属进行实地查证。这位工程师的“主张”如果被采纳，他认为总体施工方案已为最佳，具体细节则可由其他工程师依据其思路予以落实。

上述工作完成后，修订完善的方案应交由外交使团照会中国政府，并附带如下介绍：我们希望做好这项工作；它本该由贵国完成；我们希望如期开工；需花费若干数目；若贵国希望并且如愿筹到所有资金，贵国可以自行全部完成；如果贵国同意筹集剩余部分，我们也愿意筹集一部分资金，并请允许我们监督经费开支，给予在项目开展、确保工程质量及按期完工方面足够的发言权，并保证我们的利益不受损害。该建议清晰明确，笔者认为可通过外交途径敦促中国政府答复。这项工程，无论中国政府选择独立完成还是与外方合作完成，都属于在中国境内实施的主权行为，唯一不同的是这次由代理牵头，因为目前此事只有外国人才有能力办到，而代理的人选自然非其外国雇员即总税务司署船钞部莫属。

到时中国政府肯定会询问此事由外国代理究竟采用何种形式、需要做到何种程度、何种要求可以允准。届时无须直接回复，而可通过某个人在顾全中国政府颜面的前提下，针对其能够允准之事提出建议即可。笔者这里就提出一条建议以供参考：

疏浚工作应当交由中国政府任命的一个委员会或者董事会作为其代理开展，该委员会由五名成员组成，分别是上海港理船厅；江海关税务司，或由总税务司提名其他人选作为关税

① 译者注：荷兰工程师，受雇于日本政府。

管理方的代表；一位精通委员会所用外语的中国官员，由两江总督或江苏巡抚任命；作为港口航运方代表的某位外国绅士；作为本地区其他利益代表的某位绅士。

委员会主席应从海关、领馆或工部局中挑选，账目由海关人员管理。他们隶属于委员会，薪水由委员会资金支付。海关的港务及工程人员作为工程的专业监理（仅支付其开销）。若委员会认为必要还可招募一些协助人员，这些人员最好经由工程顾问推荐同意。

委员会须向中国政府提交账目，并由总理衙门按年公布。

中方委员负责处理涉及土地等方面的问题，平时则作为委员会与地方官的中间人负责大量协调双方的事务。

外籍委员任期两年，每年须替换一名。这样虽然不能保证所有利益相关方及国家都能在任何时候有其代表，但至少所有相关者都能有机会于一段时间内派有其代表。

理船厅将继续行使其现有职责，委员会的存在或多或少也能再给予其一定支持。商会方案中提议的所有新设权力也可放心地由该混合性质的委员会行使。其章程由中方制订外方认可（就像现有所有章程一样）即具有法律效力，中国政府予以支持。章程由商会按建议制订出来后，中国政府参照租地章程的先例给予批准与支持。

该计划不会得罪任何部门，因其具有国际性也必将受到支持，可在某种程度上确保中外合作并得到中国官方的认可。同时，它给予所有外国列强相等的话语权，若有人认为该中国机构对其造成损害，皆可通过公使单独或联名诉至总理衙门。

外国代表可通过公众直接选举产生，也可由诸如商会、工部局、领事馆、公董局等公共机构提名任命，或者在出缺时由这些机构轮流提名，因此轻而易举即可保证委员的去政治化及本地化。

这份计划不会侵犯中国政府在其水域的主权。境内河道的疏浚属于中国政府职权范围，这一原则已经由事实确立：中国政府试图治理黄河；时而对大运河及其水道清淤；过去十年里对苏州河进行了清淤并深挖，现已无甚效果（如果以前有的话）。

资金问题依然需要斟酌，但与其他细节问题一样，在最终方案得到允准之前都无法确定。奈格先生估算了实行他 B 计划的费用，这份 B 计划只处理从 The Point 至长江的河道，改善民船航道的现状并替代现有的航道（见其 1898 年 1 月 10 日东京报告书第 49 页），总费用不超过 3,000,000 两。另一位重量级权威人士则告知笔者“他认可的完整全面的方案必须将自江南制造局起向外延伸的所有河道全部纳入治理范围，如此规模的工程，要想尽快在合理工期内以最小花费完工，必须从一开始就筹集不少于 4,000,000 两资金。这是一项需要统筹协调的大工程。当务之急是筹集一笔如此数额的贷款用以支付：利息；偿债基金；航道维护、清淤等规模不等的日常开销。

最近一份来自欧洲的电报称一位不莱梅的德国工程师也提出一份预计耗资 4,000,000 两的方案。有人指出待工程实际完工，实际花费将不止这个数，但是眼下可以暂且将其当作最高数额，当然若能有所降低自然多多益善。工程伊始可能不需全款到账，但仍须一笔巨款作为启动资金用于购买设备、挖泥船、拖船、驳船、木材、石料、锌灰泥及征地补偿等。我们预计这笔启动资金需要 2,000,000 两，这笔钱必须马上借到；另外 2,000,000 两稍后筹措，可一次性到账，实在不行分批到账或者按年到账部分亦可。哪种筹措资金方式最好取决于哪种方式资金衔接最快，以使工程得以顺利进行。若以年利 6%计算，则每年 400,000 两足以支付任何十二年期贷款所产生的利息及偿债基金，同时支付每年治理河道并维持其正常运作的开销直至贷款偿还完毕。届时便可确定每年的维护费用，因为不可能有哪个方案如此完美以致完工后不需维护，当然目前还不必考虑这一问题。

维持疏浚委员会运作的所有经费中来源于船货税款的部分由海关参考船钞及码头捐的方式负责征收；来源于陆上的税收则由工部局负责征收。以这些款项收入及中国政府出资为担保，委员会经授权还可发行债券筹集贷款以满足其必要资金需求。

鉴于社会募资还是比较受欢迎的，笔者无须再支新招，仅须采纳商会提案中“可能的资金来源”一段中的建议即可。其中商会根据 1900 年的市统计数据，认为可从外国途径筹得约 200,000 两。这个数据由 334,500 两减去计划从船钞中获取的 120,000 两得来，然而如前所述，洋船所缴船钞必然无法取用。若向中国船只收取一吨五分附加税，可得 11,000 元，这笔钱可被认为由中国人贡献。如此大规模的方案要行之有效，最好先确定对象的支付能力，同时商定应向哪类商品征收。1.1‰的财产税似乎已很低，很多人能承受 10%甚至更高的税率。当前情形下 1.25‰或 1.5‰也难称重税。应当以土地及房屋的产权人作为征税对象，而不应向居住者征收。

商会恰如其分地建议对沿河物产收税，不过对沿河物产征税应与*内陆*物产区别对待，而且不同的沿河物产税率亦应有所不同。从江南制造局到黄浦江出海口之间的两岸有大约 160,000 平方英尺土地。其中有些因为处于浅滩几乎无法涉足；有些位于河道拐弯处正在逐渐消失的右岸。征税比例应有所区别——被用作稻田的河岸土地和拥有良好物产，能使产权人收益达到 20%且成本几乎为零的河岸土地，应该区别对待。

另外，是否应向所有船舶收取同样税率的船钞附加税，还是应向吃水深的船舶收取更多也是个问题，这类船只属于间接受益（如果船主人承认的话）。不管怎样，船钞附加税是一种便利的募资方式，吨位可能也是衡量船舶盈利能力的最好标准。

商会希望从中国政府船钞收入中获得 120,000 两，这已经被证明行不通且几乎无望，但我们也不会放弃寻求其他的来源。中国政府可能一时糊涂声称没有义务承担任何费用，以致一毛不拔。笔者并不认为会出现这种情况，比较可行的方法是探明中国政府愿意出到什么数额，同时寻求其他合适的资金来源。中国政府自身的事务还是交由其自己处理为好，但中国政府应当会同意将商会提议中洋船的船钞征收标准一体适用于华船。如此，税入计约每年11,000两。除中国轮船缴纳的船钞之外，还有一些其他的资金来源：由道台负责征收的民船船钞也可有所贡献。这些民船同样占用了港口空间，而且全然不顾其是否占用了他人泊位；只要是为了苏州河掘淤之类的事务，本地的行会公司（除轮船公司外）及管理部门也可能会同意出资。至于剩下的部分则由中国政府负责制定方案。

经常出入上海口的中国船舶皆为浅吃水，因此滩头的航行条件对他们生意的影响目前尚未显现，这一点我们不应忘记。

工程进行过程中，某些低洼地几乎可以肯定会被河床挖出的淤泥填高，应确保疏浚委员有权这么做。有些土地将被“造”出来，即填河得来，这些土地应视为委员会资产，可供拍卖出售，或者在时机合适时提供给公众。所得收益可以贴补开销或购买、拆迁土地的成本。

上述内容皆基于对以下一点的深信不疑，即河道疏浚及水路养护虽然所耗靡费，却利在将来，故而值得为之谋划。以上陈述论点意在启发那些对决定做什么、如何筹款有发言权，但目前尚不了解某些重点，或者还不清楚某些意义的人士。笔者对这个课题已有多年兴趣，希望通过最公平的管理、最经济的执行以及最高效的税款运作，尽量减少各种直接、间接利益相关方间的摩擦，最终圆满完成目标。

1901年6月

中国灯塔事务

——在1901年格拉斯哥国际工程大会上的报告[①]

英国土木工程师学会会员、中国海关总营造司哈尔定

引言

自从去年北京发生使馆区被围攻事件以来，中国便成为国际舞台之焦点，下一步究竟是

① 完整及最新详情请参阅班思德先生所著《中国沿海灯塔志——海关灯塔处绘图册》，海关总税务司公署统计科1933年印行。

分裂还是重构依然悬而未决。我认为在此就当前中国漫长海岸线上的灯塔事务作一简单介绍应当有所裨益。灯塔处是中国海关下属部门，海关在赫德爵士卓有成效的管理下，实际上已成为中国政府的国际公务机构，除征收进出口税外，还承担了许多综合性的重要职责。

本报告拟分为七个章节，具体如下：一、沿海灯塔工作的发端；二、重要灯塔简介（按时间顺序）；三、长江流域灯塔事务；四、关于几个要点的专门说明，诸如雾号、供水、油料储存等；五、灯务人役；六、浮标及信号灯；七、建造、维护及检查工作。

一、沿海灯塔工作的发端

1859 年现任总税务司赫德爵士初入海关之时，除了长江口一艘灯船亮着白色定光之外，整个中国的海岸线几乎无一处照明。此外，还有几处由当地人设置的灯，其构造最为原始，仅为一个盛着植物油的圆形铁盘加上浮在边缘的几根棉灯芯。这些灯塔的射程一般仅为 1.5 至 2 海里内。它们构造雷同，亮光时有时无，主要设置于沿海偏僻地带，或可给渔船和民船提供一些指引，但极不可靠，也不受官方认可。

沿海灯塔建设真正发端是在 1869 年，该年英国土木工程师学会会员韩得善（Henderson）先生被任命为灯塔管理处总营造司，后担任总营造司直至 1898 年，退休后由我接任，之前我担任营造司二十一年之久。中国现有绝大多数灯塔皆由韩得善先生设计督造，回顾在中国的三十年职业生涯，他足以为之自豪。

二、重要灯塔简介（按时间顺序）

1869 年之前几乎没有建造过重要灯塔。

1855 年，在长江口东沙岛外侧设置了一艘灯船，为白色定光灯，1868 年改为红光旋转灯，1870 年又改成白色定光旋转灯。1871 年，该船被一艘英国造木制灯船替代，后者装有反光白色旋转灯[①]，还配有霍曼蒸汽雾笛，大雾天气每十秒响一次。1898 至 1899 年，总营造司在上海设计建造了一艘大幅改良的新灯船，该船为钢框架和柚木板复合构造，垂线间长 110 英尺，型宽 25 英尺，深 13 英尺。该船还配有三盏灯组成反光灯组，每 40 秒三盏灯依次快速闪光一次。灯内装有三组（每组三片）直径 21 英寸的镀银抛物面反光镜，两个以重矿物油（煤油）为燃料的棉芯煤油燃烧器，其闪燃点不低于华氏 250°。灯室为圆柱形，直径八英尺，可容纳一名值事员入内维护。还配有一级双调雾笛一只，通过两台 9.5 匹马力的霍恩斯比.阿克罗伊油机压缩空气驱动，每台油机皆可单独满足雾笛运行需求。镜机灯头花费 1189 英镑，雾笛花费 1952 英镑，船体花费 6689 英镑（不包括系泊设备）。

---

① 该船由伦敦的 Messrs. Dudgeon and Co.，上海的和记洋行、Shanghai Engineering and Shipbuilding Co. 及耶松船厂共同建造；灯塔及灯船的灯具由 Messrs Wilkins and Co.、张氏兄弟公司，巴黎的巴比尔公司及 Messrs. Sautter、Lemonier et Cie 提供；塔身由格拉斯哥的 Messrs. MacLellan，巴黎的巴比尔公司、Messrs. Sir William Armstrong and Co.，张氏兄弟公司及巴黎的 MM. Sautter、Lemonier et Cie 建造；雾号由斯特拉特福德的 Messrs. Johnson and Co. 及纽约的 Messrs. A. and F. Brown 制造。

1859年于珠江上建起了三座灯塔。

1863年于长江下游狼山水道设置了一艘灯船，经多次改装之后，最终在1877年由灯浮一具替代。不久之后这一水域可能会再添置一具或数具平楚瓦斯装灯浮。同年于厦门附近的大担岛上设立了一座小型反光灯塔，由于受到海盗攻击，灯具被盗，第二年即临时停用，后于1888年被一座透镜灯塔替代，灯室为铁制外壳，置六等明灭相间灯。①

1865年于上海河道入口吴淞启用了一处灯塔。1872年，该处建起一座新的灯塔及值事员住所，灯塔及灯站于1873年、1875年及1878年均进行了改进。目前为四等透镜定光灯，分为白、红、绿三色，在外沙指示最佳航道。同年于宁波入口的白鸭山和虎蹲山也建起灯塔。1872年，白鸭山灯塔换为五等白色定光灯，虎蹲山则换为六等红色定光灯，两地灯头及灯室造价合计分别为348英镑和360英镑。塔身均为砖砌，也作为值事员住所之用。白鸭山的雾号由一座机械驱动的5英担大钟发出，每隔十五秒响一次；虎蹲山的则靠雾锣发声。两处灯塔至今依旧保持原样，足以应对该口有限的轮船流量。

1867年，一艘灯船泊于牛庄的辽河入口处，该船在1871年被一艘在伦敦建成驶来的木制灯船“牛庄”（Newchwang）号取代。后者为反光式，最初为白色定光灯，后于1899年改为旋转白光灯。

同年，于崆峒岛建起沿海第一座大型海岸灯塔，与烟台港入口相望。为头等反光白色定光灯，包含22只圆筒形植物油燃烧器，朝海方向装有14面21英尺镀银反光镜，朝陆地方向则为8面12英尺反光镜。灯头及灯室造价为968英镑。

这是目前中国仅存的海岸反光灯塔。塔身式样极为老旧粗笨，砖石结构极为坚固，高三十英尺，上建灯室回廊。值事员的住处舒适安稳，按照中国灯塔处的惯例安置在距灯塔不远处。灯头高出水面高度242英尺，天气晴好时船桥上在22海里外可见。该灯塔配有两门铸铁雾炮，遇有轮船鸣笛或发出其他声响即鸣炮回应，提示船只距离。长江上的灯塔建造工作也于同年启动，初期便建起7座小型灯塔。下文将花更长篇幅介绍这一浩瀚江面上的灯塔情况。

1868年，于长江口黄沙湾的信号灯边建起一座木桩塔身的小型灯塔。最早为六等透镜白色定光，1878年改为红光，1895年又改为六等透镜白色明灭灯组。且考虑到河岸已大幅后退，与原先的信号灯距离已显著扩大，故将灯塔建于更靠近河岸之处。

1869年，于长江口外名为郭士力的小岛上建起一座以植物油为燃料的三等透镜定光灯②。该灯未建塔身，矗立在小岛最高处的石基上，配有高铸铁围栏。1900年替换了灯室及灯头，建起一座高25英尺的钢制塔身，上面加盖灯室，其内直径为8英尺2.5英寸，采用垂直框

① 译者注：原书中此处有中国沿海灯塔分布图，见原书第640页。

② 译者注：即大戢山灯塔。

架，配有弧形玻璃。新换的灯头为三等透镜四面急闪灯，浮于水银浮槽之上旋转，每 5 秒闪一次白光，在中国沿海灯塔中闪烁频率最高。不过，虽然光芒极为耀眼，但需要说明的是其每一闪的持续时间过于短暂，旧款持续时间较长的灯光更易于确定方位，故而更受海员欢迎。新建塔身、灯室及灯头的总造价为 2, 584 英镑。

灯光高出海面 283 英尺，晴好天气时约 24 海里外可见。配有两门铸铁雾炮，在大雾时只要有声响便鸣炮回应，提示船只距离。该灯塔还设有舒适的砖砌住房供值事员及大北电报公司雇员居住（中国政府特准该公司在这座小岛上设置电线测试分局，同时负责电报邮轮抵港等事）。

1870 年，于长江上共建起了 11 座灯塔，长江口外的花鸟山上也建了一座头等透镜旋转灯塔，每分钟闪一次白光。塔身为砖砌，高 25 英尺，内有值事员住所。上建灯室回廊，采用垂直框架搭配水平距骨，装有平板玻璃。灯头和灯室造价 3, 148 英镑。1899 年，其四芯植物油灯头被六芯煤油灯头替换，配备了更大的、容量为 12 加仑的蒸汽灯。灯光高出水面 273 英尺，晴好天气 23 海里外可见。配有两门铸铁雾炮，遇有声响便鸣炮回应，提示船只距离。

1871 年期间，长江上的灯塔建造工作继续推进，又新增了六座。在沙尾山、东椗岛和中犬山附近的沿海各处则分别建起多座头等灯塔。沙尾山灯塔建在长江口北面的一座小岛上。其灯头为头等透镜式，最初为白色定光，1899 年改为明灭光。同时四芯植物油灯头改为六芯煤油灯头，配备了更大的蒸汽灯。灯室装有平板玻璃，渐斜框架搭配水平距骨。塔身为铸铁制，高 25 英尺，上建灯室回廊。值事员平房为砖砌，非常坚固。灯室和灯头的造价为 2, 799 英镑，而将定光灯改为明灭灯以及改进灯头及蒸汽灯的费用共计 477 英镑。配有两门铸铁雾炮，遇有声响便鸣炮回应，提示船只距离。灯光高出水面 229 英尺，晴好天气 22 海里外可见。

东椗岛灯塔位于厦门港入口外的一座小岛上，为头等透镜定光带闪光灯，每半分钟闪一次白光。其上下棱镜为固定式，而透镜可以旋转。灯室直径 12 英尺，配有高铸铁围栏，采用渐斜框架搭配水平距骨，装有平板玻璃。砖砌塔身高 35 英尺，上建灯室回廊。1899 年，原有四芯植物油灯头被替换为六芯煤油灯头。值事员的居所也为砖砌。配有两门铸铁雾炮。该灯塔曾试验使用棉花火药雾炮，但后被放弃，转而使用火炮，因为实践证明中国的气候不适用火药雷管，同时沿海船员也更偏好火炮作为信号。灯头高出水面 227 英尺，天气晴好时 22 海里外可见。中犬山是闽江入海口处几座岛屿中离大陆最远的一座，这片海域为通往福州港的水道。中犬山灯塔的灯室及灯头与东椗岛的基本类似，造价 3, 196 英镑。1899 年，四芯植物油灯头也被换成六芯煤油灯头。塔身为花岗岩建造，高 35 英尺，上建灯室回廊。灯站院落由砖石和花岗岩混合建造。配有铸铁雾炮。灯光高出水面 257 英尺，晴好天气 23 海里外可见。

1872年，长江上又建起四座灯塔，于上海与宁波间航道上的鱼腥脑也建起一座四等透镜白色定光灯塔。灯室和灯头造价为450英镑。塔身由石材建成，高20英尺，上建灯室回廊。灯塔值事员居所为砖砌。配有雾炮。灯头高出水面93英尺，晴好天气15海里外可见。该年于吴淞内沙放置了一些灯浮，实际就是一些悬挂在船桅上的六等透镜灯，下面的灯为白色，而上面的则为红色。

1873年，长江上又添置三座灯塔。台湾海峡的牛山上也建起一座头等灯塔，此处较为暴露，灯塔的建造维护实属不易。灯头为头等透镜型，最初为定光，配有四芯植物油灯头，1899年换为明灭光，配六芯煤油灯头。灯室直径12英尺，渐斜框架搭配水平距骨，装有平板玻璃。灯室和灯头的造价为2,801英镑。塔身为石材建造，高25英尺。值事员居所为砖砌。配有雾炮作为雾号。灯光高出水面257英尺，晴好天气23海里外可见。该灯塔较之中国其他灯塔，遭受台风肆虐最为严重。

1874年，于约开口岸汕头外海域南澎岛中最大的一座岛屿顶端建成了一座头等灯塔，较低位置还有一座四等灯塔，向南射出红色光柱，覆盖勤仔及拎彭岛等危险岛礁，提示船只避让。头等灯塔灯头为折射型，最初为白色定光，1899年改为白色明灭光，同时四芯植物油灯头也改为六芯煤油灯头。灯室和灯头与沙尾山及牛山上的灯塔类似。塔身高25英尺，铸铁建造，造价1,305英镑。值事员居所为砖砌。配有雾炮作雾号用。灯头高出水面241英尺，晴好天气时22海里外可见。较低的那座灯塔位于岛的南坡，建在砖砌基座上，灯头为四等透镜冷凝红光灯，照射区域为16°弧形，覆盖勤仔及拎彭岛。整个装置造价220英镑。

同年，于山东东北角海域建起一座头等透镜灯塔①，最初为白色定光，加上红光覆盖海驴岛及玛莎岬（Martha Point）。1892年改为明灭光，同时安装了配有储油灯的六芯煤油灯头。灯室直径12英尺，装有高铸铁围栏和平板玻璃，采用渐斜框架配水平距骨。灯室、灯头及折射镜等造价共计3,131英镑。1876年更换灯头及灯室，花费148英镑。1892年又额外添置明灭装置及新灯头，花费373英镑。塔身为石砌，高35英尺。值事员居所为砖砌。灯光高出水面220英尺，晴好天气时22海里外可见。

1893年，该灯塔又配置了一门强劲的头等双调雾笛。雾笛配有两个气压容器，通过两台11马力的普利斯特曼油机可加压至每平方英寸100磅，产生压缩空气驱动汽笛发声。这套设备造价3,002英镑。汽笛室主结构为砖砌，屋顶为铸铁及混凝土制，地下室装有水罐及油罐，造价4,010美元，折合401英镑。在大雾或者暴风雪天气，汽笛每两分钟发出高低两次爆鸣。

1875年，于台湾海峡的乌邱屿建起一座头等八面透镜旋转灯塔，每分钟闪一次白光。灯

① 译者注：该灯塔即成山头灯塔。

室直径 12 英尺，配有高铸铁围栏，采用矩形框架，配有弧面玻璃。配有带储油灯的六芯道特式灯头。灯室和灯头造价为 3, 321 英镑。塔身为石砌，高 35 英尺，上建灯室回廊。值事员居所为砖砌。配有雾炮。灯光高出水面 286 英尺，晴好天气时 24 海里外可见。

同年，于澎湖列岛的渔翁岛及厦门港入口附近海域的青屿分别建起一座四等定光灯塔。青屿灯塔射出的红光覆盖九节礁及近海的炮台角。渔翁岛上的灯塔塔身为铸铁制，高 20 英尺，上建灯室回廊。灯室、灯头和塔身造价共计 901 英镑。值事员居所为砖石砌造。该灯塔建于一座有趣而陈旧的中国灯塔原址之上，不禁令人担心其基座是否足够牢固，是否足以支撑新的灯室。该灯塔现由日本政府控制。青屿的灯塔塔身为砖砌八边形。灯室和灯头造价为 501 英镑。这两座灯塔均配置了雾炮。

1877 年，长江上又建起一座新的河道灯塔。

1878 年，又新置两艘灯船，一艘位于长江口的九段；另一艘在白河入海口的大沽。九段灯船为铁制框架柚木板材复合结构，长 81. 5 英尺，宽 21. 5 英尺，深 10. 25 英尺。最初的灯头为反光型，由 16 个 12 英寸镀银反光镜反射白色定光。1899 年将其中 9 个反光镜分成不同朝向的三组并改为旋转镜机。现在每半分钟闪一次白光。在大雾天气，一只 10 英担的雾钟由机械装置驱动每分钟敲击 3 次，每次皆为双响。灯室和灯头的造价为 766 英镑，雾钟的造价为 245 英镑。大沽口的第一座灯塔灯头为透镜式三组六等白色定光，安置于废船“亚丁”（Aden）号上，该船于 1879 年和 1880 年都发生过倾覆。1887 年在九段处又停放了一艘与原先船型类似的灯船，灯头为反光旋转型，每半分钟闪一次白光。大沽口的灯船配有一只雾锣，在大雾天气（该处这种天气较为少见）每分钟响一次。这两处灯光高出水面 35 英尺，晴好天气时 11 海里外可见。

1880 年，在进入约开口岸汕头的通道上建起两座灯塔，一座为建于广澳的四等透镜灯塔，另一座为建于鹿屿的六等透镜灯塔。前者塔身高 9 英尺 10. 5 英寸，上建灯室回廊。灯室外装有弧面玻璃，直径 6 英尺 7 英寸。采用垂直框架。灯头经过精心设计，红光定光覆盖自东偏南 32°至 10°的区域，明暗白光始在东偏南 10°，绕过南方及西方至东偏北 8½°的区域间往复，明暗红光覆盖自东偏北 8½°至马儿角止。一块垂直的黑色屏障围绕灯具旋转而形成明暗效果，而覆盖马儿角的红光则使用了简易的红色镜片。红色定光的产生方式有两种，一种是在面向陆地的一侧即空弧侧安装一面全反光镜，将光线投射到一块由五个垂直冷凝棱镜组成的面板上，这块面板将光线转向穿过灯室内的红色镜片；另一种方式是让灯头产生的光线直接穿过红色镜片。如此一来，当光线被屏障遮挡时，冷凝棱镜发出的光线依然可见，反之亦然。值事员居所为砖砌。配有铸铁雾炮。

鹿屿上的灯塔塔身为铸铁制，高 9 英尺 6 英寸，灯头为六等透镜白色定光兼红色闪光灯，由围绕灯头旋转的红色透镜产生，每半分钟闪一次。灯室装有弧面玻璃，采用垂直框架。值事员居所为砖砌。同年，在汕头以南30海里处海域的石碑山上建起一座头等灯塔，此处是海岸附近航道上最重要、最危险的一个节点。由于该处地势较低，塔身高度相应大幅加高，达92英尺，至最顶端的风信旗总高120英尺。塔身为一鍛铁圆柱（或圆筒），内设楼梯，顶端直径扩大为12英尺作机房用，同时承载灯室。塔身还辅以八根粗重熟铁拉条，两根一组紧紧贴牢，用锚栓加固后嵌入波特兰水泥。塔身由伦道尔（George Rendel）设计，造价为4,556英镑。灯室配有低围栏，装有弧面玻璃，采用渐斜框架搭配水平距骨。灯头为头等透镜白色明灭光，通过在灯头外安装一只直径略大的轻薄铁圆筒，并设定驱动装置完成周期性的上、下运动达到明灭效果。红光做上下切割运动，覆盖海岸线周边偏远的危险岛礁，灯室里配有垂直红色冷凝棱镜，用以强化光效。配有带储油灯的六芯煤油灯头。灯室和灯头的造价为3,077英镑。值事员居所为砖砌，宽敞舒适。配有铸铁雾炮。灯光高出水面152.5英尺，晴好天气时19海里外可见。

1882年，猴矶岛和北椗岛上均建起了一座头等灯塔。猴矶岛位于渤海湾，为轮船自烟台至大沽航道必经之地。该灯塔为头等透镜旋转灯，共八个面，每半分钟闪一次白光。灯室采用渐斜框架搭配水平距骨，装有弧面玻璃，铸铁围栏高4英尺6英寸。塔身高度20英尺。塔身及值事员居所外立面均贴有花岗岩。配有铸铁雾炮作雾号之用。灯光高出水面328英尺，晴好天气时25海里外可见。

北椗岛是厦门东北约25海里处的一座小岛，距离海岸线较近，旁边有一座危险的隐蔽暗礁名为北椗礁。该处所建灯塔为头等透镜明灭白光灯，配有红光覆盖南、北两个方向的危险礁屿。灯室直径13英尺，配有4英尺6英寸的铸铁围栏，采用渐斜框架搭配水平距骨，装有弧面玻璃。该灯塔明灭光形成机理与石碑山灯塔类似。灯室及灯头的造价为3,198英镑。塔身高度50英尺，上建灯室回廊，为砖砌结构，端正大气，而门楣、窗台、走廊及束带层等均为花岗岩建造。同时建有双层墙，内有环形通风空间。塔身造价低廉，仅花费鹰洋8,106元，以当前汇率计算折合810英镑。值事员居所为砖砌。配有铸铁雾炮作雾号之用。灯光高出水面147英尺，晴好天气时18海里外可见。同年，于台湾安平县安平古堡上建起了一座小型透镜定光灯塔，用于引导船舶顺利进入锚地。

1883年，于台湾的火烧屿建起了一座头等透镜白色定光灯塔，附带红光区覆盖西南方海角。因为这片区域为蛮夷居住，这座灯塔的建造方式较为独特，带有防御工事。其灯室装有弧面玻璃，采用矩形框架，配有旋转的钢质罩带，遇有攻击可保护玻璃。灯室的长廊开有射击孔，配有一支五管加特林机枪及炮筒支架。塔身为铸铁制，高50英尺，上建灯室回廊，底座直径19英尺6英寸，顶端直径12英尺8英寸。预留了暗室供外籍雇员在受到攻击时暂避。

在底座附近建有一座熟铁制堡垒，直径 40 英尺，内有供华员使用的起居室、储藏室、厨房及军械库，地下室还建有蓄水池。华员平时住在砖砌的大平房内，每间房间都有防弹通道连接堡垒。这座工事的外围立有一堵开有射击孔的砖墙作为防护，挖有一条 20 英尺的壕沟，两侧配有掩体通道。在斜坡顶端围有带倒刺的铁丝网。除了普通工作人员外，还驻扎一支 8 人警卫队，由一名欧洲火枪手统领。工事内还配备两挺加特林机枪、一门柯汉迫击炮和两门 18 磅雾炮。由于登陆火烧屿非常困难，还经常遭遇狂涌，故而用炸药炸开礁石清理出一条小溪，沿溪修建了一条长 170 英尺的混凝土防波堤。塔身及避难所造价 5, 881 英镑，灯头及灯室造价 3, 223 英镑。其他建筑等本地建造费用共计鹰洋 71, 248 元，按照当前汇率折合 7, 125 英镑，若按建造之时的汇率则合 13, 656 英镑。

这些费用包括人工费 24, 903 元，材料费 19, 983 元，工具设备费 2, 877 元，运输费 20, 313 元，临时房屋费 1, 232 元，杂项费 1, 940 元，合计 71, 248 元。

灯光高出水面 180 英尺，晴好天气时 20 海里外可见。灯塔及其附属建筑不幸在中日甲午海战时受损。台湾及澎湖列岛目前为日本占领，日本在这些岛屿的灯塔建设上也取得了一些进展。

1883 年，于舟山列岛的小板山和白节山上建起了三等透镜旋转灯塔，此处乃是通往上海的贸易要道。这两座灯塔除了灯头外基本相同，小板山上的灯光每半分钟闪一次白光，白节山上的灯光则是同等亮度的红、白两色交替闪烁，红光透镜方位角跨度 65°，白光则为 25°。塔身高度均为 25 英尺，为铸铁制，上建灯室回廊。灯室都装有弧面玻璃，采用正方形框架，配有高铸铁围栏。两座塔身造价均为 700 英镑，小板山上的灯头及灯室造价 1, 234 英镑，白节山的则是 1, 316 英镑。值事员居所采用料石建造。配有铸铁雾炮。灯光分别高出水面 243 英尺及 237 英尺，晴好天气时 22 海里外可见。

同年，于山东镆铘岛上建成另一座重要灯塔，为头等透镜八面旋转型，每半分钟闪一次白光。灯室直径 12 英尺，装有弧面玻璃，采用矩形框架，配有高度为 7 英尺 6 英寸的铸铁围栏。塔身造价 2, 828 英镑，铸铁构建，造型美观工艺精湛，高 50 英尺。灯头和灯室的造价为 3, 412 英镑。值事员居所为料石建造，其不远处就是 1896 年德国战舰“伊尔提司”（Iltis）号折损绝大部分船员之地。由于山东附近海岬常有雾，故配有一只头等单调蒸汽雾笛，每隔一分半钟发出一次持续四秒的爆鸣声。整个汽笛装置，包括两台锅炉，造价 1, 691 英镑。灯光高出水面 96. 5 英尺，晴好天气时 15. 5 海里外可见。同年，在台湾港口高雄的沙拉生头建起一座小型的六等透镜白色定光灯塔。

1886 年，长江上又建起两座小型灯塔。于大沽附近的沙洲曹妃甸建起一座六等透镜白色定光灯塔，置于一座较为矮小的灯室内。其下塔身为砖砌，高 43 英尺，为中国人先前所建。

今年，这座灯塔的灯头换为四等透镜闪光灯组，每 20 秒发出一次白色双闪光。灯头浮于水银浮槽之上。灯室装有弧面玻璃，采用垂直框架，配有熟铁制低围栏。灯室及灯头造价 954 英镑。这片沙洲近来有遭侵蚀的迹象，故而在基座处加建了短墙作为保护。建有砖砌住房供值事员居住，从地面往上垫高了 6 英尺。晴好天气 12.5 海里外可见。

1888 年，于台湾北部的淡水河口添置了两盏六等叠标灯浮。两者皆为透镜型，上方那盏置于铁柱上，亮白色定光；下方那盏装在由螺栓锚定的熟铁塔身上。塔身的基座与该处半潮位等高。灯塔亮白色定光覆盖航道，同时还有红、绿光区分别照向两侧。

1890 年，于舟山群岛的洛伽山上建起一座四等透镜白色定光灯塔，带红光区覆盖一些危险的礁屿。其塔身为石砌，高 17 英尺，上建灯室回廊。灯光高出水面 128 英尺，晴好天气时 15 海里外可见。值事员居所为砖砌。同年，一座新的六等灯塔替换了原有的安平灯塔，位置也进行了移动，现距离海岸更远。这座灯塔的灯室配有透镜，悬挂在铁制晶格构造的桅杆上，亮白色定光。

1891 年，旅顺口的港口灯标由灯塔处接管，1894 年于中日甲午海战中部分损毁，后又重建成一座六等透镜明灭光灯塔，红光向西射出覆盖鲁丁岩。这座灯塔现为俄国人控制。灯室配有透镜，外壳为铁板焊接，壳体顶部框架内装有红色镜片，产生红光区域。同年，威海卫的几座灯塔由丁汝昌提督移交给灯塔处，其中一座位于黄岛，为六等透镜灯，置于桅杆之上；另一座位于赵北嘴，为四等透镜旋转灯，置于铸铁塔身之上。甲午海战中黄岛灯塔遭到损毁，一直未曾修复，直到 1898 年由我监造，威海卫的灯塔才再次亮起。在该口的旗杆嘴也建起了一座新的灯塔。该灯为四等透镜明灭灯，白色弧光覆盖进入该口的两条安全航道，而其他区域则亮红光。灯室建于熟铁制塔身上，造价共计 1,061 英镑。值事员居所为毛石所砌。赵北嘴的灯塔塔身为铸铁制，高 21 英尺，灯头为旋转型，每半分钟闪一次白光。值事员居所为毛石所砌。威海卫灯塔现归英国政府管理，但仍由灯塔处负责日常事务。1891 年间，珠江上建起了 16 座新的小型灯塔，长江上则建起 1 座。

1892 年，长江上又建起 3 座小型灯塔。

1893 年，于横栏洲和老铁山各建起一座头等透镜闪光灯组灯塔。横栏洲是香港入口外的一座小岛，灯塔的头等灯共有 4 面，常年浮于水银浮槽之上，每一面都装有两块透镜构成一组，每半分钟亮一次双闪白光。灯室装有弧面玻璃，采用矩形框架，配有高铸铁围栏，回廊开有入口。塔身为铸铁制，高 25 英尺，上建灯室回廊。塔身、灯室及灯头造价 5,092 英镑，另有本地开销如住宿费用等计约 3,711 英镑。值事员居所为砖石砌造。登上横栏洲殊非易事，在东北季风来临之际，不得不经常使用桅杆起重机向岸上搬运补给、物资。灯塔配置了十八磅雾炮作为雾号。灯光高出水面 225 英尺，晴好天气时 22 海里外可见。该年 3 月，英国政府接管了这座灯塔。

老铁山是辽东半岛的最南端，距离旅顺口9海里。其上灯塔的灯室、灯头及塔身在各方面都参照了横栏洲灯塔，造价也几乎相同。整个建筑为砖石砌造，配有铸铁雾炮。灯光高出水面315.5英尺，晴好天气时25海里外可见。该灯塔于1898年为俄国占据。

1893年，于横穿吴淞口的飞马航道（Feima Channel）上建立起一批叠标灯浮，原先的标识随后即予拆除。同年，长江上又建起一座新灯塔。

1894年，琼州海峡开始建造灯塔。同年，海口湾建起一座六等透镜旋转灯塔。灯头浮于水银浮槽之上，每闪三次白光间隔一次红光。这座灯塔的塔身较小，为熟铁制。塔身、灯室及灯头的造价共计827英镑。配套的住所为石砌，面积很大，用作琼海关关员修养之处。

同年，于海南岛上琼州海峡西入口处的临高角建起一座四等透镜灯塔。灯头为双阀旋转型，浮于水银浮槽之上，每20秒闪一次白光。灯室装有弧面玻璃，采用垂直框架，配有低围栏。圆柱形塔身高55英尺，为熟铁制，上建灯室回廊，装有螺旋式楼梯，还配以六根熟铁制倾斜支柱加固，可谓坚如磐石。底座由12根螺旋桩组成，其中六根倾斜支撑支柱末端，六根支撑圆柱形塔身本体。塔身底座处仅比涨潮水位略高数英尺，但受外围礁石保护免受海水侵袭。值事员居所为料石所造。塔身、灯室及灯头的造价共计2,583英镑。晴好天气时13海里外可见。

1895年年初，于正对临高的关滘尾上建起了一座灯塔，为四等灯塔，浮于水银浮槽之上旋转，每半分钟亮一次双闪白光。该处只比涨潮时的高水位略高出数英尺，塔身构造也与临高灯塔类似。塔身、灯室及灯头造价为2,462英镑。①

同年，于上海以南200海里的北鱼山上建起了一座高亮度灯塔（见《计划》）。镜机直径2.66米（8英尺8英寸），高3.645米（12英尺），工艺极其精湛，整体浮于水银浮槽之上。整个装置连同其铸铁台面、中轴等附件重量超过15吨，然而得益于水银，有效地减少了摩擦，用一根小指便可推动旋转。灯头为闪光灯组，每半分钟亮一次双闪白光。其中安装了四对面板。每次闪光持续时间为1又2/3秒，而暗灭持续时间有两种，一种是5秒，一种是21.67秒，两种轮流交替。灯室直径为15英尺4英寸，弧面玻璃高度为12英尺10英寸，铸铁围栏高度为7英尺6英寸，内衬白铁板。灯室为矩形框架，其檐口通过轻质斜拉钢筋与回廊栏杆紧紧相扣。大型塔身为铸铁制，高25英尺，上建灯室回廊（见立面图）。北鱼山在第1759号英版海图上被标注为沙阿岛，其最东南是一面引人注目的悬崖，灯塔坐落在悬崖西北方向附近。塔身、灯室及灯头的造价为8,972英镑。值事员居所为砖砌。其他本地开销共计关平银20,394两，折合3,398英镑。灯光高出水面345英尺，晴好天气时26海里外可见。

① 译者注：此处为原书第651页末尾，原书第652页为图片，现将原图收录并对图中的英文予以翻译。

1897 年，长江上新增一座灯塔。

1898 年，在距离长江入口以北不远处的崇明岛东角建起一座灯塔，采用与位于琼州海峡灯塔相同的先进工艺，为螺栓锚固的桩柱结构。塔身上建灯室回廊，不同的是塔身高度为 80 英尺。灯头为四等透镜闪光灯组，浮于水银浮槽之上旋转，每 20 秒亮一次白色双闪光。由于长江口的沙洲会不停地发生变化，灯塔可能需要移位，故而值事员的居所为木制，以利搬迁。塔身、灯室和灯头的造价为 3, 033 英镑。晴好天气时 15 海里外可见。

1899 年，于距离崇明岛东角 7 海里处的六滧港上建起一座灯塔。为铁质螺纹桩基座，灯头为四等透镜明灭型。塔身高 40 英尺，上建灯室回廊。由于位于崇明岛东角，值事员居所为木制，以利搬迁。晴好天气时 12. 5 海里外可见。同年，三座老款头等定光灯头被更换为明灭型；另有六座灯塔的老款四芯植物油灯头被更换成六芯煤油蒸汽灯头。同年，长江上新增一座小型灯塔。

1900 年间，上文介绍威海卫灯塔时一并提到的旗杆嘴灯塔更换了新的四等灯头及塔身。应联军海军上将要求，在长城尽头的山海关及秦皇岛的峭壁之上又建起两座临时灯塔，均采用六等透镜灯头，置于桅杆之上。山海关处的灯塔亮白色定光；秦皇岛的则亮连闪明灭白光。值事员居所皆为木制小屋，白天取下灯头置于专门小屋内。两座灯塔晴好天气时 10 海里外可见。

今年，即 1901 年，长江上新增了 7 座灯塔；先前提到的曹妃甸灯塔，其灯头已改进为四等闪光灯组。

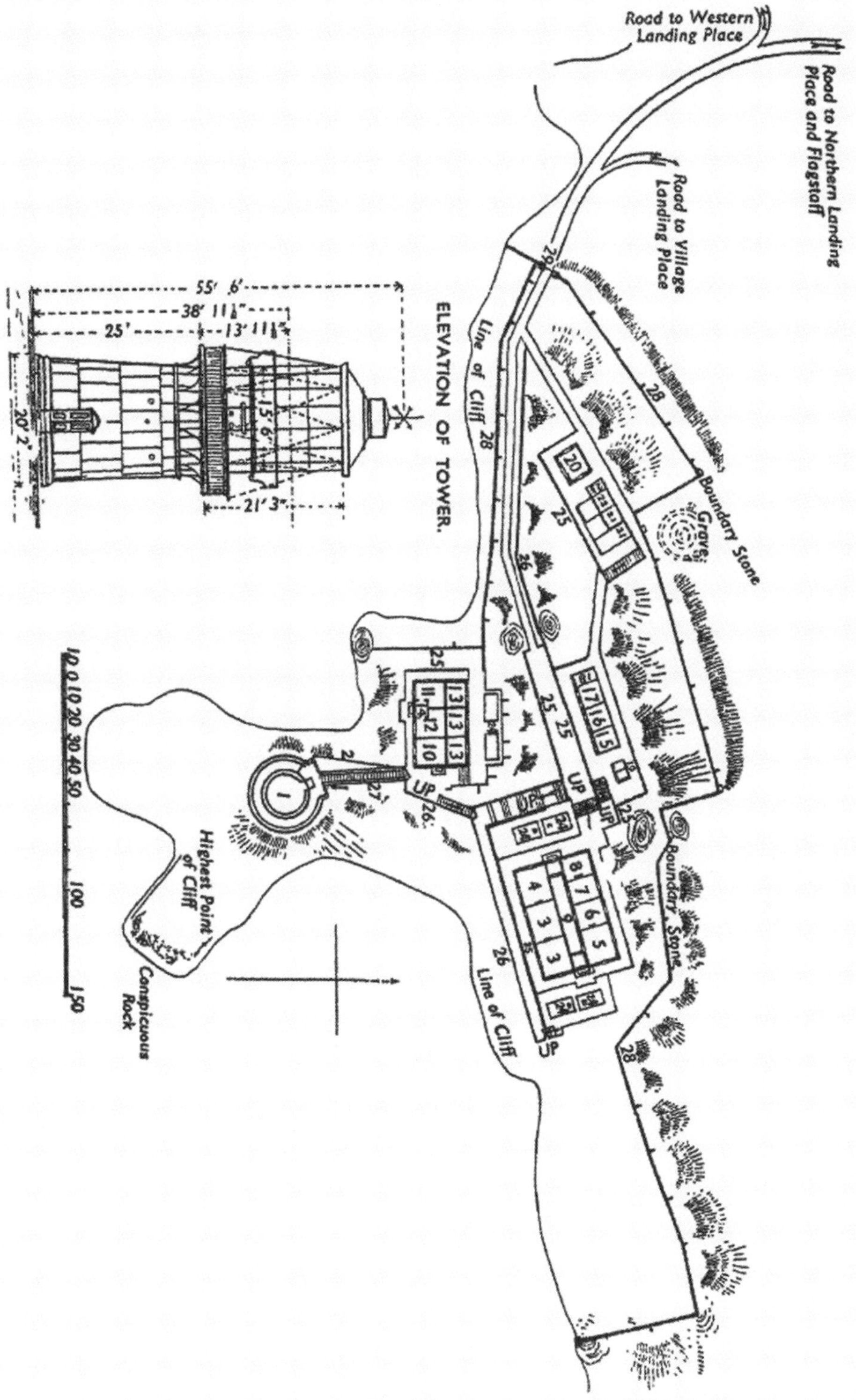

REFERENCE TO FIGURES IN ILLUSTRATION.

1. Lighthouse tower.
2. Lightning-conductor and earth-plate.
3. Chief Keeper's room
4. Second „ „
5. Spare room
6. Light's stores
7. Boys' room
8. Kitchen
9. Passage

(3–9: Foreign dwellings.)

10. Chief Keeper's room
11. Assistant „ „
12. Coolies' room
13. Kitchen
14. Lobby

(10–14: Native dwellings.)

15. Foreign Keeper's store.
16. Native „ „
17. Coal.
18. Bathroom.
19. W.C.'s for foreign keepers.
20. Oil store.
21. Hen houses.
22. Pigstyes.
23. W.C. for native keepers.
24. 6 water-tanks, each 2,060
25. Retaining walls.
26. Parapets.
27. Slips up to tower.
28. Boundary walls.
29. Entrance gate.

Road to Northern Landing Place and Flagstoff　通往北登陆点及旗杆的道路

Road to Western Landing Place　通往西登陆点的道路

Road to Village Landing Place　通往村庄登陆点的道路

Boundary Stone　界石

Grave　坟墓

Line of Cliff　海蚀崖线

Highest Point of Cliff　悬崖最高点

Conspicuous Rock　醒目崖石

ELEVATION OF TOWER　灯塔立面图

图例中数字的含义：

1. 灯塔；2. 避雷导线及接地板；3. 头等灯塔值事员房间；4. 二等灯塔值事员房间；5. 空房；6. 灯塔用品储藏室；7. 员工房间；8. 厨房；9. 走廊（3~9为洋员住所）；10. 头等灯塔值事员房间；11. 值事员助手房间；12. 杂役房间；13. 厨房；14. 休息室（10~14为华员住所）；15. 外籍值事员用品储藏室；16. 华人值事员用品储藏室；17. 煤斤储藏室；18. 浴室；19. 外籍值事员卫生间；20. 油料储藏室；21. 鸡舍；22. 猪圈；23. 华人值事员卫生间；24. 6只储水箱，每只容量2060加仑；25. 挡土墙；26. 护墙；27. 灯塔扶梯；28. 边界墙；29. 入口处

三、长江流域灯塔事务

长江是世界第三大河，深吃水的轮船可以上溯至汉口段，通航里程620海里；浅吃水的船可以继续行至宜昌，航程再加370海里；特制轮船可再航行400海里至重庆或者更上游。

长江流域设置的灯塔可分为四段，分别是长江口，上文已略作介绍；汉口至吴淞的下游段；宜昌至汉口的中游段；过宜昌之后所有上游段。

长江下游段通航的轮船，无论是数量还是吨位都相当可观，这段航道上的灯塔以目前来看也可算足够。中游段的灯塔建设刚刚起步，原因之一是由于该段航道通行压力不大，另外也是因为该段河床复杂多变，船只无法在夜间航行，且某些航道须派出随船汽艇勘察方能继续行程。即便在白天，航道也是险象环生，曾有两艘轮船倾覆，其中一艘为其处女航。而到了夜间，恐怕无论如何设置灯塔，船只都无法安全通航。

长江航行的一大难点是其冬、夏两季的高低水位差非常巨大，宜昌和汉口达50英尺，重庆更是超过90英尺。低水位时，原本淹没在水下的险礁峻石都露出峥嵘；而在极端高水位时，河堤与沿岸的村庄都被浸在江水中，各种地标踪迹全无。因此首要任务是保证那些地标和拐点不论昼夜均清晰可见，在关键的交叉口设置叠标灯浮，对危险地点进行警示。设置六等或七等透镜式白色或红色定光灯并聘用当地人管理最为适宜。岸上灯标可置于桅杆之上，

值事员则可安排本地住处；水上灯浮则可置于当地制造的低价小型灯船之上。除去长江口处的灯塔外，在长江中下游现有陆上灯标 35 处，灯船 18 艘。

四、关于几个要点的专门说明

雾号——除了四处陆地灯塔以及所有灯船之外，其他灯塔都配有铸铁雾炮作雾号之用。大多数雾炮为 12 磅或 18 磅，每炮需充填 3 磅黑火药。炮声并非持续，在大雾天气时，听到雾号、哨声、铃声或其他声响显示有船靠近时，才发炮作为回应。如果声响继续，则在间隔一定时间之后再次发炮。在同一地区，每座灯塔的炮声会加以区别。例如东碇岛以发炮两次作为信号，两炮间隔为三分钟，如果船只声响仍然持续，则在十分钟后再次发炮；而北碇岛连续发炮两次，两炮间隔为半分钟，再次发炮则是在十五分钟之后。在大雾天气，灯站会安排额外人员值守，监听船只的雾天信号。火药储存于特制的弹药库并严格隔离。过去五年，沿海重要地点的十一座灯塔哨所记录的大雾天气小时数如下，基本上代表了整个海岸线的情况：

	小时数		小时数		小时数
临高	362	乌邱屿	408	成山头	819
横栏洲	262	牛山	970	猴矶岛	365
石碑山	506	北鱼山	689	大沽口	223
东碇岛	458	大戢山	549		

供水——每座灯塔都配有大型地下蓄水池，其内壁为波特兰水泥制，用砖拱或者料石封盖。头等灯塔的蓄水能力从 10,000 至 18,000 加仑不等；池水完全来自住所屋顶流下的雨水，屋顶一般都覆有白铁波纹板。事实证明该供水系统能够提供纯净而充足的水源。

油料储存——各灯塔的煤油皆非大量储存于油罐中，而是原封不动地保存在锡罐里，存放在经特殊通风处理的封闭油库内。

卸货屋——登陆地点远离灯塔为常见现象，因此有时在登陆地点或其附近建造小屋。货物先由轮船船员搬入小屋，等时间允许时再由灯塔员工运出。

五、灯务人役

沿海所有重要灯塔皆由外籍值事员负责，而小型灯塔则由经外国人长期培训的华人值事员负责。大型灯塔一般配备两至三名外籍值事员。沿海头等灯塔通常最低人员配置为：两名外籍值事员、两名华人值事员及两名杂役。长江上的每座灯塔都配有两名华人值事员。头等灯船配有一名外籍船长及两名外籍大副，船员则为华员，包括两名工程师，一名木工，三名司灯及六名水手。

目前在职人员中，外籍船长、大副及值事员 67 名，华人值事员 207 名，此外还有人数众多的杂役，其中很多人都能独立完成日常工作。外籍员工分为：船长、大副、头等灯塔值事员上班、头等灯塔值事员下班、二等灯塔值事员上班、二等灯塔值事员下班、三等灯塔值事员上班、三等灯塔值事员下班。薪资水平如下：船长每月最高关平银200两，即30英镑6先令3便士；大副每月最高关平银100两，即15英镑3先令1.5便士；值事员，从头等灯塔值事员上班每月最高关平银120两，即18英镑3先令8便士，到三等灯塔值事员下班每月最低关平银60两，即9英镑1先令10便士。华人值事员的薪水每月从关平银25两，即3英镑15先令9便士至关平银5两，即15先令2便士不等。外籍值事员入职满十年可获得一年的薪资作为奖金，同期还可以享受半薪休假一年，同时享受一个月的带薪假。华人值事员入职满三年每年可领取等于一个月工资的奖金，每十二个月还可带薪休假一个月。

六、浮标及信号灯

目前已沿海岸设置了88个浮标，其中4个为考特尼式鸣笛浮标，1只钟浮标，还有1只威格姆石油灯浮标。使用中的浮标共有两种尺寸，分别为直径10英尺及6英尺，外部都罩有形状各异的竹笼。这些浮标现在一般都为钢制，内部分为几个隔间。浮标通常用伞形锚搭配铁制或石制重物系泊，而按照巡工司的建议，现在重物都换为更经济的混凝土制。目前长江口在建14只平楚瓦斯灯浮，今后这种瓦斯灯很可能会进一步推广。使用中的信号灯则有78只，分为铁制、石制及木制。

浮标及信号灯的颜色采用统一标准。浮标颜色所代表的含义参见附件中的详细解释说明。

标明沉船处之警船——对于这类警船的区别性标识，在夜里是采用一盏红灯，或者在一盏红灯下方放置一盏白灯；在白天则是悬挂一面红旗或者其他标识物作为提示。

七、建造、维护及检查工作

中国灯塔处负责人为总税务司赫德爵士。新灯塔的选址由巡工司负责，并征求总营造司意见，随后由后者提交设计方案及工程预算上报总税务司核准。灯塔建在何处，便由该处的税务司负责于当地筹款。诸如灯塔、灯头等必须依靠从欧洲进口的物件，则由总税务司监督，交由总税务司署驻伦敦办事处公开招标。工地实际工作及建造各类建筑等事很少外包，一般都是由驻地营造司在总营造司的监督下完成。

可节约劳力的装备虽然稀少，但因中国劳动力廉价，也无须这些装备。灯塔建造完毕、灯头正常工作之后，便由总营造司移交给灯塔所处地区的长官。同时，巡工司依照总税务司指令向海员发布航行通告。若有必要在当地发布告示，则由最近口岸的理船厅签发并报税务司批准。

维护——整个沿海海域划分为17个灯塔辖区。

每个辖区里的灯塔都归该口税务司管辖，但为方便起见，上海、宁波两个区的灯塔由上海巡工司管辖；而汕头、厦门及福州的灯塔则由厦门的南部巡灯司管辖。灯塔处总部设于上海，总营造司及巡工司都在上海设有官署。在上海还建有大型仓库，内有油库、物料库、浮标仓库、试验灯室、小艇库等，不久还将建一座油气厂。灯塔每月至少补给一次，有时通过轮船，有时通过小帆船，少数情况下通过邮路寄送。

灯塔运输船“并征”（Ping-Ching）号驻地上海，承担了大多数沿海重活，例如每年向灯塔运送补给物资等，也负责运送总营造司和巡工司例行巡检。这艘船长230英尺，宽30英尺，内部空间充裕，可在建造灯塔时发挥作用。但是它也无法胜任所有工作，故而目前配有一艘或数艘巡船作为辅助。不过这些巡船为军用，并不适合灯塔事务，眼下总税务司正在建造一艘双推进器的灯塔补给船，长195英尺，宽28.5英尺。牛庄、芝罘、宁波、厦门、汕头及海口驻有小帆船补给船。福州驻有一艘小型蒸汽浮标驳船。长江上的灯塔目前通过小帆船补给，也有人提议建造两艘小轮船从事这项工作。

检查——通常沿海每座灯塔每年由巡工司及总营造司各检查一次。除此之外，南部巡灯司、灯塔所在口岸的理船厅及海关巡船船长也可对灯塔进行检查。

灯塔值事员须保存一套完备的登记册，包括：每日工作记录、物资开销（月、季、年）报表、气象记录、订货簿、来访登记簿、书信抄件存档簿、资产管理簿、旗语通信手册、物资登记簿及问题汇总簿等。重要灯塔每三小时进行一次气象观测，并将所收集的数据报送上海和香港的天文台。

灯塔处目前管理的灯塔及类似装置总数为：灯塔98座、灯船4艘、小灯船20艘、浮标88只及信号灯78只。

除此以外，在沿海以及台湾另有不少于17座灯塔由其他国家控制。

本报告另附有一份标识详尽的海岸线大幅测绘图，标出了各灯塔射程及特点，稍后会议中将于桌上展示。

附录

浮标		注释与说明
编号	颜色	
1	红色	船只自海上驶入航道，红色浮标位于航道*右*侧，船只在经过时必须保持*右舷*对之。
2	黑色	船只自海上驶入航道，黑色浮标位于航道*左*侧，船只在经过时必须保持*左舷*对之。
3	红黑横条纹	刷成红黑横条纹的浮标位于航路之上，船只在经过时应尽量靠近之。
4	红黑纵条纹	刷成红黑纵条纹的浮标位于沙嘴的尽头以及浅滩、沙洲和珊瑚礁丛的内外两端，沙嘴、浅滩、沙洲和珊瑚礁丛的两侧之外都是可通行的航道。船只不得从此类浮标之间通过，否则将会面临危险。

续表

浮标		注释与说明
编号	颜色	
5	红黑方格	刷成红黑方格的浮标用于标记大海中的礁石，也用于标记延伸区域较小的障碍物，其两侧都为航道。当浮标用于标记后者时，将被放置在障碍物靠海的一边。船只不得从此类浮标之间通过，否则将面临危险。
6	红白方格	当用这几种颜色相间方格图案的浮标标记障碍物时，红白相间的是标记航道的右侧，船只经过时必须保持右舷对之；而黑白相间的是标记航道的左侧，船只经过时必须保持左舷对之。
7	黑白方格	
8	标明沉船处之浮标	沉船一律用绿色浮标进行标记，标身刷上白色“废船”字样；如果废船位于宽阔海面或者在其两侧有足够水域可供通行，则浮标不再进行特别标注，一律放在该种废船靠海一侧。 船只自海上进入航道，见有标注偶数的浮标，必须保持右舷对之。 船只自海上进入航道，见有标注奇数的浮标，必须保持左舷对之。 标在浮标上的数字为白色，位于“废船”字样之上。

旧中国海关历史文件选编

下册

中国海关学会◎编译

中国海关出版社有限公司
·北京·

《旧中国海关历史文件选编》（下册）编译委员会

主　　编：李克农

副 主 编：左　铁　王　杰　史济越

编　　委：贺　华　何国新　金　曙

主要翻译者：庄　硕　黄　念　钱艳文

学术顾问：叶凤美

目　录

上　册

1842 年

1843 年

1847 年

1851 年

1853 年

1854 年

1858 年

1859 年

1861 年

1862 年

1863 年

1864 年

1867 年

1868 年

1869 年

1870 年

1871 年

1872 年

1874 年

1876 年

1878 年

1881 年

1884 年

1885 年

1887 年

1890 年

1894 年

1896 年

1898 年

1899 年

1901 年

下 册

1843年

1854年

1856年

1859年

1860年

1861 年

1862 年

1863 年

1864 年

1865 年

1867 年

1868 年

1875 年

1879 年

1880 年

1883 年

1885 年

1887 年

1902 年

1903 年

1904 年

1906 年

1907 年

1915 年

1917 年

1918 年

1919 年

1921—1922 年

1923 年

1924 年

1926 年

1929 年

1931 年

1932 年

1933 年

1934 年

1935 年

1937 年

致　谢

承蒙法国、葡萄牙、美国政府允准查阅其国家档案并公布部分文书或节录，谨此致谢。相关文书的出处详见相应脚注。

1843 年

委任顾盛为美国赴华专员及驻大清国特命全权公使①

第 1 号　　国务院②

1843 年 5 月 8 日于华盛顿

阁下：

您已被总统任命为美国赴华专员及驻大清国特命全权公使。正式委任令及另一封列明使团组成、您的津贴、秘书津贴及国会授权之相关支出事宜的公函将随后交付您。

国务院仍有必要就使团的政治目标以及我们所期望达成这些目标的途径提一些意见。关于设立该使团的种种考虑已不必详述，不仅因为您随后将收到总统呈交国会的关于为达目标建议采取之措施的咨文，也因为您与国会的联系一定已使您对相关考虑有所了解和思考。

近两年，在中国发生的诸多事件导致了可能对美国以及整个文明世界都至关重要的大事情的发生。这些事情对中国自身将产生更为重大的后果，在此自不必赘述。英国与清帝国③的战争产生了一系列后果，其中之一是清帝国对英国开放四处重要通商口岸：厦门、宁波、上海和福州府。

这些口岸位于清帝国最富庶、出产最丰富、人口最稠密的几个省，很可能成为非常重要的贸易市场。您将率领的使团，首要目标就是要确保美国船只和货物进入这些口岸并享受与英国商人同等的待遇。在此不必详述美国从中国进口大量的众所周知的商品。这些进口商品，尤其是数量巨大的茶叶看来不会被削减。在此之前，这些贸易都是用贵金属支付的，而近期则是用伦敦发行的票据来支付。美国的票据确实也曾经一度用于支付。近来，部分美国产品对中国的出口贸易急速增长。在中国所有通商口岸取得最好的贸易条件，尽可能地培养友好的美中贸易交往，扩大对中国的出口，事关我国贸易、工业、农业、矿业的利益。我们无法预测固执于其特殊传统的中国人会多快或多慢才能够适应其他国家的感受、想法和习惯，但

① 美国国务院档：命令，中国，第 1 卷。1843 年 5 月 8 日丹尼尔・韦博斯特致顾盛命令第 1 号。

② 译者注：原文为“Department of Statf”，疑为笔误，应为“Department of State”。

③ 译者注：原文为“Empire”，系西方人对清朝的称呼。本书中出现的该表述均为此情况。

尽管中国人固执、充满偏见、墨守成规，他们还是称得上是聪明的、敏感的和好奇的。经验显示，迄今为止，中国虽没有努力激励和推动将他国的一些人文学科和产品引入中国，但也不会完全抵制这种做法。您将会收到一份尽可能准确反映关于美国对中国出口贸易的历史和现状的统计报告。

您的使团的目标仅限于友好交往和美中贸易，这对美中双方都有价值。希望借助您的谨慎言行在一定程度上化解或减少中国人对外国人源于本性的提防和反感。您自始至终的目标是使中国政府和人民相信：您的任务是完全和平的，您没有带来一丝敌意或冒犯，您是和平的信使，代表美洲最强大的国家来到亚洲最伟大的帝国表达敬意和善意，并建立双方的友好交往。在各种情况下都有必要展示对中国传统和习俗应有的尊重，并尽可能避免冒犯其自豪感或偏见，进而培养两国政府和人民间的友谊。您要尽早利用一切机会证明，派遣你来到中国的政府无论现在还是将来都不鼓励美国公民违反中国的商业法规。您必须用最诚恳的态度表明美国政府清晰完整地了解清朝的商业法规，并且坚信所有进入其港口的船舶和人员都必须遵守这些法规。如果美国公民违反了公认的贸易法规，美国政府将不会出面干预使其免于承担其自身违法行为的后果。与此同时，您还需时刻坚持和维护美国的平等和独立地位。中国人倾向于将入境的外国人称为朝贡使臣，这一想法或许源于英国铺张炫耀的使团。当您在工作中遇到这样的情况时，必须立即谦虚而委婉地声明，您不是朝贡使臣，美国政府不向任何国家进贡，也不需要任何国家向美国进贡，同样也不向任何国家馈赠礼物或接受任何国家的礼物。您要让所有的中国官员和其他相关人员明白，对于中国皇帝和美国总统来说，计较礼物往来这样无关紧要的事情是有损尊严的，双方元首间的交往应该紧紧围绕重大政治问题、维护双边友谊和建立有效联系。

如果可行的话，您最好能够直抵北京，入宫觐见清朝皇帝。所以您需要随时表明入宫面圣是您和您使团的目的，并且无须等到宣布您抵达中国之后，可在接近首都时见机行事。您必须坚持入宫面见皇帝直到成行。您可以告诉清政府官员，您有一份美国总统亲笔签名的友谊信件要当面交给皇帝本人或在皇帝面前交给其他高级别大臣。您还可以告诉清政府官员，您持有美国政府代表中最高级别的授权书，必须面呈清朝皇帝或其首辅大臣。当然您到了北京，也可能会遇到叩头的老问题。

此事的处理方式更多地需要您根据具体情况灵活处理，要尽一切可能避免冒犯和伤害中国人自尊的行为，但同时也不能做出任何甚至在中国人看来都是伤及我国政府尊严或有损于所有独立国家的事情。您可以表明：我国政府有坚定的信仰和尊严，而不同民族的信仰和礼仪各异，您不能做出违背我国信仰和尊严的行为；您对清朝皇帝怀有最高敬意，愿意做任何不违背原则的事来表达您对皇帝的尊敬；您相信皇帝陛下正直公平，不会让您违背职责；如果您有任何违背我国政府和人民遵守的信仰和尊严之行为，您就不配作为一个伟大强国的和平使者面见皇帝。要非常小心，不能让中国或者其他任何国家的政府和人民认为您是进贡的使臣或承认我国低中国一等。要谨记，您受命对清朝皇帝表达的崇高敬意与您的政府已对俄国沙皇和所有世界强国的最高统治者所表达的并无二致。

上面提到的总统亲笔签字的写给皇帝的信将交给您。如上所说，您必须说明这封信只能由您亲自交给皇帝，或在皇帝面前交给某位国家大臣。如果这事办不到，而皇帝仍明确表示愿意接受此信，那么在保证能收到皇帝亲笔签署的友好回信的前提下，您可另设妥善之法将此信送达皇帝。

您的任务不允许您介入中国与任何欧洲国家的冲突，也不允许您在交往过程中有冒犯我国的任何言行。您应以适当的方式始终在中国人面前展示美国的高尚品格、重要地位和强大实力。您可以介绍美国广袤的疆域、遍及四海的贸易、在世界各地保护贸易的强大海军以及数以万计教授知识、传播智慧的学校和教育机构。您还应让不了解情况的人知道美国虽然曾经是英国的属国，但多年前美国人拿起枪杆子，经过七年的英勇战争，摆脱了英国的统治，实现了独立。如今，不论在海上还是在陆地，美国均与英国平起平坐。美国与中国相距万里，在中国附近也没有殖民地，这能够减少中国人的疑虑，对美国产生友好感觉，这种感觉会强过对中英战争之前的英国人的感觉。毋庸置疑，英国对印度的强权统治，即使未必令中国有什么惊恐，也必然会令中国政府感到不满。您要谨慎而明确地向中国政府表明美国不会让其产生相同的感受。最后，您要用肯定的措辞和正面的方式表明，如果美国公民不能享受到和其他国家同等的特权和商贸待遇，美国将无法维持对清朝皇帝的尊敬和友谊。

我希望并坚信您能够成功与中国签署一项与《中英条约》类似的条约，如果其中能够包含更多常规条文，将会带领中国在迈向欧美通行规则的道路上更进一步。

您恭顺的仆人

丹尼尔·韦博斯特

致顾盛阁下

1854 年

上海新设的海关①

（摘录）

从随附递交的和其他已向国务院递交的文件可见，中国的事态，尤其是上海事态的发展状况颇为紧迫。

2 月 11 日的《北华捷报》刊登了英、法、美三国领事的联合布告，确认新设的海关有权"对所有各国船只进行监督，无论其是否为有约国。"

关于上海新设的海关②

（摘录）

您已从马歇尔先生处全面了解了他在税收方面采取的行动。2 月 22 日来自广州美国使馆的函件也会让您了解美、法、英三国领事联合承认上海新设的海关及恢复向清政府用现款缴税一事。

各国政府代表在处理此事时缺乏对政策一贯性的坚持，令人惋惜。现如今，商人个人的权利和义务与各国政府对中国政府的共同义务是等量的，并深刻影响着此事的最终结果。从可能发生的反应来看，本人有理由相信当前商人和海关之间平静而稳定的秩序可能被破坏，该口可能演变为前所未有的混乱状态。我会对此保持一切必要的谨慎，在对此事的所有事实有全面了解之前我会避免加以谈论。

---

① 美国国务院档：函件，中国，第 8 卷。1854 年 2 月 22 日伯驾致国务卿第 2 号函第 1、2 页。
② 美国国务院档：函件，中国，第 9 卷。1854 年 3 月 20 日麦莲致国务卿第 1 号函第 3、4 页。

上海的海关及税务管理机构[①]

第 7 号

1854 年 7 月 7 日于上海

阁下：

谨于上月 14 日给您寄出一函，第 6 号文的日期为本月　号[②]。

我刚获悉今晚将有一条船从上海开往香港，希望能将本月 22 日的信件及时送达。

我非常希望您已知晓我在第 6 号文中预期的与两江总督的会面已于上月 21 日在昆山举行。

考虑到在上海遇到的各种困难，这次会面的结果令人满意。他坦诚地接受了我对在内地设立单独受清政府控制的关卡一事的抗议，并承认这一计征税款的方式违背了条约规定。

这些关卡依其命令设立，并且在向其透露我已对美国领事作出关于此举违反条约规定的指示后，关卡仍继续存在。

经过详细而令人满意的商讨，双方就裁撤设于内地的关卡达成共识，并一致认可应授权江海关监督就本口海关管理事务与有约三国领事协商达成永久性的协定。

附件 A 是所达成共识的概要，我相信这些共识有利于促进征税的准确和公平，如能保持，考虑到当前清政府所全权管理的区域相较于这里属于内地，而且商业往来较差，这将鼓励货物完税后转运到上海港。本计划并不以改善进口贸易为目标。在我国政府为通往中国内地广大市场的贸易提供保护之前，这一结果也不可能实现。当前，这一计划被内乱搁浅，所有与上海的安全沟通渠道已被切断。

昆山会议期间，我敦促总督进京面圣，呈上我准备的一份关于进一步扩大与内陆地区商业往来及内河自由航行的计划。他的言行近年来越来越友好，令人满意。他对于设计如此周密，打破数百年来中国固守的闭关政策的建议深感震惊。仔细阅读之后，他表示恐怕无权就外交政策事务上书皇帝，因为所有对外事务都由两广总督叶（名琛）[③] 专事负责。返沪后，我秘密获悉总督确实将此事告知了在京的一位皇叔，但难以证实这一消息是否准确。

和我一样，包令爵士也发现难以与两广总督建立联系。我们眼下正考虑下一步的适当行

---

① 美国国务院档：函件，中国，第 9 卷。1854 年 7 月 7 日麦莲致国务卿第 7 号函。

② 译者注：原文中日期为空白。此处的“本月”从上下文看应是 6 月。下一句的“本月”也应是 6 月。

③ 译者注：原文为“Yu”。经查，时任两广总督兼钦差大臣为叶名琛，故此处译为“叶”。

动，在下一封信寄出前我们或能形成关于下一步政策的成熟方案，届时会详细呈报给您。

同一封信中我还将完整地汇报设于该港的税务管理委员会的性质和管理安排，以及为保护当地外国租界所采取的各种措施。您会很高兴地看到，这些安排非常周密，且得到了清政府的全面合作、同意和接受，也没有遭到仍占领城市的叛军的反对。但最重要的是，这些安排使得若没有美国同意，任何一国，无论是英国或俄国都无权单独在该港实施管辖权，因此，这一制度设计有效地解除了我们对英国独占上海的担忧。

我也已做好准备解决 1853 年 9 月 7 日以来在上海港的欠税这一恼人问题，并不使美国政府承担任何政治责任。如果当时要求执行者跟从驻中国的各国政府代表在本口结关船舶，钻入他们设下的复杂圈套，将会带来无休止的麻烦和困难。但法律规定使我别无选择，授权让我不能耽搁，只能立即对在华美国公民提出的要求作出司法认定。附件 B 会让您理解我向贸易商表达的观点。这一问题将在随后的信件中向国务院详细说明。

几分钟前，包令爵士告诉我，约十天前进入长江购煤的两艘英国轮船今天上午已经返回，英国使馆的一名秘书麦华陀先生称他们抵达了南京，并与叛军首领们进行了通信联系，从中完全可以肯定之前对他们的宗教信仰和政治组织的描述。

那些写给麦华陀先生的信件与我在第 6 号文中所转述的内容同样令人匪夷所思。

这两艘轮船的首要目的是购煤，所以他们向太平天国官员询问如何才能达成所愿，官员的答复是，除非他们遵从太平天国礼制，献上珍贵的礼物作为贡品，否则绝不可能把煤卖给他们。该城附近发现了大批燃煤，但太平天国官员不准任何人动用，并派兵把守。这种情况下采取敌对行动并不明智，且待静观英国官方如何行动。

此致。

麦莲

致国务卿马西阁下

华盛顿

上海面临的困难：海关行政和外国租界的保护和防卫①

第 8 号　　　　美国公使馆

1854 年 7 月 27 日于上海

阁下：

有幸于本月 7 日向您呈报了第 7 号呈文，告知本人已在“昆山”与两江总督②会面。

就上海面临的困难以及本人希望清政府予以重视的更普遍的问题，我们都进行了充分讨论。

总督的举止谦恭有礼、富有教养，接待既无繁文缛节又慷慨好客，其所辖的上海及沿途地方当局也尽其所能确保我们旅途舒适。美国海军布坎南上校及“萨斯奎哈纳”（Susquehanna）号军舰上的四名军官与我同行，此外还有本人当前随员中的三位先生，他们都得到了细致周到的礼遇，清政府也处处确保他们感受舒适。

在此次会面中，对 1853 年 9 月上海陷落所造成的当地困局从两方面予以了考虑：一是此前涉及未纳税款这一问题的相关事务；二是今后中国地方政府与美国应当建立起怎样的关系，既能保障我国公民顺利享受各项争取到的商贸权利，又使清政府的各项权力在上海口岸得到应有的尊重。

关于过去，总督坦率承认确有一段时间清政府在上海的统治被颠覆，但他同时强调这只是限于短时间内，这场叛乱也仅限于当地，同帝国其他地方的革命并无关联，而美国当局连同英、法两国当局受条约规定的约束，应与上海地方政府当局合作维持秩序。他认可美国当局表现出的值得尊敬的态度，但他同时指出，在叛军被从周边乡村驱散并被牢牢围困在上海城内很长一段时间后，美国当局仍联合其他外国当局拒不承认清政府地方当局，同时城内的不法暴徒却被视作一场大革命运动的组成部分，使得他们在同清政府的抗争中享有了各种战争权利。

他抱怨道，这种对叛军的纵容已有失体面和公正，因为中国同美、英、法各国间的现行条约已按照国际法的规定修订了抽象的中立关系。他还补充道，表达上述不满之外，在城墙附近有外国商人存在，且他们主动对城内叛军公开报以同情，这已成为清军对叛军采取行动最主要也是唯一的真正障碍，这一抱怨似乎更为尖锐。

---

① 美国国务院档：函件，中国，第 9 卷。1854 年 7 月 27 日麦莲致国务卿第 8 号函。

② 译者注：怡良。

本人为美国当局的行为作了辩解，要做到这点并不难，因为美国当局总是在情况允许的前提下尽可能地为清朝政府着想。我向他表明，不管这些革命者的控制范围是大是小，我们都有权将这场革命运动视为一场有足够实力和尊严的运动，故而他们有权要求从他国获得作为交战一方应享有的权利。我也向他坦言道，外国所应遵守的这些中立义务可以通过条约进行修改。在此事上，美国当局一贯认为与清政府的现行条约对中立关系有影响，我国国民有义务缴纳税款，清政府也有相应的义务要保障他们的人身财产安全和商贸权益。而本人认为，过去12个月里在上海出现的海关行政窘境，倘若不是因为清政府地方当局的不当行为，也主要是源于当局的软弱无能。

对于未来，他表明了自己的诚挚意愿：将竭力行使职权来保护那些依据现行条约来到上海口岸的通商者的权利。他还许诺将立即撤销各内陆关卡并为进出内地的货物提供通关便利，同时授予江海关监督全权与有约三国领事共同提升该口海关行政效率，并授权他处理1853年9月7日以来进出口船只及货物未向清政府缴纳的应纳税款事宜。

我随后向其表明，若不对条约内容作出相应修订以使我国国民有能力保护其运往或运出上海口岸的财产，则针对上海面临的困难所做的任何整顿都将毫无意义。

现行条约的基础是，美国政府只能在中国对外开放通商的五个口岸行使权力来保障我国公民的人身及财产权，而保障他们的货物安全运往中国内地则有赖于清政府。若清政府无力或不愿提供此种保护，则我们与中国的商贸往来将无法维持。我对其强调，过去12个月里，在华美商的进口贸易已近乎破坏，结果他们出口到美国的中国货物全部用现金采购，成本增加了三到四成。

作为补救措施，我竭力主张在当前已向我们开放沿海口岸的基础上进一步开放其他内陆口岸，尤其是要准许我们用本国船只运送本国货物沿扬子江而上直达江畔广阔而繁盛的商业市场。为支持这些观点，本人有诸多对清政府有利的理由来劝诱他们，相信我们的存在和通商贸易比任何其他方式都更直接有利于清帝国的安宁。

总督从一开始就坦承其无权处理所讨论的这些问题。根据条约，外交事务由驻节于广州的钦差大臣专管，除非为履行条约，地方当局确需采取行动。他指出，按条约规定其自身职权仅限于将美国政府的主张代奏朝廷，因此关于此事，他表示只能处理上海当地的问题，将总统信件（国书）转呈皇帝。

我接受了他的前一半提议，但未将国书交予他。我告知他，由于事关两国利益，在面见重权大臣之前，我将自行保管国书。我再次力劝他，上海的进口贸易停滞，是在他管辖权限内的本地问题，只要向我们开放其管辖的两江地区市镇就能够轻易解决，这些市镇主要位于扬子江边。他要求我提交书面主张，收到后可安排再次会晤。

您可以从随附的一系列通信（标记为 A）中找到我于第二日给他的函件，谈及作为条约补充条款基本内容的备忘录，其中还随附了我的就任国书和全权证书副本。在其收到我的信函后不久，我又收到了他再次会谈的邀请，和前一次一样，这次会谈时间冗长，其借此机会针对外国人在已进入的口岸所施加的影响表达不满，颇为令人生厌。他再次催促我将国书交予他转呈皇帝，等候圣意，皇帝的旨意可能会传达给在广州的钦差大臣。我的前任的经历还近在眼前、耐人寻味，由不得我对这些要求做出让步，但我坚持拒绝将国书正本交给任何无法同我开展商谈之人，更不会交给一个明确表明其连将我的意见转达给皇帝都无法做到之人。

我耐心地试图引起他的重视、说服他转呈我的就任国书，从而使在北京的高层能够了解清帝国对外关系的真实状况，然而我的付出已全然徒劳。为避免我继续施压，他要求推迟数日答复我的函件，并保证将认真考虑此事，若职责允许，他将向朝廷汇报。与他相别 10 日后，我收到了他的回函，详情请见随附的系列通信（标记为 A），他表示自己地位低微，无法通禀皇帝，并告知我他已将此事转告了驻节于广州的掌管夷务的钦差大臣。

回函由江海关监督的一名秘书送来，他还带来消息说巡抚①及海关监督希望尽快同我商谈总督回函中的有关内容。于是我便同他们进行了会面，他们称总督虽不敢就清帝国外务正式上书朝廷，但已非正式地将昆山会谈情况及从上海当局获得的其他信息如实报告给了皇帝。他们还表示了决心要向皇帝和驻节于广州的钦差大臣报告我们要求修改现行条约的建议，在他们看来，修改现行条约的建议对于保护商贸往来及维护中美两国当前的友好关系至关重要。

英国公使包令爵士在我同两江总督会晤前几天抵达上海，我同他就对英美两国有同样影响的那些适合讨论的事宜进行了商谈。在离开广州前他已告知钦差大臣，其奉命提出于《中英条约》生效之日 12 年后，即 1854 年 8 月 29 日，对该约进行修订的要求，还提出了奉命建议的修订意见，但钦差大臣如同此前对我说的一样，以当地战事紧急为由对此避而不谈。

从昆山回来后我将同总督的交谈情况告知了英国公使，并同他在讨论过的普遍性和地方性事务上达成了友好合作关系。

得到总督拒绝向皇帝禀报的消息后，我立即答复称，他的做法使我不得不寻求更接近皇帝本人的途径，并且我将联合英国公使一道行动，他对修正这些问题与我有一样的兴趣。

英、美两国领事已向上海地方当局表明了我们的意向，在多次联合会谈中，当局表示我们应当在得到皇帝同意后再前往白河，皇帝的旨意将由总督及其他两江地区清政府官员传达给上海当局。总督本人则再次向我表达了其对于我宣称打算前往京城与皇帝直接交谈的担忧。

我们认为对他们的要求做出让步是明智之举，对于白河之行定能取得积极成果这一点我们确实没有信心，虽然我们深信唯有前往该处才能使得清政府认真考虑商贸问题，这也是促

① 译者注：江苏巡抚许乃钊。

使我们决心做此最后尝试的原因。从随附的一系列通信（标记为 A）中您能找到我同总督的通信，其中谈及我们提出的白河之行，及在得到清政府上海当局反复保证将使皇帝了解我们的意愿之后，此行被推迟等内容。

此刻应当使您知晓，无论是英国公使还是我本人都对这些保证不抱信心，我们已经完善了同京城直接进行对话的安排。英国海军在中国海海域的指挥将领詹姆斯·斯特林爵士已许诺为此提供两艘轮船。我本人几天后也将赴香港同已从日本返回的佩里准将进行商议。我想，由于现在听命于我的“萨斯奎哈纳”号船员的服务期限已到，将以佩里所辖船只中的某一艘来替换“萨斯奎哈纳”号。指挥北太平洋考察航行的林戈尔德上校许诺整季都将“约翰·汉考克”（John Hancock）号交我指挥。我将要求他履行承诺。“约翰·汉考克”号是在太平洋中唯一一艘能够进入白河 20 英里内的美国战舰。广州的事态发展可能会影响这些安排，因为最新情报显示，那里商贸受阻、人身安全受到威胁的情况比中国北方更为严重。

同时在英国公使和我本人的直接监督下，为提高上海当地海关行政效率及保护和防卫外国租界的举措已进一步完善，且已得到了清政府的认可，同时也不会侵犯城内一方的交战权。

这些措施得以施行令人欣慰，其稳定性和效率比中国当前情况下所能期望的更好。依据现有条约，领事和海关监督合作开展税款的认定和征收，并且分别授予他们必要的对五口通商各方的管辖权。对仓库、居所及租界市政管理机构等位置的选择也是一样。从 1853 年 9 月 7 日起，中国地方当局对这些职能的行使已基本中断，外国领事在面临可予承认并可以代表清政府行使职权的市政当局缺失的情况下，实际上已将外国租界交由有约三国海军进行防卫。这种情况肯定将加剧内战带来的灾难，使行政更加混乱，并诱发对外国人的暴力行为及错误行径，这些同他们此前曾寻求军队保护以期不受其扰的行为一样，毫无正当性可言。

附件 B 中附有海关监督与三国领事所举行的会议纪要，以及为将议定事项付诸实施而必不可少的相关领事函件及布告。此外，还有一份印制的由三国公使与清政府签订的土地章程，外国租界的市政管理机构正是依据该章程予以组建并管辖居住在租界内的所有人，不论其是外国人还是华人。这些安排是遵照条约规定做出的。清政府及三国领事各司其职，租界内居民行使其自治权，并在必要时由海军予以协助。占据周边乡村的清军和城内的叛军首领已发布公告，要求各自控制下的各方尊重外国租界的和平与中立，各国领事也告知本国侨民有义务尊重叛军及清军双方各自的交战权。

这项制度现已完全施行并为各方所遵守，我相信它有能力处置各种原因导致的停止执行。内地的茶叶和丝绸能够较为顺利地运抵上海，进出口税款也能公正征收、按时缴付。若就此还有什么期待，那便是开放新的扬子江沿岸口岸作为进口货物市场。

这些安排甚是全面，既确保了上海外国租界的和平与安宁，保障了我国国民的人身财产安全和商贸权益，也能避免外国势力中任何一方取得过多的优势。

三国公使签订的土地章程否认了此前英、法两国企图独享中国地方当局分别对它们做出的相应让步的主张，所有外国人在其各自领事的管辖下，享有同等的权利。各国领事和中国当地官员的协作，为各项权利和特权打下了坚实的基础。

附件中的《北华捷报》① 报道了各国领事与海关监督的协商会议并达成共识的过程。法国轮船“科尔伯特”号（Colbert）、英国双桅帆船“格雷希安”号（Grecian）和美国战舰“万达利亚”号（Vandalia）组成的常备海军正停泊在上海港。

我将在另一份呈文中报告我为应对江海关监督要求美商缴纳 1853 年 9 月 7 日起的税款一事所采取的措施。在第 1 号呈文中我已向您介绍了我向美商表达的关于他们同这一问题的关系的看法。在此我很高兴地告知您，为这类事务进行沟通的精神得到了商人们和海关监督的赞赏。他们将整件事交由我评判和仲裁，双方都同意接受我在自认为公平合理的前提下作出的裁决，犹如接受法庭判决一般。如此一来我不仅可以使美国政府在此事上再无更多责任，也能公平公正地处理商人们提出的要求。我很高兴能够利用我个人的及官方的影响力，就英商所面临的要求给予同样的指导，英国公使已经告知其国民，英国政府采用与美方相同的方式处理此事将会取得令人满意的成果。

推迟数周作出裁决想必是明智之举，我将在宣布裁决后再进一步向您汇报。

您恭顺的仆人

麦莲

致国务卿马西阁下

华盛顿

---

① 译者注：原文此处有脚注。

未缴付上海口岸之税款及海关的建立[①]

第19号

美国公使馆

1854年11月18日于上海

阁下：

本人有幸附上我同英国公使包令的一些通信，其中谈及英国政府针对1853年9月7日至1854年7月12日间在上海口岸未付税款这一问题所采取的行动。此外，还谈及了我们前不久同行前往白河口的相关安排和细节。

深表敬意。

您恭顺的仆人

麦莲

致国务卿马西阁下

华盛顿

包令爵士致麦莲

第69号

商务监督公署

1854年8月29日于香港

阁下：

本人有幸将克拉伦登伯爵关于在上海暂未缴纳的税款一事的来函副本交阁下阅知。为保持两国在中国事务上的一致行动和精诚合作——我国政府让我对此谨记于心，本人非常乐意聆听您的意见。

此致。

包令

① 美国国务院档：函件，中国，第10卷。1854年11月18日麦莲致国务卿第19号函，含附件8、9、10。

致麦莲阁下

克拉伦登伯爵致包令爵士

第 87 号　　外交部

1854 年 7 月 3 日

阁下：

关于领事阿礼国在上海地方当局因发生叛乱而无法自行完成征税的情况下收取的税收担保，女王陛下政府经过慎重考虑后认为，将这些担保发还给提交人最为安全合理。

女王陛下政府认为英民履行向清政府缴纳税款的义务有两个前提，一是清政府履行其为英方商贸提供保护的义务，二是清政府有能力为其政府征收税款。

从上海被叛军占领到有能力征收税款的海关机构于 2 月 9 日重建从而终止经领事阿礼国批准施行的暂行章程①期间，上海的清政府当局并未满足上述两个前提。因此这期间向英商收取的担保应令领事阿礼国予以废止，并在必要时向中国当局说明女王陛下政府决定不予执行的理由。

他应说明，女王陛下政府抱着对中国当局最友好的态度，在预期秩序将很快得以恢复且所有英民将再次享有条约②所约定的保障的情况下向英国商人收取了这些担保。根据条约规定，英国应帮办合法税收。然而无论从哪方面来看，这些预期都没有实现。直至此刻上海仍在叛军手中，秩序仍未恢复，英民非但没有得到保护，实际上倒是在居住地遭受攻击，由于清军指挥当局之故，他们的生命和财产安全受到了严重威胁。

因此清政府无权要求英国提供协助，女王陛下政府也无法再要求在沪英商对他们提供的担保负责。

至于将来，我认为，虽然上海的海关名义上已经重建，但由于当局的疏忽大意或默许纵容，似乎给了逃税行为极大的便利。

因此，女王陛下领事应向清政府清楚表明，不能再允许此种损害英国利益的情况继续下去，清政府必须依据已签订的海关税则公平、无差别地对所有国家的贸易征收关税。为保障税收，英国领事将履行条约所规定的各项义务，倘使清政府不愿或不能做到此点，女王陛下

---

① 译者注：系指英国驻沪领事阿礼国向英国商人公布的《海关机构空缺期间船舶结关暂行章程》。

② 译者注：系指 1843 年 10 月 8 日中国与英国在虎门签订之《五口通商章程：海关税则》。

领事将不会以任何方式介入其中，从而无法保护清政府免受由地方当局放任而导致的松散体系之害。

执行女王陛下政府的这一决定前，应告知法国及美国同仁。

克拉伦登

致包令爵士

麦莲致包令爵士

美国公使馆

1854 年 9 月 1 日于香港

阁下：

有幸收到阁下上月 29 日来函，其中附有克拉伦登伯爵关于在上海暂未缴纳的税款一事的函件副本。

本人乐于就该函件所涉事项表明意见，以便我们作为英、美两国代表能够保持行动一致，因为我很赞赏英国政府建议在中国事务上展开合作的态度。

我赞成克拉伦登伯爵提出的总原则，即商人的关税缴纳义务是同清政府征收并提供相应的保护义务相对应的，但我不赞成伯爵认为在这段时间内中方完全未履行义务的观点。清政府同英、美两国当局所建立并在此期间得以维持的特定关系，本质在于保护人身财产安全和贸易管理，因此不应将保护的缺失或征税的方式作为不纳税的理由。

我认为，要减免这些税收，应当基于不同于克拉伦登伯爵函中所述的理由，不过，尽管不能就此实现一致行动，我也将竭力行使本国政府赋予的职责并充分关注美商的利益。

对于克拉伦登伯爵命令将英国政府有关未缴税款一事的决定让我知晓的好意，本人深表感谢，我亦不会在未告知阁下的情况下采取任何行动。

麦莲

致包令爵士阁下

1856 年

江海关中的外籍税务监督[①]

第 3 号

美国公使馆

1856 年 1 月 25 日于澳门

阁下：

请允许我向国务院呈报有关中国江海关聘用外籍税务监督一事，以及我认为对此应采取的计策。

在华盛顿时，在关于此事的会议上，您明确表态，中国人完全有权为其海关聘用其想用之人而不必考虑国籍问题，但根据条约，外国政府没有义务为他们推荐税务监督。而我认为，处理此事是我义不容辞的责任。经调查发现，1854 年在英、法、美三国驻华公使的赞许和指导下，三国领事与中国地方当局合作，经过仔细商议制定了任用三名税务监督的计划，并一致同意三国中无论哪国皆可在其他两国放弃此事后仍旧实施这一做法（参见麦莲 1854 年 7 月 27 日第 8 号函附件 B）。抵达中国后，我发现，这一外籍税务监督制度在道德和政治方面对中国的影响远远超出预料，对中国有益，对参与国有利，且无损于商业利益。

英国女王特命全权公使包令阁下还告诉我，他收到一份在沪英商（仅少数英商除外）的声明，极力肯定这些措施的有利影响并要求继续实施；至于这些措施的合法性问题已提交王室律师，他们裁定这些措施完全合法；英国政府已经下定决心不予放弃。如此一来，此事已显现出了新的一面，有鉴于此，我已采取行动，详情参见附件 A 和 B。

恭请您批准此事或作出更为明智的决定。

作为您恭顺的仆人，鄙人深怀敬意、深感荣幸，此致。

伯驾

① 美国国务院档：函件，中国，第 11 卷。1856 年 1 月 25 日伯驾致国务卿第 3 号函，含附件 2 份。

致国务卿马西阁下

第3号函附件A

美国公使馆

1856年1月25日于澳门

阁下：

我的私人秘书大卫·奥立芬·韦尔先生将会把此函交给您，他将乘大英火轮船公司①轮船“艾琳”号（Erin）赴江海关任税务监督，填补贾流意②留下的空缺，贾流意在伦敦时告知我他可能不会返回中国了。

韦尔先生抵达后，请即刻通知道台或江海关监督，韦尔先生是根据1854年美、英、法三国领事在三国公使指导和同意下达成的协议而被指定为美方代表的，且他已做好准备进行宣誓并立即作为三名外籍税务监督之一开始履行职责。

您要向中国官员说明，韦尔先生与前任税务监督贾流意一样深受公使馆信任，他是一个聪明机智、品行优良的人，更是一个办事公道的人。在即将赴任的职位上，无论哪一利害关系国的代表都永远不会有机会指责他。

您恭顺的仆人

伯驾

致美国驻上海副领事余飞先生

---

① 译者注：系指 Peninsular and Oriental and Steam Navigation Company。

② 译者注：Lewis Carr。

第 3 号函附件 B

（私函）

美国公使馆

1856 年 1 月 25 日于澳门

先生：

我尚未有幸与您相识，但从熟悉您的人对您的言语中，我有理由相信我和您之间的合作，无论是私事还是公事，都将是令人愉快的。在公函中我已谈到了江海关中的“外国成分”，我希望在此更亲近坦率地向您介绍我们安排到海关的这位先生。韦尔先生是已故的大卫·华盛顿·辛辛纳特斯·奥立芬之孙。奥立芬是中国人最好的外国朋友，所有认识他的人都会把他的名字与中国友好、长久地联系在一起。我相信韦尔先生会效法他可敬的祖父的美德。他品行纯良、富有商业才能，所有认识他的人无不为其品性折服，我认为在这个职位上，没有比他更能令利益各方都感到满意的人了。

我并不了解在上海的我国国民对于这一机构本身（无论何人执掌）的一般看法。那些已向我表达看法的人，支持这些措施，希望这些措施由一个正直无私的人来执行，确保中外双方的利益，稳步促进海关运作，严格遵守条约规定，避免中国官员或外国商人制造不必要的麻烦。

尽管我国国民中有人宁愿 1854 年的协议从未存在过，但它已经获得同意而通过了，且协议规定，三国中任何一国都有权不顾他国反对，实施这些措施。而且我得到有关当局的消息，英国政府决定，即便单枪匹马也要实施这些措施。我认为为了美国的利益，我们应当采取同样的行动。我们必须委派代表，我相信我们安排到这一困难艰巨职位上的人德才兼具，将令人满意地完成任务。您可酌情将以上想法告知我国国民。

此致。

您恭顺的仆人

伯驾

美国企业致美国驻华专员伯驾的信及其回信①

第21号

美国公使馆

1856年8月26日于上海

阁下：

我的上一份呈文是上月26日在海上航行时所写。7月27日下午1点“东方”号（Levant）在距离镇海数里外的“三角洲”下锚，第二天凌晨4点我和史密斯船长乘小船赶往宁波，约8点抵达美国领事馆。流经宁波的甬江风光不似闽江般优美，但其两岸土地肥沃，丝毫不逊于流经各通商口岸的任何江河及其流域。宁波注定将成为一个重要的市场，外国人会发现其独特优势对自己十分有利。宁波坐落于河汉部位，河流在这里分成了两条支流，两岸人口稠密。我在其他中国城市没有见过如宁波这般宽阔的街道，宁波的平民、商人和士绅在体格上也明显优于广东人、厦门人或上海人，肤色也更白皙。港口停泊了约八至十艘各国船只以及众多小舢板（其中有一艘中国的蒸汽船），显示出这个港口的国内贸易之发达。几十艘更小的船搁置在河流两岸，木质的锚深埋在淤泥里，避免阳光照射。这些船主要服务于沿海贸易，因此在等待东北季风到来时被保护于此。

抵达宁波后，美国代理领事麦嘉缔博士告诉我前些天发生的另一起悲惨事件，这起事件的后果不似福州事件那样瞬间致人丧命。两名美国水手互殴，一人开枪击中了另一人的头部，伤者史密斯还活着，开枪的杰克逊已被逮捕收监。根据去年3月8日的裁定，这类罪行已不再属于代理领事管辖，宁波也没有美国监狱，所以此案的证据将交给领事，囚犯转移到最近的领事那里。史密斯船长已同意接管杰克逊，后者仍在“东方”号上等待上海领事法庭的审判。

宁波道台碰巧不在当地，预计一两天内不会返回，我自然不会和更低级别的官员会面。

由于该口尚未有外国商行，来自（新加坡）海峡数量有限的货物都由中国代理交给上海商户办理。

当晚10点我出发前往“东方”号，上月29日凌晨4点我们抵达这艘船。航行数小时后到达长江口，在这里停留24小时等待引水员。31日抵达吴淞，及时赶上即将起航的邮轮，寄出函件，本月1日日落时分在上海下锚。

附件1、2和3分别为我与福州、宁波和上海的通信。前两封信仅供您知悉，无须评论，

① 美国国务院档；函件，中国，第12卷。1856年8月26日伯驾致国务卿第21号函，含附件2份。

您可参见本月 26 日我写给琼斯先生的便笺，其中有我对已故坎宁安先生谋杀案的看法，另可参见麦嘉缔博士本月 26 日来文，其中写到了对于宁波事件之惋惜，以及对肆意妄为的外国人的担忧。

附件 3 为道台关于洋船运送中国流民进港一事的信件，其中提到了在台湾地区东北部折断桅杆并到该口维修的秘鲁籍船只“安东尼奥·特里”（Antonio Terry）号，还提到了那些从南方带来疑与叛军有关的中国人的船只。“安东尼奥·特里”号的船长和大副是美国人，该船上月 30 日完成清关，载有约 400 名苦力。到港后，据称因为逃跑、疾病和自杀，已经有约 150 人死亡。据称部分逃跑的苦力在水里被当场击毙，但我还未能核实这一情况。您应该已通过上一封信了解到 7 月 3 日荷兰籍船只“邦卡”（Banca）号在前往中国澳门的水路上发生的惨剧，船上载有几百名去往哈瓦那的苦力，船只在惨剧中被损毁，船员和大部分苦力都遇难了。附件中随附有秘鲁政府 3 月 5 日关于这种买卖的通告副本。

关于与上海通信的附件 3，我特别要请您留意其中就该口中国海关外籍税务监督一事与美国商人的通信，之后我会重新说明此事。

墨菲先生已经将您 5 月 16 日第 5 号函件交给我，对此我已开始关注，一旦税照问题得到解决，我会立刻将结果告知您。

此致。

您恭顺的仆人

伯驾

致国务卿马西阁下

华盛顿

（副本）

1856 年 8 月 5 日于上海

阁下：

借您来到本口之际，我们向您提出这里中国海关的外籍税务监督制度的延续问题，因其影响了美国贸易。

1854 年秋，主要由麦莲先生提出并推动建立该制度，当时由于（在此地的）政治动乱，海关业务陷于瘫痪，局面亟待重整，不仅当局想要确保他们应得的税款，而且大量英美商人也有此诉求。当时我们所代表的公司一致赞成有关协议，此协议承诺进行改革，整治海关种种弊病，阻止无序状态进一步扩大。

我们知道，这一新制度并不会一直沿用下去，除非政治麻烦一直存在，并且各有关列强一致赞同在所有通商口岸建立同样的制度。

事实证明上述条件并不存在。在中国的美国居民都很清楚政府并不赞成这一制度，坚决拒绝在他口推广，也乐于见到其在上海被废除。而且，也缺乏最希望该制度继续实施的列强的支持。

起初迫不及待建立该制度的原因已经消失，当局已经完全重整了局面，能够在他们自己的制度和监管下开展海关业务，效果较其他地方无差。一旦延续这一制度的必要性不复存在，那么相较于他口，我们将被置于极其不利的劣势地位。

中国人管理的中国海关手续简便，办事效率高，尤其是在时间紧迫、货物必须上船的情况下。但当外籍税务监督制定了苛细的、某些方面甚至令人烦恼的规定后，原有的速度优势消失了，这对我们而言绝非小事。再者，在他口，外国人从中国人手中购货价格也不低，但后者通过与当局议价，可以抵消一部分他们为货物在内陆城镇间转运而被迫缴纳的额外税费，因而他们的货物可以以相对低的价格卖给外国人。但在本口，议价不可能实现，而一路上的额外税费也没有减少，这样一来，迫使货物从我们的市场转向其他甚至更遥远的港口，对此我们非常沮丧，盈利确实无望。

以上情况现在已得到有力证实，我们有理由说，若非上海在贸易中占有一定的份额，其作为出口大港的地位终将因其独有的制度而不复存在。

上海 1854 至 1855 年度和 1855 至 1856 年度的贸易额有所增长，这被视为这一新制度带来的积极效果。但显而易见，这一繁荣与新制度毫无关联。

1854 至 1855 年度广东发生的问题自然而然地使茶叶贸易转至上海。福州建港时间尚短，茶商还没有信心在当地开辟一个新的市场。除此之外，欧洲丝绸产量低，且对中国丝绸的喜爱与日俱增，因而丝绸出口量激增。而上海是丝绸出口的唯一港口，除非出口商愿意承担额外的转运费用，这就是当年贸易额增长的两大原因。

至于 1855 至 1856 年度，丝绸对贸易量的影响仍在。而数据显示，茶叶出口量不增反降。上海出口至英国的茶叶量相比前些年有所减少，出口至美国的绿茶减少了 200 万磅。而这些量都转至广东了，尽管这意味着高昂许多的运输费用。这一影响在本季更加突显，至今还未有任何工夫茶运到这里，而在前些年的这个时候已有很多船装载工夫茶驶离港口了。与此同时，福州港倒有一支船队开航了。

这一巨大的、灾难性的变化当然部分也由其他原因导致，其中重要的一点是我们缺少货币，但最主要的原因之一还是海关的现有制度。除了前面提到的优势丧失以外，本地商人也极度厌恶外国人管理海关，因为他们的买卖更难做了，而且他们也得不到来自中国人的那种礼貌周到的待遇了。

因此，一方面，我们在各种场合极力表示我们希望履行条约义务的愿望，而且我们在所有正式场合的举动都证明了这是一个忠实的愿望；另一方面，我们也自认为有责任为了本口利益，为了我们所代表的人的利益，恳切地请求您考虑取消现行制度的适当性和公正性。

我们还想借此机会告知您，去年未有任何美国籍的税务监督上任，这背离了海关监督与各国代表所达成的协议条款，而前者对此提供不出任何合理的理由，作为美国商人我们对此自然义愤填膺。已有适合这一岗位的人选，海关监督也收到了推荐的人选，但他都以各种借口推脱了。相信您一定能谅解这封信如此之长，因为我们希望尽己所能，明白晓畅地向您陈述这一极易被歪曲的事件。

您恭顺的仆人

旗昌洋行

同珍洋行

pp. C. D. 奈先生

琼记洋行

F. D. 威廉斯先生

丰裕洋行

致美国驻中国全权专使伯驾阁下

（副本）　　美国公使馆

1856 年 8 月 25 日于上海

诸位先生：

各位 8 月 5 日联合发出的信函已于本月 21 日收悉。其中谈到了与美国贸易密切相关的本口中国海关外籍税务监督制度的延续问题，还谈到了该制度的起源、随之而来的恶性影响以及其实施以来清政府态度的改变。其中各位还表明：一方面，你们在各种场合极力表达你们希望履行条约义务的愿望，而且你们在所有正式场合的举动都证明了这是一个忠实的愿望；另一方面，你们也自认为有责任为了本口利益，为了你们所代表的人的利益，恳切地请求我考虑取消现有制度的适当性和公正性等等。

作为答复，我来到本口后对所见的严峻贸易形势深感忧虑。我从各方面了解到，本口贸易几乎处于停滞状态，众多商船仍然停泊在河面上，要装载的茶叶还未运到，除了几艘装载丝绸的船，迄今为止没有任何达到正常运载量的船只驶离港口，而前几年这个季节的贸易额早已飙升！上海港的地理位置和得天独厚的自然条件为人们对它的高期望值提供了充分根据，这些期望也注定会实现。基于这样的期望，当地的房地产投资已不少于 100 万英镑。因而如今这种意想不到的前景逆转难免会引人探究其缘由。如果这些缘由可以消除，就应及时、努力地采取补救措施。

毫无疑问，其中一个主要原因是内战发生在一些涉及出口商品生产和进口商品消费的重要省份，内战一天不停，这一主要原因一天不能消弭。与上海贸易息息相关的几条交通要道，包括连接内陆、西部和西北省份的长江，流经苏州的弯曲而不太宽阔的河道，通向南方的一条不太好走的通道，都已经相继被相互敌对的军队所阻断。

正如你们提出的，当前这种反常形势，包括贸易受损，货币缺少，其影响不可忽视。但你们认为本口特有的海关制度的实施是更大的影响因素。你们已详细陈述了这一点（其中细节不再赘述），并称随着事态发展，上述情况越发严重，我们完全可以说若非上海在贸易中占有一定的份额，其作为出口大港的地位终会因其独有的制度而不复存在。对于这一情况，如果在进一步调查后得出的结论依然如此，那么各列强代表不可能不及早地予以密切关注。毕竟这一制度是在他们的准许和指示下建立的，其延续或废除也只有他们才能决定。

关于这项制度的大致原则，如你们所知，目前我国政府的意见是，任何政府都有权在自己的任何公共部门中雇佣自己满意的人员而不必考虑其国籍问题，而我们与中国签订的协议中没有我方必须提供帮办税务官员这项义务。协议签订之后，我国推荐了税务监督，但这并非履行义务，而是特殊要求之下的权宜之计，也希望只是暂时应急。据有关当局的可靠消息，我了解到英国政府也持有相似看法。但如果中国人在海关雇佣外籍税务监督一事中，外籍税务监督所属国有挑选人选的责任或是代为挑选，这就是另一回事了，而如果要继续推行这一制度，必须予以规范，并且不能只局限于本地，应该被普遍采纳，这样才可能解除你们提出的强烈异议以及大部分负面影响。

作为美国商人，你们完全有理由表达对去年未有任何美国籍税务监督任职的愤懑，这背离了协议约定，且尽管该职已有合适人选，你们也按程序向海关监督进行了推荐，但都被其以非常草率的借口拒绝了。你们可以放心，我们将采取措施，避免这种情况重演。

目前，我们暂时没有确定人选来填补由于贾流意缺席而后又辞职造成的监督空缺。此事将尽早呈交英、法、美三国公使审议，届时将充分考虑你们坦诚且清楚明白的意见，对于

1854 年 6 月 29 日达成的协议，是予以维持、修正或是废除也将被议定。

您们恭顺的仆人

伯驾

致上海

旗昌洋行

同珍洋行

pp. C. D. 奈先生

琼记洋行

F. D. 威廉斯先生

丰裕洋行

1859 年

粤海关的管理①

第 23 号

美国公使馆

1859 年 12 月 10 日于澳门

阁下：

我荣幸地告知您，我甫至广州就收到了两广总督劳（崇光）阁下的邀请，请我前往其位于城内的府邸访问（我相信对外国公使而言尚属首次），对此我欣然接受，并在斯特里布林准将的陪同下于上月 26 日前往他的衙门拜访，他于上月 29 日回访。在这两次会面中我们对中国海关的征税模式讨论了很久，令人满意。对于海关在广州口岸实施的管理我也非常满意，这在相关通信中有体现（附件 1、2）。

公平地说，我发现英籍海关税务司愿意接受我提出的所有公正或适当的要求。发布的规章已作出修改以严格遵守条约规定，对保障征税并非必要的内容则予以删除。在广州及另一个口岸的海关将由美国人担任税务司，由于目前仅有 6 个口岸施行这一制度，这样安排给了美国人一个公平的比例。

我带着对英国人较深的成见来到中国。我有时会想，有一种力量在阻挠我们的意见，而且他们不愿意把我们有权得到的利益让给我们。只有调查和经验才能消除我所有这些错误的印象。

离开上海之前，在同中国政府议妥条约相关事项后，我认为这正是向其介绍我的前任曾为此目的提出的一套标准度量衡的良好时机（附件 3、4）。

抵达此地后，我收到钦差大臣何（桂清）对我有关海关征税事宜的去函的答复（附件 5），但现在已经不那么重要了，因为收到复函时此事已商议妥当。

我已委派巴力烈先生赴即将开放的汕头口岸出任副领事，其委任状随函附上（附件 6）。由于办公经费的原因，我至今也未能找到一位美国人愿意前往台湾口岸。恐怕在国会法案定好薪酬和得到总统任命之前，该口都将处于没有领事的状态。中国当局已发布命令，要求这

① 美国国务院档：函件，中国，第 18 卷。1859 年 12 月 10 日华若翰致国务卿第 23 号函，含附件 1、2、5。

两个口岸自1860年1月1日起开放。

我丝毫无意干涉海军的规章制度，但我有责任告知您，倘若来年春夏在北方开启战事，则在某些开埠口岸（极有）可能发生骚乱，在那种情况下，仅凭现有的海军力量，我国公民及我国的大量在华利益将缺乏足够的保护。

您恭顺的仆人

华若翰

致国务卿刘易斯·卡斯阁下

华盛顿

1859年12月10日第23号函附件1

美国公使馆

1859年11月28日于广州

美国驻华特命全权公使敬告阁下，本公使对与阁下在府邸面谈中获悉的以下情况感到欣快：一是在即将施行新体制并聘用外国人的粤海关中，美国公民将享有充分和公平的代表权，二是除美国领事或公使认可的合乎条约的规章外，其他规章对美国公民无效。

本公使还提请您注意一项即将对美国公民所拥有的用于载运旅客、行李以及其他免费物品的轮船征收船钞的新规定。这些船只确实载运了一些通常需要纳税的货物，但其主要还是用于运送旅客，其中既有外国人也有华人，这些船对这些旅客用处很大。但是，由于它们出入频繁，对其征收船钞将把它们赶出这条河，对一直乘坐轮船的你我两国民众而言都将带来极大不便。本公使认为，将这些船只的船钞改为每6个月缴纳一次是公平公正的解决办法。本公使对于阁下在这一点上的观点与本人一致感到非常满意。

以上事项安排妥当后，我们两国必当敦睦友好、贸易畅通，本公使向阁下保证，这是本公使最诚挚的愿望。

华若翰

致两广总督劳崇光阁下

1859 年 12 月 10 日第 23 号函附件 2

两广总督、都察院右都御使、前兵部尚书劳崇光此复。

贵公使上月 28 日来照敬悉，内中言道：

（此处引述了华若翰先生的公函内容）

前言之事，须同海关监督议，本督札饬其查明，得复如下：

“中国钦差与英、美、法三国公使于天津议定，通商各口税收如何严防漏税，自应由中国设法办理，且各口应画一办理，任凭邀请外国人帮办税务，毋庸外国官员干预。近奉两江总督何（桂清）札饬，设法于本口照上海式征税。诸项安排已预先照会美国领事官知晓，使其能告知美商诸安排将于 10 月 24 日施行。

“至于帮办海关事务之外国人，无分国别，然外国人之好坏、能拙实非何督宪所晓，遂命税务司李泰国代寻妥当之人。已悉美、法两国人其皆有意选用。于各口将择取合乎职责要求之人，用于执行该体制。且无意于一口聘用一国之人，另一口聘用另一国之人。然聘用之人中若有无能不可信之辈，无论何国人，一律解雇，以期无碍公共事业。

“征税所用之章程，须符合条约规定，断不可有丝毫抵触。若须新设规章，亦要预先送交美国官宪审改。美公使阁下无须忧虑此中安排有不遵条约者。

“每日出入之轮船，同每月出入一二次之商船，似不能等同视之，然同样按货物税例交纳。下官已告知各领事官，商人当按季交纳船钞，然由目下来函获悉，提议每两年交纳一次船钞，且仅涉时常出入该口之轮船，而非其他。同美领事官面谈中已论及此事，宜照此办理。此当通告外商，使其知该章程仅施于轮船，其他船只不得照此办理，仍须照定规交纳。如此，必当愈加敦睦友善，此呈，督宪大人明察施策。”

现将此答复转知贵公使，愿贵公使满意。

致美国驻华特命全权公使华若翰阁下
1859 年 12 月 5 日

1859 年 12 月 10 日第 23 号函附件 5

两江总督、各口通商大臣何桂清此复。

贵公使 10 日来照敬悉，内中提及海关聘用外国人帮办税务之事，并称不宜引用在上海商定之通商章程第十条规定，因该章程已暂停实施。内中还提及开放口岸征税规章事宜，此类规章在实施前本应同美国官员商议，而掌管诸口海关之外国人已于广州发布一套对美商极为有害之规章，贵公使还称有意于本月 12 日前往广州亲查此事。

本人在本月 5 日回复中已对此事予以详述，并表明已行文该口海关监督，令其对已发布之规章予以修订，查明其中对贸易有害之处，并了解该口海关可否聘用美国人帮办。

本人在回复中谨遵我们举行会议时所遵循之理性、得体等原则，且未引用通商章程第十条来佐证本人之论点，因本人深知我们已决定暂停实施该章程。然若我大清朝廷业已依据该章程要旨引入外国人帮办税务，而似乎又无须外国官员介入细节，倘若如此，海关税务岂非仍如旧时一般管理，现又为何交由粤海关监督修订？

诸口所用之规章应视各口情形予以修订，虽有外国人协助商讨，最终亦需呈交海关监督审定批准，且需由本人亲定后方予施行。倘若规章未同条约规定相悖，外国人无权干预其施行。

本人现将再行文该口海关监督，令其详查所发布之规章，对其中有损美商、美船利益之规定一律加以修订，以使相关利益获得保障，同时询问其是否可于该口海关聘用美国人帮办，且有何兼具才干与能力之美国人适于聘用。

待贵公使如期抵达广州后，自能详查公布规章之内容，获知其是否同条约规定相悖，亦可同海关监督商讨其中细节，妥善解决此事。

致特命全权公使华若翰阁下

1859 年 11 月 14 日

1860 年

中国海关的建立[1][2]

（摘录）

起初，新的海关体制开创于上海、汕头及广州三个开放口岸，本人获悉李泰国先生（受雇于中国政府、负责推行该体制）有意尽快在其他各口岸推广该体制。在之前的一份函件中，我已经充分解释了我感到在这一体制开始实施过程中我有责任承担的角色。我并未推荐过任何一名美国公民，也没有利用自身的影响力来确保任何人获得任命，但我已要求通过任命一定比例的美国公民来保障美国的利益，这对于防止出现里德先生所言的“英、法两国在该海岸的商务保护地”十分必要。尽管如此，我告知接受任命的美国公民，他们须充分认识到自己已成为仅向中国政府负责的*中国*官员，在任期内他们将被剥夺要求庇护的权利。

在建立起这一新体制的地方，凡海关影响力所及之处，子口税章程皆已施行，但这必然是有限的，正如我先前所言，外国人必须要能够随货物深入内地并进入内地采买产品，才能真正实现这一体制的效益。中美间的条约中并未直接给予我们这样的权利，而是如里德先生在 1858 年 11 月 10 日给在上海的清廷钦差的函件中所言：“美国公民进入中国内地的权利源于 6 月 18 日签订的《天津条约》中的条款，该条款给了美国及其公民最惠国待遇。”我们须待约定此项权利的《中英条约》换约且生效后才能享受这一权利。因此，一方面我对每一封到来的信函都怀有急切的期待，希望从中获知包含上述两项条款的条约已由总统发布的消息，另一方面，除非中国同英、法两国间的难题得以解决，否则这一包含新订税则和新的贸易章程的条约[3]便不可能施行。

---

① 美国国务院档：函件，中国，第 19 卷。1860 年 3 月 26 日华若翰致国务卿第 6 号函，第 12–15 页。
② 译者注：指洋关的建立。
③ 译者注：指《通商章程善后条约：海关税则》。

< 1861 年

恭亲王关于准予李泰国先生休假并要求其先到天津开办洋关的札谕[①]

钦命总理各国事务大臣恭亲王特此札谕帮办各口税务之海关总税务司李泰国先生。

呈文两件收悉，称因病告假回国，无法至天津开办海关，已命法国公使馆秘书之表兄弟克士可士吉任津海关税务司，令粤海关（副）税务司赫德先生赴京听命，并言此等安排所涉及之有关人员以及津海关之薪酬调整应予关注等。

你数年来于管理上海及其他各口海关所示之热忱细致实为令人满意，已获我们完全信任，遂委任你协助管理新开贸易口岸，因各口十分需要得到如你这般富有经验之人的积极协助。

然而，你现在告假离开，本爵自当让你得偿所愿。但必须同时指出，天津口岸开放之初，所有事务对所有人来说皆为全新。你长期以来管理海关事务所示之公平、勤奋、细致，本爵深为赞赏，因此即便身体不适，你也须亲赴天津安排诸事，断不能拒绝，所需之时日不过半月，待新设机构开始运转，即可回英疗养康复。此安排无疑最为合适。

若有任何私密缘由不知当不当言，务必直言不讳。此为本爵对你深信不疑之明证，因此你当办好此事。急件。

咸丰十一年二月二十八日（1861 年 4 月 7 日）

---

① 李泰国著：《我们在中国的利益》（Horatio N. Lay, "Our Interest in China"）1864 年，伦敦，第 5-6 页。译者注：未查到此札谕原文，此处系据英文移译。

1862 年

公使无权任命海关税务司及关于海关中的诸多美国人[①]

第 17 号　　　　　　　　　　　　　　　　　　　　1862 年 5 月 18 日于上海

阁下：

2 月 18 日第 7 号来函敬悉。

关于阁下第 6 号函，我答复如下：经研究，我发现自己无权任命海关税务司。根据附约[②]第十条规定，中国政府任命高级官员监管外贸，“毋庸美官指荐干预”。但我仍将尽力使被任命的高级官员合乎阁下的心意。我收到我国驻厦门领事弥俄礼先生来函，告知该口有一美国公民名华为士（我前任的弟弟），自称是脱离主义者。您在第 6 号函中暗示，政府无意“打扰他”，从中我推断，我前任的弟弟是忠诚的，您也认为他是忠诚的，您欲表明对于南方人忠诚的欣赏。假使华为士先生有叛国倾向的消息属实，我将竭力发挥自身的影响力来说服中国政府挑选一名忠诚的美国人接替他的职位，相信您也会赞成我的做法。

很高兴地告知您，通过驻本口领事熙华德先生积极施加影响，理船厅负责人已确保由美国人出任。广州、厦门、九江的海关负责人由美国人出任，上海和汉口则由英国人出任，福州由法国人出任。

自发出第 14 号函以来，在英、法两国的帮助下，在盟友承受巨大损失的基础上，宁波已从叛军手中夺回，中国政府权威得以恢复。

英、法已承诺在距上海 20 英里处维持一条从扬子江直抵杭州湾的界线，目前正忙于通过大量作战将叛军驱除出界。

我刚刚得知法国海军将领卜罗德昨日被叛军杀害的消息。其中详情我尚不得知。我们深

① 美国国务院档：函件，中国，第 20 卷。1862 年 5 月 18 日蒲安臣致国务卿第 17 号函。

② 译者注：指中美《天津条约》附约《通商章程善后条约》。

感失去他的巨大损失，处处弥漫着悲伤。我明晚将乘轮船“迦太基”（Carthage）号前往北京。

您恭顺的仆人

蒲安臣

致国务卿威廉·亨利·西华德阁下

中国有权制定和实施海关章程①

1862 年 12 月 9 日于北京

先生：

收到关于美船“阿格尼丝”（Agnes）号一事的相关材料后，本人立即提请清政府注意相关事实。对于我提出的放行船只、赔偿损失的要求，同我进行沟通的官员通过通事向我表达了予以支持的强烈意愿，并表示如果我能正式去函向他们阐明实情，他们会将情况告知宁波所在省份的通商大臣薛，令他查明情况，如我所言属实，至少要立即放行船只。我将立即对事实作出说明，予以翻译并采取行动。很遗憾今晨离开的邮船未能赶上该邮件，但此函件无疑将由其信使立即经陆路送出。此事令我颇为为难。船方和海关监督各执一词，船方否认其违反了海关章程，而日意格先生宣称其违反了相关章程并指出有两位证人可以证实。

现在明确无疑的是，依据条约规定，中国政府有权制定海关章程并通过扣押、查抄财产来执行相关规定，但其无权收取罚金，因为罚金是向个人收取，且看似有向拘捕、关押发展的可能。条约第 11 条所规定的处罚只能由该居民所属国家的领事来实施。若此事件中金（King）船长确实违规卸货，则中国政府查抄货物入官并无不妥。若其并未违规卸货而中国政府非法查抄，该行为则是错误的，这将成为政治问题，需由驻京的外交机构依据事实进行协商、公正解决。中国政府并无必要将这些问题诉诸我们的法庭。即便其想要这么做，也无法如愿（参见司法部长顾盛在领事训令中的观点意见）。关于在本国领土上实施税收法这一点，中国政府并未在任何条约中对其在本国领土上实施其税收法的主权作出任何让步，反倒是明

① 美国国务院档：函件，中国，第 20 卷。第 30 号函（1862 年 12 月 10 日）附件：蒲安臣致孟恩威理，1862 年 12 月 9 日。

文规定保留了其有权这么做（参见补充附约第 6、第 10 条）。此事件中，海关监督对金（King）船长做出的处罚是错误的，他要求船长去面见他以解除就其船员不当行为的指控，并且在其认罪和缴纳罚金前对其船只实施禁行，而道台支持他的这一做法同样也是错误的。你说金（King）船长已缴付税款并收到了卸货准单，因此其有权卸货，仅应就违反口岸规章卸下的那部分货物接受查抄。这些匆忙之下得出的观点并非裁决，当前我并没有接到需要我采取司法行为的案件。我将竭尽所能帮助金（King）船长，但其不幸之处在于要使中国政府有所行动将耗费时日。对于您竭尽所能力图妥善解决此事，我深表感谢。

此致。

您恭顺的仆人

蒲安臣

致美国领事孟恩威理

供职于中国海关的英民不因其职务行为在英国法院承担民事责任：宝文洋行[①]诉费士来案[②]

卜鲁斯先生致罗素伯爵—（于 1863 年 4 月 17 日收到）

（摘录）　　1862 年 12 月 23 日于北京

谨附上一封恭亲王照会副本，其中针对中国海关英籍雇员因执行公务而被诉至英国法庭一事表示抗议。另附上一份由香港最高法院发给麦华陀领事的执行训令的副本，该令指示领事审判宝文洋行诉费士来作为海关关员查没货物一案，即恭亲王所指的案件。

通过仔细阅读女王陛下在 1853 年 6 月 13 日所颁布的枢密令第四节及其后的内容，依我看来不管是其用词还是意图，都是要将违反为执行条约而制定的各类规章的案件的诉讼，限定为由领事和商务总监来处理。若一个英民对领事判决不满，求援门路是向商务总监申诉，若商务总监未行其职，则可诉诸其上级，即外相。该章节所涉案件的总监是在华最高法院，应由该院向领事指定其应采取的做法，香港最高法院不能干涉此事，以免制造混乱。

① 译者注：宝文洋行（James Bowman），原系独资，1853 年 7 月改组称 Jame Bowman & Co. ，1859 年再改组为 Johnson & Co. 。原文中有 Bowman、Johnson & Co. 等不同名称，统一译为宝文洋行。

② 英国国会档：1864 年中国第 3 号，“中国事务”，第 31-37 页、第 94 页。

阁下定能理解我所说的恪守这一职责划分的重要性，因为我意识到，如果女王陛下政府认可了以对受雇于中国政府的英民的公务行为提起诉讼之方式而将中国政府诉至英国法庭的做法，则中国政府必将停止在中国海关中募用英民，转而募用那些其所属国家政府不会就此追究其个人责任的他国洋员。如此一来，就我们在中国的利益而言，我作为英国公使所能施加的影响力将大为削弱，或者我只能反对中国海关引入洋员来加以应对。在我看来这两种选择，对于我在北京为贯彻增强中国政府的行政能力，和引入有助于商贸渐进平稳发展的管理理念这一政策所做的努力，都是毁灭性的。

在 12 月 2 日的呈文中我已向阁下介绍了阿瑟顿爵士及其他法律顾问的共同意见，他们认为依据条约，中国海关有权在某些情况下采取查没措施，而倘若其并未公正地行使这一权力，那么，为反对中国政府的做法而采取的补救渠道，必须为外交途径。同时，对于受雇于中国政府的英民的公务行为，应由中国政府负责，倘使英民因行使中国政府授予的权力而被他人向英国法庭起诉，则向其所效力的当局进行申诉是有充分理由的。

在此案中，若宝文洋行第一时间就费士来先生查抄其货物的行为提起诉讼，从技术上而言，妥当的做法是把此案予以记录，并且把费士来的答辩词也记录在案，这样此事可告了结。但事实是宝文洋行同中国海关监督就此事进行了冗长的通信和数次面谈，在此过程中，海关监督完全可以肯定查没行为系由其授权，并承担全部责任。

当此案反映到本人这里时，我认为，没有充分的理由要求赔偿，并且在原告已承认该行为是由中国政府授权之后，在我看来也不宜令领事作出传唤费士来先生这等荒唐之事。

如果还需提出进一步的理由来表明枢密令并不想看到诉中国海关的案件，那么以下事实可以表明：依据该令所能做出的唯一处罚是处以 500 元罚款，或是最长三个月的监禁。

通过洋员查没货物，仅以支付 500 元罚款或是让洋员接受监禁的代价就可免于承担其他责任，这对中国政府而言是非常有利的。

然而本人同最高法院之间的争论点还是在于管辖权。我认为在枢密令第四节所述的情况下，最高法院无权指令领事如何处理案件。这些案件专属于我管辖，应服从我从外交大臣处获得的指令。鉴于此案的特殊情形，是否应下令进行形式上的审判，需由阁下您来定夺，但是我知道中国政府会否认法庭参与审判此案是非曲直的资格，而且为了获得补偿，我们也不应进一步要求领事法庭作出对被告不利的判决。

值得一提的是，我在埃及时也遇到过类似的案件。一些货物因在铁路运输过程中遭损坏，负责运输的一名英国人被以事先缺乏适当的防护措施为由诉至领事法庭，要求其赔偿。被告对领事法庭的资格提出异议，理由是铁路属于埃及政府，诉讼对象应是埃及政府。这一抗辩得到了支持，诉讼被驳回。这一决定的适当性并未被质疑。运输工具造成的损害应向其所有者而不是其驾驶者索赔，这一原则应是通用的。

随函附上有关宝文洋行要求索赔一事的抄件，从中可以看出，他们非但未受到严厉处置，中国当局对他们的处置反倒是很宽大的。并非故意犯错的借口已站不住脚，从货包大小就足以看出数量的虚假，漏报部分本就应当在被查抄前主动申请修改，而不顾钤字手的劝阻强行夺走这些货物的行为，若被指控违规，则宝文洋行帮办将可能受到严惩。中国海关要想有效率，就必须毫无例外地使用严厉的处罚，因为倘使一国商人免于受罚，则他国商人也会要求得到同样的豁免，由此引起国家之间的猜忌，那么海关行政的效率也就谈不上了。

恭亲王致卜鲁斯①

1862 年 10 月 24 日于北京

本爵特此照会。

本爵获悉上海英商宝文洋行申请许可卸落一批货物时，所报件数大大少于实际数量，该批货物被海关监督查没，为此该洋行请求香港法院传唤江海关（外籍）税务司费士来，诉称上述处罚是错误的。

本爵对英国法律并不精通，但（在本爵看来）此诉违反条约②规定且并不公正（或合理）。

条约第四十六条业已订明，任凭中国海关设法严防漏税，海关税则③第十款亦规定，任凭总理外国通商事务大臣邀请英人帮办税务并严查漏税。

咸丰十年十二月（1861 年 1 月），本亲王札谕李泰国，任命其为海关总税务司，并令其募用品行端正之英人在各口海关帮办税务。

咸丰十一年（1861 年）春，李泰国以健康为由申请返英，本爵再行札谕费士来与赫德会同署理总税务司职务，费士来并继续担任江海关税务司一职。

今年七月（1862 年 8 月），上海宝文洋行向海关申请卸载 80 包长布，每包 25 件，共计 2000 件。有 30 包已卸落并储存在其仓库，还有多达 22 包因体积大被钤字手禁止卸落，据其报告，海关监督指派了一名巡役去称重。但该洋行未待货物受检便已将其中 8 包搬入其仓库，剩余 14 包留在船上。经检查，这些余下的每包装有 50 件长布，海关监督以申报件数少于准

① 译者注：未查到照会原文，此处依据英文移译。
② 译者注：1858 年中英《天津条约》。
③ 译者注：1858 年中英《通商章程善后条约：海关税则》。

确数量为由扣留了这 14 包货物，并致函领事要求其派遣一名巡官前往宝文洋行仓库扣押另外 8 包货物。

第二日，洋行代表前往海关，辩称 2000 件的申报数量为笔误，绝无逃税企图。

由于这番表示是在错误被查出后才作出的，显然错误申报就是为了逃税，出于警示目的，这些货物将被查没。

但领事极力请求此事能宽大处理，所以这批货物获准不予全部查没，仅查没当天给予处理的 22 包货物。

本爵已审阅上海道台（海关监督）呈报的案情，未发现该官员在处理此事上有何过错。既然洋行认为该官员的决定有错，为何不请求领事按照条约规定请英国公使来调查？显然，该商户认为总税务司费士来只依其个人职责行事，而不知《通商章程善后条约》第十款已订明雇佣英人仅仅是协助海关管理而并未授予其独立行事的权力，惟海关监督具有独立行事的权力。若海关监督行事有过错，本爵自当对其行为进行调查，如果查明其确实有错，受害者理应获得赔偿。

倘若外国雇员违背海关监督的命令，监督可撤换违令者或请本爵将其解雇。外籍雇员行使权力应承担相应责任，募用洋员帮办海关事务目的在于防范走私，倘使他们在查扣走私货物时由于外国官员干预而无法采取行动，那么何必募用他们？海关税务司为洋人，雇佣洋人为钤字手也很有必要，既然如此，为何该商户装作其（仅）想使税务司一人受到传唤？如果洋行使用的伎俩是惯常的做法，那么他会不会还要传唤海关监督本人呢？但可以确定的是，由此类推，如果领事犯了错，监督官或长官可以让其接受司法调查吗？总之，如果英商对任何一口海关的行为不满，恰当的处理方式是由中英双方分别将此呈报本爵及英国公使，会同考量后，达成令人满意的结论。中国海关事务不能以诉讼方式处理。即使胡乱地传唤钤字手也是不对的，传唤担任高级别官职的税务司更不容置疑是错误的。关于对商户逃税行为的处理方式则更为简单，必须根据条约对他们进行处理，还要公正地考虑实际情况，严格依据事实推断情况，这些就是解决问题所需的全部内容，司法程序并无必要。

以上是本爵的观点，本爵毫不怀疑英国公使阁下也持有相同观点。

特此照会卜鲁斯先生阁下。

同治元年九月二日（1862 年 10 月 24 日）

香港最高法院公诉部　1862年7月28日宝文洋行诉麦华陀

读完弗朗西斯·巴尔克利·约翰逊（Francis Bulkeley Johnson）的宣誓书后，现令麦华陀在本规则对其生效之日起一个月后，到位于维多利亚城皇后大道的法院大楼向香港最高法院作出解释，为何香港最高法院指定的部门不应对英王陛下驻上海领事麦华陀发出训令，命令其依照2月15日申请人向其提出的申请，继续审理和判决申请人因通过“卡普里奥莱恩”（Capriolane）号进口80包衬衫布料至上海一事被指控违反英国女王陛下同大清皇帝达成的条约规定一案；并解释为何由此产生的以及此次申请的相关费用不应由其支付，以及为何香港最高法院不应就此制订进一步的或其他必要的规章或命令。

基于爱德华·H. 波拉德（Edward H. Pollard）先生的指示。

在法院

（签名）T. S. HUFFUM

代理副司法常务官

1862年8月7日送达

（签名）麦华陀

吴道台致马安副领事[①]

1861年10月30日

本道台在此情形下致函：——

本月五日（西历10月8日），宝文洋行申请许可从第3634号英船上卸落80包布料，申报为每包25件，共计2000件，获得了准单。至昨日，已卸货22包时，一名方（Fang）姓司秤发现每包内布料不止25件，估计80包共能装下4000件布料，申报数量足足短少一半，由此其令停止卸落并赶回海关报告此事。

未料到，宝文洋行乘海关司秤离开之际，将其中8包搬至其仓库内，当司秤返回后阻止其搬运余下14包，并前往商行索要被一名叫作Huc的仆役搬走的布料，该仆役大肆吵闹，扬言还要运走余下14包，当方姓司秤在扣留余下14包布料时遭到该仆役百般阻挠。

---

① 译者注：未查到该函原文，此处依据英文移译。

因此，宝文洋行因虚假申报和不顾海关关员阻止强行卸货已违反了规章，如果贵领事能签发一份搜查令，以便本道台派遣一名关员前去将已搬至商行的8包货物查没，本道台将不胜感激，如贵领事能逮捕广东人Huc并将其交我查问，本道台将不胜感激。

吴道台致马安副领事[①]

1861年11月3日

本道台再次就宝文洋行之事致函。

宝文洋行曾申请卸落一批布料，但其申报数量少于实际数量，海关关员令其停止卸货后，其仍将货物搬运至其仓库内，此行为违反了规章，本道台请贵领事签发搜查令以便本道台派人前去扣押并查没已被其搬走的8包货物，并请贵领事将其仆役Huc送交我审问。

贵领事就此事前来见我并说此事由一名伙计经办，乃一年轻人，并非故意犯错，其将交出这8包货物接受查没，但请求能对余下的货物免予查没。本着对此事宽大处理的态度，本道台允许就尚未卸载的58包货物准确缴纳税款后不予处理，但须令其交出已运走的8包货物，因此本道台再次致函请贵领事签发搜查令，以便本道台派遣关员前去扣押并依规连同已经扣押的14包货物一并查没。同时本道台请求贵领事能将广东人Huc交予我处罚，以警示他人。

请贵领事即刻办理为盼。

马安副领事致吴道台

1861年11月4日于上海

阁下：

本人有幸在此送上您所申请的搜查令，以便您能从宝文洋行仓库内提取8包本色衬衫布料并以走私为由予以查没。同时，本人再次提请阁下注意，本人坚信宝文洋行并非故意为之，且对8包货物予以查没已足以惩罚此错误，相信阁下将会允许商行运走余下14包仍在海关码头的货物，否则本人不得不将此事向驻京女王陛下全权公使呈报。

（签名）马安

---

① 译者注：未查到该函原文，此处依据英文移译。

吴道台致马安副领事[①]

1861年11月7日

贵领事11月4日函敬悉。

来函收悉后，本道台立即派一名关员凭贵领事签发的搜查令至宝文洋行仓库扣押此前被强行运往该仓库的8包货物，先前被查扣的其余14包货物已予以查没。

依据规定，81[②]包货物应尽数查没，但考虑到贵领事亲自提出的理由及请求，本道台同意没收22包，待商行准确缴付税款后容许放行其余货物。如此处理已极为宽大，盖因此次是该商行二度违章，其先前曾卸下30包货物，各包内件数申报亦不实。

若此事仅因笔误而起，其应至海关更正，而非试图再卸下22包货物，且其在货物被查扣时才说发现错误。因此，虚假申报显然是有意为之而非偶然。

此外，当本人属下关员前去阻拦其搬走货物时，其趁该关员为报告此事而离开之机强行搬走了8包货物，若不是该关员迅速赶回码头，则另外14包亦将被搬走。而且，当该关员前往商行要求归还被搬走的8包货物时，商行中的一些人还威胁要殴打他，如此违章行为更加严重。

故而倘使贵领事将此事报告卜鲁斯先生，本人将感到非常高兴，因为若将全部此等情事报告给他，其将知晓商行是何等恶劣、我等行事是何等困难。查没货物的处罚是商行自身行为所致，本人不得不采取目前的措施。

于香港最高法院公诉部
约翰·利奥波德·沃格勒（J. L. Vogeler）的声明

以宝文洋行名义从事贸易的弗朗西斯·巴尔克利·约翰逊及阿尔弗雷德·詹姆斯·豪（Alfred James How）诉女王陛下驻上海领事麦华陀。

约翰·利奥波德·沃格勒起誓后发言：去年10月8日，本人受雇于中国海关任钤字手，吉尔默（Gilmore）先生令本人前往宝文洋行码头查看几包货物，该批货物货主为宝文洋行，在海关申报为每包内含25件。本人依令前往后发现小船上有14包货物，但卸货单上载明有

① 译者注：未查到该函原文，此处依据英文移译。
② 译者注：原文如此。

22 包货物从大船提取至小船。本人向中国籍司秤询问那 8 包货物的下落，其通过通事告知本人 8 包货物已被宝文洋行的人员搬入仓库。本人随即问他何人允许他们提走 8 包货物，因为每包中显然装有 50 件货物，其回应称仓库人员殴打他并将他赶离码头。本人命令船夫离开码头并将该船交由中国籍司秤领至海关码头。见船只安全停靠后，本人即将情况报告给吉尔默先生，告知其船只已到达，而且不管怎么看，每包内都装有 50 件货。本人亦向其报告了中国籍司秤被仓库人员殴打一事，其询问该司秤身上是否留下伤痕，本人回答未就此询问该司秤，也未亲眼看见。14 包货物几日后被送至海关仓库并被拆包，发现每包内装有 50 件，本人亲手开拆了其中的一两包。

1862 年 8 月 11 日于女王陛下驻上海领事馆起誓。

（签名）女王陛下驻上海副领事马安

卜鲁斯先生致麦华陀领事

（摘录）

1862 年 11 月 3 日于北京

有关宝文洋行要求归还被上海道台没收的 22 包本色布料的相关文书已在我手边。

根据该诉求的具体事实，本人的意见很明确，宝文洋行经理这样一种强暴的行为不但证明扣留这 22 包布料是有理由的，而且证明倘使道台使用其毋庸置疑的权力查没全部 80 包货物也是合情合理的。

倘若卸货申请中存在对于另一包货物的错误描述，且该错误是不利于商人的，则可证明其不存在欺诈意图，可以作为要求免于处罚的理由。然而违规商行并无欺诈意图的声明不足以作为要求归还货物的充分理由，因为显而易见，虚报被发现后，无所顾忌的贸易商自然会毫不犹豫地作出此类声明，而诚实守信的商人则将因那些不时成功避开海关关员注意的商人而遭到不公平竞争。

你应告知宝文洋行，我不能考虑归还他们货物的要求。若其不满意我的决定，可向女王陛下外交大臣申诉，他们的任何声明，本人都可转呈外交大臣。

罗素伯爵致卜鲁斯爵士

1863年8月14日于外交部

阁下：

对于阁下去年12月23日关于恭亲王对受雇于中国机构的英民因行使职权而被诉至英国法庭一事提出抗议的来函及相关附件，女王陛下政府已予以考虑并与女王司法官进行了磋商。

本人现向阁下表明，女王陛下政府认为，阁下犯了一个错误，混淆了两个不同的问题，一是关于违反依据1853年6月13日颁布的枢密院令而制定的规章的问题，二是关于英民在中国的领事法庭上的所谓民事责任问题。

女王陛下政府认为，阁下在处理提交给女王陛下政府裁决的这一问题时以枢密院令第四节及其后规定为依据，本身就是错误的。该类条款是关于违反条约及其他规章规定的行为以及通过处罚而对此类违规行为进行惩罚，而绝非是有关民事诉讼。

然而在此案中，所谓“英民”又有所不同，即原告方与被告方均为英国臣民。枢密院令第十二款适用于此案，该地区领事可以听取案情并裁定该案。若纠纷金额未超过1,000元，则可对其裁定上诉至总监，若超过1,000元，则应上诉至香港最高法院而非总监处。领事管辖的诉讼为“民事性质”，女王陛下政府认为该诉讼应按枢密院令第十二款处理。然而女王陛下政府亦认为受理该诉讼的法庭在对被告作出判决时应考虑到其受雇于中国海关担任中国官员一事已得到承认的情况，因为女王陛下政府认为如此受雇之英民因其职务行为不应在英国领事法庭上负有民事责任。

香港最高法院向领事法庭发出训令之权力问题，女王陛下政府认为，香港最高法院没有此项权力，若无授权，其作为仅负责受理上诉和一些共同管辖案件的法院，不具有此项权力。

本人进一步发现，这些难题源于1853年的一起事件，当时对英国臣民为中国皇帝服务一事未经仔细考虑。女王陛下政府认为，这些人并没有因此不再是枢密院令中所指的“英国臣民”，然而，考虑到这是他们服务于中国政府的职务行为，一旦他们的行为得到申辩并被证明是正当的，那么他们就不应在领事法庭承担民事责任。

（签名）罗素

< 1863 年

海关关员 英国占优势的原因 洋关制度得到美国的支持①

（摘录）

关于英国人在海关中以及在由他（卜鲁斯爵士）的同胞所主张的通商口岸领土租借要求方面所具有的决定性影响力，我表示怀疑。

我认为敏感性是一种自然的表现，他也同意我的观点，并且答复乐意去铲除产生敏感的根源。

他说，更多的是由于现实情况而不是人为谋划，使得英国人在通商口岸事务方面似乎拥有控制权。他还表示，英国贸易量巨大，而且在与东方的长期接触中，他的许多同胞已经掌握了汉文，因而当用人之际，自然应当挑选那些在语言方面掌握得最好的人。他还指出，早先他就建议海关应当具有国际性，当时的海关总税务司李泰国也曾经竭力贯彻他的主张。在这点上，我必须承认他是对的。

中国政府通过其雇员、时任海关总税务司赫德先生要求我寻觅美国人来就职，但是我找不到学过汉文的人。

中国政府机构的职位之一，最早提供给了我们的领事西华先生，但他考虑到对本国政府的公平性，没有接受该职位。如果我们早就拥有一所培养翻译人才的学校，那么我们的影响力应当远大于现在。此外，英国人在没有得到我们任何帮助的情况下被迫保卫通商口岸，而我们享受了其保护的成果，但是在面对这些事实的时候，卜鲁斯爵士承认保持这样一个无法给予英国任何特权的地位并不符合英国的利益，并且还使英国招致其他条约国的批评，因此他愿意达成任何可以使得英国不被置于一个错误位置上的安排。

就他个人而言，他并不希望英国军官作为镇压太平天国的统率人员。

他倾向于中国政府应当为训练和为纪律的目的而任命那些来自欧洲小国的人，我相信他会竭尽全力使英国摆脱“欺霸”东方的指控，使英国摆脱“由于当地的强烈要求而不得不采取暴力行为的两难处境，尽管这符合过去的惯例并且可能在我们（他们）过去的情况下是合法的，却并不符合英国人和文明世界的道德要求”。诉诸武力的政策是错误的。他相信他的

---

① 美国国务院档。函件，中国，第 20 卷。1863 年 6 月 20 日蒲安臣至国务卿第 42 号函，第 4-7、13 页。

政府在东方的战争已足够多了，都是因为其在东方的国民缺乏大观念、草率行动而引发的。他支持政策改变。为了向我显示他并不希望“洋枪队”① 由英国军官出任统帅，因而力促美国人白齐文获得此任命，而我在拟写第　号②信函时并不知晓此事，否则我会给予他应得的褒扬。当李巡抚③和 Takee 策划将白齐文赶出洋枪队时（我会另外详细说明），我必须说，最坚定地支持白齐文将军复职的人是卜鲁斯爵士，其理由是让一个英国人做这支部队的首长并不是一个好办法。

*　　*　　*　　*

通过征税可用税款偿还赔款，且中国政府能有资金用于维持一支根据欧洲原则建立的国家军队，地方当局的贪腐行为也可得到控制，而划一的征税制度得以保留，基于以上等等考量，各方同意当前的洋关制度是到目前为止能想到的最好的制度，而且它由李泰国先生管理，值得我们的支持。

恭亲王致李泰国关于为维持海关运作允准各口监督从洋税中向各口税务司支发经费的札谕④

关于满足明年海关经费开支的呈文于本月 4 日收悉，在此谕知，总理衙门已于近日奏请该数目，且已获皇上准奏。吾等幸得上谕批复：“准奏，照此办理。”因此本爵当正式札谕告知。

支付海关开支的月度银票将在每月 1 日发放，以每个阳历月为周期。海关税务司不能提前超支，海关监督也不能不按时发放，或者少发放。每年总经费为 700,200 两（约合 230,000 镑），在洋关税收中支给，由各海关按规定的份额向你拨付，并每季度上报北京。海关总税务司和各海关税务司的俸饷、差旅经费、各口巡船开支、海关总税务司在京相关费用、杂项开支以及其他所有无法列名的开支，均应如议定包含在所认可的范围内。

在向各口海关发布通令以昭要旨的同时，自当由本爵札谕总税务司。

1863 年 7 月 8 日

---

① 译者注：原文为“Ward force”，即华尔洋枪队。

② 译者注：此处原文为空白。

③ 译者注：指时任江苏巡抚李鸿章。

④ 李泰国：《我们在中国的利益》英文版，1864 年，第 46 页。译者注：未查到该函原文，此处依据英文移译。

蒲安臣与阿思本舰队①

第 56 号　　　　美国公使馆

1863 年 11 月 7 日于北京

阁下：

谨向您告知我到任中国以后所遇到的最棘手的问题已解决。您一定已经听说关于在英国为中国皇帝建造的军舰以及阿思本舰队启航的诸多情况。但是，除非您比我更幸运，否则您不会了解究竟在什么样的条件下这支舰队才得以成立，或者说这支舰队究竟将提供何种服务，达到何种目的。当我与同事研究合作政策的时候，正如我在 42 号函中所述，当时我们以为这支舰队的作用是缉捕海盗，以及保障税收法的执行。只要这支舰队用于此目的，且服务于各国，法国、俄国和美国的公使都不会表示特别的反对。的确，我在照会中表达过一丝怀疑，但是很快被打消了，因为我对英国公使卜鲁斯爵士的智慧和公正充满信心。当我在英国的报纸上看到据称是为中国建造的战船数量的奇怪报道时，我感到有义务向中国政府询问这些船的情况。我这样做了，并且在我的第　号②简短的急件中向您汇报了结果，但是当时我尚不知道具体的船名以及武器装备情况，因为当时中国政府也尚未获知有关情况。此后大约过了 5 个多月，海关总税务司李泰国先生为了他所签订的关于舰队的合约能够得到批准，故而来北京。据我所知，他并没有把他的目的告知各位公使。我们只是通过 1863 年 2 月的《布莱克伍德》杂志中两篇充满激情的文章总结出了他的目的。文章中，一个清楚组建舰队目的的人大力宣扬了李泰国的功绩，并且对他发挥其与众不同的才能引领中国文明进化提出了期望。这些文章充满希望和善意，尽管身在北京的我们都怀疑作者对中国的情况存在误解，但我们仍然希望李泰国能够成功。4 个月当中的大部分时间里，李泰国都在与中方谈判，但是却没有进展，同时，舰队统帅阿思本已经带领他的舰队到达，准备执行任务。问题很快出现了，据说是因为“中国人的愚蠢和缺乏诚信”。尽管当时我们并不了解所有的问题，但是我必须实事求是地说，当时我们普遍有一种对中国人的反感。李泰国希望英国公使在他国同僚的支持下，对中国人进行施压。尽管卜鲁斯爵士在没有得到其政府指示的情况下，仍希望尽可能在这个问题上给予李泰国帮助，但在采取这个不寻常的行动之前，他想要了解对中国施压的确切理由。理由据称是中方根据恭亲王的札文拒绝批准李泰国与舰队统帅阿思本和其他人自

① 美国国务院档：函件，中国，第 21 卷。1863 年 11 月 7 日蒲安臣致国务卿第 56 号函。
② 译者注：此处原文空白。

行达成的合同。对中国政府与其代理人李泰国的争议一事，卜鲁斯公使的谨慎应当赢得英国政府的感谢。在不能清楚判断是否应让英国政府卷入其中的情况下，卜鲁斯公使把是否支持李泰国留给英国政府作出决定。而且，如我一样，他的脑海里必定会产生怀疑，即李泰国先生是否越权了。中国政府拒绝批准这些合同，并且后来将合同文本交到了公使卜鲁斯手上，卜鲁斯爵士和他的同事们第一次对这些合同的性质有了全面了解。为了让您更好地了解，我将简要叙述此事的来龙去脉。很早以前，公使们曾经谏言清政府，出于治安以及保障税收法的执行，可以考虑购买一些小轮船。这一观点也得到海关内欧洲雇员的支持。海关总税务司李泰国出于身体健康原因前往英国，同时，凭着对筹购轮船一事的大致了解，试图购得轮船，但是他发现在没有授权的情况下无法办事，因此他拟了一封授权书，寄给恭亲王照准。赫德先生，一位很有能力的人，当时正代理李泰国先生的总税务司一职，经公使卜鲁斯爵士的要求，他获准前往北京商议有关长江贸易规则事宜。赫德先生到达北京时，李泰国先生的信也到了。赫德先生凭借其过人的智慧和谦逊的举止，赢得了中国政府的完全信任和对购船计划的支持，他不费周折地获得了恭亲王给李泰国先生的授权札文，文中也一并包括了赫德先生关于轮船具体数量以及舰队到达后的编制属性的建议。李泰国先生却说他从来没有收到过这封札文。此札文简单陈述了授权购买、装备船只、招募船员、将船驶赴上海以及为此签订必要的合同等内容。据此札文，他与阿思本以及大批英国海军官佐签订了合同，根据这份合同，阿思本和其他武官、兵丁要服役四年。阿思本不仅负责管理所购船只，而且所有由欧洲人操作的中国船只也都由其管辖调度，舰队开支用款均需经李泰国先生之手，所有的命令必须通过李泰国转达，如果李本人有任何异议，可以直接否决该命令。这些才是条款的实质性内容。这一合同呈递中国政府后，被断然拒绝，认为这实质上是要清帝国放弃主权。如前所述，这份合同被交到了卜鲁斯爵士的手上。问题是这些炮舰将如何处理。如若解散并遣返这支舰队，会带来三大威胁。一是日本大名正在寻购军舰；二是如果落入沿海的不法之徒之手，这些军舰会被用于海盗行为；此外还有那些邦联支持者，他们在中国也有代理人。我极力反对这些军舰被置于那种境地。卜鲁斯爵士出于巨大的友爱精神（这一点他从不讳言），立即消除了我的担忧。他提出，这些军舰应当和所配备人员一起驶回英国，一切问题应交由英国政府处理。他向中国政府表达了这一立场。所有一切问题由他处理。就是在这个时候，中国人来到我这里，显得极度不安，请我提供意见。我答复称，我的建议将根据他们对一个问题的回答而做出，即他们是否批准李泰国和阿思本的合同。他们说绝不可能批准这个合同。于是我建议他们：第一，充分说明不同意合同中冒犯性条款的理由；第二，感谢英国政府和阿思本对中国政府的帮助；第三，由于中国政府与其代理者之间不可调和的误解，他们应请求英国公使，由阿思本指挥舰队驶回英国，舰船出售后，付给舰队武官、弁兵薪工，然后遣散，其余款项汇给他们。他们采纳了此建议，并给卜鲁斯爵士写了一封措辞漂亮的函，且在没有人给予建议的情况下，补充了对阿思本的感谢，并说如果他能接受他们相赠的10,000两银子他们将会很高兴。

这个问题涉及太多的利益，经过数周紧张的商议，前三天又在美国公使馆里继续进行了几乎不间断的会商，该问题终于得到了解决。

这一计划的优点在于，安全地解了燃眉之急，各方都表示满意，并且解除了所有人对舰队未来的复杂问题的担忧。

事实上，舰队与中国政府的需求并不相符，甚至大大超越了在北京的我们所能想象的。他们告诉我，舰队中的其中一艘船是世界上行驶速度最快的战船，据称所有船只的装备都要比同等大小的现役船只先进。舰队本身没有什么问题，失败并不能归结于哪一个人的嫉妒。当我得知协议中的一些条款后，我承认我很吃惊，即使中国政府没有得到任何人的建议，没有立刻拒绝那份合同，我出于对中国政府的公平正义感和对本国利益的考虑，也会反对这些条款的。关于英国政府的信誉，我从李泰国先生处得知，他们并不了解阿思本船长和他本人约定的合同条款。英国政府应当为他们在北京有一位如此明智和正义的代表感到高兴，他不会强迫中国政府接受这份没有人能够为之辩护的合同，如果这份合同成立，那么将立刻动摇我们对合作政策的信心，而合作政策正是他做了大量工作才得以确立的。他的审慎，使得其本国政府得以从一次没有人能够看清结果的困境中解脱出来。当阿思本看清实际情势后，出于对荣誉的考虑，立即决定不使他自己或其本国政府卷入其中。他看出，单单是英国军官体面地在中国服役这个条件，中国政府也不会同意。根据中国政府的体制，政府雇员必须听从当地政府长官的安排，服从其命令。这不是凭帝国政府的力量所能摒弃的规定，而这是真正的困难所在。如果阿思本更多地考虑自己金钱上的利益，而没有充分考虑他自己和他祖国的荣誉，他就会根据中国的条件接受命令，攻击南京，留下一时恶名，并使得他的祖国卷入与叛乱者致命的斗争中，受到来自文明世界的嘲讽。对于这一崇高的决定，我真的希望他能够在家乡得到赞赏，正如他在这里受到各国公使，甚至中国政府的赞赏一样。中国政府曾经认为每一个外国人都是拜金为上，有一个人已经表现出了西方文明的更高境界，而他正是阿思本。

我在整个事件中没有攻击任何人，只是力求做正确的事，由于我所贡献的微薄之力，我高兴地告知您我已经收到了来自英国、法国和俄罗斯公使的感谢，并且收到了来自恭亲王的感谢函，附在信后，标记为A。

希望我的行为能够得到我国政府的肯定。

您恭顺的仆人

蒲安臣

致国务卿威廉·亨利·西华德阁下

A　总理衙门致蒲安臣照会

1863 年 11 月 2 日于北京

我们于昨日上午 8 时收到卫廉士先生发给我们的中文译本。我们前日已与贵公使详细讨论过事情的处理方式，即出售舰队，所得款项退回，都已经安排妥当，我们也把所有情况上报给了恭亲王并且得到了他的照准。

当我们看到阿思本大佐把这些船只运送至中国的困难，以及把这些船只驶回英国将面临更大的困难后，我们决定向他赠银 10,000 两，这将从他们出售舰队所得款项中扣除，以此体现中国政府对阿思本的高度尊重。如果您也能够帮助我们向他传达我们的感谢，我们将表示感激。

我们给予英国公使的回复已递交给他，我们将抽空为您准备一份副本，也以我们个人的名义向您表示感谢。以此照会，送上我们最好的祝福，愿您万事如意。

附以下总理衙门大臣名片

文祥

董恂

崇纶

昶熙

薛焕

致蒲安臣阁下

赫德取代李泰国任海关总税务司[1]

第58号 美国公使馆

1863年11月23日于北京

阁下：

我现在向您报告，因舰队一事，李泰国先生被免去了中国海关总税务司之职。事情是这样的，阿思本离开后，中国人来到我这里，并告诉我他们已经对李泰国先生失去信任，他不仅要求整个舰队归其一人调拨，还要求全权掌控海关税收，并且他对他们蛮横无理，还曾要求获得与清廷重臣同等的地位，要求给予他重金以使他在北京享受比皇家还要高的待遇，此外他还要求给予他一所府第居住，这违背了清帝国的定例，因为只有王室宗亲才能拥有府第。他们对李泰国有这些和其他不满，并请我提供这种情况下如何处理的意见。我告诉他们，由于李泰国先生不是我国公民，我介入此事有些敏感，我认为这完全是他们自己的事。他们暗示说，他们打算撤掉他。我最后同意和我的同僚们会商，再把结果通知他们。我这样做了，而且发现他们看法一致，认为中国政府本身有决定这个问题的权利和责任，对于这样的决定没有可以指控的理由。我把这种看法通知了中国人，他们对此表示非常满意。在美国公使馆的另一次会见中，英国公使卜鲁斯爵士如我之前那样，听取了他们对李泰国先生的怨诉和把他撤职的决定。我们努力以采取使他们和李泰国先生双方都尽量少受损害的方式去行事。他们加倍发给他本就数额巨大的数个月薪金，在离开时还以早餐款待，并给他大量赠款（6,000两）。这些事情之后，我们觉得有义务敦促（总理衙门）不容许海关税务司和其他业务在沿海的外籍雇员以准外交人员的身份居住在北京。他们对于这个意见，竭诚同意，并立即任命赫德先生取代李泰国先生，并令他常驻上海。

赫德先生深得他们的信任。过去两年来，他署理李泰国先生的总税务司一职，凭着自己的智慧和能力赢得了每个人的好评。我们的同胞对他尤其满意。因此我毫不犹豫地向他们热

① 美国国务院档：函件，中国，第21卷。1863年11月23日蒲安臣致国务卿第58号函。

烈赞扬赫德先生。

恭亲王及其随从亲自到来，感谢我所做的工作，以及基于我同各方面的友好关系而向他们提出的实用建议。

您恭顺的仆人

蒲安臣

致国务卿威廉·亨利·西华德阁下

< 1864 年

戈登在中国军队中的处境①

卜鲁斯爵士致罗素伯爵 ——(5 月 28 日收到)

1864 年 3 月 21 日于北京

阁下：

谨随附海关总税务司赫德先生的一封来信的副本，此信应戈登少校所请而写，意在阐明李抚台对苏州事件的解释，以及戈登少校重新上阵的原因。

关于代表巡抚谈判的程（学启）将军和太平天国诸王之间到底谈成了什么，并没有任何说法。但嘉兴府的平王拒绝与程将军商谈归降一事，因此我认为太平军的将领认为是程将军而非巡抚对他们使诈。显然，巡抚不可能默许诸王在与程将军会面时所要求的条件。如果苏州克复后仍留在原诸王手中，那么与克复之前相比，巡抚的处境将会更加危险。

值得再提到的是，这些王曾在太仓欺骗并屠杀过清军，他们命令部分太平军剃头以示归降，继而敞开一个城门让清军入城，再将他们捉拿后全部杀死。

胜保被处以死刑的罪名之一是赦免了安徽的叛军，这些人转头就挑起了新的叛乱。如果李抚台放任苏州落入叛军之手，那么而后发生任何意外，他都难辞其咎。太仓事件之后，他不再相信叛军的承诺，除非他们被控制，失去反叛能力。

目前看来，未发生屠城或抢劫，劫犯已被抓并处死。

（签名）卜鲁斯

---

① 英国国会档：1864 年中国第 7 号，第 24–29 页。

赫德致卜鲁斯

1864年2月6日于上海

尊敬的卜鲁斯爵士：

上月23日，在苏州与李抚台会面时，我抓住机会打听了纳王及其他人被斩首一事。尽管一些观点认为此举不妥，但经他解释，我认为公正地说，抚台不应被指控为有预谋地背信弃义。

在娄门栅寨被攻破后，诸王同意无条件投降。抚台只是许诺保全他们和属下的性命，以及一些人会拿到官位。许诺之后，诸王令其属下剃发，并开城门以示归顺，一部分清军得以进城。至此，完成受降。此时这些人已不再是造反者，而是与江苏省内其他民众一样，效忠于抚台，听从他的指令。余下之事即为着手将原太平军人员送回原籍，为此立即成立了一个负责此事的委员会，并拨了款。

诸王面晤了抚台，但他们的行为更像是在发号施令，完全不似刚获赦免回首效忠之人。他们的语调和措辞都不太得体，但若没有后来提出的要求，可能这些出格的语调和措辞也就既往不咎了。他们不仅拒绝解散部队，还要求把守三个城门，加强防御工事，并且要求给他们的部队分发兵饷。纳王告诉抚台，他的下属只会听从他的命令。抚台回应，此事容易解决，只要纳王命令下属都听命于抚台即可，但纳王拒绝照做。

从诸王的语调、行为和措辞来看，他们还是危险角色。需要解决的问题是，是否应允他们的要求。

对抚台来说，应允完全不妥，部分原因如下：纳王称他的下属只听命于他。如果允许他保留军队且不缴械，他随时可以造反。同样的，允许其他王如此也很危险。他们还坚持要把持三个城门，居心叵测。假使抚台仍认为没有必要解散他们的军队，而他们提出发给军饷的要求，也足以说明没必要保留他们。因为首先，抚台非常清楚，他可拨用的资金远不够支付本省已雇军队的军饷；其次，一旦军饷不到位，必将导致所接纳的这两三万额外部队的兵变、反叛以及更大的灾难。抚台当然清楚地记得太平军在太仓的诈降，他们剃头，放官兵进城，然后关门，击其不备，以最背信弃义的方式杀害了他们。基于以上和其他一些原因，抚台认为满足诸王的要求极其危险和不妥。

当时事态紧迫，抚台必须快速决断。他认为不能一方面拒绝他们的要求，同时又允许他们在城内重新集结太平军。一旦如此，很有可能会导致城内清军被屠杀（鉴于太平军人数远超清军）。城内太平军还会反扑城外的清军，而此时清军分散各处、毫无防备，戈登的兵力也已返回昆山，失去其支援，清军必将被击垮。即使不发生袭击，叛军首领至少也可以重新聚集手下，带着兵器赶往另一个叛军占领地。为大局着想，不能允许此事发生。

抚台目前只有两条路可走：一是逮捕叛军首领，关押他们；另一条是将他们立刻斩首。不管采取哪种方法，之后清军必须立即占领城市，并展示出尽可能多的兵力。斩首似乎是最安全的做法，唯一的坏处是可能会阻止其他首领向清军投降。相比之下，逮捕他们也会同样警醒其他叛军，此外，关押这些出名且勇猛的人并不轻松，只要他们活着一天，麻烦就一天不会消停。对其他叛军来说，本来他们心灰意冷，可能会脱离太平军，但现在为了解救首领，可能会重新聚集，密谋反抗。因而抚台决定将他们就地正法。

抚台考虑了所有以上正反面情况，但我认为，使他做出斩首决定的最重要原因是我在第二段内提出的一点。投降的条件还没谈妥，受降却已完成。太平军已经剃发，清军已经进城。归降的军队应当听命于抚台，但是诸王拒绝听命，并提出了必将招致进一步反对的要求，这才是问题的关键，事情已向总督报告。当时的苏州可以说是处于一种西方称之为军事管制的状态，看来抚台认为果断且强硬的行动才是保全之法。

基于以上内容、抚台自己的解释以及抚台从未伤害过同意归顺的其他叛军首领这一事实，我认为没有任何背叛其承诺的预谋，抚台只是突然地、毫无准备地陷入了一个两难的境地，为了大局着想，并让自己得以脱身，他只能这么做。我对清朝的官员从无特别好感，本人和抚台也无交情，并不想为他求情，我只是平心静气地分析此事。

除了指控抚台背叛外，据说他的所作所为还损害了朝廷的利益，因其让叛军将来宁可战死也不愿投降，因而戈登与他再无合作的可能。

斩首一些王一定会对其他王造成影响，这点我毫不怀疑。但是，我不认为此事会广泛地影响太平军。实际上，中国人很奇怪，他们的思维和行为方式与欧洲人大相径庭，以至于发生以下情况也不是没有可能的，就是抚台之举会使其他王在遇到困境时更加小心谨慎地顺从抚台，而非把他们推离谈判桌。倘若抚台当时能饶纳王一命，他就可以很好地利用纳王。叛军头领大部分来自广西和湖北，来自这两地的人常常会产生分歧。而纳王是湖北人，很受叛军欢迎，颇具影响力。即便他不能把所有的湖北人都拉拢到清军这边来，抚台本也可以通过他在两个团体间制造明显的隔阂。事实表明，杀降之举并未阻止其他首领归降。自攻下苏州后，四所重要的城市（乍浦、嘉善、平湖县和海盐县）已经投降。此外，嘉兴府的听王及杭州的叛军首领同样都和抚台的代理人有联系，他们的投降指日可待。

至于抚台之举使得戈登少校与他再无合作可能，正如伯朗将军信函中所写，时至目前的确有此表现。现在的办法只能是在昆山按兵不动，等待京城宣布抚台的所作所为在当时为最佳抉择。同时，我倾向于认为此时更简单有效的解困之法是详细调查，如果可能的话，当场商讨此事，而非自缚双手，向京城草草汇报。若仔细地、不带感情色彩地探查此事，抚台的所作所为完全可以理解。虽然未亲眼所见，但我非常怀疑将军的信函能否将整件事情描述清楚，或行文是否恰当。应该注意到，先前每次攻城后会发生大规模的屠杀，而攻下重镇苏州后，除了斩首约10名叛军首领外，并没有发生更多流血事件，也没有其他恶性行为发生。并且抚台曾特别下令，禁止军队作恶，仅因为戈登少校曾劝导过他。有了戈登的协助，攻克苏州万无一失，也是因为戈登的建议以及其与军队保持的良好关系而避免了攻城后千万人被屠杀。戈登称维特根斯坦（Wittgenstein）亲王完全没必要兴奋，尽管清军在攻城时响声震天，但几乎没发生什么杀戮，除了部分人因抢劫被自己的长官斩首。

斩首事件发生后，大家都对戈登表示同情。正是出于相信戈登的名誉，以及他拥有保护他们的能力，纳王等人才会投诚。但现在我对这点表示怀疑。纳王等人亲眼看到戈登与抚台的代表程学启将军部署投诚，这确是事实，很可能清军希望戈登的到来可以让纳王等人认为没有必要再负隅顽抗（尤其是叛军发现曾多次击败他们的外国将领确实来了苏州，并会打到他们投降为止），因而清军希望戈登去见叛军首领，这一举动也确实产生了效果，导致纳王的投诚。但叛军投降并非因为对戈登本人的信任，我的观点来自下列事实：纳王有个18岁的养子，大胆、直率且聪明，现在是戈登护卫队里的一名军官。我曾与他交谈过几次，其中一次我让他完整地叙述了投降和被杀一事。在叙述程将军和纳王商谈投诚一事时，他完全没有提及戈登是否在场，并且他说纳王在决定投降时毫不担心他的安全，是因为答应保障其人身安全的程将军是纳王的结义兄弟，他们曾经磕头换帖。我随后问这位年轻人，戈登是否参与过其中一些会谈，他回答说戈登参与过，他的话让我相信正是因为程将军而非戈登让纳王觉得安全。另一个事实是，嘉兴府的听王在杀降一事发生后拒绝接触程将军，抚台不得不派另一名代表 Hsieh 前去，现在听王正与他商谈。此事实有力地证实了纳王是因程将军而毫无畏惧地投降这一推测。在杀降时，戈登应该已经前往昆山。即使抚台认为在杀降前应先与戈登通气，但当时情况紧急也不容许他这么做。

现在我要写的是23日我造访抚台之后，某种程度上造成了什么影响。

在抚台向我解释一周之后，我在昆山见到了戈登，那是我第一次见他。我发现在那一周里，抚台已经将戈登提出的“向苏州一战前已受伤的伤兵发放补助”这一要求已安排妥当。因抚台如此大方办结此事，故而戈登决定与抚台会面。我陪同戈登前往苏州，并于本月1日面见抚台。起初，戈登通过自己的通事与抚台交谈，后来由我翻译。我在此简要叙述会谈结果，细枝末节就不一一转述。

此次会谈尽力避免谈及杀降之事，戈登与抚台都同意不再提及此事，因为戈登仍然坚持自己的观点，对此事深感痛心，而抚台愿对此事负全责，完全遵从本国政府的决断。抚台最后同意发布声明，内容包括杀降原因（公众可对此自行判断），并会申明尽管戈登知晓投降之前进行的商谈，但他对杀降一事毫不知情且不在场。该声明的一份副本将由衙门转送英国公使。另一方面，戈登同意与道台的军队合作，将在两周内从昆山迁移至苏州西北约 30 英里的无锡，抵达后再考虑下一步行动。若同时他收到你基于将军的要求而让他解散部队的指示，戈登会立刻撤兵，并于事前做好解散的准备，但若他未收到上述指示，若你支持艰难现状下现有的方案，他将带着更为昂扬的斗志从无锡向着更大的征程继续出发。

若不考虑抚台此前之举是否恰当这个问题，我认为戈登决定再次上阵是明智之策。英国的在华政策一向是支持朝廷军队的，尽快镇压太平军对各方皆有利。外国列强并不希望中国分裂，不希望清政府和太平军各控制一半。剔除这个选项后，唯一的选择就是支持政府军或支持其反对派，即太平天国。对于太平军我们不能抱任何希望，即便它取得了胜利，想等到全国安宁还得等 20 年左右。现在的政府官员腐败，发展前景存疑，但它起码是一个政府，且适应人民的本性。尽管我们对它谈不上喜欢，但清政府执政比太平天国要好，对它进行扶持和帮助，比其他手段（由外国直接干预和统治）有更多的希望，而困难更少。放宽视野，为实现更实际的利益，戈登应即刻再次出发作战。

那些心怀不满的人们——外国不安分子和底层的中国人——对过去两个月的停滞状态无比欣喜。商人们不敢返回苏州，生怕愤怒的戈登已经带着人马加入了叛军，他们滞留在上海，当地的地主和房东颇为高兴。叛军自己也不知后续如何，他们本已日益枯竭的士气再次被煽动起来。而戈登一旦出现在战场上，效果会立竿见影：那些不安分子会发现他们盘算无望，只能离开中国；中国商人会再次蜂拥至苏州，而这又会再挫叛军士气。常州府将被攻克，杭州、湖州、嘉兴以及浙江省的其他两三个仍由太平天国控制的小城将很可能紧随其后投降。戈登尚不能确定南京是否会出现僵持局面，他更倾向于认为不会有战斗。眼下，可以说中国之命运就在戈登而非其他人手中。若继续支持他前进，“太平天国”对抗“一个法治井然的国度”这一棘手难题将在 5 月底前解决，并最终让这个多灾多难、疲惫不堪的国家得以恢复安宁。

我们与抚台最后达成共识，事情必须解决，解决方式就是戈登将与其合作，除非您下令其撤兵。

就其个人而言，戈登希望越早离开部队越好。苏州已经克复，没有什么再可做的了。他已名望大增，也一雪奥伦在太仓的失败给英国军官带来的耻辱。将来的胜利于他几乎没有好处。此外，他在所有关键时刻都一马当先，始终处于危险之中，早晚有可能受伤。但他把个人情绪置之脑后，且深知若他现在离开，叛军很有可能获胜，也可能招致其他祸事，因此他同意再留在军中一段时间。

我相信，这一解决之法将会取得满意的结果。如果您也这样认为，您可否给戈登一些鼓励，他在军队开展部署将会更为容易，因为您的赞许会让他更有动力。听过戈登通事的翻译后，我感到他的翻译不可能不使戈登和抚台间产生误会和金钱上的纠纷。此通事啰嗦又逻辑混乱，他的中文甚至比英文还糟糕。他几乎无法理解戈登的意思，亦无法表达抚台的真正意图。此外，他还在言语上自贬身份，在晤谈时将戈登置于一个完全错误的位置上，还阻碍了一些正常权利的行使，将这些权利形容为“亲切仁慈谦虚的善行”。尽管如此，戈登喜欢此人。既然自华尔组建洋枪队伊始，他就在军中效力，毋庸置疑，他还是个可用之人。

戈登希望我给您写信时能够向您充分解释他的打算。与此同时，我认为最好还是详细地谈一谈，以便公开自由地讨论不同意见。相信这个话题在国内一定广受热议。相信您会谅解此函为何如此之长。

（签名）赫德

中国海关招募三名美国人，其薪酬和晋升机会，以及赫德先生的品质[①]

第88号

美国公使馆

1864年7月5日于北京

阁下：

谨随附一封中国海关总税务司赫德的来信（附件A），信中他要求我招募三名18至22岁的美国人进入海关工作。一旦抵达中国，他们每人将领到200镑（约900墨西哥银元）以作旅途贴补。头两年他们将在中国学习中文，会给安排住宿，薪资为400镑（约1,800墨西哥银元）一年。第二年末薪资将涨到600镑（约2,700墨西哥银元），之后会逐渐随职位升迁涨至800镑、1,000镑和1,200镑。如果升至税务司一职（共12名），薪资将为1,200镑、1,400镑和2,000镑。到第五年末，他们将可以享受带半薪休假一年。如果中国政府决定解聘他们，会提前3个月通知或支付3个月的薪水。在北京学习两年后，总税务司会将他们分配至需要服务的口岸。

① 美国国务院档：函件，中国，第21卷。1864年7月5日蒲安臣致国务卿第88号函，含附件。

赫德先生来自爱尔兰的贝尔法斯特，毕业于大不列颠的高等学府之一。

他品格高尚，管理才能卓越不凡。他所挑选的都是最优等的人才。如果他继续领导海关，我认为中国海关的监管力量将超过其他国家。海关员工的报酬是其他国家同等职位的两倍多。我希望您会关注此事，选拔德才兼备的年轻人。他们将与英国政府层层严格选拔出的牛津剑桥毕业生一较高下。

您恭顺的仆人

蒲安臣

致国务卿威廉·亨利·西华德阁下

A

总税务司办公室

1864 年 6 月 25 日于北京

亲爱的蒲安臣先生：

在海关这样一个国际性的机构里，我们与多国人士业务往来，美国必然需要有代表参与其中。遗憾的是，我发现在中国难以招募到合适的人选。我们招募海员和其他在海关外班作业的美国人并不困难，而且，招募薪资 240 镑至 600 镑的钤字手，也有大量美国人符合要求。目前在任的 12 位税务司里，有 3 名美国人，3 名法国人，1 名俄罗斯人，5 名英国人。但我们没有一位能够翻译或懂一点中文的美国人，仅有的几位文员远不能胜任高级职位。

鉴此，请帮忙招录 3 名年轻的美国绅士，18 至 22 岁之间，受过大学教育。他们最好各方面能力优秀，社会地位较高，勤勉肯干。抵达中国后，他们将每人领到 200 镑（约 900 墨西哥银元）以作旅途贴补。头两年他们将在中国学习中文，会给安排住宿，薪资为 400 镑（约 1, 800 墨西哥银元）一年。第二年末薪资将涨到 600 镑（约 2, 700 墨西哥银元），之后会逐渐随升迁涨至 800 镑、1, 000 镑和 1, 200 镑。假以时日，他们可能升至税务司一职，薪资将为 1, 200 镑、1, 400 镑和 2, 000 镑。勤勉努力、能力出色的人可能经过 8 到 10 年就能成为税务司。工作 5 年之后，他们将可以享受带半薪休假一年。如果中国政府决定解聘他们，会提前 3 个月通知或支付 3 个月的薪水。在北京学习两年后，总税务司会将他们分配至其认为最适合的口岸。

如果您能协助此事，将是为我本人以及为海关帮了一个大忙。

此致。

赫德

致蒲安臣阁下

蒲安臣致国务卿私函①

1864 年 7 月 5 日于北京

亲爱的西华德先生：

我请您关注我的第 88 号函以及所附的来自赫德先生的信件。

从（你们自己的）耶鲁和哈佛大学联盟的毕业班中挑选年轻人不是很好吗？

我正在招募尽可能多的年轻美国人加入中国政府。如果有合适的人选，我们这里有七八个职位空缺，但会讲中文的非传教士美国人，我只能找到一两个，从爱国的角度说，我希望您挑选的三位年轻人在各方面都是最顶尖的。他们一来中国就到北京有很多好处。我把此事完全托付于您，不再写信给别人。请务必推荐稳妥、睿智、友善的年轻人。我本想再多言几句，但又担心占用您太多时间。请您参阅我写给西华总领事的信函，随附于 83 号信函，从中您将能更好地理解这个职位的本质。衷心感谢您的热情帮助。

此致。

蒲安臣

致国务卿威廉·亨利·西华德阁下

---

① 美国国务院档：函件，中国，第 21 卷。

1865 年

海关关员的国际化属性

第 10 号　　　　美国公使馆

1865 年 10 月 14 日于北京

阁下：

谨收到您 1 月 17 日写给蒲安臣先生的介绍信（该信由廷得尔先生和吴德禄先生交给我），以及关于对反叛者的判决与惩罚的通函和第 145 号信函。

这些年轻人于 8 月抵达北京，受到了总税务司赫德先生的接见，他们将在这座城市进行为期一年的学习。去年，赫德先生向蒲安臣先生介绍了中国税收机构以及 1860 年成立的总税务司署的情况，我相信您已经收到这封信的副本。他致力于推动海关的国际化，使有约各国在海关都有其代表。一开始由于缺少合适人选，这一计划难以实现。钤字手和二等验货以上职位的 71 人中，46 名为英国人，9 名美国人，9 名法国人，5 名德国人，1 名丹麦人，1 名瑞士人，分布于 14 个口岸。去年，有 9 人（4 名英国人、3 名美国人、2 名德国人）辞职、去世或被解雇，新招募 7 人，明年又会有 7 人入职，分别来自法国、西班牙、俄罗斯和英国。

15 个通商口岸共需要 90 名税务司及供事，都必须会读、说中文。15 名税务司、5 名头等供事，以及四级不同等级的供事（分别需招募 10 人、15 人、30 人和 15 人），根据其品德、技能和在职时间，所有人均有升职机会。

所有被海关录用的洋员不再和本国政府有任何联系。中国朝廷和各省官员对当前的海关越来越有兴趣，赞赏海关这一对当地人而言充满诱惑以致无法诚实地工作的机构，运用西方的知识、廉政规定和工作技能对此工作很有益处。

您恭顺的仆人

卫廉士

致国务卿威廉・亨利・西华德阁下

1867 年

中国政府提出的《引水总章》①

第 138 号　两个附件

美国公使馆

1867 年 5 月 1 日于北京

阁下：

很高兴给您寄去一份由中国政府提出的《引水总章》（附件 A），该章程已获得在北京的有约各国代表们同意并已向其本国国民发布。

由于各口领事无法就同一章程达成一致，以及引水人选拔过程中不断滋生嫉妒，导致原先的制度无法运转。

在上海，普鲁士领事完全拒绝与他国同僚合作。在牛庄②，英国领事密迪乐不愿与美国领事鼐德一起行动。他专门为英国人制定了一套引水条例，并得到英国公使阿礼国的批准。根据该条例，英国船只必须由英籍引水人引领进港，不过，英籍引水人也可为他国船只引航。

我反对这些非法且不公正的规则。

法国、普鲁士和俄国公使以及在上海的英国法庭首席法官洪壁比爵士也持相同态度。

阿礼国爵士最终暂停了这些规则。我们随即与中国政府达成一致，希望采取有可能得到所有人支持的统一的制度。

总税务司赫德之前曾建议，有关引水事宜都应由中国海关税务司管理。这一建议在经过多次讨论后被一致采纳，首先这是中国的权利，其次也方便我们自身。

最终结果是起草并通过了 15 条规则，随信附寄。这些规则主要由法国驻华代理公使伯洛内先生起草。

我恳求在这件事情上，以及在许多其他事情上也一样，表达对赫德先生所做工作的满意。

① 美国国务院档：函件，中国，第 24 卷。1867 年 5 月 1 日蒲安臣致国务卿第 138 号函。
② 译者注：指现在的营口。

再附上有关旅客行李的规定（附件 B），这些规定也已得到同意并通告周知。

希望得到您的认可。

您恭顺的仆人

蒲安臣

致国务卿威廉·亨利·西华德阁下

1868年

卫廉士致驻华美国领事通函[①]

第17号函：附件F

美国公使馆

1868年6月8日于北京

先生：

随函附上与中国政府商定的八条规定的（中英文）副本，该八条规定将适用于裁定没收类案件以及美国公民违反中国税收法规定的案件。其中的四项规定已于1864年起于上海生效，它们有效解决了相关争议，因此无须作出实质性调整。另外还增加了四条规定（第一条、第六条、第七条、第八条），这些条款涉及外籍海关税务司官职、罚款案件的程序、货物征税争议，以及购买海关扣留的船只或货物等等问题。目前，这些规定实施于所有各口，暂定为实验性的，如果确需修改，实施满一年即可修改。因此，我希望诸位能向本使馆报告每一件你所审理的与这些规则有关的案件，以便为修改规则的人提供事实依据和经过深思熟虑的意见。

不过，我希望这些条款能运作有效，并成为对其他案件建立联合法庭制度的开端。我认为，这些条款体现了中国政府鼓舞人心的进步，使他们的执法行为符合西方规则，并承认他们自己与其他官员在权利、利益方面是平等的，目的是一致的，这一点到目前为止还没有如此明显的标志。这个结果对以后多年都有指导意义，这些规则可成为调整其他方面争端的指南和先例，并为治外法权法理学的其他方面提供可兹采纳的措施。

制定这些规则所要达到的主要目标中，有四点值得具体说明。

第一点是，第一条规定中所承认的外籍海关税务司的官方身份。以前，由于外籍税务司的官方身份未被正式承认，尽管他们实际管理大小行政事务，但或多或少被领事们忽视，有时甚至会导致不快的结果和双方的对立。

第二点是，以上规则可以表明，中国和外国官员在同一个法庭上的地位是平等的。据此

① 美国国务院档：函件，中国，第24卷。第17号函（1868年7月2日）附件F：1868年6月8日卫廉士致美国领事。

作出如下安排，没收案件（条约规定中国有此权力）由海关进行调查并作出裁定；而美国公民因违反税收法被处以罚款的案件，应在领事馆受审。以上两类案件，中美两国官员共同听审。

第三点是，由于这些官员通常肯定比仲裁者更熟悉案件的细节，因此在事实明确、适用法律清楚、案件更适合在现场进行裁决，且官员都一致同意判决的情况下，不再授权向北京上诉。

第四点是，允许商人在领事法庭上提交保票给海关监督作为担保，藉此海关监督可立即释放其船只或货物，以避免在原规则规定的相关案件中所发生的无奈的延迟和不可避免的损失。不过，我提醒你们在接受这些保票时必须格外小心，要确保商人足额担保。一旦发生拒不付款的情况，补救将很困难，也将对我们的国家信誉造成严重影响，因为领事被视为足额担保的主要保证，并用他的印章使保证正式生效。

在我的印象中，10 年前洋关制度确立时，大家都感觉入职海关的人员真是自降身份，涉及中国税法执行方面的争议也并非是丢脸的事，而现在这些看法逐步被更公正的观点所取代，洋人群体已从公平执法中获益。所以这八条规定被寄予希望，希望不仅能够完全消除上述感觉，还能提升税务部门的整体形象。

即便中国政府在进行内政改革时能够明智地利用外国人的知识、品德和能力，而这种利用是否有效，在一定程度上将取决于外国人在中国本国人中的地位。我无须再多说什么，总之，我衷心希望各位在职责范围内，尽一切努力以最和谐公平的方式执行这些规定。

代理公使卫廉士

致美国领事

< 1875 年

中国现代海军的发端：总督李鸿章通过总税务司预订炮舰

海关总税务司署

1875 年 6 月 10 日，北京

第 81 号　　职员

———　　———

驻外税务司 第 283 号

先生：

随文附上一份备忘录供参考，并请着手实施其中的内容。

我同时还附上一份电报抄本，该电报马上会经上海发出。

总税务司赫德

致驻外税务司金登干先生

伦敦

总税务司致驻外税务司电报

1875 年 6 月 22 日

已去公文授权你从阿姆斯特朗公司采购四艘炮舰①，两艘载 26 吨大炮，两艘载 38 吨大炮。钱已缴银行。去阿姆斯特朗公司，请其准备合同样本、规格、说明、图纸设计等。7 月 30 日开始与阿姆斯特朗公司谈判，届时公文将到。这种炮舰必须是“坚固”型的、质量上乘的海船，在恶劣天气下依然能发射大炮。舰身是铁制、木制，还是铁架铺设木板？我们能不能将所有工作交给口碑良好的阿姆斯特朗公司？还是需要另请一家公司来编写规格、说明书

① 这些炮舰是后来被称为“字母”巡洋舰的第一批，因为在建造过程中，它们分别被命名为 α、β、γ 和 δ。1879 年，又从阿姆斯特朗公司订购了第二批炮舰，也是四艘，以同样的方式被命名为 ε、ζ、η 和 θ。这八艘战舰与两艘在什切青建造的装甲舰一起构成了中国现代海军的核心力量。

和监督建造？当然，购买大炮必须获得政府许可。去年 10 月估价以来，价格是下跌了还是上涨了？1869 年我方购自阿姆斯特朗公司的发射 40 磅炮弹的海船前膛炮每门多少钱？发射 20 磅炮弹的后膛炮每门多少钱？如果公司没有福布斯[①]账目，那么就询问那年附属炮架和炮弹各自的价格。

交由驻外税务司金登干执行指令的备忘录

一、我认真考虑了金登干先生不时提供的信息，作为开端，我决定从阿姆斯特朗公司采购 4 艘炮艇，配备重炮。

二、阿姆斯特朗公司去年 10 月给的最终报价如下：

（一）“师丹”（Staunch）号型炮艇，载 26.5 吨膛线炮（口径 11 英寸；炮弹 536 磅），时速 9 海里（等于 10 $\frac{3}{4}$ 英里），约 330 吨排水量，吃水 7 英尺 6 英寸。价格为 23,000 英镑，涵盖齐全军备，包括液压机械枪、火药、100 发各种弹药以及船只立即出海所必要的所有装备。一艘船完工需要 5 个月，两艘船则需增加 3 周时间。

（二）类似的炮艇，载 38 吨重大炮（口径 12 英寸；炮弹 800 磅），排水量约 440 吨，吃水 8 英尺，速度 9 海里。它的总价为 33,400 英镑。一艘船完工需 9 个月，两艘则需额外增加 1 个月时间。

三、目前需要的 4 艘炮艇中，两艘较小，两艘较大。较小的炮艇能携带 26.5 吨的膛线炮，较大的炮艇能携带 38 吨的膛线炮。

四、订单将委托给阿姆斯特朗公司。考虑到这家公司的品质与能力，且如果这些炮艇让人满意，我们将会订购更多，因而我们相信，即使没有签订合同，它所提供的船只和武器，质量档次都将是顶级的。此外，就合同而言，在北京拟定详细内容是不太可能的，因此，要么聘请专业的顾问作为中间人，要么我们相信该公司本身能提供物有所值的船只和枪支。我们认为应该选择后者，但是需添加如下操作：阿姆斯特朗公司将起草各类船只的合同，并附上船只装备、液压机械部件等的完整计划和图纸等。他们需提供的计划和规格，必须详细到就像他们呈现给其承包商让其照此开工的程度，而包含这些计划和规格的合同，必须详细到

① 皇家海军上校查尔斯·斯图尔特·福布斯（Charles Stewart Forbes）出生于 1829 年，作为“北极星”（North Star）号的一名水手，在澳大利亚港开始了他的冒险生涯。克里米亚战争期间，他在波罗的海上指挥一艘炮艇，第二次鸦片战争期间（1858—1860 年）及之后，他指挥“阿尔及利亚人”（Algerine）号努力镇压海盗。后来，他在西西里岛投靠加里波第将军，第一个到达那不勒斯，他在那儿被误认为是将军本人。他接着探索冰岛，并写了一本书，讲述他的经历。在普拉特河上指挥“杓鹬”（Curlew）号船之后，他在阿思本舰队中服役。该舰队被解散之后，他先是在美国内战中成了一名破坏封锁者，接着又投靠了倒霉的墨西哥皇帝马西米连诺。后来，他去了西印度群岛，险些被活埋在那里。1865 年，他前往西贡，企图从法国政府获得经营电报的特许权，之后他赴日本就借款谈判，但宣告失败。在返回英国后，他成了中国和日本政府购买武器和炮艇的代理人。1868 年 7 月，他接受了赫德提供的海务税务司职位，但 18 个月后辞职了。随后他去了加利福尼亚，创建矿产公司赚了一大笔钱。他于 1876 年 5 月 11 日在伦敦逝世。

就像是由金登干起草的要与阿姆斯特朗公司签署的合同一样。除了规格中列出的细节外，合同对建造商的约束如下：

（一）在规定的时间内完成，即两艘小型的 6 个月完成，两艘大型的 10 个月完成；

（二）提供的舰船必需能在任何天气情况下都可以出航，并且具备在极端恶劣的天气状况下开火的能力；

（三）提供的舰船首先必须是令敌望而生畏的，其次则能灵活避免敌舰冲撞，即使遭撞击也不会被损毁；

（四）所配备的发动机和锅炉（以下简称动力系统）必须保证高马力，又能节省燃料，并确保在有限的空间里有足够大的煤仓；

（五）把动力系统安全地隐蔽在吃水线以下，以规避敌舰的火力；

（六）如有必要，动力系统可超常规配备，以便舰船可以逆季风而行；

（七）要注意锅炉的设置不得妨碍进入船底进行检查和维修。

注意："飞虎"（Feihoo）号（或称"康奇塔"（Conchita）号）炮舰建于 6 年前，一台锅炉被安置在位于船只底仓的水泥平台上。之后水泥平台出现裂纹，污水渗漏进来，导致锅炉护板脱落，船架受损。因为锅炉安装的位置有问题，使得检查和维修都成为不可能。我们被迫破开甲板，吊出锅炉，发现有多处破损，这艘船能这么长时间没有发生事故，真是令人惊奇。我们用两台圆筒型锅炉取代之前的这台平板型锅炉。这样船底不再被平板型锅炉全覆盖而使进入船底很方便，如下图所示。

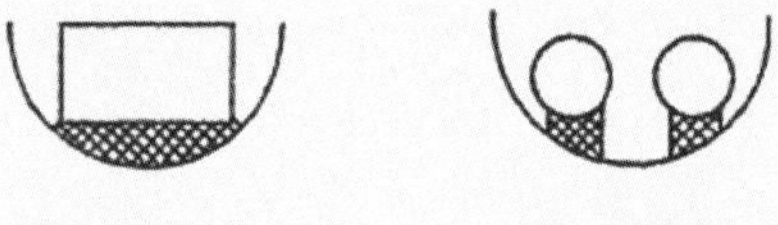

平板型锅炉　　两台圆筒型锅炉

双锅炉可以交替使用，相比单锅炉更可取，因为一台在运转时，另一台就可以清理，一台发生故障的话，就可使用另一台以保证到达港口。但是这样的圆筒型锅炉是否能足够大而又能不凸出于吃水线之上？还有，从前置锅炉口向炉膛添加燃料可以使机舱凉快一些，如下图所示。

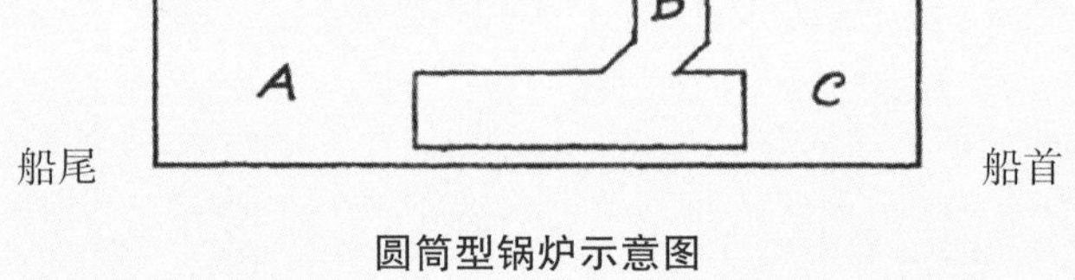

圆筒型锅炉示意图

A. 发动机机舱

B. 烟囱

C. 锅炉口

（八）提供的制式枪炮在正式服役前需要通过伍尔维奇皇家实验室的检验，或者其他由英国政府认可的检验；

（九）提供优质的枪炮配件以供使用；

（十）射击口附近需加装防护钢板（虽然不是装甲船，但是*中国人*想要加装钢板来保护炮手免受步枪袭击）；

（十一）在烟囱前配备前置型转向操舵机械，并且在装置发生故障时可以通过舵柄进行操作；

（十二）每艘炮舰要配备多艘优质、灵活、高速的救生艇，还要配备一艘汽艇。

五、合同细则应详细说明以下几点：

（一）船只长度、宽度、深度、吃水深度，桅杆数量，救生艇数量，锚数，缆绳长度（应为 $1\frac{1}{3}$ 英寸[①]）。

（二）发动机性能，锅炉数量，时速（英里），每 24 小时燃料耗量，煤仓存储量，双螺旋桨还是单螺旋桨，马力。（双螺旋桨有很多优势：只有当运转时航行出现问题，那么单螺旋桨优先）

（三）每门大炮的长度、重量、口径、膛线、射弹和射程，以及其液压机械的细节，大炮旁外覆金属板的覆盖范围和厚度。

六、还有，当设计是新奇的或原创的，合同和规格书应附有投标建造方所需的图纸和计划。

七、最后，合同、规格和图纸必须一式*五份*：一份交给建造方，一份交给金登干，其余的（三份）给北京。（合同和规格将被翻译成中文，图纸将提交给当局查阅）

八、建造者需要注意的要点有：

（一）所建船只不只是为在港口使用，设计和建造必须使这些船只能驰骋海上；［“飞虎”号和“凌风”（Lingfeng）号是优秀的海船］

“飞虎”号，或称“康奇塔”号的长度 130 3/10；宽度 24 2/10；深度 9 7/10；吨位 181.74 59 29/100；推进力 122.45 59 29/100；发动机 4；组合马力 80。

（二）这些炮艇具备最强大的进攻能力和防御能力；

（三）它们能快速航行而耗燃料最少；

（四）配备的枪炮质量必须最上乘，并且通过政府检验；

① 译者注：原文如此。

（五）大炮的安放地点和液压装置的安装位置必须是最佳的；

（六）未来的订单取决于对这批船只的满意程度。

九、根据10月份的预估，4艘炮艇价格为112, 800英镑（其中两艘船每艘23, 000镑，另外两艘每艘33, 400镑）。支付金额将根据实际价格上下浮动。眼下要立即起草并签署合同，这份备忘录里随附的信件授权丽如银行在签署合同后支付合同价格的三分之一，在工程进行期间支付合同价格的三分之一，其余三分之一将在船只交给金登干、准备启航并途经苏伊士运河前往中国时支付。

十、其他关于旗帜、船员、前往中国的航线等附加指示将在几周内寄给金登干。附加指示中所包含内容将足以授权阿姆斯特朗公司立即着手这项工作。两艘较小的船只将于（明年）3月一起驶离英国，两艘较大的船只于（明年）6月一起驶离英国。给北京的合同、说明书和图纸（共三套）预计能在9月抵达这里。

十一、备忘录附件中（1）为李总督给总税务司的函件译本，（2）为总督与总税务司之间的协议备忘录译本。总税务司最初打算派一名员工去英国与金登干共同处理这项事务，之后放弃了这个想法。随函附上的文件将向金登干表明，总督和总税务司主要倚靠他去完成已获授权购买的船只建造事宜。

十二、为了避免招致不合时宜和不必要的批评，最好不要让金登干、银行家和建造商就这些船只的目的地发表任何说辞。让公众自己去发现它们可能是为谁建造的，以及当这些船只起航后去发现它们究竟表现如何。在签订合同等方面，金登干将作为代理人代表大清帝国政府签署合同。

总税务司赫德

北洋通商大臣、直隶总督李鸿章特此授权海关总税务司赫德先生

一、记录显示：总理衙门（外交部）已告知钦差大臣，总税务司已受命前往天津与钦差就战船与物资的购买等事宜进行当面磋商。已决定第一阶段采购4艘炮舰，即，两艘载38吨大炮的炮舰及两艘载$26\frac{1}{2}$吨大炮的炮舰，价格等应与金登干的预估价相符，总税务司已提供了一份预估价的翻译件。而且，已与总税务司协商一致，朝廷将拨款450, 000两，用以购买这些船只和所配备的武器，也包括支付汇款费用，官员、工程师、炮手、船员护送船只到中国所需的3个月的工资和生活费，还有煤、保险和船员返航的费用，也就是说包括出航的所

有费用。此外，总理衙门于 1875 年 4 月 26 日起草了一份涵盖上述内容的协议。协议一式两份，一份总理衙门留存，另一份交给总税务司。圣旨已批准总理衙门呈递的一份关于此事的奏折，户部（财政部）已授权分别从江海关、江汉关、九江关、浙海关和粤海关所收洋税中凑足所需总数。

二、购买炮舰的款项既已有安排，应使炮舰符合阿姆斯特朗公司预估的如下细节：

38 吨大炮的口径为 12 英寸，射弹重量为 800 磅，（较大）船只的吨位约为 440 吨，吃水为 8 英尺，时速 27 海里（9 节）。

26 $\frac{1}{2}$吨大炮的口径为 11 英寸，射弹重量为 536 磅，（较小）船只的吨位为 320 吨，吃水为 7 英尺 6 英寸，时速 27 海里（9 节）。

总税务司将令现居伦敦的金登干与前述公司拟定一份合同，该合同将包含上述各项重要细节。

三、船只和武器的设计将是最新的和最实用的，具备最强大的进攻能力和防御能力。

待收到金登干与前述公司签署的合同后，总税务司将把该合同的中译本递交总理衙门和钦差大臣。

四、总税务司还将向总理衙门和钦差大臣报告以下内容：重型枪支的检验方法，中国船员的选拔方案与任命时间，两艘炮舰一组各自的运送方案，包括炮舰的出发时间、航行路线、预期抵达天津港的时间。在炮舰与武器装备移交后，他会提供一份详尽的经费开支账目。

五、钦差大臣正就同样内容去文总理衙门，对于此授权，钦差大臣要求总税务司确认收到后立刻按照授权行事。

特别授权。

光绪元年四月十二日（1875 年 5 月 16 日）

备忘录

一、海船对于英国来说是不可或缺的，英国海军力量之强举世闻名。然而，现在对于海军一事出现了两种截然相反的观点，一种观点认为无论船只多么坚固，总会造出能打穿它们的枪炮；另外一种观点认为，未来或许可以制造出一种足以抵御最强大的枪炮攻击的无敌战舰。结合二者来看，用坚固的舰身配合强大的火力是最明智的选择。但是，一艘现代铁甲舰的成本花费超过 2,000,000 两白银，几艘铁甲舰的支出成本甚至可能是一时无法承受的。因此，首先应在经济条件允许的情况下尽快完成购买所推荐的枪炮，而后适时开展船只采购。

二、我们现在需要拥有不同级别的战舰各2艘，用于提升舰队的战斗能力，然而现在是否能够制造80吨火炮依然是个疑问，现提议，首先采购4艘战舰，其中2艘配备38吨火炮，另2艘配备26 $\frac{1}{2}$ 吨火炮。(对于配备80吨火炮的战舰，最好等待其火炮质量检验完成后再决定是否采购)

三、这些大型火炮由杰出的英国工程师威廉·阿姆斯特朗爵士制造，他还拥有船坞，炮和船都可以由其公司设计并建造。

四、根据该公司规定，三分之一的船款需要在签订合同的那一天支付，三分之一需要在工程进度完成一半时支付，剩余部分在全部完工后支付。

五、去年十月（10月）该公司说，配备80吨火炮和100发炮弹的战舰，报价为每艘93,000英镑，一艘船完工需要12个月；配备38吨滑膛炮和100发炮弹的战舰，报价为每艘33,400英镑，一艘船完工需要9个月，两艘需要10个月；配备26.5吨滑膛炮和100发炮弹的战舰，报价为每艘23,000英镑，一艘船完工需要5个月，两艘需要6个月。但是武器和船只的价格随时间波动，六月（7月）前合同尚不能签订，很难说价格会超出或者低于去年预估的价格。但是，该报价仍能作为计算价格的基础，如果在签订合同以后需要更多的资金，可以赤字的形式计入账目。显而易见的是，现在我们是以英镑来进行估价，但是现在英国与中国之间的货币汇率正在波动，有时1英镑可以兑换3.2两银，有时则为3.3两。为了将所有可能的汇率变化纳入考量，此处将以1英镑兑换3.333两银进行计算，按该汇率，4艘配备有武器弹药的战舰如果价值112,800英镑，那么换算为中国货币就是375,960两银。

六、除了采购费用外，将船只运抵中国的费用预估如下：

	每月薪水
(一) 指挥官（4）	200两×4 ＝ 800两
大副（4）	100两×4 ＝ 400两
二副（4）	50两×4 ＝ 200两
轮机长（4）	150两×4 ＝ 600两
轮机师（4）	100两×4 ＝ 400两
轮机助理（4）	50两×4 ＝ 200两
炮手（8）	50两×8 ＝ 400两
水手（80）	15两×80 ＝ 1,200两
112人每月每人15两的伙食津贴	1,680两
每月总开支	5,880两
3个月总开支	17,640两

(二) 4艘船60天所需煤，每日为40吨，每吨价格8两，共2,400吨，总价为

19, 200 两。

(三) 4 艘船的保险费为 500, 000 两的 2. 5%，大约为 12, 500 两。

(四) 4 艘船通过苏伊士运河所需费用为 5, 000 两。

(五) 船员 (80 名) 返家时将获得 3 个月的工资，每人每月 15 两，总额为 3, 600 两。

上述将船从英国运到中国的全部费用（不包括临时额外费用）将达 65, 940 两。

七、除了采购费用和航行支出外，在船到达中国后，有必要保留指挥官、大副、二副、轮机师等，以便后续指导。他们的薪金和津贴可留待以后考虑。

八、除了采购费用（375, 960 两）及航行所需费用（65, 940 两）总计 441, 900 两以外，必须留出一定数额，以支付引水费、船钞、检验费和其他不能预先确定的杂项费用，以及航行中其他额外费用。总的来说，需提供 450, 000 两，如未全部使用，余额可以退回。

九、在决定购买这些船只时，一方面要准备所需的资金，另一方面要与该企业签订合同。

十、由于三分之一的款项必须在合同签订时付清，所以需要当即支付 150, 000 两。因为四月和五月（5 月和 6 月）[①]，外国人大量购买茶叶，因此海关税收持续丰腴，同时此间外汇市场的汇率也最有利于汇款到欧洲，因此，最好利用这段时间，把全部资金 450, 000 两汇到英国。(以下各关按账上的 4/10 拨出所分配的额度：江海关，130, 000 两；江汉关、粤海关、九江关和浙海关各 80, 000 两)

十一、关于与英国的该公司所签署的合同，必须有了解情况的人，以确定应补充哪些细节。不过，阿姆斯特朗爵士的公司很有信誉，就算给他们一份常规的说明函，而不是一份详细的合同，为了维护名誉，并希望将来接到订单，他们也会生产出质量上乘的船只和枪炮。当所有的准备工作都安排好后，总税务司将派一名官员到英国与金登干合作，与该公司安排相关事宜。他将奉命确保合同中清晰列明以下细节：

(一) 速度、吃水和吨位，在所有这些方面，所提供的船只必须是可以航海的。

(二) 马力应大于相应吨位，以便在应对季风时能保持足够快的速度。

(三) 火炮必须是最新型号的，炮膛足够大，射程足够远。

(四) 船只与火炮应当匹配，火炮应正确安装，并备有器具、配件等，尽管不是铁甲舰，炮台附近部分需要用铁板特别加固，以保护炮手。

(五) 船只交付时应当已经完成所有准备工作，随时可以出航。船只需要装配有最先进的设备以节省燃料（复式蒸汽机）。

(六) 火炮在交付前需要按照英国政府相关规定进行检验，同时金登干要详细汇报检验方式。

(七) 船只采用单轴发动机还是双轴发动机留待前述公司决定，目标是获得最强大的进

① 译者注：原文即如此。

攻能力与灵活性。

（八）无须等待所有船只建造完毕后一同下水，每两艘完工后请迅速运送至天津口。

十二、金登干负责将合同副本等呈送清政府以供参考。

十三、金登干要就将船只送至中国的人员、到港后对船只使用进行讲解的人员等向造船方咨询，因为外人难以理解船只如何运行，讲解人员应为该公司雇员。

十四、关于船只在英国交付后，船上悬挂中国国旗的问题，总税务司在收到金登干关于该问题的信息后，将听从总理衙门的指令。

十五、有建议说，总税务司应该指示广东、福建两地的海关税务司在当地募集 80 名中国水手，将他们派往英国，途中，他们将有实践的机会并能获得经验，这样一来，就不必雇佣英国水手，他们就可以将定购的船只驶回中国，并可以将雇佣英国水手的费用节省下来用于其他开支。

十六、如果在收到来自英国的确切信息以后，决定有一艘船将装备一门 80 吨火炮，那么，这艘船的花费预计为 93,000 英镑，即 310,000 两银（以 1 英镑等于 3.333 两银计算），而雇佣船长、大副、二副、轮机师、炮手、水手，航行所需煤、保险以及其他杂务的预计开销约为 40,000 两银；至于小型舰船，购买及其他所需经费，大约为 350,000 两银；另外还有建议，即从今年七月（8 月）[①] 开始，江海关、江汉关、浙海关、粤海关、厦门关和潮海关每月需提供白银 10,000 两，总计 6 个月（其中厦门关为 5 个月），6 个月过后共筹得 350,000 两白银。总税务司将会就该方案向总理衙门作进一步的口头汇报。

海关总税务司署

1876 年 1 月 26 日于北京

第 121 号　　职员

驻外税务司　　第 377 号

先生：

一、继 1875 年 6 月 10 日关于阿姆斯特朗公司造船一事的第 81 号函，现在请你报告按照以下指示为船只的运出、交接以及在中国的运行作出的可行安排。

① 译者注：原文即是如此。

二、这些船只要成对下水，小型的先下水，大型的晚一些下水。所有的船只将通过苏伊士运河，在沿途各港口停靠补充燃料。抵达香港后，当地的海关代理人将会告知船只要前往的港口以及接船的官员。必须安排好船员，并安排好相关港口的资金事宜。

三、关于船上雇佣的船员，我可能会将中国籍水手与火夫送至英国，这样的话，你仍然需要在当地招募船长、大副、轮机师以及舵手。如若我没有提供中国水手与火夫，想必你也很容易就能雇齐全船人员①。然而，不管怎样，你还是需要提供几名指挥官与轮机师，在必要的情况下你可以调整薪酬。然后，当船只到达并交付给在香港的海关代理人所指定的官员后，必须为船上的指挥官、轮机师等返回英国（约需两个月）提供经费。此外，如若船只在抵达时状况良好，应向全体船员支付一个月的奖金，对船长和轮机长要额外奖赏，如此让他们相信，快速送达并不重要，重要的是船只运抵时状态良好。同时，运送途中也没必要耽误时间，从英国到中国香港应不超过3个月。另有两条命令请代为转告船长，第一是不允许以任何方式检验枪炮，第二是禁止邀请或允许任何人检查船只。如果我方没有提供中国船员，你可以自行雇佣必要的水手与火夫。

四、关于在途经港口设立专项资金的问题，由于应厉行节约，我很难做到提前估算出在每个地方的燃料、补给、港口费、引水费以及其他临时费用一共需要多少钱。我认为最好的办法就是由丽如银行开具信用证给船长。在上海进行询价后得知，每一个停靠港口都可以购买到煤炭，但都不便宜。

五、还有一点值得注意，中国政府希望雇佣船上一些有能力的人，留下他们对中国船员就船只驾驶等进行指导。因此，每艘船上需要一名一流的炮手、一名能干聪慧的机械工，每一对船只需要一名精通射击、航海、海军纪律等的海军军官和一名轮机师。基于以上各点，应准备三份合同待我批准，一份为一年期，一份两年期以及一份三年期。我不确定最终会采取哪一份，但是你挑选的人选必须愿意接受由中国政府最终决定的期限。这些教官需要向中方人员展示战舰如何确定距离、如何协同作战、火炮如何使用、液压机的工作原理以及发动机的原理。此外，他们还需要承担发动机、液压机以及火炮的日常维护保养工作。你必须与阿姆斯特朗爵士商量以上的问题，由他们负责寻找合适的人选，或者由你确定人选交由他们进行培训。另外，需要首先聘用好以后要留在军舰上作为教官的军官、轮机师、炮手和机械师，将他们编入运送船只的第一批人员。

六、你需要立即调查以下问题，并在第一时间将处理方案报告给我。为了防止消息延迟，

① 这些炮艇由英国军官和船员操作，悬挂英国国旗前往中国。在离开大不列颠之前，船只接受了英国海军部门专家的检验。阿尔法舰与贝塔舰的船长分别是Laprimandaye先生和布莱尔·汉密尔顿（Blair Hamilton）先生，他们都是退役的海军指挥官，而伽马舰和德尔塔舰的船长分别是兰（Lang）先生和劳伦斯·钦（Lawrence Ching）先生，来自英国皇家海军。前两艘船于1876年6月19日从泰恩河畔纽卡斯尔驶出，11月20日抵达天津，后两艘船于1877年3月1日离开普利茅斯，于6月25日到达福州交给中国政府。

你最好发电报答复。

第一，能否找到所需的军官、轮机师和船员将船驶回？

第二，能否安排好经停港口需要的资金？

第三，能否寻找到驻船教官人选？

第四，你需要我致信丽如银行授权以何种方式提供资金吗？

第五，小型炮艇最晚何时能够离开英国？

第六，大型炮艇最晚何时能够离开英国？

第七，如有必要，你可否让船只持英国官方文件驶出并悬挂英国国旗？

第八，炮艇悬挂中国国旗并作为中国炮艇投入使用，需要办理哪些手续？

七、在后续信件中，我会进一步阐述船只悬挂旗帜的问题。

总税务司赫德

致驻外税务司金登干先生

伦敦

海关总税务司署

1878 年 8 月 16 日于北京

第 257 号　　职员

驻外税务司　第 746 号

先生：

在过去的几周里发给你的电报中已告知了下列事项：

一、李总督希望加订四艘“伽马”型战舰；

二、购船费用按你之前电报中提到的价格计算，即每艘 32, 500 英镑，或者一共 130, 000 英镑，已存入总税务司在上海丽如银行的账户；

三、你有权签署合同，一旦签署，必须付船款的三分之一，这笔资金已转至伦敦丽如银行，并授权你可以从总税务司 D 账户上提取这些钱付给阿姆斯特朗公司，你提款时必须出示合同供银行审核。

我按李总督的意愿发送了这些电报，只是为说一下：“正式指令已经收到”。某种程度上，我个人认为，你在办理这件事情上，大概会请示在欧洲的总税务司，无论何种情况下，你要尽可能依照总税务司在关于增订四艘炮艇的第 81 号和第 121 号文中的指示为指引。文中指示对新增炮艇有细节上的修改，请务必按指示办理。

我在之前的一封电报中提到“需列明所有的最新技术”，我这样要求是因为李总督说“（这一种类炮艇上的）最新的或重要的技术改进都要在合同中一一列明，并且关于这些新技术的条款需要翻译并转发给我”。因此，与之前相比，如有任何新的或不同的内容，都需要在合同中标明。

另外，请估算将炮艇运送至中国所有可能发生的费用，一是合同中列明的费用，二是像之前一样准备一笔用于雇佣海军军官的费用以及额外储备 500 发炮弹的费用。

总督希望炮艇能够尽快送达，但是我认为应该不用额外加急。我在之前一份电报中提到，炮艇应在春天造好。但最近我又得到消息，可能初秋造好就行。

下一次汇款时我会通知你。如果可能的话，年底前会汇过去第二期的款项。

总理文案税务司裴式楷

致驻外税务司金登干先生

伦敦

< 1879年

海关不收取清政府订单佣金

海关总税务司署
1879年8月9日于北京

第307号　　职员

驻外税务司　第875号

先生：

一、你1877年10月26日的322号、11月2日的323号以及1879年3月13日的490号关于佣金事宜①的呈文已收悉，现函复如下：

二、你在1875年的半官方函件及1877年的两份呈文中向我报告了佣金一事，表示若你不提出佣金一事，将无法保证清政府能从你与阿姆斯特朗公司的谈价中获得价格上的优惠。我此前以私人或半官方形式表达了我的意见，现在，我再次进行官方表态，即未经我授权而索要或收取佣金，即使目的再正当，亦是有害的行为，且若无时间和条件予你解释你的行为并证明你的目的实为正当，则可能使你陷入麻烦并引起误会。鉴于可能出现的对于收取佣金一事的反对和非难，我驳回这一项目，况且，一旦迈出第一步，我就不得不同意你报告中所提到的所有后续步骤。

三、关于后续处理，我命令你继续按目前情况推进：你要使对方明白，你是一名政府代理人，任何你经手的订单都不得有任何人索要或收取佣金，清政府期望能在这一基础上获得更好的待遇和更多的利益；你只需就不含任何折扣、佣金等此类项目的净价进行磋商。

① 按总税务司指示就巡艇及军火向造船方及兵工厂询价时，金登干先生得知按惯例商人或代理人在交易中可从制造商的利润中获得折扣，以补偿代理劳务和支出，但和政府直接交易时不允许有这样的折扣。某些制造商会在报价之外给出一个点数，这个点数即是向代理人或中介支付的佣金。金登干先生自然拒绝将自己定位为后者，但他认为从制造商利润中获得一定点数的佣金完全用于驻伦敦办事处的日常业务用度是正当合理的。他表示，接受佣金是他为了确保清政府能以最低价格进行采购。如札文所示，总税务司未同意此种行为。

四、关于你自阿姆斯特朗公司收到的佣金，即 A、B、G、D[①] 4 艘船总金额 120, 527 镑 2 先令的 2. 5%，共计 3, 013 镑 3 先令 6 便士，以及价值 27, 037 镑 1 先令 8 便士的后备弹药的 5%，共计 1, 351 镑 17 先令，总计 4, 365 镑 6 便士。我认为有必要把这部分金额作为阿姆斯特朗公司在价格上作出的让步，并应将其视作清政府的资产。我今日已将交易之事呈报至直隶总督李中堂处，并附一张价值 4, 365 镑 6 便士（以 1 两等于 5 先令计算，折合规平银 17, 460 两）的支票。兹附粘呈李大人文之备忘录副本供你知悉。

总税务司赫德

致驻外税务司金登干先生

伦敦

(副本) L. O. 6102.

1879 年 10 月 2 日

呈李中堂文之备忘录

一、我 5 月 18 日呈文递交了 A、B、G、D 4 艇及备用弹药的账目，共计 596, 253. 3 两关平银已由总税务司拨出，中堂大人还应支付 11, 253. 3 两关平银。在回复中我得知将由上海道来支付余额。相关情况已录在案。

二、关于首批炮艇 596, 253. 3 两关平银的花费，除却船只行驶至大清国的费用、船员返家的费用、教员的费用、弹药运输的费用，账目显示在英国支付给阿姆斯特朗公司的炮舰及弹药的实际费用是：炮舰 120, 527 镑 2 先令，备用弹药 27, 037 镑 1 先令 8 便士。

三、安排最终付款时，金登干先生询问阿姆斯特朗公司，如他为一名普通代理，那么与之签订合同，是否不会向其支付佣金。阿姆斯特朗公司答复称照样会支付佣金，金登干回应称他或我本人都无权收取这笔佣金，后又询问他们是否能将他们认可的那一部分费用直接从大清国支付的价格中扣除，阿姆斯特朗公司给予了否定答复，称他们的要价是全世界统一的，而他们能够支付的佣金是经过精心计算，让渡给那些给他们提供生意的人。在金登干先生一再表示我们不能收取这笔佣金时，阿姆斯特朗公司也坚称他们让渡的利润只能给中间人而不能给买家。最终他收取了该笔佣金并存入银行以待我的指令。

四、我得知情况后告知金登干先生，只能将款项如数奉还阿姆斯特朗公司或是转交给李

---

① 即阿尔法、贝塔、伽马、德尔塔四艘巡艇。

中堂，同时指示他在处理此类事务时事先要让对方明了他们不需要支付代理人佣金，而应当向大清国提供最低报价。

五、首批4艘炮舰我们共向阿姆斯特朗公司支付了120,527镑2先令，在此金额中他们同意提取2.5%，即3,013镑3先令6便士为佣金，备用弹药总价27,037镑1先令8便士，可提取5%即1,351镑17先令的佣金，故首批4艘炮舰及备用弹药的总佣金为4,365镑又6便士，折合规平银17,460两。

六、我在此附上金登干先生所收款项的收据，以及上海丽如银行账户D的支票，金额为17,460两，即佣金的数额，中堂大人可转寄上海道兑现。最后，我有义务说明，金登干先生的收据中还包含一笔45镑15先令8便士的账目，是为“飞虎”及“凌风”两船购置枪炮的佣金，已汇入另一账户中。

赫德

1879年8月9日

1880 年

中国在制定征收货船船钞规章上的权力①

第 623 号　随附两份附件

美国公使馆

1880 年 3 月 16 日于北京

西华致国务卿

主题

征收货船船钞。

概要

福州及烟台的海关当局已告知要征收货船船钞，这有悖于条约规定，各国公使已就此事询问总理衙门（其辩称并不对此负责），关于此事的领事通函也已发至各领事处。

第 623 号　随附两份附件

美国公使馆

1880 年 3 月 16 日于北京

阁下：

谨向您转交德拉诺先生的来函（上月 27 日，第 135 号，1/623），函中称其所在口岸的海关当局颁发通告，通知当地商行其有意征收船钞，或依各商行所选，征收货物装卸驳运所用船只的注册费。我的同僚威妥玛爵士从其驻福州领事与驻烟台领事处得到了同样的消息。

当威妥玛爵士和本人向同僚们提出此事时他们皆同意我们的观点，即所有此类的征收都有悖于相关条约的规定。他们也同意，此类海关规章一般应在中央政府的指令下正式颁布。

① 美国国务院档：函件，中国，第 53 卷。1880 年 3 月 16 日西华致国务卿第 623 号函。

其中有一位甚至宣称，他不会考虑任何对他的国民产生约束却未经官方渠道沟通并征得其同意的规定。另一位则称，中国在口岸颁布破坏条约、影响贸易的规定以图阻碍贸易之行为已非首次，应当在口岸进行抵制。而假使他们不顾反对继续实行这项规定，应强烈要求他们赔偿。

我个人的观点是，我们无法否认中国政府在其主权范围内有权对所有事务设立规章，但我们可以对中国政府制定或提议的会对我国国民产生影响的所有规章进行详细审查，若发现有悖于条约相关条款的，则可提出反对，建议删去或者修改会对我国国民造成负担的、不必要的内容。

此外，我认为我们应当在不触怒中国人的情况下，引导他们在制定所有此类规章前与我们沟通，以使我们能在规章颁布前进行审查，并说明我们可能会因其有违条约内容而提出抗议。

这一事件中的原则问题十分重要，已在大清帝国和在日本国引起巨大争议及不快。然而，我毫不怀疑我观点的正确性。自我抵达京城以来都是奉行这一观点并会继续下去，除非收到您的反对命令。

经过大量争论，目前公使团同意，第一步先向总理衙门派遣一名翻译以查证福州、烟台两处海关据以行动的指令是否得到总理衙门的许可，若是如此，则进一步询问实施此制度的缘由。英国公使馆汉文秘书奉命行事，并报称总理大臣似乎并不了解此事，但会安排调查，并与各国公使馆就结果进行沟通。

鉴于所有与外交有关的规定本都应出自总理衙门，您便能从此次事件中看出这个国家的政务有时是多么的松散。

基于上述情况，我已发通函给几位领事，副本附后。

您恭顺的仆人

西华

致国务卿埃瓦茨阁下

附件

1. 1880 年 2 月 27 日德拉诺先生致西华先生第 153 号函。
2. 1880 年 3 月 20 日西华先生致各领事通函。

1883 年

1883 年中国代表团在伦敦国际渔业博览会的活动记录[①]

一、与 Messrs. Holland & Sons 公司议定，纽曼先生、丁达尔先生和两名中国木匠一经抵达，立即安排他们开始中国馆相关工作。选择此公司是考虑到其与女王陛下公共工程委员会有长期服务合同，且经常被海关总税务司署和中国公使馆聘用，最有可能提供令人满意的服务。

二、有关中国馆设计的总体风格先前已经确定，在制定方案的过程中，中国木匠杜阿牛（Teh-ah-kew）展现出出众的技术、品味和智慧，因此让他全权负责中国馆的装饰，另一名木匠陈阿五（Chen-ah-wu）负责建造凉亭和小桥。博览会期间两名木匠的责任感和手艺都值得称赞，杜阿牛的勤勉和热情尤其令人称道。

三、中国馆按既定方案进行装饰，取得充分进展，待评估装饰总体效果时，曾侯[②]受邀参观中国馆。他感到很满意，同时也给出了不少改进建议，并且捐赠了字画卷轴等亲笔作品。

四、在中国馆建造期间，威尔士亲王、爱丁堡公爵和康诺特公爵频频前往中国馆参观，对建设工作表现出极大兴趣。

五、博览会开幕当天，中国展区是博览会唯一一个全面完成布展的展区。中国代表团还为迎接威尔士亲王和王妃正式参观中国馆作了特殊准备，但中国馆并未在皇家参观线路上，准备的国家欢迎仪式也就未派上用场。在曾侯缺席的情况下，中国驻英公使馆代办陈大人（Chen-ta-jen）与凤仪（Fung Yee）先生一起作为外交人员出席。

六、几天后，威尔士亲王和王妃在几名王室子弟和爱丁堡公爵陪同下，开始正式参观。他们在中国馆参观许久，细看展品，询问情况，并一一得到解答。威尔士亲王以如下语言表达了他的满意和喜悦："展品非常有趣，陈列得非常漂亮。"在走进和离开中国馆时，威尔士王妃高兴地接受了赫德夫人和金登干夫人奉上的精致花束。

七、当时参观中国馆的众多杰出人物中最引人注目的便是英国首相格莱斯顿阁下。所有

① 该报告之目的在于描述 19 世纪 60 年代以来海关活动的主要特点，即为多达 27 个国际博览会收集并安排展出了中国艺术、工业和贸易的展品和藏品。从 1867 年巴黎博览会至 1905 年列日博览会期间，海关为中国筹划和张罗了中国展品，为世界了解和欣赏中国人民的生活和文化之一隅提供了帮助。

② 译者注：曾纪泽，时任清政府驻英国公使。

重要展品都会指给他看，其中最令他惊讶的似乎是中国沿海灯塔图。

八、博览会开幕时，中国馆是唯一一个拥有自己官方展品目录册的展馆。一共出售和派送了近 3,500 本目录册。一些饰有中国龙图案并用黄色牛皮革精装的特别版本赠送给了威尔士亲王、爱丁堡公爵、康诺特公爵、奥尔巴尼公爵、碧翠斯公主、玛丽公主以及格兰威尔伯爵、格莱斯顿首相、汉密尔顿侯爵，菲利普·坎立夫·欧文爵士和下院议员伯克贝克。

九、威尔士亲王曾表示，希望在庆贺与威尔士王妃银婚纪念的宫廷盛宴上有一个中国展示厅。为向这一庆典活动献礼，中国代表团作了必要安排。

十、曾侯和赫德爵士作为外国及殖民地理事会理事代表女王陛下政府评选奖项。中国代表团获得两个评委会奖，即养鱼学奖、救生船和救生器材奖。

十一、与中国展品有关的评委会奖如下：

中国政府清帝国海关获奖清单

	金奖	荣誉奖
渔网组合展品	1	1
渔船组合展品	1	1
中国沿海灯塔系统	1	1
船类组合展品	1	1
贝类组合展品	1	1
鱼类组合展品	1	1
中国馆及组合展品	1	1
自然历史组合展品	…	1
	……	……
共计	7	8

中国木匠杜阿牛因给中国馆绘图、雕刻和漆色获一项银奖和一项荣誉奖。

十二、博览会闭幕之际，威尔士亲王向中国代表团透露，他十分乐意接受中国政府慷慨地交由他处置的展品，选择一些展品作为自己的纪念品之后，他将把整组展品赠予肯辛顿博物馆。他希望此博物馆成为大清帝国众多有趣展品的核心收藏点。同时，威尔士亲王指示菲利普·坎立夫·欧文爵士在他挑选自己的收藏之前不准从中国馆移出任何展品。

十三、同时，模型进行了维修和上漆，图片进行了清理，展品重新贴上了标签，这样整组展品以良好的状态移交。丁达尔先生和两名中国木匠用了将近 6 个星期完成这些工作，另外，纽曼先生恪尽职守，始终监督这些工作并负责有关博览会的其他善后事务。

十四、根据个人意愿，威尔士亲王亲自参观了中国馆，挑选了所有九江园椅与花盆，所有彩旗，一些灯笼，一些小型中国帆船、贝壳、渔网和渔叉等以及用于隔离中国代表团办公室的瓷制屏风。当威尔士亲王听说一组新的瓷屏风正在中国专门制造时显得十分开心，并要求新屏风一旦运到英国便立刻送往马尔巴罗王府。威尔士亲王又要求将人造水景中展示的一两艘船送往桑德林汉姆庄园，但亭子、小桥和茶室（或说茶棚）目前不要移动，也许之后中国参加健康博览会时用得着。离开前，威尔士亲王诚挚感谢中国为支持此届博览会所做的工作，真切期望中国积极支持接下来的健康博览会，并要求中国代表团将他希望中国代表团参加健康博览会的要求发电报告知赫德爵士。

（签名）赫政

金登干

1884 年 1 月 25 日于伦敦

注：12 月 11 日，中国木匠陈阿五回到中国，而杜阿牛因与南肯辛顿博物馆有约仍将留在此地 6 个月。

赫政

金登干

1885年

关于任命赫德爵士为驻华公使[1]的往来电报

1885年7月16日。致伦德尔[2]。请咨询格兰威尔勋爵。中国海关事务及其所招募之职位事关中、英乃至国际利益，值得考虑。假若我离开中国，这不会造成危机：我会任命下一任总税务司，海关将继续存在并按同样的方式开展工作，但是我离开海关却依然留在中国担任驻华公使，这将造成危机。显然，这样一来我无法任命下一任总税务司，中国政府现在似乎准备采取行动来应对总税务司空缺而可能出现的混乱和造成对海关的破坏。另外，虽然总理衙门愿意接受我出任驻华公使，但更希望我留任总税务司。根据目前所了解的情况，慈禧太后更希望我继续担任总税务司。如果我继续担任总税务司，海关利益似乎将得到保障。当然，海关不可能永久存在，英国在华整体利益会比海关更加长久。但从当今局势来看，是继续担任总税务司更加重要还是担任驻华公使更加重要呢？对我个人而言，眼下与海关密切相关的、源于海关的利益似乎更强烈地需要我继续担任总税务司，我的离开将使这些利益遭遇的危机是否会超过我不担任驻华公使对英国利益造成的危害？换言之，担任公使所获得的利益足以弥补海关的损失吗？任命书即将送到，调整的决定一旦做出便无法撤销。收到格兰威尔勋爵来信之前，担任驻华公使一事仍旧不甚明朗，其中含义只能猜测。因此我需要建议。政府赋予我崇高的荣誉，格兰威尔勋爵安排我担任驻华公使一定遭遇很多反对，因此未经允许我不能擅自行动。但是目前的情况我已在前文解释，我需要这个问题的答案：我是否必须不顾一切担任驻华公使，还是允许我在无法安排好能够维护海关利益的下一任总税务司的情况下，为了海关利益辞去这一任命而继续担任总税务司？总理衙门不会请求我留任总税务司，但对我任驻华公使的祝贺既带有痛心又含有责备之意。在为总理衙门服务多年以后，要胜任此职务变得困难了。我抛开自己的双重利益或只选择个人利益，那么可以承担其他人和公众利益所急切需要的任何工作。公使一职在任何地方都是极受欢迎的，但现在中国人和中国海关希

---

① 参见《中国海关起源、发展及活动文件汇编》Documents illustrative of the Origin, Development, and Activities of the Chinese Customs Service)，第6卷，第542-545页。(译者注：以下此书简称《汇编》)

② 伦德尔，1834年7月2日出生，中学就读于伊顿公学，大学考入牛津大学奥瑞尔学院，并于1856年毕业。1861年获得律师资格，但从未执业。1870年加入阿姆斯特朗公司，历任工程师、造船工、武器制造师。因为中国建造用“字母”编号的炮舰、巡船及其他船艇与金登干结识。1880年，他当选为蒙哥马利郡下院议员并一直担任至1894年为止。1894年，正好在格莱斯顿退休之时获封男爵。1913年6月4日逝世。伦德尔在英国政界有较大影响力，并经常愿意代表中国海关发挥这一影响力。

望我继续担任总税务司。若我提出是否可以跟随局势变化直到最后时刻才作出决定，那么不要认为我为人不公且反复无常。要记住对于任命我为公使是怎么一回事，我完全是丈二和尚摸不着头脑。请尽快通过驻外税务司全面迅速地答复我。获得这个允准很重要，但我不到必要时刻不会使用。我希望尽全力报效英国，与此同时，我对中国亏欠良多。如果我必须根据允准采取行动，我将通过驻华使馆与外交部联络。自 4 月份以来，此地情势不可预知的变化导致有必要采取现在的行动。此为官方密件。

——赫德

1885 年 7 月 16 日。来自伦德尔。我已询问了格兰威尔勋爵，他说公布您公使任命之时[①]，他认为任命你的胞弟为下一任总税务司已成定局。因此，无论从私人角度还是公众利益而言，目前的困境使他深感不安。但是，为了公众利益，他愿毫不犹豫地让你放手去做，然而，他希望这是他为了既让你担任驻华公使又能提名下一任总税务司所能够采取的最好办法。格兰威尔勋爵已见过索尔兹伯里勋爵，并应他要求转送一份你的电报副本，随后交给我一份书面备忘录要求转送给你，内容如下：格兰威尔勋爵已将你的电报发送给索尔兹伯里勋爵，若你放弃担任驻华公使，他们将感到遗憾，但两位勋爵都同意你有充分的自由裁量权去做对公共服务最有利之事。

——金登干

1885 年 7 月 17 日。致伦德尔。我胞弟有可能被任命为总税务司，真是强强联合。但为确保此事，我必须能够在驻华公使馆和海关之间做自由选择。

——赫德

1885 年 8 月 31 日。致朱利安·彭斯福特爵士[②]。如果我离开海关，海关会遭受危机，而我留在海关，则可以保护海关。总理衙门说："比起其他人，我们更希望由你担任驻华公使，但更希望你留任海关总税务司，我们授权你自行决定。"当下的情势使海关非常担忧，商业利益、税收征管、国际关系的前景都不容乐观。目前的海关是一个有用的帮手，能够促进中国内政在多个领域的进步。我的离开将对海关造成的此类伤害已经显现出来，除了对我个人的好处之外，我没有在驻华公使这一任命中看到任何相应的和确定的益处。经过充分反思，我决定留任海关总税务司，因为我感到我的留任最有益于英国，对中国亦然。我个人的品性对公使馆而言无关紧要，但对海关而言则非常重要。担任驻华公使，将会削弱我的力量，留任海关总税务司，则将使我强大。英国外交部可以借助我的合作获得更多利益。外交部门对这一职位的任命可能非常头疼。如果想要获得我的有力协助，请务必指示新任驻华公使与我

---

① 1885 年 5 月 2 日，格兰威尔勋爵签署文件，任命罗伯特·赫德为驻华公使。但直到 6 月 26 日，才下发任命书。6 月 23 日公布任命决定（参见《汇编》第 6 卷，第 542 页脚注），6 月 24 日索尔兹伯里勋爵接任了格兰威尔勋爵的工作。

② 朱利安爵士（下称彭斯福特勋爵）1882 年至 1889 年任英国外交部常务副部长。

真诚合作。如果你指示领事机构支持海关，尤其是海关中的英籍关员，放下嫉妒，不搞对立，也会有助于我的工作。如果我担任驻华公使，这些嫉妒和对立肯定会烟消云散，但当我拒绝担任驻华公使选择留任海关总税务司时，这些嫉妒和反对之声可能会有所提高。我了解许多公使馆秘书，但没有一个像目前负责的欧格纳这样视野广阔、为人谨慎，且在总理衙门备受欢迎。没有比欧格纳担任驻华公使而我担任海关总税务司更好的安排了。如果我的建议表达得还不清楚，敬请原谅。清廷诏令明确告知中国人“英国人赫德促就中法和平”，而昨日我被要求为朝鲜提名总税务司，这显示出我仍有很强的影响力，也让中国人将英国视为朋友。请把这份电报传给索尔兹伯里勋爵和格兰威尔勋爵，感谢他们给予我崇高的荣誉，并为我无意造成的麻烦表示抱歉。

——赫德

1885 年 9 月 1 日。致伦德尔。出于一般和特殊的原因，中国政府想要我留下。经过拒绝担任驻华公使这段插曲后，我更加信心百倍。由于我看清了如果我现在离开海关，每个利益主体将遭受的伤害，我充满敬意地决定留任海关总税务司。对由我造成的麻烦表示歉意，但决定是正确的。

——赫德

关于 1884—1885 年中法和平谈判的备忘录

圣米迦勒及圣乔治三等勋爵金登干[①]著

1885 年 1 月 10 日，金登干前往巴黎，并在那里停留至 6 月 26 日，参与各项谈判。先是与茹费理进行预备会谈，然后与茹费理的政务官毕乐就协约草案进行洽商，再与弗雷西内的副手戈可当就条约进行进一步交涉。在赫德的指导下，金登干推进了这些谈判和交涉，双方无其他人参与。

备忘录将呈现如下情况和事实：

1. 赫德爵士派金登干前往巴黎公干，处理中国沿海灯塔维护问题，这涉及所有国家航运的安全问题，关乎各国利益。

2. 在此行任务促成了金登干与法国总理、外交部长茹费理直接对话的情况下，赫德授意

① 参见《汇编》第 1 卷，第 325 页（脚注）。

金登干在征得总理阁下同意后与其谈及当时已僵持不下的局势问题。

3. 总理阁下宣称，他已准备好对总理衙门直接递交并由他通过官方渠道收到的任何新提议予以考虑。

4. 赫德爵士与金登干有大量电报往来，经过与茹费理的进一步对话，赫德递交给茹费理一份直接由总理衙门提出并由圣旨准许的提议，该提议以和平草案的形式呈现，圣谕准许金登干作为特派大使签署该草案。

5. 在作了少量修改后，茹费理接受了该草案，但增加了一条注解，他认为有必要通过该注解对草案作出解释。

6. 总理衙门接受茹费理的修改及注解，但希望能添加一些内容，一旦这些内容被接受，金登干即可签署。

7. 在茹费理辞职的消息到达北京之前，总理衙门接受该草案的消息于 3 月 30 日电报发出，31 日到达巴黎，这天正是茹费理内阁辞职后的第一天，茹费理仍然在位，等待其继任者上任。

8. 茹费理接受总理衙门对于注解添加的内容，但因他不愿意影响继任者的决策，签订草案还是经历了一些困难和延迟，最终 1885 年 4 月 4 日，毕乐与金登干共同签署了带有附注的草案①。

9. 根据新任外交部长弗雷西内的建议，关于条约的商谈通过赫德爵士和金登干继续进行。

10. 经过商谈，1885 年 6 月 9 日，中法两国全权代表在天津签订了《中法新约》②。

一、和平草案

（一）1884 年 12 月 9 日，英国的友好调停结束③。12 月 11 日，内阁总理兼外交部长茹费理告知参议院商谈已结束，无须多言，即刻行动（当时他们就东京问题投票，189 票赞成，1 票反对）④。1885 年 1 月 7 日茹费理在发给法国驻英国大使瓦定敦的电报中写道，12 月 29 日通过英国外交大臣格兰维尔进行了一轮半官方的沟通，但局面并没有改观⑤。

（二）在此关头，应在北京的海关总税务司赫德爵士要求，金登干作为中国海关驻外税务司，为航海事业肩负特殊使命前往巴黎，其目的是为释放中国籍海关轮船“飞虎”号——一艘负责补给和维护沿岸灯塔的船只。据称该船因突破中国台湾海域封锁而被法国海军扣留

① 参见《中外条约集》（第 2 版），第 1 卷，第 897-899 页。
② 同上，第 901-907 页。
③ 《外交文件：中国和东京事务，1884-1885 年》（巴黎，1885 年），第 148、149、151 号，第 169、170、172 页。
④ 同上，第 152 号，第 172-173 页。
⑤ 前述《外交文件》第 157-160 号，第 175-179 页。

并拒绝释放，除非赫德爵士能在巴黎解决此事[①]。茹费理同意于1月11日及24日接见金登干。在第二次会面时，根据赫德的指示，金登干询问茹费理能否将整体形势问题提上会谈日程。在得到茹费理同意后，金登干为其翻译了赫德电报里的一些片段，其中之一如下[②]："说明舍此无其他办法可与茹费理直接接触，而总税务司可与中国最高当局直接联系，如能得到关于以上几点的确实意见，或可使此行动成功；如果法国此时希望能和平解决此事，现在就是合适时机；作为中国官员，总税务司自然想要结果于中国最有利，但更强烈希望促成一个各方接受的方案。""以上几点"指赫德发给金登干的指令，他根据该指令询问茹费理，为了实现和平能否接受对1884年5月11日《天津条约》[③] 增加补充条款的主意，如不能，是否接受赫德爵士提出的一些让步或其他安排。商谈结束时，茹费理声明他只对总理衙门提出的提议作评论，不能接受条约附加条款这一想法，但他可以就任何官方提出的新提议进行考虑[④]。

（三）为使总理衙门能够制定出双方都接受的提案，一次关于各项重要问题的意见交换势在必行，部分问题在茹费理于2月8号、20号、26号与金登干进一步商谈后的言论中有所提及[⑤]。

（四）黄皮书未包含上述密谈详情，但在3月9日发给在上海的法国公使巴特纳的电报里，茹费理称过去几周他一直通过金登干与赫德爵士联系，自从法国占领谅山后（2月14日），赫德爵士给他发送了大量电报[⑥]。在2月26日的会谈中，茹费理表示同意赫德爵士的提议，以他自己为唯一中间人，在重启官方谈判前注意保密[⑦]。在与法国驻柏林的大使Baron de Courcel的电报中，茹费理写道他正通过总理衙门*唯*一授权人赫德爵士与北京方面进行直接沟通[⑧]。

（五）经过之后的商谈，圣旨批准了一份包括四项条款的官方提议，其中第四条授权金

---

① 《外交文件：中国和东京事务，1884—1885年》，第180号，第200页。

② 同上，第165号，第183页。

③ 参见《中外条约集》第1卷，第894-896页。这项条约之所以能够达成，很大程度上是由于德璀琳的介入。1884年3月，德璀琳担任粤海关税务司，应海军司令利士比（Admiral Lespes）的邀请，乘坐福禄诺（Fournier）船长的法国轮船"Volta"号从香港前往广东。与这两位法国高级官员非正式会面后，德璀琳敦促两广总督告知大学士李鸿章，一旦广州遇袭，必将失守。后德璀琳被召至天津，福禄诺也因而受邀前往天津商讨当前形势，其间福禄诺适时获得了授权，之后1884年5月11日《中法会议简明条约》达成。

④ 前述《外交文件》第178号，第198页，1885年1月24日。

⑤ 同上，第198、199页。

⑥ 前述《外交文件》第180号，第200页。（译者注：该脚注中还包含有法语内容，从内容看，应为茹费理电报内容，此处不再翻译）

⑦ 前述《外交文件》第178号，第198页。（译者注：该脚注中还包含有法语内容，从内容看，应为茹费理表述内容，此处不再翻译）

⑧ 前述《外交文件》第197号，第218页。（译者注：该脚注中还包含有法语内容，从内容看，应为茹费理电报内容，此处不再翻译）

登干作为中国特派专员签署包含前三条内容的和平草约的协议①。

（六）这项提议于 3 月 1 日提交给茹费理，3 月 3 日黄皮书中列出了茹费理对此的看法，赫德爵士也收到了关于此事的电报②。在与赫德爵士几次电报交流后，金登干于 3 月 12 日将茹费理的一封短信通过电报发给赫德，信中总理阁下要求赫德爵士直接通过电报告知圣旨已经颁发，并阐述他关于很多问题的看法③。

（七）3 月 15 日，赫德爵士直接电报茹费理以及金登干，称 2 月 27 日圣旨已经颁发，授权金登干转达四项条款，并委任他作为中国特派专员签署草案④。

（八）但为向政府和议院证明其做法之合理性，茹费理认为有必要将总理衙门授权赫德爵士一事由法国驻天津领事进行证实，尽管这只是一种形式。金登干于 3 月 17 日用电报转述了茹费理关于此事的短信，茹费理也给巴特纳发了电报⑤。

（九）3 月 22 日，领事收到了关于前述确认（总理衙门授权赫德一事）的公文，3 月 23 日，法国公使从上海将该消息发报给茹费理⑥。

（十）3 月 25 日，金登干电告赫德爵士，茹费理已接受总理衙门的提案，但在提案条款第一条的措辞上作了修改，此外还通过电报转达了茹费理提议添加的一条注解内容。3 月 26 日，金登干又用电报发出了一份解释备忘录，此备忘录由他和外交部政务司长毕乐于 3 月 25 日共同起草，但黄皮书中说该备忘录是在当天由金登干交给茹费理的⑦。

① “致茹费理：皇帝已经批准了包括以下四项条款的建议：一、一方面中国同意批准 1884 年 5 月签订的《天津条约》，另一方面法方同意不提出条约规定以外的其他要求。二、双方都同意尽快向各处下达命令，各处收到命令后立即停止敌对行动，法方同意立刻停止对台湾地区的封锁。三、法方同意派遣公使北上，去天津或北京协商条约细节，之后双方将协定撤兵时间。四、授权中国海关驻外税务司、二品衔、荣誉军团骑士金登干先生为中国专使，与法方任命的官员共同签署这项草案。注意——以上是总理衙门领衔王大臣在今天面见皇帝后向我传达并让我转递的。”——1885 年 2 月 28 日赫德致金登干电报。此电报法文译文请参见前述《外交文件》第 176 号，第 196、197 页。

② 前述《外交文件》第 178 号，第 199 页。（译者注：该脚注中还包含有法语内容，此处未翻译）

③ 前述《外交文件》第 183 号，第 204 页。（译者注：该脚注中还包含有法语内容，从内容看，应为茹费理短信的内容，此处不再翻译）

④ “已电茹费理如下内容：圣旨 2 月 27 日准金登干转达四项条款，并准其作为中国特派专使签署草约。此外，李总督可被委任前来签署通商条约等。”——1885 年 3 月 15 日赫德爵士致金登干电报。此电报法文译文请参见前述《外交文件》第 184 号，第 205 页。

⑤ “茹费理口述：我已收到来自赫德的电报，我充分相信他的话，但为向政府和议院履行我的职责，我认为有必要得到直接来自总理衙门的说法，我想这可以通过某些官方渠道送至法国驻天津领事馆。领事将会直接电告法国政府，他可以确定总理衙门已授权赫德。一旦收到回复，我将立刻将我的对应提案发给赫德，该提案与他的提案精神上一致，但会对法国政府看重的几点进行说明。”——1885 年 3 月 17 日金登干致赫德电报。此电报法文原文请参见前述《外交文件》第 186 号，第 209 页。（译者注：该脚注中还包含有法语内容，此处未翻译）

⑥ 前述《外交文件》第 192 号，第 214 页。（译者注：该脚注中还包含有法语内容，此处未翻译）

⑦ “茹费理的本意是在草约里加上通商条约的主要条件，但他接受了赫德爵士的观点，和三项条款以及如何将条款付诸实施的方法。草案并不能实现和平，只是为在谋求和平而举行的谈判期间起到暂停对敌行动的作用。双方意见渐趋一致，无须太久即可达成详细条约。有必要成立一个划界委员会，但这个问题可以等和平后再讨论。其他类似关于通商条约的问题也可以先保留。至于签署形式，如果可能的话，茹费理希望届时得到授权的中国官员前往巴黎，在公众的见证下，与金登干一起公开共同签署。中国使臣只需签署协议，之后即可回任。”——1885 年 3 月 26 日金登干致赫德电报。法文版请参见前述《外交文件》第 193 号，第 215 页。

（十一）在收到北京方面的回复之前，尼格里将军在谅山失败的消息传到了巴黎，并成了3月28日下议院进行质询的理由。在3月27日发给巴特纳的电报中，茹费理称法国只求《天津条约》能完整履行，别无他求，并真诚地希望战争结束。之后他提到这次失败，并担心这个消息传开后，主战派会重拾信心①。上面提到的茹费理发给驻柏林的法国大使的电报中也提到这次失败，并说希望这不会损害前期的和平谈判②。但这之后传来了尼格里将军受伤和撤出谅山的消息，3月29日消息传到巴黎，继而所有和平希望破灭。

（十二）3月30日茹费理提请议院投票，希望为战争继续投入2亿法郎和5万士兵。下议院拒绝了茹费理内阁的提议，导致茹费理内阁辞职，但3月31日下议院和参议院投票同意投入5,000万法郎，一周后新内阁成立后又投票批准了余下的1.5亿法郎。黄皮书中所收赫德爵士的一些电报摘录显示了在这段关键时期，金登干给予了他充分的建议③。

（十三）3月31日，来自北京的答复到达巴黎，北京方面3月30日称接受茹费理对条款第一条措辞上的修改，也接受解释性条文，但为了避免更多的纷争或误会，总理衙门希望给注解作一些补充④。如果茹费理接受这些更改，金登干被授权直接签署草案⑤。

---

① 前述《外交文件》第195号，第216、217页。（译者注：该脚注中还包含有法语内容，此处未翻译）

② 前述《外交文件》第197号，第218页。（译者注：该脚注中还包含有法语内容，此处未翻译）

③ “一旦接受，立即签署并将签署情况电报发回。在中方收复谅山的消息传开后，朝廷和衙门还恪守已达成的协议，这将向茹费理证明中方对和平的渴望以及履行《天津条约》的决心之真诚。撤兵已成定局，然而在这一局势混乱之地，进展必然缓慢。”——1885年3月31日赫德致金登干电报。“致茹费理：假设保留大米条款，最好以一种不令人反感的方式表达出来，一旦签订最终条约并经圣旨批准，法方将从公海撤回派去搜索的军舰等，中方也将重新向法国籍轮船开放通商口岸。我强烈建议撤回此条款，因为首先这无法从实质上使法国受益，其次将伤害中方尊严。撤回条款显得法方考虑周详，中方将会感激此举。各方皆希望能互相理解，达成永久的良好关系。上述条款从一开始就与此愿望相悖，如同不合时宜的霜降伤害尚未成熟的果实。中方保持根据条约和解的愿望，无须担心或防范更多问题出现。以下内容仅由你过目。这些添加的内容和建议并不与茹费理的注释冲突，且将会使未来更加确定；一旦接受，立即签署。但不要在4月1日签，愚人节都让人不悦，不吉利!”——1885年3月31日赫德致金登干电报。“拜访新总理，向其解释我们已达成的几点共识，并说明他们不再需要出钱出力，你仍然随时可以签署附有注释的草案。”——1885年3月31日赫德致金登干电报。“你和毕乐都有权签署草案，如果你们立即签字，岂不就能缓解局势？将签好的文件交给格利维总统，请他向内阁传达。可能那时茹费理内阁已重新上台，也可能鉴于中方在暂时胜利后仍然遵守协定，新总统会接受并宣告此事已定。”——1885年4月1日赫德致金登干电报。“悬而未决，希望犹存。”——1885年4月2日金登干致赫德电报。“困难在于：一是茹费理已经辞职，无法约束新任内阁；二是圣旨批准的草案并未附带注释；三是交给领事馆的信函由李鸿章签字而非总理衙门；四是没有格利维总统的授权，毕乐不能签字，而格利维还在犹豫。波里也将军发来捷报，称没必要撤出谅山。”——1885年4月3日金登干致赫德电报。“总理衙门急于早日解决此事。拖延一周就有可能使我们之前三个月的耐心和努力付之东流。慎重考虑，见机行事。”——1885年4月3日赫德致金登干电报。上述电报法文译文参阅前述《外交文件》第200-205号，第220-223页。

④ “致茹费理：接受第一条款修正和注释，为避免更多纷争和误解，总理衙门希望在你提出的注释上添加三条内容：一、鉴于停战撤兵的命令不可能同时传达到中方、法方以及双方军队，衙门认为有必要就此添加说明，即，约定具体的停战日期，开始和完成撤兵的日期，比如宣光省东部军队于4月10日、20日、30日开始并完成撤兵；西部军队则于4月20日、30日开始撤兵，至5月30日完成；无论哪方指挥官先收到停战命令，都应立刻通知距离最近的对方军队，避免任何行动、袭击或冲突等；二、关于封禁，衙门希望添加以下条款：解除台湾地区和北海封禁；三、关于禁运包括大米在内的违禁品的条款，请考虑：在北京大米充足，非必需品，谷物存储很多，禁运只会导致上海的船工失业，此外，该条款也伤害了中方自尊，让他们觉得谈判被操纵了，因此强烈建议撤销此条款。如不同意，衙门希望增加以下条款：只要禁运维持，所有法籍船只不得驶入中国港口。附注：如果该条款撤销，邮船和其他商船可以像之前一样进入上海和其他港口。我相信阁下会批准这一草约并准予签字。”参见前述《外交文件》第199号，第219页。

⑤ 参见第（十二）条脚注。

此答复是在得知中方重夺谅山的消息后发出，但是在茹费理内阁辞职的消息到达北京之前①。

（十四）建议增加的一点是注释里有关禁止大米运往中国北方的条款（第五款）②，另一点是关于解除北海的封锁（第二款），第三点是关于敲定停战日期、谅山开始和完成撤兵的时间节点等（第四项），这些日期只是举例，后来都延迟了 5 天执行③。

（十五）茹费理接受了添加的内容，但草案签署遇到了一些问题，主要由于新内阁尚未组建，而茹费理不愿约束其继任者的决策④。

（十六）得知茹费理内阁辞职的消息后，3 月 31 日，赫德爵士致电金登干，令其向新任总理阐述已达成的要点，说明法国无须再投入人力财力，以及金登干依然有权随时签署带有注释的草案⑤。金登干同日将此电报内容告知茹费理。

（十七）赫德爵士于 4 月 1 日再次发电报建议，鉴于毕乐和金登干都有权签署草案，且中方在一次暂时的胜利后仍然遵守当时的协定，为缓解局面，应当立即签署草案⑥。此电报立即传达给了茹费理，但内阁危机导致此事推迟。

（十八）北京方面本期望草案能在 3 月 31 日签署⑦。茹费理内阁辞职后的信用投票、茹费理接受总理衙门对注释添加的内容却未立即签署草案、新成立的法国内阁政策的不确定性，这些都会导致爱好和平人士的焦虑，每天都在担心可能中法任何一方可能发生的意外，就能左右和平局面。赫德爵士 4 月 3 日发给金登干的电报也确认了这一危险，电报称一周的拖延就可能使三个月的持续努力付之东流⑧。

（十九）尽管遭遇了内阁危机，签署草约遇到的难题还是被克服了，1885 年 4 月 4 日，

---

① 参见第（十二）条脚注。

② 法文版的草案和注释，参见前述《外交文件》第 206、207 号，第 223-226 页，以及《中外条约集》（第二版）第 897-899 页（其中也包含英文版）。（译者注：该脚注中还包含有法语内容，为 1885 年 4 月 4 日茹费理致金登干电报，可参见前述《外交文件》第 208 号，第 226 页。此处未翻译）金登干在回复中向茹费理确认，在此事上中法双方保持高度一致。——前述《外交文件》第 209 号，第 227 页。

③ 前述《外交文件》第 221 号，第 234 页。参见第（十八）条脚注。（译者注：该脚注中还包含有法语内容，为 1885 年 4 月 9 日弗雷西内致金登干信函的内容，此处未翻译）

④ 参见第（十二）条脚注，1885 年 4 月 3 日金登干致赫德电报。

⑤ 同上，1885 年 3 月 31 日赫德通过金登干发与茹费理的电报。

⑥ 同上，1885 年 4 月 1 日赫德致金登干电报。

⑦ “确定的日期为举例说明的日期，但法方仍然接受这一日期，总理衙门也表示同意。但是现在出现了问题：举例说明的日期假定草约将在星期二（3 月 31 日）签署，但实际上周日才收到签署的消息。因此中方分散在各地的军队无法在假定的日期收到停战消息。因而总理衙门请求延期五天，即 4 月 15 日开始撤兵，6 月 4 日撤兵完成。向法方作好解释并务必使其接受。也同样告知各地指挥官是否能接受。”——1885 年 4 月 7 日赫德致金登干电报。前述《外交文件》第 214 号，第 230 页。

⑧ 参见第（十二）条脚注，1885 年 4 月 3 日金登干致赫德电报。

由双方政府授权，毕乐代表法国，金登干代表中国，签署了附带注释的草约[①]。

（二十）4月4日金登干发电报给赫德爵士，汇报了草约签署的情况，4月7日金登干收到赫德爵士于北京时间4月7日发来的回复，称谕令批准了《天津条约》，已于6日颁发，并将于7日交予领事以传递给巴黎[②]。金登干立即将此电报内容告知茹费理，但依照商定程序，经由法国驻天津领事官方确认的消息[③]至4月8日还未到达巴黎[④]，9日才传到[⑤]。谕令刊登于4月13日的《京报》[⑥]。

（二十一）草约签署后，若干关于草约执行的问题需要与新任外交部长弗雷西内商讨解决，包括：

1. 解除对台湾地区的封锁，停止敌对[⑦]；

2. 推迟从东京撤离的时间[⑧]；

3. 从澎湖列岛撤离[⑨]；

4. 运粮障碍[⑩]。

4月11日弗雷西内与金登干进行口头沟通，促其致电赫德，向总理衙门保证新任内阁将

---

① “4月4日下午4点我和毕乐签署了草约及解释说明书。”1885年4月4日金登干致赫德电报。赫德爵士以东方方式告知了总理衙门（外交部）其谈判已成功结束。他抵达衙门时，发现总理衙门大臣们急切地等待他的报告，于是他同他们饮茶座谈。过一会儿，他带着明显的东方外交家的不经意的口吻说：“自您们将与法国的谈判交到我手中，至今已过了整整九个月。”“现在，孩子终于出生了。”鉴于此情此景和此般纯正的中式表达，一时间一位大臣大声说道。——《远东民众与政治》（亨利·诺曼著，Fisher Unwin出版社，伦敦，1895年出版，第234页）。

② “圣旨于6日颁发，并将于今日交予领事。致巴黎方面：圣旨批准《天津条约》，并下令中国军队停战，继续按照既定日期撤退。”——1885年4月7日赫德致金登干电报。前述《外交文件》第212号，第228页。

③ 前述《外交文件》第215号，第230页。（译者注：该脚注中还包含有法语内容，为1885年4月7日弗雷西内致巴特纳的电报内容，此处未翻译）

④ 前述《外交文件》第219号，第232、233页。（译者注：该脚注中还包含有法语内容，为1885年4月8日弗雷西内致法国驻英大使沃丁顿的电报内容，此处未翻译）

⑤ 前述《外交文件》第222号，第234、235页。（译者注：该脚注中还包含有法语内容，为1885年4月9日巴特纳致弗雷西内的电报内容，此处未翻译）

⑥ “《京报》于6日刊登了谕旨。我将其翻译如下：‘鉴于法中达成和解，并重申了《天津条约》，我方令各处军队于既定日期停止敌对，令云南、广西和广东部队于协定之日撤至边界以内。此次登载的谕旨与之前传达的口谕实质上一致，且几乎字面相同，但口谕与书面谕旨毕竟语体不同，为便于读者理解，补加了部分字句。’《京报》的登载表明官方已决定执行《天津条约》，并实施近期谈判达成的安排，同时表明应禁止报纸媒体发表不利于和平的言论。登载的谕旨中没有冒犯法国方面的字眼或含义，各项安排也进展顺利。”——1885年4月14日赫德经金登干转交弗雷西内的电报。前述《外交文件》第231号，第244页。（译者注：该脚注中还包含有法语内容，为1885年4月18日巴德诺致弗雷西内的电报，可参见前述《外交文件》第240号，第250、251页。此处未翻译）

⑦ 前述《外交文件》第220号，第223页。（译者注：该脚注中还包含有法语内容，为1885年4月8日弗雷西内致金登干的信内容，此处未翻译）

⑧ 参见第（十四）条脚注、第（十八）条脚注。

⑨ “3月27日中国夺回谅山，3月29日法国占领澎湖列岛，两事发生正值谈判即将完成、议定书即将签署之际。鉴于中国方面尽管取得了胜利仍忠实履行协定并撤军，总理衙门希望法国同样从澎湖列岛撤出。”——1885年4月8日赫德致金登干的电报。前述《外交文件》第216号，第231页。（译者注：该脚注中还包含有法语内容，分别为1885年4月10日弗雷西内致金登干的信函、1885年5月4日弗雷西内致巴特纳电报内容，可分别参见前述《外交文件》第226号，第239、240页以及第248号，第256页。此处未翻译）

⑩ 参见上一条脚注。1885年4月10日弗雷西内致金登干的信函。

会严格执行草案，并对赫德爵士所作的斡旋表示感谢[①]。

二、和平条约

（二十二）根据草约第三款以及注释第二条，法国同意向天津或北京派遣一名专使，以尽快与中方全权代表达成详细条约。

（二十三）弗雷西内在致法国驻外公使的通函中说，中国政府严格遵守了其谈判代表作出的承诺[②]，在致巴特纳的电报中，解释如下：中国方面迄今为止严格执行了从谅山撤离的行动，所以中国方面接受4月4日草约的诚意以及在北京为草约斡旋的中间人的努力，都是毋庸置疑的。我认为应继续由这些谈判代表进行初步协商[③]。

（二十四）4月19日，由弗雷西内安排，外交部副政务官戈可当与金登干进行了会面，会面结果由金登干电告赫德爵士，建议条约先在巴黎起草，然后经赫德爵士转给总理衙门，一旦达成共识，弗雷西内将把草案发电报给巴特纳[④]。

（二十五）北京认可了该提议。4月23日戈可当致函金登干，并随函附寄条约草案，条约谈判得以开启[⑤]。

（二十六）黄皮书中没有披露4月23日至5月10日预备商谈的细节，而在此期间金登干通过电报与赫德爵士频繁沟通，细致探讨、确定条约草案。到5月10日，十项条款中已有六项得以通过[⑥]，5月11日弗雷西内将此事电告巴特纳，并指示在已达成的六项条款的基础上，与中方全权代表开启预备商谈[⑦]。

（二十七）巴黎和北京一直在讨论其余四项条款，直到5月23日终于确定，与此同时通过赫德爵士的商谈也告终止[⑧]，但第二项条款直至6月1日才最终修改完毕，弗雷西内立即将

---

① “弗雷西内先生请求您知会总理衙门，新内阁决意忠实履行草约，而派往东京的增援部队仅用于维持秩序和占领中方撤出的地区。德库西将军任总司令。弗雷西内先生感谢您的运筹帷幄，并请求您让中方放心，不必为所增派的部队而疑惑焦虑，这只是维护和平秩序的预防措施。”——1885年4月11日金登干致赫德电报。前述《外交文件》第227号，第240页。

② 前述《外交文件》第238号，第249页。（译者注：该脚注中还包含有法语内容，为1885年4月17日外交部长弗雷西内致法国驻柏林、伯尔尼、君士坦丁堡、伦敦、马德里、圣彼得堡、维也纳、罗马大使，驻雅典、贝尔格莱德、布加勒斯特、布宜诺斯艾利斯、里约热内卢、圣地亚哥、斯德哥尔摩、丹吉尔、德黑兰、东京、华盛顿、突尼斯出使大臣，驻波哥大、危地马拉、蒙得维的亚、基多总领事和临时代办，驻圣多明哥、曼谷、桑给巴尔领事的信函。此处未翻译）

③ 前述《外交文件》第252号，第258页。（译者注：该脚注中还包含有法语内容，为1885年5月11日弗雷西内致巴特纳电报的节录，此处未翻译）

④ “弗雷西内基本同意戈可当提出的简明条约，以供您与总理衙门进行协商……若此简明条约为总理衙门所接受，弗雷西内将致电巴特纳。”——1885年4月19日金登干致赫德电报的节录。前述《外交文件》第241号，第251页。

⑤ 前述《外交文件》第243号，第252、253页。（译者注：该脚注中还包含有法语内容，为1885年4月23日戈可当致金登干的信函，此处未翻译）

⑥ 前述《外交文件》第251号，第258页。（译者注：该脚注中还包含有法语内容，为1885年5月10日戈可当致金登干的信函，此处未翻译）

⑦ 前述《外交文件》第252号，第259页。（译者注：该脚注中还包含有法语内容，为1885年5月11日弗雷西内致巴特纳电报的节录，此处未翻译）

⑧ 前述《外交文件》第253号，第263页。（译者注：该脚注中还包含有法语内容，为1885年5月23日弗雷西内致巴特纳电报的节录，此处未翻译）

其内容电告巴特纳[1]。

（二十八）经过中法全权代表的进一步修订及对中法文本的仔细校对，条约于6月9日在天津签署[2]。6月11日圣旨批准该条约，此事由赫德爵士电告金登干，并于当日告知了戈可当，以使弗雷西内知晓[3]。法国总统格利维签署了批准条约的法案，并于1885年7月22日刊登在法国《官方新闻》上。

注意：中国海关的灯塔供应船“飞虎”号于和约达成时得以释放[4]。

---

① 前述《外交文件》第259号，第268页。（译者注：该脚注中还包含有法语内容，为1885年6月1日弗雷西内致巴特纳电报的节录，此处未翻译）

② 前述《外交文件》第271号，第275页。（译者注：该脚注中还包含有法语内容，为1885年6月9日法国驻上海代理总领事 M. Collin de Planoy 致弗雷西内的电报内容，此处未翻译）

③ “今日谕旨认可了条约。”——1885年6月11日赫德致金登干的电报。前述《外交文件》第275号、第278页。（译者注：该脚注中还包含有法语内容，为1885年6月11日金登干致戈可当的电报内容，此处未翻译）

④ “‘飞虎’号将于和约达成时释放。”——1885年4月23日戈可当致金登干照会的节录。前述《外交文件》第244号，第254页。历史事实是，飞虎号于条约签署前一天归还！

1887 年

1887 年《里斯本草约》签署前的谈判[①]

赫德爵士与圣米迦勒及圣乔治三等勋爵金登干往来电报

赫德致金登干

前往里斯本待命。将里斯本的地址电告。

——1886 年 11 月 1 日（338）

金登干致赫德

以后里斯本的电报经由苏伊士拍发。

——1886 年 11 月 26 日（984）

金登干致赫德

总督说如不能给整个拱北，何不给一部分，为避免管辖权争端，这是必要的。除非如此，否则趸船计划不可能实现。任何其他办法，都必须以地位条款为决定。报纸报道已激起公众舆论。

——1886 年 12 月 5 日（982）

赫德致金登干

中方拒谈拱北，但在条约和主权问题上大概可商量。两广总督反对关闭关卡。清政府正在犹豫，除去允诺签约，还附有条款准许葡萄牙照现状治理澳门，永久租赁而不必付租金外，料将不会答应更大的利益。

——1886 年 12 月 7 日（992）

---

① 译者注：本译文参考陈霞飞：《中国海关密档——赫德、金登干函电汇编》第八卷，中华书局，1995 年。

金登干致赫德

我以私人名义见了外交大臣。他很和蔼友好，表示亟愿解决问题、保持善邻关系，并使中国税收得到保障。他认为澳门地位是个根本问题。他所说的证实了周日电报中总督的话。私人提醒：我认为您现在应把关于拱北的要求降至最低，并向总理衙门保证葡萄牙人的目标并非领土，而只是防止澳门周围水域的管辖权纠葛。望早日收到正式指令。

——1886 年 12 月 7 日（981）

赫德致金登干

这样说：中国愿保持友好关系，但因国内党派关系，割让拱北是完全办不到的。提问：如果中国肯答应地位条款，葡萄牙是否肯给予征税上的合作，并允许设立洋药趸船或堆栈？这一点必须有答复。密：请代我说明，提出管辖权纠纷问题，徒然会刺激中国人，使他们坚持使用土地原主的权利。葡萄牙解释要求拱北的理由，只会使中国在拱北设防，而不肯割让。现在必须谨记的一点是：目前这个承认澳门地位的大好时机，一旦失去不会再来。我们现在正在等候香港和澳门合作而完成洋药税厘并征的布置。缉私措施必定极其彻底，澳门总督可向外交大臣说明，彻底缉私对澳门会如何不利。反之如能有效合作，就可以取得条约和地位条款。

——1886 年 12 月 10 日（991）

金登干致赫德

与大臣密谈后，代他发电："此间政党的关系，使趸船计划难以实现，因为香港已经拒不接受，澳门总督所提出并期待的补偿利益，看上去也是不会有的。但是为了迎合设趸船要求，我提议撤回关于拱北的原提议，而用另一条款代替协议的第十五款，明白指出澳门的附属地，其中包括澳门对面的拱北岛实际上久已是澳门属地的一部分。这样只是维持现状。如蒙接受，我即可同意您亲自同总督议定的协议内的趸船办法。按照原来的办法，澳门四周的关卡都将停闭。"澳门总督和外交大臣是同学老友，他们都愿在符合中葡两国荣誉和舆情之下商定解决办法。大臣认为他已经为了趸船办法而将关于拱北的要求减到最低限度。外国记者从中国发出的关于中国对港澳意图的报道，已激起了此间的舆论，并且引起人们在葡萄牙外交部提出外交上的质询，使内阁感到难堪。

——1886 年 12 月 20 日（980）

赫德致金登干

我们自明年2月起洋药税厘并征。曾侯（纪泽）极力反对澳门地位条款，与总理衙门谈判更加艰难。但如果葡萄牙立即同意征税合作，相信地位条款能够达成。建议葡萄牙就此答应。两周后就只能取得永久租赁，再迟一个月必致一无所得。速回复，并作回伦敦的准备。

——1886年12月21日（990）

金登干致赫德

总督称外交大臣正在等待您对他的980号电的答复，以便向内阁会议说明问题从而作出决定。注意：《泰晤士报》上受人指使的读者来信和文章提到澳门，说北京和里斯本正在考虑条约草案，规定按照曾侯所定洋药税厘并征专条，以香港的办法施用于澳门。文章和读者来信都说葡萄牙应与中国约定，决不违背中国的意志把澳门让给第三者。文内未提趸船，但提到应当反对中国官吏在葡萄牙人居住地界内行使管辖权。报纸这么一说，局面更加复杂。因而您对980号电的回复至关重要。如电报已发出，请再电示我是否可以将其视为最终回复。外交大臣表示愿意对征税工作给予有效的合作。

——1886年12月27日（977）

金登干致赫德

如果800号电的建议不被接受，外交大臣和总督似乎愿意在趸船和拱北两项之外给予其他可能的有效征税合作。

——1886年12月30日

金登干致赫德

您是否已收到980至977号电？

——1886年12月30日（976）

赫德致金登干

中国态度友好，不愿让葡萄牙为难，但正式割让领土决办不到。葡萄牙如果立即在征税上合作，中国可以答应谈判通商条约，但澳门地位条款，只能在以下三种方式中择一办理：一、完全不提澳门，如此一切保持原状，葡萄牙得到条约，中国得到征税合作；二、中国同意永久免费出租给葡萄牙香山县境内已由葡萄牙占据、通称为澳门的那片土地，还答应葡萄牙可以像以往一样治理该地；三、中国答应葡萄牙一如既往治理澳门，但因澳门本属中国，葡萄牙需同意澳门每年向北京交纳关平银500两。私人电：你可以补充说，我极力敦促按上述基础解决。澳门这个古老而驰名的葡萄牙占领地，如与内地关系友好，就能恢复繁荣；否则必将被中国的缉私办法所扼杀。前面所提的方式，实质上并不损害葡萄牙在澳门的利益，而可以取得中国迄今一直拒绝的承认。密：如果葡萄牙拒不接受，中国不会再提也决不会答应相同的条件了！

——1887年1月6日（989）

金登干致赫德

外交大臣对谈判的顿挫感到惊讶及失望。他说愿意对征税提供有效合作，但不理解您在990号电中劝葡萄牙接受的合作办法究竟是什么，以及合作以后澳门周围的关卡是否停闭？他并不要求割让任何土地，而只要能办到你与总督起草的关于澳门地位的简单条款。本周三或周四内阁开会讨论之前，他不能答复989号电，但他个人认为内阁不会接受989号电的谈判基础。

——1887年1月7日（975）

金登干致赫德

议会今日解散。现在当政的自由党肯定可占多数，占少数的保守党将会反对趸船和堆栈办法。外交大臣说，一般人都已知道可以得到附有澳门地位条款的条约，并且公开议论，如今竟接受一个不提澳门的条约，必致议会、报纸和公众反对并推翻现内阁。外交大臣说，他不理解不提及澳门，如何算是承认澳门。我答复说，订约这一事实就已经是承认了。外交大臣说，这种间接承认，在您与总督通过我进行讨论和交换意见之后，只会在这里造成相反的印象。提醒：《泰晤士报》文章称，葡萄牙确保它占用土地的权利是自然且公正的事；英国政府不会对任何一方施加影响，从而阻碍双方的权利冲突得以明智而友好地调和；葡萄牙不可能允许中国官吏在澳门内行使任何主权国家的管辖权；这种理论上存在的权利，只要一提出来，对于中国是件麻烦事，对于葡萄牙也是很大的烦恼。我个人认为如果您能与外交大臣就澳门地位条款的字句达成协议，而不提及指明澳门附属地的一款，我们可以成功。否则就不免失败，而让别人胜利了！

——1887年1月7日（974）

金登干致赫德

电报是否传错，因而引起了误解？例如，有趸船的合作方法是一回事，没有趸船的合作方法则是另一回事！地位是一回事，维持现状又是另一回事！外交大臣理解您 991 号电内所说的可以取得条约和地位条款的有效征税合作，是指实行洋药税厘并征专条规定的趸船或堆栈办法，但不提关于拱北一款。因此外交大臣提议另立条款，指明维持澳门及其属地的现状，就像您对地位条款修正稿的第二项说明的那样。我们等待您的回复以厘清疑虑。

——1887 年 1 月 10 日（972）

金登干致赫德

内阁方面意思如下：外交大臣答复您的 991 号电，他说可以答应趸船办法，他以为这显然就是中国所要的征税合作。至于拱北，他只要求保持现状。您 991 号来电内说，如果中国肯答应好的地位条款，则如何如何，但 989 号说如果葡萄牙立即在征税上合作，则如何如何，前后参差，让人质疑您的作用和中国政府的意图。亟待您能答复我 975 和 972 号电。如果现有谈判失败，英国政府或将如《泰晤士报》所暗示的那样，会发挥其友好的影响。

——1887 年 1 月 11 日（971）

赫德致金登干

一、我们所需要的合作是：要么准设陆上堆栈，澳门应当像前任澳门总督提议的那样，对于中国的征税工作给予葡萄牙的官方协助；或者不反对水上趸船，听凭中国自行征税，澳门四周的关卡仍须保留。中国为了取得上述合作办法，或者可以默认维持现状，或者用条约正式加以承认。现状意味着澳门由葡萄牙治理。如果正式承认，就必须特别申明永久免费租赁，或不提永久租赁的字样，改为每年交付关平银 500 两。如果觉得贡银这个词会引起异议，就只说“交付”即可。二、去年 8 月总理衙门原已答应地位条款，后来因为总督要求拱北而作罢。上周总理衙门甚至拒绝继续谈判，但最终还是核准拍发 989 号电。因此想要索取更多的权利，是没有希望的。我很怀疑葡萄牙能有什么办法再得到这么好的条件了！记住中国从未承认，而是一直拒绝将澳门视为葡萄牙领土。另一方面，如果葡萄牙按我们所要求的合作，中方将默许现状。我重申我的建议，亟盼接受！三、中国认为总督起草的地位条款草案就是要中国正式割让土地，而总理衙门所拟草案不是割地，也丝毫不改变现状，但这已使中国答应尊重她从不肯承认的澳门地位，即澳门可由葡萄牙单独治理。四、我们宁愿友好合作，因为这样做对中国便利，对澳门来说也是最好的办法，但是我们也可以不要这种合作，我们已决定无论合作与否自 2 月份起开征洋药税厘。

——1887 年 1 月 10 日（988）

金登干致赫德

请问：粤海关1874年贸易报告内的D号地图是否正式划定了澳门界限？界限以外的关卡，在答应合作后，对于澳门是否仍旧不利？《泰晤士报》记者曾暗示中法战争中法国曾与葡萄牙密商澳门事。毕乐、总督和外交大臣都矢口否认。我正在尽最大的努力，但您必须记住，葡萄牙有它的自尊心！989号电所提供的方案是无法令人接受的，对谈判已经失去信心了。

——1887年1月13日（969）。

赫德致金登干

内阁如拒绝总理衙门所提谈判基础，请向外交大臣探询，按下述意思订立地位条款是否合适。中国及葡萄牙两国同意：一、澳门陆地领土由葡萄牙继续治理。二、澳门水域的外国船只继续受葡萄牙的管辖。三、澳门水域的中国船只等，凡与税务无关的民刑事件，都受葡萄牙的管辖，但税务事宜等应受中国海关管辖。四、在拱北设中国海关，由总税务司属下的税务司管理，按照通商税则征税。五、各分卡由税务司管理，只查验单据，而不征税。六、中国船只可以随意出入澳门，捐税上不受歧视。七、澳门制定法令，规定所有中外船只需将洋药卸入海关趸船。八、葡萄牙需于情势需要时，支持税务司。以上是否可行？如外交大臣认为合适，可以照样回电作为对总理衙门建议的答复。密：你可以机警地强调第六点，并隐约提示地位条款的价值。你可以说，凡中国所能允准的，中国也可以禁止；凡中国所能给予的，中国也可以收回。中国船只如果都不去澳门，澳门怎能继续生存。机密：香港、澳门附近关卡的洋药抽征事宜都由我管辖。每一地区都派了一位税务司，另由葛雷森任海班管驾统率六艘大船、九艘汽艇巡逻海岸，严厉的缉私措施已经准备好了！你可以用那个噙着骨头的狗，追逐池子中的影子而一切落空的寓言，比喻说明实利胜于空名，实利胜于形式。追求空洞形式有失去实利的危险，而且永久租赁终究比有问题的所有权强得多。

——1887年1月13日（987）

赫德致金登干

拱北：总理衙门决不承认拱北是澳门的附属地。关于地位，总理衙门只肯在租赁或者按年付款的条件下，准许或者承认葡萄牙治理澳门。关于合作，至少必须按照已提出的“拟议条约”办理。关于前途展望，总理衙门想停止谈判，但我已设法维持。我希望能安排妥当，友好合作，而不愿澳门因缉私措施受到损害。

——1887年1月13日（986）

赫德致金登干

总理衙门愿缔结通商条约，附有地位条款，承认葡萄牙在租赁或付款条件下治理澳门本土，此外绝不多让。总理衙门所要求的合作是确保洋药税厘征足，这点也绝不可少。

——1887 年 1 月 14 日（985）

金登干致赫德

曾与外交大臣长谈，他盼望两国的友好态度可以解决问题，盼星期三可有答复。秘：外交大臣曾问及如澳门答应照香港办法，是否就可确保中国税收，我依据您来电推断，答复说“不”！

——1887 年 1 月 16 日（966）

金登干致赫德

来自葡萄牙外交大臣：葡萄牙内阁深愿巩固中葡两国已历三百余年的友谊，经成熟考虑后，提出以下两方案，可以任择其一，作为可以接受的切实磋商基础。第一方案：一、中国在友好通商条约内承认葡萄牙永久占据和治理澳门及其附属地，但拱北除外；二、葡萄牙有义务未经中国允许永不将澳门让与第三国；三、澳门当局对中国洋药征税工作给予合作，葡萄牙同意水上堆栈，即设中国征税机构的浮趸，由总税务司所派欧洲籍税务司管理；四、停闭澳门四周的关卡，水上堆栈设立后，这种关卡已无必要。第二方案：一、订立简单的友好通商条约，包括一切通商条款；二、葡萄牙对中国的洋药征税工作给予合作，其条件可与在香港所议定的大致对等。注意：第一方案的前两款合起来构成一项十分符合中国愿望的保证，并且实际等于永久租赁不付租金。如此规定以后即可使条约为议会和舆论所接受。

——1887 年 1 月 19 日（965）

赫德致金登干

一、地图上的界限就是澳门总督所要求的，中国从未承认，但广东省当局一般在行动上予以尊重，以避免纠葛。二、趸船是必要的，关卡也必须继续。三、985 号电是我们所能给的，如果葡内阁拒不接受，望简单电告，但需明确说明葡方又提了什么新办法。

——1887 年 1 月 17 日（984）

赫德致金登干

由于正值中国新年假期，故而肯定要推迟复电。965 号电内外交大臣所提谈判基础，除非略加修正，恐难为总理衙门所接受。

第一方案：外交大臣是否要修改第三、第四款？即修改为，第三款：澳门当局对中国洋药征税工作给予合作，葡萄牙同意中国的洋药趸船，所有运来的洋药都存在趸船上，趸船由总税务司指派的税务司经管；第四款：澳门四周关卡，由税务司管理行使职权。

第二方案：外交大臣是否同意增加第三款，即：由总税务司指派的税务司驻在澳门对申请许可证的民船填发通过海关关卡的许可证，以避免在海关关卡的羁留。请问外交大臣意见，在下次电文内予以说明。

——1887 年 1 月 22 日（983）

金登干致赫德

来自总督：确信趸船办法已可十足保证洋药税收，无须再有关卡。倘若今后经验证明结果相反，葡萄牙政府愿采取任何可能的办法开展有效合作。

——1887 年 1 月 20 日（964）

金登干致赫德

第一方案第一款末尾“拱北除外”字样，是应我的请求而加进去的，比较原方案可说明关于拱北的要求现已完全撤销。是否可删由您定夺。

——1887 年 1 月 20 日（963）

金登干致赫德

澳门界限问题在国际法上和由传统及惯例而来的权利上等等将如何解释。如达成协议，内阁希望能凭借他们在新选议会中占多数来贯彻执行，但他们冒着足以危及本身存在的风险，因据说议会和报纸一定会强烈反对设立趸船和放弃拱北。

——1887 年 1 月 20 日（962）

金登干致赫德

何不答应给永久占据权而保留“物归原主”性质的权利，即宣布领土如经放弃即归还原主。国际法对于所有权和使用权有严格区别。或者中国可以承认葡萄牙的占据权，其中包括行政管理权，只要它们实际是在葡萄牙手中。我个人意见第二款可措辞如下：“葡永不得将澳门让给除土地原主中国以外的任何国家”。

——1887 年 1 月 20 日（961）

赫德致金登干

说明：一、陆上堆栈由葡萄牙管理而附设中国征税机构的办法是可以理解的。但水上趸船除非完全由税务司单独管理，无法圆满起到作用。烟农为熬制烟膏备供出口或当地消费所需的生鸦片自然可以免税验放。二、广东省当局已使北京至少暂时保留关卡，但各卡如在税务司管理下，按固定税则和章程办理，即可将各卡对澳门的不利影响减至最低。如其他各款规定能顺利推行，关卡料可停闭。三、第二方案内新增第三款，对中国民船甚有益，照办与否，听民船自便，同样方法亦将在香港施行。外交大臣如能应允修正以上各点，我相信总理衙门即可接受。

——1887 年 1 月 22 日（982）

金登干致赫德

外交大臣未与内阁磋商，不能答复您 982 号电。他个人的想法以为第一方案的第三款或可予以修正，但修正以后，更显出停闭澳门四周关卡是公允而必要的。澳门和里斯本的舆论决不能答应关卡未经停闭即设立趸船。内阁以为第四款除非能按下述精神修正，否则不能接受，即：葡萄牙决心对征税给以有效合作，如经验证明有采取进一步措施的必要，两国既已永久而正常地建立外交关系，双方政府可以进行协商。第二方案，外交大臣不明白新增的第三款与征税合作有什么关系。内阁以为凡香港能答应办的，澳门也能照办，因此提议第二款，但有关香港协议的办法究竟是什么，我们都不知道。

——1887 年 1 月 25 日（959）

金登干致赫德

外交大臣说他的处境很难，再多交换个人意见，恐怕会使此间和北京的事情更复杂，谈判日益恶化而非好转。我说您的来电已表明您是怎样地希望促成谈判成功。我解释现在的情形和巴黎谈判相似。外交大臣说他可以完全信任我，如我认为他的个人意见值得转达，可即报告您。他和总督劝内阁提出 965 号电内的建议时，遇到极大困难。外交大臣认为如没有以停闭关卡作为交换条件，难使公众和议会满足，趸船办法是办不到的。

——1887 年 1 月 26 日（958）

金登干致赫德

总督以为趸船最好是在葡萄牙管辖下，附设中国征税机构。税务司可与港务长一起工作，如此则合作更为有效。趸船办法实现以后，关卡即无存在必要。他问您关卡还有什么用处。

——1887 年 1 月 26 日（957）

赫德致金登干

我们不需要香港、澳门的合作即可有力地对付走私。但如经合作，可以减少摩擦，使关系友好，这是我设法使谈判能继续下去的理由。

——1887 年 1 月 28 日（981）

金登干致赫德

来自外交大臣：内阁会议欣然接受赫德爵士所提出的修改，决议批准在陆上设立堆栈，由葡萄牙人经理，并附设中国征税机构，由税务司管理。葡萄牙决心给中国以征税上的有效合作，澳门四周关卡应即停闭。如合作经证明有采取进一步措施的必要，则两国之间既已建立正常而永久的外交关系，双方政府即可就此点进行协商。至于第二方案，内阁会议不能接受增提的条款。税务司可驻拱北。

——1887 年 1 月 29 日（955）

金登干致赫德

如有采取进一步措施的必要……请考虑那么最后会得到什么结果。这是一个苗头，可能会有重大结果。但现在绳子不能拉得太紧，否则会断掉。

——1887 年 2 月 3 日（953）

赫德致金登干

致外交大臣：总理衙门对于第一方案尚满意，但拟请重新考虑关卡一款。香港方面已表示，香港四周的关卡如由我管理，往来香港和澳门的民船待遇一致，就可不加反对。总理衙门不拟停闭香港四周关卡，因此澳门关卡也不能停闭。但是所有关卡都将完全直接隶属于我，民船贸易也将不再遭遇留难和不便。因此请撤回停闭关卡的要求。

——1887 年 2 月 8 日（980）

金登干致赫德

来自外交大臣：内阁答应设附有中国征税机构的陆上堆栈，只是因为关卡可以因此成为不必要的而最终停闭，再者澳门与香港的情形也不能相比，因此我相信内阁会议将坚持此一决议。税务司可以随时考查葡萄牙对洋药征税合作的有效程度。如果他有理由指责澳门当局疏忽，他的政府可以提出矫正。关卡对于洋药征税既然一无用处，它们还有什么存在的理由？请您答复，并向总理衙门保证葡萄牙政府将尽可能有效合作。密：外交大臣暗地征询某几位主要阁员以后，认为否定的答复已是必然的，因此才将前述意见转达，希望由此可以避免遭到拒绝。总督曾极力协助，但他说，关卡的目的、数目、地点和作用都是难于理解的。

——1887 年 2 月 10 日（952）

赫德致金登干

关卡对中国民船征收以下各项：一、海关对一般货物应征的通常关税；二、为广东省当局代征一般货物的特别捐；三、洋药关税和厘金。洋药税收最旺，也最容易偷漏。我们只是为了洋药才特别与香港和澳门谈判，这些谈判所产生的方案也是为了洋药。方案对洋药征税来说虽已够圆满，但对于一般货物未作规定。我们如尽撤关卡，则自一般货物所能征得的税收就完全丧失，因此希望关卡能保留。即将达成协议的谈判竟因此而破裂，是非常可惜的。为了一般货物的关税和厘金，并为了有必要使民船贸易在澳门能受到与在香港的同等待遇，我们必须保留关卡。请接受我们的解释而重新考虑关卡问题，如答应保留关卡，总理衙门即可接受第一方案。你们如答应税务司能在澳门红线以内，像各关卡在红线以外一样地征税，我们可以停闭关卡。

——1887 年 2 月 12 日（979）

赫德致金登干

总理衙门的奏折已准备好。谕旨料可批准第一方案，但关卡必须留存，这足以证明谈判是有诚意，而且是有希望的。但是葡方如不在关卡问题上让步，谈判也必定决裂，请转告外交大臣。

——1887 年 2 月 15 日（978）

金登干致赫德

预计内阁明日答复。

——1887 年 2 月 15 日（951）

金登干致赫德

仍在考虑中。

——1887 年 2 月 16 日（950）

金登干致赫德

关卡如继续存在，恐怕内阁将不肯答应堆栈办法。

——1887 年 2 月 17 日（949）

金登干致赫德

与外交大臣会晤。留关卡则办不到设堆栈。今晚将有书面解释及建议。请将我的前一电及未编号电与您的第 339 号电中要我畅谈 1868 年旧事，以及立约以后将来可能产生的结果，结合起来考虑。如坚持关卡问题，绳子难免会断，您 982 号电的解释也于事无补。内阁接受堆栈而不提拱北，已冒了不少危险，如允设堆栈而容关卡留存，一定会使现政府倒台，因此是办不到的。

——1887 年 2 月 18 日（948）

赫德致金登干

内阁如坚持取消关卡，谈判必致决裂。中国可能用禁止各式中国船只往来澳门的简单方法作为一种缉私措施。如用上述的话向外交大臣暗示，是否有用？这种威胁可能会坏事，但这张牌也可能在目前场合中制胜。请自行斟酌行事。

——1887 年 2 月 18 日（976）

赫德致金登干

如内阁拒绝关于撤销关卡等建议，请告知外交大臣第二方案原来未被总理衙门所接受的理由，是因为经再三考虑觉得如不对澳门的地位有所规定是不妥当的。但是条约内如另外附一专条，包含第一方案第二款内容，即未经中国允许，葡萄牙永不出让澳门，那么总理衙门仍可答应第二方案。总理衙门对外交大臣的友好态度和语气很感佩。但是业已与香港商定的办法，和外界的批评，使总理衙门只能在下述两个办法中择一办理：采用第一方案，但删除关于停闭关卡的第四款；或用第二方案另加第一方案的第二款，即答应永不出让澳门。我个人以税务官吏的身份来说，宁可不要合作，但是作为一个国际事务的中间人，我愿有友好合作。可是如果合作得不够，或者是以难于接受的条件提出的，我们也只有不要这种合作。我们必须在本星期内结束谈判。无论合作与否，我将于 3 月内布置洋药税厘并征工作。

——1887 年 2 月 19 日（974）

金登干致赫德

外交大臣说，虽然中国可以用强力置澳门于死地，也可以使澳门闹饥荒，但他相信中国决不会这样办。中国是一个文明国家，对中国作这种推测是不公的。外交大臣同情中国，允撤回关于拱北的要求，避免谈判因此而破裂。我之所得已远比总督当初预料的多。

——1887 年 2 月 18 日（947）

金登干致赫德

此间对于条约、关卡和堆栈的舆论，反映了澳门的意见，议会不会批准。如关卡不撤，则条约内虽然附有地位条款，仍不能改变澳门的局面，而另一方面却因此而在澳门成立了一个设有清帝国税务司所管的中国征税机构的堆栈。这必然在澳门和此间引起强烈反感。如关卡绝对必须保留，则必须有某种补偿以满足舆论，才能答应堆栈。否则政府将无法对付议会。我们的意图是不用关卡而给予最有效的合作，因此希望总理衙门能接受我们的好意停闭关卡。在目前形势下，可能的补偿方法是达成关于拱北的某种安排。例如中国政府把岛上的一部分租借给我们以便利合作。如果像您已说过的办不到这一点的话，内阁会议鉴于总理衙门曾认为第一方案满意，拟提议另一办法以代替堆栈，即澳门施行一种与香港相同的合作办法，但核发准单的税务司可驻在拱北，而料想不会有税务司为了同一目的驻在香港。那么第一方案的第三款可以提澳门的合作，将与香港的合作相同。第四款可以提澳门四周关卡仍得保留，与香港一样。以上来自外交大臣。

——1887 年 2 月 19 日（945）

金登干致赫德

在将您的 974 号电的内容告知外交大臣前，我将等候您对我 945 号电的回复。他们在此间争辩的一个理由是：澳门已经愿意有效合作，如竟因香港不肯合作而保留关卡，这难道是公平的吗？并且澳门与内地早已有了友好的关系。

——1887 年 2 月 19 日（942）

赫德致金登干

总理衙门批准下述方案：一、签订友好通商条约；二、条约内承认葡萄牙永久占据和治理澳门及其附属地；三、葡萄牙承担条约义务，未经中国许可永不出让澳门；四、条约内订明澳门当局按与香港相同办法对于中国征收洋药税厘给予合作；五、关卡继续保留，但改归总税务司管辖。请将本电书面通知外交大臣，并告知本人还另有几点说明和建议，拟即续电。

——1887 年 3 月 1 日（972）

赫德致金登干

说明：一、保留香港附近关卡是为了查验洋药准单，并对往来中国贸易征收通常税饷。香港与澳门在这方面必须同等待遇的规定，使中国不得不保留澳门的关卡。二、我不懂中国对于拱北的态度和道理，总理衙门的亲王简直不愿提到它。葡萄牙全权代表来到这里签订条约时，总理衙门说不定会改变主意，但这是不能作准的。三、香港合作的详细办法，即将提交澳门总督。四、税务司在香港有住宅，办事处所则在内地。五、按相同办法合作，自然意味着可在适当情形下作必要的修正。

建议：一、授权全权代表可在达成关于拱北的圆满协议时变更第四款，不用“同样合作”而用堆栈方法。二、通知议会并向公众宣布时，最好只说现已达成友好谅解，拟派全权代表商定细节，而不必多提别的，以免报纸上有批评言论。

要求：一、香港自 4 月 1 日起开始合作，请指示澳门自同一日期起实施同样合作。二、请允许税务司在澳门租赁住宅，办公处所可在别处。三、请外交大臣答复我 972 号电，以便转告总理衙门，并请外交大臣答复我的建议和要求。最后请告知罗沙总督，如充任全权代表来华，希望能到我这里做客。

——1887 年 3 月 2 日（971）

金登干致赫德

谈判进行中传来了外国报纸受人鼓动的报道，已使外交大臣的力量为之削弱。谈判主要困难在关卡，您 979 号电解释后，外交大臣已知关卡确有必要，要说服内阁让步。

——1887 年 2 月 28 日（933）

金登干致赫德

内阁表示与 3 月 1 日来电内总理衙门提出的谈判基础完全意见一致。现在只待将谈判正式化以使已达成协议的办法生效。请将此电以我的名义通知总理衙门。以上来自外交大臣，其说明将于明日电告。

——1887 年 3 月 4 日（930）

金登干致赫德

来自外交大臣：第一，谨向您致谢并致最大的敬意。第二，我的说明：1. 半官方式的谈判进行到现在地步，必须正式化，使它可以循正常途径发展而不致延迟；2. 葡萄牙已准备派遣特命全权使节至北京商议条约，议约期间由葡萄牙国王颁布敕令，暂准自 4 月 1 日起在澳门实施与香港相同的征税合作。为此目的，可以允许清帝国税务司在澳门有私人住所，条件和在香港的相同，但办公处所需在澳门和它的附属地以外；3. 为使此项方法能实现，并自 4 月起合作，必须事先以草约或议定书形式确认谈判成果，草约可以用 1885 年中法巴黎草约的程序为先例。双方业已议定的方案，可作为草约的内容，于葡萄牙政府电准澳门自 4 月 1 日起开始合作以前，在里斯本签字；4. 征税合作即使是暂时的，也必须国王敕令授权，草约签字以后，即可立刻发布敕令；5. 大清国皇帝授权金登干签订草约的谕旨，可以通过英国或其他国家的外交部发电报给我予以证实；6. 原谈判方案的第五款，如能在草约内不提，内阁将十分感慰。此举并不变更即将建立的相互义务。澳门的合作既然与香港的合作相同，而香港的合作是根据关卡由总税务司管理并继续存在的方式，那么澳门关卡的继续存在已毫无疑问。即将订立的条约各款并不致因此举而有所变动。整个办法亦更容易为议会及中国澳门、葡萄牙等地的舆论所满意而接受。另一方面我个人以外交大臣的身份，对于这个只是形式上的让步表示十分感谢。来自总督：谨向您的盛意致谢。请劝总理衙门答应略去第五款，因为关卡问题从第四款内容中已可不言而喻，无须在草约内明文规定。

——1887 年 3 月 5 日（928）

金登干致赫德

外交大臣私人表示政府和个人都变动无常，最好即按现在的办法达成协议，不再提拱北，他已同内阁商定如此办理。但另外他又暗示今后如为了中葡两国利益有考虑拱北和堆栈问题的必要，仍可在草约签字后作为外交谈判的题目。我力主不用草约，但外交大臣解释，接受总理衙门的方案后，除非能用草约确认谈判成果，否则无法颁布必要的敕令并遣派全权使节。

——1887 年 3 月 5 日（927）

金登干致赫德

外交大臣说他盲目地接受了香港的办法，并采取了一个非常措施，未经与议会磋商，就在草约基础上发布了敕令。

——1887 年 3 月 14 日（925）

赫德致金登干

3 月 17 日谕旨授权金登干签订草约。总理衙门已请英国公使致电证实。请接受我的敬意和祝贺。

——1887 年 3 月 20 日（969）

赫德致金登干

草约应当用一般性文字表述以下意思：订立条约，包括确认葡萄牙永久占据和治理澳门及其附属地，葡萄牙承允未经中国首肯永不出让澳门，承允在洋药征税等工作中的合作与香港相同等条款。草约内不必提关卡。你可以参照巴黎谈判中关于运米的前例，与外交大臣交换信件，说明关卡在总税务司管理下运行，澳门自 4 月 1 日起开始合作。香港合作办法简述如下：洋药不准进口，或说除洋药承包商备有的洋药外，其他洋药不准进口；洋药出口必须是整箱出口。如无香港当局准单，洋药不得私自移动，所发准单均应通知税务司。总督知道这些办法，香港也会通知澳门的。已派马根为九龙关税务司，法来格为拱北关税务司。

——1887 年 3 月 20 日（968）

金登干致赫德

来自外交大臣：我提议下述草约底稿，希望能获得同意，它的形式和文字已体现了总理衙门所提方案的意思，即："大清、大葡两国彼此相敦和睦已有三百余年，今愿重修归好，俾永相安，以是…（职衔）…金登干，…（职衔）…巴罗果美因各奉有旨，将会议文件画押为据，现将会议条款开列于左：一、定准在中国北京或天津即议互换修好通商条约，此约内亦有一体均沾之一条。二、定准由中国坚准葡国永驻管理澳门以及属澳之地。三、定准由葡国坚允若未经中国首肯，则葡国永不得将澳地让与他国。四、定准由葡国坚允，洋药征税事宜应如何会同各节，凡英国在中国香港施办之件，则葡国在澳类推办理。用葡文和英文订于里斯本。"

注：我将交换信件说明关卡将仍旧存在并与在香港的一样，在大清国总税务司之下执行职权。草约若能如期签字，临时合作可以自 4 月 1 日起实施。

——1887 年 3 月 23 日（918）

金登干致赫德

来自外交大臣：一、如您没有异议，我为了公私的理由都亟盼能在第二款内加进以下几个字，即“与葡国治理他处无异”。所加的几个字可以使第二、三款的意义更加明晰而完备。相信您对于我所拟加的几个字必定从中善为斡旋，使它们能被接受，这样就可以消除我在政治上的重大困难。二、英文约稿内的 consent 一字，葡萄牙文内找不到同样意义的字，不便使用。Agreement 比 accord 更带有相互友好的意义。三、葡萄牙文的 *obsiga-se* 也比英文的 engage 意义更强。四、拟定草约时已特意把总理衙门所提方案形成文字。这样使我可以向本届议会申请授权在草约的基础上续议正式条约，签字以后即可立刻批准交换，不必待向下届议会申请，这样就可提早一年时间。如果草约的文字定得笼统而一般化，即无法得到这一便利。五、我相信草约可以理解被接受，以便临时合作可以先行于 4 月 1 日开始，正式合作则在条约批准以后立即实施。

——1887 年 3 月 23 日（917）

赫德致金登干

请考虑，草约虽是正式文件，但实际只是方案的谅解备忘录，因此以用笼统字句，而不用确切字句为妥。前数电内已将协议的性质解释得很清楚。电报内无法商定中、葡两种约文的字句，此事不必过度重视。英国公使已致电英外交部，通过英国驻里斯本使馆对谕旨予以证实。

——1878 年 3 月 23 日（966）

金登干致赫德

现任澳门总督表示，如条约批准以前先答应合作，他就辞职。澳门和里斯本报纸一致认为条约应当在先，合作在后，因此外交大臣已承担重大责任。他表示乐于承担，并尽了一切努力。外交大臣的脾气虽然不错，但我一路办来也使足了力气。外交大臣说草约的形式和文字应当符合两国尊严，他打算亲自在草约上签字。外交大臣对于您未将谕旨传达给他深感诧异！英国公使所传达的内容如下：谕旨授权金登干签立草约，确定关于澳门的条款，以便自 4 月 1 日起实施，无须待葡萄牙全权使节到华谈判修好通商条约以后。

——1887 年 3 月 23 日（916）

赫德致金登干

我没有异议，因此请即加进“与葡国治理他处无异”。Without agreement with China 的意义与 without consent of China 并无差别，也可以用。第一款内“或天津”字样可以删去。总理衙门奏折内详细报告谈判经过，但谕旨只有“依议”二字。英国公使所传达的是原折和谕旨的大意。我现在再另外传达一遍，两者的意思同是说明皇帝已授权金登干签立草约。注意：所指草约是我们交换电报中协议的那个草约。该草约本可在上星期日签妥。现在请即签字，并电告。

——1887 年 3 月 25 日（964）

金登干致赫德

来自外交大臣：928 电内所说草约的必要性可以说明如下：一方面，葡萄牙 1. 立即答应未经中国同意绝不出让澳门，2. 立即答应自 4 月 1 日起给予临时合作，3. 应允在条约签字批准后，立即确实合作。另一方面，中国 1. 立即承诺葡萄牙永据并治理澳门及其附属地，2. 答应在中国谈判和缔结友好通商条约。经英国公使所传递的内容也明白地肯定了以上的意思。内中所说自 4 月 1 日起实施关于澳门的条款，必是指澳门地位的解决。我愿知道中国皇帝谕旨的原文。中法巴黎草约包含了在签订条约前立即和肯定的承诺下来的事项，里斯本草约应援照此例办理。我个人意见，葡萄牙文内虽有 consent 一字，但不使用，因为它含有请求允许的意思。

——1887 年 3 月 25 日（914）

金登干致赫德

除非您能同意外交大臣的意见，否则他没有别的办法。

——1887 年 3 月 25 日（913）

赫德致金登干

致外交大臣：草约之于条约，正如草约签字后的临时合作之于条约签字后的切实合作一样。草约并非就是条约，草约只包含彼此间的协议，并且承诺签订一个与这协议相符合的条约，巴黎草约不过就是这样。皇上批准总理衙门奏请签立草约的谕旨只有两个字："依议"，用一般的话来说就是"照办"。

——1887 年 3 月 27 日（963 年）

赫德致金登干

致外交大臣：我们的意思是草约已约束中国在葡萄牙全权代表到达时以正式条约确认草约。草约虽不等于条约，但照样有约束力量，在目前也具有同等效力。我在 969 号电内说明金登干已由谕旨授权在草约上签字，并在 968 号电内指示他应当签什么。假如我们没有自 4

月 1 日起即行合作的需要，是不会谈判草约的。葡萄牙如不合作，中国即不允立条约。你们如愿条约立刻到手，请即派现任澳门总督北来，条约可以在 4 月份内议妥。现在已经达成的协议已够妥善，稍一耽搁必致影响全局。

——1887 年 3 月 29 日（962）

金登干致赫德

草约已于 3 月 26 日星期六下午 7 时签字。

——1887 年 3 月 26 日（912）

金登干致赫德

我已与外交大臣交换关于草约第四款的信件，说明澳门关卡将与香港一样继续存在，并在总税务司管理下运行。临时合作自 4 月 1 日起实行，正式合作于条约批准后开始。葡萄牙国王敕令大致将于今晚电达澳门，明日在里斯本公布。事情已经办妥，外交大臣反倒觉得不放心，他怕澳门会有反对情绪，议会指责为什么不谈判条约而签订草约。请您在议会开幕以前来电声明中国向来说什么就是什么，以便外交大臣能够放心。

——1887 年 3 月 28 日（911）

金登干致赫德

外交大臣来函说："请以我的名义电告赫德爵士，国王敕令已于今日公布。敕令于昨日签字以后即已电知澳门。并请说明赫德爵士昨日电内关于草约的意义和重要性的解释，使我深感满意，希望直到条约订立为止，一切顺利。"下面一句是我的话：敕令已指明草约并不等于条约。

——1887 年 3 月 29 日（909）

赫德致金登干

致外交大臣："我个人的保证和说明并不能提高金登干签字的价值。金登干是专为代表中国政府签字的。议定条约本身不会有什么麻烦，但你能最好预先劝诫全权代表，未与我商量，不可向总理衙门提新要求。"致总督："您已经击败了我，您已获得比我们两人当初商定的草案内更多的利益。而我所得反倒少了。您什么时候可到北京？请不要忘记把准备好的引渡条款带来。有几位随员陪您同来？"致金登干："请代向外交大臣和总督致谢。草约已使葡萄牙大有收获，但我相信中国也可得利。如有可能你应参加葡萄牙议会开幕式，并将议会对于外交大臣说明的反应如何电告。你可以把草约内容秘密通知英国公使转达英国外交部。你自己事毕即回伦敦。”

——1887年3月31日（960）

赫德致金登干

重要：我提议外交大臣在议会内千万不要说中国割让了土地（请参阅我988号电）。不谨慎或夸大的话都可以为谈判条约制造困难。适才收到路透社的电讯，恐将在此间引起恼人的议论。

——1887年3月31日（959）

金登干致赫德

来自外交大臣：“我们从未指明，也不拟指明这是割让领土。但我们无法防止恶意的，或经人指使的新闻电讯。澳门总督来电说香港可能不赞成办法中的某几点，因而延迟个把月再决定。葡政府已答复说香港做出决定以前，澳门暂不开始合作，但香港一经开始，澳门亦须立刻实行。”外交大臣将草约签字一事通知英国公使后，公使已电告沙里士伯勋爵。我刚觐见了葡萄牙国王，他向您致谢，并向中国祝贺。

——1887年3月31日（908）

金登干致赫德

外交大臣及总督向您致以诚恳的谢意。外交大臣向您保证绝不使用夸大或不审慎的文字。伦敦报纸曾刊载路透社所发的捏造消息，但在里斯本公布的草约和国王敕令已可以说明事实，使谣言不攻自破。

——1887年4月1日（906）

海关巡船

海关总税务司署

1887 年 5 月 16 日于北京

第 1153 号　　职员

———　　———

驻外税务司　　第 2787 号

先生：

一、我在近几封电报[①]中授权你与阿姆斯特朗公司商议关于建造三艘海关巡船的事宜。我告知其中两艘为 500 吨，第三艘为 700 吨左右。它们不是兵舰，而是要制作成这一吨位的民用船舶中质量最上乘的船只，可执行特殊任务。每一艘船都要装载一对 20 磅型阿姆斯特朗后膛炮和一对机关枪，并配备适量的步枪、左轮手枪和短剑。吃水不超过 10 英尺，应为便于调遣又善远洋航行，且航速能达到 10 节。它们应为双螺旋桨式，引擎应是那种不占很大空间又耗煤少的，且可用蒸汽动力升起船锚。卷轴卡盘也要装备。船尾、前甲板、驾驶台等的布局应似“凌风”号和“飞虎”号。在造船过程中，应征求目前在家休假的赫克斯特[②]先生的意见（我此前已授权你以伦敦办事处名义临时聘用他），尤其是关于夹板、驾驶台和内部布局等方面，鉴于他在这里工作多年，完全能够在事前提出建议（务于事前提出建议，勿于事后再行修改）。所有这些细节上的安排事关那些须住在船上之人的舒适度和船只的整体灵活性。然而，造船工人拘泥于一种船型，且无海上经验。他们不明白在海上生活是何等情况，也不可能去想象或愿意去了解。船要配有两个或三个桅杆，配有适量类似捕鲸艇的船只，其

① “三艘海关征税用的蒸汽机船：双螺旋桨、宽横梁、高质量海船，时速 10 节，吃水 10 英尺。吨位：一艘 700 吨，两艘 500 吨。武器装备：两门发射 20 磅炮弹的后膛式加农炮和两挺机关枪。造价多少？何时完工？电告弹药数量，预估船只为铁制或钢制，或为铁肋加木壳，造价各为多少。”——1886 年 12 月 21 日，赫德致金登干电报。

“三艘巡船：普通蒸汽机船。不是军舰！两艘各约 500 吨，一艘约 700 吨，用最好的钢材，时速 10 节，装有双螺旋桨；两门发射 20 磅炮弹的大炮和两挺机关枪，吃水不超过 10 英尺；便于调遣且善于远洋航行；装有卷轴卡盘，船尾楼，前甲板，基本布局类似‘凌风’号。向赫克斯特征询，然后确定费用，装好帆准备入海。太小的零工不要请伦德尔或阿姆斯特朗公司来做，找其他价廉物美的地方来做。不要花里胡哨！”——1887 年 4 月 15 日，赫德致金登干电报。

“将由阿姆斯特朗公司造三艘巡船，一艘 700 吨，20,000 英镑，两艘 500 吨，各 17,700 英镑，首付三成；配备劳埃德最高级船用配件等，为最高级的客轮，全部完成可以下水；没有附加费用；设计时速 12 标准海里，确保航行时速达到 10 节。”——1887 年 4 月 21 日，赫德致金登干电报。

② G. 赫克斯特，刚到中国时为“德尔塔”号三副，1877 年 7 月被委任为“飞虎”号二副，同时加入海关。他于 1881 年 2 月被提升为大副。1888 年 6 月，由于出色监督上述税收巡船的建造，他被调至内班任二等帮办前班，一直担任此职至 1895 年 4 月辞职。

中之一为大汽艇，它们交付时即能下海。三艘船应配备特等舱、客舱、餐厅等等所需配备的一切设施。你4月21日答复我的第608号电报里说，这三艘船的造价预计为55,600英镑，首付三成。我4月25日电告你即刻开始建船，同时我电告英格兰银行从我的公务账号向你转账20,000英镑用于支付首付款。我想你应已预定船只并且拨出了款项。我现附上一张价值20,000英镑支票，票号143，有效期为4月25日至5月16日。请与惯常一样，去银行汇兑，以记录该笔交易。

二、我希望这三艘船在武器和引擎配置方面都尽可能相同，如此，适用于一艘上的配置可以适用所有三艘船。此外，最好能够提供引擎、枪支等的各种重要零件的具体数据。以后需要时，可依据精确尺寸，订明供货数量即可购得。

三、如你所知，赫克斯特先生目前在家休假，只拿一半工资。这一半工资由粤海关发放。我现授权你向他支付另一半工资，即从你的办公经费里每月支付16镑13先令4便士，从本月1日起直至这些船在中国启用之月月底。

四、我希望这三艘船最迟能在明年1月底前从英国动身驶往中国。

总税务司赫德

致驻外税务司圣米迦勒及圣乔治三等勋爵金登干

伦敦

1902 年

税务司贺璧理 1902 年 6 月递交至上海修改进口税则委员会的备忘录

1901 年 9 月 7 日《辛丑各国和约》第六款同意“新关各进款，俟前已作为担保之借款各本利付给之后剩余者，又进口货税增至切实值百抽五，将所增之数加之，所有向例进口免税各货，除外国运来之米及各杂色粮面并金银以及金银各钱外，均应列入切实值百抽五货内。……诸国现允可行，唯须二端：

一将现在照估价抽收进口各税，凡能改者，皆当急速改为按件抽税几何。定办改税一层如后：

为估算货价之基，应以一千八百九十七、八、九三年卸货时各货牵算价值，乃开除进口税及杂费总数之市价。其未改以前，各该税仍照估价征收。……”①

根据上述条款：第一，中国有权征收切实值百抽五之进口税；第二，鉴于从价税尚有可议之处，应将其转换为明确的关税。估算货价之基准应为义和团运动爆发前三年中卸货时货物价格平均值。事实上，以这三年平均货价为基准对中国而言有失公允。假使这三年中白银对黄金的兑价保持或基本保持不变，中国税率也无法达到切实值百抽五，即便这是获得各国认可的权力。因 1897 年是经济极其萧条的一年，物价异常低落，其后两年物价也低于均值。《辛丑各国和约》签订后，白银兑换黄金的比价随之出现暴跌。这导致上述三年间货物的银两价值完全无法确保中国切实征收其有权征收的百分之五进口税。关平两的金单位价值从 1897、1898 和 1899 年的平均价值 2 先令 11 $\frac{1}{2}$便士跌至 2 先令 6 $\frac{5}{64}$便士（一两规平银值 2 先令 3 便士），且目前最一流的专家意见是，将来银价将继续下跌而不是回升。按照上述汇率以及《辛丑各国和约》所指定年份洋货的平均进口价格（以两为单位），中国将无法切实值百抽五，实际征收关税的税率略低于百分之四点二五。任何认为右手予之左手取之，有约国即能在这一意想不到之事态中获利的想法都是不可接受的。从《辛丑各国和约》中得出的唯一结论应为确保中国切实值百抽五。为确保这一效果，同时遵守《辛丑各国和约》条款，唯一途径是通过以下方式确定关税税率：

① 译者注：该文所引《辛丑各国和约》内容源于王铁崖：《中外旧约章汇编》第 1 册，三联书店，1957 年 9 月，第 1006 页。

确定指定年份间进口货物卸货时平均价格，估值若干银两，并将该价格以这些年间的平均汇率兑换成英镑，然后再把这英镑按现行平均汇率兑换成银两，以最终换得的银两为基准，按值百抽五确定应缴税款。

1903年

关于统一货币的建议①

从男爵、中国海关总税务司赫德爵士著

呈外务部

一、尽管世界许多国家采用金本位制，但中国至今未采用，而是继续使用白银。这并非因为其他国家不使用银元，而是从黄金开始有稳定的价值起，多数国家就制定了各种规定，把黄金和白银之间的比价固定了下来。中国不仅没有黄金货币只是用银，而银元又无规定的重量和形制，更没有金银两种金属之间的比价准则，所以需要黄金时只能按照市场比价来兑换。由于这个原因，在中国生活的人遭受着比价时刻变动之苦。此外，流通中的银元数量有限，主要通过银锭和碎银补充。总的来说，大量的银锭和碎银，购物时价值远次于银元。近二三十年来，银矿的产量一直极大，远远超过世界各国使用的需要，而产量每年仍在增加，使银子越来越便宜，所以与黄金相比，其买价越来越低。既然白银已经跌到如此程度，甚至在一天之内都没有一个固定或统一的比价，现阶段在中国用金本位制取代白银是非常明智的。数以百计的商行都因目前的货币状况而遭受灾难性的影响，且政府还需要以黄金来支付外债，国家和人民都深陷财务危机。当前的形势迫使我们去寻求一种途径来改善现状，使中国在继续使用银元的同时，固定一个白银和黄金之间的统一比价，这样或可免除不确定波动之危险。针对这一目标，现提出我的建议。

二、如果中国政府拥有大量的黄金可供铸造金币，就可以根据金币和银币的关系确定一个比价。这当然是一件易事。但是，当我们没有黄金，只使用银元和铜币时，我们就有责任根据某种方法来固定黄金和白银的比价。如果只在原有汇兑方法基础上稍加改动即可做成自是更好，这将避免百姓在两个账户上都遭受损失。没有黄金，而又须在黄金和白银之间制定一个比价，就必须铸造统一重量和成色的银元，且数量能够满足整个国家的需求。要做到这一点，建立一个造币厂来铸造这些银元是非常重要又不可或缺的。中央政府必须建立这一自己的特殊造币厂，根据规定制造所有所需银元，且不允许在其他任何地方建立分厂。关于开

① 摘录自1903年7月3日《字林西报》（Noeth-China Daily News）。

办政府银行的建议，虽然自有一定好处，也可由这一机构获得金融优势，但事实上对确定黄金和白银的比价几无作用。

三、如果决定铸造整个国家所需的钱币，考虑到人们的使用习惯，我建议继续保留“两、钱、分、厘”的货币单位和重量。但是，铸造统一的货币，有必要使该货币不仅在整个清帝国范围内以一个固定价值被接受，而且在与世界上其他国家兑换黄金时也要以一个固定价值被接受。这一点必须作为首要目标，比在国内作为流通货币更为重要。因而“两”的重量应当与一定金额白银的价值相当，这是接下来结合使其成为被其他国家承认的货币这一目标所要考虑的。有人建议应以美元为标准铸造新货币，因为美元对黄金的固定汇率已在其他国家获得承认。还有人建议将一枚新银元按一两库平银重量铸造，因为目前市场上的黄金比价为 8 库平银兑换 1 英镑黄金。上述两种建议都具有可行性，新的货币应该分为四种，即一两、五钱、两钱半、一钱。除银币外，还应该铸造两种铜币，即十金和一金（十金=一分；一金=一厘）。造币厂成立且各钱币铸造完成后，应考虑何时在国内发行新的货币，在此之后不允许其他货币在国内流通。

四、决定铸造何种货币之后，即应出台建立造币厂的相关规定。如果批准过多造币分厂，我担心所铸货币的重量和成色不统一，可能导致现下这种普遍混乱的情况，进而可能对所建议的改革造成无尽的麻烦和阻碍。最好的办法是选择一些中心区域建设一个主造币厂，铸造各省级政府所需的所有货币。除此主造币厂外，不允许建立其他分厂。目前各省所有在用铸造机械应毫无保留地送到筹建中的主造币厂，从而避免浪费。除了雇用本地工人，造币厂也应聘用一些外国专家，即一名主管，一名白银检验员，一名主工程师和一名会计师，每人负责各自专业领域的工作。一两和五钱银币应以九分银和一分铜铸造，两钱半和一钱银币应以八分银和二分铜铸造。由此获得的一分银和二分银用作造币厂的运营经费。如此，这些银币就足够坚硬，没有人会进行篡改。一旦造币厂建立，应首先将省库的银锭铸造成银币，省库所存银锭应全部送到造币厂铸成货币。需要铸造成货币的银锭送到铸币厂后，外国白银检验员应进行称重及检验成色。如果符合指标，就用已经铸造好的银币支付换取银锭。此外，造币厂是否应对存放在其金库中的银币制发银票或证书是一项非常重要的问题，有待审议和进一步磋商。

五、造币厂开业后，应颁布圣旨，除皇家造币厂铸造的银币外，禁止任何其他银元流通。同时应为所有现行流通的银锭、银块设定禁止流通时限，并准许持有人将它们送到造币厂根据重量换取新银币。还应由圣旨颁布固定的新币比价，即多少两相当于一镑黄金，多少铜钱相当于一两。随着铸造新货币事宜被其他国家接受，铸币厂应在圣旨颁布后，任命一个官员负责造币厂签发的证书兑换黄金事宜。应给予这位官员一定数量的上述证书，他可以常驻中国境内或境外。那些在中国拥有公司、企业或银行的外国商人必须使用中国货币，其为获取这种货币，必须向这位官员申请造币厂签发的证书。此外，购买上述证书时，商人必须按照圣旨颁布的黄金与白银比价进行支付。满足这些要求后，商人可凭证书在造币厂换取新货币。用于取得造币厂证书而支付的黄金可以先由负责官员存放，也可用于支付中国到期的黄金债务，或用于将来铸造成金币。对于这一机制的进展情况应进行记录，以作为将来所有相关事宜的指南。按以上方式行事，新货币将成为既成事实，进入自由流通，金币和新币间的固定比价也会被其他国家接受，有利于国际贸易。以上是确定银币和黄金比价的一种方式，此处只是一个大概说明，此事事关重大，这些建议远有不足，还需深思熟虑和详加商议，以避免在此重大事宜开头时出错。

六、若确需固定银币与黄金比价，除采用上述建议，也似乎没有其他办法。与其他国家的银行达成谅解并与之合作亦为必要，但这些事宜均需深思熟虑，并在适当的时机提出。至于中国是否应设立一个政府银行，也是一个极为重要的问题，但它不会对固定银币和黄金比价造成多大影响。因此政府银行的启动事宜可以延至当务之急完成之后。何事要先于它启动已不是问题。然而，列强均有政府银行，且得益于此，英国尤其如此。因此，一旦中国改革了财政体制，那么她将从建立政府银行中获益。成立政府银行有六大目标：（一）协助政府征收及管理税收，并设立账户；（二）对支出情况进行记账；（三）管理国家债务，偿还贷款；（四）以与普通商业银行同样的条件管理大众存款；（五）与其他银行一样将政府和私人存于银行的资金进行投资；（六）为政府调拨各省所需资金或需送至国外的资金。上述六项功能是政府银行存在的基础。对于这样一个机构，还有一项更重要的事情要考虑，即为不干扰其商业属性，要尽可能少任命官员。银行成立后，应与造币厂联合运营。造币厂可作为银行的一个部门，如此也许会大大简化各事项。至于建立政府银行分支机构，应按需设立。事实上，目前设于外港的海关银行或其他实体金融机构可被选为承担政府银行分支机构之职，开展与其他银行机构类似的业务。

上述建议中的首要意见自然是固定银币和黄金的比价。后一条意见为第一条意见已成事实后的拓展。如决定将这些建议付诸实践，还有一些相关的细节问题可能会随之出现。

1904 年

地丁[1]：总税务司节略，关于征收和拨用等[2][3]

总税务司所拟筹款节略

光绪三十年正月二十一日

奉上谕：外部代递总税务司赫德条陈一折。据该总税务司称：练兵筹饷，以地丁钱粮为大宗。若竭力整顿，即用此款练兵并可举办各项要政。按里计亩，按亩计赋，令每亩完钱二百文，确可经久，百姓亦不受丝毫扰累。现在用财匮乏，几于罗掘俱穷，一切应行要政，如练兵等事，尤为万不容缓之举，需款更殷，亟应切实通筹，期有良法。著该督等，按照所陈各节，体察情形，悉心会商，逐条核复，妥速具奏。原节略，著抄给阅看，将此各谕令知之。钦此。

总税务司赫德所拟筹饷节略

筹饷节略第一：

窃维现在东方兵衅已开，固由日俄两国各违所愿，然实由于中国积弱所致。该两国日后如何结局，或须二、三年，或须五、六年，正难逆料。惟至结局之日，中国之大难即作矣。若欲彼时不受人指使，反能令人听我之言，目非乘此机会力图自强不可。惟自强之道，首在练兵。练兵之要，先须筹饷。中国每年关税、盐课、地丁等项，统计不过八十余兆两，而还款赔款去其大半，是非另筹的（得）款不可。近日论筹款者亦不少画策之人，而鄙意则总以整顿地丁一事为较有把握也。查中国地方，宽长可谓各四千里，新疆蒙古东三省地方未计在内，则统计面积即有十六兆方里。每方里内应有五百四十亩，按五百亩计之，则十六兆方里内，应有八千兆亩。若令每亩完二百个铜钱之赋，按二千个为银一两计之，则每十亩应完银

① 译者注：地丁即田赋加丁税。清雍正年间实行“摊丁入亩”，即地丁合一，所征之税称地丁银，简称地丁，亦称地丁钱粮。

② 译者注：原书第 173-183 页附有该节略的中文本，本书将之由竖排改为横排、繁体改为简体并加注标点后予以收录，未再对原书的英文本进行翻译。

③ 海关出版物（二）：特种系列，第 26 册。

一两，八千兆亩即应完银八百兆两。惟不能每年按此数计算，缘年分有丰歉，地土有肥瘠。又兼各处山水，按当日李文忠公曾云，可完钱粮之地，有三分之二。现即以一半计之，实征应有四百兆两之数。一日有此地，即一日有此款。较之他项进款，确有把握，确可经久。国家凭此定大计，应办各事之款有盈无绌，而百姓亦不受丝毫扰累。若蒙照行，则此事办法，应另备节略呈夺。

筹饷节略第二：

按照首节所计，应得四百兆之巨款，是地丁钱粮一事，不可不力为整顿也。向来此事办法，莫患于取民者多，归公者少，扰累日甚，弊混日增。今既亟图整顿，则此等办法，必不可行。然以中国之民，纳中国之赋，则中国之官熟悉情形，拟定办法较胜取法于外人。惟以总税务司之意揣之，若照后开各节举行，必可期有成效。至于经办之详细章程，窃以为，章程愈密，则开办愈迟。反不如先行著手，得步进步。其详细章程，积久自成。

兹将大略办法，随列于后。

若请旨通饬各省，同时一体开办，势必各自立法，反致纷歧，不能划一，难求实效。今拟先自某省某府内之某一县地方起手，此县办成，推之邻县，自可渐推渐广。

若择定某县开办，即请选派明干候补人员十员，随同该县办理，以储日后遣往他处办理此事之材。

应由该县将本管境内分作东西南北四大段，随即出示明白，晓谕居民：凡有地之家，限一月内，该业户应将有地若干亩、坐落某段暨四至方向，开列一单，并另具一图，亲赴本县衙内呈核。该县接受后，应即在某段新立之册簿内，照原呈编号详细注明。

已经注册之地亩，若业户有售卖等事，应由原业主暨买地人，执持原领之谕帖，一同赴县报明，即将谕帖上按所报情节更改，或分别新发，其地亩册簿内亦一律照改。

至十月初旬，应由各业户执持谕帖，亲自赴县署户科或特指之银号内，按亩完纳钱粮，领取号收为凭。一面由县将所收钱粮注入本届钱粮帐内，俟应收钱粮汇齐，解由本府转交藩库存储，报明督抚，转咨户部知照。倘有已经注册之地至期不来完纳钱粮，即行议罚。

业户赴县报明地亩或完纳钱粮时，不得由该县书差人役向其索取规费，该业户等亦不得自行馈遗。各处征收钱粮亦不得于二百文之外多取丝毫。解库时亦不得留支少缴。

开办之第一年，一省之事办清，即应将随学历办之一百员，分赴附近五省，照原省办法，由各县开办。仍由各该省派遣候补人员随同学习。如此办理，至第二年底，即有六省地方办清。

第三年，应将六省随学历办之人员，分赴其余十二省，随同县官一体照办。至三年底，十八省地方均已办清。

告示内应有警戒之条，云：现在本县不派人各处丈量，任听各业户自行开报。倘查出未经赴县呈报之家，或日后丈量时，查出有以多报少者，即将未报之户暨匿报之地科罚等语意。

业户各自呈报，县署立妥册簿后，应由该县发给业户编号之谕帖各一张，令其于每年十月初旬，亲持谕帖赴县，按照帖内亩数交纳钱粮，每亩二百个铜钱。至所发谕帖，应另备一簿，留其存根，以便对查。

以上出示、报县、立簿、发谕各事，应限三个月内办妥。至三个月底，所派之十员，每日在县署会同办公，身历目睹，必已明晰，即应分遣赴本府所辖各他县，会同各该县，照第一县办法，限三个月内办清，仍于分遣时，各派候补官十员分随学办，至第二期三个月底，即可谓本省一府之事办结。

第二期后，应将随同学办之一百员，分遣本省内各他府所辖之县，责成会同各该县照办，至三期三个月底，即可谓本省一省开办之事办结。

每县至三个月办结时，应将本县四段内共有亩数若干，按每亩二百文应有钱粮若干，报明本府，由府详呈上宪，转报户部立案，以凭日后核对。

此事之大略办法，即系如此。至各处各事必需之详细章程，应俟历某事即定某章，惟总以章程愈简为愈妙。此大略办法，或有应删应改之处，至第三年，各省一体开办后，再为斟酌增损，以期尽善。

此事原应责成各省督、抚、司、道认真办理，尤应由户部随时特派部员前往各省，任择数县抽查所办事宜，以期各省办法暨所立册簿、账目、号收等项，实得划一之效。三年后，自必日有把握，收数必可及四百兆之谱而有余矣。

筹饷节略第三：

按：国家既得此四百兆之巨款，若问应作何项开销？执政者自必具有意见。惟若使总税务司主张之，则可用此款者约有数项，特为开列于后：

保卫国民，求益防损，不能不讲求练兵。中国练兵，可分四大队，大约足用。一驻直隶、一驻两江、一驻湖广、一驻两广。每队为常备兵五万人。一队中，每年需兵丁钱粮五百万两。又，六等武弁一千人，每年需五十万两。五等武弁五百人，每年需五十万两。四等武弁二百五十人，每年需五十万两。三等武弁五十人，每年需十五万两。二等武弁二十五人，每年需十万两。头等武弁十人，每年需十万两。共六百八十五万两。此为一队之费，合计四大队共需二千七百四十万两。又，武备学堂四处，每处年需五十万两，共二百万两。又，军火军械，年需三百万两。统计为三千二百四十万两。以上皆为常备兵之用款，惟常备应有年限，限满为续备，又满为后备。其续备、后备之用款，可按常备减半计算，约为一千五百万两。如此办理，十年之内，常备、续备、后备各陆军可得五十万人，年费共四千七百四十万两。即按五千万两计之。

陆军应练，自非缓图，然较此尤要者，即为海军。缘整备海军，遇有战事，均在国外。若无海军，一有战事，即在国内。查中国海军，应设为三大队：一在北洋、一在南洋、一在适中之洋面。每队应有战船：大者十只，小者十只。水雷船：大十只，小五十只。本队水手，共一万五百人，年需钱粮一百零五万两；又，本队各项水师、武弁四百人，年需六十万两，共一百六十五万两。此为一队之费，合计三队为四百九十五万两。又，购备三队之大、小二百四十船，约需费二万万两。每年购备十分之一，永无停止，即每年应需二千万两。又，水师学堂三处，每处年需五十万两，共一百五十万两。以上海军共二千六百四十五万两。即按三千万两计之。

陆军、海军之外，应设有机器局四处备办军械，每处每年以二百五十万两计之，共一千万两。

既有此项巨数进款，即应乘此机会，将各官俸养另行整顿，必使所得俸养足敷用度而有余，俾此外无庸向民多取。所有文官之数，政府自能知悉。今即约略计之：巡检司约二万员，每员每年三千两，共六千万两。知县约二千员，每员每年一万两，共二千万两。知府约二百员，每员每年二万两，共四百万两。道台约一百员，每员每年三万两，共三百万两。盐运使约十员，每员每年三万五千两，共三十五万两。臬司约二十员，每员每年四万两，共八十万两。藩司约二十员，每员每年五万两，共一百万两。巡抚约二十员，每员每年六万两，共一百二十万两。总督约十员，每员每年七万两，共七十万两。大署约二千五百处，杂费每署每年一万两，共二千五百万两。小署约二万处，杂费每署每年一千两，共二千万两。京中部院等大、小各衙门人员俸养、杂费等，约一千二百万两。又，各省驻防将军以十处计之，每处约需一百万两，共一千万两以上。京外各官俸养、杂费，按此计之，每年共需一万五千八百零五万两。即以一万六千万两计之。

现在各省设立学堂，自为培植人材之要务，应有可靠之的（得）款，俾不至半途而废。可以每年需一千万两计之。

各国皆以邮政为便民之举，中国业已开办，亦应有一定经费。惟此举初时，虽有入不敷出之情势，然办过数年，各处均有头绪，入款自可相抵而有余。现应以每年需一百万两计之。

电报局于国计大有关系，且便商民，其情势亦与邮政相似，初时必需经费，日后所入必敷所出而有余。现可以每年需用五百万两计之。

泰西各国系于进款内提出若干，作为宫中之用，中国照办，似可以一年需一千万两计之。

总之，照以上每年陆军需五千万两，海军需三千万两，两机器局需一千万两，文官俸养需一万六千万两，学务需一千万两，邮政需一百万两，电报需五百万两，宫内之用需一千万两，此外另有应还赔、借两项年款，约计需五千万两以上，各数统共需银三万二千六百万两。即三百二十六兆。以所收四百兆地丁钱粮计之，除三百二十六兆用款外，应余银七十四兆，即七千四百万两，或存储以备不虞，或随时提拨以办利国利民之要举均可，但不得因有此项余款，供无益之玩好已耳。除地丁钱粮之外，尚有关税、盐课等项进款，每年约四五千万两之数，尽可充作还款、赔款之用。俟各款清偿后，不若将此等税课尽行裁撤，俾百姓贸易自由，且有藏富于民之效也。

筹饷节略第四：

前已将一、二、三节略备呈，其第一节略之意，系地丁钱粮应征之数，所核计者，按里计亩，按亩计赋，确属可凭，毫无疑义。第二节略系陈此事之办法，办理此事之法固多，而总税务司之意，则以所陈之办法为确有把握。第三节略谓国家得此巨款，应办各事之开销，所列各事均属切要不能不办之举。所估各数皆有余裕，并不刻薄，开销虽多，历年尚有余款。所拟整顿之法，不但不能骚扰百姓，且牵扯计算每亩较现纳之数减少，况业户到县自纳，又可免吏胥下乡追呼之苦。至于各项官员，既经优给俸养，则内顾无忧，私念尽去，自必安心办公，无所萦怀。国家应办各事皆可自此项进款内开销而有余。现在东方兵衅已开，将来孰胜孰负，或须数月，或须数年，无人可以逆料。惟现在战场系属中国地方，附近各处人民必致大遭蹂躏，而一至两国结局之时，其和议各条，必有关系中国东西大局者，是以中国此时须尽力尽法，乘机图谋办妥各事，以便至彼时，将应发之言，可以尽行提出，且能令人顺从而不抗。综论现时大势，欲求就益防损，只在一言，曰尚理尤须尚力，欲尚力必求自强，欲自强必须筹款。而各他项进款皆不能敷用而有余，惟此整顿地丁一法为充足、为有效也。或有议此事为创始之新法者，则不必因为新法而阻搁不行。事之可行与否，在求其合宜，而不必拘其新旧。又或谓祖训永不加赋，现不可妄议更张。此言尤属非是。现所拟者，并未加征，只须按一数征齐，各处一律而已。此事之图，成在有实事求是之心。而此事之改法，实欲收因时制宜之效。且整顿之法，简而易行，只在认真办去，则民必乐从，官皆致力。惟奏请圣裁，仍应细为酌定行止。一经执定照行，宣示中外，则无论何人不得谏阻，即阻亦不必听其言。凡有条陈各事者，只论其与时事如何，不必论其为某人所拟。即此整顿地丁一事，先察其所计里数、亩数暨征数是否确实；再审其所拟办法，是否轻而易举，必无扰累；再计其所指之征数，以之办所列各事，是否的实，能否敷用。如果查其确有把握，再为议定施行。总税务司之意，以为此事若行，则中国之进款，必将逐年增多，而中国之强力，亦必逐年增厚。不禁企予望之。

中国在国际贸易中之商业负债及资产研究①

据《通商各关华洋贸易总册》所载进出口数据显示，近年来中国政府的贸易逆差问题引人注目。记录在案的过去十年货物进出口及资金流动值（分别以靠岸及启运时刻为准）如下表所示：

年份	货物		资金流动记录	
	进口	出口	进口	出口
	海关两	*海关两*	*海关两*	*海关两*
1894………	139, 569, 201	144, 690, 042	13, 613, 000 *	…
1895………	150, 224, 490	160, 696, 753	30, 061, 000 *	…
1896………	177, 630, 606	146, 929, 091	…	6, 394, 000 *
1897………	177, 915, 163	181, 769, 995	…	6, 870, 200 *
1898………	184, 486, 528	177, 165, 384	…	2, 981, 818 *
1899………	233, 953, 853	217, 610, 004		6, 368, 335 *
1900………	185, 870, 551	176, 680, 221	16, 644, 527 *	…
1901………	237, 871, 600	187, 954, 894	14, 362, 496	27, 035, 611
1902………	300, 908, 575	236, 107, 278	18, 437, 479	41, 692, 355
1903………	310, 453, 428	236, 205, 162	27, 001, 165	33, 046, 532

* 净进口值或净出口值

至中日战争结束，中国政府基本未举外债。此战让中国政府负债达 50, 000, 000 英镑（海关两 400, 000, 000 两），除了此项定期对外还款义务，政府还须为 1900 至 1901 年期间列强在华的援救行动支付赔偿，两项数额总和已高达每年海关两 45, 000, 000 两。负债的增长一般会通过政府强行增加货物出口来弥补，但在此矛盾之地，增加的反倒是进口额，直至当下，进口额已高出出口额三分之一。本文的目的即是对这种反常现象作出一些解释。

关于中国政府的财务状况，以下这点是毋庸置疑的：即便因为汇价变动，中国政府的债务变得更重（这点中国政府也无法控制），中国从未拒绝履行还款义务；到约定交款日时，中方从不拖延。本文着眼于中国在国际贸易中的贸易状况，为更清晰地定义研究范围，我假设本文所涉每项交易，除非涉及硬币及金银，皆遵行现代贸易准则，通过买卖银行票据完成。

研究中国的贸易现状，也不可忽略其割让或租借所产生的外国占领地②。国际贸易中，广东和镇江发生一起交易，香港和上海各自就会据此有相应的丝毫不差的银行交易；供给中

① 海关出版物（二）：特种系列，第 27 册。

② 译者注：原文为“foreign enclaves”。

国市场的棉纱买卖所得也可能用于兑付外国海军的票据，不论这笔开支发生在胶州还是烟台。发生在外国占领地的交易额将列于F、f、g、h、i及l项下。但在A、B、a及b项下，除了海关自有的关于占领地与条约通商口岸的贸易数据外，并无数据可查。更可惜的是香港内外的资金流动也无数据可查，因此必然导致研究中国南方贸易的资金情况时所得出的结论不够准确，本文也无法例外。

因为这些不确定因素的存在，加之中国是一个在治外法权背景下开展国际贸易的国家，没有谁有权强求准确数据，所以任何对商业负债及资产的估算必然包含很多准确性存疑的数据。某些情形下，仔细研究可以得出相对接近真实的估计，其他情况下最多能做的只有采用一个合理可行的假设，基于此推测出一个结论。本文的推断虽有瑕疵，但已在本机构能力范围内做到尽可能准确，希望将来有条件获得某些分目相关数据的后来者能做些特别研究。在此请求后来者能将这些数据发送至本处，另外有关此话题的报纸投稿，也请作者抄送我处一份。

“负债”下各项中，数据最无法确定的是F项——外国人的净利。若读完下文细处后仍觉本文所列数额过大，读者须谨记支出（中国政府的商业负债）项下并未包含总部不在华的银行的净利。

“资产”下最重要的一项是m项——侨汇。虽然此项也包含诸多不确定因素，本文认为73,000,000两（海关两）这个数额绝对是最小值。此外须注意，其中的10,000,000两（海关两）已在B项——输入的资金中有所反映。其余各项，如c项——边境陆路贸易，d项——铁路发展，i项——外籍船舶维修，及l项——外籍游客花销都极难得到准确数额。在此本处希望对以上诸项的进一步研究或能得到更准确的数据。关于d项——铁路发展，须注意中国政府的债务皆在未来偿还，现在仅在支付利息，目前此项下的花费也应算作中国政府的资产。

研究本文所附数据，即可得出中国政府目前的负债与资产大体平衡，负债约为423,734,993两（海关两），资产约为424,751,694两（海关两）。从商业角度看来，目前中国政府债务偿付情况正常。

造册处税务司马士

总税务司署造册处

1904年11月4日于上海

注：本文接下来的估算采用1903年平均汇价：1海关两合英镑2先令7$\frac{2}{3}$便士、美金0.64元、法币3.34法郎、德币2.68马克、日本币1.28金元。上述汇率由各国银行提供。

负债

	海关两
A. *1903 年约开口岸进口货值，以靠岸时刻为准*	310,453,428
B. 1903 年输入约开口岸的金银及硬币价值	37,001,165
C. 借赔款本息	44,210,400
D. 中国驻外使领馆花销	1,320,000
E. 中国留学生及游客国外花销	3,000,000
F. 外籍人士汇回其本国的净利	16,000,000
G. 外籍公司所收*运保*(火灾及海事保险) *费净额*	6,750,000
H. 未包含在进口货值内的军火	5,000,000
总计	423,734,993

资产

	海关两
a. *1903 年中国约开口岸出口货值，以启运时刻为准*	236,205,162
b. 1903 年中国约开口岸输出的金银及硬币价值	33,046,532
c. 未记载的中国边境陆路贸易顺差	4,000,000
d. 铁路及矿产等开发花费	27,000,000
e. 外国驻华使领馆等在中国的花销	5,000,000
f. 外国驻军日常维持费用	7,500,000
g. 外籍军舰日常维护费用，包括船员消费	15,000,000
h. 外籍商船日常维护费用，包括船员消费	2,000,000
i. 在上海及他处的外籍船只修理费	10,000,000
k. 外方传教机构、医院及学校的花费	6,000,000
l. 外籍游客在华花销	6,000,000
m. 侨汇及华侨带入国内的货币	73,000,000
总计	424,751,694

负债明细

*A. 1903 年中国约开口岸进口货值，*以到岸时刻为准 ……………… 310, 453, 428 *海关两*

香港贸易实为中国贸易的一部分，除去船只维修物料（参见 i），可以认为香港进口用于本港消费的货值与香港土产出口货值相抵。（中国进口值数据出自《1903 年中国贸易报告书》）

B. 1903 年输入约开口岸的金银及硬币价值（数据出自《1903 年中国贸易报告书》）………………………………………………………………………………………………… 27, 001, 165 *海关两*

华侨带回国的硬币价值*（参见 m）* ……………………………………… 10, 000, 000 *海关两*

37, 001, 165 *海关两*

C. 借赔款本息

1900 年之前的借款（官方声明发布于 1901 年 5 月） ……………… 24, 408, 700 *海关两*

考虑到汇价差，上述计算为 1 海关两合 2 先令 9 便士，1903 年平均汇价为 1 海关两合 2 先令 $7\frac{2}{3}$便士 ………………………………………………………………………… 972, 200 *海关两*

1900 年之后的条约赔款（汇价为 1 海关两合 3 先令） ……………… 18, 829, 500 海关两

44, 210, 400 *海关两*

D. 中国驻外使领馆花销：该项已于 1901 年 5 月得到外交大臣会议确认 ………………………………………………… 1, 320, 000 *海关两*

E. 中国留学生及游客国外花销：此项约为 ……………………………… 3, 000, 000 *海关两*

F. 外国人寄回其本国的净利

此项估算仅为猜测，但不可略去，其与 m 项——侨汇相互关联。影响此项估算的因素如下：外国人皆不似华人般节俭；许多人将积蓄投资于中国；许多本可存下的钱被寄回用于赡养子女及家属；有时遗孀及其家人选择留在中国；有人经常回国投资，有人经常在中国投资等。另一方面看，通常外籍人士回国早晚都要将积蓄带回。在缺乏准确数据的情况下，本文须采用一个争议最少的计算原则，如下：

（a）大部分外籍人士在华时将其存款投资于不动产或当地公司——公司股票或公司债券。

（b）那些不投资于地产或公司，而是被规律地汇回外籍人士祖国的存款，或许可以与中国人在条约口岸持有的不动产及当地公司股票价值相抵。

（c）用于当地的投资资金虽会暂时留在当地，但迟早会由外籍人士以年收入汇回其本国或在离开中国时以资本变现的方式带回其本国。

（d）参照上述前提，以下两项的总和——

（i）各港口不动产的净租金。

（ii）当地企业的分红总额（包括汇丰银行）可基本代表在华外籍人士的侨汇数额。这里，在其他项下，我们须将香港作为中国贸易的一部分，基于这个基础得到以下数据：

上海净租金 …………………………………………………… 4,500,000 *海关两*

香港净租金 …………………………………………………… 2,500,000 *海关两*

其他口岸净租金 ……………………………………………… 2,000,000 *海关两*

合资公司的分红及债券利润（上海证券交易所） ……………… 7,000,000 *海关两*

总计 16,000,000 *海关两*

以上所列并不包括除汇丰银行以外其他银行在中国所获取的利润，也不包括对投资损失（如对棉纺厂）的正当补贴。

G. 外籍公司所收*运保（火灾及海事保险）费净额*

我的研究结果如下：

外国船公司收取的总运费及船费 ……………………………… 15,000,000 *海关两*

货物装卸费用、代理商运营费和船运费开支等 ………………… 9,000,000 *海关两*

6,000,000 *海关两*

火灾及海事保险费盈余总额，大约 ……………………………… 750,000 *海关两*

总计 6,750,000 *海关两*

H. 未包含在进口货值内的*军火*（在此数额以内会是安全的） ……… 5,000,000 *海关两*

资产明细

a. 1903 年中国约开口岸出口货值，以启运时刻为准

（见 *A* 项下的述评） ……………………………………………… 236,205,162 *海关两*

b. 1903 年中国约开口岸输出的金银及硬币价值 ……………………… 33,046,532 *海关两*

c. 未记载的中国边境陆路贸易顺差

这部分主要基于推测，我们只计以下三项：

（a）东京（北圻）的洋药：东京海关的数据显示贸易逆差 1,250,000 法郎，即 ……………
……………………………………………………………… 400,000 *海关两*

（b）通过汉江运往俄罗斯的茶叶：以两个不同年份的数据为例得出该值为 ……………
……………………………………………………………… 1,000,000 *海关两*

（c）跨界贸易：蒙古到西伯利亚，四川到西藏①等，剔除（a）、（b）项下的金额，顺差不少于 …………………………………………………………………… 2,600,000 *海关两*

总计 4,000,000 *海关两*

d. 铁路及矿产等开发花费：通过贷款由外国提供，贷款尚未清偿，利息从资本中支出

俄罗斯已经为推进这些项目投入了大笔资金，但是比较稳健的是参照其他国家的做法，以年均数额等额计算。其中计入了（1）俄罗斯在东三省的投入，（2）中英在直隶和东三省的投入，（3）英国在山西的投入，（4）德国在山东的投入，（5）法国在云南的投入，（6）比利时在京汉铁路的投入，（7）美国在粤汉铁路的投入，总计 7 笔，在中国平均每年投入 500,000 英镑，一共 3,500,000 英镑，即 …………………………… 27,000,000 *海关两*

这些投资用于铁路公司（其中 8,000,000 海关两，已包含在 A 项外方投入中）、监管人员月薪、房产费用及铁路建设费。五年内为山东铁路发展和矿山的开发投入了 55,000,000 马克，相当于 ………………………………………………………… 20,500,000 *海关两*

扣除德国的总部支出及私人财产 ………………………………… 2,500,000 *海关两*

18,000,000 *海关两*

折合每年平均 ………………………………………………………… 3,600,000 *海关两*

这也与之前的分析吻合。

e. 外国驻华使领馆等在中国的花销：英国——1903—1904 年的预算

外交机构费用 ……………………………………………………………… 8,367 英镑

领事机构费用 ……………………………………………………………… 65,991 英镑

……………………………………………………………………………… 74,358 英镑

薪酬节余（含家眷国外开支）我估计为 15,000 英镑，私人汇票约 2,000 英镑，净扣除 13,000 英镑

……………………………………………………………………………… 61,358 英镑

英国的公使馆和 27 个领馆的开支共计 ………………………… 465,000 *海关两*

另外，为威海卫行政部门拨款 9,000 英镑，即 ………………… 68,000 *海关两*

再加上为其他开销（电报等）拨款 ………………………………… 42,000 *海关两*

575,000 *海关两*

*美国为维持*9 个在华领馆的汇款按英镑计共 23,500 英镑，薪酬支出稍低，但其他支出比较高，例如公使馆及领馆。23,500 英镑即为 ………………………… 175,000 *海关两*

*法国*有 10 个领馆：公使馆和领馆的开支为 …………………………… 200,000 *海关两*

① 译者注：英文原文如此，不代表译者的观点。

为广州湾①行政部门开支拨款 ………………………………………… 300,000 *海关两*

500,000 *海关两*

*德国*有 9 个领馆，公使馆和领事馆的开支预算为 ………………………… 370,000 *海关两*

为胶州行政机构拨款 ……………………………………………………… 3,400,000 *海关两*

3,770,000 *海关两*

*扣除*私人财产 …………………………………………………………… 770,000 *海关两*

…………………………………………………………………………… 3,000,000 *海关两*

*日本*有 11 个领馆，我们估计公使馆和领馆的开支 ……………………… 150,000 *海关两*

另有 9 个国家，包括公使馆和 23 个领事馆，预计开支 ………………… 600,000 *海关两*

总计 5,000,000 *海关两*

f. 外国驻军日常维持费用：资金来源于附近的中国地方，支出也主要用于与中方相关事项

香港，1903—1904 年拨款 128,000 英镑 ……………………………… 1,000,000 *海关两*

胶州湾，1903—1904 年拨款 3,390,000 马克 ………………………… 1,250,000 *海关两*

广州湾，1903—1904 年拨款 …………………………………………… 250,000 *海关两*

东三省的旅顺港和铁路警卫支出大概数百万，最少有 …………………… 2,750,000 *海关两*

在直隶的公使馆警卫和军队 ……………………………………………… 2,250,000 *海关两*

总计 7,500,000 *海关两*

g. 外籍军舰日常维护费用，包括船员消费：包括广州湾、香港、胶州、威海卫和旅顺港

我通过长期探寻，终于获得了一份由海军某船财务出纳制作的详尽的海军支出估算报告，以及另一支海军的报告。基于这些，我做了下列 1903 年的开支总结估算：

英国舰队 ………………………………………………………………… 5,300,000 *海关两*

美国舰队 ………………………………………………………………… 4,000,000 *海关两*

俄罗斯舰队 ……………………………………………………………… 2,000,000 *海关两*

法国舰队 ………………………………………………………………… 1,500,000 *海关两*

德国舰队 ………………………………………………………………… 1,000,000 海关两

其他国家舰队 …………………………………………………………… 1,200,000 *海关两*

总计 15,000,000 *海关两*

h. 外籍商船日常维护费用，包括船员消费

每艘驶入日本的外籍商用轮船对应的开支大约是 400 日元，即 300 海关两。1903 年有

① 泽者注：本书中的“广州湾”为湛江地区旧称。

6,700 艘外籍商船从国外驶入中国口岸，以日本的估算为基础，这部分开支总共为 ………… ………………………………………………………………………… 2,000,000 *海关两*

i. 在上海及他处的*外籍船只修理费*

在这项下，无法获取任何精确信息。这三年上海耶松船厂的已知利润平均为…………… ………………………………………………………………………… 752,000 海关两

像这样一家在上海垄断船建和维修的工厂，其利润不到其总收入的 10%，而在上海发生的船只维修费用不太可能不超过 ……………………………………………… 7,500,000 海关两

假使按这个数额，我们把 1,000,000 海关两算作中国船只的维修费用，以及已经计入 g 项的军用船只的维修费用，那么我们可以将外籍船只在上海、香港、厦门、福州等地的驳船费和维修费，以及没有包括在 *A* 项下的对进口到香港的材料的适当补贴估计约为…………… ………………………………………………………………………… 10,000,000 *海关两*

k. 外方传教机构、医院及学校的花费(钱款从本国汇入)

从我得到的信息，我预计每年这部分汇入为 ……………………………… 6,000,000 *海关两*

l. 外籍游客在华花销

日本政府官方做出的此项估计是 16,000,000 日元，大约 12,500,000 海关两。游客在日本的花销大于在中国的花销，保守估计在中国的花销不超过 ……………… 6,000,000 *海关两*

m. 侨汇及华侨带入国内的货币

	至少 （单位：海关两）	至多 （单位：海关两）
1. 美国和加拿大	14,000,000	38,000,000
2. 夏威夷	1,500,000	3,250,000
3. 美洲其余地区	2,000,000	5,000,000
4. 澳大利亚	5,000,000	10,000,000
5. 日本	1,500,000	2,750,000
6. 西伯利亚和朝鲜	1,000,000	2,000,000
7. 菲律宾	3,000,000	4,000,000
8. 印度支那	5,000,000	15,000,000
9. 新加坡和马来半岛		
10. 荷属东印度（包括婆罗洲）		
11. 泰国：		
纸币汇款	12,500,000	25,000.000 *

硬币汇款	5, 000, 000	10, 000, 000 *
12. 英属印度	2, 500, 000	10, 000, 000
13. 中国台湾	2, 000, 000	5, 000, 000 *
总计	55, 000, 000	130, 000, 000

* 经过最可信的估算，上述三项总额 37, 620, 000 海关两，故最大总金额为 127, 620, 000 海关两。

以下为预估的海外移民侨汇可能达到的最大值及其具体情况，数据主要基于一位长期居于东方的银行家（X 先生）的调查。

1. *美国和加拿大*

美国 1900 年人口普查显示的人口数：

落基山脉以西 …… 67, 729

落基山脉以东 …… 22, 534

以及加拿大 …… 11, 000

总计 101, 263

X 先生估计自太平洋沿岸各州的侨汇至——

香港 …… 40, 000 英镑每周

上海 …… 20, 000 英镑每周

其他港口 …… 15, 000 英镑每周

75, 000 英镑每周

即每年 …… 3, 750, 000 英镑

X 先生认为来自大西洋沿岸各州的侨汇大大超出 1, 000, 000 英镑，即计为 ……

…… 1, 250, 000 英镑

总计 5, 000, 000 英镑

1 海关两 = 2 先令 $7\frac{2}{3}$ 便士，即 …… 38, 000, 000 *海关两*

注：折算为人均 375 *海关两*。

在《1902 年中国对外贸易》一书中，杰弥逊先生估计太平洋沿岸北美各州每年产生 5, 000, 000 英镑的侨汇。

根据 X 先生的估计，该数字还有足够大的上升空间，因为它并未将苦力们由公司或他们信任的中国私人公司汇出的款项囊括在内，而这个数额可能很大。

2. *夏威夷*——1900 年美国人口普查显示，夏威夷共有 25, 767 名华人。其中有一些是商人和蔬菜种植者，苦力市场上较多的是日本人。假设每人侨汇的年平均值是 125 海关两，我

们可以得出的年度平均额为 ………………………………………………………… 3,250,000 *海关两*

3. *美洲大陆*——葛德华[①]称在美国和加拿大以外的美洲大陆上大概有145,000名华人。我们无法获知他们的侨汇金额，但因他们大部分位于拉丁美洲，应该收入很少。当然，他们肯定有结余，不然也无法生活下去。我们可以以每人35海关两计，即总计为 ……………… ……………………………………………………………………………………… 5,000,000 *海关两*

4. *澳大利亚*——葛德华称在澳华人有30,000名。X先生估计他们每一年的侨汇达到75万至100万英镑，即600万至750万海关两。1902年杰弥逊先生的报告中称"澳大利亚汇款不会少于150万英镑至200万英镑。"很有可能在同等条件下，在澳华人和在美华人收入相似；假设人均333海关两，可以得出总数为 ……………………………… 10,000,000 *海关两*

5. *日本*——在日华人中有男性5,500名、女性1,500名。很有可能（至少在日本如此）这些女性为在日华人的家人，没有工资收入。男性主要是商人、买办、钱币鉴定人，没有洗衣工，极少数为仆人，没有苦力。因此，他们的收入结余比在美华人多，设为人均500海关两，可得总数为 ………………………………………………………………… 2,750,000 *海关两*

X先生估计人均结余有1,000美元。

6. *西伯利亚以及朝鲜*——葛德华认为该地华人有28,700名。考虑有一部分人（尽管是少数人）是贸易商，我们可以设他们的年均收入结余略多于70海关两，即总计为 ………… ……………………………………………………………………………………… 2,000,000 *海关两*

7. *菲律宾*——在菲华人有80,000名。菲律宾离中国较近，华人在城市里从事较低级的工作，或者务农。可以估计，人均净收入只有50海关两，即总计为 …… 4,000,000 *海关两*

8. *印度支那*——共有华人150,000名。华人掌握西贡巨额的大米贸易，而当地华侨受到的待遇不如更南边地区，故为获得更好待遇需支付一定的金钱；华人雇工的收入不低。因此可以估计人均100海关两，即总计为 ……………………………… 15,000,000 *海关两*

9. *新加坡以及马来半岛*(985,000)

10. *荷属东印度（包括婆罗洲）*(600,000)

11. *暹罗（2,500,000）*

以上数字为葛德华估计的各地华人人口数。

鉴于很多华人并非是向故乡汇款的"移民"，而是在海外安家的定居者（尤其在暹罗）。因此，我们估算的依据并不十分准确。X先生估计来自新加坡以及马来半岛的侨汇每年有2,250,000英镑，即17,000,000海关两。若我们设来自暹罗的侨汇为3,000,000海关两，荷属东印度的为5,000,000海关两，得到总数计为 ………………………… 25,000,000 *海关两*

① 《中国人的涉外移民》，葛德华，不莱梅，1903。

来自新加坡以及马来半岛、荷属东印度（包括婆罗洲）、暹罗，特别是后两个地方，通常需要短期合同工。与其他侨民将他们的收入换成银行汇票源源不断地汇出不同，这些无知的苦力在三到五年后，会把他们的收入以现金形式带回家。在这些移民出入的港口所做的调查显示，一年内约有 20 万劳工回国，随身携带的现金可达 ……………… 10, 000, 000 *海关两*

需要纳入考虑的第三点是，上述这些国家的女性移民，他们皆是为主人利益服务，或者合法地成为妻妾，或在更多情况下沦为妓女。1899 年，新加坡华民护卫司的统计[①]显示，5, 514 名华人妇女独自从中国来到新加坡；1900 年，估计有 7, 700 名妇女离开了香港、厦门和汕头去了南洋。在中国香港和新加坡，我们了解到的妇女的价格在 100 至 200 元之间。因为这是总收益，而不是要汇出的净利润，我们可以取一个较高的数字，即 133 海关两，总计为 1, 000, 000 海关两。我为自己能够注意到这一点而感到欣慰。

12. *英属印度*——在缅甸有 40, 000 名华人，控制仰光几乎所有的贸易。X 先生估计他们的侨汇有 1, 000, 000 英镑，即人均 25 英镑（190 海关两）。这一估计看来是可靠的。他估计在加尔各答、孟买和科伦坡的侨汇为 37. 5 万英镑，即总计为 …………… 10, 000, 000 *海关两*

13. *中国台湾*——中国人口有 2, 600, 000。尽管原本是中国人，但现在受日本统治。而中国人心中的家乡一直都是闽南，台湾在 200 年前就归属闽南地区了。他们的祖坟都在福建，尤其是清明节的时候，他们一直遥望对岸。但对于殖民者而言，这些永久居住于此的人只是怀有一种家国情怀，不可能真的从已经被日本占据的台湾地区大量汇款出去。富有的地主、商人和他们的家属，以及每年短暂入台的茶叶批发商们，仍然与福建保持着联系，基于他们的租金、利益和收入，我们可以预期每年的侨汇额度为……………………… 5, 000, 000 *海关两*

总计　130, 000, 000 *海关两*

1903 年已知的海外华人汇入中国的汇款表（银行家 Z 先生编制）

汇出地	墨西哥元
纽约	6, 000, 000
旧金山	15, 000, 000
西贡	700, 000
曼谷	5, 000, 000
巴达维亚	1, 280, 000
三宝垄	360, 000
苏拉巴亚	120, 000
新加坡	6, 155, 000

① 引自葛德华的统计数据。

槟城 …………………………………………………………………………… 4, 400, 000

仰光 …………………………………………………………………………… 1, 230, 000

195 页[①]的最小估值主要基于以上数据。

德国领事馆的葛德华先生对侨汇的总额以及移民从特定国家带回的总额做出了非常仔细的估计。他研究的国家为上文编号 9、10、11 和 13 的国家（地区），经过仔细计算，他估计每年总值为 ……………………………………………………………… 37, 620, 000 *海关两*

在此基础上加上上文 1 至 8 及 12 的国家的最小估计值为 …………… 35, 500, 000 *海关两*

可以得出总额为 ………………………………………………………… 73, 120, 000 *海关两*

这是就我们目前所知的信息可估算出的最接近事实的数字，非常可能这就是最小值了。在南非有大量华人，他们早在 1904 年前就到南非了，但他们的汇款情况未包括在本报告中。另外，合同劳工在他们初来乍到的前两年里存不下钱，因为收入需交给合同承包人用来支付路费和借款。我们只计入了合同劳工的净存款，但合同承包人的收入一定源源不断地汇往中国，用以付给新一批劳工的借款和路费。

---

① 译者注：指原书中第 195 页。

1906 年

税务大臣[①]的任命

康乃吉先生致爱德华·格雷爵士（5 月 9 日收到）

1906 年 5 月 9 日于北京

（电报）

有幸向您报告，今日下午颁布了一道谕令，任命户部尚书为督办税务大臣[②]，所有海关所用华洋人员统归其节制。

康乃吉先生致爱德华·格雷爵士（5 月 10 日收到）

1906 年 5 月 10 日于北京

（电报）

有关昨日电报。

该谕令使得每个人都大吃一惊，我们对此事可能带来的后果深感忧虑。

请允许我向您提出如下建议，由您指示我向中国政府提出要求，请其就该谕令作出解释。我同时可指出，鉴于 1898 年中国政府向窦纳乐爵士承诺总税务司赫德爵士的继任者应为英人，同时有鉴于 1896 年英德借款协定第七款及 1898 年英德续借款协定第六款的相关规定[③]，

① 译者注：原文为 Directors General of Customs。1906 年 5 月，清政府任命了督办税务大臣、会办税务大臣等官员管理海关，故此处译作“税务大臣”。

② 译者注：原文为 Administrator-General of Customs。1906 年 5 月，清政府任命户部尚书铁良为督办税务大臣，故此处译作“督办税务大臣”。

③ 此次借款未付还时，中国总理海关事务应照现今办理之法办理。

英王陛下政府不能同意对现行海关管理体制作出改变。

爱德华·格雷爵士致康乃吉先生

1906年5月11日于外交部

（电报）

昨日电报所言中国税务大臣的任命一事，应告知中国政府，英王陛下政府希望尽快收到对谕令的说明。若其目的是干涉现由总税务司行使的职权（女王陛下政府并不想认为事实就是这样），则此举明显违背了中国政府在1896年及1898年的借款协定中所做承诺，即在借款尚未付还时，中国海关事务应照现今办理之法办理。

庆亲王致康乃吉先生

1906年6月1日于北京

阁下：

有幸于5月27日的照会中告知您，中国之任命高级官员专管海关，并未改变借款协议中规定的管理模式。5月28日在外务部的面谈中，您暗指此照会中对中方意图的解释不够清晰，并要求就此作进一步说明。

1896年英德借款协定第七款及1898年英德续借款协定第六款中载明"此次借款未付还时，中国总理海关事务应照现今办理之法办理"，有幸在此申明，5月9日任命高级官员专管海关之谕令并不改变借款协定中所规定的管理模式。

特此照会，以供转达英国政府。

税务处的成立

康乃吉先生致爱德华·格雷爵士（8月1日收到）

1906年8月1日于北京

（电报）

唐先生①昨天将札行海关总税务司的令文副本转行于我，令文如下：

“各关税务向来由外务部和户部管理。现我们已遵旨设立税务处专司其事，并将于7月22日为始开办之日。其后，除国际关系相关事务仍由外务部接办以及支用税项应遵循户部指拨外，其余任何与税收事务相关的海关事务都直接向税务处汇报，由其核办。”

倘若税务处只是取代外务部而不违反借款协定，且在税务处管辖下的总税务司及其以下职务的海关关员原有职能职责保持不变，我认为不能对上述命令提出异议。上述命令的不足之处在于：未明确要求总税务司照旧办理，因此我打算于下星期五唐先生从颐和园回来时，促请他认真地注意这个问题。

我目前正在调查所听到的关于造册处及厦门已经实质性改变原来做法的传闻。

康乃吉先生致爱德华·格雷爵士（8月5日收到）

1906年8月5日于北京

（电报）

有幸向您报告，关于您第二封电报所提事宜，上周五我上门拜访了唐先生，向他提出了为何没有在札文中明确一切如前办理这一点。我敦促他致函总税务司，以便其向下属传达，如此也可符合英王陛下政府的期望。这一措施将在很大程度上减轻当前存在的众多忧虑，且英王陛下政府的要求可能也会得到满足。然而，这一点唐先生不同意。他表示，铁良和他本人已分别面谕赫德爵士，口头传达过一切如前办理的命令，且这绝非私下命令，只要赫德爵士认为合适就可以传达这一指令。

① 译者注：指唐绍仪，外务部右侍郎，1906年5月9日上谕任命其为会办税务大臣。

对于新命令产生恐慌的任何证据，唐先生毫不在乎，且对他相信是由新命令引起的激动情绪表示无法理解。我提到了我听到的关于海关造册处和厦门关的传闻。他表示对后者一无所知，但关于前者他表示，外务部只是希望在总税务司公开出版各种报告之前能让他们先看到。

随后他又告诉我他关于改进财政报告和统计编制的看法，他的看法不无合理之处。他渴望提高海关效率，但断然否认有改变其管理的想法。

您本月 2 日的电报于同一天收到，金登干先生也再次向唐先生施压，要求他满足您的愿望。我们无法说服他以书面形式发布命令，但是目前为止他已让步，答应下次见到赫德爵士时命令他按照我们的要求发布通札（若他尚未发布）。

英王陛下驻上海总领事证实了唐先生关于统计事宜的言论。他已确认，已经向造册处传达指令，仅与海关和税收业务相关的统计表今后将呈交新成立的税务处，而非外务部。

爱德华·格雷爵士致朱迩典爵士

1906 年 9 月 26 日于外交部

（电报）

关于您本月 22 日电报。

如果通札措辞令人满意，鉴于中国政府在海关问题上的意图，并且为了有意地在某种程度上恢复各国的信心，我们将重点关注其发布。由于打击信心的谕旨是公开的，如果中国政府自己不公布的话，他们应将做出保证的通札正式送达给我们，由我们在此公布。

中国政府向康乃吉先生保证，绝不会以私人方式向赫德先生发布命令。

朱迩典爵士致爱德华·格雷爵士（9 月 27 日收到）

1906 年 9 月 26 日于北京

（电报）

关于我的上一封电报。

我认为下文是 9 月 22 日通札的主要内容。

该通札首先回顾了新税务处的成立背景，随后述及已分别于 5 月 12 日和 15 日两次由两位主管大臣向总税务司告知，相关工作如前办理。总税务司现已被授权向各税务司颁发通札。此外，总税务司与税务处的关系和以往与外务部的关系一样，且总的来说，他的职责没有变化，各口税务司及关员与总税务司的关系亦无变化，工作照常。5 月 9 日谕令发布带来的忧虑，应该能够通过这一解释消除。通札告诫海关关员不得制造并传播臆想的恐惧，不得散播可能煽动舆论的谣言。最后通札中承诺不会改变此前的优厚待遇。

尽管该通札的措辞表面上看来已令人满意，我还是认为应由中国政府授权发布，或应正式发送一份副本给公使馆。

设立税务处及海关地位之转变
赫德爵士致塞西尔·克莱门蒂·史密斯爵士[①]函

1906 年 10 月 21 日于北京

亲爱的塞西尔爵士：

您 9 月 5 日之来函已于日前收悉。

关于海关的谕令已引起众多议论，其本质意味着改革。此道谕令授予新任税务大臣充分的权力，且他们可以自行明确其权限所在，但在此过程中，税务大臣将发现他们可以自由掌控的空间已经受到各种无法忽视的条件和形势的限制。在谕令颁布之前我们固然已经有所察觉，但很难去预知其运作方式以及何时将开始引发阵痛，我们也许不得不依靠经验来指导我们如何解决这两个问题。

中国设立税务司制度并非迫于压力，该制度出于中国自身之意愿已存在了五十多年。1854 年三合会占领上海后，当地政府官员逃离，随后英、法、美三个有约国的领事提名三位税务监督组成税务管理委员会征收中国关税，授权行使发还船牌、准予离港等海关清关权限。第二年，上海收复，当地政府恢复办公。由于三国税务监督在规范手续和增加税收方面工作出色，他们获邀保留原先的职位。1858 年，《天津条约》规定所有通商口岸施行划一制度，上海业已采用的制度遂得以推广。1865 至 1866 年，天津赔款付清后，鉴于该制度运作良好且税收丰厚，曾颁布专门法令延续该项制度。此后直至 1906 年都未发生过任何变动。税务司

① 前海峡殖民地总督兼总司令。

亦在新开放的通商口岸陆续设立各口海关，并积极参与其他多项时局所需的业务。长期以来，中国都有权对这项制度进行改变、干预或者废除，但这一切却没有发生。相反，海关在每个方面的实力都增强了，总税务司的权威也越来越大。

我于1859年加入粤海关工作。在首任总税务司李泰国先生于1861年离开回国至其于1863年返回中国期间，总税务司一职由我代为履行。李泰国先生于1863年正式离职之后我接任总税务司一职并任职至今。

因此可以说我的职业生涯发展伴随着税务司制度的发展。此外，随着业务的发展扩大，总税务司署的独立性和权力也无形地扩大了。我最终获得的职位是原来根本无法预料的。尽管如此，我自始至终都认为我是总理衙门和外务部的下属，我一直都感觉到他们能够控制我。今年税务处这个新机构横空出世时，税务司制度变身税务处，只不过是这种长期存在的控制的单纯转变而已，是一个新的阶段，而非一项新创设。

目前我们尚不知设立税务处的始作俑者及其主要动机，但我的年龄和我的即将离职也许是为此事开辟了道路，还有要让这一机构更像本国的而不是外国的部门的自然要求，以及雇佣更多合格或优秀学员的必要性，还可能与“中国人治中国”这一众所瞩目的时代发展趋势有关。我们已在税务处的领导之下工作了四至五个月，除了外国朋友为我们所发起的抗争，一定程度上激怒了我们的中国长官，以及假想的恐惧可能为日后演变为现实埋下了种子之外，没有发生什么威胁、妨碍和扰乱海关的特别变化。新任税务大臣们仅口头谕示我如前办理，因此我仍照例行事。

有人认为我应当提出抗议、消极抵抗或者辞职下台，但我并不认为我可以批评谕令或反对按谕令行事的官方命令，我也没有考虑什么是危急存亡之秋，什么是放弃这条船的适当时机。倘若当时各缔约国在第一时间联合一致出面干涉，也许已经阻止了这一改变，但却未必能撤销此道谕令或解散税务处。而且，从一开始就明显地不可能联合一致，某些国家认为没有什么值得反对，而另一些国家则为总税务司的羽翼可能被剪除掉而暗自得意。我所做的是接受这一改变，不向任何人求援，着手开始尽可能为海关和中国的利益服务，为关税和贸易利益服务，这就是我继续干下去的事。

批评人士还发现这个新机构及其问世的方式对我造成羞辱，贬损我的地位，破坏借款担保，同时也在整体上对海关造成了威胁。我的乐观性格使我并不将这些事情看得如此可怕。新设立的税务处可能造成损害，但原先的部亦不例外，而至于税务处可能带来的不幸，我们惟有依靠新上司们去防范，正如我们曾经依靠老上司一样。实际上事先并未有人与我商量，在谕令下达到我之前，我对此一无所知，但我感觉到中国政府在关于已经决定的事情不再征询我意见这一做法上已经处理得非常体面，如果对我的冒犯的确存在的话，我更多的是通过他人得知，而非我亲身经历，而且我认为既然我还在位，继续履行职责比坐待离职更为明智，我的工作方式或能缓和如今的局势，并对中国政府和海关皆有益处。

海关的总体地位在许多人看来会因这一转变而降低，但事实上，恰恰是由于海关的出色工作为其赢得了现有的地位，而并非其与中国外交部门的简单联系，而且如果海关能继续保持良好业绩，它在新的海关管理机构下依旧会名列前茅。海关是这样一个非正常的机构，它的治外法权化的成分，它奇特的国际职责，它一开头就是中国外交部（总理衙门）必然的附属物，但是早晚有一天会停止雇用洋员，中国的税收工作将交由中国的税务部门来负责。如今这种变化是一种相当平稳的发展过程，而我对此也完全没有感到奇怪或震惊：从某种角度来说这种发展来得晚一些或许会更好，而在另一些人看来，这种发展放在现在或许就是最好和最自然的时机。因此，心理上的被轻视感更多是出于感情因素而非现实，事实上这种感受更多出现在他人身上而非我本人。

借款及其他担保事宜在税务处的管理之下将会与在外务部管理下同样平稳。它们真正的保障来自制约它们的谕令，任何一个这样的谕令都以整个帝国的资源对防止违约做出了保证。

洋员在将来某一时间消失是一个必然现象，洋员制度的产生和延续的原因是中国出于需要洋员协助之目的，以及此制度所带来的税收利益。近期发生的变故已经为该制度确立了时间期限，现有的可能性是洋员制度在贷款和赔款还清之后将终止。倘若没有此变故，只要有需要，该制度将会直接延续下去，可能在贷款还清之前终止，抑或在还清很久之后终止等等，都有可能。

报纸上归纳了一些设立税务处的原因，如袁总督需要资金，以及税务大臣铁和唐可能制定的各种行动方案——即渴望非法操纵税收，对上述事实的解读和对未来的预言，我均持怀疑态度。袁或许需要资金，但他不会以这种方式去筹措，而铁和唐或许对税收一事有所考虑，但业已建立的制度体系里众多的核查步骤不允许大规模侵吞税款现象的存在。税务司制度的运行方式已经被证明是简便有效的，新设立的税务处极有可能在我离职之后得以延续。还有一个可能是，中国政府以及其本国顾问不愿意任何后任总税务司享有我所享有的自然扩展而得到的这种权力范围。本人认为新上任的税务大臣将被三四个方面的因素稳住：由于担心对原有工作办法的任何有害改变会引起商界的抗议和公使的干预，各口岸原来的工作办法将会沿用；海关的税收总量每年增长，新领导无疑不愿看到税收的下降；必须向借款和赔款账户定时定额提供资金，这一义务将迫使铁和唐即便有其他倾向也仍旧会避免去操纵税收，因为这会导致暂时违约和后续的麻烦；在这片远东大地上发挥着作用的进步精神也会影响税务处并使其沿着更好的方向前进。所有这些因素和理由都会发挥稳定的影响力，阻止新设立的税务处及其领导损害海关中现有洋员的职业利益，破坏通商各口海关现有运行良好的作业办法，削弱对债权人的保障，抑或如新闻界预言的那样胡作非为。

正如我在此封长信的开头所言，税务处的设立本身就是一种改变，尽管从外务部转变至税务处可能被认为会动摇税务司制度或海关的地位，但很可能的是，税收工作在满足各方（征税关员和贸易群体）利益的同时自身也会受益，而且相较于有众多其他事务缠身，几乎无时间将国内的注意力投入海关具体工作的外务部，税务处这个以税收为专职工作的机构势必会成为一个更佳的公共服务部门。

我对海关洋员面对未来的惶恐深感同情，同时也对世界各方为税务司制度和海关的地位及工作所做出的正面评价感到满意，我的这两种情绪自不待言，但要求我就现今最适宜采取的措施提出建议，我的确是没有一点头绪。倘若我年纪尚轻，在此职位上将继续工作十年或二十年，我更愿意被允许按照我自己的方式去工作或操劳，但我现已到达我职业生涯的终点，应该由其他人而不是我去考虑这些事情了。我已说过，现在想要收回谕令或者撤销税务处已经为时太晚，第三个方案（要求将税务司重新划归外务部之下）不仅难于得到实施，而且可能在一开始就被有约各国之间缺乏协商一致给否决了，而就算最终成功实行，可以说不仅会使中国官员感到难堪，而且会使总税务司署作为一个强加于中国、留存于中国几十年的外国触角而与所有方面，在其所发生作用的地方到处树敌。海关工作将永远不会像过去那样进行得那么顺利，海关洋员也将永远不会安宁，也许还会处于危险之中。如果以上观点（这些是我个人的观点）是正确的话，鉴于批评、建议和干涉并没有执行到底和全力去做，只会激怒中国官场，使海关洋员成为他们的眼中钉、肉中刺，当前似乎最好还是不要去管此事，而专心致志于将来，在发生任何对口岸规程或对总税务司管理权的干涉而危及商人的纳税利益或关税征收工作时，才提出特别的理由和特别的要求来进行干涉。在您决定采取进一步措施时，请不要把我牵连进去——我的时代已快结束了，您尽可去做您认为最有利于大局的事情。您是否能让各缔约国联合一致？您的干涉是否能使中国政府对总税务司署评价更高而不是更低？这些都是值得深思的问题，你们中间了解中国或者自认为了解中国的人做出进一步行动之前都需要对这两点有清晰的认识。没有统一的行动，任何事情都做不成，而即使联合一致，最终结果也可能是产生一个国际委员会或其他令人不快的情形——那种结果是否合适？中国政府又将如何反应？此外，除了维持不确定性和令人恼火外，究竟会有哪些好处？税务处固然权力很大，而且唐也是一个行动派，协会在 1906 年 8 月 23 日的备忘录中所提到的各种不利因素都并非不可能出现。另一方面我不认为这些不利因素会立即出现或一出现就带来害处，而且不利因素出现之前就对其表示反对很有可能不仅无法防止，反而可能加快其出现。相较我这个当局者，您作为旁观者或许能从全局角度对局势有更清晰的认识，但至少我和您一样希望采取正确的行动，避免犯错误。由洋员组成的税务司制度早晚会不复存在，但是它是以被税务处取代的形式消失，原先的做法不会停止，而是将由税务处继续下去。颁布谕令或者设立税务处的权利毋庸置疑，如果不是旨在永远消除海关洋员，也是永远消除洋员的征兆。为整体利益考虑，其目标也可能是为了继续保留五十年前形成并运行至今的外籍税务司制度。其他人的观点和建议或许比我的更好，行动决策者必须作出选择。与此同时，我还像往常一样工作，当然不得不承认，我们现在已失去了以往因与外务部联系而带来的各种有利条件，而且不得不面对在税务处领导之下的新处境里可能出现的困难。洋员对此自然会感到焦虑，害怕他们的雇用期限得不到保障，担心在更积极的中国上司领导下工作比原来难，更不用说他们对工作的抗拒心理会使工作质量和表现下滑。这是情有可原的现象，我对此也深表同情，如果有办法能够驱散他们心中的紧张情绪，所有人都会为之感到高兴。不幸的是，我们为加强地位所采取的每一步行动都会激怒中国官员，而对我来说，我会因为依靠外部支持和外国刺刀继续留在这里而深感不安。只有在被中国接受的情况下，才能延长海关的寿命，或使现在在海关工作的人地位稳固、工作愉快。

尽管已经写了很多，但我还是写得非常笼统：对此事展开充分讨论得花费不少篇章，会有更多观点被提出来，产生更多的分歧，但困难还是一样的，到底怎么做呢？我不相信各列强的干预能够使谕令被撤回，而且即使谕令被撤回，总税务司署和中国政府也将处于敌对和嫌弃的关系，因此我认为最明智的做法是接受符合外务部要求的行动，因为这个部门最了解哪些可能有效或者无效，而且它也有顾问在这里履行职责。

我的身体状况已不如从前，如果不是因为我的存在能够使我们有充分的时间去重新安排打算诸多事宜而不至于陷入混乱，我早就应该离开这个地方了。等到税务处成立一周年之时，各方面应已经相互适应，如果不出意外，这一年以来的工作办法也会固定下来成为定例。我已经长期大权在握，但是我确实不能再把持下去了！

我听说沃特斯将军在外演习，据我所知他还没有到访北京。

最近拜访我们的是日本伏见恭亲王，在新世纪余下的岁月里他的英勇同胞将在东方大有作为，也许尤其是在中国，我希望能活到目睹这一切的那一天，当然那是不可能的了。

此致。

（签名）赫德

1907年

东三省商埠开立

摘录自1907年1月25日$\frac{3/18222}{哈尔滨}$号总税务司训令

哈尔滨关须应对的通商有三种：

一是从中俄东、西边界站卡（波格拉尼奇内[①]和满洲里，即绥芬河和满洲里站）沿铁路线进出东三省的俄国贸易；二是由长大铁路从宽城子到哈尔滨或是由其他路线进出东三省的外国贸易；三是各开放地区间的中国贸易。

考查、规范上述三种贸易均是你分内之事，其中二、三项以及相应的分关设立之事*并非迫在眉睫*。当务之急是为第一项倾注精力……

故有些事项有必要……与俄、中代表商议后定夺……诸如人事如何安排……与哈尔滨的总关如何联系沟通……是否对同一批货物加以关注，关注哪些方面，在何处实施，是在哈尔滨，还是在货车卸载处，或是在铁路沿线任意一处，等等。

你的第一要务是按照上述要求谋划并制定方案，但凡事须议而不决，更不可着手操办，一切待向税务处汇报并听候其饬令。

摘录自1907年7月24日$\frac{30/20447}{奉天}$号总税务司训令

随附同日的$\frac{41/20451}{哈尔滨}$号总税务司训令

本文与1907年7月4日总税务司1441号通令Ⅱ（关于在根据与美国、日本所签条约开

① 译者注：原文为Progranitchnaya，应指位于绥芬河对岸的波格拉尼奇内，目前英文拼写多为Pogranichny。

埠的东三省相关地区设立海关一事）有关，为其后续。我在此随函附上一份昨晚税务处发来的令文，以相同主旨述及东三省总督希冀开关一事加快进程。

（注：*很明显总督求之心切，故而发电报向税务处呈请。*）

总督……询问如下：

一、何处有必要设立海关。

二、若不设立海关，则于何处设卡。

三、哪些作为总关或独立关，哪些作为分关或支所。

总督还言及，应早日为商埠间洋货通商制定规章，*列明须征收之进口税、出口税、子口（半）税*及制发何种转运执照。*尽管总督措辞委婉，但是言下之意，这些商埠与约开各口之间相关海关手续应予以厘清*。因此，你当立即着手此事，与总督和巡抚商议，若有需要，亦可向其他有关官员、部门及你在哈尔滨、吉林、安东、牛庄、大连等关的同僚咨询……你应以总税务司在 1114 号通令（原文笔误，实际为 1441 号）第三段之论述为指导——“总关数目适量，支所则按需足量配置——*凡事伊始，动静能小则小，开支能省则省*……”

*颇有可能提出这样的主张，即这些商埠应参照约开各口办法对洋货征税，也即商家有权在按照税则完纳足额*税款后将洋货运入商埠，或者运入商埠中位于中东铁路沿线区域，按照最近订立的中俄协定，在当地享受关税减免。由此推知，适用于所有商埠之通行规章及适用于某些特殊区域的特定规章，二者需得兼顾，不过可容后再议。

有关人等提出，货物可凭免照在东三省境内各口输运，这一诉求已予应允，一般而言仅限由铁路运载的货物；遂又有诉求称，是否可不限铁路，其他运载方式皆可，这也属情理之中。断然拒绝略显不妥，但也得附加条件，以免为人利用做旁门左道的勾当。

你一定注意到了，关于奉天的情形只字未提。目前不能就此做出些安排吗？

1922 年 2 月 25 日 2809/哈尔滨 号总税务司训令。税务司/88114 号

先生：

一、第 2599 号呈文收悉，文中围绕进出哈尔滨关区的货物关税征收与证照制发等事宜作了深入论述与建言。关于哈尔滨关区重组一事，你已前后收到数条指令，各有侧重，你能将其中要点一一厘清，对此我非常感谢。

二、其中最重要的莫过于你列出的几点。尽管依你陈述，这些要点彼此相互依存，但我

还是倾向于将其统筹，与宽城子有关事项一并加以讨论。

三、依我所见，在宽城子设立分关，主要目的是为在东三省境内铁路系统中的过轨点建一立足之处，正是过轨点使得不同轨距的铁路间可以转运货物。在宽城子将至少开设一座税卡，这是我们的权利和责任，可容商榷的只是究竟是延后再建还是立即开建。

你力荐分关开设一事当即刻操办，以你在关区内的经验，加之需求确实存在，立论不可谓不有力。但须待与各铁路系统管理机构皆达成协议之后，分关开设一事方可着手，这是出于以下考量。

东三省的开放和发展使得交通问题不容回避，除非我们能确保连接东三省与外国、海洋及内地①的铁路沿线货物运输的海关监管不出纰漏，否则该问题只会日益棘手。

东三省以商埠制度成为约开通商之地后，海关不得不面临诸多由条约强加的新职责，须切实履行，不容有失。广义上讲，所谓商埠制度，就是剔除东三省内陆，我们仅在边境线履行职责，包括中外边境，以及东三省与其他地区的边界。我认为，我等只对越境货物征税，而东三省内土货贸易则不可染指。有此判断，是因为有规定称，对于进入东三省运往某一指定商埠的货物免征省内厘金，其意昭然若揭。对已纳洋、常两税的货物所制发的东三省特别免重征执照即为入内地验单。而入内地验单之用途，仅为过内地税卡时凭以证明所列货物关税已完，与输运工具无关，对此亦无监管之可能。我以为总体言之，商埠制度建立伊始已然满足通商要求，而从海关管理角度看来，其亦不负使命，避免了在东三省境内众多县市开关建制。列强见其利益已受保障，对于开关一事并无敦促，而商埠间通商由海关征税，中国官员也无异议，由此看来，扩展海关税务范围这一设想本就不存在。当然，有些迹象初露端倪，未曾察觉亦有可能。哈尔滨以商埠之名开放后，由于其为铁路和航道枢纽，即获得近似约开口岸的地位，同样情况还有哈尔滨前支所瑷珲、边境商埠珲春和龙井村。在针对这些地区制定规章时，以约开口岸沿用的原则为基础，我认为此举不妥，势必添乱。在哈尔滨，此举限制了本已成形的松花江贸易，在瑷珲和珲春，导致与地方当局以及商家的摩擦不断，并且一段时间以来税款缴付也受到在俄、日驻华代表支持下的抗议。在洋商看来，海关之定位从来都不明所以，这种困惑，我相信是我们自己运用了一些本来无意运用的原则从而导致的。以约开各口通商情况和相关规章为参照，洋商认为在运货过边境并完纳应缴关税之后，便可如其在中国约开各口一般，享受安全、便利、规范的待遇。他们颇有策略地无视山海关支所的存在，以东三省境内海关均设于滨海之地如丹东、大连和牛庄这一事实为依据，主张自己理应按照通常惯例办理关务，无论其货物是从俄国运往中国（包括转运出境）还是从中国（包括境外转运）运往俄国。铁路系统运力改善促进了俄、中和俄、日之间经由大连所从事的贸

① 译者注：原文为“China Proper”，是西方对近代以来由汉族人口大量聚居、汉文化占统治地位的中国核心地带的称呼。

易，且早在日俄战争之前，商家之合理诉求便理应予以满足。为此，在满洲里当地采取制发免重征执照和装货证书的做法，然未获正式授权，只是在总税务司关于凭通运提单运往大连之货物如何办理通关一事的 352/28493 号训令中传达了税务处的许可。在日俄战争期间，这一问题便悬而未决，如今再次浮出水面，若不是西伯利亚地区局势混乱，问题将更为突出。

依我之见，我等对于穿行东三省境内的铁路系统知之甚少，却急于将约开口岸之原则与做法照搬此处，将通过铁路自边境输往位于东三省或其他地区之海港的货物纳入海关监管，是本末倒置之举。我以为，在为哈尔滨和安东开关构建制度之时，应该引入类似东三省特别免重征执照的做法，为经由东三省北部边境通过东三省转运的进出口之货物免征内地厘金提供保障，而是否享有复出口退税的待遇，应取决于针对铁路系统构建的制度能否对其输运之货物实施严密监管。我们之既往已无迹可寻，相关记录缺失太多，但我深以为，除非将制度构建完毕，否则迫于列强压力，我们只会更加举步维艰；同时，在我等目标达成之前，我亦不愿对宽城子开关一事多做表态，因列强施压，这未尝不可为我所用、有所裨益，故不必先行开关。对于海关有权对约开各口间输运货物征税，存在反对声音，清政府对此颇为忌惮，但这并非当前不在宽城子开关的主要缘由。正如我之前所述，我认为我们对商埠间贸易，一如对东三省境内自由输运的土货，并无征税之意。我们所关注的，仅是对过境贸易征税。对东三省境内土货征税属于中国政府的事务。况且，取消复出口和沿岸贸易税乃是大势所趋，不日或可实现，与其背道而驰实非明智之举。我在宽城子设立机构，旨在将监管环节补足，为在东三省境内切实履行职责，这不可或缺。一旦我确信条件已然具备，于达成目标无碍，便会着手推进，但所设机构仅做税厂之用，待关税在哈尔滨可正常完纳（即明年 4 月 1 日起必须缴纳原免纳的三分之一关税）之后方行征税。

四、针对你所列之要点先前已有举措应对。我曾向天津关税务司下发训令，命其对满洲里和绥芬河地区不予制发三联单，希望此举能缓解你所预见的困难。

关于监管哈尔滨火车站一事，我不希望你对进出东三省南部和东三省北部（除满洲里和绥芬河之外）地区的货物实施监管。在哈尔滨火车站设立机构，目的在于尽可能将海关对铁路与河运两者的监管集中于一处实施，同时方便卸于哈尔滨准备出口俄国的货物可就地完成查验而不用在越境时接受查验，同样对于进口自俄国之货物，若商家愿意，亦可在哈尔滨完成查验或办理保税。

五、对我而言，当前需构建制度，使货物可以凭通运提单另附装货证书与免重征执照在东三省境内经这三条铁路进行输运，前往东三省边境各处、北京至奉天铁路沿线及天津这些目的地。

（签名）总税务司安格联

致哈尔滨税务司覃书先生

同文馆[①]

丁韪良博士著

有希望革新这古老帝国的是新教育，新教育的肇端是同文馆。新教育潮流之所以日臻蓬勃，来源虽多，但其最初的源泉却是50年前在北京设立的一个研究外语的小学校——同文馆。

赫德爵士就任海关总税务司时，同文馆已经诞生了，但是这孩子身体太弱，非得助以人工呼吸才能存活。赫德知道它的前程远大，于是极力赞助，并形成宏大的发展计划。幸而在其关怀之下，日为世人所重，一星小小的萤光竟变成了一座巍峨的灯塔。

起　源

同文馆的诞生，实源于1860年中国的首都被迫开放，容许外国使臣居住，因而不得不培养翻译人才，以为外交之助。1858年签署的中英《天津条约》也有类似的条款。但中国对于中英条约曾经极力阻其实施，倘无1860年之役，为外使取得居住京师的权利，不复限于偶然到京觐见，则同文馆的馆址绝不至于离天子如此之近。

条约第五十款中，共有三项规定，其中虽无必须设立译员学校的明白规定，但就任何一项看来，译员学校的设置都是不可避免的。约中规定：（一）嗣后英国文书俱用英字书写；（二）暂时仍以汉文配送；（三）自今以后，遇有文词辩论之处，总以英文作为正义，此次定约，汉、英文字详细校对无讹，亦照此例。

条约于1860年秋天获得批准，但是整整过了一年，按此约文所需创立的学校却并无实质进展。是时咸丰帝崩于出亡的行在，他6岁的独子即位，即同治帝，由两位太后摄政。恭亲王以大刀阔斧的手腕取得实质上与两位太后分掌国政的地位，称为议政王。就是这位恭亲王组建了被称为*总理衙门*的外交机关。

恭亲王是总理衙门的领袖，靠了他的好见识、好用意，一切进步的政策才有实施的可能，但是这种种进步的政策都是他人献议的，其中有不少是总税务司赫德的主意。同文馆算是特

---

① 参见《汇编》第1卷，第96页脚注。

别幸运，有总理衙门作背景，有恭亲王作靠山才得以诞生。

1861年10月恭亲王等的奏折上说："请饬广东上海各督抚等，分派通解外国语言文字之人，携带各国书籍来京。……广东则称无人可派，上海虽有其人，而艺不甚精。"因为没有胜任的本国教习，他们说"是以日久未能举办。……各国均以重资聘请中国人讲解文义，而中国迄无熟悉外国语言文字之人，恐无以悉其底蕴！广东、江苏既无咨送来京之人，不得不于外国延访"。

好不耻辱！但是事实所示，中国当知不独语言文字，举凡一切富国强兵的事情，都是必须求教于外人的。

最初的组织

同文馆当初设立的时候，共有英、法、俄三班，每班有学生10人，因为最先与中国订立条约的是英、法、俄三国。后来德国国势日盛，用德文和中国订了一个条约，于是同文馆又加德文一班。

英文班需要最迫切，于1862年6月开班，法文、俄文二班于次年春季开班。以成立年岁而论，俄文班本是各班之母——在一个世纪以前，理藩院便设了一个俄罗斯馆，表示中国已经知道其北邻的地位之重要性了。那个学校正式并入了同文馆，但是里面一无教员，二无学生，不知凭何归并。它的资产只是一些章程先例而已，章程则常被抄引，先例则常被援用，藉以避免攻击，以见同文馆之创设并非自我作古而已。恭亲王等关于同文馆的事，无论大小，悉行奏陈，可见他们至少认为这是一件有关国计的大事。

同文馆的学生全是从八旗子弟中挑选出来的。凡是旗人无论满汉，都是生来就有饷的，所以叫他们入学可以省些费用，并且如有薪津等利益，也可以落在统治阶级的手里，利权不致外溢。

很显然，同文馆受这种种限制，则不能成为国家教育制度的一部分。出亡在外的宫廷，虽经联军许其复位，但是四十年后又须出亡，又须外人许其回銮，足证中国教育制度尚须经过一番彻底的改造。同文馆四班学生之中，有出使外国者多人，有任外交总长者一人，此外服务于外交界及领事署者，为数也很多，可见同文馆这种先导的运动也自有其重要的地位。

最初的教员

英文班最早的教员是包尔腾教士，后来他改任香港维多利亚的主教。接任的是傅兰雅博士，他后来改任江南制造局的翻译，现在在美国加利福尼亚大学任汉文教授。第三个是丁韪良博士，他本在总理衙门翻译一本关于国际公法的著作，因傅兰雅去职，派往暂代教习。

法文班最早的教员是司默灵教士，俄文班最初的教员是俄使馆的翻译柏林先生，继续任职五年之久。

发 展

一开始恭亲王与其同僚小心翼翼地开展此事，但旋即认识到中国若要扭转与列强打交道时之被动局面，必须西学东渐。他们之开明着实令人意外，但是在力图革新之路上不得不委曲求全，因为众多食古不化者，身居高位，却如井底之蛙，对各项新政之阻挠不遗余力。1865 年，通事学堂升格为学院，新增格致班，招录科名更高之人做学员。新建了校舍。总税务司奉命聘请一众能人做教习，他早已提出此建议。

恭亲王与其同僚在上奏的两份奏折中陈述了这项办学的规模与初衷。

第一份奏折写道："洋人所擅之机器、轮船、火器及军备，无不源于算术一门。当下我大清正筹措自建轮船，但臣等担忧若只知之皮毛，恐难见成效。故臣等思虑再三，拟请*增设一馆*，所招录者，须年过二十，才学兼备。臣等深信，若能于算术、格物、天文、制造及水利等学问洞彻根源，则必能助我大清国力日盛，除此之外，别无他法。"

在另一份奏折中，他们对自己的动议再作一番维护，对所受之非议进行了驳斥，这些非议已被平息。折子里写道："皇上容禀，我等有此动议，绝非受西洋之奇技淫巧所蛊惑，而是认为，仅引入西洋文艺而不学其科技，于所拨库银不啻为浪费也。反对我等动议者责难曰，此举并非迫在眉睫，又称我等推崇西洋科技是灭自己威风，还称师事洋人有辱我大清国威。"

为反驳这三点，他们以先帝康熙为例，称其亦尊崇西洋科技，选用西洋传教士任职钦天监。他们还道："不仅西洋各国之间互相学习，新发明层出不穷，就连日本也遣派人员自东洋前赴英国求学科技。眼下如日本这种小国尚知奋发革新，我泱泱大国依旧因循守旧、不思进取，愧对列祖列宗！"

这篇自辩奏折书就于 40 年前，可谓字字珠玑，其中以日本为例更是一语成谶，如今日本这个近邻岛国已欺凌到中国头上。

恭亲王与其同僚继续奏请"翰林院士应入同文馆学习西洋科技。"此议遭到文渊阁大学士、帝师倭仁的抵制而未果。不过其他科名更高之人却被招录，八旗子弟中进馆学习人数翻了一倍，广东与上海学堂中也有学生奉召进京，馆内学生人数上升到一百人。

1868 年夏，终于新添格致一馆，由李善兰教授掌管，此人天资聪颖，与伟烈亚力先生合作翻译算学与天文书籍之时，将自身所学之中华学问与西洋技艺融会贯通。

学堂升格为学院之雏形，丁韪良被任命为院长兼万国公法教授，此时他已任公法教授两年，之后他身兼两职达 25 年之久。

总税务司 1866 年逗留英国期间，招募一名德国人做天文馆馆长，一名法国人做化学馆馆长。事后发现德国人①是一名招摇撞骗之徒，沽名钓誉，贪图钱财。法国人不仅启迪学生探究科学之奥义，令中国千古盛行之炼金术日渐式微，还编写了第一本中文化学课本。毕利干教授是中国化学学科之父，不过化学这一名词，却是由丁韪良在一本介绍自然哲学的书里所创造，这本书比毕利干教授的著作更早面世。

1871 年建立医学卫生馆，由伦敦传教会的德贞任首任馆长。

1877 年天文馆长由来自密歇根的海灵敦担任，在其身体抱恙辞职后，由俄国天文台的费礼饬博士暂时接任，后该职务由来自贝尔法斯特女王学院的骆三畏于 1879 年正式担任。

来自同一学院的欧礼斐，也是在 1879 年入职做英语教师，后被聘为格物教授，在 1894 年丁韪良辞职后，接任院长一职。

1876 年，学院里建起一座印刷馆，有七台压印机及五种字体的活字版，渐渐取代宫廷御用之武英殿。

1887 年，录用的学生达到 120 人，均提供吃穿用度。

外交方面初尝胜果

同文馆初成立的时候，中国并无外交可言。她只知道接见藩属的贡使，除了派人赐封或训导藩属以外，从来没有派人出使过外国。

中国的君主不愿废弃光荣的往例，派遣使节，本来不足为怪，而要诱导他们废弃往例，派遣使节，也不是一件容易的事。同文馆的历史是与中国最初的外交往返和现在的外交事务都有关系的。

总税务司每遇相当机会，无不竭力破除当局的偏见，提高其知识。1866 年，他适逢告假归国，因主张派遣大臣，携带同文馆学生，与其同行出国，藉以考察外洋各国情况。同文馆学生出洋的目的在藉此验其所学，而出使大臣的报告则可作为朝廷的耳目。

中选出使的是赫德的中文教员斌椿，斌氏是个东三省人，和蔼可亲，富于诗才。他回国以后作了一卷诗，描写外国的人物和生活，煞是有声有色。随行的学生也能善用机会，到第二次派遣使臣时，他们便能充当翻译了。

第二次的派遣使臣，仍旧是一种尝试性质的，也是总税务司一力促成的，那就是 1869 年的蒲安臣使团。那次的使团名叫全球使团，因为它带了本拜访占全球一半土地的国家的国书。蒲安臣是前任美国驻华公使，另有满汉大臣各一人，以资辅佐。他们随带了六个同文馆的学生，名义上是充当英法俄文的翻译，实际上翻译工作全由海关人员做了。蒲安臣的使团被誉

① Herr Johannes von Gumpach。译者注：此德国人即方拔根男爵。

为新时代的曙光，而结果颇为不幸。杰出的领袖死在俄国，葬于雪域之地；两位满汉大臣也于回国途中因政治关系葬其前程，一位留在了蒙古的荒原，一位留在中华的中部，大家认为这样他们才不能为害了。至于同行的学生，也得多等好些时候才有升迁的希望。

但是，近来对于同文馆学生的需求更大了。有两个当了出使日本的公使，一个出使英国，一个出使法国，一个出使德国，其余的有许多服务于外交界或任各省官员。

推动教育进步

同文馆这个实验的成绩在外国人看来虽很渺小，但是中国的当局对此已很满意了。他们在1885年的奏章中重述它的历史，说道："窃臣衙门设立同文馆以来，迄今二十余年。所有延请外国教习，……历年以来，洋教习等均能始终不懈，各学生等因而日起有功，或随带出洋，充作翻译，或升迁外省，及调赴沿海各处差委，已不乏人，实属著有成效。"

他们因此请求予同文馆校长以三品奖励，予毕利干、华必乐两位教授以四品奖励。

同治学习英文的时候，他的教师便是同文馆的学生。后来光绪决心设立大学，当然也是因为有感于同文馆的成绩。丁韪良博士被擢二品，并被任命为大学的校长。同时同文馆亦即归并于这所大学①。

随附列表，信息无可避免不够完整，列表包括教习人员信息、所译书名。义和团运动毁掉了校历存档，我没有查到1888年之后的档案资料。

1907年6月19日于北京

洋员教习

包括临时代课之海关关吏②。

包尔腾，英文……………………………………………………………… 1861

司默灵，法文……………………………………………………………… 1862

柏林，俄文………………………………………………………………… 1862

傅兰雅，英文……………………………………………………………… 1863

丁韪良，英文……………………………………………………………… 1864

毕利干，化学……………………………………………………………… 1866

李璧谐，法文……………………………………………………………… 1866

额伯连，英文……………………………………………………………… 1867

---

① 同文馆，貌似以译学馆或通事学堂之名又重新设立，此举在中国并不鲜见。

② 摘自1888年校历，这是可查知的最新一版。之后10年教习人员变化情况未再行考证。欧礼斐于1894年任院长。

丁韪良，万国公法…………………………………………………………………… 1867

李善兰，算学…………………………………………………………………………… 1869

丁韪良，院长…………………………………………………………………………… 1869

伟贝，俄文和德文……………………………………………………………………… 1870

德达那、林春，法文…………………………………………………………………… 1870

华必乐，法文…………………………………………………………………………… 1870

第图晋，俄文和法文…………………………………………………………………… 1872

吉德，英文……………………………………………………………………………… 1872

夏干，俄文和德文……………………………………………………………………… 1873

柯里士，英文…………………………………………………………………………… 1874

培黎，法文……………………………………………………………………………… 1876

雷乐石，法文…………………………………………………………………………… 1876

海灵敦，天文…………………………………………………………………………… 1877

费礼饬，天文…………………………………………………………………………… 1877

马士，英文……………………………………………………………………………… 1878

欧礼斐，英文…………………………………………………………………………… 1879

骆三畏，天文…………………………………………………………………………… 1879

班铎，俄文和德文……………………………………………………………………… 1881

师克和，法文…………………………………………………………………………… 1883

韩威礼，英文…………………………………………………………………………… 1884

卜世礼，生理学………………………………………………………………………… 1884

教习与学生翻译、编纂之书籍

万国公法…………………………………………………………………………… 丁韪良

格物入门…………………………………………………………………………… 同上

化学指南…………………………………………………………………………… 毕利干

拿破仑法典………………………………………………………………………… 同上

星轺指掌…………………………………………………………………… 联芳、庆常

公法便览………………………………………………………………… 汪凤藻、凤仪

英文举隅…………………………………………………………………………… 汪凤藻

富国策……………………………………………………………………………… 同上

俄国史略……………………………………………………………俄文馆学生
各国史略……………………………………………………………杨枢、长秀
化学阐源………………………………………………………………毕利干
格物测算………………………………………………………………丁韪良
全体功用…………………………………………………………………德贞
中西合历，1877 ………………………………………………………海灵敦
中西合历，1878 ………………………………………………………费礼饬
中西合历，1879 ………………………………………………………骆三畏
公法会通……………………………………………………………联芳、庆常
算学课艺……………………………………………………………席淦、贵荣
中国古世公法论略……………………………………………………丁韪良
天学发轫…………………………………………………………骆三畏和学生
新加坡律例……………………………………………………………汪凤藻
法汉字汇………………………………………………………………毕利干

这些书籍大多由教习与学生合作完成。

1915 年

1915 年总税务司就重开胶州关一事与日本公使会商的备忘录

7 月 9 日上午 11 点，总税务司应约与日本公使在其使馆会面。总税务司以其所受训令为开场白，着重指出两点：一是海关在租借地运作，应按德国政府与中国政府达成的协约办事；二是本次签订协约也只是暂时有效。日本公使当即回应道，其政府之训令与第一点不谋而合，然第二点，政府命其在本次协约中添加一款：即便今后或有可能将租借地归还中国，该协约依然永久有效。总税务司称当前环境下，该添加条款恐难落实。但他知晓，两国政府先前沟通已达成一些共识，将有关德国租借地的问题先予搁置，并确定了在何种情况下，租借地若交由日本处置，最终有可能归还中国。总税务司还表示，此议将阻碍会商顺利进行，自己受所奉训令约束，无论如何也没有权力以此作为会商的前提。

日本公使称其个人关于该项动议与总税务司所见略同，将向其政府汇报总税务司之观点。鉴于二人关于此议所受政府训令相左，不如略过此处，先行商议有关协约其他事项为妥，关于分歧则各自向其政府继续请示。总税务司对此表示赞同，日本公使遂递上一份草案供讨论。草案中所列事项主要有两点，一是青岛关重开有关事项，二是海关人事任免完全由总税务司定夺。关于第一点，原则上双方并无异议，总税务司应允下一次会面时提交一份体现共识的协议草案。关于第二点，日本公使表现出息事宁人的态度，充分尊重总税务司的权威，对于因有违海关原则而遭到总税务司反对的要求，不再予以主张。此次会面暂告一段落。随后，总税务司将日本公使赋予协约永久性的诉求汇报至中国政府，政府答复称此番会商仅限于之前已定范围。如是，双方于 7 月 15 日上午 11 点再次会面，总税务司向日本公使递交一份便函，内容为：

关于日本政府欲在重开青岛关协约中添加一款内容（即无论德国租借地最终如何处置，该协约永久有效）之事，总税务司已上报中国政府，中国政府回复，此番会商内容仅限于青岛关如何重开以及在日本占领租借地期间赋予其哪些临时性职能。

总税务司还递交了一份协约草案，内容包括一段引言及四项条款。公使称需待其收悉政府训令后方能与总税务司进一步沟通，此次会面遂结束。约一周后，总税务司收到公使来函，称会谈可继续，约于 7 月 24 日上午 10 点在使馆举行，还称日本政府已同意不再谋求协约永久化生效，但希望能将上次会面时总税务司递交的协约草案的第一条中的临时条款的字样予以删除。

有此转圜，加之总税务司立即同意去除协约草案引言中“正式”一词，于是公使准备落笔签字。

总税务司答复称，其所获训令最初便是要求协约为暂时有效，现日方提议删去其中临时条目，遂有必要向中国政府汇报并候其示下。总税务司旋即操办，未有半刻延误。

中国政府斟酌之后，指示总税务司向日本公使提议，协约草案中第一款之临时条款可予删去，但在引言中“职能”一词之前加上“临时性”一词。

7月27日于日本使馆再次举行会谈时，总税务司便向公使转达中国政府之提议，即在重开青岛关协约草案之第一款中删去临时条款，同时在引言中“职能”一词前加上“临时性”一词。

日本公使拒绝接受此项提议，称日本政府既已反对在协约中出现临时性条款，自然不会同意在引言中加入“临时性”一词。总税务司询问是否可向其政府请示，公使认为还是不要多此一举为好，因中国政府坚持此议恐会惹恼日本政府。

总税务司指出，中国政府有此提议也并非毫无道理，鉴于胶州租借地有关事宜目前处于搁置状态，在海关协约中加入“临时性”一词与当前时局并无冲突之处，倒是反对加词之议缺乏足够依据。

日本公使回应道，会商伊始便有训令命其在协约中加一条款使协约永久生效，日本政府现既已撤销此项动议，那么中国政府也应当放弃其写入一条临时性条款之主张，以使协约签订时文本中不出现“临时性”字样。

总税务司陈述道，日本政府最初之主张与中国政府之诉求大相径庭，试图在海关协约中添加的原则于当前时局并不适宜，反而是中国政府的诉求更符合实际情况。在当前环境下写入一条临时性条款确无必要，以此类推，写入任何新的或存争议之条款亦不可取。总税务司进一步指出，纠缠于这一点而使整个会商止步不前，实在令人遗憾。

日本公使仅回应道，日本政府对这一点非常重视，依他所见，不可能作出让步。总税务司称将日本公使的回复向中国政府汇报并将结果及时告知，便中止了会谈。

8月3日，总税务司获税务处官员口头指示，在协约草案第一款中删去临时性条款，作此更改后方可在草案上签字。总税务司当天即致函日本公使告知此事。公使回复称其正将7月24日会谈要点向其政府请示，此时对于协约不方便作出任何声明。

8月6日，日本公使告知总税务司其政府已批准协约草案，其已做好签署准备。

同一天协约得以签署，一式两份。在递送协约进行签署的函件中，总税务司将有关海关在青岛和大连的人事任命及日本代表人数增加等事项记录其中。

总税务司安格联

1915年8月12日于北京

< 1917 年

安格联爵士关于中国 1911 年革命及海关的节略

1911 年中国的政治剧变给海关带来了新的职责，同时也增加了其责任。在各口，这一点体现为以现金形式收存税款。在总税务司署方面，审计各口税务及为中国政府管理税款账目的职责又使得总税务司承担了经理债款和赔款的职责，偿还以海关税款作为担保所借外债以及由常关税款和未抵押的海关税收余款作为首位担保的庚子赔款。

在革命之前，海关税务司仅管理其负责征收的税款账目，并不经手凭单缴入海关银号的现金。货物放行需向海关出示号收，这些号收构成了总税务司征收税款的凭据。海关银号并非由税务司而是由其同僚海关监督负责管理，多数情况下海关监督一职由皇帝直接任命的地方官员出任。关于各口海关税收的处置，先是由海关监督对各省当局负责，再由各省当局对户部负责。仅有一部分税款真正解往北京，据目前所知，其中也无分文专用于偿付其所担保的债务。中国的外债事务集中由上海道台经理，相关资金由各省省库拨解（各省每年负责固定的金额）。中央政府定好筹款总额后似乎对外债偿付便不大过问，而不论是在资金来源还是在拨解日期方面，都存在很强的伸缩性，至少到义和团运动爆发时情况都是这样。但即使是在那场骚乱期间，上海道台仍能按期偿还借款。庚子赔款大大加重了地方财政的债务负担，可能是道台所负责的债赔两款清偿事宜，使得各省资金拨解方式更为多样、拨解更加规律。虽然实际操作流程还不尽可知，但结果还是令人满意的，没有任何一个债权人抱怨偿付的准时性。不必说，外国收款银行对当时的情况是满意的，并且也没有就政府对于作为担保的税款的处置提出过任何问题。但当各省开始脱离中央政府时，立刻清晰可见的便是一向凭以偿付外债的制度势必陷于瓦解，而通过使各省当局将对作为债务与赔款担保的税款的保管权转交出来，以此来保障外债及赔款赔付成了迫切需求。

1911 年 10 月开始的这场反清运动事发突然，令人惊讶，同时革命迅速蔓延，来不及准备好任何行动计划，即便本应想到应付此类紧急情况的必要性。而当各口清政府当局抑或被驱逐，抑或逃亡，抑或是投向革命一方时，各海关税务司本能地以总税务司名义接管了海关银号及税款征收。对于接管日期以前的已收款项，他们不负任何责任。在确立管理权时几乎未遇到什么困难，这充分表明了革命领导者们的爱国心及国家责任感，因为在控制现款以供作战之用最为事关重要的时候，他们几乎从未试图干预海关征税。在多数地方只要作出口头解释便足够，在一些口岸则是要求总税务司保证海关税收不会交由清政府支配，而有一位独立省份的都督，则只有当总税务司同意在当地税款账册前加上“中立”的前缀，才会感到满意。像这样的事情能以如此恕道理性的精神来处理，很少有国家能做到。因为必须记住，总税务司是清政府的属吏，而且在仍由清政府控制的北方各口，总税务司及其属下税务司们受命征收的数额巨大的关税还在不受限制地流入清政府的银库。总税务司因此而陷入的尴尬地位很快便让人无法忍受，而由于各国公使馆对原有外债清偿模式的完全崩溃感到不安且已准备提出相关要求，总税务司于是建议清政府将未脱离朝廷的北方各口的海关税收应像已被接管各口税收一样，置于他的管理之下。这一建议立即被采纳，这证明了帝国当局在采取适当行动维护国家信用方面绝不落后于革命领导者们。各国公使馆不久就提出了要求，随后得到回复称，中国方面已经采取行动来保障用以担保债务及赔款的所有税款。随后通过的国际协定（依据该协约，外债及赔款清偿事宜交由总税务司管理）可于英国蓝皮书中国卷一（1912年）第121号，中国卷三（1912年）第1、59、81、92、113号，中国卷三（1913年）第24、25、31、37、40、63、73号中找到记载。应该注意的是，这些协定是清政府在覆亡前签署和认可的，也得到了取而代之的民国政府的严格遵循。对于在上述协定缔结期间滞付债款的偿付，起初不可避免地有一些耽搁，但最终都用同期累积的税款轻松偿付。滞付的赔款则更加麻烦，需采取特别措施来保障偿还，但在这一点办妥后，债赔两款的偿付就将自行顺畅运作。在作为赔款第二位担保的盐税款项支持下，一直有足够资金来满足各项要求。债赔两款的清偿事宜由税务司奉总税务司之命在上海进行管理，而后者则向中国政府及代表外国债主利益的银行委员会定期呈递账册。这些协定所体现的理智让步，即将债务管理连同对外国债权人的绝对担保一并留在中国手中，显然是这个国家的特色，但如果没有这一独具特色的海关机构，那这一切也是不可能的。若要说1912年时海关曾居于其雇主与“债款委员会”之间，的确不是夸大其词。

1917年1月28日于北京

< 1918年

关于1914年和1915年民国公债的节略

对于中国政府来说，通过募集资金而不是用向国人征收新税的方式来筹款并非是一个全新的主意。共和运动的部分资金或多或少就是来源于自发捐款，而且自从民国政府成立以来，便不时尝试将政府公债投入市场。不过这些债券数额相对较小，且几乎全部由官僚阶层认购，仅通过从政府工资中扣除相应数额便得以完成。事实上，这些公债具有强制性，而且也并未真正延伸至工商阶层或者吸引私人投资者。

大约在1913年年末，当时的总统袁世凯巩固了其权力，且无疑关于帝国的梦想已开始在其脑中成型，其时一份关于应实实在在地尝试将公债延伸至上述阶层的建议摆在了他面前。当时从国外借款的种种困难已开始显现，总统被摆脱外国金融集团和财团的可能性所吸引，因为它们的援助意味着中国财政自由愈发削弱。然而中国人很少会接受一个老套的建议，他们习惯于接受一个主意并用自己的方式来实现，采用他们认为有助于给人留下好印象的部分内容，却往往忽视了整件事情的核心。摆在总统面前的粗略建议是，应在中国发行以诸如未抵押的盐税收入之类的为某种永久性担保的银元公债，并委托同中国商贸及金融利益有着密切关联的汇丰银行来发行。

在梁士诒的精妙构思下，这个建议演变为了民国三、四年公债。公债尽可能地保留了西式外壳，但内在本质上还是中国式的。对中国认购者而言，这实际上是一种强制性的公债，倘若没有以各种形式施加压力，这些公债是否有人认购都存在疑问。尽管如此，西式的外壳仍得到了保留：公债以适当的形式得以发行，涵盖了说明书、分期偿还债务表、专属担保、精心印制的债券，以及出于表面文章的需要而委托海关总税务司施行的通常公债业务所需的一切机制。虽然用作抵押的收入已经长期被挪作他用，而且最初由政府设计出来的公债机制已经陷入瘫痪，可以不夸张地说，正是这套西式外壳保持了公债的完整性并督促政府在早已花光所有募集来的钱款之后仍旧将公债视为国家债务中的第一要务。

* * * * *

发行于1914年秋的民国三年公债最初金额限定在16,000,000元。包销公债的想法被采纳，但很快就被发现是不切实际的，因此并未施行西方国家所理解的那种包销。相反，政府设计出了一种方案，使所有人皆能成为处理债券的政府代理人，并为此编制了大量规章制度，规定了授予政府债券代理人职务所需条件。由于条件较为苛刻，佣金规模并未大到具有抵偿效应，因此政府不太可能陷入申请人过多的麻烦。在中国，官僚阶层最后总是可以依靠的，那些普通民众犹豫不定之事，公职人员常常是不得不接受的。

显而易见的是，一旦政府致力于取得成功，钱款无论如何是能获得的。另一方面，其开出的条件也并不显得吝啬。发行价固定在 94，利息每半年支付一次，年化利率为 6%，尽管公债是在 1914 年深秋才发行的，但第一次息票期仍定在该年 12 月 31 日。分期偿还将于 12 年内完成。前景良好的京汉铁路未用作抵押的收入以及某些城市税收被抵押作为担保。而通过任命一两名洋员也使得新设立的内国公债局的人员实力得到加强，海关总税务司也受邀成为该局的协理，并负责管理利息支付事宜，同时公债利息也通过预存一笔相当于一年利息的钱款来加以保障，这笔钱存放于由总税务司指定的外国银行中（这一点非常重要）。但这还不是全部。公债认购者在规定期限内可享受优惠待遇，包括额外的一年利息奖励、首年利息提前支付等。伴随着这些诱人的条款以及官员身上所承受的压力，公债的发行结果非常令人满意，以至于当时增加发行 8,000,000 元后总量为 24,000,000 元的公债仍相当程度上供不应求。

初尝胜果之后，政府立即启动了第二次尝试。紧随民国三年公债之后，政府在 1915 年春发行了民国四年公债。这次政府决定再发行 24,000,000 元公债，而公债说明书中的条款似乎比之前的那次公债更为诱人。发行价降至 90，分期偿还期限也缩短为 8 年。但另一方面公债的担保却显得相当模糊，某些省份的收入被用于担保，但还得有赖于中央政府对这些省份获得实际控制才能实现。公债事宜照旧委托给总税务司办理，同时相当于一年利息金额的保证金也已生成，然而这次并不是以现金形式，而是通过中国银行、交通银行汇票的方式，这两家银行是此次保证金的存入银行，各占一半——此举的恶果很快就会显现。在其他方面，这次公债的条款与民国三年公债几乎没有差异。无须赘言，这次公债也全部得到认购。

为提供公债服务，总税务司在中国银行和交通银行这两家政府银行的北京分行先后为民国三年、民国四年公债开设了账户。每月有从内国公债局那里收到的 240,000 元转到这些账户上，这笔钱就代表各笔公债半年应付利息的六分之一。这些款项是通过中国银行本票的方式收到的。同样，内国公债局在核对提交上来的息票之后，会将省局、中国驻外领馆、城市银行或者各省内分支和代理机构所提出的利息预付申请交予总税务司。由此不难看出，根据如此流程操作极易发展成为一种内国公债局和政府银行之间的纯粹记账行为。内国公债局向总税务司签发银行（这两家银行的事务关联密切，因此可将它们视作一个整体）汇票，总税务司再将这些汇票交给银行入账，最后银行以偿还利息预付的方式收回这笔钱。由此完成一个循环。在这种情况下，内国公债局即使面对资金短缺的情况，也能维持每月的分期偿还。无论在过去还是现在，内国公债局毕竟是财政部的分支机构，银行不能与之争论。

尽管存在这些危险，但只要政府避开政治上的危机，公债事宜还是进展得足够顺利。息票的支付是通过中国银行、交通银行的票据来实现的，这些票据货币在北京及各大商贸中心都能按票面价值自由流通，使息票持有者相当于获得了利息支付。此外，表面上看，公债协议中的抵押担保在必要时也是可以依靠的。因此目前一切进展顺利，但前方也有不少险阻。1915 年年中，袁世凯总统就已经在为称帝作准备，该年年底，他决定动用军事力量去镇压那些坚决反对他这一雄伟计划的省份。由于政府财政早就十分紧张，在此压力下很快崩溃。两家政府银行受命为镇压叛乱省份的军事行动提供资金，它们也成了主要的受害者。

尽管称帝运动以失败告终，但它所带来的恶劣后果却是难以估量的。许多省份仍处于反叛状态，国库已经空虚，而两大银行在政府将储备金减少至几乎为零的同时也面临着大量票据处于流通的问题。这种情况在 1916 年 5 月宣布所谓的“延期偿付”时达到顶峰。这绝不是传统意义上所理解的延期偿付，而是为防止政府银行破产的权宜之计，这些银行的资源已经被政府耗尽，并未留下多少资源使其可以继续经营下去，仅留下政府的大约 80, 000, 000 元的透支。由此随即产生的影响是两家银行此前在北京按票面价值流通的票据跌价了三至四成，并就此维持在这一价值，仅有轻微的上下浮动。相比之前的自由处理，外国银行不再处理它们，而在北京，两家国内银行的定期或活期存款也无法提款。但是值得注意的是，所谓的延期偿付并未影响到占重要地位的上海和天津分行，票据在这两个地方仍旧可以按照票面价值等额流通。因此在北京的息票持有人通常将票据送往天津或上海，并据此获得等同于息票面额的现金。这主要是由于两家国内银行的天津和上海的分行的独立性，尽管大部分可用的公债资金都以不可兑换债券的形式被封存在北京，但两地的公债业务仍然一直保持不间断。

为避免票据资金的进一步累积，现已尽一切努力以现金方式从财政部获得月度汇款。这一点在 1916 年 5 月的确实现了，但这却是从财政部获得的最后一期款项（无论是以票据还是其他形式）。至于政府的抵押担保，要么超出其能控制的范围，要么完全被忽略。5 月份收到的 240, 000 元已存至外国银行，以期获得银元利息。

公债资金情况很糟。可以预见未来不会有任何汇款进入，除了在民国三年公债由 16, 000, 000 元增加到 24, 000, 000 元之前存入外国银行作为其一年利息的 960, 000 元，以及上文提到的 240, 000 元之外，公债账户余额和全部民国四年公债贷款担保，两项共计 1, 440, 000 元，以及民国三年公债增发时所得的 480, 000 元，只能在前文提到的大幅跌价下才能获得。

1916 年 6 月，袁世凯去世，人们希望其继任者能在某种程度上恢复银行的信用。然而，这只是个妄想。在一段时间里，社会动荡接踵而至，议会和内阁之间摩擦不断，这些对缓和局势没有起丝毫作用。在这种情况下，唯一的方法就是拒交他们每月所需的保证金，这样一来，在他们筋疲力尽之前，或许会想出维持公债的临时性的其他办法。民国四年公债从发行起，以及民国三年公债的一部分，保证金都是纸币。先花光这些纸币，再动用存在外国银行里的钱，这样就能迫使内国公债局和银行按纸币面值接受纸币。这个做法使得中国银行承受了不可避免的损失。因为这样的做法就是要两个银行等量地偿还所欠利息。而中国银行发现，交通银行较高的票据折扣率，使得做交行的支票业务，就是在加重中行的负担。

遵循前文描述的政策，民国四年公债和部分民国三年公债的保证金应按要求为每一息票期注入资金。然而，这个过程不可能无限期继续下去，过不了多久，来自保证金的所有资金都拨给了息票期，而纸币的补给也不会再有了。然而，就在这个时候发生的政治事件改变了整个时局。当德国政府宣布其展开无限制潜艇战的决心时，中国与其他中立国一起，对这种野蛮行径提出抗议，并威胁德国，若其坚持此项行动，便断绝外交关系。在没有得到令人满意的保证后，中国政府于1917年3月14日勒令德国驻北京公使交还护照。与德国关系的破裂，使得停付庚子赔款中至今在对德分期偿付的部分变得可行，而且总税务司掌管下的海关和常关收入是分期付款的来源，这维持了4月、5月、6月、7月共4个月的公债业务，每月安排资金120,000元。从8月起，来自停付德国庚款的资金每月如数拨给公债账户。为了防止被动手脚，决定将资金存于上海的汇丰银行，尽管中资银行有一些反对意见。

与此同时，正如上述中资银行持有的保证基金均已按息票期分配，而之后备付金的缴纳，必须另筹资金。现在倒有两个可行的方法，或是通过动用存放于外国银行的资金（总税务司拒绝这种做法）或是用拨给以前各期的款项中还未支取的那部分为新的息票期筹措资金。根据尽可能使用纸币的原则，后者便成为可行之策。现在，由于某种原因，未支取的利息不再是无足轻重的，而变得十分重要。比如说1915年6月的应付利息两年后仍无人领取，推测其原因是毫无意义的，事实就是如此。在计息期到期的同时，资金的重要性不言而喻。因此，如有需要，新的息票期所需资金便可用旧的息票期逾期未支取的款项来补充。但是旧的息票期的资金缺口并不是不管了，相反，用这种方式从旧息票期中划走的每一笔款项，都由来自上海资金的同等数目的拨款来填补。这使得用纸币去支付后来各期的大笔利息款，而用现金支付早先各期遗留的一笔又一笔的较小额的利息款成为可能。换句话说，就是通过用完纸币来保存银元。

前景似乎变得乐观。因为在4月、5月、6月和7月，每月都会有120,000元现金的收入（或者说两项公债月需款的一半），而从8月起，希望可以将对德赔款全部用于公债，那么每月付清240,000元是有可能的，其中多出的部分还可再次建立保证基金。此外，这个时候可依靠保证金和现金账户上的利息，积累一笔数额可贵的储备金。当然，其中有些是纸币。这样有助于息票期资金的增长，剩余的则储备起来。而这样调整的结果就是，在 1917 年年末，在不间断地偿还利息债务的同时，并没有动用外资银行的保证金，且尽可能地将款项集中在上海，这样一来，国家公债业务的财政基础比以往任何时候都健全——并且尽管事实上由于马克持续贬值，1917 年 8 月至 12 月间停付的德国庚款换算现银后并没达到预期值。到笔者成文之时，即 1918 年 2 月，纸币彻底消失，每一元都以其票面价值进行了处理，并且有一笔超过 200, 000 规元的资金，全部是公债业务款的利息，已存为定期存款。除存在北京渣打银行的 120, 000 元外，所有的公债基金现都已安全地存于上海，并且在中资银行的账户均已注销。可以说，除非发生意外，否则今后中国头两笔内国公债的利息支付均将定期而顺利地进行，好似他们背后有着强有力的外交保护和支持，尽管作出这样的预言也许是轻率的。

现有必要谈谈公债的分期偿还。根据公债发行协议，民国三年公债第 1 年度的债券金额共达 2, 769, 000 元，于 1917 年 12 月 15 日到期。而民国四年公债第 1 年度的债券金额共达 4, 000, 000 元，于 2 个月后，即 1918 年 2 月 15 日到期。此时，中国的外交政策似乎再次起了营救作用，因为 1917 年 8 月与德国断交之后，紧接着就对德国及其盟友奥匈帝国宣战，考虑到中国已加入协约国一方，列强便同意中国在 5 年后再支付庚子赔款。不过，中立国的微不足道的数额以及部分对俄赔偿金除外。因此暂缓支付庚子赔款，使中国政府完全可以用此款来做到公债的分期偿还，而且还绰绰有余。财政部也考虑将资金用于此目的并提出了建议。然而，这一计划并不成熟。不过，政府现在对那些被忽视已久的公债表现出了热情，而这种悔悟态度导致了一个截然不同的计划的产生，即用筹集的方法获得所需资金。简言之，将每年约 7, 000, 000 元的常关税全部交入总税务司之手，其中部分常关税已作为庚子赔款的抵押，已由总税务司掌管。也就是说目前不受海关控制的常关今后都置于海关控制之下。然而，尽快实施民国三年公债债券的偿还非常重要，为这一目标累积足够的资金需要时间，于是，财政部承诺先从中国银行和交通银行取得 2, 769, 000 元的贷款，条件就是将上述常关税置于总税务司控制之下，此为以此常关税为担保的第一笔贷款。鉴于政府诚挚的态度，总税务司接受这一计划，为使其生效，双方达成了令人满意的共识。现在事情就照此计划办理了，并且双方希望对于 2 月 15 日到期的民国四年公债债券的偿还也能够达成相似的共识。

* * * * *

综上所述：为支付公债的利息，多项措施已在实施，即使是面对未来的任何情况，在这方面也都是信心满满。至于债券的偿还，现在发表意见为时过早。一切都取决于现在运行着的新计划的成功。开始时，不能指望成功的结果。摩擦或多或少都会存在，在地方官员对事物的新秩序习惯后，情况会有所改变。但是至少可以预见的是，随着中国爱国主义精神的崛起，地方偏见和狭隘思想都将逐渐让位于一个现实，那就是，政府信用的恢复是国家健康发展的基础，政府通过扶持新计划，从而在一定程度上促进这一目标的达成。

（签名）总税务司安格联

1918年1月于北京

1919 年

总税务司安格联就建议修订 1912 年的管理税收办法协议给财政部的备忘录

由中国政府和外国公使团订立的七项协议的第二条，涉及总税务司掌管洋关和常关税收，内容如下：

关系尤重之各银行，即汇丰、德华、道胜三家，应作为上海存管海关税项之处。自 1914 年 1 月起，每月月底，所余之款除所有 1900 年以前以关税作抵之借款每月应付之款已全数付清外，应按比例分给负责和约赔款之各国银行，至每月应付各银行之赔款各期付款之数为止。

协议第七条包括以下规定：

以上协议将来应当随形势所需而修订。

在此协议中，只在上述引用的第二条中提到了关余，它规定关余应摊拨于管理赔款之各银行账内。这条规定的理由是，因 1914 年白银汇率很低，因此，由海关关税确保所有外债得到偿付之后，没有足够的余额来支付每月的分期赔款。为凑足每月分期赔款所需款项，只能从盐税中支取不足部分。

因此，关余在协议条款中仅仅指关税偿付外债和在银行中按比例分配偿付赔款后的余额。当初该协议议定之时，现在所使用的“关余”一词的概念并不存在。

白银汇率的提升改变了所有的状况。之前并没有足够的关税来偿付分期赔款，而现在的资金足以偿付这些分期赔款，并且能补充为善后借款作保的盐税，这些外债偿付之后，仍能拨付一些款项用作他途，例如贷款给烟台防波堤委员会和闽江疏浚委员会，除以上所有支出之外，仍有一笔数目可观的余额可供自由支配。此乃目前“关余”一词的含义。

很明显，国际协议中并未涉及关余的处置问题，外国公使团是否有权留置关余，疑问多多。毫无疑问，现有情势决定了很有必要对协议进行修订。总税务司因此建议中国政府，根据协议第七条，对第二条做出如下修订：

关系尤重之各银行，即汇丰、德华、华俄道胜三家，应作为上海存管海关税项之处。自 1914 年 1 月起，每月月底，所余之款除所有 1900 年以前以关税作抵之借款每月应付之款已全数付清外，应按比例分给负责和约赔款之各国银行，至每月应付各银行之赔款各期付款之数为止。善后借款每月应还款及定向拨款等应付款项划拨完毕之后，每六个月或由总税务司自由决定，在外债、赔款、必要支出得以保全的合理时间段内积累的余额，应当由中央政府和广东军政府按比例分配。

如果协议作出这样的修订，就无须每次都向外国公使团申请拨付款项，关余获得了与盐余类似的处置方式。

总税务司安格联

1919年6月27日于北京

总税务司安格联就关余处置问题致函广东军政府外交总长伍廷芳博士

1919年6月25日

尊敬的伍廷芳博士：

阁下6月14日和16日关于关余处置问题的信函收悉。您在前一封信中指出，军政府认定我对这些资金的处置负责，无须顾虑外国公使团，在整个放款事件中，拨给北京政府的关余比例与拨给广东军政府的比例并不公平合理，我应当作出解释。后一封信中，您指出，军政府未受列强承认一事与这个问题无关，不该就此大做文章，而且这笔资金乃维护安定局面所急需，如果我不把关余交给贵政府，那么社会动荡的责任将归咎于我。最后，您把重点放在西南省份应得的关余上，坚持认为我作为资金的管理者，负责把资金交付给合适的当地政权是我的应尽义务。

关于您最后一个观点，我非常认同，我一直以来都在敦促广东政府发表声明索要一份关余。我相信，这一观点正在这里开始获得认可，无论是在北京政府还是在外国公使团表达的意见中都有体现。不过您坚持的我是资金管理者的观点并不正确。我充其量只是会计师，仅负责管理外债偿付事务。管理职责由相关国际条约指定几家外国银行予以履行。我无权独立支配资金，您帮我认定的职权，不管北京政府还是国际条约都不曾赋予我。管理外债偿付是我的事情，报告外债及必要支出付讫之后的资金剩余亦是我的职责，但也仅此而已。怎样分配这笔关余并非我的事务和职责，因此我无须对资金的不当处置负责任[①]。事实上我不认领所有这些责任，也拒绝承担这些责任。同时，我最诚挚地希望，资金的最终分配能使所有欲分一杯羹的各方都满意。正因如此，我在方便的时候，已经敦促广东政府发表声明索要关余。我相信这个问题最终会圆满解决。

安格联

致广东军政府外交总长伍廷芳阁下

海关支持广东河道疏浚事务的行动

总税务司署

1919 年 5 月 8 日于北京

威尔逊先生：

关于广东河道疏浚事宜的第 10558 号呈文收悉，不过就目前情势，我认为最好还是以半官方形式作出答复。在海关与此事关系明确、海关行动师出有名之前，我们的通信将保持这种形式。

随文附上一份备忘录副本。关余汇解问题引发外国公使团关注时，我曾将这份备忘录提交给美国公使，以期使得拨出部分关余用于广东河道疏浚之提议得到公使团的支持。我此前在财政部已提出处置意见。我要求拨款 2, 000, 000 元，但财政总长削减了金额，外国公使团就通过了申请的款项。

我的目的之一是在让南北双方势成水火的争拨关余问题上给广东政府一个面子，之二是为了完整保留现有的疏浚机构，以免它因资金匮乏而分崩离析。我认为，这笔百万元款项的第一笔支出应用于机构维持。依照兑换纹银的比率，最终所得将不止 1, 000, 000 元，应足以支持总营造师所负责项目的第一期工程，同时维持机构运转。

海关目前地位微妙，需要机智谨慎处理。这笔出自关余的拨款不能视为理所当然，不能

---

① 1921 年 3 月 3 日、13 日和 1923 年 9 月 19 日的总统令调整了总税务司的有关职能。参见《1911 年革命以来的中国关税（第三版）》[China's Customs Revenue since the Revolution of 1911（3rd Edition）]，上海，1935 年，第 304、305、319、324 和 343 页。1928 年，国民党政府的财政部形式上完全接管了关税。

对其过分依赖。这笔款项只是在眼下中央政府失去对广东的控制，无法保障由其设立的治河处从省级政府获得应有资金支持的特殊时期给予的援助。虽然目前情势下，北京任命的总督办几无可能从军政府获得一分钱，这笔拨款也并不意味着免除了省级政府提供资金的责任。我希望年底能再得到1,000,000元，甚至更多，不过这取决于汇率走势以及税收情况。同时，海关作为中央政府的代表和资金保管人，较之其他地方，应当更积极地介入广东的疏浚事务，毕竟其他地方的疏浚作业由国际条约规定，而且资金主要来源于中外贸易的特殊税款。

然而，这也正是困难所在。对这个独立出来的政权，既不能完全无视又需要敬而远之。对它的无视会导致其力争资金掌控权，一旦成功，以军政府目前濒临绝境的财政状况，它一定会抛弃浚治部门及其所有业务：新拨至该省的资金会被全部截留，最终，在民众的漠视和利益集团的掣肘中，推进疏浚工作的治河处面对阻挠将孤立无援，一切工作都将陷入停顿。这是你必须考虑的问题。解决的方式取决于即将到位的资金能否有效利用。谭督办[①]的作用举足轻重。他的利益自然是与中央政府在广东的派驻机构——海关捆绑在一起的，且一方面，资金已唾手可得，他不会被军政府取代，另一方面，已经争取到当地政府对疏浚事务的全力支持，他理当竭力督办疏浚事务。

你应立即与他联系，并努力让他尽可能多地把事务都交给你处理。为加强资金管理，我命令你，凡是由你掌控的每一笔支出，都必须首先得到我的批准。

此文可以给总营造师看，你应与其保持紧密联系，不过你一定要让他对信的内容严格保密。

安格联

致粤海关税务司威尔逊

约开口岸之河道疏浚事务[②]

戴理尔（曾任海务巡工司）著

约开口岸河道疏浚历史概述

依据手头关于上海早前做法的有限资料来推测，诸如划定岸线（哪些区域处于管制之

① 译者注：谭学衡（1871—1919年），字奕章。1914年被任命为广东治河事宜处督办。

② 摘自海关出版物：《公署集》第116册，原文标题如题。

下）之类的事务当时是由领事、中国官员及公共租界工部局三方会商处置的。十九世纪七十年代末，这几方人员在上海英国领事馆内进行了一次会商，商议拿回目前由前德国领事馆占据的那块地皮事宜。理船厅出席了此次会议，但未在讨论中发挥实质性作用。与其他事务一样，早期上海有关这方面的历史已湮没不可寻。港务课的早期记录也是只言片语。英国领事的档案于 1870 年毁于火灾。工部局档案中无疑会包含相关信息，但据笔者目前所了解的情况，在工部局总办办公室之外恐怕找不到完整的档案。

1875 年，毕士璧被任命为上海理船厅。他性格刚强果敢，河道管理事务的管辖权极有可能是由他积极争取而逐渐掌握到手中的。总之，在 1895 年笔者被任命为副理船厅时，毕士璧被公认为所有与港口和河道相关事务的权威。毕士璧于 1901 年去世，笔者接替他担任巡工司和理船厅。

第一条关于海关在河道修浚事务方面职责的权威声明见于通令第 1311 号（1905 年），赫德爵士支持作者对该问题的某些观点。尽管该通令未对设置中央疏浚机构统筹各地海关相关活动之事做出规定，但结果是使拥有整体建议权的巡工司在某种程度上被绝大多数未设立专门浚治机构的各约开口岸税务司视为全权负责浚治事务的官员。通令 1887 号（1912 年）改组了船钞部，也进一步强化了巡工司在河道修浚事务方面的职权，但是没有具体列明是哪些事务。通令 2341 号（1915 年）明确将巡工司和总营造师与修浚事务联系起来。通令 2558 号（1916 年）是关于这一议题的最后一份通令，其中谈到了笔者的一个想法，即起草一份备忘录，将第 1311 号通令中涉及河道修浚事务的观点进行更为详尽的阐述，通令 2558 号还载有通令 1311 号序言中的指令。

在尚无专门的浚治机构及相关规定的情况下，海关承担浚治职能主要源于现实需求，一定程度的监管将带来整体利益。为了顺应这一需求，最初由上海理船厅提议，后来经总税务司同意，并在其大力支持下，由巡工司承担起这一职能并不断拓展。

与此同时，自 1874 年起，上海航运业界关于疏浚吴淞内沙的呼声日益高涨，终于促成 1906 年建立浚浦局。类似机构于 1898 年在天津成立，1913 年在烟台成立，1914 年在牛庄成立，1919 年在福州成立。

海关与河道修浚事务有关的职能

在未设立专门浚治机构的口岸，海关当前职能如下文所述。

海关作为港务主管部门，为维护航运利益，有权阻止任何对口岸水域的危害行为。关于土地填垦事宜，海关不作许可，这属于土地管理部门的职权范围。海关只出具一份不持异议的声明，未申请到这份声明则不得开工。这份具有授权性质的声明格式如下：

“兹声明，上述申请之项目所获之批准，仅指本部门立足于河工事务而不持异议，非授予土地或确认临街物权，亦非取代中国政府或土地管理部门相关职权之举。”

关于设立泊位、修建防波堤、设置趸船等事务，港务部门依据自身权限签发许可证[①]。但港务部门并不具备独立作出许可的职权，除非得到土地管理部门批准。若有必要或遇申请时，就会作出授权。总体而言，海关的这一职权是依授权而行使。其管辖范围不仅涉及工程的位置和范围，还包括设计和所使用的材料，因为这些都是可能对正常航运利益产生影响的因素。

其他涉及公共利益的水权方面的事务，如外滩路、牵引路权、捕鱼装置有碍通行、前滩区不当占用等等问题，目前都是由海关统筹管理并兼顾各方利益，因而得到了广泛认同。就是在上述和类似的其他领域，期待与水上权利有关的事务订立明白无疑的可以采取的原则。当某一口岸需要实施修浚工程，并因此需要成立专门的浚治机构时，海关将在其中发挥举足轻重的作用。这一专题将另起章节专述。

下述事例描述了海关为了公众利益可以行使的行政权力和发挥的影响力。在租界区内的苏州河边，先前的房屋都是紧挨堤岸建造的，在这种情况下，修建一条滨河路的计划遭到了普遍反对，但是这一计划还是高票通过了。笔者作为理船厅，要求若房屋拆除后重建，必须离岸 20 英尺，以免造成堤岸塌陷从而破坏苏州河航道。这一规定基本未遭反对即告落实，最终在苏州河沿岸建设了市政道路。一项有价值的原则从此被确立下来。

1899 年发生了著名的布劳伊特前滩案。布劳伊特先生在苏州河边拥有一处物产，正对着上海工部局已使用多年的处理船舶废弃物的场所。布劳伊特先生申请在自己房子周围建造围网，此举必然会对工部局的废弃物处理业务产生妨碍，因而申请遭到拒绝。布劳伊特先生转而向领事法庭申诉，领事法庭判令工部局批准其申请。然而，该房产的沿河边界低于涨潮时的高水位，即位于涨滩区，工部局和领事法庭对此区域均无管辖权。当布劳伊特以工部局之许可为依据在涨滩区开建围栏的时候，理船厅通知布劳伊特先生停止修建，并责令拆除已建部分。布劳伊特以领事法庭裁决和工部局许可为由拒绝执行。理船厅告知其工部局和领事法庭有关涨滩区的许可和裁决均为无效，并命令围栏必须在指定期限前拆除，否则巡江吏将会奉命执行。布劳伊特继续我行我素，最终围栏被巡江吏拆除。尽管这一做法部分否决了领事法庭的裁决，但并未招致正式抗议。

中国处理水权的做法

即便不是十分可能，古代法典中十之八九也会有关于水权的法律条款，但眼下这一领域

① 关于此事的最新裁定，参见总税务司通令 2064 号——F. A. A.，I. G。

可供引用的法律一片空白。某些方面的惯常做法大体相差无几，然而也存在差异极大的做法。这些做法可能是过去法律保留下的传统，也可能仅仅是基于各方利益均等达成的安排。若出现差异极大的做法，比较有可能的情况是由于官员出于贪婪侵犯了既有权利。

在22个口岸中，有17口承认临河业主对其房产周边淤生土地拥有特定权利，有2口的官员否决了此项权利，其他3口对此存疑。如果对淤生土地和涨滩可填滩地进行区分，我们发现临河业主获得淤生土地所有权的普遍做法是，只需缴纳地租和一笔特别登记费即可。这一做法大概是考虑到一户人家在这几年获得的淤生土地，可能过几年又流失了。对于涨滩可填滩地，上海和广东两地的做法是，沿河业主拥有优先购买权。上海过去的做法是，购买淤生地或可填滩地，每亩价钱是固定的，而由浚治事务机构主导的新做法则是依据市场估值进行定价。在广东港口地区，可填滩地实行竞价拍卖，但相较于出价最高的投标人，沿河业主有优先购买权。

在上海，办理淤生地或可填滩地契书的手续称为申购。这一称法及其具体手续似乎完全源于上海本地惯例，然而还是对其他各约开口岸外国人办理土地契据的手续产生了影响。很可能的是，申购最初不是办理涨滩土地或河床土地的手续，而是为申请补办方单时收取特别税赋而设的手续。太平天国运动后，土地归属状况极为混乱，出现了补办方单的情况①。

另一项事情涉及位于高水位之上的牵引路权，情况多少相似。这一权利在22个口岸中的16个相邻口岸获得了承认，另2个口岸否决了该权利，还有4口对此存疑。12个涉及此事务的口岸中，8口认为牵引路权可以转让，4口认为不可转让。事实上，牵引路权取决于船民是否想保留该路，这一点很重要。即便如此，牵引路权受侵犯的事例还是频频发生。

关于临河物业沿河界限的界定，17个口岸中的9口以低水位线为界，3口以高水位线为界，重庆、岳州②、宜昌和梧州4口则以河面中心线为界。重庆和梧州现在已经停止这一做法③。

在某种意义上，中国在水权保护方面可以说是做得比较好的。由于引入了与英国相同的程序规定，给地契转让造成了困难，除过去少数几口发生过将契权范围划至河中央的做法外，现已无侵害公共利益的确权做法。部分口岸将契权范围划至河中央的做法被正式废止，由一小部分不负责任的官员所做的与公共权利冲突的决定会被撤销，并且已经被撤销了。这样可

---

① 以下资料由英国领事馆的壁约翰先生提供，与本节内容相关。地契，俗称方单，于咸丰五年（1855）由上海县衙在辖区境内统一印发。这些方单上注明取代乾隆四十八年颁发的地契，后者作废。上海地区自1855年后没有印发新的方单，已有的方单一直在该地区作为普通地契之用。方单若有遗失，业主按规定呈请县衙批给印谕作证，然而现在印谕也不再批给，无方单的产业必须办理申购手续，申购单据则作地契之用。在宝山地区，有一套不同的制度。土地每转让一次，即注销原有方单，变更地契户名另立新的方单。

② 译者注：即岳阳。

③ 译者注：口岸总数不符，原文即如此。

以说为中国从头构建水权法律制度扫清了障碍。

关于建立完善的水权制度的总体思考

前文简要介绍了海关河道修浚事务方面的职能起源和当前的情况，以及对中国在水权方面实践的有限了解。目前需要考虑的是指导原则问题，海关按照这些原则发挥影响力，可能在港口、水道等事务中，在保护公共和私人权益方面发挥比以往更大的作用。有人建议，如果能够建立起这样一套完善的原则，并在海关影响力所及的范围内，施用于或说强力推进施用于所有案子，那么不仅功在当代，更是利在千秋。此外，根据原则施用已证明的价值，这些原则最终将会被纳入中国成文法律。

*　　*　　*　　*　　*

约开口岸河道浚治机构的建立

上海河道浚治机构的历史自成一体，其起源与其他口岸不可类比。天津机构的现状是义和团运动爆发的背景下强加给中国的结果。烟台和牛庄两地的机构设立，是口岸领事、中国地方当局、海关税务司和商会等各方会商酌定的结果，没有专业技术人员参与。相反，福州的机构设立是在充分收集最佳意见的基础上形成共识的结果，而且可以预见，在海关总税务司署的影响下，并根据其他安排，今后口岸浚治机构的建立均将如此办理。

1901 年，据《辛丑条约》规定，上海设立修治黄浦河道局，但提出的修治方案却不切实际，无法实施，笔者正在处理此事时，有建议提出一个构想，即设立一个中央管理浚治工作的权威部门，专门负责监督各约开口岸新设浚治机构的职能履行及工程质量，这一构想引起了笔者关注。不过，笔者当时认为这一构想不现实，想在不久的将来获得最好的结果，还是需依靠总税务司署，其作为数口港务机构的最高首脑，在制定有关规定时能够确保每一种情况出现时，都能获得相关问题领域的权威人士给予的最充分考虑和谋划。当然，这仅限于在约开口岸。

关于浚治机构的组织模式，既要保障治外法权又要兼顾中国主权，目前来说以上海模式最为契合这一要求。该机制是通过一个小型的半中半洋执委会来运作，其组成是交涉司、税务司、理船厅和通商顾问委员会的代表。通过这种形式的执委会，避免了由一个国际组织来掌控航道管理事务的局面，同时顾问委员会也能有力维护其所代表的利益。事实上，未来需要设立新浚治机构的口岸数量有限。

然而，事关浚治机构，还有两大问题在不久的将来就会浮出水面。一是改善长江下游至汉口段通航条件的时机已经成熟，但是存在管理问题，这个管理与一个口岸的浚治机构只管理一个口岸的情况完全不同，存在的困难也更大。这一问题相当棘手，笔者认为应先成立一个预备委员会进行调研并提出报告。二是在既要维护运作效率，又要照顾中国主权的前提下，在治外法权取消之前，如何推进港口事务下一步的发展。

目前，以上海为例，管理的事务有：

一、港口航运监管、警务、助航及引水。

二、负责河道保护，实施改善工程，以及采取一些为维护公共权益的举措。

一个规模庞大且不断发展的口岸需要的管理远不止这些。应该建立一套涵盖面广、着眼长远、顺应民意、有助于促进贸易的政策。例如，修建快速理货设施以保证准点起航，又如提供免费引水服务。英国的做法是，此类事务由港务信托机构（当地利益代表）管理，赋予其充分的权力，给予充裕的资金支持。有些国家则是直接由政府进行管理。中国国情决定了其不会采用英国的做法，中国政府绝不会容许将本国航道交给一家外国公司来管理。所以要实现理想中的目标，将来一定要找到其他可被接受的方案。笔者的构想是，应当成立一个代表商业利益、职能覆盖河道修浚及其他口岸事务的港务咨询委员会，同时，凡是于口岸有利的事项，均应得到浚治专款的支持。在此基础上，可逐步建立一个半中半洋的执委会，负责管理港口并兼理河道浚治。

在浚治专款的利用方面，天津已经带了头，购置了破冰船，预计接下来烟台也会效法，购置港口拖船。

*　*　*　*　*

1919 年 12 月于北京

1921—1922 年

顾维钧 1921 年 11 月 23 日在华盛顿会议上发表的声明[①]

鉴于前述原因，顾维钧请求各国允许中国恢复关税自主。中国政府提出此项提案，并无干涉现行海关管理体制之意，因现行管理大体是高效得法且令人满意的，亦不会干涉用海关税收清偿已担保的外债之事。

顾维钧 1922 年 1 月 5 日在华盛顿会议上发表的声明[②]

去年 11 月 23 日，我谨代表中国代表团当面向委员会提出中国的关税问题，并提交了三项提案。其中最首要的便是恢复中国的关税自主权，其他两项提案的提出仅为使主要目标早日达成做好准备而采取的临时措施。同时，我声明，中国政府无意作可能妨碍当前中国海关管理的任何改变，不过这一声明显然不能合理地解释为排除了中国逐步实现使这一重要的中国政府机关更具本国属性的合法愿望。

维持现行的海关管理[③]

此次会议也就中国代表团关于中国无意作任何改变来妨碍当前中国海关行政管理的声明进行了讨论。讨论的主要问题是此声明是否应由中国代表团签署，并将其作为条约附件。

顾维钧指出，该声明是自发的、代表中国政府所作的，任何国际条约或协定中并无规定中国要作此声明，该声明只出现在中国政府作为借款方签署的两项借款合同中，因此，要求

① 摘录自 W. W. Willoughby,《中国在华盛顿会议上》(China at the Conference)，巴尔的摩，1922 年，第 58 页。
② 同上，第 75 页。
③ 同上，第 94、95 页。

中国将声明列入条约，即将它写进条约文本或者作为条约的一个附件，由参会列强和中国共同签署，这是毫无理由的。这一主张得到参议员安德伍德极力支持。他甚至暗示，如果该声明成了条约的一部分，他或许会难以在美国人民面前捍卫此条约，因为美国有很多善良的民众强烈反对强迫中国去承担一项不完全令其满意的义务，尤其是涉及其国内事务管理的事项。

会议商定，声明只应录入全体会议的会议记录。

有关在东三省北部设立海关的情况

1922 年 2 月 2 日 $\frac{2792}{\text{哈尔滨}}$ 号总税务司训令。$\frac{\text{税务司}}{87778}$ 号

先生：

一、第 2549 号来文报告了往来哈尔滨关区所有商品的关税待遇以及向其发给证照之情况，且提出了建立统一制度的建议，现就该文答复如下：

东三省北部减税三分之一特权的取消，使得我们在宽城子火车站开展业务的想法失去了主要理由。

我们应该把这个火车站纳入管辖的主要理由是：

（一）可向运往南方的进口洋货征收其进入东三省时所免除的三分之一关税。

（二）亦可向已于安东进境运往北方的洋货征收三分之一关税。

（三）可向运往南北两地的土货征收关税。

二、东三省北部三分之一关税减免特权的取消已使第一条理由失效了。至于你在 1922 年 1 月 10 日向总税务司秘书呈递的半官方信函中陈述的第二条理由："总之，没有从新义州以外的地方经由安东进口至该地区的洋货，且也没有东三省北部用于出口的土货经由安东运往新义州以外的地方。"鉴此，支持开设宽城子海关的理由是微不足道的。

三、至于你在上文提到的半官方信函中所陈述宽城子目前的情形，提到"我们尚未在宽城子火车站工作：此处没有办公室，也没有职员等等。"由于中国政府不急于向过境宽城子的土货征收关税来给自己制造麻烦，且将土货可在东三省境内往来运输而无须缴纳关税定为原则亦不可取，所以在我看来，最好是维持宽城子现状不变。

四、便利西伯利亚与朝鲜间的运输一事，于我们而言无所获益。我们不可向运输的货物征收一分一厘之关税，且还必须投入相当大的代价来管理。另一方面，商人们则可因过境运输设施的建设而大获其利。

因此，如可行，我倾向于暂时搁置在宽城子建关这一问题，只征收条约所支持征收的税款，并利用宽城子作为杠杆来获取东三省整个铁路系统的监管权。

五、至于哈尔滨，我不希望有任何政策的变化。将河运和铁路运输业务集中于一地的做法具有很大优势，铁道货栈保税存放货物的制度更是如此。因此，已经施行的这一政策应当继续执行下去。此外，哈尔滨为商业中心，或者说可以被视作约开口岸，我们不应被排除在铁路权之外。哈尔滨终将成为一个重要的铁路中心。

六、鉴此，当前有必要对经过满洲里和绥芬河运往南方的货物之关税待遇作出训令。

这些训令从 1922 年 4 月 1 日起实施，具体如下：

（一）你应继续将所有在满洲里和绥芬河装运的货物视作洋货，除非能清楚地表明其为土货，直至得到进一步命令。

（二）对于被认定为土货的所有货物不征关税，对于可能是在其他约开口岸生产的货物，不为其制发证明文件。

（三）持有一份三联单，并不证明其所涵盖的货物一定为土货。

（四）对于联运提单下运至大连的洋货，除因你已停止制发完税照，可以制发放行单外，继续依照我发至哈尔滨的第 352/28493 号文中的指令处理。

（五）无论是特别东三省免税证明或是普通免税证明都不得签发给运至约开口岸的货物。

（六）入内地验单仅能制发给运往东三省内地或者内地内陆，且已全额完纳进口税并又缴付半税之货物。

（七）由于已在天津外设立了常关，对于运往天津的货物，可依申请发给入内地验单，以使其进入天津时免缴常关税。

（八）由你关发给的申请单副本或放行单均不允许免除货物在其他约开口岸的应缴关税。一旦允准，这些单据将会取代免税照。在我们得以控制所有东三省内的铁路要害点之前，不得允许如此做法。即使我们取得宽城子火车站的监管权，其本身也不足以使我们获得发给免税照的合法性。当前的规定可能招来质疑，而由此引起的争议可能会使我们更接近与铁路公司达成这样的谅解：发放免税照和装货证书将成为可能。

（九）关于从哈尔滨关区运至天津的无入内地验单的洋货，天津常关要对其征收关税。我发至哈尔滨的第 2674/85900 号文中的指令已作修改。

七、上述指令将于 4 月生效，除了

（十）申报入宽城子以南地区的洋货，均须缴付三分之一关税，另三分之二关税在进入东三省时已缴付。已发给入内地验单运往东三省内地的货物，无须额外缴付对运往内地的货物征收的子口半税。

此致。

（签名）总税务司安格联

致哈尔滨关税务司

中国政府以关税作保发行内国公债的相关文件[①]

财政总长周自齐为所拟整理内国公债办法呈大总统文

呈大总统文

呈为整理内国公债，确定本息基金拟具办法，恭呈仰祈钧鉴事：查民国成立以来，政变纷乘[②]，国家预算迄今未实行，每年入不敷出，辄仰给于内国公债。自元年迄九年，其发行总额已达三万一千五百余万之巨，值此民生日蹙，公私交迫之秋，国民尚肯竭其汗血之资，以赴国家之急，其爱国热忱可以想见。果能因势利导，确树信用，则内债一项实足为国家救济缓急之资。惟查各项公债，七年短期有延期赔款确实指抵；三、四年公债，曾由本部指定常关收入暨德俄停付赔款交与总税务司专款存储，以为偿本付息之基金，信用甚著，票价日高。此外各种内债，抽签还本，不免时有愆期，以致信用日坠，价格日落。推厥原因，皆由基金不能确定之故。就本年应付各种内国公债本息数目而言，七年短期与三、四年公债本息外，余如遵照公债条例按期偿本付息，即需三千九百七十万元之多，按之目前财政状况，必无力以办此。但若任意延搁，不为速筹办法，一旦措手不及，必至停付本利，直接丧失国家之信用，间接牵动社会之金融。盖今年以来，国内银行事业日形发达，而买卖有价证券为银行重要之营业。假令各项内债本息一朝停滞，全国金融必受恐慌。自齐审时度势，此种情形近在眉睫，若竟出此，何异政府对于国民宣告破产而财政命脉、国家生机从此斲尽。此各项内债之不能不速筹整理办法，以维持国家之信用、社会之金融者也。但各项公债发行方法均有不同：有十足发行者，有低价发售者，有拨抵积欠经费者。元债、八债，市上价格仅及原

① 译者注：原书中相关文件正文内容为中文本，本书将之由竖排改为横排、繁体改为简体并加注标点后予以收录。

② 译者注：同“呈”。

订票面十分之二。若概照票面十足偿本付息，不特国家损失过重，而整理基金亦苦难于筹足。例如元年、八年两项公债，或则低价出售，或则抵发欠饷。核与三、四、五等年公债暨七年短期与金融公债等，按法定价格发行者，实不可同日而语。为今之计，若由政府另发六厘、七厘新债，即行开始抽签还本，折衷最高市价，厘定折扣，准其自由以旧易新，在一班执票之人，虽按之票面，不无牺牲利益，而新债发行、抽签提早，票价自高流转较易，其中得失自不待言，当亦人人所乐从。但其他公债为数尚巨，自非酌量基金情形及债额多寡，通盘筹算，一律整理，并将还本年限量予规定，仍不足以资调剂而固信用，况元、八两债既经整理，则票户利益不无牺牲。若不指定确实基金与以永远之保障，则空言奚补，更无以对国民。自齐一再思维，中央固有之收入，不外关盐余款及烟酒税费，兹定在盐余项下年拨银元一千四百万元；烟酒税费项下年拨银元一千万元。在烟酒税、公卖费尚未整理收效，及历年指定烟酒税费押解各款尚未清偿以前，咨商交通部，先于交通事业余利项下每月借拨数十万元，以足每年一千万元之数。此项基金，并照三、四年、七年短期公债办法，由各该机关直接拨交总税务司安格联会同银行专款存储，以资应付。嗣后常关收入及海关盈余，除扣抵七年短期公债，三、四年公债项以外，再有盈余，及三、四年公债还清以后，所有各项财源，如停付德俄赔款之类，均归入此次整理公债基金之内。但以后公债基金，如足每年二千四百万元之数，则前指盐余及烟酒税费暨交通部借拨之款，即应依次减拨，俾纾财力而期兼顾。抑自齐于此更不能不有所陈明者，此次整理公债，非为国家增加支出，实为国家减少支出；亦非竭国家仅有收入而用之不急之途。诚以不加整理，其每年应需偿本付息之来源，不外乎取之上列各项收入。与其临渴掘井，使公债不能坚其信用，何如未雨绸缪，为国家财政留一线生机。此应陈明者一。此次整理公债，其元年、八年两项之范围，系根据上年付息总表及实在售出额数而定。此外，债票抵押各银行机关，未经付息者为数尚巨。商民血本攸关，亦应续筹切实清理方法，总使债权有着不失丝毫信用为依归。此应陈明者二。总之，公债一途，为现今东西各国立国之命脉，致富之根基，我国萌芽方始，风气初开，果能整理得宜，则人民重视债票，乐于投资。利源既辟，何事不举？否则凡百设施皆须仰给于外资，损失权利何可胜计？此尤自齐所旦夕忧虑，不能不冒群疑、犯众难，毅然以整理自任者也，至各项详细办法，业经拟具议案，提交国务会议议决照办。如蒙允准，即请明发命令，责成本部会同内国公债局遵照办理。自此次办法确定以后，所有盐关各款及烟酒税费各项中央直接收入均应悉数报解。凡从前于前项收入内，曾经指拨之款，由本部另行筹付。应请一并命下：各省不得再请截留挪用，以资巩固。除将整理办法及各项还本付息总表另折缮呈外，所有整理内国公债、确定本息基金缘由，理合呈请大总统钧鉴训示施行。

谨呈大总统

1921 年 3 月 3 日大总统令：批准财政总长周自齐所拟整理内国公债办法

中华民国十年三月三日大总统令

近年财政艰难，全恃内债一项以为周转之资。溯自民国元年迄今发行内债已历八次，财政、金融两有裨益。惟因大局未宁，国计益绌，以致内债信用不免同受影响，所关甚巨，自应亟图整理之法以资补救。兹据财政部呈拟整理内国公债办法，业经国务会议决定，应即责成该部会同内国公债局，督率总税务司安格联及中国、交通两银行，按照三、四年公债暨七年短期公债办法，认真办理，期裨金融而利推行。

此令

财政部呈大总统关于整理内国公债之详细办法

呈大总统文

呈为筹拟整理内国公债详细办法，兹谨另缮清折恭呈，仰祈钧鉴事。窃查整理内国公债、确定本息基金，业于本月三日恭奉大总统命令，责成本部会同内国公债局，督率总税务司安格联及中国、交通两银行，按照三、四年公债及七年短期公债办法认真办理。等因。具仰钧座尊重国信之至意，薄海人民同深感忭。查公债整理之有无成效，全视此次指拨基金办法之是否确实为依归。本部迭经会同各该机关认真筹划，以期全国债务及早逐渐整理。所有此次整理公债大纲，不外前呈所拟各办法。兹再将详细手续分条缕举，另缮清折，恭候训示施行。指拨基金一层，尤关重要，业经议定，以三、四年公债及七年短期公债指抵本息外之常关税，及关税余款暨除业经指抵外之盐税余款、烟酒收入之一部分拨充基金。暂时恐有不敷，即由交通部在交通事业余利项下，每月借拨五十万元，以足每年二千四百万元之数作为定案。但自齐于此不能不更有所陈明者，内国公债为国家命脉、社会金融之所寄托，关系至巨，自应督饬中国、交通两银行与主管拨款各机关，商定逐期拨款办法，切实照行。无论如何为难，此次所定办法，不得有所变更，免堕国家之信用，而贻外人以口实。所有筹拟整理内国公债详细办法各缘由（除将公债还本付息表另折附送外），理合呈请大总统钧鉴训示施行。

谨呈大总统

谨将酌拟整理内国公债办法开呈钧鉴

计开：

一、八厘军需公债　原发行额共为七百三十七万一千一百五十元，除已抽还四百万元外，尚余三百三十七万一千一百五十元。原定每次抽还五分之一，尚余二次，每次应抽一百六十八万五千五百七十五元。此项公债利息较优，且已抽还本银三次，尚余两次。拟改自本年起，分四年四次抽完。

二、爱国公债　原发行额为一百六十四万六千七百九十元，除已抽还一百三十二万元外，尚余末次应还本银三十二万六千七百九十元。此项公债原以京钞计算，现京钞截止，拟改以七成现洋计算，即于本年内如数还清。

三、元年公债　此项公债截至民国十年二月止，发行额为一万三千五百九十八万五百七十元。其发行价格参差不一，南京赔偿损失一百八十余万元。当时虽系照额面发给，而目下市价已低至一折以下。收回烟土发行之一千二百七十余万元，市价亦在四折以下。其余发行者，出售价格均在四折以内，且已领过利息二、三期，目下市价均已低至二折以内。兹拟另发六厘新债票，每旧元年债票百元得换新债票四十元，余可类推。其不愿者听并。自本年起，即行抽签还本，分十年还清。

四、五年公债　原定债额二千万元，除已抽一次，计一百二十四万二千四百一十元外，尚余债额一千八百七十五万七千五百九十元。原定自民国六年起，分三年六期抽完，现已误期五年。拟重定抽签还本期限，即自民国十五年后，分三年六期抽签。因三、四年公债于民国十四年清还，即以三、四年公债所指拨之抵款，转充五年公债还本付息之基金。

五、七年长期公债　此项公债原定自民国十八年起抽签还本，其时五年公债已抽完，可继以三、四年公债抵款为七年长期抽签还本之基金。拟仍按照原条例办理，不必更动。

六、八年七厘公债　此项公债原发行额为三千四百万元，原定自第六年起，每年抽十五分之一，现在市价仅二、三折。兹拟另发七厘新债票，每旧八年公债百元得换新债票四十元，余可类推。其不愿者听并。自本年起，分十年偿清。

七、整理金融公债　此项公债，拟仍照原条例办理。

八、指拨本息基金　此项本息基金，现拟以各常关收入及海关税余款，除偿付三、四年公债及七年短期公债本息外，所有余款尽数作抵，不足之数，拟在盐余项下提拨。每年总数以一千四百万元为度，不得超过全部公债基金每年所需总数十二分之七，以此递推，并在烟酒收入项下提拨，每年总数以一千万元为度，不得超过每年公债基金所需总额十二分之五。如烟酒收入不足此数，拟由交通部先于交通事业余利项下，每月借拨五十万元，将来即以烟酒整理后收入余款偿还。至此项指拨办法，应由交通部与银行代表、烟酒事务署三面商定之。

九、上项基金保管方法　此项基金处理、保管均极重要，拟统仿照三、四年、七年短期公债办法，由各该机关商定拨款手续，拨交总税务司安格联。一面由内国公债局暨银行方面推举代表与该总税务司会同办理。似此基金有着，人民庶晓然于公债之整理有方。至该总税务司收到各项基金，应如数存入中国之银行以资应付。银行方面应照三、四年办法，亦随时协济，以助进行。

1921 年 3 月 13 日大总统令：准以财政部所呈之详细办法设立整理内国公债基金

大总统指令第七百四十五号

令署财政总长周自齐，呈筹拟整理内国公债详细办法缮折呈鉴由。呈悉。准如所拟办理。此令。

中华民国十年三月十三日

财政部呈大总统文，建议整理内债基金有权优先提拨关税实行切实值百抽五后之盈余，1922 年 3 月 2 日大总统令批准该建议

呈大总统文

为呈明事：窃查偿还内外短债八厘债券条例，已于二月十一日奉大总统教令公布施行，本部自应遵照办理。惟查此项债券基金，系指定关税实行切实值百抽五之日起，改由所增关余项下拨充。但关余一项，曾经指作整理内债基金。嗣后放还，关余自应尽先提拨整理内债基金，次及此项债券基金，俾符原案，理合呈请。大总统钧鉴备案。

谨呈

大总统

十一年三月二日呈

奉大总统指令："呈悉。准如所拟办理。"

已核准之 1922 年"变通办法"中文文本，其中总税务司提议指定将关税盈余用于内国公债

计开：

甲　修正条文

第一条，政府正式饬令总税务司于关税项下，除扣存约计足供偿付外债及庚子赔款数目外，随时由内国公债局及银行方面代表与总税务司酌商，提拨可提之款，专为整理公债基金

之用。

第二条，此项可提之款如有不敷，总税务司仍得向盐税项下请求协助。如有盈余，仍由政府随时提充政费。

附注：其原有“政府此后不再以关余抵拨政费”一条议决删去。

乙　附加声明

一、此项办法，以本年为限。

二、将来实行二分五附加税时，所有增收，应作别论。

三、所有向来在关税收入项下提拨指定之各机关经费仍需照拨。

四、现在政府正与外交团交涉中之拨款，应暂先如数提开，以俟解决五年内实行切实值百抽五后所有至本年底增收之关税，应否照原定条例，归入九六公债之基金，抑即一并归入现议之整理公债基金，暂行不提，但仍保留，随时可以提出讨论。

财政部呈大总统文：国务会议议决之将关余拨付整理内国公债暨九六债券基金之变通办法

呈大总统文

呈：为拨付整理内国公债暨九六债券基金筹拟变通办法，恭呈仰祈钧鉴事。窃查整理内国公债基金，因盐余、烟酒税及交通事业余利项下应拨各款，未能按期照拨。经总税务司安格联提议：请变通办法，由关余项下，准其随时拨充整理公债基金。当于十一年八月间，国务会议议决照办。此项办法，以十一年十二月底为止。现在期限早已届满，所有关余以外指拨各款，仍未照数拨解。于是整理案内公债本息，事实上只能继续前年办法办理，专由关余拨付，而政府迄未明白宣布，以致持票人疑虑纷纷，金融因之摇动。又，民国十一年，政府发行九六债券，清理盐余作抵之内外债款，曾经指定，以切实值百抽五增加之关余作抵。不意发行以来，政府仍为财力所限，未能照条例实行。加以金价骤涨，税收复减，虽系暂时情况，而本年所存关余，连切实值百抽五者在内，尚不敷整理公债本息之需。除九六债券偿还外债部分，已由盐余按月拨扣本息外，所有偿还内债部分仅另行筹款付第一期半年利息，其第二、第三两期利息均满期未付。同一种类之公债而内外悬殊若此，亦非事理之平。本部统筹各案，详慎钩稽，窃以为两案本息之不敷，皆由关余以外指抵各款未能照拨所致。政府限于财力，本非得已，人民亦当谅解。然仅此备抵本息之关余，自应明定办法，统筹兼顾，庶抽签时日，纵有迁延，而公债本息终使有着。查整理九六两案，虽同一以值百抽五之关余作抵，而发行时日究有先后，保全整理破坏九六固非事理之平，然必执两案同时并办之说，则关余只有此数，势必至付息有资，还本无款，国家负担永无减轻之日。且移先补后，紊乱次序，又岂人民所愿？整理方法自应随其立案之先后以为衡，则前者定，后者自定矣。本部现拟解决办法约有三：（一）所有整理与九六两案同一以值百抽五之关税余款作抵，应先拨整理公债基金。有余时，即拨充九六公债内国部分基金。统由总税务司办理。（二）整理案内之公债及九六债券，如有迟期抽签之事，均照总税务司办理“整理公债成案”，按迟期时日补息。（三）关余拨付整理公债基金之余款，即接续拨充九六债券内国部分基金。此项基金，每足敷半年利息之数，即先补付息一次，至九六债券欠息付清。以后基金足敷第一次抽签时，仍按九六案原定年限，分年抽签。以上三项办法整理，公债之信用既固，九六债券之信用亦随之俱固。还本纵或迟期，得息不爽毫厘，维持市价，足使流通。一俟九六之欠息付清，仍照原定年限抽签，则关余项下，除付内国部分、九六债券按年本息银元八、九百万元外，余数即可为政府之用。九六案了结，全数关余均可腾出。如此办法，于国家财政、社会金融，获益实非浅鲜。所有筹拟拨付整理内国公债暨九六债券基金变通办法，业经国务会议议决。理合呈请大总统钧鉴训示祇遵。

谨呈大总统

1923 年 9 月 19 日大总统令：批准财务部所拟之将关余拨付整理内国公债暨九六债券基金之变通办法

十二年九月十九日奉大总统指令：呈悉。准如所拟办理，即由该部转行总税务司遵照。此令。

中国邮政历史回顾

副邮政司　　H. 柯克霍普（H. Kirkhope）著

四分之一世纪（1896—1927 年）历史的研究

通常在探究邮政系统的历史时，会追溯到远古时期的政府邮政系统。我们总会记得古以色列王国耶洗别王后至少做过一件值得称颂的文明之事，就是以亚哈王的名义签发了有记载的第一封通函。《以斯贴记》中也提到，亚哈随鲁国王将关于王后瓦实提的信发往国内各个省。据说亚述人和波斯人在相隔一天路程之处设有站点，在此随时准备给马匹装鞍，载着在此等待的信使去传递命令和法令。阿拉伯人和埃及人拥有分设于各地的官方邮政点，罗马人雇佣信使负责在其各省间传递军事和政府命令，派奴隶传递私人信件或其他东西。但中国比上述国度还要早一两个世纪，其邮政机构于周朝（公元前 1122—前 255 年）[①] 即已建立。这些邮政机构后来被称为驿站，由信使步行或骑马送信。驿站分布全国，形成一套网络，1682 年连蒙古和黑龙江也有了驿站。

关于驿站运转模式的记载甚少。最早提到“邮”这个字是在孔子（公元前 551—前 479 年）说的一段话中：“德之流行，速于置邮而传命”。除此之外，还有很多记载提及很早时代的邮政业务。《左传》中提到叔向给郑国国卿子产（公元前 581—前 521 年）寄了一封信。历史记载称“调拨军队的羽檄，插有羽毛，意味着万分紧急”。在《吕温地志图序》中，有如下记载：“汉驿之所通”。因此看起来代表邮政含义的汉字“邮”，在汉代被改成了“驿”字。

公元 225 年，魏文帝写信给将军吴质：“你所治下的辖区离都城太远，通信非常不便。”在晋朝刘崐（公元 290—313 年）的自传中记录了“幽州（即现直隶）刺史多次写信给刘崐，请求他于危时帮扶皇室”。将军陶侃（公元 259—334 年）的自传中记载有“信函不论来自何处，我都要过目。”《法书要录》记载，通常信稿言简意赅，以缩短准备时间，尽快发送出去。直至隋朝（公元 589 年），驿站一直由兵部管理。据《周官》记载，邮政官员当时称“驾部郎中”，隶属兵部、管理邮政，他的职位与“舆司马”或“校人主马之官”（即管理马匹的官员）一职有些相似，听命于六位朝廷大臣中的第四位大臣——“夏官大司马”，如《周官》中这样记载：夏官大司马负责邮站，听命于兵部。《百官志》记载，唐代（公元 618—905 年）由驾部管理驿站，整个帝国每 30 里（10 英里）就设有一个驿站，当时共有 1297 座陆驿，360 座水驿，86 座水陆兼办。著名的威尼斯人马可·波罗记载，14 世纪整个帝国共有 1 万座驿站，两两相隔 25 英里，一些驿站向旅客提供豪华住所，全国驿站备有 20 万匹马。骑马传送圣旨（通常密封于一个匣子中）的信使，衣领上会别有一面黄色小旗，因此从很远就能看到他们，他们因而可以立即更换马匹。有趣的是，《通考》里记载“自唐以来始置为飞券钞引之属”，这可能是中国现在银行汇票的前身。宋仁宗康定元年（公元 1040 年），首次使用了传播军事情报的排单。这些排单不是纸制，而是木制，更为耐用。

在距今并不久远之前，极速行进的邮差全副武装，日夜兼程，不眠不休 800 英里赶赴拉萨，旅途漫漫，他们的脸因为风吹日晒皲裂不堪，眼睛充满血丝。

关于本朝邮政制度，我们可以引用 1904 年工作总结中的一段：

当前驿站由北京兵部管理，兵部设有一个特殊部门“车架司”，由 7 名官员管理所有城乡驿站事务及账目的保存和审计。东华门附近的两个衙门，由满汉官员共同监督，负责各省

① 译者注：周朝，公元前 1046—公元前 256 年。见《现代汉语大词典》所附之“我国历代纪元表”，商务印书馆，2009 年。

联系，一个是“马馆”，管理信使和马匹，另一个是“捷报处”，管理邮件接收、发送。据称，34 名信使日夜值勤，在这两个衙门和兵部的首脑部门间传递消息。兵部派遣 16 名提塘，均为武进士出身，进驻各省首府，他们直接听命于朝廷，负责本省与京师往来文书，在各省开展邮务则有赖于按察使。以下省份设提塘：直隶、江南、山东、山西、河南、陕甘、浙江、福建、江西、湖北、湖南、广东、广西、四川、云南，以及一个为黄河和大运河流域特设的提塘。

所有通过驿站发至各省的信函外封均需在车驾司检查、盖戳，之后被送到捷报处，并由马馆安排好马匹和人员，信函送出北京后的第一个驿站，若是往西即在良乡县，若是往东则在通州，之后层层传递，直至目的地。

类似地，信函从各省送至京城，提塘会全程监管，层层递送直至车驾司，之后再送至相关衙门。这类信函必须放在一种叫“马封”的官用信封内，马封上附有一张排单，列有该信函所需经过的驿站。每至一处驿站即在排单上标注日期。根据信函的紧急程度，那些被称为“夫役”的信使，每日急行 200 至 600 里（70~200 英里），每处驿站，马匹和人员都做好准备随时出发。

除了传送信函外，驿站还为出行的官员提供交通工具，但根据法规，官员需持有“火牌”才能在沿路官方驿站调拨马匹和人员。

这一庞大的驿站系统的花销并不由京城统一拨付（1902 年估计每年花费约为 300 万两）。这一费用由各道府县财政拨付，并向省级布政使汇报。据称这一疏漏的财务制度造成了极大的浪费。

1876 年设立了文报处，作为驿站的分支机构，一面负责将由驻外使节交给各驻在国的公文递送至上海，因为上海是外国邮船航线的终点站，一面将由外国送至国内的公文带回。近年来，文报处业务缩减，只是为寄往驻外公使馆的信件粘贴邮票。1912 年 7 月邮政局接管了驿站，最后两处吉林和黑龙江的文报处于 1914 年关闭。

然而，邮政一直到明朝永乐年间（1402 年）才开始为民所用。在此之前，至少没有出现完全系统化的民用邮政网络。

当时高官出公差时，习惯带一名称为“老夫子”的谋士随从，老夫子除作谋士外，还是写信的秘书。正是由于他们，私人邮政机构——民局诞生了。老夫子几乎全来自浙江省绍兴府，那里的港口在宁波，这些邮政公司在这里起家，发展成为整个帝国所有私有邮政公司的总部。它们不受官方控制，非常可靠，可以运送汇票、银锭、信函、包裹。客户只需在包裹外面或信封上标注金钱总额或内附货物的价值。如果包裹或信件不慎丢失，会得到赔付。这些公司通常都与银号或商户有关联，这些银号、商户会与其他地区有业务往来，因而有信函需要传送，他们也开始替别人送信，渐渐地他们就开始开展顺路的邮政业务，这已经超出他们原有的业务范围了。在此系统下发展出了“信行”，其口碑越来越好。他们用上了所有可用的运输工具——商船、平底船、运输船等，并且尽最大可能满足大众需求，“如求速度，则有极速递；如求经济，则有普通递送；如有需求，可开业至午夜，并且非常受中国人欢迎的一点是，可让收货人支付部分邮费，通常是一半”。收费合理，根据距离远近，从 2 分到 20 分不等，不过最终还得打点折扣；若按年支付也有折扣。如果是急件，寄信人会在封皮上写一个高于平时价的价钱让收信人支付。作为“急件”，往往会被烧掉封皮一角，或随附一支羽毛，羽毛顶部伸出封皮——此操作某种程度上与 16 世纪早期英格兰的做法相似，在英格兰，急件的标题是“为活命——快骑!”，或滑稽地画一个骷髅和交叉的白骨，或是绞刑架上挂着一具尸体，刺激可怜的小邮差快马加鞭，相较之下，中国的做法温和许多。

这套邮政系统运转长久且效果颇佳。但从全国角度看，它只开发了有利可图的运送路线，忽视了那些付不起邮费的人们，这是它一个致命的缺点。

就这样，驿站和民局运行几个世纪，分别为政府和大众提供优质服务。但随着蒸汽技术的应用，驿站功能逐渐减弱，民局已渐渐失去其垄断地位。

如之前所示，付给本土邮政机构的费用通常非常低；跟他们相比，欧洲的费用显得昂贵得多。葡萄牙人占领中国澳门，没有在那里设立专门的邮政机构。约 150 年后，即 17 世纪晚期，广东终于成立了一家英国邮政公司，之前这里没有任何邮政设施，这家公司靠东印度公司华丽但缓慢的帆船送信，从英国到中国需好几个月。又 150 年后，因为政治原因，这家公司从广东搬到了中国香港，不久被大英火轮船公司收购。在这里，第一家真正的邮局作为伦敦邮局的一个部门得以形成，现在它由殖民当局控制。后来，这家邮局在各大主要港口都开设了分局，为外国居民提供前所未有的服务。随着其他国家也有邮船开到中国，他们也开办了邮局。轮船允许信函在其停靠的港口免费运送。发信人将信送至船上，托付给一位高级船员，等船到港后，收信人派人去轮船公司取信。很快一家普通的本土邮局在上海开业，邮件可以免费搭船运送，但它最有用的业务还是在上海接收和发送信函。“后来，各口岸纷纷效仿，但它们主要功能是向外来的集邮家出售邮票，以补贴本地业务。”（马士）

民局和轮船信局对国内寄送的收费与外国公司对国际寄送的收费差异很大。很多人有亲属移民到了中国香港、海峡殖民地、巴达维亚和澳大利亚，这些人想方设法以低价寄送他们的国际邮件。如果能拜托船上一位乘务员或火夫递信，当然很好，但如果没有，就得靠民局。民局会派一位特别信使，支付他的船票费用，低廉的船票使民局依然有利可图。这些伎俩在本地邮局和他们的客户看来都很合理。这不仅因为两者邮资差异巨大，而外国邮局递送又非常缓慢，且如果送信地址在内陆的话则更慢得无以复加，本地邮局的邮递则非常迅速。在轮船靠港前，这些信件会被扔到小船上，在小船划向岸边期间，代理人会分拣信件，最后送达收信者手中，收信人觉得这封信的到达比普通邮件更快。

早在[①] 1861 年，中国海关总税务司赫德爵士已经有了建立国家邮局的想法。但是建立国家邮局面临着三股反对势力。一是来自反对打压古老驿站的高级官员；二是来自古老的信行，出于商业利益，他们反对强制关闭信行，他们的反对得到保守人士即代写书信者的坚决支持；三是来自国外邮局，他们希望制定远洋信件运送规则（他们承担了运送的成本），也要求保证中国国内运送业务的绝对安全，不愿将其委托给一个未经考验的、可能会不可靠的机构。因此为抵制前两类人的反对，这一国家邮政机构需先沿之前的国内线路开展业务，并且只按中国方式运营，直至赢得大众的信任，而要使外国人信任，新机构必须规章制度严明，员工正直诚实。以上双重要求，使得邮政需采纳一套与海关相似的系统。

《天津条约》（1858 年）规定，一年中的 9 个月由信使往返于天津和北京传递公使馆邮件。但自 12 月初到来年 2 月末，港口冰封，北京的邮件只得取道镇江，由一位信使骑马 12 天，携带邮件穿越非常不安全的乡村送达北京。根据条约规定，总理衙门有责任护卫信件安全，后来其发现将邮件整理、分发、传递的任务转交给海关总税务司署会非常便利。因此需要在上海和镇江设立邮政部门，之后在冰封的港口——牛庄、天津、烟台以及总税务司署也需设立。同样，在其他港口的海关设立了准邮政部门，以备在解冻的季节用邮船运送邮件。这些初步的组织架构成立并生效之后，整个机构就雏形初见了，在小范围内成功实现总税务司的计划后，这项全国性的计划就可以获得总理衙门的批准。因而 1876 年，在商定中英《烟台条约》时，总理衙门授权赫德知会英国公使威妥玛，如果此事可纳入条约商议范围，可批准立即建立一个全国性的邮政系统。但最终条约并未包含任何与邮政相关的条款，实现这一伟大设计的时间表被无限期推后了。但是经过赫德爵士的准许，天津税务司德璀琳将这项实验坚持了下来，并且非常重要的是，在总督李鸿章的鼓励和支持下，到 1882 年，福建以北所有的口岸都设立了业务范围有限制的国外信件传递机构，还试点了为中国信件服务的“书信馆”，与海关邮政并行运营。

1878 年，海关发行邮票。本文其他章节会讨论中国的邮票这一话题，故这里不再赘述。

在实现建立一个全国性邮政机构的愿望失败之后，仅过了两年时间，1878 年中国被正式邀请参加万国邮政联盟，说明这一年轻的机构在其试验性阶段运行得多么成功。外国政府看到了她早期的努力，深表认同。自此，总税务司经常会与国外政府相关负责人探讨接管中国境内法国、英国邮政机构和承担上海工部局书信馆的职能等事宜。但是，“受阻于驿站和信

① 译者注：原文有边注。

行，又肩负着在一个中国机构内运行西式方法的义务，总税务司必须先站稳再迈出新的一步，缓速前行”。正如他此时所写的三句格言：

“我想，如果我们稳扎稳打，有备无患，必将成功。”

“只有失败的项目，投资才称得上昂贵。”

“只要事情能做成，就不算浪费时间。”（致上海造册处税务司葛显理的函）

中国政府逐渐注意到这一全国邮政机构，他们对此也更为支持。1893年政府似乎征求了各省官员的建议，但直至1896年3月20日，《烟台条约》签订20年后，圣旨终于批准设立全国性邮政局，按西式方式运作，由海关总税务司兼总邮政司赫德爵士管理，一开始由总理衙门监督，后来总理衙门撤销后，由外务部监督。税务处作为一个独立的部门设在外务部之下后，开始监管海关和邮政事务。宣统三年（1911年），海关和邮政分开，之后邮政自然纳入邮传部监管。

赫德爵士①面临的绝非易事。圣旨没有给予他权威、拨款或专断权，而在西方国家运营如此机构都必须拥有以上权利。驿站未被废除，民局依然可以运营。驿站继续传递公文，民局准备与他们看来自命不凡的新邮政部门一较高下。民局拥有经验丰富的员工和以优惠价格运送“总包（clubbed mails）”的特殊规定，这是他们的初始优势。总税务司没有受过邮政业务训练的员工，只能动用海关人员和经费，步步为营，逐步推进。但他坚信，通过提供更好、更便宜、更快捷的邮政服务，民局终将被取代。外国邮政机构并不反感将收发邮件的业务转交给中方，但绝不愿意放弃有补贴的邮船业务。没法强迫沿海和内河挂有外国旗帜的船只只接受来自中国邮政局的信件而拒收外国邮局或民局的信件。

因此，“从容不迫”就是总税务司的格言，他的目标是要官员和人民信任新的邮政机构。② 在已建立起良好信用的海关的基础上，他成立了邮政局，他将每一个关区作为一个邮政局的工作区域。海关税务司自然兼任地区邮政长官，他的海关员工负责日常事务和账目记录。只单设一位邮政官员负责处理邮务。一开始在上海，后来在北京的总部，在总税务司下设一位邮政总办，负责邮政事务，这位总办需把握节奏，“乌龟”一样的节奏而不是“野兔”的节奏（参阅1896年8月12日赫德写给造册处税务司、首任邮政总办葛显理先生的信函）。邮政机构完全自主独立运营是不可能的，直到1904年，一笔每年发放的补助金才获得批准（每年关平银72万两，即每月拨至6个约开口岸——天津、上海、汉口、福州、汕头和广州）各1万两，而事实上到位的款项不到一半。这一由海关系统抚养、庇护的机构只能缓慢生长，逐步完善，这个机构采用西方做法来满足东方要求，其员工没有从事邮政的经验。但比起相

① 译者注：原文有边注。
② 译者注：原文有边注。

关专业知识，更有价值的是员工倾注给邮政事业的精力、忠诚和聪明才智。

总税务司对待信行的态度周到而谨慎。这么多年间，他们为大清邮局所无法触及的地区提供了无数服务，基于这个前提，他尽力不激怒他们，而是鼓励他们继续发展。下文引用了1897年总税务司的原话——

一开始先将在约开口岸开市营业的公司记录在案，为其安排港口间邮件传递，要求登记在案的公司必须通过大清邮局寄送邮件等，接纳他们作为大清邮政的代理人，执行内陆信件等的传递。沿着这个思路，为指导和规范他们的工作，制定特别的规则。他们的顾客将继续按之前敲定的价格付他们邮费，但这些公司需向大清邮政缴纳运输费，大清邮政会根据一个特殊的价目表向其收取港口间邮件传送的费用。因此，这些本土公司将独立于大清邮政运营一段时间，但他们终将以一种和谐的方式融入大清邮政机构。

随着这一开明政策的实施，上文的预言很快就会实现。

总税务司①处理中国水域内外国轮船公司一事的方法更显其先见之明。一直以来海关规定，货物只能在工作日早6点至晚6点装卸。为了处理特殊情况，颁发了“特别准单”，收费为：至半夜10两，一夜20两，节假日20两，节假日夜晚40两。随着轮船增加，日夜作业成为常态，“特别准单费用”成为轮船公司的一个负担。此时，总税务司提出了一个绝妙的方案，轮船公司如同意装载中国邮政的邮件，而拒绝除本国邮政机构以外所有其他机构的邮件，则可以减免一半的“特别准单费用”。这项方案得到了谨慎推进，谈判顺利开展，轮船公司终于同意了赫德的方案。“当时这对轮船公司有利，但经过10年时间，邮政终将获益。”

1896年4月②，中国致信瑞士联邦委员会，告知已成立大清邮政，并表示希望在本国邮政机构建立完备之时加入万国邮政联盟，同时表明开设在通商口岸及其他地方的大清邮局也将遵守联盟操作规程和准则。1897年华盛顿万国邮政大会时，大清邮政又重申此意，鼓励国外邮件的寄件人使用中国邮政邮票，邮费参照联盟费率。那时中国邮政局在信上粘贴等值的国外邮票，再将信交给外国邮政机构。这样，尽管未收到邮资，中国邮政局引入了邮政事务需由其负责的准则。他们还接收国外邮政物品，并免费派送。

因此，对本土邮政公司和外国邮政机构的温和态度，使得大清邮局的发展速度缓慢，但最终，1900年2月与法国、1903年5月与日本、1904年3月与印度、1904年12月与中国香港都签署了协议，协议约定双方互惠互利，以联盟邮费率进行邮件接收、运输和发放，并按

① 译者注：原文有边注。
② 译者注：原文有边注。

年估算，联盟内国家均如此操作。这样通过中介机构，中国处在了与其他联盟国家相同的地位上，尽管真正加入联盟，必须要等到中国邮政官员代表中国参加本应于1914年9月在马德里举办的万国邮政大会，但后来大会推迟至1920年。根据这些新条约，中国的国外邮件、贴着中国邮票，可以直接转交给目的地的国外邮政机构。经过加盖邮戳，它们可以自由进出世界上任何一个联盟国家。

无须斗争，驿站就失败了。1912年它的业务逐渐被邮局取代。但信行没有这么容易屈服。软的不行，只能施加压力了。他们一开始拒绝前来登记，但因船运被大清邮政的邮船垄断了，他们只能开始登记。之后大清邮政要求他们把书信等等邮件整理成总包，这些总包在约开口岸之间转运时免费，但走其他轮船线路运送必须付半价，若由信使运送则根据总包毛重付全价。1906年信行组织了一场罢工，要求他们的总包不论目的地及运送方式全部免费。罢工失败了，结果弊大于利。早在1905年11月16日，政府就规定，民局运送的总包，必须根据毛重，船运半价，信使运送全价。继而另一重要清廷谕令颁布了，任何船只偷运民局邮件，一律没收，并将对个人信件征税，作乱的信行，不管是否登记在案，一律受审并惩罚。1911年9月，邮传部规定，所有民局总包在通商口岸间运送时，根据毛重需支付全价运费，不享受半价优惠。政府拒绝牺牲大清邮政日渐强大和迅捷的服务来安抚这一古老的、业务范围狭小的民局。

1906年[①]，邮传部成立，自此显而易见，迟早邮政局将由适当的部门直接领导，它继续作为海关的一个部门不会持续太长时间了。自母体机构剥离出来的准备工作早已有条不紊地开始了，按照谕令确定的时间——1911年5月28日，这一分离工作正式实施，且这项变化并未导致邮政机构或工作出现任何混乱。

在各部门通力配合下，邮政局一直发展进步，不断强化其自赫德爵士创建邮政部门以来所树立的角色。这一过程中，赫德爵士的得力助手帛黎1901年接替阿理嗣担任邮政总办一职，他的通力合作，以及中外籍员工的优异表现，都应被铭记。邮传部接管邮政业务的仪式上，帛黎因其对政府的无限忠诚，获得了实至名归的赞颂，政府称其“在管理邮政事务时，取得了系统性的成功，展现了难得的才能。”离别之日来临，赫德爵士正式前往英国休假，由安格联爵士接替其执掌海关。安格联之前就担任过邮政司及邮政总办，实践经验丰富，对于邮政业务和需求非常熟悉，这归功于他不遗余力、尽心呵护这一与大树分离的枝干，使其之后能茁壮成长、硕果累累。这个现在成熟运转的机构由邮传部左侍郎李经方和邮政总办帛黎领导。之后，帛黎将继续高瞻远瞩和积极奋进，并时刻彰显一名执掌国家重要机构的管理者应有的责任感。在过去几年中，得益于他制定的完备政策，部门业务扩展迅速，财务状况

① 译者注：原文有边注。

令人满意。

在分离后的几年间，机构取得的进步持续而稳定，后来的重大事项或多或少为众所周知[①]。就在邮传部下设立邮政总局不久，武昌起义（1911 年 10 月 10 日）就爆发了。邮政部门脱离海关时间不长，尚未习惯于独立运作，感受到了内部混乱状况的巨大冲击。有的邮政局暂时关闭，其他一些邮政局则完全被切断了与北京的联系。尽管如此，在缺乏上级指导的情况下，一些部门展现出了智慧和能力。成都方面依旧遵循原先的做法并严格落实。围城期间，南京的员工走出办公室，甚至走出城市，随船上行 10 英里，继续处理分发信函。在汉口，这座城市已经被战火几近摧毁，32 家分局中的 27 家遭破坏，雇员们上了 4 条泊在河边的船继续工作！拉萨的邮政司被驱逐出西藏。各地职员均遭受磨难。内战期间权威暂时缺失，但是，重组邮政机构、另行发行邮票，以及资助脱离北京的机构这些企图都未能成功。当革命激起的污浊烟消云散，机构立即恢复了运转。即便遭受损毁、饱经风霜，它依然秩序井然，严格遵循传统、规则，听命于北京当局。

1911 年 9 月 21 日，赫德在英国去世。长久以来，他为这个国家忠诚效力，他代表国家邮政参与的每次协商，其结果于中国人民的尊严和民族感情无损。政府授予他诸多荣誉，表彰他的杰出贡献。

之后的内战带来了一段充斥着地方叛乱、强盗横行和饥荒的时期。较之之前那场短暂而激烈的革命，这场后续动乱对于一个已是无依无靠的机构而言更为难熬。在这动荡时期，之前被突然完全破坏的邮政网络必须得到修复和重建。而白朗起义以及大规模的洪水和瘟疫，使重建更为困难重重。审查制度、从系统中调拨人员加入新设的地方邮局、印花税法的颁布导致全国上下的邮局变成购买印花税票的场所、机构重组限邮递范围于省内、新建铁路线的运行、报纸杂志发行范围的大大扩展，所有这些变化以及新增的义务给这一尚未完全成熟的机构带来了极为严峻的挑战。

1914 年，中国正式加入万国邮政联盟，因而需要承担联盟邮件相关的新职责，沈阳、天津、上海、广州、哈尔滨、满洲里等地设立了该类邮件的中转站。在津浦铁路、京奉铁路建立流动邮局。此时，又生新变，8 月欧洲爆发了战争，导致本该在马德里召开的邮政大会推迟，而邮政总办本将作为中国全权代表之一出席此次大会。大战引发的敌对气氛在胶州租界蔓延，扰乱了津浦铁路运转，西伯利亚铁路对旅客和邮件关闭，各国政府征用了大英火轮船公司、昌兴火轮船公司、大英火轮船公司（上海）等其本国公司的轮船。邮件收发变得无序，强盗依然猖獗，长江流域又有军事冲突，洪水在全国大部分地区泛滥。南京的员工又一次返回河上工作；武昌邮局两次转移至货船上办公，且因洪水肆虐，邮件只能通过小舢板派

① 译者注：原文有边注。

送。然而这些不利因素似乎只增加了邮政系统的凝聚力，似乎有一股不可阻挡的势头推动其砥砺前行。1915 年，机构的收益首次超过了支出。同年，帛黎去法国休假一年，他的职位由铁士兰接任，铁士兰成了副邮政总办（后来为邮政总办之一）。因身体抱恙，帛黎未能回到中国，他退出现任岗位的辞呈得到批准，继而就任中华邮政系统的名誉顾问。一年后（1918 年 7 月），帛黎逝世。当年的邮政工作报告中表达了对帛黎的感谢：

自邮政系统成立伊始，他即为之效力，系统能发展至今、高效运作，他功不可没。在为海关效力 27 年后，1901 年他就任了赫德属下的邮政总办，自此他将一生都奉献给邮政，精心帮助实现总税务司描画的蓝图，成功地引导邮政系统安度艰难险阻。作为邮政总办，他一直彰显着他的智慧、活力和杰出才能。

过去五年间，邮政系统一直在发展和扩张，并取得了更为明显的成效，本文后面所附的表格是最好的证明。1916 年，在未通铁路的区域，包裹重量上限从 3 千克提高到 5 千克（11 磅），1919 年，从 5 千克提高到 10 千克（22 磅），1918 年邮包业务拓展到了偏远的新疆。次年该地就引入了邮政汇票制度。为加速邮件运转，所有通车的干线和支线铁路、各种能利用的船只都派上了用场。1919 年一套对传送邮件的轮船进行补贴的制度得到采用，取代了之前由来已久的退还“海关特别准单”费用的制度。新制度使得运输费用与运载邮件重量直接挂钩。根据与联盟其他国家达成的协议，包裹、保价信件、箱装邮件、邮政汇票也很快开始传送起来。英国与法国的劳工征募组织不久前测试了汇票服务的抗压能力，发现其完全能够适应陌生情境。设立在青岛与中国劳工公司接触的移民局一位官员最近撰写的报告，即是这种高适应性表现的最好证明：

中国邮政机构的汇票兑付能力令人赞叹。即便是最偏远的地方也未收到任何相关投诉。这归功于机构内的紧密合作。我收到的每份与汇票制度有关的投诉都由邮政部门以相当大的代价进行调查。我们与一套精密的保险系统合作，每当有误付的情况发生，中国邮政会立刻垫付，并肩负起追回误付款项的责任。偏远地区向当地官员发起的抗议和投诉都已由中国机构处理，因而大大减少了与国外的摩擦。即使收款人住在这个国家最偏远的地区，我们也能及时核实并支付汇款。由中国邮政系统处理的所有支付，从未丢过一元英国政府的钱，尽管这些支付高达几百万元。中国邮政就汇票业务收取一定费用，因而对资金、鉴定、盗用、抢劫等都承担责任，其带来的风险明显降低了邮政的净利润，尤其是在内战、洪涝和干旱摧毁直隶省期间。但是邮政机构从未受到干扰，邮政专员们的通力合作也从未间断过。

这些年最大的，也是影响最为深远的进步，是开始了对乡村地区的邮件派送和收取，这项业务飞速发展，给与世隔绝的人们带来了外面世界的文化，他们无比渴望能参与进步的潮流。

很难想象，如果没有国家邮政发展至今，这个国家过去10年的历史会是怎样。但我们完全可以说，这个国家此时对邮政的需求达到了顶峰，这即是邮政机构最好的机会。此时，我们没有忽视这个机会。国家邮政团结一体的影响力不可低估。

邮政系统又承担了新的职责，比如在未设置电信局的地方加设电报分配员，为节俭的群众提供理财服务，甚至派设（非官方的）人口调查员。邮政机构的潜力无限，继续为本国和国外地区提供更好的服务。廉价、便捷的铁路促进了供应，加快了与偏远内地函电交流的速度，新的观念得以在更多受众中传播，随着积累财富的方法传播开来，人们的收入也得到了提高。邮政系统有扩张业务的能力，绝大部分应归功于早年对业务收入的清晰掌控：我们的创立者相信祸起于疏漏。他们的目标正在逐步实现，邮政业务把邮电联络的机会和方法逐步覆盖至所有人口。没有邮电的这些业务，就没有如今的舒适生活、观念传播和整个国家的全面和谐发展。

1920年9月，中国派代表团参加了原定于1914年举行的马德里邮政峰会。会上中国提出的所有提案都得以通过。同年10月俄国邮政机构关闭，因而中国邮政业务增加。现在中国邮政已经准备好推行下一步了！华盛顿会议通过的决议使中国邮政有理由希望并相信很快就能实现其与生俱来的权利：1922年年底所有外国邮政机构撤出中国。

中国邮政服务有非常浪漫的一面，本文中的插图①可用于描绘这一点。在这条连接北京、张家口和乌鲁木齐的绵长线路上（这条世界上最长的线路为4400英里），当最后一名邮差出现的时候“……一个来自花花世界的通讯员，背上载满全世界的新闻”。对偏远隔绝地带的居民来说，这可能是“和平渗透”中最愉悦的方式。

曾经有段时间，在邮政局设立伊始，一提到邮政局的中文名字，大家就会露出嘲弄的神色。这段时间早已过去，邮政部门日新月异，大众认为其现在不仅为人民服务，对于国家和大众而言，也正成为“破碎家庭的黏合剂、平庸生活的提升剂、新闻与知识的搬运者、贸易产业的载体、互信互识的推动者、和平友善的代言人。”

下表显示了1905—1920年间，投递信函、包裹重量、汇票支付金额、下设邮政机构数量以及邮政线路里数的增长情况。

① 未印刷。

年份	邮件数（百万）	包裹重量（千克）	金额（元/鹰洋）	邮政机构（局、所等）	邮政线路（千米）
1905 年					
增量	3	111, 259	478, 758	307	20, 000
总量	23	1, 103, 403	1, 231, 266	1, 626	121, 000
1910 年					
增量	76	2, 151, 727	4, 048, 734	3, 731	166, 000
总量	99	3, 255, 130	5, 280, 000	5, 357	287, 000
1915 年					
增量	111	4, 648, 999	6, 706, 800	3, 153	123, 000
总量	210	7, 904, 129	11, 986, 800	8, 510	410, 000
1920 年					
增量	190	12, 872, 008	46, 936, 800	1, 959	6, 500
总量	400	20, 776, 137	58, 923, 600	10, 469	475, 000

1923 年

西南诸省要求摊拨关余

大元帅府

外交部

1923 年 9 月 5 日于广州

阁下：

本人有幸致函作为广东领事团资深人士的您，并随附备忘录，恳请您将备忘录递交给公使团主席，以供列强代表考量用。

本函内容主要是关于西南诸省要求摊拨其关余应得份额。毫无疑问，眼下关税税入在抵偿外债后确有盈余，而盈余将用来支付北京所背负的旧债。这便使得其他税收得以保全，并被北方军阀趁机充作军饷，对西南地区开战。这些款项本该为西南诸省所得，如今却被北方用来发动战事，逼迫他们不得不另行筹措军费应战。这些省份因此遭受双重损失：一是本该可以用于民生的资金，如今被北方军阀用来对其开战，二是还得筹措同等数额甚至更多款项来自保。这等局面本不该出现，难以承受，之前已隐忍多时，现已不堪重负。

随附备忘录一份，内容是西南诸省要求摊拨其应得关余份额。为证明军政府获得这批款项后不是用于政治或军事目的，另附上一份备忘录，列明款项皆为民生之用。

祈盼公使团予以支持，尽快答复。

（签名）伍朝枢

致英国驻广州总领事杰弥逊爵士阁下

大元帅府

外交部

1923年9月17日于广州

阁下：

本人有幸就西南诸省要求摊拨其应得关余份额一事致函阁下，此事已迫在眉睫。您应记得，1919年至1920年期间，其份额均按例拨付。乃至1920年底，其申请照例提交，您本已同意拨付，但最后一刻因横生枝节而搁浅。

毫无疑问，眼下关税税入在抵偿外债后确有盈余，而盈余将用来支付北京所背负之旧债。这便使得其他税收得以保全，并被北方军阀趁机充作对西南地区开战之军饷。这些款项本该为西南诸省所得，如今却被用来发动战事，逼迫他们不得不另行筹措军费应战。这些省份因此遭受双重损失：一是本该可以用于民生的资金，如今被北方军阀用来对其开战，二是还得筹措同等数额甚至更多款项来自保。这等局面本不该出现且难以承受，之前已隐忍多时，现已不堪重负。

有幸随附备忘录一份，内容是西南诸省要求摊拨其应得关余份额。为证明军政府获得这批款项后不是用于政治或军事目的，又附另一份备忘录，列明款项皆为民生之用。

本人以为，您应该按照1919至1920年间所遵循之比例对广州与北京各自应得关余进行划分，并将自1920年3月起至关余重新拨付之时所积欠之款项一并发还。

本人相信对于此事您一定会一如既往地给予支持。

（签名）外交部部长伍朝枢

致中国海关总税务司安格联

北京

北京英国公使馆

1923年9月25日

包罗先生：

本月21日公布在北洋政府公报中的指令和备忘录建议，永久沿用安格联爵士1922年8月提出的方案，以税率提高至切实百分之五后的关余作为内国公债和1922年九六公债的担保，故致函询问阁下可知总税务司对此消息是何反应。

据我所知，总税务司在去年 1 月 14 日致上海总商会及其他机构的一份备忘录中承诺，但有充足关余便将其作九六公债担保。这件事非同小可，与即将召开的公使团会议息息相关，会上将会讨论虽无实名却掌实权的广州军政府要求按比例摊拨关余一事。

倘若安格联爵士接受指令，同意将九六公债作为内国公债一部分，一并以关余作为担保，势必把公使团推向难以自圆其说的境地：其拒绝军政府摊拨关余的要求，是以无关余可拨为由。同时也与您在 5 月 2 日致公使团长信中所持立场相冲突，这封信的内容是关于外交部要求划拨 200 万两关平银供驻外使团使用，您在其中对于总税务司的公债和关税账目的盈余情况作了陈述，自您写信至今，关税收益恐无多大改观。

此致。

（签名）麻克类

致中国海关代理总税务司包罗先生

北京

1923 年 9 月 24 日大卫·弗雷泽先生致泰晤士报电报副本

广州政府要求公使团按例拨付关余，正如 1920 年广州军政府代表西南五省所作的要求一样。当时广州军政府声称，大部分结余都被北方军阀用来对南方开战，自己在国内已受到广泛认可，有权分享其所辖省份征收的税收。然此一时彼一时，广州军政府如今仅占得广东省一部分，且随时都会被其他军阀势力击溃。何况，关余的一大部分现在被充作内国公债的担保，今年能拨用的仅够抵付分期债务的利息，本金都无法偿付。关余确实所余无几，虽然广州方面对此另执一词。

不过公使团所虑另有其事，广州方面曾威胁道，若在此事上得不到满足，则将宣布省内各口为自由港，此举势必使得作为外债担保的关税收入大幅减少，而广州方面其后可对此前免税进口的货物再行征税，这对其而言极具诱惑力。

倘若公使团接受独立于中央政府的省份也有权利摊拨关余的主张，则继广东之后，立即会有其他地方跟进，目前关余作为内债担保已捉襟见肘，如此很快便消耗殆尽，北洋政府将陷入财政危机。若拒绝广州之主张，恐有作乱之忧，亦会被其他省份效仿，对海关地位造成损害。

列强现在面临的局势是，中国国内各路军阀自立为王，对条约嗤之以鼻，而所谓中央政府孱弱无力，名存实亡。事已至此，要么让渡权利、折损财富，要么团结一致、捍卫权利。目前中国对外贸易额达到3亿英镑，但若中国人都这么视条约为无物，这一数字一定无法持久。

关于广州军政府提出按例拨付关余一事致麻克类函

麻克类爵士：

一、阁下本月25日来函收悉。您来函询问总税务司对本月21日的指令持何种态度，该指令批准了：总税务司以关余作为内国公债担保之方案被永久沿用；关余作为九六公债国内部分的第二质押物，但置于总税务司管控之下。同时您在函中指出，若总税务司同意将九六公债国内部分并入将关余作为担保的其他内债中，则与驳回广州军政府的要求所用之理由（即已无关余可拨）相矛盾，还提到了我5月2日致公使团的信函也证明了关余无多。

二、安格联爵士今年1月的中文备忘录已清楚地表明了其对九六公债的态度。他对于中国政府以关余作为其担保并无异议，但是他认为，在关余清偿内国公债中各项贷款的本息之前，不得对九六公债进行抵付。21日的指令并未改变他这一立场。事实上，鉴于目前内国公债兑付情况并不理想，截至今年9月30日，累计拖欠应还本金达1,150万余元，他强调一定要先将这些款项及时偿付，并划拨足额款项在今年12月之前将剩余利息和本金偿付完毕，否则不能拨出分毫给九六公债。按照目前关税收入情况，今年将拖欠款项抵偿的可能性基本为零。我还得指出，在制发这份指令之前，该作者完全清楚总税务司的立场和关税余额不足的窘况。其选择该制发时机以及北洋政府的财政困境，所指显而易见。

三、您节选了我5月2日写给公使团函件的部分内容，让我有点费解。在信中我写道：

> 鉴于目前存于总税务司公债和关税账目中的关余尚不足以抵付到期外债及赔款，若依外交部所请再划拨出一部分，不危及外债偿付是不可能的。

这是对当时情形的真实写照，我还列举了数字佐证。然而，影响税入的因素并非一成不变，很难想象，某一时期促进税收的举措在四五个月后，很可能必须予以改进才能继续实施。5月，洋、常两关净税入所得同比大幅增长，在6月和7月又小幅回落，到8月又有增长且增幅高于前两月降幅之和。今年前8个月，洋、常两关合计净税入为39,435,864.41两规平银，同期需偿还外债及赔款，包括向法、意、比三国支付的、以金法郎汇兑计价的赔款，合计

33,931,727.53两规平银。两者之间差额大约为5,500,000两规平银，但不能将此全部认定为关余，因其中还得每月拨供建造江海关新址，8个月共计1,600,000两规平银。再余者，还得供督办接收威海卫事宜公所、治外法权讨论委员会、中央防灾局等机构之日常开销，资助海外华人留学生，以及购入美元支付国内公债的利息——仅利息而已。在优先给付上述款项后，关余确实所剩无几。

此致。

包罗

致英国公使、圣米迦勒及圣乔治二等勋爵麻克类爵士阁下

北京

附 录

5月1日总税务司公债和洋税保留部分账目结余及其应付到期外债数额如下所列：

1923年5月1日总税务司公债和洋税

保留部分账目结余为规平银 …………………………………………… 5,499,025.14两

以该结余抵付之到期外债数额，即必须保全之数额（单位：规平银）：

自1922年12月至1923年4月累计向法、意、比三国应付赔款（以金价计），托管于公债局账目，因以金法郎兑付尚存争议，暂且押下 ………………………………… 2,415,708两

1895年四厘借款7月应付款估计为18,008,092法郎@70 = 257,270镑@3/— =[①] ……
……………………………………………………………………………… 1,715,333两

1898年四厘五利息金镑借款，最新的还款期为5月5日，计69,602镑13先令4便士@3/— =[②] ……………………………………………………………………… 463,971两

除以上开支外，还得另加一笔200,000两关平银给付辽河下游疏浚局，该笔款项已获公使团与财政部核准，税务处尚未审批。@ 111.4=[③] ………………………………… 222,800两

总计4,817,812两

1923年5月2日于北京

---

① 译者注：原文即如此。
② 译者注：原文即如此。
③ 译者注：原文即如此。

广州政府要求按例摊拨关余及总税务司的回应

6047号	税务司
广州	96194号

先生：

11614号呈文收悉。文中随附了西南诸省外交部长伍朝枢的一封信及一份备忘录，其主张应按例向南方政府摊拨关余，且为自1920年3月起的应得份额。

同时请确认我在本月2日所发电报之内容："机密。关于11614号来文：公使团已知晓此事，且已报告其各本国政府。你认为将广州设为免税港的威胁是否是认真的，伍先生是否真要执行？若真有此谋划，你当按照总税务司给威尔逊（Wilson）的训令，保障关税征收。如有必要则按1921年135、136、137号发广州半官方函件，采取预防措施。"

向南方政府按例摊拨关余一事由公使团做主，有关决定会及时通过广州领事团团长，由其告知南方政府。同时你也要择机向伍朝枢博士指出，其政府预期关余充盈，定当拨付无虞，实在太过乐观。跨国贸易不景气，中国国内政局动荡，日本横加抵制，加之最近日本国内遭受地震灾害对于贸易更是产生负面影响，以上种种因素导致今年前9个月关税税入较之去年同期仅小幅增加，即便落实了进口值百抽五税则亦无济于事。另一方面，同期外债及赔款的支出却比去年同期出现大幅增长。这是由于汇率较之去年水平出现下跌，同时为了以金法郎向法、意、比三国兑付分期赔款还得拨留一笔款项，以及1913年善后大借款分期应还款今年7月到期，使得支出进一步增加。我随附一份表格，列明今年1至9月关税净税入及其支出明细（即扣除办公津贴、海关监督津贴及汇兑手续费等，所余可支付内外债及赔款的数额）。你可自行做主向伍朝枢博士出示表中主要内容，并告知其关余所剩无几，仅够支付国内公债的利息。目前1至9月拖欠公债的款项计1,150万元，预计到今年年底，违约金额毫无悬念将达到1,425万元。

代理总税务司包罗

致粤海关税务司

1923年10月9日

1923 年 1 月 1 日至 9 月 30 日期间洋、常关净税入及开支列表

税收	规平银/两
洋关净税入	40,712,704.35
常关净税入	2,989,317.36
总计	43,702,021.71

支出	规平银/两
1895 年俄法借款	6,131,806.71
1896 年英德借款	4,674,980.62
1898 年英德续借款	4,061,090.02
1913 年善后大借款	6,507,342.13
庚子赔款	12,911,021.18
为以金法郎支付法、意、比赔款而准备之款项	3,200,000.00
外债及赔款合计	37,486,240.66
江海关楼宇建造资金	1,800,000.00
各项杂费及办公经费（大多数已获公使团批准）	847,219.11
	40,133,459.77
可用于内国公债之关余	3,568,561.94
总计	43,702,021.71

中华民国大元帅府外交部

1923年10月23日于广州

阁下：

恳请作为广州领事团资深人士的阁下将随附备忘录转呈给北京公使团主席，以供列强代表予以考量。

（签名）外交部部长伍朝枢

致女王陛下总领事、圣米迦勒及圣乔治二等勋爵杰弥逊

中华民国大元帅府外交部

1923年10月23日于广州

一、1923年9月5日，广州政府外交部长通过英国驻广州总领事及首席领事杰弥逊爵士向北京公使团递交一份备忘录，请公使团为广州政府要求摊拨关余作声援。9月28日杰弥逊爵士向其告知，已收到北京公使团主席的电报，称公使们正在商议此事。

二、之后再无音讯，广州政府便指出备忘录中所述事项已再清晰明了不过，要求公使团立即做出回应。其关注重点是那份备忘录中第四段第（1）条[①]，并提请公使团注意，10月12日国际财团部长们在致北京外交部的一份备忘录中，对于北洋政府将关余交由安格联托管并支配的方案提出严正质询，并对永久沿用此方案之举表示抗议。

三、广州政府还争辩道，北京方面发布1921年3月的指令，意在动用这笔广州政府早就宣示所有权的款项，故而该指令站不住脚，是无效的。广州政府的款项所有权是有充分依据的，一直以来都被认定为合法有效，款项也照例拨付，只是由于政局暂时不稳而中断。广州政府成立以来，已受到广泛认同，不曾有被拒绝承认的情形。未经广州政府同意，便将款项转移，无论是暂时还是永久，都好比债务人明知钱款并非全部自己所有，还将其移交托管，美其名曰是为部分债权人的利益着想。

四、有鉴于目前所实施之关余分配方案不合法、不公平、不公正，国际财团部长们同样

① 译者注：原文即如此。

也表示不赞成，继续实施该方案即便不引发冲突，也会造成不快。故我等主张，如何分配关余一事，应召集各利益相关方，包括广州政府，重新商议，通盘考量，再作定夺。

（签名）伍朝枢

公使团之回复

本文是 12 月 12 日公使团主席发给广州领袖领事的电报及信函的内容：

公使团近期获悉，孙中山先生与广州政府在就有关分配关余的决定致函公使团要求重新考量之后，并未等候公使团作出回复，便威胁暂时接管广州海关。

公使团要求你以领袖领事身份警告广州政府，本团不承认任何干涉海关行政之举动，若有一意孤行者，本团将采取一切必要之措施予以应对。

（签名）欧登科

1923 年 12 月 12 日于北京

阁下：

您 9 月 7 日及 10 月 24 日两封信，内容都是关于孙中山先生领导的广州政府要求关税抵付外债所余按例拨付一事，我已收悉，现告知您，公使团对此事已充分商议，得出的结论是，对该政府此项要求，无论是批准还是驳回，都不属于公使团权限范围。还请您将这一结论转达该政府有关人士知悉。

《辛丑条约》的签约列强，由该条约赋予权利，向其应偿付的 1901 年之前贷款的分期偿还之款及利息，以及和约第六款所述赔款的分期偿付之款及利息，均由关税作为担保。但中国政府可自行支配足额偿付贷款及赔款后每年底之结余款项，条约未赋予列强对此干涉的权利。

而且，按照 1912 年 1 月 30 日公使团与中国政府达成的协议，前者实际上是关税托管人，保障中国政府切实履行前述义务，但该协议并未赋予公使团支配关余的权力。

至于伍朝枢写给您的信中提及关余作为内债担保一事，我必须指出，对此公使团并不知情，此举事先未与公使团协商便已敲定。

最后，我或许还得提醒您一点，之前广州那个“护法军政府”与北京的北洋政府达成协议，于1919年至1920年按例向前者拨付关余，当年对于该协议，公使团既未发起动议，也未作为居间人。很明显，如今公使团同样也不便插手。

此致。

（签名）欧登科

致女王陛下总领事、圣米迦勒及圣乔治二等勋爵杰弥逊

孙中山博士的声明

孙中山博士领导之政府于1923年12月19日授权发布声明如下：

一、中国海关是中国政府的机构，其所征关税是国库收入的一部分。中国关税被作为庚子赔款及其他外债之抵押，偿付后所余款项被称为“关余”。

二、通常情况下，关余上交中央政府，直至1919年，均由北京的北洋政府收入囊中。1917年，在经历非法解散议会等倒行逆施后，本护法军政府成立，经过争取，1919年开始按照13.7%的比例摊拨关余。

三、关余按例拨付给护法军政府，直至1920年3月，护法军政府内部分歧导致拨付暂停。自此之后，广州方面要求恢复拨付之努力从未停止。去年9月5日，关于此事又发一封照会至北京公使团，重申如何处置关余完全是中国内政，列强所能干涉者，仅仅限于保证关税足额偿付外债，除此之外不容置喙。故公使团应命令银行家委员会立即将关余移交给总税务司，由其按例分别拨付给广州和北京两处政府，且将自1920年3月以来积欠广州之关余一并发还。

四、除了在今年9月28日有一纸电文，粗略告知该照会已在公使团商议之中，其余再无音讯，直至本月3日（迟了将近3个月）收到公使团电讯，获悉本政府不顾去年9月5日照会尚未回复便径行威胁要暂时接管广州海关，对此严正告知，列强代表不会承认任何干涉海关行政的举动，若有一意孤行者，必会采取其认为必要之措施予以应对。

五、本月5日，本政府回复称，既然中国海关是中国政府所属机构，那么至少在本政府辖区内的口岸所设海关，应遵循政府法规。该回复继续陈述道，本辖区所征关税上缴北京供其支用，却令其腾出其他税入充作军饷向本政府几度用兵，故本政府有意停止向北京上缴关税，截留自用。这份回复还强调，从未有干涉海关行政的图谋，也不曾威胁过要暂时接管广州辖区各海关，坚持认为此事属中国内政，因此与列强无关。回复还写道，本政府已静候回

音整整 3 个月，公使团谴责我等贸然行动似乎于理不合，不过既然公使团已有所表态，本着以和为贵的精神，本政府按兵不动，再等两周，待公使团作出决定。

六、本月 14 日，本政府收到公使团 11 日自北京发出之电复，称“《辛丑条约》的签约列强，由该条约赋予权利，向其应偿付的 1901 年之前贷款分期偿还之款及利息，以及条约第六款所述赔款的分期偿还之款及利息，均由关税作为担保。但中国政府可自行支配足额偿付贷款及赔款后每年底的结余款项，条约未赋予列强对此有干涉的权利。”

七、这番表述对于本政府一贯坚持的观点是一种再明确不过的赞同，也打消了对本政府一直以来争取关余之举是否恰当的质疑。本政府一直认为如何处置关余，有约列强无权过问，我等主张按例摊拨，只需与北京的北洋政府及总税务司交涉，公使团对此也表示认同。北洋政府或可派遣军队阻止本政府接收关余，但列强当前在广州港集结战舰，却是师出无名，保障自身权利之说只是幌子，实际上是替北洋政府为虎作伥。

八、当前情势下，本政府明人不做暗事。北洋政府窃国乱政，民怨沸腾，无权再处置关余，本政府今日向总税务司颁布告令：将本政府辖区内所征关税截留，置于广州或其他指定之处，待按例足额抵付外债之后，听候本政府支配；将自 1920 年 3 月至今积欠本政府之关余一并发还。

九、若不遵此令，本政府将另行委任海关长官，重组机构，积极配合本政府施政。如是，海关运作将保持延续性，但若总税务司拒绝配合本政府对辖区内海关实施管理，定会出现混乱局面。

十、在结束本声明之前，必须着重再说明两点，其一于法、其二于理，皆事关重大。第一点是，包括庚子赔款和全部外债，均以关税为担保，与海关官署及其他固定资产无关。因此，若本政府为情势所迫向海关官署或其他府邸派驻新任长官，均视为日常行政管理，此事如同关余事宜，相关条约未赋予列强实施干预的权力。退一步说，本政府辖区以外各口所征关税数以百万计，偿付各项外债绰绰有余，此处海关长官人事变动对于外债偿付不会影响分毫，无须杞人忧天，故列强亦无干预的必要。

十一、另一点是，列强如今关注海关关税，主要焦点在于其相应庚子赔款份额得到保障。必须指出，庚子赔款是施加于历经战难、侥幸生存的普罗大众身上的一种惩罚，现今具备效力的条约没有一部施加这样的惩罚，即便是凡尔赛条约也只是要求德国赔款而非罚款。同时还需指出，列强中大多数如美、英、法和日本，现在关注点在于如何将其各自庚子赔款份额应用于对中国产生裨益的各个领域。

十二、在结束本声明之前，必须就北洋政府大举内债之事略述一二。其举债目的不是向南方用兵，就是用在徇私舞弊搞走马灯式总统选举。1921 年，北洋政府合并所有债务，将关余、盐余及烟酒税入作为担保，并置于总税务司托管之下。公使团在其 12 月 11 日所作回复中提及这些内债只含糊其词道：“……这些内债发行之初未向公使团有所咨询，故公使团与其偿付事宜毫无干系。”

1923年12月19日于广州

就公使团抗议拨用关余偿付内债致在京总税务司电文[①]

1923年10月23日于上海

上海银行公会快邮代电

北京总税务司：《鉴报》载，四国公使照会外部，以全部关余统归内债担保，指为阻扰他项债务，质问将来关余用途是否有趋于外债担保之意向。闻之深为骇怪。查“关余为内债基金案”经早定，全国皆知。上年十二月，使团提议及此，曾经本埠及他埠各商会、银行公会，电请政府对于无担保之内外债，速筹整理方法在案。现在财政整理会成立，所有无担保之外债，必有解决方法，何以使团迫不及待提议及此？恶[②]信传来，人心汹惧。内国债票散在全国，大而关系全市金融，小而关系个人生计。基金倘有摇动，不但扰乱市面，抑且社会安宁亦将受破坏之影响。况现时债票市场流通，无虑数千万，散在外人手中者，亦不在少数。债票设成废纸，彼时受损失之外商，岂能默尔而息？兹事重大，敝会已电致财政整理会颜会长，请其转达外财当局，速将无担保之外债，切筹整理方法，一面迅速筹开增加二五附加关税会议，使外债基金有著，万不能任意攘夺，牵动内债已定之基金，以致一波未平，一波又起。贵总税务司对于公债负保管基金之责，一般人民以信贵总税务司者，信内国公债票。对于整理公债原案，务请坚持到底，勿稍徇畏，致使中外执票人有所损失，至为盼祷。又关余担保内国公债，载在历次公债条例，可以覆按，是以关余一项，惟内债有担保之优先权。使团所云外债，考其合同，皆有担保。今之不能实行合同，以致担保落空者，咎在政府之失信。我内债持票人，不能无故受损。使团所称外债有超越内债之优先权，此本会等绝对所不能承认者，并请贵总税务司严重注意为祷。

上海银行公会、上海钱业公会。漾[③]。

---

① 译者注：原书第315页附有中文本，本书将之由竖排改为横排、繁体改为简体并加注标点后予以收录。

② 译者注：同“噩”。

③ 译者注：韵目代日，以《平水韵》的韵目代替日期，1949年以前的电报发出日期都用此办法，漾为23日。

1924 年

总税务司关于受托管理关余的备忘录

本人收到广州政府的指令，要求今后听其号令，将偿付各项外债及赔款所留之关余向其按例拨付，此外还得一并发还自 1920 年以来积欠款项。

这些指令要求本人将由本人管理、专门用于支付内国公债利息及分期偿还之款的国家资金挪作他用，这是让本人背信弃义。只要本人承担着为公债担保之责任，任何染指这笔资金的主张，本人一概拒绝，绝无偏袒。这笔资金在专列信托账户中存放，为持券人所有，而持券人多为中国各省、各阶层普罗大众。

倘若持券人认为本人保管这笔资金不妥，本人愿意随时移交账目，卸去托管之责。不过即便如此，本人仍将继续管理已划拨作为国内外公债担保的税入，优先对这些贷款进行偿付。

（签名）总税务司安格联

1924 年 1 月于北京

1926年

蒋介石将军关于摊拨关余的主张及总税务司的回应

2759号	税务司
汕头	106298号

1926年1月30日

先生：

6192号呈文已收悉，其中你转达了当地军政府对所谓潮海关关余的主张并对此发表评论，现回复如下。我非常意外地发现，你对于海关征收和处置关税有关的原则和事实毫不理解，还另行鼓吹一套做法，这套做法若付诸实施，中国残存的最后一点国家信誉也将不保。经列强（即中国债权人）与中国政府订立的协议共同批准，为促进中国对外贸易及关税增收，就目前而言，除去海关行政开销及对某些口岸的拨供外，所有关税税入均作为中国政府待偿债务的担保。然某些省份将外债与内债割裂开来，除担保外债的税入外，其他一律视作关余，可由该省份予以支配，有此论调源于对中国财政状况误解甚深。原先中国债务分摊部分由各省承担，辛亥革命后这一做法土崩瓦解，所有债务均压在中央政府身上。唯一可供中央政府支配之税入仅有关税，如此一来，只要关税充足，整个中国的债务偿付职责便全部由海关一力承担。鉴于整个债务规模已远超关税税入，怎可能还存有关余。将关税担保范围仅限于外债的论调是大错特错的。当前以关税注资的偿债基金所偿还的内债，不是地方债务，而是国家债务，其中多数发行之时，中国至少还是名义上的统一国家。近些年来当政的政府（中国部分地方并不效忠于该政府）确实将关税质押给一些债务，但是长期以来举借这些债务，都是为了支付多年之前约定的赔款。这些赔款在1912年之前都是由各省厘金偿付，但在辛亥革命之后，原有税入及开支体系分崩离析，赔款及其他国债便只能以国课来偿付。各省既然对于赔款偿付袖手旁观，那么也没有资格妄议中央政府为赔款而四处举债。近年来中国举债无数，却不加以担保，数额至少达十亿元之巨，作为一国，其信誉早已所剩无几。由于本总税务司为某些债务提供着担保，所管理的账户中每一分钱都用于偿付国家债务，绝无挪用，正因为如此，中国政府才得以保全一点信誉。中国国内各路军阀你方唱罢我登场，无论谁上位都试图对关税税入分一杯羹，但不论其对资金需求有多迫切，也不论其军事实力有多雄厚，经过一番耐心细致解释后，均能明辨是非，认清关税是为国所用，不是为某人所用，故而迄今从未发生为分润关税而武力胁迫之事。很明显，对于当前这个地方政权提出的、得到你支持的分润关税主张，若我也赞同，不仅会使内债和外债偿付难以为继，还会对现行关税征收造成损害。

还请你仔细研读总税务司署出版物，副本应已送达你处，读后相信能使你对辛亥革命之后洋、常两关关税征收及处置有关事宜洞晓无虞。

在此基础上，你只需按照最低标准支用关余，相信亦可治下无虞。对于你掌管关税税入一事，我相信汕头有关当局不至于会出手为难。不过未得我授权，绝不能分与他人。

此致。

总税务司安格联

致潮海关税务司贺智兰先生

1929 年

拨供五百万元用作债务整理

令梅乐和先生（后为爵士）自 1929 年 1 月 1 日起每年拨供 500 万元作为整理内外债之用的训令[①]

财政部关务署训令第一六三号

令总税务司梅乐和：

为令遵事：案照本年一月四日，奉国民政府公布第十四次国务会议议决“每年由关税新收项下提出伍佰万元，作为整理内外债之用”，通过、照准。等因。合亟录案，令仰该总税务司遵照，即自本年二月一日始，于增收关税项下，按月提出若干万元，以每年提足伍佰万元为额，专款收储中央银行，听候拨用，是所至要。

此令。

中华民国十八年一月二十四日

① 译者注：原书附有中文本，本书将之由竖排改为横排、繁体改为简体并加注标点后予以收录。

1931 年

1930 年缉私机构在梅乐和先生（后为爵士）推动下设立

中国于 1929 年恢复关税自主后，税率不断提高，势必导致走私猖獗与税收流失。为早做筹划以保障税收，梅乐和先生特向国民政府递送呈文，谏言在现有几大关区立即成立缉私部门作为应对之策，此谏为后者所采纳①。这一新机构的设立②标志着海关行政职能的一大拓展。为将梅乐和先生的筹划加以落实，组建了一支小型缉私舰队，在沿海一带查拿走私，追补税款。1937 年爆发的战争迫使缉私工作暂时中断，缉私艇也大多闲置。

以下所列摘录，摘自 1931—1936 年的《中国通商年报》，从中可了解这一新机构的发展历程及其逐步增强的作用。

《中国通商年报》摘录：反映这一新机构的发展历程

1931 年

自从国民政府收回关税自主权，税率便不断提高，于是走私泛滥，国家受其侵扰，财政吃紧，如何查缉成为当务之急。这一年海关成立缉私科，决不可略过不表。针对走私及伪报所采取的措施，一开始都会使船主、商户等略感纷扰，凡有新政实施，无不如此。但只要稍作思量便可知，如今对货物加强监管绝非多此一举，所有打击走私的举措，最终会惠及遵纪守法的商家乃至整个通商大局。在此可简略列举几条这类措施：禁止注册为 100 吨以下的轮船或机动船从事中国与外洋的直接通商；制定船舶进港及交验舱单的新规；管控出海民船；以舱面货物为依据征收船钞；取消洋货退税存票办法；增设保税仓栈；制定报关行管理新规；海岸线潮落 12 海里内划为国民政府缉私区域。

1932 年

上一份报告记录了海关单独成立海关缉私科一事和 1931 年间实行的查缉走私伪报的措

① 《汇编》第四卷，第 245 页；半官方通令第 61 号。

② 总税务司通令第 4172 号。

施。1932年，又有2艘缉私船（各为148英尺长）投入服役。建造3艘170英尺长缉私船和14艘126英尺长缉私艇的计划也已付诸落实：2艘缉私船及14艘缉私艇将于1933年建造完毕，第3艘缉私船则将于1934年年初完成。届时，中国缉私舰队将有8艘船及21艘艇，还有大批海岸汽船和50英尺长及以下的近岸巡逻艇。国民政府已批准设立无线通信网络，提高信息传输效率，协调缉私行动。一开始在烟台、上海、厦门和深圳设立主基站，汕头和海口设立辅站。在各口及陆卡逐步配置训练有素的关警。船只管理制度要求所有从事通商及内贸的民船进行登记并给船刷上标记，令这些民船的经营处于有效监管之下。由此而知，税率提高之后，海关缉私职能重要性突显，一直受到关注。仍有颇多未竟之事，但在中国这等泱泱大国，要想使得整个缉私工作运转高效，必然需要时间。眼下，执法手段及装备不足导致缉私工作进展缓慢，但可预见在未来几年，这项工作必将逐步成熟，能够圆满完成各项任务，有效遏制大规模走私。

1933年

关于缉私工作，前一份报告中提及的舰艇建造计划今年一直快速推进，但到年底只有8艘完成，筹建中的舰队由3艘170英尺、4艘143英尺、4艘138英尺、3艘137.5英尺和2艘136英尺的舰艇组成，然而却1艘也没有服役（这意味着不得不修订最初的计划）。中国境内缉私要想取得成效，首要条件是其漫长海岸线上的巡逻能够严丝合缝，这就要求配置足够数量、性能优良的船只。走私愈发猖獗，船只数量就越得相应增加，从而不断壮大现有这支小舰队。即便如此，还是取得一定成效：今年以来，一共查拿27艘机动船、485艘民船和122艘“蛇船”（专门在澳门水域从事走私的橹筏），罚款及变卖入官货物所得增长至近640万元，1932年这一数字是370万，1931年是270万。如果说这些数字是当前走私泛滥的写照，却也能从某种程度上反映，虽然投入缉私的舰艇数量捉襟见肘，缉私工作成效却在不断提升。在广州湾和九龙两处陆卡，基建得以加固，人员得以增派，所以整体监管效果得以提高，特别在九龙，走私得到明显遏制。中缅边境派驻了缉私巡逻队。今年底，开始调查中国北方陆路通道事件。投入服役的缉私舰队越多，对走私的遏制就越有效，若此设想得以实现，关税将会显著增加，罚没款项亦会相应减少。

1934年

自从国民政府收回关税自主权，税率就开始频繁向上修订，累积升幅明显，导致海陆边境走私猖獗，这在情理之中。地下贸易一开始在中国南部最为密集，以香港、澳门和广州湾为主要据点，随即沿着海岸线蔓延开来。与大陆隔海相望的台湾地区，涌现大批机动船，专门从岛上各口向散布于岛礁密布的福建海岸线上的村镇运送高税率应税货物，以此牟利。而关东租界对面、中国北部弯弯曲曲的海岸线也迅速成为类似违法活动的温床，这一情形在海关失去对大连（租界内）及东三省其他各口运营的船只及其所载货物的监管权之后，变得尤为显著。

建立一个能够在如此漫长边境线上有效查拿走私的机构，其工作量颇为可观，不过可以说已初具成效，截至今年，缉私科所制订的诸多先期目标业已实现。

这一专为应对走私问题而设立的海关机构，4 年间实施的措施有：招募人员成立一支训练有素的缉私队伍在沿海和陆路执勤；对沿海区域划块实施巡逻，在海岸线上的关键节点建造哨所；国民政府专为防治走私制定并颁布规章，使缉私关警执法有依据，执法主要是针对出海民船的监管、船舶舱单交验、报关行管理、粤港间牵拉货物的监管、一般货物保税事宜、船用煤斤及物料监管等；取消早已漏洞百出的退税存票办法；禁止 100 吨以下轮船及机动船从事中外之间通商。

今年有几件大事值得书写一笔：之前几份报告中述及的造船计划终告完成；缉私条例于 6 月 19 日颁布实施；与邮政部门合作，将设立在中国边境线附近的邮局纳入监管，这些邮局先前成为走私货物的分发渠道；分别对民船和舱单的管理规章进行修订优化；在沿海地区新开分卡 5 处和分所 3 处，在中国长城沿线各处设立分卡 5 处和分所 1 处；针对民船实施所谓“支所制度”，即在沿海地区设立专门的靠泊点，与外国通商的民船靠岸和离泊必须在此申报；进一步充实陆路关警队伍，加固一些地面关防。

目前缉私舰队由 26 艘主力巡缉舰组成，另有小型船只在各大水域巡逻。舰艇建造计划直至今年才得以完成，故而，在已有记载的年份里，这些舰艇陆陆续续投入服役。即便如此，走私猖獗态势依旧得到明显遏制，守法经营的商户间往来书函可兹佐证。今年罚款及入官累计款项为 790 万元，1933 年为 640 万，1932 年为 370 万，而 1931 年为 270 万。入官人造丝与白糖占到全部违规货物的 62%，分别为 727, 218 千克和 62, 515 公担，而上一年度分别为 202, 534 千克和 45, 130 公担。1934 年入官的走私船只为 87 艘机动船和 43 艘“蛇船”，而 1933 年则为 27 艘机动船、485 艘民船和 122 艘“蛇船”。在澳门关区利用“蛇船”进行走私的行径，因查缉有力几乎绝迹，从而导致查获数大幅下降。今年针对查扣及入官货物，追缴税款入库达 310 万元，而这些卓有成效的缉私措施产生的威慑力，对于保障关税完纳的间接效果，一定数倍于这个数目。

今年海关缉私部门有 6 位华员和 1 位洋员为缉私工作奉献出自己的生命。

1935 年

可以这么说，到 1934 年年底，成立于 1931 年的海关缉私部门，从蹒跚起步开始，至今已发展壮大，与国外同行相比不相上下。因此在今年，各方面对延续去年查缉走私的良好势头寄予厚望。不幸的是，华北政局出现一些因素，影响海关缉私正常进行，导致人造丝、糖和卷烟纸等货物，以前所未有的规模通过海陆、经由河北省内所谓“非军事区”走私进入国内。一年间，这种走私愈演愈烈，海关职能受政局动荡冲击已然无法运转，下文略述大概。在那个“区”里禁止出现中国武装力量，也限制海关关员携带武器执勤，从而给陆路走私人员可乘之机，进而演变为雇佣武装人员（主要是朝鲜人）护运走私。于是就出现这样一种情形，手无寸铁的海关关员面对全副武装的走私人员进行执法，即便前者使尽浑身解数依然不断遭到暴力抗法，很多时候还受到对方蓄意攻击，损伤惨重，却又无处寻求援助。9 月，局面进一步恶化，起因是芦台至秦皇岛这段海岸线的海域中止一切海关缉私行动，之所以中止，是由于海关武装船只被勒令不准进入那个“区”的沿海三英里区域，后果就是这一海域内通过大连进行走私可以毫无顾忌。

不过对于海关在中国其他省份的缉私工作，还是可以给予积极评价。尽管走私依旧大范围存在是不争的事实，但也有大量迹象表明，海关缉私部门令走私人员更加心存敬畏。衡量缉私工作成效的真正标准，可以是查扣数量，更合理的却是因受到威慑而通过合法渠道进出口的货物数量，因此值得着重指出的是，糖和人造丝等一直为走私人员青睐的货物，在几大口岸的申报数量较之前几年有了大幅增长。还需指出的是，在福建各口向海关注册的与台湾地区通商的民船数量也有所增长。

1936 年

1935 年的报告中提到，由于日本军方勒令海关在“非军事区”内执勤时不得携带武器，以及海关武装船只不得在距离该“区”三英里海域内执勤，河北东部地区的走私人员得以畅行无阻，愈发肆无忌惮。这些对海关正常缉私工作的限制未尝有过先例，在今年也一直持续，故而该区域的走私态势毫无改善迹象也不足为奇。距秦皇岛两英里的南李庄和海岸线上其他几处未开之口，由于靠近南大寺、北戴河、留守营和昌黎等火车站，成为名副其实的走私巢穴，各式船只（主要来自大连）每日进出，私卸货物，数目众多的朝鲜人手持铁棍石器在旁看护，遇有海关关员上前便群起攻之。今年前几个月，情势进一步恶化。那段时间发生了所谓“冀东自治”运动，要求对整个所谓非军事区拥有管辖权，还对违法卸入该区域的货物自行征税，税率只有官方税率的十之一二，造成这些货物是合法进口的假象，有关涉事人等趁机以此为其走私行径洗白的借口。一开始走私货物主要集中在高应税率商品，例如人造丝和糖等，但随着这些货物大量囤积，其他品种也进入走私人员视野，以致后来但凡能够想到的货物，不论税率高低，都从门户洞开的河北东部涌入天津，甚至连武器弹药都在此列，虽然数量相对较少。进入天津的这类走私货物数量在年中达到峰值，估计每周偷逃税款约达 200 万元。3 月，为查缉铁路走私设立海关防止陆运走私总稽查处，然而受限于华北局势，海关无法在北平—辽宁铁路线正常查拿自河北东部输运至其近邻天津和北平的走私货物，不过在天津—浦口、北平—汉口、南京—上海和上海—汉口等铁路沿线设立的 17 座海关稽查处有效地遏制了天津向华南输运走私货物。一定数量的糖、人造丝和卷烟纸则由朝鲜浪人通过随身包裹的方式带入济南，他们一路上驱赶身边的其他旅客，好腾出车厢空间放这些货物，而且在天津往上装货，到济南往下卸货，这么做也对车厢造成不小的损坏。海关关员若试图阻止这些暴徒，必会引发冲突，往往导致自己人身受到严重伤害。直至 7 月底，全副武装的中国军队和铁路警察浩浩荡荡进驻天津中央车站，登上其中一辆火车，将朝鲜人尽数驱赶，货物一律查扣，从此通过随身包裹输运走私货物的行径方才终止。通过铁路向南输运走私货物这一渠道被切断之后，在天津的走私货物逐渐积压，河北东部的走私浪潮才逐渐退却，可以说这也算是某种改善。然而到了 8 月底，新的伎俩又频频出现，图谋突破海关设置的防走私层层封锁线，这次是通过公路。满载糖和人造丝等货物的机动车，由日本人率领一帮朝鲜人携带左轮手枪和其他杀伤力略小的武器实施押运，自天津一路闯关南下进入山东。海关在天津外围沿途设立多处陆卡，对这一行径实施查拿，但是对方手握武器，来势汹汹，陆卡一无必要装备、二无有效屏障，毫无招架之力。眼见这条途径屡试不爽，走私人员便趋之若鹜，货物源源不断地运入山东。

今年自河北东部通过铁路走私至天津的货物数目大致如下：

人造丝：3, 994, 200 千克

糖：897, 070 公担

卷烟纸：378, 600 千克

煤油：2, 166, 600 加仑

布匹：78, 400 箱（货物明细未知）

杂物：220, 800 箱（具体不详）

人造丝、糖、卷烟纸和煤油等货物偷逃税款估计约为 30, 500, 000 元，其他货物明细未知，故而税款难以计算，但保守估计起码有 20, 000, 000 元，因此今年自河北东部武装走私进境货物所偷逃税款超过 50, 000, 000 元之多，海关对于这些走私却束手无策。当然，就算海关缉私部门能够正常履行其职责，上述货物绝大多数因此受到有效监管，从而依法申报并照章纳税，对这些货物的需求实际达不到前面列举的数量，因此，正常情况下，即使加上走私货所规避的税收总额，也不会为国库增加多少税收。话虽如此，税入持续这般流失，亦是不可承受之重，总税务司梅乐和爵士不得不在年中发表声明，严正指出：华北地区走私泛滥，已成常态，势必对海关担保的外债和内债构成威胁；鉴于上海和北方各口的关税税入占到全国的 88%，走私问题将不再是内政问题而是国际事件。英国和美国大使都在东京提出交涉，外交部长张群将军也向日本政府数次提出抗议，指责其干涉中国海关在河北正常履行缉私职责，纵容日本人利用治外法权实施走私。海关针对走私货物向境内分流采取一些较为温和的查拿措施，而货物在天津也有所积压，这些都使通过走私渠道进境货物有所减少，但是至今年底，华北地区走私状况总体依旧未见改观。

以下所列数据取自实际海关税入，可见北方各口棉匹布、人造丝、糖和煤油等货物进口数量的减少，这些均是走私热门货物：

1935和1936年华北各口（天津、青岛、秦皇岛、龙口、烟台和威海卫）进口情况

统计号1-8 棉匹布，灰 来源地	1935年1-12月 价值（金单位）	1936年1-12月 价值（金单位）
中国安东[①]	6	…
中国东三省经长城分卡	3	93
日本	212,004	80,804
美国	279	267
英国	9,786	1,211
中国关东州[②]	280	266
比利时	64	…
加拿大	557	…
德国		30
朝鲜		4
荷兰		82
	222,979	82,757

统计号9-32 棉匹布，白或染色 来源地	1935年1-12月 价值（金单位）	1936年1-12月 价值（金单位）
中国安东	4	13
中国牛庄	1	…
中国东三省洲经长城分卡	40	643

① 译者注：今丹东的旧称，全书同。
② 译者注：今大连地区的旧称，全书同。

中国哈尔滨	3	…
日本	2, 676, 561	477, 180
中国香港	361	43
美国	3, 886	3, 729
英国	125, 823	60, 801
德国	5, 674	26, 209
法国	1, 381	580
英属印度	1, 317	…
苏联亚洲路线	2	…
苏联黑海港口	7	…
朝鲜	1	1
中国关东州	4, 253	443
荷兰	78, 916	…
比利时	1, 563	…
加拿大	282	…
瑞士		47
其他国家（地区）		5
	2, 900, 075	570, 094

统计号 33-38

棉匹布，印花

来源地

中国安东	2	…
中国东三省经长城分卡	53	454
中国哈尔滨	2	…
日本	1, 663, 915	38, 992
美国	1, 345	1, 637
英国	6, 041	3, 448
德国	197	9
苏联亚洲路线	283	…

苏联黑海港口	2	…
朝鲜	13	…
中国关东州	2,090	139
中国香港		17
法国		148
其他国家（地区）		2
	1,673,943	44,846

统计号 39-44

棉匹布，杂项

来源地

中国安东	58	140
中国东三省经长城分卡	70	4
日本	786,903	172,915
美国	5,904	1,923
英国	3,303	2,286
苏联黑海港口	2	…
朝鲜	6	59
中国关东州	1,357	210
荷兰	208	244
比利时	269	802
捷克斯洛伐克	69	…
中国哈尔滨		4
中国香港		28
德国		344
法国		89
挪威		4
	798,149	179,052

统计号 92		1935 年 1-12 月		1936 年 1-12 月
人造丝	公斤	价值（金单位）	公斤	价值（金单位）
来源地				
日本	812, 301	783, 620	183, 476	124, 691
美国	93	107	1	1
德国	91	156	…	…
中国关东州	450	270	48	29
荷兰	1, 134	1, 000	…	…
意大利	46, 773	44, 580	…	…
中国东三省经长城分卡		…	945	1, 155
英国		…	18	10
	860, 842	829, 733	184, 488	125, 886

统计号 264-267a		1935 年 1-12 月		1936 年 1-12 月
糖（蔗糖）	公担	价值（金单位）	公担	价值（金单位）
来源地				
中国东三省经长城分卡	5	35	6	69
日本	414, 835	2, 102, 334	34, 289	181, 720
中国香港	42, 334	248, 841	13, 661	74, 595
美国	9	129	…	…
英国	393	2431	166	817
德国		7	…	14
英属印度	107	524	325	1773
荷属东印度	86, 740	445, 406	43, 020	215, 182
朝鲜	3, 772	19, 213	…	…
中国台湾	136, 421	621, 057	61, 050	291, 976
法属印度支那		3	…	…
海峡殖民地与马来联邦	397	2, 330	447	2, 122
中国关东州	1, 791	10, 783	107	601
荷兰	720	3, 697	…	1

中国安东		…	…	2
	687, 524	3, 456, 790	153, 071	768, 872

统计号 342		1935 年 1-12 月		1936 年 1-12 月
煤油	公升	价值（金单位）	公升	价值（金单位）
来源地				
中国安东	38	3	96	6
日本	12, 557, 816	512, 105	5, 716, 350	223, 706
美国	52, 115, 815	2, 142, 891	17, 046, 095	702, 938
苏联亚洲路线	391, 151	25, 665		
苏联黑海港口	10, 245, 394	721, 480	5, 950, 727	140, 083
荷属东印度	55, 988, 401	2, 629, 673	93, 319, 601	3, 665, 298
朝鲜	9, 465	367	…	…
英属北婆罗洲	1, 892	78	…	…
法属印度支那		3	…	…
中国关东州	21, 331	1, 409	122, 357	8, 402
英国		…	88	8
其他国家（地区）	56	4	…	…
	131, 331, 359	6, 033, 675	122, 155, 314	4, 740, 441

在中国其他地区，今年海关缉私部门取得的成绩可谓有目共睹。在上海，市场保持稳定，之前通过走私渠道涌入的货物出现价格上涨，这些都反映出形势正在好转。同时，与见诸报端的报道相反，福建一带走私活动已逐渐得到遏制，依据是台湾地区通商统计数据与福建各口进口货物数据对比、经营大宗商品的有关公司的销售报告以及在海关注册的通商民船数量等。当然，台湾地区各口起航的船上总有贩夫走卒在包裹中携带应税货物源源不断进入福州和厦门，如何查拿确实颇为棘手，但是已经采取相应措施，相信不久即会见到成效。在华南，7 月广东政权易主，因而先前通过海关无法监管区域走私各类货物的行径被迫中止，而海关依旧严格执行法律与规章，这两者相结合，整个广东的通商环境会显著改善，关税税入亦会大幅提高。仍有大批货物装载在香港开往湛江

城区[①]的轮船上，试图通过广州湾[②]最终走私进入中国内地，针对这一情况，边境线上的缉私陆上巡查队和海南周边的海上巡查队均得到加强。针对从东京（越南北部）经陆路向云南走私货物，海关专门在铁路设卡实施查拿，防其输入内地，而在思茅和腾越等地，缉私队的突击巡逻也成效卓著。

初夏时分，遵国民政府训令，针对销往中国境内的进口货物颁布暂行查验规章，其中对于一些特定货物的境内输运实行运单和子运单管理。这项制度的实施给原本已超负荷工作的海关关员又增添新的任务，但依然得到不折不扣的落实，有效遏制了走私货物（特别是华北走私入境货物）在内地的流转。6 月，走私团伙再遭一记重拳，国民政府颁布一部缉私临时法令，详细列明偷逃海关关税的各种行径并给予严厉处罚。

海关缉私工作综述

缉私科税务司白立查著

罚款与查抄入官等数据所体现的缉私成效

海关在中国履行缉私职责，通商环境因此得以改善，具体可通过罚款和查抄入官等数据进行分析和评估。海船、装备和人员配置不足，华南地区官员庇护走私，各地官员鲜有配合，边境线上的关卡人力物力不足，只得勉强维持，查扣走私货物力不从心，而走私分子受到处罚的也寥寥无几，这些都是海关受命应对近年大幅提高的进口税率时所面临的主要困难。即便处处掣肘，海关还是展现出了查拿走私的能力，这些走私团伙组织严密，罚款和查抄入官数目可反映其猖獗程度，同时也体现出缉私措施成效卓著，海关关员勤勉坚韧。缉私船数量不足的短板正在弥补，而查扣力度未来数月应该保持不变，可以乐观预见，一旦缉私舰队组织完善并协调运作，常规走私行径一定会大幅减少，查扣数量也会相应降低。同时，如果前述那些阻碍海关执法的因素都能去除，再加上全球通商若能不出现萎缩，那么一边罚款和查抄入官数目会进一步减少，而另一边入库税收则会大幅增加。

① 译者注：原文为“FORT BAYAD”，又称“白雅特城”“白瓦特城”，系法国殖民者对“广州湾”（湛江地区旧称）中心城的称呼。

② 译者注：“广州湾”是“湛江地区”的旧称。

1932 年罚款与查抄入官共计 3,675,719 元，创下新高，已向财政部长和关务署署长汇报，随附表格[①]所列是 1932、1933 年第一、二季度数据对比。可以看出，1933 年第一季度罚款与查抄入官共计 1,151,791 元，较去年同期增长 634,068 元，增幅为 122%，1933 年第二季度为 1,750,373 元，较去年同期增长 955,841 元，增幅为 120%。而且，倘若东三省未脱离我们监管，增长必定更为可观。值得一提的是，上海第一季度查获 417,446 元，主要是对公共租界内珠宝店等突击稽查的成果，而第二季度查获 888,318 元，主要靠其中一个案件的贡献（总税务司已向财政部长汇报此案细节），不过就算将这些案件排除，上海地区查获数的增长依旧令人满意。对各口数据分析可知，除一二例外，凡有缉私船服役、配置关警及实施各项缉私措施之处，查获数据均有显著增长。烟台、上海、福州、厦门和汕头需特别关注，秦皇岛和天津受到东三省局势引发的混乱的通商环境影响，九龙关罚款及查抄入官数据减少 49,079 元，可能仅是由于缉私工作成效卓著，从而九龙边境大规模走私逐渐绝迹所致。

缉私工作所取得的这些成果，非常可惜，没有在入库税收中得到相应体现，但全球贸易萎缩、中日冲突、华南地区官员参与走私和税率提高，这些因素导致的进出口量立竿见影减少等，都会对税入产生不利影响，但减少可能是暂时的。不过，得益于缉私工作，一些商品（如糖）重新在某些口岸申报并完纳税款，例如厦门和福州都有糖依法申报进口，之前大多都是走私进境，这些都有助于税收增长。另外，如果考虑到缉拿查扣所产生的威慑作用，那么其对关税征收的间接促进也是相当可观的。

缉私工作的成本

就海关现有架构，缉私工作与常规税收监管相互交融，很难精确地单独估算缉私成本。就本财政年度而言，大致估算成本约为 600 万元，其中包括到期结算的数额巨大的建造舰船和配置装备的一次性费用（非维护费）。这一数字不超过预估海关税入的 2%，约占整个关务支出的 17%。其他国家的缉私成本现无从知晓，但可以肯定远超 600 万元。

缉私船

16 艘长度为 136 至 170 英尺的船只正在建造中，明年初应能投入服役，那时有望提供一支深海巡逻队，巡逻将覆盖整个中国海岸线。增加了小型近海船只，船只方面的贷款项目也在有序推进，有各式船只投入使用。作为权宜之计，5 艘缴获的日本机动船改装后作为缉私之用，屡立奇功。

① 未印刷。

海关无线通信

由于制定规范、投标审查以及其他诸多事项需要大量人力物力，无线通信恐最早也要到 1934 年 6—7 月才能开通，已经尽最大努力开展工作。缉私电码已经编辑完成，要确保缉私电报的保密性。

海关缉私空中力量

有关组建一支海关缉私空中力量的评估已在海关缉私科税务司 1933 年 4 月 12 日的一份备忘录中详细论述过，这份备忘录的副本也已呈交关务署署长。其中清楚地列举了给缉私舰队随船配置水上飞机的种种益处，并详细阐述了组建一支缉私空中力量的提议。这份方案规划周详，还包括水上飞机飞行员的培训事宜，再加上装备购置费用，整个开销数目不菲，眼下看来还有待商榷。但配置水上飞机这一建议不该就此弃之不顾，待新一批缉私船只投入服役，或可审慎考虑购置一二，并配置训练有素的飞行员，在特定口岸试行。

关　警

在烟台、福州、汕头、九龙、拱北、琼州和北海等地已建立起关警队伍，作为缉私工作的组成部分，成效显著。

陆路边境

如前文所述，九龙地区陆路边境的走私行径已得到遏制。现在大批货物通过广州湾陆路边境进行走私，海关已竭尽全力应对，但却收效甚微，究其原因，是西南政务委员会不准海关在新建成的机动车道的关键位置设立新的关卡所致。在九龙和广州湾地区建立缉私区的完整方案已呈交国民政府，一旦实施将会有效杜绝大规模走私。不过前提是得到广东当地政府的配合。在拱北地区海关已经领教了当地政府的坚辞不允，交由海关监管陆路边境的提议被中山地方官员正式驳回。中缅和中印边境的走私规模不大，巡查队可应对无虞。经由东三省通过陆路进行的地下贸易只能押后再办，一旦条件允许必将严查不怠。山海关地区进行的排摸发现，目前为止走私规模不算太大。

铁　路

北宁铁路沿途的地方政府一直与海关保持精诚合作，故而通过该条铁路实施的走私受到有效遏制。然而在华南，广州和九龙当局对海关拟议的任何缉私措施一概抵制，丝毫不见有缓和迹象，反而有愈发激烈之势。这些地方政府一直试图削弱海关地位，最近又变本加厉，要求关员从执勤的关卡中撤离。

华南地区官员走私

粤海关税务司的多份报告记述了大批应税货物不断通过军舰和盐船避税运入广东一事，并列明了真凭实据。粤海关入库税收下降可能全由此类走私导致，而海关却束手无策，估计偷逃税款占比约为40%。珠三角其他口岸，汕头和北海也都被这种利用官船实施的走私所影响，这是众所周知的。值得一提的是，拱北关最近几份报告显示，从澳门偷运应税货物进境的官船数量最近几周出现下降，原因不明。

民船通商

民船从事通商已逐渐纳入监管，先前涉足走私的许多民船，由于海关约束，转而投身合法贸易。明年缉私舰队进一步壮大，对大规模民船走私来说不啻于敲响了丧钟。民船管理规章目前正在修订，建立民船监管关卡的具体实施方案，只待华北某口补充信息后，即可报国民政府核批。

轮船载运未申报货物

这一类型的走私数量已明显减少，在此须带上一笔，轮船公司由于海关加处罚款而开始自觉履行其应尽义务。针对船用物料的监管措施不久将予以实施，主要核查其是否挪作它用。值得一提的是，在与总税务司会谈之后，香港当局正在考虑组建其自行管辖的正规查缉队伍，落实去年颁布施行的香港地区有关规定，对载运未申报货物的行为立案起诉。

缉私情报

情报来源数目众多且切实可靠。提供假情报以扰乱海关视线的行径确实屡见不鲜，但已受到遏制，海关若对举报事项存疑会要求提供担保，同时（或者）要求线人陪同海关官员参照线索展开行动。

面临障碍

除去某些地区当地官员对走私施以庇护或对海关不予配合这些不利因素外，海关缉私工作面临的困境还在于对走私人员不能依法实施拘役，只能查抄入官其货物或处以罚款，最多查抄入官和罚款一并执行。另外，当发现货物在海关勉强维持的边境关卡逃脱监管已然走私入境，海关也很难对货栈、商店和私人住所等处实施搜查及对账簿进行稽查。缉私法案已拟议完成，并于1932年呈报国民政府，其中着重针对这两点列明法条。毫无疑问，海关在对某些享有治外法权的国家的公民执法时，会受到相应限制。而值得一提的是，如果缉私法案得以通过审议并颁布施行，海关承诺凡执法均依照中国法律，那么这些享有特权的公民所属的国家政府或许更倾向于给予方便。

1933 年 8 月 15 日

1932 年

1932 年整理内债

国民政府 1932 年 2 月 24 日训令[①]，令总税务司每月拨供关税 860 万元抵付内债

财政部训令沪字第六号 中华民国二十一年二月二十七日

令总税务司梅乐和：

为训令事：案奉国民政府本年二月二十四日命令，内开自辽变发生以来，各种债券价格因之暴跌，国家财政、社会经济多受其困。政府丁艰屯之会，对于还本付息从未愆期。迨上海事变继起，债市骤失流通，金融亦陷停滞。政府与民众本是一体，休戚相关，安危与共。际兹国难当前，财政奇绌，与其使债市飘摇，无宁略减利息、稍延偿还日期，俾社会之金融得免枯竭，御侮之财力藉可稍纾。迭饬财政部与各团体从长讨论，就原颁之条例，重拟适当标准。并经决定，每月由海关税划出八百六十万元，作为支配各项债务基金。其利息，长年六厘。还本期限，按照财政部拟定程表办理。仰由行政院饬部转令拨发。基金之征收官吏及总税务司，每月按期将各项债券本息如数拨付，至本息还清之日为止，不得稍有延误。此乃政府与民众维持债信、调剂金融之最后决定，一经令行，永为定案，以后无论财政如何困难，不得将前项基金稍有摇动，并不得再有变更，以示大信。等因。奉此合行令仰该总税务司遵照办理。

此令。

财政部关于已令总税务司每月拨供关税 860 万元抵付内债的布告[②]

财政部布告

为布告事：案奉国民政府本年二月二十四日令开，自辽变发生以来，各种债券价格因之暴跌，国家财政、社会经济多受其困。政府丁艰屯之会，对于还本付息从未愆期。迨上海事变继起，债市

① 译者注：原书附有中文本，本书将之由竖排改为横排、繁体改为简体并加注标点后予以收录。

② 译者注：原书附有中文本，本书将之由竖排改为横排、繁体改为简体并加注标点后予以收录。

骤失流通，金融亦陷停滞。政府与民众本是一体，休戚相关，安危与共。际兹国难当前，财政奇绌，与其使债市飘摇，无宁略减利息、稍延偿还日期，俾社会之金融得免枯竭，御侮之财力藉可稍纾。迭饬财政部与各团体从长讨论，就原颁之条例，重拟适当标准。并经决定，每月由海关税划出八百六十万元，作为支配各项债务基金。其利息，长年六厘。还本期限，按照财政部拟定程表办理。仰由行政院饬部转令拨发。基金之征收官吏及总税务司，每月按期将各项债券本息如数拨付，至本息还清之日为止，不得稍有延误。此乃政府与民众维持债信、调剂金融之最后决定，一经令行，永为定案。以后无论财政如何困难，不得将前项基金稍有摇动，并不得再有变更，以示大信。此令。等因。奉此，除将基金饬由总税务司按照新定之数迳拨国债基金管理委员会暨本部拟定程表另案公布外，所有本月份各项债券应付本息办法：其库券一项，原定还本壹佰元者，以四成为标准，并付给所余本金之息，按月以五厘计算，即凭各库券二月份本息票，按照新定应付本息之数照付之，一面将票收下，所短之本金归入统案计算，补给新本息票；公债一项，除十七年金融长期外，统按周息六厘付息，其还本标准，除十七年金融长、短期外，均与库券同，其换票手续，应另行规定办理。

特此布告。

财政部长宋子文

财政部令总税务司自 1932 年 2 月起每月拨付关余 860 万元至基金保管委员会抵付内债的训令[①]

财政部训令

令总税务司署：

为令遵事：查内债基金，现经规定，每月拨银八百六十万元，业经令行该总税务司署遵照在案。此项基金，即在关税项下除拨付外债及赔款外所余之税款及退还赔款之原抵押部分支付。于本年二月起，每月如数拨交基金保管委员会备付到期本息之用，至还本付息偿清之日为止，不得稍有延误（除债券还本付息表另案饬遵外）。

此令。

① 译者注：原书附有中文本，本书将之由竖排改为横排、繁体改为简体并加注标点后予以收录。

总税务司关于已收悉并将执行财政部关于每月拨付关余860万元抵付内债训令的公告①

总税务司公告

案奉财政部令开，为令遵事：查内债基金，现经规定，每月拨银八百六十万元，业经令行该总税务司署遵照在案。此项基金，即在关税项下除拨付外债及赔款外所余之税款及退还赔款之原抵押部分支付。于本年二月起，每月如数拨交基金保管委员会，备付到期本息之用，至还本付息偿清之日为止，不得稍有延误（除债券还本付息表另案饬遵外）。此令。等因。奉此，自当敬谨遵守，每月如数拨付，至本息还清之日为止，不稍延误，以副政府维持债信之至意。

特此公告。

---

① 译者注：原书附有中文本，本书将之由竖排改为横排、繁体改为简体并加注标点后予以收录。

< 1933 年

民国二十二年关税库券发行

财政部关于民国二十二年（1933 年）关税库券发行所颁训令[①]

财政部训令公字第一〇二九三号

令总税务司：

案照政府为周转国库起见，发行民国二十二年关税库券壹万万元。所有条例暨还本付息表，业由行政院会议并送经中央政治会议先后决议通过，转由国民政府令行在案。原条例第三条内载："本库券定于民国二十二年十月一日发行"。又第六条载："本库券应付本息基金，指定由关税增加收入项下指拨，由财政部命令总税务司于每月二十五日，按照还本付息表所列数目，拨存中央银行，交由国债基金管理委员会一并保管、备付"各等语。除分函中央银行及国债基金管理委员会查照办理外，合行抄发前项库券条例暨还本付息表，令仰该总税务司查照表列还本付息数目，自本年十月份起，于每月二十五日，在关税增加收入项下，如数拨存中央银行，交由国债基金管理委员会保管、备付，并随时具报查核为要。

此令。

计抄发：民国二十二年关税库券条例暨还本付息表各一份。

中华民国二十二年十月二十三日

部长宋子文

---

① 译者注：原书附有中文本，本书将之由竖排改为横排、繁体改为简体并加注标点后予以收录。

1934 年

民国二十三年关税库券发行

财政部关于民国二十三年（1934 年）关税库券发行向梅乐和爵士所颁训令[①]

财政部训令公字第二一二六号

令总税务司梅乐和：

案照，政府为偿还银行积欠、安定金融起见，发行民国二十三年关税库券一万万元。所有库券条例、还本付息表，业奉国民政府明令公布。原条例第二条载："本库券定于二十三年一月发行"。第四条载："本库券每月还本付息一次，于每月末日行之"。第七条载："本库券应付本息基金，由财政部指定在关税收入项下照拨。特命令总税务司依照还本付息表所载应还本付息数目，按期拨存中央银行，列收国债基金管理委员会户帐，备付到期本息"各等语。除分函中央银行及国债基金管理委员会查照办理外，合行抄发原条例暨还本付息表，令仰该总税务司查照表列逐月还本付息数目，自本年一月份起，于每月二十五日，在关税收入项下，如数拨存中央银行，收入国债基金管理委员会户帐，备付到期本息，随时具报、查核。一面将遵办情形，先行具复为要。

此令。

计抄发：民国二十三年关税库券条例暂还本付息表各一份。

中华民国二十三年一月十八日

部长　孔祥熙

---

① 译者注：原书附有中文本，本书将之由竖排改为横排、繁体改为简体并加注标点后予以收录。

< 1935 年

总税务司关于中国领水引水问题呈政府之备忘录

续前文，尤其是第7659号文，其中述及就引水事宜同日本当局的谈判情况，总税务司现转呈其于6月22日致日本大使照会及后者6月24日复照，请容禀引水事宜之来龙去脉。

一、1842年之前，中国作为一个主权国家，享有在其领水内管辖引水人和引水事务的绝对主权。其时，广州是唯一对外通商口岸，所有广州口岸的引水人均为华人，由澳门同知管辖。

二、由于担忧为来港船舶派遣引水人滞延、引水人索要超额费用以及由不能胜任的人员充任具有资质的引水人而发生危险，早期与中国签订条约者，如英、法和美诸国在条约中专门订明条款如下：

（一）每遇货船进出港，准令引水即行登船带进、带出，避免滞延；

（二）至雇募引水工价若干，应由各口岸领事酌定；

（三）凡人欲当某船籍船舶引水者，可凭三封其以往所引水之船舶船长出具的推荐信向该船籍国领事馆注册登记为引水。（中英《虎门条约》附约《五口通商章程：海关税则》第一款、中美《望厦条约》第八款、中法《黄埔条约》第十一款）

三、通过如此干涉中国主权，外国领事监管引水制度在各通商口岸建立起来。合格的引水人由各国领事馆造册登记，引水费用由各国领事酌定，船长可按喜好自由选用引水人。这一制度由此牢牢确立下来，并在1858年《天津条约》中获得确认。（中英条约第三十五款、中美条约第十七款、中法条约第十五款）

四、但是这一制度存在明显不足。口岸上缺乏一个统一并集中的引水管理部门来执行职业纪律以及确立统一的业务能力标准。19世纪50年代早期就已成为中国对外通商主要港口的上海，对这种管理机构缺失的感受尤为强烈。随着蒸汽轮船数量的增长，越来越多的外国引水人取代了中国引水人，尽管每个外国引水人由其所属领事管辖，但是各国领事缺乏有效手段对其本国籍引水人的引水活动实施管理。由于舞弊盛行，为改善这种局面，1855年12月，上海道台和各国驻沪领事商定了一套引水人考选章程，规定对引水人进行考试，发给证书，所有国籍人员均可参考。这些规定最后没有达到预定目标，因为发现规范华人引水人的执法无法实施，有资质的引水人不断让无资格的人代替他们完成任务。为此，1859年12月，英、美、法三国领事拟定了一套新的章程，规定限由上述三有约国公民担任引水人。非有约国公民因不服从管理被排除在外。

五、1863 年 7 月，中国与丹麦签订《天津条约》，第三十四条规定，当允准丹麦船舶选择其本国引水人引导进出港口。1865 年 11 月签订的中国与比利时《北京条约》（第二十二条）以及 1866 年 10 月签订的中国与意大利《北京条约》（第三十四条）也作了相同规定。中意《北京条约》第三十四条还特别订明，引水费用以及引水事务相关问题的章程当由各国领事和中国政府机构共同协商而制定。这一条款标志着一种认识的回归，承认了中国在引水事务上的话语权。为使中国重新拿回所失去的部分主权，1867 年，总税务司赫德爵士建议总理衙门应制定一部引水总章程，收回对引水事务的控制，重申中国颁发引水执照的权利。

六、在同俄、英、法、美、德等当时驻北京的公使协商之后，章程最终得到所有各方认可，并于 1867 年由总税务司第 3 号通令下发执行。然而，由于章程中包含一条强制引水的规定，导致章程无法实施。因此，这份章程被搁置一边。经删去强制引水条款，又加强了理船厅的监督权之后拟就一部新的章程。最后总理衙门和上述五国公使同意了新修订的章程。

七、修订后的章程最后以总税务司 1868 年第 30 号通令下达，称为《中国引水总章》，其规定“修正章程的出发点，是当地法规应由事关最密切的人士如理船厅、领事以及商会等制定。且应会商设立考选委员会，具体形式由各地因地制宜。章程再次重申了凡与中国订有通商条约的国家，其公民与中国人一样，都有资格申请引水执照，并对通过考选填补空缺的方式进行了规定。章程通过规定所有引水执照由海关税务司代表中国政府并以中国政府名义签发，表示了对中国主权的承认。章程对引水学徒进行了规定，并对无照引水之人、行为不检之引水人以及雇用无照引水人的指挥官规定了惩罚措施。”由此可见，章程经过一番颇为周密考虑的修改，相对有利于中国。但是前文所引述的条约规定并未被废除，也没有废除各国领事干涉中国引水事宜的权利。1896 年 7 月于北京签署的《中日通商行船条约》以及 1905 年 9 月于北京由中国和 11 国代表签署的《改订修浚黄浦河道条款》佐证了这一点。《中日通商行船条约》第十六条规定了引水事宜，《改订修浚黄浦河道条款》第一条规定引水章程（即 1868 年章程）继续有效。

八、在引水人不可或缺的通商口岸，引水事宜根据上述引水章程组织。在某些口岸，例如上海和天津，成立了引水公会，公会有其自有资产，办理公会自身事务，持执照的引水人虽为公会个人会员，但根据 1868 年引水总章，仍受口岸引水管理机构监管。正是这些公会之一——吴淞汉口领江有限公司①在 1921 年底的成立，导致了海事委员会抗议外国人在中国水域篡夺引水权的行为。这又导致 1922 年 6 月，交通部、海军部和农商部提出了修订 1868 年《引水总章》的要求。但由于没有国际协定就不可能进行修订，因此修订章程的请求没有结果。7 年以后，1929 年 5 月，关务署通知总税务司②，政

① 译者注：原文为“The Woosung-Hankow Foreign Pilots’ Association”，直译为“淞汉外籍引水公会”。

② 关务署致总税务司第 625 号文。

府已经决定废除 1868 年《引水总章》，要求其就引水事务管理拟具一部新的章程。总税务司与海务巡工司商议后拟具了新章程，并对中国水域引水发展做了历史概括，其中明确指出了 1868 年《引水总章》的基础是通商条约，所拟新章程和引水历史概述一文一并提交给了关务署①。总税务司所建议的章程草案于 1929 年 12 月递交至关务署②，但是经多次提醒③，章程未获批准。

九、1933 年，引水问题再次变得尖锐起来。当年 8 月，总税务司向关务署提供了国家防务委员会要求的现引水人姓名、国籍、各口岸执业引水员数量和中国内河口岸等详细资料。9 月，关务署向总税务司转发财政部、海军部和参谋部起草的引水管理暂行章程，章程已经行政院批准通过，训令总税务司执行④。对于总税务司对部分条款的修改建议⑤，关务署答复，暂行章程既已颁布，目前无法召回或修改，总税务司应督促各口尽快遵令将引水管理委员会即行筹备组织⑥。总税务司答复称将迅疾筹备组织引水管理委员会，但是考虑到外籍引水人在中国水域工作的权利是根据通商条约的规定，应先与各国领事代表达成明确的谅解，以免他们对涉及外籍引水人的暂行章程之执行提出反对，或是就条约权利提起上诉⑦。关务署在回复中指出，1868 年《引水总章》并非条约，且现行《引水管理暂行章程》许多条款与《引水总章》无异，因此执行章程应该无甚困难⑧。随后总税务司列举了尚未被废止的条约条款，并同外国船长和船主就按其喜好雇佣引水人的权利进行商议，并同各国领事就确定费用、签发执照及注册等引水事务进行干涉的权利进行协商。考虑到这些没有被废止的条款，总税务司建议外交部尽快照会各缔约国公使，附上最近颁布的《引水管理暂行章程》副本，并通知各公使已训令海关执行该暂行章程⑨。

十、根据政府指令，上海为首个执行口岸，于 1933 年 12 月召开了新的引水管理委员会第一次会议，代表根据暂行章程选派，但是缺少一名上海中外商会的代表。商会理由是由于未获领事团许可无法指派代表。尽管领事团抗议中国政府单方面废止 1868 年《引水总章》，新的引水管理委员会仍开始着手制定内部规则，并准备接管总部设立在上海的四个引水公司或公会，具体如下：

（一）上海领江公司；

（二）吴淞汉口领江有限公司（上海）；

（三）日本扬子江水先协会；

（四）吴淞汉口华人引水公会（上海）。

---

① 总税务司致关务署第 346、368 号文。
② 总税务司致关务署第 704 号文。
③ 总税务司致关务署 1930 年第 947 号及 1931 年第 1763、2232 号文。
④ 关务署致总税务司第 10857 号文。
⑤ 总税务司致关务署第 4939 号文。
⑥ 关务署致总税务司第 11088 号文。
⑦ 总税务司致关务署第 5014 号文。
⑧ 关务署致总税务司第 11211 号文。
⑨ 总税务司致关务署第 5051 号文。

上述四个公会的代表被约见，实际结果却是，尽管接管淞汉华人引水公会没有困难，但是上海领江公司和日本扬子江水先协会的接管并不顺利。他们要求必须先行接到其本国领事指令再行将其会员交由中国引水机构接管。1934 年 1 月 20 日和 27 日，在南京召开了两次会议，与会代表包括外交部、海军部、财政部、交通部、参谋本部，就上海和天津外籍引水公会以及在背后撑腰的各国领事团的抵制态度进行讨论。会议决定，鉴于领事团已经就此事与上海市长进行过接触，即指示上海市长出面就上海引水公会事宜同领事团进行协商，并由总税务司与公会协商确定他们愿意交出其资产并为中国政府引水组织服务的条件。

十一、不幸的是，这些讨论和磋商没有任何结果[①]。领事团拒绝承认《引水管理临行章程》[②]，并支持上海引水公会的态度，即在获得相关有约国认可授权变更之前，《1868 年引水总章》仍视为有效。当时，一名美国学徒引水人应按期参加考试以获执照，但他拒绝参加按照 1933 年暂行章程成立的引水管理委员会所组织的考试，而上海领江公司则拒绝了政府提出的向其购买行将退休的两名引水人的缺额[③]。此外，所有外籍引水人的执照将于 7 月 1 日到期，需换发新照，但由于这些引水人并不承认新成立的引水管理委员会，可以肯定的是，换发新照时他们将越过引水管理委员会，并根据《1868 年引水总章》与获此章程授权代表政府签发和换发执照的海关税务司联系。显然，税务司不能换发新照。那时，这些引水员或是不得不在没有执照的情况下继续工作，或是向其领事当局申请临时执照，以免口岸的贸易和航运受到干扰。为摆脱这一僵局，上海引水管理委员会的海军部代表许将军[④]提出，若将各口引水事务统一交由海关，则政府可能达到其预期目的。为此目的，起草了一份引水章程修正案[⑤]。这些拟议的章程在 1934 年南京举行的特别会议上进行了讨论[⑥]，海军部、财政部、参谋本部代表参加了会议。会上，总税务司的代表指出，在拟议的章程颁布之前，由中国和相关有约国进行外交磋商是有必要的。6 月初，在第 160 次会议上，行政院确立了中国完全收回其领水引水监管权的四项原则，并决定由外交部和财政部负责在此四项原则基础上与外国代表进行磋商[⑦]。一周以后，署理总税务司接到通知，行政院已经批准了拟议的章程，但章程将暂缓公布，以便署理总税务司向各外国代表解释新章程，并最好能获得他们的接受[⑧]。

十二、到 1934 年 7 月中旬，署理总税务司报告，他已分别致函所有有关各国领事并附新修正引水章程，以及邀请他们就此事讨论。他收到了英、美、瑞典、挪威、丹麦、葡、德、荷等国领事的书面回复。署理总税务司还与英、法领事进行了面谈，英国领事已将此事向公使报告。总税务司

---

① 总税务司致关务署第 5561、5562 及 5635 号文。
② 同上，第 5246 及 5303 号。
③ 同上，第 5779 及 5870 号。
④ 译者注：许继祥，海军部海道测量局局长。
⑤ 总税务司致财政部长第 1053 号、致关务署第 5689 号文。
⑥ 关务署致总税务司第 1627 号电及总税务司致关务署第 322 号电。
⑦ 关务署致署理总税务司第 1652 号电。
⑧ 同上，第 1657 号。

还和上海领江公司就接管公司资产问题开始谈判[1]。三周以后，署理总税务司又报告，只要稍作修改，英国当局愿意接受新章程[2]，但直到9月中旬，他才得以将日本当局拒绝接受新章程一事告知政府[3]。10月，署理总税务司已可以申明，英、美两国政府对新章程给予积极反馈[4]，与上海领江公司的谈判也有了进展[5]。

十三、就在此时，上海领江公司需要3名学徒引水人递补缺额。政府认为，缺额应由合适的中国候选人递补，因此要求署理总税务司命令上海理船厅挑选出合格的中国候选人并向他们签发引水学徒证书[6]。海关立即行动以落实政府要求，但在当时的情形下，该等候选人委任将不得不跳过委任委员会手续。领江公司虽不反对中国候选人，但在未经领事团批准的情况下不愿意接收他们[7]。与该公司的谈判已进入后期阶段，11月29日，署理总税务司终于向政府报告接收上海引船公司资产，以及上海领江公司员工编入政府引水机构已谈妥的条件。这些条件得到了政府批准[8]，但由于购买费金额巨大，为关金券100万，署理总税务司建议从海关税收中支拨[9]。鉴于公司开出了条件，政府也同意这些条件，署理总税务司认为现在是提请政府批准1934年6月引水章程修正案及经与各有利害关系之有约国领事非正式谈判所做之修正的适当时机。向政府提交章程修正案时，署理总税务司表示，如果政府批准了修订的部分，他希望所有的修订都能一并纳入新章程，且一旦批准，他认为如果外交部能在修正章程颁布之前就此事与各有利害关系之有约国公使进行沟通，将加速达成最后的谅解[10]。

十四、此时，总税务司返回中国，并立即着手处理引水章程及外国利益问题中两项仍待解决的事项，即与日本当局的协议问题[11]和委任3名中国引水学徒递补上海领江公司缺额问题。先讨论第二个问题。总税务司只是提醒关务署，只有经过数次讨论和旷日持久的谈判，克服重重困难，由理船厅挑选并经政府批准的3名候选学徒才能最终被上海领江公司批准并接收为学徒引水人[12]。而关于主要问题，即就接受政府1934年6月提出并在12月又行修改的引水章程修正案征得日本当局同意的问题，可参见下列内容：总税务司第123号信函，信中叙述了与日本大使有吉明先生就此事第一次面谈情形及其与日本总领事石井先生开始谈判的情况；第7339号函，函中告知政府，谈判的

---

① 署理总税务司致关务署第6129号文。
② 同上，第6237号。
③ 同上，第6207号。
④ 署理总税务司致关务署第6504号文。
⑤ 同上，第6623号。
⑥ 关务署致署理总税务司第14541号文。
⑦ 署理总税务司致关务署第6716号文。
⑧ 关务署致署理总税务司第1748号电。
⑨ 关务署致署理总税务司第363号电。
⑩ 关务署致署理总税务司第6801号文。
⑪ 关务署致总税务司第905号函。
⑫ 总税务司致关务署第122号函；总税务司致关务署第7152A号文；总税务司致关务署第7230号文；关务署致总税务司第16075号文；总税务司致关务署第7725号文。

拖延是由于没有收到东京的指示；第7499号函，函中概述了当时与日本当局的交谈和通信内容；回复关务署第16827号训令的第7659号函，该复函中附粘了与日本领事杉原先生就其提出的19项建议进行会谈的纪要。这19项建议表达了日本政府的观点。自寄递那份函件以来，总税务司于6月21日与日本大使进行了个人会晤，向他递交了杉原先生提出的19项建议的副本，就这些建议与杉原先生的谈话纪要，以及表明这些建议是不可接受的评论。具体意见如下：总税务司向有吉明先生指出，这一引水问题的症结在于外国领事当局对中国引水事务的干预，并对其发问，日本政府是否不愿批准撤销干预，使中国得以完全控制其领水引水权。有吉明先生答复说，政府拒绝放弃由《1868年引水总章》以及中国与各有约国订立的条约所规定的引水事务领事管辖权。再行讨论已无济于事，因此，第二日，总税务司去信有吉明先生，请他明确总税务司对其关于此事所做声明的理解是否无误。总税务司信函副本（英文）和有吉明先生的复函副本（也为英文）附后。从有吉明先生的复函副本可以看出，日本大使明确无误地证实了他在谈话中所表达的立场。

十五、日本当局愿意改变态度之前，在引水权问题上，总税务司认为最明智的做法将是：

（一）把上海情况暂时放下，上海领江公司维持现状；

（二）公布于1934年6月提出，后于12月修改并获批准的修正引水章程。当前仅在只雇用中国引水的口岸和地区如广州、福州、温州和扬子江中上游施行。

如此办理的好处在于：

（一）可以立即开始建立海关监管下的中国政府引水机构；

（二）一旦政府引水机构在上述口岸和地区稳固设立起来，并已证明其效率，即可向英、美当局提议——他们也已显露其同情之意——请其承认这一引水机构，不反对机构拓展至厦门和汕头两口。此两口的英、美引水人只有区区少数；

（三）通过抓住每一有利机会让中国候选人成为上海领江公司引水学徒，过程虽缓慢，但中国最终必将在公司拥有一支训练有素的引水人队伍。这将使中国政府最终接管领江公司时比目前容易得多，争议也少得多。

十六、政府公布1934年6月/12月引水修正章程在事实上废除了1933年《引水管理暂行章程》。而当前仍在运作的上海引水管理委员会正是依据1933年章程而设立，委员会将就此解散，但这应不会带来任何大的困难，因为委员会目前承担的所有职责都可由设于上海的海关机构接管。

本函粘附副本一份，以便转送外交部。

1935年7月5日

附 录

1935 年 6 月 22 日总税务司梅乐和爵士致日本大使有吉明博士函（副本）

有吉明博士：

在昨天我们关于引水章程的谈话中，我注意到阁下声称贵国政府拒绝同意废除《1868 年引水总章》所规定的对引水管理委员会的领事管辖权，请阁下告知，我对您就所作声明的理解是否有误？

此致。

（签名）梅乐和

1935 年 6 月 24 日日本大使有吉明博士致总税务司梅乐和爵士函（副本）

梅乐和爵士：

6 月 22 日来函收悉，阁下在函中让我确认您对我在 6 月 21 日我们谈话时关于引水章程一事的表态的理解是否准确，本人特此回复以告知，日本政府拒绝放弃由《1868 年引水总章》以及中国与各有约国订立的条约所规定的引水事务领事管辖权。

此致。

（签名）有吉明

1937 年

海关与河港疏浚

直隶海河治理委员会[①]

早在 1917 年年初，时任津海关税务司以及海河工程总局主任的梅乐和（现为爵士）就认为，解决大沽口通航的复杂问题以及控制海河洪水和泥沙淤积的问题，应该是该省水道系统的科学的疏浚工程，而不仅仅是一个地方的水利工程。因此，他要求在天津成立一个专门委员会，研究直隶省排水和水利工程所涉及的问题，以便海河工程总局在未来的水利工程等方面能得到最好的建议，由此产生了一个计划，即建立一个联合委员会来控制该省的河流，并设计方法来协调排水和航运的重要问题。他所阐述的原则是，大沽口问题的根本解决可以靠成功改善和疏浚该省水系，而不是从一地或多或少的保守的水利工程中获得。换句话说，在他看来，除非白河的所有支流（当然尤其是永定河，其滔滔的洪流对天津港而言是一个持续不断且非常危险的威胁）是在有资质工程师的管控下并以科学手段加以维护，否则海河工程总局在河道上和大沽口的日常工作都是无效的，洪水泛滥造成工程中断和破坏，以及泥沙在河道中和大沽口的周期性淤积，其规模如此之大，以至于工程总局的疏浚工程无法应付。

尽管梅乐和先生提出的任命联合委员会的提议在 1917 年灾难性洪水发生的前一段时间已由董事会通过，但直到 1918 年春，政府才批准了工程总局的推荐，同意设立委员会，致力于改善直隶河道系统以及收集必要的数据，以制定综合计划改善该省河道系统—— 最终被称为“大计划”。政府的决定无疑受到水灾的灾难性影响，为了使委员会能够开展这项工作，通过外国使团的斡旋获得了中国政府的援助，这项申请的结果是政府每月从洋关税收中拨款 30,000 两，这个拨款“将一直有效，直到这个委员会工作结束”。财政部长在向外国使团团长传达这一决定的同时，告知财政部已与委员会主席熊希龄先生商议决定，从委员会其他收入来源的存款中向政府提供一笔 1,000,000 元的免息贷款，从 1921 年 5 月开始从盐税收入中以 10 个月分期付款的方式偿还，每月偿还 100,000 元。外国使团对这项金融交易的补偿性质提出了反对意见，但其答复中没有任何内容表明，

① 关于直隶河流委员会等的更多信息，请参阅 W. Ferd. Tyler，《中国纪事》（Pulling Strings in China）第十五章、魏尔特所著《辛亥革命以来的海关税收》。

它认定要从洋税中获得每月补偿款无论如何都取决于贷款的偿还。这笔拨款的前两部分，即 1920 年 5 月和 6 月的那两部分，是从北京直接以规平银支付的，但从那年 7 月起，一直到 1928 年 10 月，改成以关平银支付，由天津税务司从他的税收中拨付，每次付款都被视为汇款给总税务司的洋税收入账户，款项存入天津汇丰银行，以便在持有该委员会账户的银行之间进行分配。根据财政部的指示，1928 年 10 月和 11 月的拨款是通过作为中介的天津市长支付的，但自那年 12 月以来，这些每月拨款已由总税务司从他的收入账户中直接拨付给财政部转交委员会。与此同时，1927—1928 年的政治动荡导致直隶水利改良委员会解散，并于 1928 年 9 月成立华北水利委员会。

永定河水利保护

几个世纪以来，为防永定河洪水泛滥，用于加固该河堤防和其他工程所需资金，都由中央政府提供。因此熊希龄先生，他曾担任修复被 1924 年夏的洪灾所毁堤岸的委员会总干事，适时于 1925 年 10 月 15 日向政府请愿，提醒临时行政长官防洪是中央政府的义务，并建议今后每年从关税收入中拨出 240,000 元，用于永定河堤防，以及为更好地控制这条河而可能需要的紧急工程。政府赞同这一提议，也向外国使团说明了此事，外国使团表示不反对，在答复中说，在偿还所有外债和赔款的资金有保证的前提下，由中国政府自行处理关税余款。然而，最终税收补助金固定在每年 100,000 两关平银，以 1 比 1.5 计算，即为 150,000 元，而实际所需为 240,000 元。外国使团认为，通过消除永定河洪涝危险对海河治理大有裨益，因此，只要海河水利工程不需要，那么，从税收中拨给海河工程总局的款项就可移拨给永定河水利局，每年为 60,000 两关平银。这样就可弥补所需的 90,000 元缺额。这笔拨款从 1926 年 7 月 1 日开始，从两个来源按月分期支付，由交通银行天津分行接收，由永定河基金保管委员会监管。根据财政部的指示，1928 年 10 月和 11 月的拨款是通过天津市长作为中间人拨给该委员会的，自那年 12 月以来，这笔款项由总税务司在关税收入账目中直接拨给财政部，由其转拨给永定河基金保管委员会。从 1928 年 7 月开始，由于资金紧张，海河工程总局不再将其每月来自关税的 5,000 两关平银的财政拨款转拨给永定河水利局。

海河治理委员会

被称为永定河三角洲的地区，是在 18 世纪的最初 25 年间通过建造围堤围起了约 600 平方公里的土地而形成的。在两个世纪的过程中，这个三角洲开始淤积，到 20 世纪初，它的上端高出原地面 6 米~8 米。很明显，旧三角洲已经达到了它的目的。也很明显，正是因为永定河的泛滥证明会淹灭天津和毁灭成千上万的农田，因此现在就必须为永定河找到一个新的入海口。1925 年，直隶水利局发布了“最终报告和宏伟计划”，其中提出建议：在现有三角洲的西部和南部，为永定河建造一个新的三角洲，并建造一条通往海洋的新通道，从提留铺（Ti-liu-pu）起直至海河南部的直隶湾。这个宏伟的计划包括在官厅修建一座大坝，形成一个用于减少洪峰的滞洪水库，在卢沟桥安装调节闸门，以及在从卢沟桥到河流入海口形成的新三角洲的地方营造一系列防护林。据估计，整个项目花费大约 32, 800, 000 元。关键的问题是，当时的政府没有足够的资金，也没有通过贷款筹集资金的可能，同时也意识到征用所需的大面积土地也存在巨大的困难。这件事暂时搁置，但在 1927 年夏，永定河泛滥带来的泥沙淤塞了海河，天津港只有在涨潮时轮船才能通达，而即使在涨潮时，也只能通过吃水 10 英尺或更少的轮船。这再一次尖锐地体现了这个问题，于是在当年的 9 月 26 日，北京内阁举行了一个防止海河淤积再发生的会议。这次会议原则上赞同直隶水利局制定的宏伟计划，并决定在执行这一计划之前，必须实施海河紧急救灾工程。然而，政治上的不确定性阻止了任何事情的进行，1928 年 9 月，直隶水利局被南京重组的中央政府接管，并更名为华北水利委员会。作为一个国家机构，这个新委员会的目的不仅仅是研究现在称为河北的直隶境内的河流状况，还要关注这些河流进入河北前的上游河段。然而，它的创立引起了当地的强烈反对，这一对立最终于 1928 年秋季形成了一个名为海河治理委员会的独立组织。该委员会立即开始工作，并提出了一个折中方案，将被称为大河滩的地区转变为永定河淡水的沉淀池，经过沉淀后，河水可以从该沉淀池通过新开河流入海河。这项计划后来经过多次修改，主要是由于当地农民拒绝出售他们的土地。1929 年的前 6 个月，南京政府与地方当局进行了谈判，目的是为该项目筹资 4, 000, 000 元。这笔贷款的债券（名为疏浚河北省海河工程短期公债）由财政部和国民政府执行委员会发行，并交给河北省海河疏浚委员会。债券利息是月息千分之八，从 1929 年 4 月开始，每年在 4 月 20 日和 10 月 20 日结算。债务的偿还共分 20 个半年，每半年偿还 200, 000 元，最终偿清时间定为 1939 年 4 月 20 日。该贷款的担保金是在旧的 5%关税基础上加征 8%的附加税，同时责成津海关 2. 5%附加税公债发行清偿基金委员会承担债券发行费。根据行政院命令，财政部于 1931 年 8 月发布指令，在海河疏浚工程短期公债的本金和利息全部付清之后，将继续征收 8%的附加税，为期 1 年。这笔额外收入用作华北水利委员会在永定河修建堤防所需贷款的保证金，并定期支付给海河疏浚工程短期公债基金委员会。从 1931 年 12 月起，后者取代了 2. 5%附加税公债发行清偿基金委员会，成为从 8%附加税中筹集的治水基金的受托人。根据行政院的指示，海河治理委员会于 1934 年 2 月初解散，已完成的工程、人员、办公室、账户、档案等已交给河北建设局。同时又发出命令，由整治海河工程技术局完成在建的工程，以完成海河改善计划，这一安排是在内政部和河北省政府的共同主持下进行的。在同一个月即 1934 年 2 月，行政院决定，为了为修建官厅水库和其他工程提供建设资金，这笔 8%①的附加税延期 1 年期满后将再延续 5 年，并已经获得批准。1934 年 5 月，整治海河工程技术局需要 100, 000 元用于永定河水利工程，该款项通过津海关税务司作为中介从 8 家当地银行筹集，担保抵押是在疏浚海河工程短期公债偿还后的附加税收益。这笔贷款的全部偿还日期是 1934

① 译者注：原文为“the 8 per mille”，即千分之八。从上文看，应为百分之八。

年 8 月 18 日，比最初预定的日期提前了将近 5 年。追加的 1 年附加税从 1934 年 8 月 20 日开始征收，追加的 5 年期附加税则将于 1935 年 8 月 20 日开始征收。

辽河水利

关于辽河治理的必要性问题，最初于 1905 年由牛庄税务司正式提出，他指出鸭岛河段不断被侵蚀，很可能会导致河水在那个地段突破堤防，从而使港口处于险境。人们敦促开展有关该河的勘测，并于 1907 年由海关海事部门进行。1909 年 11 月，牛庄商会通过了一项决议，宣布牛庄商人愿意支付 10 年期的特殊附加税，为河道疏浚、鸭岛沿岸的保护措施以及治理上游河道的适航性提供资金。上述最后提到的一项治理尤为必要，因为早在 1889 年，由村民和盐贩子开掘的双塔津运河严重影响了辽河的水深。1910 年年初，牛庄领事团开始处理此事，1911 年 7 月，作为政府代表的海关监督与领事团就河道疏浚和河流保护签署了协议。这项协议于 1913 年 9 月得到中央政府的批准，也得到了外交使团的批准，并于 1914 年 7 月 1 日由总统授权颁布。[①] 直到目前为止，水利工程的开支，特别是建造控制从辽河流入双塔津运河的水量的大坝所需资金，主要由伪满洲国当局承担，以及 1910 年户部拨款 200, 000 元，也有当地中国民众的捐款；但从 1914 年 8 月 23 日起，在已批准的进出口关税的基础上，海关开始征收水利附加税。

1916 年 5 月，与汇丰银行和道胜银行签订了 450, 000 两规平银的贷款合同，以附加税收入为担保。这笔贷款是不够的，因此向中央政府申请由关税收入援助。1919 年 12 月，中央政府终于同意由洋税向辽河水利局提供 1, 750, 000 两关平银的贷款，从 1920 年 1 月起的三年内分期拨付，最后由水利局收取的附加税支付每年 5%的贷款利息。在这个总额中，400, 000 两关平银被分配到辽河下游账户，剩余 1, 350, 000 两关平银分配到辽河上游账户。全部款项已分 9 次支付。前 8 次每次 200, 000 两关平银和第九次 150, 000 两关平银。时间为 1920 年、1921 年、1922 年这 3 年每年的 1 月、5 月、9 月。然而到了 1921 年年底，由于辽河下游水利工程迫切需要资金，所以 190, 000 两关平银作为第七批支付款中的一部分，经政府批准后，从上游账户转入下游账户。这笔款项应从第二笔 1, 864, 000 两关平银的贷款中归还至上游账户，这笔贷款由水利局提出申请，专门用于辽河下游水利工程。这笔贷款得到外交使团的首肯，1922 年 9 月 27 日使团团长致函外交部表示同意此笔贷款。从上游账户拨至下游账户的 190, 000 两关平银，在 1926 年、1927 年和 1928 年分 3 次偿还。还有，1922 年 5 月，当辽河下游水利工程再次迫切需要资金时，财政部授权从税收中拨款 95, 000 两关平银。应该指出，这笔款项不是从辽河上游账户的资金中拨出，而是从税收中直接拨给的，上述外交使团团长的函件中要求，这笔款项应被视为拟议中的第二笔 1, 864, 000 两关平银贷款的一部分。然而，这第二笔贷款自始至终没有得到中央政府的批准。第一期，200, 000 两关平银（依据水

① 译者注：原文有边注。

利局提议的计划应于1922年11月付款），在外交使团重新呼吁后，终于得到财政部的批准，并于1923年5月初发放给水利局。从那时起，政府拒绝批准任何进一步的拨款，理由是上游账户的第一笔贷款存在很多闲置资金。国家水利局派出一位特别代表到现场进行调查，并向政府报告，但这次调查没有任何结果。1929年水利局与中国银行和东三省银行安排了300,000元的贷款，用于从爪哇政府购买清除辽河入口处淤泥所需的抽吸式挖泥船。该贷款每月利息为1%，并在1931年7月1日和1934年7月1日之间按每一个财政年度100,000元的额度分期偿还。1932年6月，牛庄关被伪满洲国当局查封，自该日起，中国政府停止与辽河水利局的一切联系，1933年11月，伪满洲国当局决定接管水利局。

闽江水利

在福建省军政总督李厚基将军的倡议下，福州税务司于1916年9月向总税务司提出改善南台至宝塔锚地之间的闽江航行问题。这项初步行动的结果是，海关海事部门对这部分河段进行了调查，黄浦水利工程总工程师受邀访问了港口并就技术方面发表意见。海德生先生于1917年11月正式访问了港口，并在题为《改善闽江初步计划》的报告中给出了他的观察和计算。然后，税务司拟定了一项为海德生先生的项目提供资金的计划，估计费用为900,000元，分三年提供。1918年6月，该计划提交给英国商会赞助的一次公开会议，并获会议原则通过。然后交给由中外双方当局和各国商人代表组成的会议讨论细节。本次会议起草了修浚闽江总局的章程和规则，1919年1月得到中央政府和外交使团的批准。当年3月3日，根据上述规则加征的水利附加税开始实施，同年4月，总税务司通知税务司，外交使团已准许中国政府以关税作担保，为闽江水利工程贷款630,000元。1919年7月1日，总税务司作为政府代表与修浚闽江总局代表签署了贷款协议，并于当年10月1日至12月31日期间支付了贷款总额。该协议规定：（一）总局将于1920年4月1日起于每年4月1日和10月1日支付年利率5%的利息；（二）分期偿还本金，每半年偿还一期。1922年4月1日偿还第一期，于20年内清偿完毕；（三）水利附加税的全部收入将被用于担保这些付款。根据总局于当年制定的分期偿还进度表，于1922年4月1日正式开始偿还。由于中法实业银行业的破产以及随之而来的水利基金被冻结，1926年4月，经所有有关方面同意，根据原始分期进度表，1925年10月1日支付本息为最后一次支付，之后停止本息支付，从1928年4月1日起按照新的时间表恢复支付。这一新的时间表通过增加每笔分期付款的金额，使贷款最终偿还日期仍为原始日期，即1941年10月1日。1928年5月又批准了1年的延期支付。经过8年的不懈努力和超过1,000,000元的支出，这条河道终于被成功疏浚，河流的通航能力得到了肯定，早在1927年5月从宝塔锚地到南台的航道就可通航吃水11至14英尺的船只了，并且安置了相应的浮标以标记航道。然而，在1927年3月31日，当时上台执政的省级当局查封了疏浚闽江总局办公室和工厂，宣布暂停总局的工作，并解雇了全体员工。当时与省府当局进行解释的所有努力都是徒劳的，但到了 1928 年 11 月，新的总局自行向原总局的领事代表提交了一份备忘录，为其接管原总局的行动辩解，理由是为了妥善保护河流，有必要在河流上游以及南台和宝塔锚地之间进行勘察和开展作业，而这种上游作业自然只能由中国政府进行。不过，新的总局保证充分认可来自关税的贷款，承诺在有资质的技术主管指导下继续开展疏浚工作，并保证水利经费应专门用于南台和宝塔锚地之间河道。这个问题由领事转交给外国使团，结果于 1929 年 3 月，福建省议会主席和福州资深领事交换照会，同意原疏浚闽江总局接受安排，全面彻底地解除 1918 年 10 月该局成立以来依据章程其所承担的集体和个人的责任和义务，并全面彻底地将这些责任和义务移交给福建省政府。接着，作为原总局义务司库的海关税务司于 1929 年 4 月 8 日接到命令，将仍由他托管的前总局的水利基金移交给省府当局。但是，海关仍代表新的总局继续收取这些附加税，以便以这笔收入清偿自 1925 年 10 月以来不再支付的这笔以关税附加税为担保的贷款本息。还应该指出，实际上，经政府批准，将税收账户的利息用作鸦片缉获的奖励，截至 1925 年 10 月，这笔贷款的利息暂时支付给了总税务司的账户，而本金的还款直接转到税收账户。1934 年 3 月，财政部批准福建省政府关于设立闽江工程委员会的建议，闽江工程委员会由福建省政府、福州市总商会、财政部、海军部和国家经济委员会联合组成，负责监督闽江水利总局的所有工程。海关税务司被任命为财政部在该工程委员会的代表。在 1934 年 4 月 12 日召开的委员会第一次会议决定，应该在南台港铺设下锚浮标，在鱼屯州（Yutunchow）附近建造码头和货仓，以及为修建一条连接福州与马尾的短途快速路作准备。这些和有关的项目仍在考虑之中，但专家的意见是，南台港已经挤满了小船和舢板，而且面积限制了其发展为远洋轮船的港口。在 6 月 1 日举行的第二次会议上，委员会决定撤销水利总局，代之以闽江下游工程处，直辖于委员会。同时通过了以估计为 218,000 元的收入为基础做出的预算，该预算允许大约 70,000 元的金额用于为在马尾附近建造码头和货仓提供贷款资金。

广东省水利工程局

广东省水利工程局始建于 1914 年，那年总统任命谭学衡担任工程局总指挥。在此之前，海关海事部门自 1904 年起就对珠江进行过调查，并为修建堤坝和疏浚航道做了大量工作。1913 年 1 月，海关巡工司泰勒上尉向总税务司提交了一份报告，首先提出了采取措施处理珠江三角洲地区洪水泛滥的问题，该报告建议海政局对东江进行调查，制定措施应对夏季不断反复发生的洪灾。灾难性的洪水发生于 1914 年 6 月，其中一个直接结果就是水利工程局的成立。该局工程师于 1915 年 6 月开始科学调查，于第二年的 6 月完成。野外工作一直持续到 1919 年中，调查涉及整个洪水区域的西部、北部以及珠江，并制定了一套完整的方案来控制该地区的洪水。调查经费和水利工程局运行经费部分由北京的岭南总会提供，部分由省政府拨款。但是直到 1919 年 4 月，才有资金用于治水工程建设。那时在总税务司提议下，中央政府和外交使团批准从洋税中拨出716,926两规平银（等于643,560.144两关平银），使广东水利工程局得以采取一些更紧迫的洪水预防措施。这笔款项是在1919年4月至8月期间分期由当地拨出的，共计1,086,784.45元。当年11月批准关余中的465,800两规平银分配给广州政府，在广州税务司交涉之后，这笔款项移交给水利工程局，其中的60,000元用作珠江工程经费，并打算以后每次收到关余，都要分配30,000元到同一个项目。不幸的是，这个打算落空了。南方政府领导人发生了纠纷，1920年3月29日，财政和外交部长伍廷芳辞去了他的职务，并带走了公职印章，他首先去香港寻求避难，后来辗转上海。在没有正式任命的财政部长的情况下，对南方政府的关余分拨也就自动停止了。但从1920年3月至12月，总税务司在中央政府和外国使团的批准下暂时保留了分拨的资金，如果情况好转，这部分保留的资金将会拨给南方政府。然而，最后在1921年4月，中央政府决定不应该将这些留存的资金闲置，而应分配给特定的对象，并同意这笔预留资金中的420,000两规平银应支付给广东水利工程局。这是在当年的4月和7月期间通过提取当地的关税而实现的，这种提款被记录在总税务司关税账户的收入项下，换算成元为570,676.22元。到1923年6月，工程局的资金正在迅速耗尽。中央政府用于防洪工程的拨款实际上全部用完了，而南方政府对工程局管理费用的补助也已接近于零。为了使工程局免于倒闭，总税务司于1924年6月从其机构基金中提取了100,000元，其中第一笔费用是用于偿还宋隆河账户①为工程局垫付的行政开支。这一救济措施挽救了局势，使总税务司能够继续与政府和外交使团谈判。他的计划不但要为维持工程局运作和采取防洪措施提供资金，而且还要从水利费中筹集资金用于急需开展的港口治理工程。防洪和改善港口这两个方面，估计每年需要经费总计为250,000元。这一数额，就防洪措施所需经费而言，总税务司建议应当从当地关税收入中拨给，而港口的治理工程应该和其他地方一样，对船运和货物征收水利附加费。这个建议最后得到了政府的批准，并得到了外交使团的赞同，所以从1924年11月1日起，授权粤海关税务司每月从关税收入中拨付12,600两关平银给广东省水利工程局，同时，从常关税收中再拨给1,400两关平银，后一笔款作为政府拨款，用于支持工程局采取的防洪措施。1929年8月，根据国民政府命令，工程局重组，更名为广东省水利委员会，一名文官取代了武官担任主席。从那时起，海关税务司不再义务担任司库。随着1931年6月50里内常关机构的废除，来自常关收入的补贴停止了，不过产生的赤字由相应增加的海关收入来弥补。这笔拨款现在达到每月21,812元。

烟台港口改善贷款

出于航运和贸易的利益，改善烟台港口的建议在1905年年底首次被郑重提出。当时建议建造一条防波堤，估计所需资金为1,550,000两关平银，可把码头费和向进入保护区内的船只收费作为

① 当地筹集的用于在宋隆河上修建堤防和水闸的200,000元的账户。

资金来源。该建议当时并未获得上级认可，因此未能实现。然而，在1910年1月，税务司再次提出这个问题，并根据总税务司的建议，最终通过当地领事团提交给了外交使团。1912年11月，当时的外交使团团长朱尔典爵士向外交部提交了关于这个问题的备忘录，当月，外交部长答复使团团长，关于建立烟台港口改善委员会的建议已获批准，并且通过与山东都督的安排，将由一位中国政府官员担任委员会主席。该委员会由五名成员组成，海关监督为主席，另四位是海关税务司、烟台领事团代表、烟台总商会主席、烟台中国商会主席。然而，直到1913年5月，有关各方才最终达成协议，在该月31日，新组成的港口改善委员会举行了第一次会议。为了筹集必要的资金，决定向码头货物和进港船只加征税费，在当地被称为防波堤附加税。除这些附加税之外，中央政府和省级政府每年各下拨5,000两，希望港口改善工作能够及时开展起来。工程计划于1914年4月准备完毕，连同为实现工程计划的一项财务计划都正式提交给了中国政府和外交使团。1915年2月，工程计划和财务计划获得批准，委员会被授权按计划实施。这项工程主要由防波堤和一条地道组成，工程合约于1915年6月给予荷兰港口工程公司，协议价格为2,677,000两关平银。1915年8月，工作开始后不久，人们意识到有必要提前拨付资金，于是先从道胜银行透支500,000两，作为之后以防波堤附加税为担保的贷款的一部分。但是，欧洲的战争阻碍了这笔贷款的获得，只得向中国政府申请从海关收入中贷款。这项申请得到了政府和外交使团的同意。所需贷款总额为漕平银2,052,720两（即规平银2,147,145.12两，比价为100：104.6），由海关税务司经其司库分18个月，从1918年4月到1919年9月，每月将漕平银114,040两（即规平银119,285.54两）支付给委员会。根据提供贷款的条款，在向道胜银行透支的款项最终偿还后，防波堤附加税的收益，将以年利率5%偿还本金和利息，直至最终偿清为止。还规定一旦这笔银行透支款已偿清，防波堤附加税的全部收益将被移交给总税务司，以便用这笔收入偿还由税款给予的贷款，直至最终还清。应该指出的是，随着这笔贷款的发放，中央政府撤回了每年5,000两的拨款。建设防波堤和地道的资金是由海关税收提供的贷款，工程完成后，防波堤附加税资金至1931年1月为止，累积超过了1,000,000两（烟台两）。由于没有收到贷款的还款，政府现在要求委员会履行还款承诺。1932年6月前，政府在没有废除贷款最初条款的情况下，以宽限的态度同意免除已产生的利息和未来的利息，并接受每年偿还本金80,000两的分期付款方式，从1932年开始，每年7月15日支付。这批分期付款中有两期已经按时支付，但是在1933年12月，紧急需要资金的政府要求委员会立即提前偿还第三笔款项，并尽快了结该笔贷款，政府要求的第三笔还款总额为1,250,000元（1元=71.5%两规平银，合893,750两规平银），同时减少年度分期还款额度，从1934年开始，从每年80,000两减少至60,000元。政府还明确指出，如果港口改善工程最终将由政府来拍板通过，那么他们将免除实际施工期间的年度还款。政府要求的1,250,000元，于1933年12月15日正式支付。

1921年3月，烟台港口改善委员会向外交使团提交了防波堤附加税税率从7.5%提高到10%的建议，以便为烟台和内陆之间的公路建设提供资金，从而通过改善内陆运输设施，以充分利用新港口。这项建议出自1920年9月27日在烟台举行的中外人士公开会议上通过的一项决议。到1923年1月，外交使团表达了意见，认为不适宜为内陆道路建设提高关税附加税，但由于这是一个特殊情况，该公路可以被认为是港口改善计划的必要附属设施，因此会批准一部分防波堤附加税资金用于该目的，但附加税不因此而增加。然而，中国政府和省级政府都不满意把由防波堤附加税资金建造的道路置于港口改善委员会控制之下，外交部、财政部和内政部规定所有这些道路应完全由中国政府控制。委员会并没有接受上述规定，最后在1924年2月22日举行的一次会议上，委员会决定既然三个部委有此规定，那么其资金决不用于道路建设。

长江上游疏浚工作：宜昌到重庆①

居民在各地不时采取治水性质的地方行动。例如，早在1866年，在长江的一条支流的上游叫作东扬子（Tungyangtze）的地方建造了防波堤。这个防波堤的目的是防止碎石堆积在正对着那条支流河口的河里，使碎石沿着河流下游方向流去，因为这样碎石就很容易流散开去。

1914年，由时任副巡工司的Myrhe船长勘查了长江上游。他提交了一份报告，主要涉及建立信号站、船舶控制、航道规则、水位标记等，也提出了清除礁石和突刺的建议。

1915年4月，普兰特（Plant）船长被任命为河道巡工司，他提出了改进急流和急潮等方面的建议，方法与1866年在东扬子实施的方法类似，在各处减少水压防止出现交叉水流，去除突出到河道中大约高出水面20英尺的障碍物，以及开挖支渠为积聚在狭窄而危险地方的水流提供额外的出口。

1917年，当时政府委托刘衡源先生主持长江上游航道改善工作。一个航道改善委员会就此组成，普兰特船长也在委员会中任职。许多项目在初期蓬勃开展，但由于资金不足，1917年以后新的项目就难以上马了。

1929年3月，为疏导崆岭滩急流制定了初步计划，并在1929—1930年的枯水期对该地区和有关礁石进行了详细调查。随后成立了崆岭滩打滩委员会，并对来往船只征税以获得资金，使委员会能够执行他们建议的改进措施。

1931—1932年，在长江上游巡江事务长埃弗里斯特（R. G. Everest）船长的指导下，在从诺贝尔爆炸物有限公司借调的爆炸物专家的协助下，第一次认真尝试改进崆岭滩。这次本打算去除北部河道的某些礁石，但发现去除这些礁石是不切实际的，故而对移除南部河道的某些岩石的可行性开展了调查。1932—1933年又恢复作业，矿业工程师狄克逊（H. R. Dixon）参与作业并提交建议，在两块必须被移除的岩石上打孔，同时在岩石底部挖隧洞。于是由他监督打孔、挖洞和爆破移除工

① 摘自海务科1937年的报告。

作，并在代表崆岭滩打滩委员会的巡江事务长的指导下，在枯水期开展工作。在两块岩石上开凿好洞之后，在洞中填满炸药，于 1933 年 3 月 22 日实施爆破。结果完全去除了一块岩石，并除去了第二块岩石的大部分。然而不幸的是，在枯水期，南部河道里仍有一块礁石顶峰露出水面，高达 2 英尺。尽管如此，这块礁石尖峰的存在让引航员无法使用南部河道。附近河道水流有明显改善，因此实际上使得北部河道的航行更加安全。已经在考虑去除这块剩余石峰的计划，以完成这部分河段的改善。1935 年 10 月，长江上游水利委员会成立，巡江事务长弗兰德森（Frandsen）船长被任命为技术顾问，狄克逊先生被任命为工程师和技术顾问。

1936 年 2 月 1 日，委员会开始征收水利税并征募工作人员。同时制定了一项计划，通过修建防波堤来改善柴盘子的条件，最终计划是试图完成在崆岭滩地区礁石尖峰的清除。这两项提案提交给政府批准，建议得到了积极的回应，总统答复说，将由海关参与清除礁石工作，并表示他希望总税务司亲自监督这项工作，以确保成功并节约开支。

在准备工作开展时，一名助理工程师于 12 月被派往柴盘子监督建造防波堤。

1936—1937 年的史无前例的枯水期使得委员会立即进行了在崆岭滩的礁石清除工作，1936 年 12 月 24 日，一批人离开宜昌前去开展这项工作。

在极端困难的条件下进行了大量的准备工作之后，爆破工作在 1937 年 3 月 7 日至 15 日之间展开。爆破效果极好，将礁石削低至最低水位以下 9.6 英尺，同时也使水流变得平直。

南部河道目前仅通航小型船只，下一个枯水期继续进一步改善这条河道的工作。

柴盘子的防汛墙于 1937 年 3 月 2 日建成，并达到了预期目的，改善了该水域和航道，使得一些夏季船只能够在水位比之前更低时通过柴盘子。通过这段河道所要求的水位下降，使得夏季船舶的运营时间延长了大约 1 个月。

圣米迦勒及圣乔治一等勋爵、法学博士、民法博士、从男爵、中国太子太保赫德爵士传略

高级巴斯勋爵、圣米迦勒及圣乔治二等勋爵查尔斯·P·卢卡斯爵士著[①]

从男爵一世、中国海关总税务司赫德爵士（1835—1911 年）于 1835 年 2 月 20 日出生于爱尔兰阿尔马郡（Armagh）波塔当镇（Portadown），是亨利·赫德 12 个孩子中的长子。亨利·赫德是一名卫斯理宗派信徒、工场主及地主，他的妻子安是来自拜理布雷（Ballybreagh）的约翰·埃德加的次女。赫德的父系祖先范·赫德船长同威廉三世国王一起从荷兰来到英国，因在博因河战役中的出众表现而被赏赐基尔莫里亚蒂（Kilmoriarty）镇作为封地。赫德 12 个月大时，其父母搬到了内伊湖畔米尔敦（Milltown），大约一年后又搬到了希尔斯伯勒（Hillsborough）。赫德先在希尔斯伯勒入学，然后被送到汤顿（Taunton）的卫斯理学校学习一年，而后又被送往都柏林的卫斯理学校[②]。他在十五岁时在都柏林的卫斯理学校名列前茅，获得了贝尔法斯特女王学院[③]奖学金。在那里，他是比爱德温·劳伦斯·戈德金[④]年轻一些的同代人，他于 1853 年以优异的成绩获得了学士学位。赫德一直很关注女王学院的事情[⑤]，1871 年他获得了该学院的硕士学位，1882 年该学院授予其荣誉法学博士称号。

1854 年春，外交部给予爱尔兰三所女王学院各一个在中国的领事机构工作的提名[⑥]。赫德未经

① 经《国家人物传记大辞典》授权翻印。

② 现为卫斯理中学。（译者注：赫德就学时该校名为 Wesleyan Connexional School，现该校名为 Wesley College，是位于都柏林的一所中学）

③ 在女王学院学习期间，赫德学习了文科学校文学方面的规定课程，每年都获得奖学金，更为令人瞩目的是在第二年年底获得一个综合奖以及拉丁文（第二名）、逻辑学（第一名）和法学（第二名）等课程奖，第三年年末又获得了综合奖以及历史与英国文学（第一）、自然地理学（第一）和形而上学（第一）等课程奖。在最后一年，他以优异的成绩毕业，获得了现代语言和现代史高级奖学金，并获得了英国文学与形而上学的金牌。赫德有幸师从众多杰出人物，比如：逻辑学与形而上学教授詹姆斯·麦考什（James McCosh）、英国文学与现代史教授乔治·利利·克雷克（George Lillie Craik）、副院长兼化学教授托马斯·安德鲁斯（Thomas Andrews）以及法学与政治经济学教授托马斯·爱德华·克利夫·莱斯利（T. E. Cliffe Leslie）。

④ 爱德温·劳伦斯·戈德金（Edwin Lawrence Godkin，1831—1902 年）在毕业后，作为《每日新闻》（Daily News）记者去了克里米亚，后来去了美国。在美国，他创办并主编《国家民族政坛》（The Nation），布莱斯称该刊“不仅是美国而且是世界上最好的周刊”。通过该周刊，戈德金成了当时美国最具影响力的时事评论家之一。与赫德同时代的其他学生还有威廉·麦科马克（William MacCormac），其作为医生参与了 1870—1871 年的普法战争和 1899—1900 年的布尔战争，后来成为威尔士亲王殿下（即后来的爱德华七世国王）的常任外科医生、英格兰皇家外科学院院长和医学院院长，并获封为高级维多利亚勋爵和从男爵；大卫·格雷厄姆·巴克利（David Graham Barkley），其在印度公务机构中步入高位，成为旁遮普高等法院法官和印度立法会成员；托马斯·邓巴·英格拉姆（Thomas Dunbar Ingram），他是著名抒情诗《谁害怕谈论’98》的作者约翰·凯尔斯·英格拉姆（John Kells Ingram）的弟弟，他成为加尔各答总统学院（Presidency College）的法学教授，他因著作《联邦历史》而陷入与格莱斯顿的争论中；安德鲁·马歇尔·波特（Andrew Marshal Porter），他曾是德里郡议员、副检察长、监察总长、爱尔兰案卷主事官、从男爵和枢密院官员。

⑤ “他热爱这所大学，对它的热爱仅次于其对中国官方工作的热爱，他将自己一生的事业归功于这个起点，而当他取得成功后，他为自己能成为该校的副校长而感到自豪。”——1911 年 10 月 20 日赫德遗孀致函尊敬的女王大学副校长托马斯·汉密尔顿（Thomas Hamilton）博士。

⑥ 这些提名是由阿伯丁内阁中的外交大臣克拉伦登伯爵给出的，正是他决定实施时任香港总督、英国驻华全权代表包令爵士一直主张的计划，即通过考察选出合适的候选人，从而在中日两国建立起强有力的领事机构。任爱尔兰总督时，克拉伦登曾任女王大学校长，这无疑是他将这些提名给予该校的主要原因之一。

考试就获得了贝尔法斯特女王学院的提名，并于1854年5月前往中国，当时其年仅19岁。

赫德在香港作为编外翻译工作三个月后被派往宁波①，途经了当时在“三合会”② 手中的上海。他最初是编外人员，1855年成为宁波副领事馆助理，还曾代理过几个月的副领事。1858年3月，他被调到广州领事馆，并从4月份起担任二等助理，有段时间还担任一等助理。

由于中国发生战争（该场战争在《天津条约》签订后暂告一段落），广州在1858年初期被英法联军共同占领。赫德被任命为联军委员会③秘书，在巴夏礼爵士手下工作。此后，他在领事馆的官方负责人是阿礼国爵士。

1854年5月，当上海县城被“三合会”反清组织占领时，该口中国海关在上海租界内重开。该海关决心在英、美、法三国的联合保障下为清廷征税。三国在该海关内的代表为各自领事，时任英国领事为威妥玛（爵士）。由此，中华帝国海关成立了④。美、法两国代表不久从三人委员会中辞职，且无人接任。而英国驻上海领事馆副领事、翻译官李泰国接任威妥玛成为江海关唯一的负责人。

由于新制度在上海成功施行，两广总督邀请赫德参与粤海关管理。经英国政府许可，他于1859年辞去领事馆职务，加入新的中华帝国海关任粤海关副税务司。他在广州一直待到1861年。在1860年英法两国同中国政府间的战事结束及1860年10月《北京条约》缔结后，约开口岸外籍税务司制度于1861年得到了中国政府的正式承认并被授予正规且固定的权力。

1861—1863年，已成为海关总税务司的李泰国因在一场骚乱中受伤，回欧洲休假两年。李泰国回国期间，此前担任过额尔金勋爵私人秘书的费士来以及赫德替他署理总税务司职务⑤。费士来留

---

① 正是在此，赫德第一次见到了著名的美国汉学家丁韪良博士，后来他还任命其为同文馆总教习（参见《汇编》第一卷，第96页脚注）。也是在这里，赫德开始认真学习中文，他的第一本教科书是孟子的著作。当时宁波以有众多悬挂外国旗帜的帆船闻名，其中许多从事护航工作，但其中以此为伪装从事敲诈勒索、走私等勾当的不在少数。它在商业上也始终与上海保持着密切联系（仅相距134英里），而当时在上海由于“三合会”叛乱并占据县城而使中国海关机构崩溃，正在尝试由外籍税务监督管理海关。正是从在宁波领事馆的工作开始，也就是赫德在他职业生涯的一开始就面对中国海关的问题，了解到外国控制中国海关的必要性、持续性和重要性。

② 译者注：指“小刀会”。

③ 从1858年1月10日起，广州城政府由两广总督柏贵管理，由F·马蒂诺·德·切尼船长、托马·哈罗威上校、巴夏礼领事组成的联军委员会协助（英国外交部档17/285：1858年1月9日额尔金致克拉伦登第6号函）。赫德在任该委员会秘书时同众多中国高官相识并建立良好关系，这在他此后的职业生涯中被证明是价值连城的。在这方面，阿礼国对赫德表示出了极高的敬意：“他与高官们私交密切，这种良好的私人关系使他处理公共事务时颇具优势，在现有情况下，我可以毫不犹豫地说……没有其他任何译员能为本部门带来这种优势。我只想补充一点，我现在非常重视赫德先生作为翻译所提供的帮助和媒介作用，以及其在建立起与中国官员交往的新规矩方面所发挥的桥梁作用，且我不认为还有其他任何人，纵使其在学识和才能上更胜一筹，在同目前在位的这些官员交往时能比赫德更有效地发挥这种桥梁作用，这些官员已经在相当长的时间里在公务处理上与赫德保持着亲密友好的往来。”（英国外交部档228/249：1858年11月25日阿礼国致包令第169号函）

④ 关于外籍税务司制度在上海起源的详细记述，参见魏尔特所著 China's Struggle for Tariff Autonomy, 1843—1938（《中国关税沿革史》），第83-128页；《中国社会及政治学报》（The Chinese Social and Political Science Review）1936年第一季度所刊登的费正清所著 The Creation of the Foreign Isspectorate of Custom at Shanghai（《外籍税务司制度在上海创立》）一文。

⑤ 直到1861年6月30日，费士来和赫德才收到总理衙门负责人恭亲王的正式札谕，任命他们为署理总税务司（参见《汇编》第1卷，第1页）。在此之前，他们的权力来源于钦差大臣薛焕的一份札文，是总税务司李泰国向薛焕推荐了他们。

在上海，而赫德在福州和其他约开口岸组建海关机构。赫德还应总理衙门[1]的邀请访问了北京，住在英国公使卜鲁斯爵士的使馆内。卜鲁斯给予他的建议在他后来同中国方面往来时很有用处。1863年5月李泰国回归后，赫德任江海关税务司并兼管长江各口海关。但李泰国在数月后辞职[2]，赫德被任命为其继任者。由此，28岁的赫德成了中国海关总税务司。尽管他于1906年提出辞呈，但他名义上一直担任这一职务直到他离世。

当赫德成为总税务司之时，在他刚到中国时还处于成功高潮中的太平天国运动，已在戈登和“常胜军”的参战下节节败退。1864年春天，赫德与戈登会面并与其建立起了牢固的友谊。当年他主要负责在苏州调解戈登和李鸿章的关系[3]，并见证了常州府的夺回。叛乱于1864年结束，而赫德也在“常胜军”解散一事中发挥了不少作用。同年他考察了台湾岛上的海关。当一切对于中国及其政府而言已恢复正常后，他应召前往北京居住，从此北京成了其总部及长期居所所在之地。在那里，他热情好客，沉溺于对音乐的喜爱并建立了一支私人乐队。在居于中国的漫长岁月中，他很少离开京城。谙熟中文的他在1864年访问台湾地区后用中文写下了一篇关于中国事务的建议，题为《局外旁观论》[4]。

直到1908年最终离开（名义上是休假）中国前，他只回过欧洲两次，第一次是1866年，他带着一些中国人去见见世面[5]，为期6个月，第二次是1878年，他作为中国代表团团长前往法国参加巴黎博览会。

赫德虽然不是中国海关最初的创始人，但他是中国海关的实际缔造者。1899年1月10日的《泰晤士报》载文说：中国海关是“由一个英国人的天才和辛劳铸就的最引人瞩目的丰碑之一”。中国海关的运行在很大程度上有赖于赫德的个人努力。他将强大的组织管理能力、超强的记忆力和细节把握能力、对中国人处事方法和思维模式的透彻理解以及自己的机智圆滑和爱尔兰人的亲切厚

---

① 关于总理衙门起源的记述，参见《汇编》第1卷，第1页。

② 李泰国同总理衙门在阿思本舰队的控制权问题上产生了分歧。1862年在英格兰组建该舰队时，李泰国在未与中国政府商议的情况下便同阿思本总兵达成合同，其中包含了以下条款：（1）阿思本作为总司令，中国所有在欧洲建造的船只或内地船雇欧洲人管理者，均归阿思本一律管辖调度；（2）李泰国应从皇帝处获得委任阿思本为该兵船水师总司令的授权；（3）一切圣谕均由李泰国转行谕知，阿思本无不遵办，若由别人转谕，则未能遵行；（4）如认为谕旨不尽合理，李泰国可拒绝转谕。总理衙门拒绝批准该合同。该舰队被送回英格兰，李泰国被解职。（参见《汇编》第6卷，第133-144页；李泰国：《我们在中国的利益》，1864年，伦敦；英国国会档：1864年中国第2号；马士：《中华帝国对外关系史》（The International Relations of the Chinese Empire），第2卷，第34-46页；前文所引述魏尔特著作第167-176页）

③ 赫德对此事的记述参见《汇编》第七卷，第70-78页。

④ 其中文标题为《帮官论》。（译者注：此处英文为“What a Bystander says”，即《局外旁观论》）

⑤ 被选派前往欧洲的中国人是一位名为斌椿的满族小官，他当过地方官，当时在总税务司署任文案，他不是作为官方特使前往，而是作为官方代表前去考察和汇报西方各国情形。斌椿一行包括其本人、其儿子、担任秘书的三名中国人以及作为此行助理的两名海关人员，即包腊先生和德善先生。在巴黎，他们受到外交部长接待，并参加了似乎无休无止的各类典礼和观光游览。在伦敦，他们受到了克拉伦登勋爵的接待，参加了格莱斯顿举办的花园招待会，受邀参加在白金汉宫举行的宫廷舞会并受到女王接见。他们随后访问了比利时和荷兰，又前往汉堡、哥本哈根、斯德哥尔摩、圣彼得堡、柏林、波茨坦和埃森，所到之处都获得了当地王室接待。回国后，斌椿将此行游历记述成书，但其中并无多少有利的报道。从使得中国与外国建立更加密切和友好的关系这一点来看，此行明显是失败的，但它作为先例，对于更具有雄心和权威性的蒲安臣使团而言也有其自身价值，并且它指明了创建外交机构的必要性。

道都运用到工作中。随着越来越多的口岸开放对外贸易，赫德的职责范围不断扩大，且由于该机构的高效，除海关税收以外的其他职能也纳入其管辖范围，包括在中国沿海及内河航道设置灯塔①，1896 年正式成立的大清邮政也成为其管辖机构之一，赫德的头衔由此变成了中国海关总税务司及总

① 在相关条约缔结前，广州的中国海关当局习惯于对所有入港外国船舶征收极高的计量费和船钞。这些费用的征收引发了对方强烈的不满，因为当局并未提供任何港口及码头设施和助航服务。在《虎门条约》谈判时，璞鼎查爵士就提请中国钦差大臣注意这一事实，他指出："关于碇泊税和港口捐问题，应当牢记中国政府此前从未在建造灯塔、安置浮标或系泊设备以及建立信标等方面采取措施来便利通商，因此，这种捐税应当特别从轻，并且应当如关税般清楚订明。"（英国外交部档 17/66：1843 年 2 月 6 日璞鼎查致阿伯丁第 7 号函）当时议定的船钞是非常从轻的，但仍旧如同早期条约那样未在其中明确规定所征船钞的用途，中国政府认为将其用于一般用途是完全合理的。几年之后发生了太平天国运动，所有财政收入不分来源尽用于镇压起义。在 19 世纪 50 年代后期，关于拟议修订条约的讨论很盛行，外国商人和商会大声表达了对这种情况的不满。因此，在中英《天津条约》附则（译者注：指《通商章程善后条约》）第 10 款中规定，船钞项下收入应用于维护中国沿海及航道内灯塔与其他助航设施。但是，由于镇压太平天国运动导致的财政消耗，直到 1865 年 1 月，清政府才听取了总税务司的申呈，将船钞收入之一成交付其用于港口改善工程（参见《汇编》第 1 卷，第 49 页）。这标志着海关船钞部的发端，该部门发展出了众多业务，例如港口管理，架设和管理灯塔、浮标和信标以及其他助航服务，在必要时开展海岸和河道测量，制作海图，并记录气象信息。从 1868 年 4 月 1 日起，用于这些目的的拨款增加到船钞项下收入的七成，而余下三成，至少在 1900 年义和团运动前，被分配给总理衙门用以对中国学生进行西式教育（参见《汇编》第 1 卷，第 85-86 页、202-226 页）。船钞收入分配数额从一成提高到七成，使得赫德可以着手实施其长期以来的想法，即设立一个专门部门来监督港务，监管船舶靠泊，维护港口治安，引水员考选，助航设施（特别是沿海灯塔）的安装、管理和维护，清除沉船残骸并修浚港口航道。为确保有限的资金不因用于支付薪水而消耗殆尽，赫德最大限度地利用了海关现有的人员和物资来组建该部门。他安排了一名海务税务司统领该部门，并由一名港务营造司、两名沿海灯塔营造司及三名巡查司协助。各口设理船厅一名，受所属分段的巡查司管辖（参见《汇编》第 1 卷，第 86-95 页、第 100-101 页）。随着时间的推移，该体系也经历了调整。在成立当年，北段和中段巡查司即被整合为驻上海的一个巡查司。三年后（1871 年），海务税务司职位被废除，1879 年分段巡查司被撤销，1881 年设立了巡工司职位。第一位担任该职务的是毕士璧（参见《汇编》第 5 卷，第 289 页脚注），赫德还专门给予其假期以便其赴美国学习灯塔和港务管理。由于赫德处事谨慎，在确信已打牢稳固基础前从不轻易冒进，同时在他所网罗的诸如巡工司毕士璧、戴理尔以及总营造司韩得善、哈尔定等能力出众的助手的协助下，赫德成功建立了一个充满活力的船钞部，该部门在 1911 年赫德去世时已拥有 895 名员工（其中 114 人是洋员，其余为中国人）、132 座灯塔、45 艘灯船、138 个浮标和 119 处信标，并配有一支测量和灯塔养护用的汽船船队。赫德离世后，该部门的发展进程仍在持续，不仅是在沿海地区（沿海某些地方除灯塔和其他助航设施之外，还新增了无线电信标），而且包括长江这条繁忙的贸易航道，其在吴淞至重庆间有着数以千里可通航的水道，也是世上最难航行的航道之一。尽管面对着洪水和匪患等危险，但船钞部通过在适当的位置设置灯船、浮标、信标以及在必要时进行护航等方式，消除了长江上复杂多变的浅滩、河床以及暗礁带来的危险。（参见半官方通令第 101 号《中国沿海灯塔志》；《汇编》第 5 卷，第 292-295 页。其中详述了赫德如何推动实现他所声称的使得在中国沿海航行变得像在煤气灯下漫步于百老汇一样简单）

邮政司①。赫德治下的部门成了中国政府中一个遵循西方管理方式、廉洁高效的部门。它是为了中

① 根据中英《天津条约》（第四款），中国政府准许使馆函件从北京运至英国公使指定的任何海港，反之亦然。1861年至1866年，使馆信函递送服务由总理衙门提供，该衙门将此项业务交由官办驿站办理。1865年秋海关总税务司署迁往北京后，总理衙门无疑仍记得赫德在1861年向恭亲王提出的关于应在中国设立大清邮政的建议，将使馆信函递送服务交由海关办理，由此海关在北京总税务司署及天津、烟台、牛庄、镇江、上海等地海关内设立了邮寄处所。由此自然发展出了海关邮局，又称书信馆（对处理中文信函的机构的称呼），不单递送使馆信函、海关官函，还为约开口岸公众提供服务。虽然英国公使威妥玛爵士对此颇为冷淡（参见《汇编》第2卷，第55页脚注），但这项事业却非常成功，以至于1878年中国被邀请加入国际邮政联盟，但因为官办驿站、民局及外国政府在约开口岸设立的邮政机构未被吸收或撤除，此事不得不被推迟。同年，即1878年，发行了第一批中国邮票，包括一套三种关平银面值的邮票——一分银、三分银、五分银。赫德面临的任务并不轻松。1896年3月20日，清政府终于议准开办国家邮政，归总税务司管辖，总税务司兼任总邮政司（参见《汇编》第2卷，第42-69页）。然而，该谕令既未给予赫德必要的权力，也无财政拨款支持，更没有给予他垄断权，而在他国，该职位的任命往往伴随着垄断权的授予。驿站未被废除，民局也未被禁止经营。这两个根深蒂固的组织都将新设邮局视为暴发户。民局尤其在拥有经验丰富的员工和价格较优惠的“总包”模式等方面具有优势。但困难反而激励了赫德。他手中既无训练有素的邮政员工，也无专项资金来完成他面临的任务，因此他转而依靠海关人员和海关资金，并坚信通过提供更便宜、安全、快捷的服务，迟早能够取代民局。外国邮政机构非常愿意将在中国收取和寄送邮件的责任交给中国，但他们无意放弃他们提供的邮轮服务。同时，也不能强迫悬挂外国旗帜的海轮和江轮仅运送大清邮政的邮件，而将外国邮政机构和民局的邮件排除在外。因此，赫德在海关组织的牢固基础上，在各处设立了邮政局，使关区同时成为了邮区。各约开口岸海关税务司兼任该口邮政司，并由关员处理文案、会计等工作。邮务、邮票售卖等业务所需的专门人员队伍也随着形势变化和业务增长而慢慢组建。在总邮政司的统辖下，邮政事务被交由邮政总办管理，该总办驻地起先在上海，后来在北京。该邮政机构不可能取得足够的收入来应付其开销，直到1904年清政府才同意每年拨款720,000两用以维持用度，但涉及的各省财政却从未能全额拨付（参见《汇编》第2卷，第421-426页）。为了缓解财务压力并确保同洋船在载运中国邮件方面的合作，赫德提议，船行倘若不对大清邮政邮件近海运输收取额外费用，并拒绝运送其他邮件（其本国商行邮件除外），则可以将船行因在非海关工作时间、周日、假日办理业务而向海关支付的特许费用的一半退还给该船行。该提议被所有船行接受。在轮船邮运上的垄断地位，使得民局需至官办邮局注册，并最终使得民局需将其邮件封成“总包”后交邮局寄送。1896年，中国政府与瑞士联邦委员会接洽，告知其大清邮政已建立，并有意在中国邮政机构完善后加入国际邮政联盟，同时中国邮政机构将遵守联盟规章。次年在华盛顿万国邮政大会上又重申了这一声明。1900年2月，中国同法国签署了第一份邮政协定，三年后又同日本签署了邮政协定，1904年同印度与中国香港签署了邮政协定。这些协定规定了在邮件收件、运输、投递时互相给予联盟费率计费的互惠。通过签订协定的方式，中国与所有联盟成员国保持着同等关系，就好像其也是联盟正式成员一样。1914年，中国已准备好正式加入联盟，但该年计划在马德里举行的邮政大会因一战爆发而推迟到1920年。1911年5月28日，也就是赫德爵士去世前四个月，中国政府颁布了一道谕令，宣布邮政不再归海关管辖，任命李经方为邮政总局局长、帛黎为邮政总办（参见《汇编》第3卷，第16-29页）。赫德去世时，中国邮政已有近12,000人，其中99人为来自12个不同国家的外国人，其余为中国人，掌管着分布于中国各地的7,000多个邮局机构和代办所，运营着120,000英里的邮路，每年负责安全运输约两亿封信件和150万个包裹。现今，邮局机构和代办所的数量增长了6倍，邮路里程超过3倍，信件量翻了4倍，包裹量翻了5倍。即便取得了这等令人振奋的增长，该机构却认为邮政服务所覆盖的区域和对象还处于初期阶段。尽管如此，它仍然是在强有力推动、耐心经营和精心组织下诞生的奇迹，但倘若没有李鸿章总督大人坚定和持续的支持，没有德璀琳、阿理嗣、帛黎、贺璧理和约翰·帕特里克·多诺万（J. P. Donovan）等人的热忱奉献和大力襄助，没有大量约开口岸税务司和关员不计回报的倾注心力，这个奇迹是不可能实现的。

国的利益而精心设计的。赫德手下的欧洲官员并非全是英民①，而且他始终未将中国利益置于英国利益之下。

赫德很少离开北京，而且在某些人看来，他太过于从中国的角度看待事物（尤其是在其晚年），赫德长期获得中国政府的信任，并受托参与了诸多涉及中国与其他国家关系的谈判。1876 年，他同李鸿章一起与英国驻华公使威妥玛在烟台谈判，解决了中英两国因马嘉理被杀事件而产生的纠纷，签订了 1876 年《烟台条约》②。1885 年中法两国在台湾地区边界以及东京③边境问题上的纠纷也有

---

① 外籍税务司制度自 1854 年 6 月在上海发端以来，便建立在了一种世界性的基础上，当时有约三国各有一人任税务监督（见《汇编》第 6 卷，第 50-55 页）。英国首任驻华公使璞鼎查爵士深知这种国际性基础的重要性和必要性，并向首任总税务司李泰国先生表达了这一看法（见《汇编》第 6 卷，第 73、74、77、79、80 页，以及前文所引述魏尔特著作第 155、156 页）。在李泰国先生 1862 年 1 月 11 日所作的关于港沪两地商会投诉事宜的节略中，他指出当时 8 个口岸的海关税务司中，有两个英国人，三个法国人，两个美国人，一个德国人（见《汇编》第 6 卷，第 112、113 页）。赫德也是这种世界性的坚定支持者，但在其他条件相同的情况下，赫德更为关注效率。赫德在 1867 年 3 月撰写关于沿海灯塔的节略时就提出了录用员工的指导原则。他指出："在选人的问题上，我将遵循过去六年来在海关中坚持的原则，即我将按照需求雇佣人员，并不考虑其国籍。只要其个人能力是有保证的，我决不会追求确切的数字比例，也不会尝试让每一个有约国在每一口岸都有本国人员被录用。海关人员在总体构成上仍要继续保持世界性，任用、晋升和解雇将依据工作需要及个人品行和能力，而不是依据国籍。我们将努力尝试使得主要的有约国能在其中有所代表，但是主要的目标还是要在保有世界性的基础上维持一个高效的海关机构，忠实地为中国政府完成其同意开展并为之支付报酬的各项工作。虽然管理一个具有世界性的机构是困难的，但任何按照比例分配来雇佣不同国籍人员的企图，只会引起反感、争论和嫉妒，并由此造成效率低下，使得其本身的目标无法实现。海关录用人员时对各国人才都开放大门，便可保障该机构诚实可靠，符合每个人的利益。"（参见《汇编》第 1 卷，第 210 页）1873 年编制的第一期《题名录》中显示，内班洋员 95 人中，有 58 名英国人、14 名法国人、11 名德国人、8 名美国人、2 名挪威人、1 名俄国人和 1 名瑞士人。在赫德去世那年，雇员中包括了 1345 名洋员和 5885 名中国人。洋员中，内班 328 人，外班 861 人，海班 42 人，营造处 13 人，理船厅 37 人，灯塔处 64 人。当时内班洋员中有 152 名英国人、38 名德国人、32 名日本人、31 名法国人、15 名美国人、14 名俄国人、9 名意大利人、7 名葡萄牙人、6 名挪威人、6 名丹麦人、5 名比利时人、5 名荷兰人、4 名瑞典人、3 名西班牙人和 1 名朝鲜人。值得一提的是在赫德任职期间，中国海关每年从英国船只贡献的贸易量中获得的税收收入从未低于总收入的六成，事实上，这一比例往往高于七成，而中国海关中英籍洋员的占比几乎未超过洋员总数的半数。

② 该条约文本参见《中外条约集》第 1 卷，第 491-499 页。条约续增专条文本参见第 1 卷，第 500-505 页。关于签署条约前的谈判（赫德在谈判中发挥了至关重要的作用）过程的记述，参见前文所引述马士著作；《汇编》第 2 卷，第 291-300 页；前文所引述魏尔特著作第 261-265 页。赫德当时根据中国政府的要求撰写的《整顿通商各口货物征抽事宜节略》，详见《汇编》第 6 卷第 352-454 页。

③ 译者注：Tongking 或 Tonkin，当时西方人对越南北部地区的称呼。

赖于赫德的合作而得到解决[①]。法国通过任命其为荣誉军团高级军官这一方式认可了他的努力。他在处理缅甸边界的划分难题，以及中国其他地区与西藏地区的关系方面也同样积极。1885 年 5 月，英国外交大臣格兰维尔勋爵授命其接替巴夏礼爵士担任英国驻华公使，但他认识到中国政府希望其留任总税务司，因而于 8 月辞去公使职务，并未上任[②]。他的确太过认同中国的利益和观点，不适合代表其国家进行外交工作。

赫德并未预料到中国在 1894 至 1895 年与日本的战争中的溃败，但在《马关条约》签订从而结束这场战争后，他竭力劝说中国政府进行必要的改革。他预见到了 1900 年义和团运动的爆发，但他认为这场运动是“纯粹的爱国志愿运动，其目的是用中国人的办法使中国强大起来”［*《这些从秦国来》（These from the Land of Sinim，第 52 页）*］。危机来得比他预期的要早，当反叛者占领北京

① 在中法敌对期间，赫德曾多次试图进行调解。然而直到 1884 年 10 月，当法国人以海关灯塔供应船“飞虎”号违反了对台湾地区的封锁为由将其扣押后，赫德才真正获得了介入机会。未接到来自巴黎的命令，法国海军上将拒绝释放该船。于是赫德指示其在伦敦的代理人金登干先生前往巴黎就释放灯塔供应船一事进行交涉，并要求他如果有可能的话要面见茹费理先生，探寻法国政府是否愿意和谈，如果其愿意，和谈条件是什么。当法国政府得到总理衙门已全权委托赫德进行谈判的保证后，谈判就在对在中国的中法两国官员保密的情况下开始了。有赖于金登干先生的机智老练、坚韧执着以及出色的能力和判断力，这场谈判在赫德的指导下取得全面成功，1885 年 4 月 4 日在巴黎签署了协议，同意中国的提议，即批准 1884 年 5 月签订的《李福协定》，全面停战，并由法国派一名大员到中国商议条约细节。（金登干关于巴黎谈判的节略，其中引用了诸多当时来往的电报内容，参见《汇编》第 7 卷，第 117-133 页），巴黎协议的条款得到了执行，李鸿章总督与巴德诺于 6 月 9 日在天津签署了最终条约。（《李福协定》文本，参见《中外条约集》第 1 卷，第 894-896 页；《巴黎协定》文本参见第 1 卷，第 897-899 页；最后条约参见第 1 卷，第 901-907 页）一些专业外交官员倾向于认为赫德的介入是对他们专业领域的侵犯，但赫德的行动源于对其所负责的海关财产的保护，且其并未在没有获得总理衙门的完全同意和完全支持下就贸然采取任何行动。如果完全成功是对行动成果的检验，那么这一成果能得到相关双方的欢迎，赫德及海关便没有什么可后悔的。

1885 年的另一件事是《烟台条约》续增专条在伦敦签署，在其中特别规定应尽速派员“查禁香港至内地偷漏之事”。1886 年夏双方在香港进行磋商，中方代表为赫德爵士与邵友濂道台，英方代表为香港陪审法官詹姆斯·罗素先生与女王陛下驻天津领事璧利南先生。40 多年来，香港一直保持着自由贸易，而它又毗邻中国内地诸多重要的港口，在这些港口货物需要缴税，所以当这个自由贸易港很快成为走私者的天堂时，并不让人感到意外。洋药是主要的走私商品，盐、武器和普通商品紧随其后。香港当局对此漠不关心，而香港商界则对粤海关实施的税厂及巡船等缉私措施大声指责。殖民者谴责这些措施是封锁香港。他们要求取消这些措施并恢复以前享有的特权，即中国产品可以在香港转运并保持其原产于中国的性质。任何协助中方保护其合法收入的合作行为都遭到他们的嘲笑。意识到这种潜在的敌意后，赫德向谈判代表们提交了中国政府提出的撤除两广总督和粤海关监督在香港周边所设税厂的提议，以换取殖民当局接受如下计划：装载洋药的民船可靠泊香港港口，所有国外进口的洋药予以保税，对所有离船运往香港或澳门的洋药为中国征税，所有运往中国港口的洋药发给专照。英方代表拒绝了这一提议。他们说，“封锁”限制已大为放松，他们无意同意对以香港、澳门为目的地的洋药征税。尽管如此，他们愿意开展合作，只要这种合作能更有效地管理在香港与内地间开展贸易的民船。此次会商的成果是 1886 年 9 月 11 日在香港签署的《洋药协定》（译者注：Opium Agreement，指《管理香港洋药事宜章程》）。根据该协定，中国海关（译者注：指洋关）首次获得了管理往来香港水域与内地水域的民船的权力，也第一次获得了征收厘金和常税的权力。协定还就洋药税厘并征作出规定，这既是《烟台条约》续增专条中的安排，也是为了解决香港船只与附近常关税厂及巡船间的争端。为提供更大的贸易便利，香港当局在未给予官方承认的情况下允许中国海关在维多利亚城设立办公场所，总税务司任命的英籍海关税务司在此负责管辖九龙关区及其范围内的中国缉私机构。（参见《汇编》第 1 卷，第 547-587 页；第 6 卷，第 546-568、576-583 页）执行香港洋药协定的先决条件是中国内地应促成在澳门采取类似措施。这正是葡萄牙等待已久的机会。葡萄牙人在澳门半岛生活和贸易已有三百多年，但该地区的主权（原文为“the suzerainty of the territory”）一直属于中国。作为其默许洋药协定的价码，葡萄牙现要求对该地区拥有完全主权并将澳门作为占领地。这是一个沉重的代价，许多中国大员都强烈反对此种让步。但是香港的协定已经签署，除非所有安排及其可能为中国带来的税收都被一笔抹去，否则葡萄牙的条件就必须得到满足。赫德在获得继续推进此事的授权后，指示金登干先生又一次承担了外交使命。这次是前往里斯本，1887 年 3 月 26 日他与葡萄牙当局签署了《里斯本草约》。这次谈判与前一年巴黎的协议谈判一样冗长而棘手，但再次有赖于金登干先生的能力和智慧而取得了圆满成功。由此中国确认了葡萄牙永驻管理澳门及属澳之地，同时未经中国首肯，葡萄牙永不得将澳地让与他国，同时葡萄牙在洋药征税事宜上按照英国在香港的处理方式一样类推办理。

② 赫德谢绝英国驻华公使任命的官函，参见《汇编》第 6 卷，第 543-545 页；关于此事的电报往来，参见《汇编》第 7 卷，第 114-116 页。

时，他表现出了勇敢和坚韧，但他的住宅和文件，包括他 40 年的日记，都被烧毁[①]（6 月），他不得不在英国使馆避难。当使馆被围时，关于他死亡的假消息一度在英格兰流传（7 月），但他并未受伤。当叛乱被多国部队镇压后（8 月 14 日），赫德立即恢复办公（8 月 21 日），继续成为中国政府的朋友和顾问。他于 1901 年组织在约开口岸接管常关[②]，并在以慈禧太后为首的清王朝的重建过程中起到了重要作用。尽管它是一个“外族政府”，但他坚称其为“三百年来对这个国家而言系至关重要的一部分”（前述著作第 96 页）。

1901 年，赫德以《这些从秦国来》为题发表了关于中国问题的论集，其中的部分文章正是他在义和团运动兴起时所写。他在文章中生动地讲述了这个国家人口众多、土地富饶的情形，同时也阐释了这个国家的人民对外族的排斥和不信任。他于 1896 年写给一位私人朋友的信中说道，他抱着乐观心态所寻求的变革，并非来自单打独斗，而是来自“现正开始发挥作用的各种力量的良性互动”。

1906 年 5 月，中国政府在毫无预兆的情况下，粗暴地终止了赫德手中牢牢掌握的权力。海关机构转隶于由中国官员组成的名为税务处的机构[③]。英国政府的抗议被置之不理。结果，赫德于 1906 年 7 月递交了辞呈，这一辞呈从未被明确接受，但在 1908 年 1 月赫德正式获得准假，并被授予尚书衔。他永久地回到了英格兰。

在赫德旅居中国的漫长岁月里，清政府多次认可其表现，他在中国获得的荣誉不管是在数量上还是等级上都是其他欧洲人所不可比拟的。这些荣誉包括：1864 年授按察使衔（三品）；1869 年授布政使衔（二品）；1881 年授头品顶戴；1885 年授双龙二等第一宝星；1885 年授花翎；1889 年授三代正一品封典；1901 年授予太子少保衔。

---

① 日记未被烧毁，而是由 L. 桑德科克先生冒着生命危险抢救出来，当时他还是总税务司署一名年轻的四等帮办。目前这份独一无二的日记在赫承先爵士手中。

② 参见《汇编》第 7 卷，第 256、257、267、280-306、317-327、335、412-420、494、495 页。

③ 关于任命两位大员来管理海关业务和统辖海关人员，参见《汇编》第 2 卷，第 508 页；关于税务处的设立，参见《汇编》第 2 卷，第 539、544、548-552 页。赫德对于中国政府此举的反应可从他写给金文泰爵士的信函中知晓，参见《汇编》第 2 卷，第 206-212 页。

他接连为之提供服务的欧洲各国政府慷慨地给予其认可①。1870 年，瑞典授予他瓦萨骑士勋章，其他荣誉称号来自法国、比利时、奥地利、意大利、葡萄牙、荷兰和普鲁士等国政府以及教皇皮乌斯九世。英国政府于 1879 年授予赫德圣米迦勒及圣乔治三等勋爵，1882 年授予其圣米迦勒及圣乔治二等勋爵，1889 年授予其圣米迦勒及圣乔治一等勋爵，并于 1893 年授予其从男爵。

作为一个禀性幽静的北爱尔兰人，赫德在完全吸收来自中国的影响的同时，将经营能力与胆识同永不懈怠的耐心与韧性、深思熟虑的习惯、东方式的处事不惊结合起来。他记忆力极好，掌握了大量有关东方的及其他问题的知识。1878 年他参与创建了莱比锡民族学博物馆，1879 年成为皇家亚洲学会荣誉会员，1880 年成为维也纳东方博物馆荣誉会员，1892 年成为国际法学会荣誉会员。1890 年，他成为皇家统计学会荣誉会员。从中国退休回国后，他大部分时间都住在大马洛（Great Marlow）附近的芬斯特格罗夫（Fingest Grove），1911 年 9 月 20 日，他在那里离世。他被葬在泰晤士河畔的比沙姆（Bisham）。1911 年 9 月 23 日，北京发布了一道圣谕，列举了赫德的贡献及中国政府已经授予他的各种荣誉之后，又追授其太子太保衔。

1866 年 8 月 22 日，赫德在他父母居住的安特里姆郡（Antrim）的拉瓦内特（Ravarnet）与来自波塔当的亚历山大·布雷登医生的长女赫斯特·简结婚。妻子为他育有一子赫承先（赫德从男爵爵位继承人，生于 1873 年）及两个女儿。

1894 年他的画像出现在了《名利场》杂志上。

[《赫德爵士传奇》，裴丽珠著，1909 年（以凹版人像作为卷首插图）；1899 年 1 月 10 日、1900 年 7 月 17 日、1911 年 9 月 21 日的《泰晤士报》，《外交部名录》以及 1911 年《名人录》]

---

① 赫德爵士官阶、荣誉等列表：

职业生涯早期：英国在华领事机构——1854 年 5 月，在位于香港的驻华商务监督署任编外翻译。1854 年 10 月，英国驻宁波领事馆编外人员。1855 年 6 月，英国驻宁波领事馆助理。1858 年 3 月，英国驻广州领事馆二等助理。1858 年 4 月，在管理广州城的联军委员会任秘书。1858 年 10 月，英国驻广州领事馆翻译。后特许辞职后入职中国海关。

中国海关——1859 年 6 月，粤海关副税务司。1861 年 4 月至 1863 年 5 月，署总税务司。1863 年 8 月，长江各口及宁波口税务司。1863 年 11 月，总税务司。

1853 年，爱尔兰女王大学文科学士、高级奖学金获得者。1875 年，爱尔兰女王大学（荣誉）文科硕士。1882 年，爱尔兰女王大学（荣誉）法学博士。1886 年，美国密歇根大学（荣誉）法学博士。1908 年，牛津大学（荣誉）民法博士。1908 年，都柏林大学（荣誉）法学博士。1878 年，莱比锡民族学博物馆创始人。1864 年，中国按察使衔（三品）。1869 年，中国布政使衔（二品）。1869 年，比利时利奥波德勋章（指挥官级）。1870 年，瑞典瓦萨骑士勋章。1870 年，奥地利弗兰茨·约瑟夫勋章（指挥官级）。1873 年，奥地利弗兰茨·约瑟夫勋章（大十字级）。1878 年，法国荣誉军团勋章（指挥官级）。1879 年，英国圣米迦勒及圣乔治三等勋爵。1881 年，中国头品顶戴。1882 年，英国圣米迦勒及圣乔治二等勋爵。1884 年，意大利王冠勋章（大军官级）。1885 年，法国荣誉军团勋章（大军官级）。1885 年，梵蒂冈庇护九世勋章（指挥官级）。1885 年，中国双龙二等第一宝星。1885 年，中国花翎。1888 年，葡萄牙基督大十字勋章。1889 年，英国圣米迦勒及圣乔治一等勋爵。1889 年中国三代正一品封典。1893 年英国从男爵。1893 年，比利时利奥波德勋章（大军官级）。1894 年，瑞典北极星勋章（大十字级）。1897 年，荷兰奥兰治·拿骚勋章（大十字级）。1900 年，普鲁士王冠勋章（一级）。1901 年 12 月，中国太子少保衔。1906 年，意大利王冠勋章（大十字级）。1906 年，日本旭日勋章（一等）。1906 年，比利时利奥波德勋章（大绶带级）。1907 年，俄国圣安娜勋章（大十字级）。1907 年，法国大南龙勋章（大十字级）。1907 年，挪威圣奥拉夫勋章（大十字级）。1908 年 1 月，中国尚书衔。1908 年，丹麦国旗骑士勋章（大十字级）。1911 年 9 月，中国太子太保衔。1908 年，伦敦荣誉市民。1908 年，贝尔法斯特荣誉市民。1908 年，汤顿荣誉市民。1879 年，皇家亚洲学会中国分会荣誉会员。1880 年，维也纳东方博物馆荣誉会员。1890 年，皇家统计学会荣誉会员。1892 年，国际法学会荣誉会员。

注意：（a）1885 年 5 月其被任命为女王陛下驻华兼驻韩公使，但未接受任命，于 1885 年 8 月辞去该职，留任中国海关总税务司。（b）1890 年海关华洋职员赠送给赫德一份通信录和一套餐具。（c）1902 年 2 月 23 日获得皇太后和皇帝的接见；1902 年 2 月 24 日获得皇太后和皇帝赏赐福字一方等。（1911 年《新关题名录》）

译后记

由英籍税务司魏尔特编纂的《中国海关起源、发展及其活动文件汇编》（以下简称《汇编》）具有较高的史料价值，历来被专家学者所重视。陈诗启教授认为它是“研究中国近代海关史一部系统的原始资料”，并希望“有关学术机构能早日将其翻译面世”。2003 年海关出版社出版的《旧中国海关总税务司署通令选编》（五卷本丛书）中对《汇编》中所选通令均予以翻译，而《汇编》第六、七两卷当时未翻译出版。

2012 年 6 月，中国海关学会启动“近代海关史料收集与研究”项目，并将《汇编》第六、七卷的翻译工作交由上海海关学会承担。

上海海关学会按照中国海关学会的要求，认真组织上海海关 30 多名青年翻译志愿者开展此项工作。五年多来，他们克服诸多困难，利用业余时间，想方设法完成了翻译工作。

本书在编译过程中得到了各级领导的大力支持：中国海关学会李克农会长多次给予指示；原海关总署党组成员、国家口岸办主任，时任上海海关关长黄胜强亲自参与翻译工作；总会左铁副会长、李延顾问、贺华秘书长曾多次与会参加评审并指导；上海海关关领导李书玉、孙路明，以及办公室范钦扬、张亚平、沈轶斐、俞仁愚等同志大力支持；上海海关学会顾振兴会长、金曙秘书长全程参与翻译工作；上海海关团委陈赟、孙元伟积极组织和发动团员青年开展“青年翻译志愿者活动”，积极推动翻译工作。在此，对他们的支持表示衷心的感谢。

本书在翻译和编写过程中还得到了有关专家的热忱帮助。中国人民大学历史系叶凤美教授，海关学院姚永超副教授，中国英汉语比较研究会会长、华师大终身教授潘文国博士生导师，美国华盛顿大学传播学俞璟璐博士为本书的翻译工作倾注了心血，对他们的帮助表示深深的感谢。还要感谢江友焜、屠绚如、李爱莉教授，他们对本书亦提出了宝贵的修改意见。

感谢上海海关青年翻译志愿者顾了然、黄念、龚维维、汪健、施屹东、胡雅君、张慧波、陈帅帅、袁力帆、李志贇、王敏、刘欣平、马骉、王巍玮、罗兰、孙浩、汤圣华、钱玮、陈超、付晓明、钱艳文、孙妤、麻馨尹、施佳琦、王梦洁、胡蓓蓓和潘安翔为初译工作付出的辛勤劳动。

感谢参加核稿工作的顾了然、黄念和龚维维多年来认真负责地修改译稿。

感谢参加统稿工作的顾了然、何国新、黄念为本书出版付出的辛劳。

感谢苏州大学的高琪博士为本书中文部分进行句读。

感谢施云云为本书文字录入和编排付出的劳作。

在本书翻译和出版过程中得到了各方面的支持和帮助，在此一并表示感谢。

本书难免存在错讹之处，敬请专家和学者赐教。